国家社科基金一般项目《有毒物质侵权的救济机制研究》（14BFX163）的最终成果
福建省人大立法咨询与服务基地（福建师范大学）的研究成果
福建省教育政策与法治研究中心的研究成果
福建省“百千万人才工程”人选培养资金资助项目

有毒物质侵权的救济机制研究

Study on Remedies for Toxic Torts

杨垠红　等◎著

法律出版社
LAW PRESS · CHINA
——北京——

图书在版编目（CIP）数据

有毒物质侵权的救济机制研究 / 杨垠红等著. -- 北京：法律出版社，2021
ISBN 978 - 7 - 5197 - 5986 - 5

Ⅰ. ①有… Ⅱ. ①杨… Ⅲ. ①有毒物质－侵权行为－研究 Ⅳ. ①D913.704

中国版本图书馆 CIP 数据核字(2021)第 205585 号

有毒物质侵权的救济机制研究
YOUDU WUZHI QINQUAN DE JIUJI JIZHI YANJIU

杨垠红 等著

策划编辑 徐　菲
责任编辑 徐　菲　宋杰鹏
装帧设计 汪奇峰

出版发行 法律出版社
编辑统筹 法律出版社
责任校对 王晓萍　王语童
责任印制 胡晓雅
经　　销 新华书店

开本 710 毫米×1000 毫米　1/16
印张 30.75　　字数 463 千
版本 2021 年 11 月第 1 版
印次 2021 年 11 月第 1 次印刷
印刷 中煤(北京)印务有限公司

地址:北京市丰台区莲花池西里 7 号(100073)
网址:www.lawpress.com.cn
投稿邮箱:info@lawpress.com.cn
举报盗版邮箱:jbwq@lawpress.com.cn

销售电话:010 - 83938349
客服电话:010 - 83938350
咨询电话:010 - 63939796

书号:ISBN 978 - 7 - 5197 - 5986 - 5
定价:116.00 元

凡购买本社图书,如有印装错误,我社负责退换。电话:010 - 83938349

项目组人员名单

项目负责人：杨根红

项目组成员：杨根红　Michael D. Green

陈小康　高　贤　张冬琴

序　言

2021年4月21日，得到垠红的第三本专著《有毒物质侵权的救济机制研究》，皇皇巨著，给予我作序的荣誉。提笔之际，想到许多，以下分述。

首先要说的是，垠红是我首批指导的女博士生之一。在包括垠红在内的学生为我组织的花甲生日庆典上（2021年5月15日于厦门），我说：我因为培养学生成功出名，看看有关评价文献，发现评价的标准还是官本位，即我培养的法学院院长较多。但我宁愿人们采用学术的标准评价我的成功学生，说有多少、什么思想贡献出自我门，性别比如何？也即男生贡献多少，女生贡献多少？此语中的“院长”“女生”，垠红都占了。人们挂在嘴上的法学院院长是我们的三大男院长，即北大法学院的薛军副院长、苏大法学院的方新军院长、中南大法学院的徐涤宇院长，但遗漏了福师大的杨垠红院长，所以，上述“评价文献”不仅官本位，而且男性本位。我骄傲垠红是出自我门的真正女学者，因为她为侵权法的发展做出了杰出的贡献。她的第一本专著是《侵权法上作为义务——安全保障义务之研究》（法律出版社2008年版），第二本是《不作为侵权责任比较研究》（法律出版社2012年版），加上本书，三本专著都属于侵权法，都为繁荣这个学科做出了贡献。一个女学者，承受的社会负担要比男学者重得多，要十月怀胎一朝分娩，要三年幼儿在怀，但垠红在44岁的年龄，却已写出三本专著，这是多么不易！尤其要提到的是，我是她的第一本专著的指导老师。我的兴趣不在侵权法,对此亦无研究,但垠红在我手下读博时自选了这个题目,从此奠定了她迄今的研究方向。我的学生的博士论文选题不受我影响的例子多多,垠红是其中之一。我从她感到学生的学术发育类同生理发育。学生学习一段时间后,某个学术腺体长开了,于是有了自己的研究方向并一直朝它努力,最终获得成果。遗憾的是,近期发现有学术腺体没长开的学生,长期学习却找不到自己的研究方向,因此不努力攻坚。垠红跟他们不一样。

其次要说的是,垠红是对我帮助最大的博士生之一。在她于厦大读博期间,我忙于主编《绿色民法典草案》,该草案篇幅浩繁,工程巨大。编写条文的工作繁重不说,对各位译者交来的稿子进行统稿也是一个累死人的工作。垠红不仅编写了第八分编第二题中的保证、保险两种典型合同,而且跟硕士生郭惠一起,帮我处理了大量编务工作,包括给数千个条文编号,等等,没有这两人的协助,我不可能完成这大山一样的工作。当时我慨叹垠红和郭惠是上帝给我的"礼物"。到如今,这个私家民法典草案中的人前物后的对象条款和绿色原则已经被刚满一周岁的我国《民法典》采用。在人们称道《绿色民法典草案》对于我国《民法典》的贡献时,我要加上垠红对于完成这一草案做出的出色贡献的说明。

最后要说的是,垠红的第三本专著《有毒物质侵权的救济机制研究》的题目让我感到我们时代的危机。作为一个罗马法和法律史专家,对于文艺复兴后的西方法学著作题目如数家珍,但长期见不到有毒物质侵权之类的题目。罗马法中有关于投毒杀人的规定,但那时的毒物,都是砒霜等天然物品。罗马人也有在无知中遭受铅毒的经历,如用铅管输水、用铅做食器导致铅中毒,妇女用铅美白皮肤导致铅中毒,但凡此种种,都不足以填满一部专著要求的容量,所以法学史上长期没有这方面的专著。为了写这个序言,我在哥伦比亚大学法学图书馆的目录上查,找到 39 种书名中有毒物侵权(toxic torts)字样的文献,最早的是 1977 年的,由此可以说,毒物侵权是半个世纪前开启的学术论题,它表征着毒物侵权的多样化和普遍化。这样的"两化"或许与化学作为课程在西方的大学开设有关。西方大学从 12 世纪许建立以来,长期偏重文科,具体而言,只有神学、法学、医学、科学、文学五科(以历史最悠久的大学之一比萨大学为例)。自然科学没有分化。到了18世纪,才建立化学学科。如果说,在亚里士多德时代就有的物理学主要研究物质的外在方面,化学则主要研究物质的内在方面,它在给人类带来巨大福利的同时,也打开了潘多拉的魔盒。例如,塑料完全是化学合成之物,而非自然之物,它给人类带来包装物品的便利等好处,但极难降解,所以,如果不大力控制其使用,塑料终将淹没人类。而塑料并不被人理解为毒物,但按照垠红在此书中常引用的话:剂量决定毒物,我看塑料已达到毒物的标准了,因为我们的生活中有太多的塑料,除了有包装用的,还有作食器用的,作砧板用的,等等,导致我们的血液中有相当的塑料成分。垠红这本专著研究的毒物侵权,多是化学品致人损害,举的案例如印度的博帕尔案、意大利的赛维素案,都是这方面的。所以,化学成为独立学科后100余年,毒物侵权的专著就出现了。他们表征着化学毒物侵权现象非常普遍,积累的问题多,学界相应的研究也多,相关的学术发展起来。

尽管本书的主题有点给人紧张感,但我们逃避不了时代的现实,所以,还是要说垠红写这样的专著非常必要。该书基于毒物侵权的特性研究侵权法的特殊处理。例如,一般的侵权行为需要损害已经发生的要件,但毒物侵权的损害即使是潜在的,也可请求赔偿,等等。

结束本序之际,谨表达对垠红的第四本专著的期待,大概率还是侵权法方面的。术有专攻,才能深入。深入的结果当然是增益本学科。垠红已增益不少了,但还可更多增益。

是为序。

徐国栋

2021年6月1日完稿于胡里山炮台之侧,时值六一儿童节

目录

第一章　有毒物质侵权的特殊理论

第一节　有毒物质及有毒物质侵权的内涵

一、科学语境下的有毒物质

“有毒物质”的定义经历了较长时期的发展过程。15 世纪初，瑞士医师帕拉塞尔苏(Paracelsus)提出了“剂量决定毒物”理论，即所有物质都有一定毒性，唯有剂量能区别毒物。剂量的大小决定了物质的毒性，[①]该理论在当时得到了普遍的认可。20 世纪初，药理学家斯塔肯斯坦(Starkenstein)从损害后果的角度提出“毒物是那些进入机体后依据其理化性质损害机体生命活动的物质”[②]。较帕拉塞尔苏斯的“剂量说”，斯塔肯斯坦更侧重于机体生命活动的损害。《布莱克兽医辞典》(Black's Veterinary Dictionary)则将毒物定义为：“毒物可以是任何物质(固体、液体或气体)，当作用于体表或经任何途径进入体内，由于其本身固有的特性，未经活化，不影响体温，则能毁灭生命。”[③]它进一步从

---

① 参见沈明浩、宫智勇、王雅玲：《食品毒理学》，郑州大学出版社 2012 年版，第 9 页。

② 沈明浩、宫智勇、王雅玲：《食品毒理学》，郑州大学出版社 2012 年版，第 9 页。

③ Edward Boden ed., *Black's Veterinary Dictionary* (19*th Edition*), Rowman & Littlefield Publisher, 1998, p. 466.

形态和后果上对有毒物质进行界定。现今,根据环境百科全书的界定,有毒物质是指对生物有毒的物质。有数十万种人造和天然有毒物质,也称为毒素,以固体、液体或气体形式存在。有毒物质通过干扰细胞、细胞膜或器官的特定功能而损害活组织或器官。[①] 换言之,有毒物质是指在一定条件下,以较小剂量进入机体即能够对机体产生损害作用或使机体出现异常反应,引起暂时或永久性的病理改变,甚至危及生命的外源性化学物质。[②] 从有毒物质的研究历程可知,构成毒物最主要的就是剂量和通过化学损伤对细胞或组织产生损害的能力。

对于有毒物质,可通过以下五种方式进行分类:[③](1)物质的相对毒性。大多数科学家认为,50%致死剂量(LD 50),或导致50%受试动物样本死亡的剂量,是"估计毒性最有用的方法"。然而,在直接测量对人类的毒性影响方面,使用致死剂量是不可行的。在这方面,一种常用的毒性评级系统产生,即根据常见的标准划分毒性等级,如"尝试"(taste)、"一整口"(a mouthful)或"一盎司"(an ounce)。有毒的物质,尝试(少于7滴)可能会杀死一个人被评为6等级,即强毒性(super toxic)。(2)物质的来源。就有毒物质来源而言,动植物毒素是动植物毒素学家、药用草药师、化学家、代谢生物化学家和营养学家特别关注之处;工业化学品和矿物质是职业医师和工业卫生师关注的问题;药物是药理学家和临床毒理学家关注的焦点。(3)物质的形式。它可以分为四类,即辐射,如放射性核素(放射性碘);气体,如一氧化碳,硫化氢,军用毒气;液体,如溶剂;固体,如石棉,金属。(4)物质的化学结构。毒物的不同化学结构或化学性质的变化包括:(a)酸:草酸;(b)碱:碱液,氨;(c)醇:乙基,甲基;(d)胺:苯胺;(e)重金属:汞,铅,镉;(f)碳氢化合物:煤油,苯;(g)氯化烃:二氯二苯基三氯乙烷(DDT),狄氏剂,四氯化碳,多氯联苯;(h)有机磷酸盐:对硫磷,马拉硫磷及其

---

① See Marci Bortman ed., *Environmental Encyclopedia* (*3rd Edition*), Gale / Cengage Learning, 2002, p. 889.

② 参见沈明浩、宫智勇、王雅玲:《食品毒理学》,郑州大学出版社2012年版,第9页。

③ See Robert F. Blomquist, *Symposium: Managing International Environmental Risk: The Role of Private Parties in Resolving Public Problems: Article: Models and Metaphors for Encouraging Responsible Private Management of Transboundary Toxic Substances Risk: Toward a Theory of International Incentive-based Environmental Experimentation*, U. Pa. J. Int'l Econ. L., Vol. 18, p. 510 – 510(1997).

他。(5)与该物质相关的潜在健康风险。包括:出生缺陷和生殖障碍、癌症(选定的解剖部位)、免疫功能紊乱、肾功能不全、肝功能不全、肺和呼吸系统疾病、神经毒性疾病等。

二、法律视域下的有毒物质

有毒物质的科学内涵为其法律界定奠定了良好的认识基础。但是,相较于毒理学上侧重于有毒物质对有机体生命活动的损害,法律上的"有毒"取决于具体情况,通常而言,在法律界使用该术语比在医学或科学界使用该术语更宽松。[①] 囿于产生有毒物质侵权行为的物质具有区别与引起传统侵权行为的工具的特征,故成文法(主要是行政法或社会法)对有毒物质作出了界定并加以适当列举。通常有行政机关先予确认毒与非毒的界限,然后利用行政法规等方式颁布技术性标准。[②] 例如,美国环境保护署(Environmental Protection Agency)、美国食品药品管理局(the Food and Drug Administration,FDA)和美国职业安全与健康管理局(the Occupational Safety and Health Administration,OSHA)等多种机构在一般或特定的监管项目中均对有毒物质作出了一定规范。美国1976年颁布的《有毒物质控制法》(Toxic Substances Control Act,TSCA)将有毒物质定义为"有机或无机的特定分子物质在生产、销售和使用过程中发生的全部或部分化学反应对生物体产生不利影响的物质"[③],强调化学物质对生物体的致害性;同时该法亦授权联邦监管任何被认为对人类健康或环境造成不合理风险的化学物质或混合物的权利。[④] 美国环境保护署将有毒物质界定为"能导致人体不适、疾病或先天性缺陷的物质或混合物,导致这些损害结果的剂量与暴露程度可能存在较大的差异,多数毒物都属于环境污染物"。更具体地说,美国职业安全与健康管理局颁布的危害通知标准(Hazard Communication Standard)将"健

---

① See Jean Macchiaroli Eggen, *Toxic torts in a nutshell (sixth edition)*, West Academic Publishing, 2019, p. 3.

② 环境法亦会对有毒物质下定义或作列举,但对于环境法的性质,学界争议颇多,不少学者认为环境法主要是行政法,也有部分学者主张环境法是经济法或社会法。

③ U. S. Congress. *Toxic substance Control Act (TSCA)*, Washington DC: US Congress 1976. 转引自滕海键:《1976年美国〈有毒物质控制法〉的历史考察》,载《贵州社会科学》2016年第9期。

④ 15 U. S. C. § 2601(West 2010).

康危害”定义为会引发急性毒性风险(任何暴露途径)、皮肤腐蚀或刺激,严重的眼睛损伤或眼睛刺激,呼吸道或皮肤过敏,生殖细胞致突变性、致癌性、生殖毒性、特定目标器官毒性(单次或重复接触),或吸入危害此类风险的物质。[①] 此外,在美国的《清洁空气法》《水污染控制法》《超级基金修正案与再授权法》等不同的联邦法案中均可见到相关有毒物质的界定。

在我国,对毒物的规范主要见于原卫生部(现为国家卫生健康委员会)、原国家食品药品监督管理总局(现该机构职责并入国家市场监督管理总局)、原环境保护部(现为国家生态环境部)所制定的行政规章和部门文件中。1994 年原国家环境保护部会同海关总署和原外经贸部联合发布的《化学品首次进口及有毒化学品进出口环境管理规定》首次对我国进出口的有毒化学品进行专项管理,截至 2014 年的有毒化学品名录已列入 162 种有毒化学品。2017 年 12 月原环境保护部、商务部海关总署联合发布《中国严格限制的有毒化学品名录(2018 年)》中明确将有毒化学品定义为“进入环境后通过环境蓄积、生物累积、生物转化或化学反应等方式损害健康和环境,或者通过接触对人体具有严重危害和具有潜在危险的化学品”。

国家其他行政管理部门亦有对有毒物质进行列举或认定的规定或复函,例如,2018 年 10 月 18 日发布的《国家卫生健康委办公厅关于对工作场所空气有毒物质测定系列标准有关情况进行说明的通知》(国卫办法规函〔2018〕904 号),2017 年 11 月 9 日发布并于 2018 年 5 月 1 日开始实施的《国家卫生计生委关于发布〈工作场所空气有毒物质测定第 1 部分:总则〉等 96 项推荐性国家职业卫生标准的通告》(国卫通〔2017〕24 号),2010 年 11 月 30 日发布的《国家安全监管总局办公厅关于召开木质家具制造企业高毒物质危害治理工作现场会暨职业卫生执法工作座谈会的通知》(安监总厅安健〔2010〕212 号),2007 年 6 月 13 日发布并于 2007 年 11 月 3 日实施的《工作场所空气有毒物质测定烷烃类化合物》等 19 项国家职业卫生标准(原卫生部通告〔2007〕14 号),2004 年 5 月 21 日发布并于 2004 年 12 月 1 日实施的《工作场

---

① See Jean Macchiaroli Eggen, *Toxic torts in a nutshell* (*sixth edition*), West Academic Publishing, 2019, p. 3.

所空气中有毒物质监测的采样规范》等86项国家职业卫生标准(卫通〔2004〕7号),2002年5月12日发布的《使用有毒物品作业场所劳动保护条例》(国务院令第352号),1998年4月9日国家环境保护总局关于挥发酚是否属于有毒物质问题的复函(环办〔1998〕5号),《职业病危害因素分类目录》(国卫疾控发〔2015〕92号),《职业病分类和目录》(国卫疾控发〔2013〕48号),《高毒物品目录》(卫法监发〔2013〕142号)以及《工作场所有害因素职业接触限值》(GBZ2.1-2007、GBZ2.2-2007)等。这些都是出于特别的管理与控制需要而将毒理学意义上的有毒物质予以法律概念化或明细化,从而得到法律的特别关注与调整。这些规范为相关的从业人员设定了一个基本的行为准则,一旦违反将可能承担相应的法律责任。

行政机关通过行政法规、规章罗列了有关的有毒物质清单,从而为相关的违法行为设定了一定的行政法或刑法上的责任。然而在私法领域,尤其是民事责任这一范畴,是否也同样适用上述对于有毒物质的界定,这值得商榷。法律对于有毒物质的界定建立在一定的科学研究的基础上,因此在立法语境中的有毒物质定义必须呈现一种开放性的状态,随着人类认知局限的不断突破,一些新的认识将会不断地被反馈到立法领域,意味着相应的法律概念也必须实时进行更新。在上述前提下,侵权法语境下的有毒物质可以适当地以相关行政部门的界定为参考,但对于实践中具体的有毒物质侵权责任的判定,则不能单纯地建立在环保部门或其他相关部门的界定或标准之上。原因在于,相关行政部门在界定有毒物质时通常存在许多超出私法目的的考量,一般而言,公法对于有毒物质的界定要么采取清单式的罗列,要么采取特征式描述,无论何种形式的界定,均是建立在两个基本前提之上:一是基于行政部门自身对于有毒物质的科学认识,二是很大程度上基于时代政策与行政管理的考量,如对经济指标的追求将会严重影响一些物质有毒与否的界定。一般而言,每一次有毒物质目录的更新,总是充斥着环境承载力与社会经济发展目标,产业效益与公共卫生安全等多方面、多层次的利益博弈。因此,无论是行政部门的认识能力因素还是行政标准中的政策因素,均决定了私法视域下的有毒物质不能简单地直接适用公法标准。如果因为行政部门的认识能力的缺陷或者迟滞导致有毒物质侵权的受害者无从救济,将会严重违背法律的公平正义理念;而行政法律规范的价值追求和法律定位与私法规范有所不同,公共政策的价值取舍在一定程度上背离了私法保护的价值取向,从法的价值归属而言也不能简单地套用公法标准。故而,侵权救济体系中的有毒物质认定应当秉持一种开放与包容的姿态,在吸收行政标准中的合理成分的基础上,根据民事救济与保护的价值需要,并结合侵权法本身的特征,给出一种具有前瞻性的民事界定,即由侵权人持有、生产、加工、销售或处理的,经受害人接触或暴露于该环境下,对受害人机体或环境产生物理或者化学作用,导致不同程度的机体正常功能破坏、发生病变,或对环境造成污染、破坏的有害物质。

三、有毒物质侵权的内涵

在 20 世纪 60 年代,有毒物质的危害性开始得到全球范围的认识与普遍关注。随着战后科学技术的迅猛发展,有毒物质与疾病之间的关联性开始逐渐被人们所认识。尤其在工业化过程中,一些重大疾病发病率的突然上升开始被与工业污染事件相联系。大量的实证分析与科学实验表明,化工生产、工业排放等过程中产生的有毒物质能够切实对生物体与环境造成不可逆转的损害。而且此前认为是无害的物质,被发现若人体长期暴露其中,亦会对人体产生逐日剧增的巨大损害。某些处方药被发现存在副作用,其中一些药物(如儿童疫苗)副作用的后果是即刻的,而其他一些(如 DES 的情形)药物的副作用只有历经几年的演变后才会显现出来。乳胶可能引发严重的过敏反应亦为人们所知。房屋所有人发现他们的地下水受到诸如 TCE、氯乙烯、MTBE[①] 之类的危险化学品的污染。而且意外接触有毒物质,如有毒的化学云[②]或腐蚀性物质(如管道疏通剂)也会造成严重的人身损害。现在许多人都认为从手机发出的辐射也会伤害用户。正如德国学者乌尔里希·贝克早在 1986 年其经典著作《风险社会》中提到,人们所处的现代社会是“文明的火山”,它形象地表达了风险就在我们身边并且随时可能发生。[③] 于是在风险社会这样的背景下,随着人类文明诞生的

---

① MTBE 是一种化合物,旨在提高汽油的氧含量。

② 2017 年 9 月 1 日英国媒体报道,有毒海难可能导致化学云,影响东苏塞克斯郡的 150 名海滩游客。

③ 参见[德]乌尔里希·贝克:《风险社会》,何博闻译,译林出版社 2004 年版,第 13 页。

有毒有害物质给人们带来的侵害现象日渐突出，有毒物质的致害性开始得到人们的普遍重视，现代意义的有毒物质侵权研究也逐渐展开。

对于有毒物质侵权的界定可谓观点纷呈。早期，美国《有毒物质控制法》曾对“有毒物质侵权”有一个宽泛但可行的定义：“化学品和化学混合物大规模生产、加工、销售或处置的过程中可能造成的对人类健康或环境的损害。”①域外司法实践中将有毒侵权行为定义为因接触危险化学品、危险废物、危险碳氢化合物，类似的有害有机物或矿物质或者其他类似有害物质而引起的侵权行为。②域外理论界对有毒物质侵权作出的界定是，有毒物质侵权包括因产品、物质及过程的毒性而对人身、财产或环境造成损害的侵权。③ 在我国，有学者对有毒物质侵权做过简要的定义，认为有毒物质侵权是指一种民事不法行为，即使他人暴露（exposure）在毒物（如石棉、辐射以及有害废弃物）中而遭受损害的侵权行为。④ 可见，有毒物质侵权是一种民事侵权，是因暴露在有毒的物质或环境中而引发人身、财产或环境损害的民事侵权行为。

在有毒物质侵权中，最重要的一点在于有毒物质的暴露，这也是有毒物质侵权的直接路径。人或财产总是以各种各样的方式暴露在有毒物质中，如吸入、吸收、接触、植入或注射。有些暴露容易为人们所感知，例如，服用处方药或食用含有有毒物质的食品；有些暴露却不易为人们所察觉，例如，周边空气轻度污染或饮用水污染。通常而言，有毒物质侵权表现为因为行为人的不当行为，使受害者长期暴露在含有潜伏性有毒物质的环境中或长期使用含有有毒物质的产品，随着时间的流逝，有毒物质开始在人体内不断累积，最终导致身体发生病变或者损害。美国《有毒物质控制法》将这一有毒物质的危害概括为“致癌效应、基因突变、畸形生长、行为障碍、累积效应和协同效应”⑤。致癌效应是指物质引发癌症的能力；畸形生长是一种先天性缺陷，这种先天性缺陷是胎儿在发育过程中，母亲时常暴露在可能引起胎儿畸形的物质中，从而造成胎儿先天性

---

① 15 U. S. C. § 2602(f) (West 2010).

② See McNair v. Owens-Corning Fiberglas Corp., 890 F. 2d 753, 756, n. 4 (5th Cir. 1989); Starr v. A. J. Struss & Co., 2015 Tex. App. LEXIS 7084, at *17 (July 9, 2015).

③ See M. Stuart Madden, *Toxic Torts Deskbook*, Taylor and Francis Group, p. 2.

④ 参见涂永前：《潜伏性毒物致害侵权问题研究》，知识产权出版社 2014 年版，第 13～15 页。

⑤ TSCA, 15 U. S. C. A. § 2603(b)(2)(A)(West 2010).

缺陷；行为障碍有些不同，它是基因突变的结果；基因突变在不同的时间以不同的方式加以表现，它可能直接表现在接触过某种特殊物质的人身上，或者这种基因能遗传，其有害性出现在后代人身上。①

这一方面的典型例子如19世纪的多氯联苯致害事件：1881年多氯联苯于实验室合成后，一直被广泛用于工业生产，但直至20世纪30年代，数名长期暴露在多氯联苯环境中工作的员工非正常死亡，才引起了人们的注意，尸检报告表明多氯联苯给死者生前造成了严重的肝功能损伤。② 美国的"DES"案：受害者因为其母亲在妊娠期间服用了含有"DES"成分的药剂，导致受害者在几十年后罹患癌症。仔细琢磨有毒物质侵权的途径，我们会发现，通常需要比较长时间的暴露过程才会发生有毒物质致害的后果，所以域外著述在提到"toxic tort"时，绝大多数会将"潜伏性"或者"存在潜伏期"作为有毒物质侵权的一个特征。故本书所指的有毒物质侵权秉承其原始之内涵，虽不排斥可能即刻产生损害后果的有毒物质侵权，但更为强调经过一段时间的潜伏期方才发生损害后果的"潜伏性"有毒物质侵权。

第二节　有毒物质侵权与传统侵权之别

有毒物质侵权有别于传统侵权，主要有以下几个特征。

一、有毒物质因暴露而引发的损害

一般来说，侵权关系的发生总是表现为侵权人或侵权物直接作用于受害人，使受害人遭受损害，如缺陷热水器漏电，导致使用热水器的人受重伤；一块无意丢掉的蛋糕，导致踩到的人滑倒受伤。此类侵权行为总是直观且直接，受害者可以轻易地找到自己损害的肇因并寻求救济。但对于有毒物质侵权来说，

---

① 参见［美］吉恩·马基雅弗利·艾根：《毒物侵权法精要》，李冰强译，南开大学出版社2016年版，第3页。

② 参见［美］姆斯·萨尔兹曼、巴顿·汤普森：《美国环境法》，徐卓然等译，北京大学出版社2016年版，第102～104页。

虽然从本质上讲有毒物质侵权也是有毒物质进入并作用于人体的一个过程,但是这种进入却是间接的、潜在的、不可视的。纽约的《控制有毒物质暴露限度条例》将有毒物质的这种作用方式描述为"暴露"。有毒物质(expose to toxic substances)暴露于人体的途径很多,例如,吸收(absorption)、接触(contact)、摄取(ingestion)、呼入体内(inhalation)、灌输(implantation)、注入(injection)等。[①]我们常见的有毒物质暴露的情形是人体饮用了被污染过的水,吸入了有毒有害的气体,摄取了含有有毒有害物质的食品等。但是与一般的侵权相比,这种暴露式的侵权总是显得比较隐蔽与不直观,通常暴露在受害人体中的有毒物质是某种新的化合物,而且有时此等物质可能不为人们所察觉或了解,只是经过长时间的积累,产生了受害人受到损害的后果;有时是某几种或者许多种物质以特定方式混合在一起并相互发生作用,使得原本无害的物质变成有毒有害物质,或者加剧了原本物质的有毒有害性,才引发损害后果。故而这也导致有毒物质侵权中受害者往往对损害的发生与结果缺乏认识与预见性。此外,此类损害绝大多数为人身损害尤其是疾病,仅有少部分涉及财产损害,如埋藏于地下的有毒物质泄露扩散并污染了地表水,从而降低了依赖该地表水的财产的价值。因此本书的论述重点是人身损害的救济。

二、损害后果发生的缓慢性与潜伏性

缓慢性强调的是损害后果的显现需要经过一个漫长的过程。申言之,一些常见的侵权在侵权行为实施完毕后就会出现相应的侵害后果,如物件的破坏、身体的损伤、精神的伤害等。即使是众所周知伴有潜伏期的狂犬病,其因动物致害的侵权行为而产生,狂犬病的潜伏期一般是半个月到三个月,多数病例的潜伏期集中在30~90天,超过1年者不足1%,极个别可长达十年以上。[②]

相较而言,有毒物质侵权在暴露于毒物的事实发生后并不会即刻或在短时间内产生相应的全部损害后果,损害后果的显现往往需要间隔较长的时间,具有一定的隐蔽性。故有毒物质侵权的后果多为慢性损害后果而非急性损害后

---

① See NY Civil Practice Law & Rule 214 – c (MiKinney 1990). 转引自涂永前:《潜伏性毒物致害侵权问题研究》,知识产权出版社2016年版,第17页。

② 参见李兰娟、任红:《传染病》(第9版),人民卫生出版社2018年版,第118~121页。

果(chronic rather than acute effects)。这一现象尤其体现在环境污染、有毒产品(含食品)侵权中。例如,在工业生产、冶炼以及矿产资源开发等活动中产生的重金属如铅、汞、镉、铬等,在造成生态环境污染的同时,它们通过土壤、水源甚至食物链等介质间接地被人体吸收,经过长时间的累积最终对人体健康造成严重损害。[①] 又如,电镀厂对其周围房屋、财产,地下含水层的污染只有在该有害行为发生数年后,当相关房屋或财产的继承人打算出售该财产时才得以发现。

潜伏性(latency periods)强调的是有毒物质隐性地存在于人体之中,损害后果不会即时显现。人体在接触有毒物质后,毒物存留于人体内,而这些物质将进入人体的调节系统,一直潜伏于人体内,受害者并不是一接触到有毒物质就立即出现疾病等身体健康受损的症状,而是在无明显知觉的情况下,任由该毒物潜伏于体内并慢慢地累积,经过一段漫长的过程,直到毒物逐渐累积达到一定的量或毒物同进入人体的其他物质发生反应时才对人体产生侵害。例如,重金属致害的情形,化学性的重金属通过渗入土壤、河流等,受害者恰好被动地长期暴露在此等环境之中,在若干年后,逐渐出现疾病症状,甚至发展为癌症,若是孕妇则可能流产,若是新生的婴儿则可能存在身体畸形或发育迟缓、智力低下等缺陷。[②] 又如,美军在越战期间为了达到战役目的,在越南丛林中大量使用落叶剂以对付北越士兵。当时人们并未意识到落叶剂的潜在危害,可是事隔多年之后,落叶剂对人体损害的负面影响开始出现并受到关注。“对于落叶剂的接触者,可能使其永久的残疾;接触者若为男性,其所生殖的后代多有严重先天性疾病。”[③]而在落叶剂的使用地区,即使在战后几十年,该地区遗传疾病和恶性肿瘤的发病率也是居高不下。[④]

三、损害结果的严重性和广泛性

一般的环境侵权中,受害人知晓其生活在污染较为严重的工业区附近,则

---

① 参见翟艳:《重金属污染侵权诉讼因果关系推定研究》,载《法学杂志》2014 年第 5 期。

② See Joe Cochrane, *From Ore to Nuggets, With Peril: A Mercury Poising Risk in Indonesian Villages*, N. Y. Times, 3rd Jan. 2014, at B1, B4.

③ 张新宝:《美国有害物体侵权行为法介评》,载《外国法译评》1994 年第 1 期。

④ 参见段华明:《战争是最大的人为灾害》,载《南方日报》2005 年 7 月 14 日,第 7 版。

往往会积极地采取一些防护措施,如佩戴防护口罩,对生活用水进行再次过滤,甚至搬离污染地带。同理,对于一般的产品(食品)侵权,若产品(食品)存在易于发现的缺陷或损害后果较快发生,则受害人或其他人会采取措施避免损害的发生或防止损害后果的进一步扩大。然而因有毒物质的潜伏性、发生作用缓慢性,受害人可能在不知情的情况下,长期没有采取防护措施地暴露于有毒物质之中,人体内的毒素尤其是化学物质经过长时间累积,损害结果一旦出现便是受害人罹患以各类癌症为主的严重性疾病,并且事后的治愈性极低。因此有毒物质侵权有别于一般侵权行为,其引发的损害难以得到较快的治愈或者恢复原状,该损害后果是严重的甚至无法逆转的,例如,因环境污染导致我国一些地区"癌症村"频现。

另外,20 世纪后期公众十分关注群体性侵权诉讼,而近年来发生的大规模侵权案件主要是源于接触有毒物质而引发的毒物侵权。① 有毒物质的主要暴露媒介为环境与产品。这二者具有一个共同的特点,即牵涉的范围广泛。前者系对一定地域内的人口造成影响,后者通过现代社会发达的物流交通体系能够扩散到全球各地。因而一旦其中发生有毒物质侵权,将会导致损害结果的广泛性。这意味着,受害者的范围广泛、规模庞大(widespread harm),受到牵涉的人数可高达数万,并且可能会出现受害者身份、数量不明的情形。例如,1986 年 4 月 25 日苏联的切尔诺贝利核电站爆炸事故造成泄漏的核燃料浓度达 60%,放射性元素持续超量释放直至 10 天之后反应堆才被封存。事故发生 3 天后,附近的居民才被撤走,在这一期间已经有不少人饱受了放射性物质的污染,核污染给人们带来了无法统计的精神上、心理上的不安和恐惧。从 1986 年至 1993 年,有 7000 名清理人员死亡,其中 1/3 是自杀;40% 参加医疗救援的工作人员患上了精神疾病或永久性记忆丧失;参加救济工作的 83.4 万人中,已有 5.5 万人丧生,7 万人终身残疾,30 多万人受辐射伤害死去。② 而且该核电站周遭 7000 米内的树木逐渐死亡,在事故后长达半个世纪的时间里,10 公里范围以内将不能耕作、放牧,10 年内 100 公里范围内被禁止生产牛奶。

---

① See Arthur F. Foerster & Christine Gregorski Rolph, ed., *Toxic Tort Litigation (second edition)*, American Bar Association, 2013, p. 5.

② 参见涂永前:《潜伏性毒物致害侵权问题研究》,知识产权出版社 2016 年版,第 25 页。

2001年"9·11事件"及其余波,使无数人暴露于混有化合物、石棉及其他物质的有毒空气中。[①] 据《太阳报》2018年8月12日报道,美国联邦世界贸易中心健康计划统计调查9795名纽约及美国其他地区癌症患者后发现,病患的患病原因与"9·11事件"有关。恐怖袭击事发当天,恐怖分子撞毁了纽约世贸中心,两幢110层的摩天大楼起火并轰然倒塌。"9·11事件"不仅给遇难者家属带来永久性精神创伤,还存留了严重后遗症,不少清理废墟和参与抢救的工作者都受到了生命威胁。大楼被撞毁时掀起的有毒粉尘和烟雾,能引发癌症,并且往往有几年潜伏期。据2013年美国一份报告指出,因"9·11事件"吸入大量粉尘等有害物质,因而罹患癌症的人数,在过去12年间高达1140人,可怕的是,罹癌人数可能会持续攀升。[②] 联邦计划自2013年开始追踪癌症患者数量,发现有近10,000人由于"9·11事件"造成的有毒粉尘患上癌症,且患者数量呈上升趋势。研究证实,参与抢救和康复的工作者患甲状腺癌、乳腺癌、非霍奇金淋巴瘤和皮肤黑色素瘤的概率明显高于普通人群,并且随时面临患膀胱癌的风险,也有可能患上致命的白血病。[③]

我国2008年发生的"三聚氰胺毒奶粉"事件,受害者遍布奶粉的销售地。因此有毒物质侵权尤其是环境毒物侵权常带有大规模性的特征。许多有毒物质侵权具有的大规模性会引发这样一个特殊问题,即那些已经暴露在有毒有害环境或物质之中但在诉讼时尚未出现疾病症状的人(未来可能的原告)在多大程度上应当或能够被包括在现有的和解协议或法院判决之中。而且在当下的诉讼中,追加未来可能的原告将无限地延伸该诉讼的范围。而实际上,在大规模有毒物质侵权的案例中,很少有案件可以准确地预测最终原告的数量。

四、因果关系证明的棘手性

在有毒物质侵权中,存在理论科学与应用科学这一对矛盾。在实践领域,

---

① See Jean Macchiaroli Eggen, *Toxic Torts at Ground Zero*, Ariz, St. L. J., Vol. 39, p. 383(2007).

② 《美国9·11后遗症:数千人吸入有毒物质罹患癌症》,载人民网,http://world.people.com.cn/n/2013/0910/c1002-22872015.html。

③ 参见《9·11恐怖袭击事件余波:毒尘让10000名美国民众患上癌症》,载网易新闻2019年2月8日,http://dy.163.com/v2/article/detail/DP5Q9J7C0517R0TV.html。

每年的科学发明、新的化学物质等总是源源不断地投入应用。如 20 世纪 70 年代初在美国每年新增化学品达 25 万种，[①]但对于这些物质的全部机理，科学家们缺乏足够的认识。这是由于对于工业生产而言，人们需要的仅仅是这些化学物质表现出来的某方面特性，因此可以轻易地将其投入应用，流入社会生活当中。但是对于理论研究而言，则需要长时间的投入才能弄清其中的具体机理，尤其在医学、病理学上。由于人体的复杂性，对于疾病成因的研究相对比较缓慢与滞后，甚至一些疾病的确切病因至今未能弄清（如一些癌症、自身免疫性疾病等）。在这种矛盾下，面对源源不断投入使用的化学物质，对于其是否具有危害性、具有何种危害性的疑问，现有的科学认识显得捉襟见肘。即使是既往已知的一些化学品，也充满了不确定性。虽然理论与实务在分歧争论中能够不断地更新进步，但对于法律与救济而言，这种进步仍然显得尤为缓慢，导致有毒物质侵权在损害结果的认定上，充满了科学的不确定性，使得因果关系的证明更为艰难。

在有毒物质侵权中，其因果关系的证明除了受科学的不确定性影响外，还同样受到时间因素与偶然介入因素的影响。一方面，由于前述有毒物质进入人体的隐蔽性与潜伏性特点，导致受害人往往没有意识到自己暴露在有毒环境或接触到有毒产品，对于相应的损害缺乏认识与预见，难以及时地收集与固定证据，在损害显现时由于时间的经过而加大了因果关系的证明难度；另一方面，在有毒物质的作用过程中通常还容易介入诸多不确定因素：如多种无害化学物质混合后造成的损害、新的有毒物质介入、不同环境下的环境毒物参与，这使得受害人很难证明特定的产品制造商或环境污染物排放者与导致自己深受其害的有毒物质相关。即使得以证明产品制造商或环境污染物排放者确实使受害人处于特定有毒物质的侵害之下，受害人也难以证明侵害的次数、侵害持续的时间及毒物的强度等。这些都会使因果关系的证明倍加艰难。

五、诉讼中对科学证据的依赖

与普通的侵权相比，有毒物质侵权的另一个显著特征是诉讼中对于科学证

① 参见滕海键：《1976 年美国〈有毒物质控制法〉的历史考察》，载《贵州社会科学》2016 年第 9 期。

据的极度依赖。通常而言，在一起普通的人身侵权案件中，仅凭医生、目击者等的普通证词即可证明行为或者产品与受害者之间的因果联系。法官也能凭借个人经验与常识对其有所了解。但是在有毒物质侵权中，由于有毒物质来源的多元化及时空的广泛性使得加害人难以确定，加之有毒物质侵权损害结果的潜在性，例如，环境毒物致害的污染源覆盖了毒物的生产、加工、利用、消费、废弃等的各个方面，即使一个独立的污染源都可以造成环境污染。然而单一环境介质的污染也有可能是来自多个污染源，并通过化学反应产生毒性，当人们暴露在毒物污染的环境中，通过接触或呼吸等途径使毒性物质进入体内，然后通过长期的累积并发生化学或物理化学作用，导致了急性或慢性的健康损害，甚至对生命造成威胁。故而对于其是否能造成损害结果、造成何种损害结果等的认定，法官借助个人经验与常识难以判断，需要借助一定的科学、医学技术手段。通过专家的检测，来证明所诉对象是否含有有毒有害物质，受害人的损害是否由有毒物质造成，造成的损害范围有多少。所以在此类案件中，法官十分依赖科学证据、专家证言。

而且更进一步说，有毒物质侵权诉讼中，所依靠的专家科学证词主要是基于统计信息或实验研究报告形成的。在传统交通事故中，身体受到创伤的原告可以通过主治医生的伤情描述以及主治医生根据其自身专业知识与经验所提供的关于原告身体伤残情况与恢复建议，来证明原告身体损伤与交通事故之间的因果关系。然而，在有毒物质侵权诉讼中，主治医生的角色是帮助治愈原告的疾病，有毒物质侵害的复杂性使得主治医生难以查明引发损害的确切原因或引发损害的毒物性质及其来源，所以在某种程度上，原告的疾病是因暴露在有毒物质之中还是其他原因引起的，主治医生并不关心，与其治疗也没有太多关联。即使主治医生根据自身诊疗经验和医学知识提供关于因果关系的看法，也会因为没有充分的科学研究或科学数据作为支撑而不被认可。当然这并不意味着科学或医学上的因果关系即是法律上的因果关系。两者是不同的，科学或医学上确定一种因果关系，所需要的确定程度一般须达95%以上，而在民事诉讼中，法官在判断因果关系时则采用高度盖然性标准（如我国）或优势证据标准（如美国、英国），其对因果关系确定程度的要求显然低于科学或医学上的要求，且着重比较当事人双方提供的支持各自立场的科学证据的可信度及其质量。

另外,有毒物质侵权诉讼涉及大量不同领域的专家,这有别于其他侵权。例如,有毒化合物渗漏到垃圾处理场下的地下水系统,而后进入饮用水供应系统中,从而造成他人人身损害。这一诉讼将涉及化学、化学工程、环境工程、工业毒理、水文地质学、流行病学、医学等多个领域的专家。

六、损害赔偿救济的特殊性与多元化

在侵权法领域有一格言,"无损害即无赔偿"。一般而言,只有遭受了损害的原告才有权请求侵害人赔偿其所受到的所有损害,包括过去、现在和将来的损失。[①] 传统侵权法救济的前提是原告遭受了损害。在通说中,损害是所有民事赔偿责任的必备构成要件。[②] 然而在有毒物质侵权中,传统规则的运用将成为损害救济的桎梏。对于有毒物质造成的损害而言,这些损害具有漫长的潜伏期,从遭受侵权行为到这些有毒物质诱发人体产生疾病,少则数年,多则数十年。在长期等待损害具现的过程中,可能出现证据消失、证明力减弱、证人死亡、因果关系介入异常因素等情形,导致受害人对损害赔偿的举证陷入事实不能而丧失救济。亦可能出现侵权人财产减少、破产、主体资格消灭等情形,导致受害者的损害赔偿请求缺乏被请求人。不管何种情形的出现,都会使受害者陷入救济的孤立无援险境。遂有受害人在明确的损害后果发生之前主张相应的赔偿。这些赔偿请求基于创伤后的压力障碍、生活质量的降低、精神损害、增加的风险、患病的恐惧以及医学监测费用(medical surveillance monitoring)。[③] 例如,与一般人相比,暴露在有毒物质中的潜在损害受害者,虽然未具有明显的疾病症状,但由于有毒物质的侵害,其将来罹患某种癌症或其他疾病的风险明显增加。原告认为这种潜在损害(latent damage,latent harm)本身即对人体构成伤害,进而提起赔偿诉讼。然而这种无法量化、无法确定的疾病风险缺乏理论与法律依据,难以得到法院支持。又如,在有毒物质侵权案件中,大多数主张精神损害赔偿的原告并没有任何相伴的疾病或者其他人身损害,但实际上,随着有

---

① See Dan B. Dobbs, *Tort Law of Torts*, West Publishing, 2000, p. 822.

② 参见程啸:《侵权责任法》(第3版),法律出版社2021年版,第226页。

③ See Lisa Heinzerling & Cameron Pwoers Hoffman, *Tortious Toxics*, Wm. & Mry Envtl. L. & Pol'y Rev., Vol. 26, p. 67–69 (2001).

毒物质所产生的潜伏性损害发展，将来可能出现的癌症或其他疾病给受害者带来长期的恐惧与严重的精神痛苦。这些主张被称为基于"对癌症的恐惧"或者用一不太恰当的词语来表述是"癌症幻想"的赔偿请求。[①] 依据传统侵权法理论，法官会认为这样的主张没有自身的损害作为基础，其或是一种主观想象的精神损害，抑或是一种欺骗性的主张，故而难以认可如此没有其他确证的精神损害赔偿。

有毒物质救济的特殊性给侵权法乃至整个法律体制提出了挑战。侵权法学者开始重新审视"损害"的概念，提出了潜在损害亦是可赔偿的损害之观点，在严格条件下为潜在损害提供了基于患病风险增加(enhanced risk of disease)的赔偿请求权、患病恐惧(fear of disease)赔偿请求权、医疗监测(medical surveillance)费用赔偿请求权等救济途径。同时，为了弥补侵权法在有毒物质侵权救济中的不足，开拓了社会化的救济路径，即以赔偿基金或责任保险制度来辅助毒物侵害救济的实现。

第三节　有毒物质侵权的主要类型

有毒物质侵权并不是一种完全独立、新生的侵权类型，而是渗透到现有的传统侵权中，但又区别于现有的传统侵权。它可以表现为一般侵权行为，也可以表现为特殊侵权行为。就一般侵权行为而言，行为人过错导致他人因有毒物质而遭受人身或财产损害。例如，在艾尔斯诉杰克逊镇(Ayers v. Township of Jackson)一案中，[②]被告行为污染了原告的饮用水源，造成原告在发现此行为后的一段时间内生活的不方便与不舒适，遂以妨害造成生活质量降低为由向法院提起诉讼。法院根据《美国侵权责任法第二次重述》第929条的规定，认为原告可以因其不方便、不舒服、烦恼以及自身人身或财产遭受的损害而获得补偿。

有毒物质侵权更为常见的表现为特殊侵权，如产品侵权、环境侵权，抑或高

① 参见[美]吉恩·马基雅弗利·艾根：《毒物侵权法精要》，李冰强译，南开大学出版社2016年版，第266页。

② 525 A. 2d 287 (N. J. 1987).

度危险作业侵权(民用核设施发生核事故、高度危险物侵权)等。[①] 但从有毒物质的致害过程与有毒物质侵权的特征来看,环境毒物引发的有毒物质侵权与产品毒物带来的有毒物质侵权是毒物侵权最为典型的表现形式。有毒物质是一种能够对人体机理产生破坏的外源性化学物质,虽然法律上认定的有毒物质与毒理学上的认定或许有些差别,但改变不了其基本的外源性特征,即有毒物质的侵害必须借助一定的媒介才能抵达人体。从实践看,有毒物质主要通过环境媒介与产品媒介作用于人体。国内外历史上发生了大量药品、食品致害事件,这种因产品而引发的潜在侵害行为是有毒物质致害侵权诉讼中最为重要的来源之一,另一个重要来源是污染环境所导致的潜伏性侵害。[②] 故而本书对有毒物质侵权的探讨将环境毒物侵权与产品毒物侵权作为典型,主要围绕这二者展开。

之所以对环境毒物侵权与产品毒物侵权进行区分除了媒介上的差异之外,还因为二者发生作用的具体形态也有所不同,无论是侵权责任的构成还是因果关系的认定等方面均具有明显的差别。例如,环境毒物涉及环境侵权的范畴,历来也是环境法学的研究重点,相应的保护理论掺杂了更多的公法色彩;而产品毒物则属于比较纯粹的私法领域问题。这些差异如果不予重视,将会导致在法律实践中出现司法适用困难、救济不充分不及时,出现偏差,甚至同害不同救的有悖公平正义的情形。故而,区分情形进行阐述是十分有必要的。

一、环境毒物侵权

随着现代社会人类活动范围的急剧扩张以及行为影响力的加深,环境污染的危害日益显现,环境毒物带来的对人体与环境的侵害越发成为现代侵权法无法回避的问题。对于动辄可能造成毁灭性损害的大规模环境毒物风险,最佳的应对手段应当是预防先于救济。因此对于环境风险,各国通常乐衷于通过标

---

① 与有毒物质侵权责任相关的高度危险责任主要包括民用核设施致害责任与高度危险物致害责任,前者是指核设施或核装置的运营人因为核事件或核事故对公民和法人的合法权益造成侵犯和损害,而必须承担的民事责任;后者是指占有或使用易燃、易爆、剧毒、放射性等高度危险物者,应对该危险物给他人造成的人身、财产权益损害,承担相应的侵权责任。

② 参见涂永前:《潜伏性毒物致害侵权问题研究》,知识产权出版社 2016 年版,第 131 页。

准、许可、命令等行政手段予以预防,从而使得风险规避方案在环境问题上逐渐取得了主导地位。然而这种认识并非意味着私法在环境问题上毫无施展拳脚的空间。事实上,风险规避方案始终无法回避的一个问题是,它的有效建立在信息的全面性上,通过对关键环境信息的筛选与把控以建立密集的预防网络。但是这种方案要求一套体系严密、逻辑自洽的规则体系。但前述的应用科学与理论科学的内在矛盾决定了这种规则体系本身是一种悖论,人类认知上的缺陷将导致环境问题只能被推迟而无法被规避,环境侵权引发的人身或财产损害还有赖于侵权法机制实现不幸损害的救济与分散。不仅受害者能够在个案中实现公平正义,同时也能通过私法追责,震慑侵权人,实现环境问题成本的内部化。简言之,在环境问题上,虽然私法不再占据主导地位,但其依然是一个不可或缺的核心环节。尤其是在环境毒物侵权问题上,其比一般的环境污染或生态损害等问题更直接地与人类的核心利益相挂钩,对此必须有一套严密自足的规则体系实现从矫正正义到分配正义的转换。

从概念内涵看,环境毒物侵权显然属于环境侵权中的一个子概念。对于环境侵权,有学者将其定义为"因产业活动或其他人为原因,致生自然环境的污染或破坏,并因而对他人人身权、财产权、环境权益或公共财产造成损害或有损害之虞的事实"①。但我国的侵权法并未对环境侵权作出明确的定义,而是笼统地以环境污染责任的形式予以规制,也因此在学界引发对于环境侵权具体内涵的争议,即环境侵权造成的损害的范围之争。侵权法学者大多倾向于认为环境侵权造成的损害仅指人身或财产损失,而不包括纯粹的环境损害;而环境法学者则认为原《侵权责任法》第 65 条规定的环境污染行为所致损害应包含环境损害。这种损害范围上的差异,主要来源于对环境侵权内涵的认识不同。对于侵权法学者而言,这种差异一方面来自于私法上的权利义务逻辑,环境侵权的本质实际是侵权行为透过环境介质对人的利益造成的损害,从私法的角度看,纯粹的环境损害因缺乏相关明确的私法权利主体而得不到承认,另一方面也是原《侵权责任法》第 65 条②语焉不详的环境污染定义造成解释上的混乱。而对于

① 王明远:《环境侵权的概念与特征辨析》,载梁慧星主编:《民商法论丛》第 13 卷,法律出版社 2000 年版。

② 现为《民法典》第 1229 条,因污染环境、破坏环境造成他人损害的,侵权人应当承担责任。

环境法学者而言，他们更看重的是环境背后的公共利益，环境污染行为对环境利益造成的损害同样值得重视，有学者意图借助公共信托理论将国家作为环境利益的权利主体，从而避开传统侵权理论中权利主体的限制。无论学者争论如何，在越发注重绿色发展理念，追求生态文明建设的当下，广义论上的环境侵权定义更符合国家的政策导向与主流价值。这一点，从2014年新修订的《环境保护法》第64条将环境侵权的原因行为从单纯的污染环境扩张到生态破坏与污染环境两种，以及《民法典》侵权责任编将"环境污染责任"改为"环境污染和生态破坏责任"并增加了"生态修复责任"来看，即可见一斑。

在此前提下，有毒物质侵权中的环境毒物侵权与普通的环境侵权又存在一定的差异：从环境侵权的原因行为看，我国的《环境保护法》将环境侵权民事责任的原因行为分为了环境污染与生态破坏两类，①因而环境侵权造成的后果既包括因为环境污染对人体健康、财产以及环境造成的损失，也包括因为生态破坏行为造成的纯粹环境损害。但是对于环境毒物侵权而言，单纯的破坏生态通常并不会对人体造成直接的有毒物质侵害，故而需要借助环境污染的形式将有毒物质暴露在人居环境之中，因此从原因行为的角度，环境毒物侵权导致人身或财产损害的原因行为多为环境污染，而非生态破坏；而且这种污染的内涵较为狭窄，主要是指基于有毒物质的不当暴露而造成的毒害性污染，区别于通常所指的环境原有舒适条件受影响的污染。从救济目的来说，环境侵权造成的损害包括对人或财产的利益损失以及环境利益的损失，因此在对环境侵权进行救济时必须兼顾考虑对人或财产的救济责任以及对环境的修复责任。然而环境毒物侵权的重点在于有毒物质对人体造成的损失，虽然这部分行为也会造成环境生态的破坏，但并非其考虑的重点，从损害的填补看，环境毒物侵权更加关注纯粹的私法救济。从权利客体看，环境毒物侵权针对的客体包括了自然人的人身、财产权益，也同样包括自然人的环境权益。然而在环境毒物侵权中，环境主要作为有毒物质作用的一种介质，而不强调其作为受保护的对象。从救济的渠道看，环境利益是一种主体广泛的权益，它既是私法主体的个人权利，也是公法领域的公共权利，自然人的环境利益受保护，法人、组织等团体同样也可申诉权

① 参见竺效：《论环境侵权原因行为的立法拓展》，载《中国法学》2015年第2期。

利,因此当环境侵权发生时,既可以通过私法途径寻求救济,也可援引公法渠道,甚至可以借助国际条约。但对于环境毒物侵权而言,它关注的是受侵权责任法保护的私权,从侵权责任法的角度,它保护的是人的人身、财产权益,因此只有特定的自然人主体才能得到救济。

因此,环境毒物侵权属于环境侵权的下位概念,与环境侵权有相通之处,却更限制于毒物这一特性,如此就给传统侵权法或环境法带来了新的挑战。

二、产品毒物侵权

相比于环境毒物侵权,产品毒物侵权更贴近普通人的生活。在一个人的日常生活中,总是要不可避免地接触各种各样的产品,如食品、药品、数码电子、建筑材料……这些产品在提高人类的生活质量的同时,也总是伴随各式各样的安全隐患。除了常规的产品缺陷导致的直接、可视的侵害之外,一些隐蔽的侵害更应该引起人们的重视,由产品毒物引发的侵权行为,便是其中的一种。

早期的毒物侵权诉讼案件表明,一些法院不愿意适用新颁布的产品责任法来解决有毒物质暴露所导致的损害索赔案件。[①] 巴舍姆诉欧文斯—康宁纤维玻璃公司(Bassham v. Owens-Corning Fiber Glass Corporation)案就是一个典型例子。该案中,一个石棉工人根据产品责任法提出因暴露于石棉而遭受损害。

石棉作为一种天然矿物纤维,因为具有高度耐火性、电绝缘性和绝热性,是极好的防火、绝缘和保温材料。石棉被广泛地应用,但它的危险性在于,当工人切割这些绝缘材料或者在工作中使用这些绝缘材料时,随着时间的流逝,石棉产品逐渐老化或者移动其原有位置时,这些纤维则会飘散。由于石棉的粉尘为极其细小的纤维,容易飞散在空中,吸入人体后就会附着并长期沉积在肺部,诱发肺癌、石棉肺等肺部疾病和胸膜斑、间皮瘤等其他疾病,石棉已经被国际癌症研究中心认定为致癌物。[②] 通常此类损害是因工人在从事雇佣活动中接触了石棉产品而产生的,故而法院认为职业疾病索赔并不属于产品责任法中的损害类

① 参见[美]吉恩·马基雅弗利·艾根:《毒物侵权法精要》,李冰强译,南开大学出版社2016年版,第16页。

② 参见莫也:《环境污染致健康损害的行政救济——日本的经验和启示》,载于宪会主编:《日本法研究》第4卷,中国政法大学出版社2018年版。

型。工人暴露在石棉环境中与疾病的显现之间间隔了很长的潜伏期，而在通常的产品责任索赔中，缺陷产品导致的损害结果往往会立即显现。此类索赔明显不同于通常的产品责任索赔，所以法院拒绝根据产品责任法来处理这一索赔诉讼。在20世纪70年代中叶之前，这一观点在各法院中占主导。

从博雷尔诉纤维板纸支柱公司（Borel v. Fibreboara Paper Prods. Corp.）案开始，法院的观点逐渐发生了改变。该案首次将严格的产品责任法运用于与石棉相关的工作场所损害的案例。原告是生产工业绝缘材料工厂的工人，在长达33年的时间里他一直处在含有石棉的工作场所里，导致他患上了石棉肺和间皮细胞癌。他以生产含有石棉绝缘材料的制造商没有警示原告所使用的石棉中包含有毒物质为由，向几位制造商提起赔偿诉讼。该法院根据产品责任理论，认为制造商没有尽到充分警示义务，未告知原告在工作中使用的含有石棉的产品是一种有毒有害物质，且法院通过查阅有关石棉对暴露于其中的工人健康影响的医学资料，确认石棉与损害之间的因果关系，进而认定制造商应对原告的损害承担责任。自此以后，严格的产品责任法被运用于引发潜在疾病的产品侵权诉讼中。这也反映了产品毒物侵权的归责原则从适用过错责任原则到可适用无过错责任原则的演变过程。

由此可见，与环境毒物侵权类似，产品毒物侵权属于产品侵权的下位概念，但又有别于传统的缺陷产品侵权。我国的《民法典》与《产品质量法》并无产品毒物及产品毒物侵权的直接概念。对于产品责任，学者将其定义为缺陷产品造成他人损害时，该缺陷产品的生产者、销售者应当承担的侵权责任。① 产品毒物侵权即是指有毒产品因自身缺陷对他人造成人身财产损害的行为。从上述有关产品侵权的定义及相关概念可知，产品毒物侵权的成立正是建立在产品存在缺陷的基础上。但是引发产品毒物的这种缺陷与一般产品责任不同，其主要表现为可能对人的身体、财产造成损失的产品中含有有毒物质成分。这种缺陷可能是因为在生产、制造的过程中掺杂、添加了危险有毒物质，或使用的生产材料违反了国家或行业的强制标准。也可能是因为产品设计不当（包括配方、处方的不当，原理的错误，结构设计的不妥等）导致产品存在潜在的不安全因素。亦

① 参见程啸：《侵权责任法》，法律出版社2016年版，第481页。

有可能是因为制造者或销售者未对产品的使用提供充分的说明与警示。16 世纪瑞典的一位医学家曾经提出一个剂量决定毒性的理论,即有毒物质能否造成损害不仅要看其具体的物质成分,同样还有考虑该种成分的实际存量。因此,如果不合理地使用一些特殊的产品如药品、化妆品等,其中的一些化学成分同样会因为剂量的累积而转化为产品毒物。除此之外,一些产品还具有专门的使用、储存等要求,若操作不当,亦可能产生产品毒物,种种这些均需要生产者的事先提醒,否则将会构成产品上的警示缺陷。

对于产品毒物侵权,我们其实并不陌生,早在 2002 年,轰动一时的"苏丹红"事件便引发社会对有毒产品的关注。然而直到 2008 年的"三聚氰胺毒奶粉"事件,才引起社会各界的充分重视与深刻的反思。虽然国家行政机关作出了积极的回应,及时地给予受害人行政救助,但是我国私法在此方面的跟进动作似乎不大。2020 年颁布的《民法典》虽然对产品责任制定了比较严格的规范,但是在具体设计上,它对产品责任中有毒物质侵权的回应明显不足。对所有缺陷产品采用"一刀切"的做法,缺陷产品致人损害一律采取严格责任,在构成要件与责任承担上依原《侵权责任法》的一般规定。2021 年实施的《民法典》亦承继原《侵权责任法》的相关规定。[①] 这必然导致产品毒物侵权在实践中无法获得一个比较细致的实体法依据,这为学术理论的探讨提供了动力。

第四节　有毒物质侵权的国内外现状及引发的思考

一、域外有毒物质侵权立法与学术研究的现状

在 20 世纪 60 年代,尚未出现有毒物质侵权这一提法。然而随着新产品、新化学物质与新环境因素的影响,气体、水、食物、室内或工作场所的污染已对成千上万人的健康产生了潜移默化的影响。而且一件意外事故会使数千人伤亡,如在印度博帕尔发生的联合碳化物厂发生的化学火灾,或是在意大利塞韦素发生的二噁英爆炸。人们开始意识到有毒物质的存在及其可能对人类造成

① 黄薇主编:《中华人民共和国民法典释义》(下),法律出版社 2020 年版,第 2334 ~ 2337 页。

的影响。同时在许多诉讼案件中,人们发现因有毒侵权的损害后果具有潜伏性与广泛性的特征,适用传统法律规范难以为受害人提供充分的救济,因此法律制度自身必须加以改变以应对时代提出的新挑战。随之于 20 世纪 80 年代,有毒物质侵权法便应运而生,并在 21 世纪初继续演进发展。[①] 现今域外关于有毒物质侵权的立法、司法与学术研究日渐丰富,以"toxic tort"为关键词在 lexisnexis 中查找,发现相关的判例有 9293 件,相关的立法有 1214 部,例如,美国、英国、欧盟已有相关立法。[②] 相关学术论著已逾万篇。法学理论不断推陈出新,以解决有毒物质侵权中的诸如因果有关系的证明、被告的确定等特殊问题。可以说,在近十年的时间里,与有毒物质侵权相关的法学领域正迅速地扩张。[③]

在诸国中,美国最早开始对有毒物质侵权开展详细的司法实践与学术研究。在美国,基于有毒物质引发的侵权诉讼并不少见,早在 20 世纪,有关石棉污染物造成的石棉工人大规模起诉以及服用己烯雌酚引发的孕妇后代大规模群诉,均引起美国社会、学界对于有毒物质侵权诉讼的广泛重视。美国最近一次的大规模有毒物质侵权事件——墨西哥湾溢油事件,更是在各个领域引起了前所未有的法律诉讼:商业捕鱼产业因为石油污染导致当地渔业遭受毁灭性打击而提起经济损害赔偿诉讼;环保团体基于公共利益的考量而提起公民诉讼;清理油污的工人也会因为暴露在油污之中承受不可预见的有毒物质的侵蚀染上疾病而提起诉讼,甚至邻近的一些土地所有者也可因为石油侵害了他们的财产而提起诉讼。这种大规模有毒物质侵权事件可能引发的集团诉讼,只是美国这几十年来有毒物质侵权诉讼发展的一个缩影。在经历了 20 世纪七八十年代汹涌的大规模毒物侵权诉讼之后,美国已经在 21 世纪做好充分的准备迎接各式的有毒物质侵权挑战。

在美国,有毒物质侵权的渊源通常被认为来自三个领域:第一种是来自缺陷产品诉讼,包括具有隔代癌症隐患的孕妇保胎药、铅含量超标的儿童玩具、含

---

① For a good overview of developments in the toxic tort area, see Seventh Annual Symposium, *Toxic Torts: Judicial and Other Legislative Responses*, Villanova L. Rev, Vol. 28, p. 1086 - 1087 (1982).

② See Neil Hawke LL. B, *Toxic Tort Symposium: Toxic Torts and Regulatory Standards in the Law of the United Kingdom and the European Union*, Tul. Envtl. L. J., Vol. 10, p. 279 - 301 (2000).

③ Margie Searcy Alford, *Toxic Torts Guide* (*CHAPTER* 1). syn.

有病毒的血液制品等;后两种是职业暴露诉讼与环境毒物诉讼,前者主要如石棉工人、造纸工人、印染工人等长期暴露在有毒的工作环境中而染上疾病,后者包括重金属污染、有毒化学品污染、辐射污染等有毒物质被不当的暴露到环境当中引发的损害。

根据健康损害是否具现,美国的有毒物质诉讼的原告又可以分为两类:一类是具体损害已显现的受害者,又称为"已出现疾病症状受害者",对于此类人群提起的诉讼(通常为人身损害赔偿请求或精神损害赔偿请求),一般按照传统的侵权法理论进行处理即可。原告可以基于暴露在有毒物质之中而遭受的身体损害或心理伤害向加害方请求医疗费用与精神损害方面的赔偿。对于医疗费用,既包括已经支出的诊治费用,也包括未来可能存在的合理费用。而另一类诉讼主体是曾长期暴露在有毒物质当中但并未出现具体病症的原告,又被称为潜在受害者(potential victims)。对于此类人群,由于传统的侵权损害赔偿建立在实定的损害基础之上,因此通过常规的侵权救济手段通常无法对其进行救济。然而此类受害者的侵害与忧惧又是真实存在,因此,为了充分的救济有毒物质侵权的受害者,美国法发展出了多种崭新的救济思路:对于此类潜在受害者,在符合条件的情形下,美国的个别州允许他们在没有实定损害的情况下,提出"不断增长的疾病风险之诉"、"基于患病恐惧之诉"以及"医疗监测费用之诉",在一定程度上弥补了传统侵权法对此类受害者救济的缺失问题。

除了诉讼种类的拓展,面对有毒物质侵权有别于普通侵权的种种迥异特性,美国法还在因果关系、损害认定、抗辩事由等方面发展了一些新的诉讼规则。例如,对于有毒物质侵权的诉讼时效问题,由于有毒物质的自身潜伏性等特征,传统的诉讼时效已被证明是不充分的,鉴于此,美国的诸多法院在有毒物质侵权诉讼中纷纷放弃了传统的损害显现规则,转而适用损害的发现规则(诉讼时效的起算并非从有毒物质的最后暴露时间算起,而转为从原告知道或应当知道伤害存在时起计算),一些州法院还制定了损害的法定发现规则。此外,在有毒物质侵权的因果关系认定上面,己烯雌酚案创设了市场份额责任理论,洛尔诉隆派恩公司(Lore v. Lone Pine Corp.)案确定了"孤松"命令规则[①]，还有科学证据标准，流行病学因果关系理论等均被广泛地用于多种有毒物质侵权诉讼之中。在损害规则上，也出现了一些法院放弃传统的人身伤害规则而支持单纯的基于恐惧而提起诉讼的做法。

其他国家亦有相关的司法实践与学术研究。例如，在英国伊芙琳·马格雷森诉J. W. 罗伯茨有限公司（Evelyn Margereson v. J. W. Roberts Ltd.）案中，[②]当原告还是孩童时便在被告工厂装货间玩耍，因而暴露在石棉粉尘中，多年后原告罹患间皮癌，遂要求J. W. 罗伯茨有限公司承担赔偿责任。法院认为，自1925年起石棉的风险就为公众周知，然而孩童却被允许在紧邻工厂的地区玩耍，他们将暴露在肺病的风险之中这一事实是可预见的，故J. W. 罗伯茨有限公司应当承担侵权责任。该案是第一个以过失侵权责任为由提起的毒物侵权之诉，其所涉及的谨慎义务已被拓展，义务的对象不仅包括工厂的员工，还包括紧邻工厂围墙外的邻居。倘若污染物扩散到更广阔的环境中，波及当地居民，则这一环境毒物侵权诉讼的潜在诉讼当事人会显著增加。例如，在科比集体诉讼案（18 Children With birth Defects v. Corby District Council in England）中，[③]有毒化合物的环境暴露造成大量的人身损害是该案之所以耗时巨大的关键所在。该诉讼源于科比区的前英国钢铁厂址的场地修复，在修复过程中，土地修复工程将各种有毒化合物（致畸剂）释放到大气中而被孕妇摄入，进而导致了他们的后代出现上肢畸形。[④] 法院通过理论的革新使受害人得以救济：第一，扩大了损害可预见性标准。可利用科学知识去证明被告可预见损害的存在。虽然被告有可能抗辩主张在事发当时并没有可依据的科学知识。然而，即使事发当时可

---

① 孤松命令是被告律师的一种诉讼策略。在意识到案件中原告提出因果关系的重要性与原告在提供必要证据方面存在困难时，被告律师可以要求原告在书上说的预审阶段提供他们的证据，并以此向法院申请建议裁判，从而请求法院驳回原告的起诉。这种方式因为能够避免司法资源的浪费而受到法院的欢迎。See Adjemian v. American Smelting & Refining Co. ,2002 WL358829.（Tex. Ct. App. 2002. 转引自［美］吉恩·马基雅弗利·艾根：《毒物侵权法精要》，李冰强译，南开大学出版社2016年版，第235页。）

② ［1996］Env LR 304.

③ Corby Group Litigation Claimants v. Corby B. C.（re Corby Group Litigation）［2008］EWCA Civ 463；［2009］Q. B. 335, p .55.

④ 参见［英］马克·韦尔德：《环境损害的民事责任——欧洲和美国法律与政策比较》，张一心、吴婧译，商务印书馆2017年版，第80页。

参考的科学知识很有限，法院仍足以认定被告应当已经知道有毒粉尘对未出生婴孩造成危害。而且法院认为，损害的可预见性不应过于狭隘，且原告无须证明被告可预见损害的“明确”类型。第二，尝试降低因果关系的证明标准。虽然该案法院未对因果关系作出明确的判定，但法官已准备好根据流行病学的证据，初步证明出生缺陷和暴露于有毒粉尘之间存在因果关系。英国实务界与理论界已意识到因果关系判断在有毒物质侵权中的关键作用与判定的难度，故通过一些诠释减轻了因果关系举证负担，在一定程度上克服了判定的困难。例如，在汉拉恩诉默克夏普和多姆（Hanrahan v. Merck Sharp and Dohme）案中，[①]原告诉称一家化工厂建在距离其农场仅一英里处，对其牲畜的健康和农作物造成损害。在化工厂和原告所遭受的损失之间建立科学的因果关系是不可能的。然而，法院鉴于损失是在工厂开工后相对较短的时间内发生的这一事实，且这一事实也没有其他的合理解释，推定伤害是因工厂排放行为所致。亨琪（Henchy）法官以权衡案件的各种因素来证明因果关系认定的正当性：“如果让科学理论来取代事实以处理这一诉求……那么科学理论会提出‘事实上这种情况下没有证据可以证明人或动物受到的损害与从被告工厂排放的任何化学物质有科学上的联系’……对于牲畜疾病和畸形最可信的解释就是工厂排放的有毒物质所致。”可以说，法院都是依据明确而具体的事实，参考旁证，在平衡各种可能性的基础上，判断被告行为是否是造成伤害的最可能的原因。

在加拿大也有类似的做法。在琼斯诉加拿大美孚石油公司有限公司（Jones v. Mobil Oil Canada Ltd.）一案中，[②]原告琼斯先生在靠近被告美孚加拿大有限公司的石油和天然气装置附近放牧，十年间原告的牲畜因为各种疾病死亡或不能繁殖。原告遂向美孚加拿大有限公司提起诉讼。美孚公司针对因果关系的控诉辩称，牲畜所表现的症状与肠病毒性腹泻（BVD）和硒缺乏症的症状也相符合。原告难以用精确的科学证据证明损害与暴露在有毒物质之间的因果关系，

---

① ［1988］I. R. 629. 关于此案例的论述，参见［英］马克·韦尔德：《环境损害的民事责任——欧洲和美国法律与政策比较》，张一心、吴婧译，商务印书馆2017年版，第100页。

② 72 Alta. L. R.（3d）369，［2000］1 W. W. R. 479，248 A. R. 1 W. W. R. 479. 关于此案例的论述，参见［英］马克·韦尔德：《环境损害的民事责任——欧洲和美国法律与政策比较》，张一心、吴婧译，商务印书馆2017年版，第96~98页。

但有许多对被告不利的旁证,被告未能妥善地在其生产地区装置围栏或控制污染物的扩散,因此牲畜摄取了大量被污染的草并饮用受污染的水。现场有许多污染源,包括一个被填满的燃烧坑,在它被发现并将污染土壤移除之前,原告一直在此放牧。在其他场合,原告还发现他的牲畜在由作业井口渗漏出来的溢流所形成的池塘中饮水,还会舔舐围栏的栏杆,这些栏杆上都是经过通风筒排放的废气。而且,由于被告没有对其设施进行适当的围挡,牛群还可以自由进入重污染区域。因此牲畜长期暴露于各类有毒物质,包括碳氢化合物、钠、氯化物、铁、铅、硼和铬等。

根据非常明确的美孚石油公司环境管理不善的证据,阿尔伯塔省高等法院的罗曼(Romanine)法官,就因果关系问题采取了"有说服力的常识法"途径,提出尽管证明过失侵权和妨害导致或实质性地造成了伤害的发生是原告的义务,但"因果关系并不需要用科学精确地确定,在本质上它是一个事实问题,可以通过应用普通常识就能回答"。因此,"琼斯先生不必确凿地证明暴露于污染物或摄入污染物导致了畜群的病症:因为,检验就是'对各种可能性的权衡'。在缺乏确凿证据时,借助常识应该能够得到一个推论而不是猜想。当然这一推论必须是合理的。在判断结论是否合理时,所有的证据都必须考虑在内。然而,专家无法给出一个确切的诊断或者就诊断达成一致,这对推论来说并不是至关重要的"。因此,虽然毒理学家不能从科学上准确地判定死亡牲畜体内发现的痕量化学物质是导致损害的原因,但由于牲畜暴露于油田污染以及美孚石油公司违反法定义务等旁证,法院没有采信美孚公司的抗辩理由,而使"天平"牢牢地偏向于原告。

此外,欧盟众多成员国(如瑞典、德国、芬兰、丹麦等)对环境污染责任采取严格责任,并规定了导致人身伤害、财产损失和经济损失的赔偿制度,这让有毒物质侵权中的索赔人处于更为有利的诉讼地位。例如,若有毒物质泄漏到环境中,并且一个当地居民也患上了类似的疾病,那么基于环境暴露的性质可以适用严格责任。[①]

---

① 参见[英]马克·韦尔德:《环境损害的民事责任——欧洲和美国法律与政策比较》,张一心、吴婧译,商务印书馆2017年版,第272页。

二、我国有毒物质侵权的社会现状与立法的缺憾

(一)我国有毒物质侵权的社会现状

正如俗话所说“民以食为天,食以安为先”。食品安全是确保民众安居乐业、社会安定有序的重要前提,同时也是社会公众最为关注的民生问题。[①] 食品侵权直接影响人们的身体健康和生活质量,通常而言,食品在生产、加工、运输、保存的过程中,都存在威胁食品安全与食品质量的种种可能性,稍有差池,便可能带来不可逆转的损害后果,甚至对人的生命造成严重威胁,而这其中,又以有毒物质的危险最甚。如2005年发生的“苏丹红”事件,即一些不良厂商将“苏丹红一号”添加到食品生产中。据悉,苏丹红本身是一种具有致癌性、危害人体肝肾的化学染料,但不良厂商为节省食品成本将其作为食品的染色剂使用。又如,2008年的“三鹿毒奶粉”事件,[②]给中国婴幼儿造成了灾难性的伤害。以及2009年至2013年,国内不断曝光出生产“毒豆芽”事件,“毒豆芽”的形成是在豆芽的生长期内添加尿素、恩诺沙星(一种兽用药)、6-苄氨基腺嘌呤(一种激素)等违规添加剂,人食用后会在体内产生亚硝酸盐,长期食用可致癌。[③]此外,还有高致癌大米(陈化粮)、染色馒头、神龙丹姜等毒物威胁社会公众的健康。

除了食品之外,药品领域也是有毒物质侵权的重灾区。由于人体的反应机制复杂,受到科技水平与认识能力的限制,一些药品在某些领域或许会有良好的治疗效果,但同样也存在产生不良反应的风险,如美国的“DES”案,即是将已

---

① 根据《小康杂志社》调查显示,2014年度最受中国公众关注的十大焦点问题依次是:食品安全、腐败问题、物价、房价、医疗改革、贫富差距、环境保护、就业问题、社会保障、社会道德风气。其中食品安全问题已连续三年排居首位。在《小康》杂志联合清华大学媒介调查实验室进行的“2014中国综合小康指数”调查中,53.3%的受访者表示对食品安全状况不满意,31.9%的人对食品安全状况评价一般,仅14.8%的人对食品安全状况感到满意。参见鄂擂:《2014中国综合小康指数:食品安全令人心忧持续反腐振奋人心》,载中国小康网2015年6月13日,http://www.chinaxiaokang.com/zhongguoxiaokangzhishu/ndxkzs/2014zgxkzs/zh/2017/0116/159493.html。

② 事件起因是很多食用三鹿集团生产的奶粉的婴儿被发现患有肾结石,随后在其奶粉中被发现化工原料三聚氰胺。国家质检总局基于该事件的影响,对全国109家婴幼儿奶粉企业生产的产品进行排查,检验出22家企业60批次产品均含有三聚氰胺,事件迅速升级。

③ 参见吴恒:《掷出窗外》,经济日报出版社2014年版,第76页。

烯雌酚(DES)用于保胎药造成胎儿未来罹患癌症的典型药品毒物侵权案例。在我国,亦有“龙胆泻肝丸”造成的大规模患者肾衰竭事件:龙胆泻肝丸此前长期被用于治疗上火、便秘等轻微病症,然而其中的主要成分“关木通”含有致病成分马兜铃酸,这是引发肾衰竭的罪魁祸首。仅2004年2月,便有28名受害者向药厂商同仁堂提起诉讼,然而大部分的此类诉求最终以失败告终。像2018年掀起人们关注热潮的长春长生疫苗事件等此类有毒药品导致的侵权事件,在给患者带来巨大痛苦的同时,也摧毁了患者对药物、药厂的信任,给医药界乃至整个社会都带来沉重的冲击。

此外,有毒物质还广泛地存在于各类其他性质的产品之中,如在中国早期市场上存在的数码电子产品,占市场比重较大的数码相机、数码摄像机等都不同程度地含有铅、镉、汞、六价铬等有毒成分。即使在环保意识、安全意识普遍上升的近些年,诸如有毒包书膜、有毒手机壳、有毒跑道等依然在侵蚀着人类的健康。由于有毒物质的潜伏性与隐蔽性,这些有毒产品的危害并没有完全显现,但其中隐藏的产品毒物致害风险,依然值得我们提高警惕。

除了产品毒物问题日渐显露之外,我国的环境毒物问题也不容乐观。在我国,近现代工业的大生产和大发展对环境地污染和破坏不断加深,四十多年的改革开放带来经济快速发展的同时也带来了越来越严重的环境潜伏性毒物侵权问题。尤其在粗放式经济最活跃的2000年前后,由此产生的有关环境毒物的问题层出不穷,各种有毒物质造成的环境问题陆续出现。如2004年四川沱江的特大水污染事件、2006年甘肃微县铅中毒事件、2009年江苏盐城水污染事件等,一系列特大环境事件的背后,除了相关企业的安全意识、环保意识缺乏,管理机制不健全之外,更多反应的是整个社会对于环境问题的认识与重视不足。无论是政府部门还是社会公众对于环境毒物的危害都缺乏直观、翔实的认知,相应的预防政策与法律保障都不完善,整个社会为了追求经济效益而在一定程度上放任了环境问题的产生。

我国环境问题的产生并非一时片刻的事情,而是整个经济全球化过程中几乎理所当然的事情。在我国市场经济的发展过程中,一个重要的成就是全面接收了世界各个发达国家的产业转移。在这一轮次的产业转移中,我国在获得发展机会的同时,也付出了巨大的环境代价。在发达国家,由于有着成熟的环境监测体系与完备的环境法律规范，对于有毒化学品的控制与管理相当严格，一些高污染、高危害的化工产品的生产都有严格的安全标准与法律规范。这些国家的许多化工企业为了规避相应的制度成本，转而将目标放在了劳动力密集、基础设施相对完备、环保机制相对不完善、市场门槛相对较低的中国。而我国的一些地方政府为了追求经济效益，片面的奉行各种优惠招商引资政策，吸纳了大量高污染、高能耗、高危害企业。在多方因素的共同作用下，大量的有毒化学品生产企业向我国转移。在这些向我国转移的产业当中，尤其以金属制造、化工、印染、造纸等高污染产业占主要部分，如此的结果便是大量的废气、废物、废渣给中国留下了无法避免的环境安全隐患，这些化工、污染企业带来的有毒物质对生态环境有着灭绝性的破坏力。大量的有毒物质被雨水、空气带入了生态循环之中，不仅对环境造成二次污染，还会直接影响生态圈的既有平衡，如太湖蓝藻暴发，即是水体富营养化导致的微生物失衡。除了对环境介质造成破坏之外，有毒物质最大的问题在于通过环境介质的流动转移对人体健康造成严重的损害。例如，环保部 2013 年 2 月 20 日公开发布《化学品环境风险防控“十二五”规划》显示，我国化学品污染防治形势十分严峻。目前有三千余种化学物质对人体健康和生态环境危害严重；个别地区甚至出现“癌症村”等严重的健康和社会问题。①

近年来，随着国家整体经济发展战略的转变，不断的产业升级与产业结构调整在一定程度上遏制了环境问题继续恶化的势头。但是由于历史欠账太多，目前的环境毒物侵权形势依然严峻。对于环境毒物的侵权问题，亟须社会的高度重视与法律制度的充分回应。

（二）我国有毒物质侵权的立法缺憾

对于有毒物质的控制管理，我国已经做出了一些积极的努力。改革开放以来，我国相继出台了一些与有毒物质相关的法律法规、规章制度。例如，上文已提及的关于有毒物质界定与列举的相关规范。其实早在 1989 年《环境保护法》

① 郄建荣：《环保部：个别地区因化学污染出现“癌症村”》，载中国经济网，http://district.ce.cn/newarea/roll/201302/21/t20130221_24129601.shtml。

第 33 条便已对有毒物质的生产、运输、处置等做出了原则性规定。[①] 国务院在 1987 年制定《化学危险物品安全管理条例》(现已失效)时也曾援引《危险货物分类与品名编号》的规定对有毒化学品作出定义,在 2002 年修订的《危险化学品安全管理条例》中更是进一步对包含有毒化学品在内的危险化学品作出详细的管理规定。我国还加入了三大化学品管控国际公约即《关于持久性有机污染物的斯德哥尔摩公约》、《关于汞的水俣公约》以及《关于在国际贸易中对某些危险化学品和农药采用事先知情同意程序的鹿特丹公约》,以加强对危险化学品的管理。

除了上述有关有毒化学品的相关法律规定之外,我国还有一些有关有毒物质的管理与预防的规定散见于《职业病防治法》《矿山安全法》《清洁生产促进法》等法律法规。另外,《民法典》《产品质量法》等法律以及最高人民法院《关于审理人身损害赔偿案件适用法律若干问题的解释》(以下简称《人身损害赔偿司法解释》)、最高人民法院《关于确定民事侵权精神损害赔偿责任若干问题的解释》等司法解释虽未明确提及有毒物质或有毒物质侵权,但其关于一般侵权责任、产品侵权责任、环境污染责任等的一般性规定,也为我国有毒物质侵权救济提供了可扩张解释的立法或司法依据。综上,立法与司法为我国有毒物质的管理以及有毒物质侵权的预防提供了一个良好的制度环境,但不可否认的是,与发达国家关于有毒物质的立法相比,我国现行法律规定仍显得比较粗糙,存在不少的缺陷。

首先,从现有的相关规定看,我国对有毒物质的相关立法缺乏针对性。主要体现在法律目的与法律价值上的针对性不足。一个层面是专门立法规范的缺失。前述的有关法律规定主要集中在有毒化学品的生产管理,然而有毒物质是一个比较广泛的集合概念,虽然其核心因素是外源性化学物,但表现出来的具体形式除了化学品之外,还包括诸多食品、药品以及日化产品等,单纯的化学品管理规定显然不能满足实际的有毒物质管理需要,缺乏一部具有普遍指引价值的专业性法律对有毒物质进行规范。另一个层面针对性的欠缺在于,前述的

① 《中华人民共和国环保法》(1989 年)第 33 条规定:“生产、储存、运输、销售、使用有毒化学物品和含有放射性物质的物品,必须遵守国家有关规定,防止污染环境。”

有关有毒化学品的管理规定主要停留在有毒化学品的生产、储存、销售等环节，要么流于原则性、技术性规定，要么过分地侧重安全生产、指导价值，缺乏对有毒物质侵害予以人身、财产、精神损害救济的细致规范。虽然在食品、药品等领域都有专门的单行法规对食品、药品中的有毒物质侵害情形作出规定，但在有关有毒物质的侵权救济及预防领域，我国的法律缺乏足够的能动性，没有足以具体指导法院如何在司法判例中给予受害人公平合理的救济。

其次，与一些发达国家甚至发展中国家相比，我国关于有毒物质侵权的立法亦存在一定的差距。世界上的大多数国家对于有毒物质的危害都早有了解，更是早早地对其作出专门的法律规范。例如，日本最早在 1950 年就制定了《毒品与剧毒物品管理法》，瑞士在 1969 年颁布了《联邦有毒物质贸易法》，美国国会在 1976 年通过了《有毒物质控制法》，此外还有英国、法国、新西兰、联邦德国等在 20 世纪七八十年代相继颁布了本国的有毒物质控制管理法案。除了有毒物质的控制管理法案之外，对于有毒物质的侵权救济与预防，欧美等国也形成了一些有效的救济理论与机制，如有毒物质侵权中因果关系证明规则的变通、有毒物质侵权的损害赔偿范围的扩大、对受害人救济途径的多元化，等等。与这些国家相比，我国对于有毒物质的法律管理不仅起步较晚，在实际效能上，也缺乏一套能够长期对有毒物质进行全方位、全过程的环境监测与危险预防的有毒物质风险预防机制，对于有毒物质的侵权损害，更是缺乏足够的理论积淀与法律建构，以至于现有的侵权法规范难以为有毒物质的受害者提供及时充分的有效救济。

最后，在有毒物质的相关信息披露上，我国的相关法律也存在公共知情权的缺失。对于有毒物质侵权的最佳应对方式是实现有毒物质侵权风险的有效预防，然而有毒物质是现代科技的产物，其具有比较高的科技含量。对于公众而言，建立在现代科技结晶下的有毒物质通常难以令人察觉，唯有在实际的损害发生之后才后知后觉，此时无论是权利义务的确定还是损害的救济都会严重的受到耽误。因此，政府有义务也有必要及时的向公众披露有毒物质的具体信息以及相关地域内有毒物质的存在情况，相关的经营企业也有义务满足公众对有毒物质合理的知情需求。唯有通过法律完善相应的公众知情与公众参与条款，才能真正意义地实现有毒物质侵权的个人责任向社会责任的转变，通过社会化的参与与支持，才能真正及时、有效地避免有毒物质给人们带来的损害。

三、我国有毒物质侵权引发的理论思考

潜在损害与传统侵权损害适用上的冲突使大量受害人有苦无处言，因果关系证明的困难也同时加剧着受害人救济上的艰辛，医学或科学的技术发展的局限性使有毒物质侵权因果关系的证明更为复杂。正因如此，导致了长期暴露在有毒物质中，但尚未出现身体损害或疾病症状的受害者的法律救济问题变得更为棘手。根据我国传统的侵权救济机制，要求以明确的加害主体，受害者必须要受到实际的伤害以及因果关系的确定性等作为请求损害赔偿的前提。所以，有毒物质侵权的受害者的救济面临法律上的障碍。如何认定有毒物质侵权的构成要件，如何确定其侵权责任形态，如何实现受害人潜在损害救济、切实发挥侵权法或社会法填补损害功能，这些是为我国有毒物质侵权引致的种种困惑。

以环境毒物侵权为例，在我国，虽然环境问题已经通过侵权责任法实现了救济的私法化，使环境污染责任成为侵权责任法的特殊侵权责任之一。但是侵权责任法对于环境侵权的规范过于抽象化，存在多种不确定性，无法充分回应环境毒物的种种特质以及由此而生的损害与救济问题。例如，在因果关系上，一般的侵权理论总是要求通过严密的逻辑推断侵权行为与损害结果之间因果关系的存在，继而确定责任的归属。但是在环境毒物侵权中，有毒物质的潜伏性与隐蔽性决定了在实际损害发生之前通常具有漫长的潜伏期，受害者在十年前于某地偶然地遭受过环境毒物侵害，但由此而生的损害可能要在十年后于另一地爆发。此毒物侵权行为与损害结果之间呈现的时间与空间上的割裂状态将会导致行为与结果之间的因果联系常可能因期间出现中断或介入其他因素，而充满了不确定性、难以对应性。如果我们仍依一般情形下的因果关系认定逻辑要求必然性或高度盖然性的因果关系存在，则会陷入真理与正义的悖论：究竟要求真实的逻辑关系还是要求实在的公平救济。因此，在环境毒物侵权中如何确定因果关系的存在需要我们深入地探讨。

就损害的认定，通常来说，环境污染致害的救济都是以损害事实的现实存在为前提。但对于有毒物质侵权而言，基于有毒物质的潜伏性与隐蔽性，环境

毒物侵权的实际损害是否会出现、何时会出现、是否会全部出现，都是未知的问题。受害人面对无法确定却极可能发生的损害时，可否要求环境毒物侵权者支付相关的费用用于医疗监测？可否要求环境毒物侵权者赔偿其日夜担心恐惧疾病发生而引致的精神损害？可否要求环境毒物侵权者赔偿因该侵权行为可能导致的患病风险增加？因而环境毒物侵权责任构成要件中的损害认定可能不同于普通环境侵权责任构成要件中的损害认定，是否及如何将隐蔽的、潜伏的损害纳入损害的范畴，值得我们深思。

就责任形态而言，侵权责任中的共同责任形态无外乎连带责任、按份责任、不真正连带责任、补充责任。然而在有毒物质侵权中，尤其在环境毒物侵权这一更加复杂、多因的侵权类型中，仅仅这些责任形态是不够的，因果关系的不确定性给"全无或全有系"的因果关系以及"全赔或全不赔"的赔偿原则带来了严峻挑战，也破坏了传统共同责任形态适用的前提。此时需要有新的理论、新的责任形态来回应这一现实需要，比例责任就提供了一种可行的解决途径。在有毒物质侵权中如何准确地适用比例责任、如何协调比例责任与其他责任形态的关系，已然成为我们目前需要讨论的课题。

损害赔偿的实现亦是环境毒物侵权救济的又一难题。在一般侵权中较易实现的损害赔偿在环境毒物侵权中却遭遇前所未有的阻碍。有毒物质侵权的一个显著特征在于规模大，无论是涉及人数还是涉及地域，都可能远超普通的侵权类型。对于环境毒物侵权而言，通过环境媒介接触到有毒物质的受害者可能更是不胜枚举。在这种情况下，仅凭污染者自身的力量是无法承受的如此之多的赔偿责任。从救济对象的层面来说，如此大范围、多数量的受害者，如何救济，也是一个现实的难题。传统私法讲究的是个体之间的民事责任关系，损害赔偿是一种纯粹的个人责任。然而在环境毒物侵权中，如果任由这种损失在责任能力有限的侵权人与规模庞大的受害人之间分配，最终将会出现企业破产而受害人依然得不到救济的"双输"局面。因此如何突破债的相对性，打破侵权法中的个人责任构造，实现损害的社会化分摊，亦是应当考虑的一个问题。

此外，鉴于有毒物质侵权涉及大量的科学专业知识，如何判断与运用科学证据，也是司法实务中普遍关注的难题。

可见，由于有毒物质侵权的特殊性使该类侵权案件中的受害人维权之路尤为艰难,主要集中体现在有毒物质侵权责任的特殊构成要件(如因果关系与损害的认定)、有毒物质侵权责任形态、有毒物质侵权的损害赔偿(潜在损害是否可得赔偿)、侵权救济不足时是否还有其他的救济途径以及科学证据如何采信。这些现实困境推动了学术理论对于有毒物质侵权的责任构成、责任承担以及司法适用须在不脱离现有理论的基础上予以突破性发展。本书就此展开论述,以求抛砖引玉。

第二章　一般有毒物质侵权责任的特殊构成要件：因果关系与损害

一般侵权责任构成要件究竟包括哪些内容，我国学者见解不一，有三要件说、四要件说、五要件说、六要件说、七要件说。[①]其中最为盛行的是三要件说和四要件说。主张四要件说的学者认为，一般侵权责任构成必须具备行为的违法性、违法行为人的过错、损害事实的存在、违法行为与损害事实之间的因果关系这四个要件。[②] 主张三要件说的学者认为，从侵权法的名称与理论变迁、我国立法规范文本分析以及过错与违法性内涵辨析等维度阐明违法行为不足以作为侵权责任的构成要件，一般侵权责任构成只需具备损害事实、因果关系、过错这三个要件。[③] 这两种学说对侵权责任构成要件的主要不同之处在于违法行为或者违法性是否为侵权责任构成的必备要件。三要件说否定之，四要件说则肯定之。究其原因，“三要件说和四要件说对过错这一概念的理解不同。三要件说认为不法溶于过错之中，过错涵盖不法；而四要件说认为，主观不法与客观不法是两个不同的

---

① 参见王利明：《侵权行为法研究》（上卷），中国人民大学出版社 2004 年版，第 345～347 页。

② 参见杨立新：《侵权法论》，人民法院出版社 2004 年版，第 144 页。

③ 参见王利明：《侵权行为法研究》（上卷），中国人民大学出版社 2004 年版，第 345 页。

概念”。[①] 可见，两种学说并没有实质性的重大分歧。虽然四要件说曾是学术界的主流学说，但随着原《侵权责任法》的颁布、新类型侵权行为的出现，[②]两种学说在学术界的支持者相当，均为主导观点。对于特殊侵权责任，其构成要件仅是不要求过错，其他要件与一般侵权责任无异。

有毒物质侵权的构成要件亦可遵循通说。在传统的侵权责任纠纷中，因果关系有时并不难判断，法官通过常识便可以判断因果关系的存否。例如，在客人在酒店大厅滑倒的案件中，客人滑倒可归因于地滑，那么问题的关键是酒店是否尽到了应有的安全保障义务，是否及时清理地面，是否有足够的警示或防范措施。若酒店没有尽到该义务，则其不作为与客人滑倒损害之间的因果关系可得证实。相较而言，有毒物质侵权有其特殊性，“潜伏期长，发生作用过程缓慢”和“科学不确定性，多种因素介入”导致有毒物质侵权的致害原理不明、不确定因素大、侵害因素复杂，故受害人在证明侵权责任构成要件时，过错、违法性、实际损害较易举证，而对于行为人排放有毒物质或提供有毒产品等行为与受害人遭受的损害之间存在因果关系的证明，却存在较大难度。然而在涉及有毒物质引发的人身伤害的诉讼中，因果关系通常是一个案件的决定性问题。在大多数有毒物质人身伤害案件中，甚至是一些涉及危险废物的财产损害案件中，因果关系成为整个案件逆转的关键。[③] 因此有毒物质侵权构成要件中的因果关系问题是有毒物质侵权有别于普通侵权之处，也是有毒物质侵权构成要件中最值得深入探讨的问题。

此外，作为侵权损害赔偿的必备要件“损害”在有毒物质侵权中亦具有特殊性。在有毒物质侵权中，除了遭受现实的人身或财产损害之外，[④]受害者可能还遭受与有毒物质相关的某种潜伏性病痛之折磨。由于此等病痛具有较长的潜

---

① 江平：《民法学》，中国政法大学出版社2000年版，第755页。

② 原《侵权责任法》第6条规定：“行为人因过错侵害他人民事权益，应当承担侵权责任。根据法律规定推定行为人有过错，行为人不能证明自己没有过错的，应当承担侵权责任。”该条的内容表明，侵权责任的构成要件并不包括违法性要件，故依照文义解释，将行为违法性作为侵权责任的构成要件缺乏依据。有些侵权类型，如环境侵权责任，并不要求有违法性。

③ 参见[美]约翰·斯普兰克林、格雷戈里·韦伯：《危险废物和有毒物质法精要》（第2版），凌欣译，南开大学出版社2016年版，第379页。

④ 因有毒物质侵权引发的实际人身或财产损害不同于潜伏性病痛折磨，前者姑且称之为已显损害，后者称为潜在损害。

伏性,在侵权行为发生之初并不明显,通常情况下受害者只能等待其演化为具体损害才能请求救济。但有毒物质相关的特征性疾病动辄横跨数十年,涉案证据容易佚失、侵权主体可能破产或死亡、中间极易介入异常因素等,种种现实困境使得以传统损害发生为前提的救济无法为潜在损害受害者提供应有的保护。故人们呼吁赋予潜在损害受害者在毒物引发的损害实际发生之前主张赔偿的权利,一方面,能够安抚受害者,为受害者提供预防、减小损失的经济支持;另一方面,通过提前赔偿的手段降低损害,实现损害预防,从而降低侵权人的赔偿责任,督促侵权人提高注意义务。这一权利域外学者称为"侵权预期请求权"(anticipatory claim)。[①] 之所以将这种请求"提前赔偿"的权利称为侵权预期请求权,是因为相对于建立在实际损害基础上的损害赔偿请求权而言,受害者现阶段仅具有潜在损害,请求赔偿的不是将来实际发生的有毒物质损害,而是在损害实际发生之前,赔偿受害者遭受的潜在损害及由潜在损害带来的各项损失,与一般意义的损害赔偿请求权有所区别,因此将其称为侵权预期请求权。要使这一权利得以行使,或者说是要使这一侵权损害赔偿责任得以成立,关键的一点是须证明潜在损害亦是一种可得赔偿的损害。

综上,在一般有毒物质侵权责任的构成要件中,因果关系的判定与潜在损害的证成是其有别于其他侵权责任的关键与难点之处,值得细致阐析。

第一节　一般有毒物质侵权责任构成要件中因果关系的判定

一、我国实践中常用因果关系理论的阐释

(一)条件说(condictio sine qua non, Äquivalenz-theorie, Bedingungstheorie, but for test)

早在19世纪70年代,德国学者弗·布里就率先提出了"条件说",主张这一学说的学者站在主观主义和社会责任论的角度看问题,仅注重研究由损害结

① Robin K. Craig et al., *Toxic and Environmental Torts: Cases and Materials*, St. Paul, MN: West Publishing Co., 2010, p. 667-668.

果而体现的行为人具有的社会危害性，该学说主张在实施行为的过程中，只要行为人足以认识到存在导致危害结果的可能性，就不得主张任何理由来减轻责任。① 换言之，侵权行为的成立须侵害行为与权利受侵害之间具有不可欠缺的条件关系，条件关系系采"若无，则不"的认定检验方式。② 具体检验方法见表1。在司法实践过程中，条件说具有简单易操作的特点，特别是将这一标准运用于直接的、不复杂的侵权案件中，能够较为容易地排除一部分与之无关的因素，因此该学说值得运用于日常生活实践，且已经在生活中被广泛地应用。正如弗莱明(Fleming)教授所言："条件说作为确定的因果关系的重点，几乎在世界各国都被接受。"③

表1　条件说的检验方法

检验方法	检验内容	检验结果	结论
反证检验法	倘若没有行为人的行为，观察损害结果是否会发生	该损害结果未发生	该行为与损害结果之间存在因果关系
		该损害结果仍然发生	该行为与损害结果之间不存在因果关系
剔除法	先将各种可能的原因现象进行排列，而后依法予以剔除，观察结果是否会发生	一原因现象剔除后，该损害结果未发生	该原因现象与损害结果之间存在因果关系
		一原因现象剔除后，该损害结果仍发生	该原因现象与损害结果之间不存在因果关系
代替法	用一合法行为取代某一侵害行为，观察结果是否会发生	被取代后，该损害结果未发生	该侵害行为与损害结果之间存在因果关系
		被取代后，该损害结果仍发生	该侵害行为与损害结果之间不存在因果关系

然而在某些复杂的、涉及多种因素共同致害的侵权案件中，条件说不能正确地分析其中的因果关系，使得该检验方法的缺点慢慢显露出来。条件说"撒下了一张宽广的网"，可能无法正常发挥应有的过滤作用。④ 就有毒物质侵权而言，常存在"先后原因"(sequent causes)的情形，引发损害的多个原因如同相互

① 参见杨立新：《侵权法论》，人民法院出版社2013年版，第231页。

② 参见王泽鉴：《侵权行为》，北京大学出版社2016年版，第237页。

③ John G. Fleming, *The Law of Torts* (8th *Edition*), The Law Book Company Limited, 1992, p. 194.

④ 参见冯恺：《美国侵权法：判例和解释》，中国政法大学出版社2016年版，第146页。

衔接的链条彼此关联，但凡缺失一个原因，最后的损害便不会发生。例如，某工厂应市政府的要求在某市郊区建设厂房，甲因被乙驾车撞成重伤而无法工作，导致收入锐减，恰好迁至该工厂厂房所在地的郊区居住。甲身体虚弱加之长期受到工厂排放废气的影响而胸闷、咳嗽，甲到医院检查，却因医生误诊导致罹患肺癌。其中，市政府批准行为、工厂排放废气行为、乙驾车撞伤甲行为、甲搬迁行为、医生误诊行为均是甲遭受损害的原因。此时，倘若适用条件说来认定因果关系，这些行为均是损害结果的原因，则会导致所认定的因果关系范围太广，将促成损害后果的一些条件因素也纳入引发损害后果的原因之中，造成责任范围不当的扩大。

（二）相当因果关系理论（the adequate cause or adequacy theory）

1. 相当因果关系理论在有毒物质侵权因果关系判定中具有一定价值

19 世纪末由德国弗莱堡大学生理学家冯·克利斯（von Kries）首先提出了相当因果关系理论，德国帝国法院于 1902 年采纳了该理论，此后特莱格尔（Traeget）进一步加以完善。该理论认为被告的行为（或者可归责于他的事件）应当是原告损害的条件，同时该行为（或事件）显著地增加了这一类型损害发生的风险。也就是说，相当因果关系必须具备以下两项条件：第一，该侵权行为或者事件必须是导致损害发生的“不可欠缺的条件”，也就是必要条件；第二，该侵权行为或者事件实质上导致了发生损害的客观可能性的提高。① 在分析时，应当兼顾考虑在行为发生时的具体情势，行为人的实际认知情况，和在相同情形下一个观察细微者在面对具体情势时所应当具有的判断和认知。② 按照相当因果关系理论，判断原因是否就后果存在相当性，重点是看此原因是否体现为通常形态，而不是根据事情正常发展却不能预见的，或为没有可能性的，或自身所具备某类特殊性质的。考察这类相当因果关系并非以某一具体的侵害人的角度入手，而应当以一个处在行为人地位的最佳观察者所可能发现的情形入手。相当因果关系理论近些年在大陆法系具有很大的影响，在希腊、德国、葡萄牙、奥地利、日

---

① 参见［英］H. L. A. 哈特、托尼·奥诺尔：《法律中的因果关系》（第 2 版），张绍谦、孙战国译，中国政法大学出版社 2005 年版，第 421 页。

② See J. Von Kries, Die Prinzipien der Wahrscheinlichkeitsrechnung (1886); Traeger, Der Kausalbegriff im StraFand Zivilrecht.

本、中国等均占据了支配性地位;即使那些没有在术语上承认相当性理论的法律体系中,法院所作出的裁判结论也通常不会与这一理论有太大的偏离。[①]

相当因果关系说中最为关键的是对"相当性"的判断,目前主要有三种判断学说:第一种是主观说,主张在认定相当原因时应考虑到行为发生时行为人已经知道或应当知道的事实和经验,再以此作为判断的基础;第二种为客观说,主张认定相当原因应是依据法官在审理侵权案件时,凭借人类已知的认识和经验,并以案件发生时所面临的环境条件能够获取的知识为基础进行相当原因的考察,而不是主要根据行为人的主观认识来判断和确定案件的因果关系;第三种则是折衷说,主张在判断因果关系时,凭借一般人正常的认知、预见情况和行为人所具备的特别认知、预见情况,以此作为认定基础,即以行为发生时正常人所预见或者可能预见以及尽管一般人不能预见但行为人所认识或能认识的特别情势作为判断基础,来认定是否存在因果关系。[②] 三种学说均有其可取之处,主观说强调了对行为人自身认知与预见能力的观察,客观说着重于一般人应当认知与预见的能力,折衷说将两者结合进行考虑。无论采用何种观点,其目的均是借由法官自由裁量权之手,将法律政策的考量融入因果关系的判定,通过人为地截取因果事实的方法达到限制民事责任的目的。由此可知,尽管有关"相当性"的判断和认定,各国已有的判例、学说采纳的判断基准宽严并不一致,但仍存在一点共识,即相当因果关系的判断不仅属于一种技术性的因果关系判断,更是一种法律政策性的工具,表现出侵权损害赔偿涉及的责任归属之法的价值取向。[③]

因为相当因果关系说不需要受害人对因果关系的证明程度保持与自然科学所要求的那样精确,也不要求达到必然因果关系中那样绝对的程度,而仅是要求证明该侵权行为使遭受损害的可能性极大地增加了,[④]这样便令受害人的

---

① 参见韩强:《法律因果关系理论研究——以学说史为素材》,北京大学出版社 2008 年版,第 103 页。

② 参见晏景:《侵权责任中的因果关系认定》,人民法院出版社 2014 年版,第 103 页。

③ 参见王泽鉴:《侵权行为》,北京大学出版社 2016 年版,第 246 页。

④ A. M. Honorè, *Causation and Remoteness of Damage*, *Chapter 7*, *in Andrè Tune ed.*, *Internatinal Encyclopedia of Comparative Law*, Vol. xi, Torts, J. C. B. Mohr (Paul Siebeck) Tübingen, 198, p. 54. 转引自晏景:《侵权责任中的因果关系认定》,人民法院出版社 2014 年版,第 106 页。

举证负担得到了一定程度的减轻。而且,它可以让法官依照案件的具体情形、法律的规定、日常经验与认知等进行因果关系的判断,具有一定的灵活性和合理性。此外,相当性与时间间隔无关,即侵权行为与损害结果之间的时间间隔和判断相当因果关系在原则上没有联系,例如,排放含硫酸盐的废水导致的损害结果在10年以后才显现,亦不影响两者之间相当因果关系的认定。[①] 因此相当因果关系说能够在一般有毒物质侵权的判定中发挥适当的作用。早在冯·克利斯提出相当因果关系说时,曾就"增加客观可能性"举了一个例子,即存在一定比例的人患有肺结核病,由此可知人类患上肺结核病是存在客观可能性的。有更高比例的矿工患上肺结核病,那么矿工得病的客观可能性就相应增加了。"成为矿工的人"使得患上肺结核病的可能性增大,也就是说"他是矿工"这一点属于患上肺结核病的相当原因。

又如,我国台湾地区"最高法院"裁判机关1981年台上字第1005号判决亦运用相当因果关系来解决有毒有害废气是否致稻作损害之难题。[②] 原告116人均是彰化县花坛湾子口一带的农民,原告主张其种植的水稻,由于遭到被告砖窑烧重油而排放的废气的危害,导致所有水稻重者枯槁,轻者矮化歉收。对于是否存在因果关系,原审法院认为:本案由于时过境迁,关于事实的认定无法运用科学化验方法予以鉴定,而砖厂燃烧产生的二氧化硫等废气肯定会导致农作物遭受危害,所导致的危害症状也符合水稻的受害特征,同时参照被告未燃烧重油前,并没有出现类似现象,离砖窑近的水稻受害较为严重,距离远的受害相对轻,并且观察了在未受烟害地区的同时期稻作的收获情况是正常的,被上诉人稻作损害与上诉人等燃烧重油所产生含硫烟气,二者之间确实存在着相当因果关系。"省"农林厅等单位经过实地勘查后所形成的会勘意见,略称砖厂产生的包含二氧化硫及煤烟在内的烟害,并对受害的水稻进行化验,复证实造成该损害并不是由于土壤病虫害或者其他因素,因而认定原告种植的水稻所受损害与被告砖厂燃烧重油,二者存在相当因果关系。尽管被告辩称其砖厂所排放的废气经过环境卫生实验得出的结论,并未超过规定的环境空气质量标准,但"测

---

① 参见[瑞]海因茨·雷伊:《瑞士侵权责任法》,贺栩栩译,中国政法大学出版社2015年版,第153页。

② 参见王泽鉴:《侵权行为》,北京大学出版社2016年版,第242页。

验过程因大部分时间吹南风,烟气吹向山区,导致测量结果与平时相比较为轻微,这无法代表该地区长期之空气质量,自不能够证明稻作受害与被告燃烧重油间没有相当因果关系”。此案中,法院借助专业鉴定,根据经验法则综合案件中所有证据(二氧化硫等废气对农作物的危害症状、危害程度,有无其他土壤病虫害等影响因素,未受烟害地区的同时期稻作收获情况等)加以认定,得出“被上诉人稻作损害与上诉人等燃烧重油所排放含硫烟气,二者间确实存在相当因果关系”的结论,让受害人的损害可得救济。

2. 相当因果关系理论在有毒物质侵权因果关系判定中的失灵

相当因果关系理论虽可以解决部分有毒物质侵权的因果关系判定问题,但遗憾的是,有毒物质侵权因果关系的认定,存在许多因素的干扰,面对此等挑战,相当因果关系难以应对,日渐显露出它的无能为力。具言之,其一,在有毒物质侵权中,该损害产生的机理难以确切判断,科学难以把许多疾病和其原因精确地联系起来,医学界无法彻底弄清许多疾病的病因,如自身免疫性疾病、神经性损害、癌症等,因而损害发生的临床诊断证明难以为因果关系的“相当性”提供可供参考的依据。其二,在有毒物质侵权中,可能引发损害后果的原因存在多样性。不少有毒物质侵权损害发生具有缓慢性的特征,于是随着时间的流逝,多种中间原因发生的可能性越来越大。某些疾病不仅仅发生于该有毒物质入侵的情形下,还可能因为遗传或暴露于其他环境物质或辐射中而引发,导致用相当因果关系理论去证实原告的疾病源于被告施放有毒物质或提供有毒产品的行为是不可能的。其三,风险制造者一般为多数,这也影响相当因果关系中“相当性”的判断。有毒物质侵权的特点之一便是原告常无法确定引发他们损害的被告是谁或是哪些。例如,一个垃圾处理场污染了地下水引起居民人身损害,但提起诉讼的居民无法确定堆放在垃圾场的何种有毒物质造成了他们的损害,这些有毒物质是谁放置的。而且如果附近存在几个垃圾处理场均存在此类有毒物质,则难以判断是其中哪个或哪几个垃圾处理场是实际上的侵权人。其四,剂量存在不确定性也给相当因果关系说在有毒物质侵权中的运用带来了压力。在有毒物质侵权中,证明因果关系的困难在于,一种有毒物质往往只是某种特定疾病可能的致病因素之一;然而,即便很小剂量的某种有毒物质也可能会使某些疾病的发生率增加,这被称为“随机效应”。[①] 其五,损害潜伏期较长,时间远隔性加大了因果关系证明的难度等。虽然相当因果关系的认定原则上与时间间隔无关,但是时间间隔与相当性是否成立的判断也并非毫无关联:依据一般生活经验,侵权行为和损害结果之间的时间间隔越长,两者之间成立相当性的可能性越小。[②] 在被告的侵权行为与原告的损害被发现之间存在漫长时间的间隔,在时间的长河中,记录丢失或模糊、记忆遗忘或错误等发生概率提高,因果关系相当性的证明难度大大增加,甚至无法实现。

此外,相当因果关系理论在评价标准上主观性较强,难以准确、恰当地判断真正的因果关系存否。相当因果关系中可能率基数的不确定,全有全无原则的不合理,法院常以损害既以发生,或同情受害人而认定相当因果关系的存在,这可能导致不适当地扩大损害赔偿的范围。[③] 相当因果关系说逻辑上是以完全赔偿原则为前提的,已难以适应当前风险社会催生的有毒物质侵权部分赔偿的衡平需要。

对此我们可以借鉴美国法中一般因果关系与特殊因果关系的判断理论,将其中一些合理的判断因素结合到现有因果关系判断方法中。而且两大法系的融合进一步深化,美国在有毒物质审判实践的做法在大陆法系国家产生了重要影响,诸如德国、意大利、西班牙等国家在有毒物质致害的侵权诉讼中,法官都在一定程度上借鉴美国法上的理念。[④] 所以我国可以根据自己的审判实践特点,在有毒物质侵权中,将较为细化的美国法判断因素与我国较为概括的判断方法有机结合,形成具有我国特色、便于我国审判适用、有益实现公平正义的判断标准。同时针对环境毒物侵权与产品毒物侵权,这两类最为主要且特殊的有毒物质侵权,采用各自独特的因果关系判断方法或理论,以解决传统因果关系

① 参见[英]马克·韦尔德:《环境损害的民事责任——欧洲和美国法律与政策比较》,张一心、吴婧译,商务印书馆 2017 年版,第 92 页。

② 参见[瑞]海因茨·雷伊:《瑞士侵权责任法》,贺栩栩译,中国政法大学出版社 2015 年版,第 153 页。

③ 参见曾世雄:《损害赔偿法原理》,中国政法大学出版社 2001 年版,第 121 页。

④ See Fedrico Stella, *Causation in Products Liability and Exposure to Toxic Substances Causation*, in Exloring Tort Law edited by M. Stuart Maden, Cambridge University Press, 2005, p. 421 – 424. 转引自涂永前:《潜伏性毒物致害侵权问题研究》,知识产权出版社 2016 年版,第 172 页。

学说在有毒物质侵权因果关系判定中的失灵问题。

二、美国一般因果关系与特定因果关系理论

在美国法上,被告的行为是否导致了原告的损害的考察,涉及两个问题,即事实上的因果关系和法律上的因果关系。所谓的事实上的因果关系(cause in fact or actual cause)是指“当原告主张被告造成其损害,非常明确地表明损害是被告实际上、事实上造成的结果。在大多数情况下,事实原因是指不考虑法律或政策的因素的纯事实的原因。”[①]被告的行为或者应由其负责的事件在事实上造成了原告的损害,是事实上损害发生的原因。法律上的原因(proximate or legal causation)是指如果确定被告的行为是导致原告损害的事实上的原因,进而认定原告所遭受的损害是否是由被告侵权行为引发危险造成的结果。法律上的原因是对是否应承担责任的行为或事件所进行的法律评价,旨在合理地对应承担责任的范围作出界定。所以《美国侵权责任法第三次重述》引入了新的术语“责任范围”(scope of liability)表达法律上的原因之内涵。该重述解释道:“‘责任范围’术语更加精确地描述了这一章的关注点:对于行为人的过失行为导致的全部事实上的损害,侵权法并不要求行为人全部承担责任。”[②]但是,因为法律上的原因这一术语是法院广泛使用的、惯用的表达方式,所以《美国侵权责任法第三次重述》并未完全颠覆这一表述,而是将“法律上的原因”与“责任范围”两种提法并用。

在毒物侵权案件中,最让人头疼的现实是原告不能在被告的行为或产品与其所诉的损害之间建立直接的事实联系。[③] 在大多数有毒物质侵权中,事实因果关系通常分为两个问题加以考虑,即一般因果关系(general causation)和特定因果关系(specific causation)。前者是指受害人必须证明暴露于有毒物质有可

---

① Steven L. Emanuel, *Torts*, Citic Publishing House, 2003, p. 137.

② The American Law Institute, *Restatement of the law, Third, Torts: Liability for physical and emotional harm (as adopted and promulgated by the American Law Institute at Philadelphia, Pennsylvania, May* 16, 2005), American Law Institute Publishers, 2010. Chapter 6 [Scope of Liability (Proximate Cause)]. special note.

③ 参见[美]吉恩·马基雅弗利·艾根:《毒物侵权法精要》,李冰强译,南开大学出版社2016年版,第226页。

能(capable)造成受害人遭受如此的损害,后者是指受害人必须证明在个案中确实(actually)是因为暴露于该有毒物质而造成受害人遭受如此的损害。① 正如DeLuca法院所言,在有毒物质侵权中原告所面临的因果关系证明任务是,先证明争议的有毒物质剂量可能是原告损害的来源,即证明一般因果关系,而后排除其他一切可能导致原告损害的原因,即证明特定因果关系。②《美国侵权责任法第三次重述》第28条评注C对一般因果关系与特殊因果关系在有毒物质侵权中的作用作了说明:③在大多数外伤损害的案件中,原告可以通过观察,基于日常经验和被告侵权行为与损害之间密切的时空联系,合理地推定被告侵权行为与损害之间存在因果关系。通常不存在其他潜在的损害致因。当行人与汽车相撞后手臂受了伤,除了相撞外的其他潜在原因解释皆可被排除在外。常识告诉我们,严重的人车相撞产生的力量会导致骨折。相较而言,一些疾病(尤其是有较长潜伏期的疾病)的原因通常很难解释清楚。即使知道某一疾病的病因可能是该疾病发生的部分原因,但还存在其他不知名的原因。致因的剂量一般是通过团体研究(如疫学)来确认的,即暴露于有毒物质的人群得病概率相较于未暴露的人群高。生物机理是相当复杂且难以通过普通观察发现的,原告必须以优势证据证明,没有被告与有毒物质相关的行为,原告不会遭受损害。当在此类案件中提出团体研究为基础的统计学证据时,这意味着该有毒物质有可能造成该疾病(一般因果关系)且造成了该疾病(特定因果关系)。而在其他案件中,当团体研究为基础的证据无法获得或无人信服时,则将会使用其他类型的证据,此时,一般因果关系和特定因果关系的分析可能合二为一。无论怎样,都必须证明原告暴露于有毒物质之中。因此法院通常要求原告证明"暴露"、"一般因果关系"和"特定因果关系"。

---

① See David E. Bernstein, *Getting to Causation in Toxic Tort Cases*, Brook. L. Rev, Vol. 74, p. 51 – 52 (2008).

② See Robin Kundis Craig et al., *Toxic and Environmental Torts Cases and Materials*, West Publishing, 2011, p. 192.

③ The American Law Institute, *Restatement of the law, Third, Torts: Liability for physical and emotional harm (as adopted and promulgated by the American Law Institute at Philadelphia, Pennsylvania, May 16, 2005)*, American Law Institute Publishers, 2010, § 28 Comment C.

1. 暴露于有毒物质的判断

原告需要证明他或她是如何暴露于诉争的有毒物质的。例如,主张在出生前暴露于有毒物质而导致先天缺陷的原告必须证明他或她的母亲在怀孕时暴露于有毒物质,而且该母亲可能已经将该物质传输给子宫中的原告;同样,主张与工作相关的伤害的工人必须证明他的职业暴露于争议的物质。①

接着原告还须通过"频繁性、规律性和接近性"(frequency, regularity and proximity)测试来证明自己暴露于某种有毒物质之下可能造成损害。② 例如,在洛尔曼公司诉匹兹堡康宁公司案(Lohrmann v. Pittsburgh Corning Corp.)中,法院做了如下陈述,即为了支持从大量证据中推导出合理的因果关系的结论,必须要有证据证明在某段时间内,原告实际上工作的地方经常定期地暴露于某种特定的产品之下。③

原告若无法有效地证明其暴露于诉争的有毒物质之中则其诉求将得不到法院的支持。例如,前文提及的原告主张其因胎儿期暴露于诉争药剂而导致出生缺陷情形,若被告能证明其母亲使用该药剂的时间与损害产生时间不符,则被告可成功抗辩。④ 有一起针对盐酸双环维林的案件可说明这一点。母亲主张在怀孕期的8周里使用了盐酸双环维林,导致婴儿肢体畸形,而被告通过医学证据证明该胎儿的肢体畸形产生于该8周之前。⑤

2. 一般因果关系的判断

一般因果关系的判断中法院大多依赖团体研究为基础的统计学证据,但这些研究可能误导法官。从实验观察得出的因果关系的结论很可能发生偏差。虽然研究者通过认真仔细实验可以减少偏差,但无法消除对证明效力的影响,所以研究者提出了许多标准用于评判统计学上的联系是否是因果关系。其中最为著名的判断标准是由奥斯汀·布拉德福德·希尔(Austin Bradford Hill)先

---

① 参见[美]约翰·斯普兰克林、格雷戈里·韦伯:《危险废物和有毒物质法精要》,凌欣译,南开大学出版社2016年版,第381页。

② See M. Stuart Madden, *Toxic Torts Deskbook*, CRC Press, 2018, p. 90.

③ 参见[美]吉恩·马基雅弗利·艾根:《毒物侵权法精要》,李冰强译,南开大学出版社2016年版,第231页。

④ See M. Stuart Madden, *Toxic Torts Deskbook*, CRC Press, 2018, p. 91.

⑤ Obiago v. Merrell-National Laboratory, Inc, 560 S. 2d 625 (La. App. 1990).

生最早提出的9条系列标准。

(1)这个暂时的联系是否正确?“结果”是否在“原因”之后?

(2)有没有从人类的真实实验中得出的证据?这样的实验数据比其他类型的数据更有说服力。

(3)关联性是否强?关联性越强(通常用相关风险或比值比来衡量),统计上显著水平越高(通常用卡方检验来衡量),这些关联越可能是因果关系。统计显著水平与关联性强度两者皆很重要。

(4)在不同研究中,该关联是否相同或类似?一个研究得出统计显著联系,在之后的研究中可否得到相同的结果?如果是,该因果关系主张的说服力可被增强。

(5)是否存在剂量反应曲线?如果有毒物质的剂量增加会导致更大的损害,则因果关系主张的说服力将增强。

(6)是否存在特定的关联?例如,暴露于石棉会导致特定的石棉沉滞症疾病。大多数研究者相信致畸剂会产生特定类型的损害。该类型损害的存在可以增强因果关系主张的说服力。

(7)该关联是否在生物学上言之有理?例如,如果一种药物(如盐酸双环维林)被认为会导致胎儿损害,则必须证明该药物可以穿过胎盘屏障,且确实穿过了胎盘屏障。

(8)停止暴露后的结果是什么?如果一种药物是导致疾病的原因,则停止暴露于该药物将减少疾病发生的风险。但有时,关于停止暴露后结果的证据是难以获得的。

(9)是否存在与其他可知因果联系的适当类比?例如,盐酸双环维林中抗组织胺的成分更有可能致害,因为已知其他药物中抗组织胺成分会导致畸形。

3.特定因果关系的判断

即使暴露于某种有毒物质可能导致人们损害,也不能因此认定原告的损害是由该有毒物质造成的。在美国法上,只有原告证明其损害更可能(more likely than not)是由该有毒物质造成的,他才完成了其因果关系的举证责任。正如《美国侵权责任法第三次重述》所言,原告证明在团体研究中该有毒物质导致风险阈值增加或病变加倍,不足以满足特定因果关系的证明要求。[①] 在特定因果关系证明阶段,常用的证明方法是专家提供的鉴别诊断(differential diagnosis)证言。医学上,当"诊断"一词前面没有形容词时,其含义是:通过对疾病表现的分析来识别疾病。由于必须根据当时所能得到的最明确的证据来作出诊断,因而"诊断"一词并不一定表示对疾病的明确鉴定。虽然一向认为"诊断"有将一种疾病与另一种疾病区别开来的意思,但若指的是"鉴别"这个意思时,会加上"鉴别"这个修释词。[②] 而在 Cavallo v. Star Enterprise 中,[③]鉴别诊断被界定为,有经验的医生通过诊断技术提供排除可能导致争议案件中损害的其他原因。医学界定与法院界定的不同影响了之后的法院看法,例如,在 Best v. Lowe's Home Centers,INC. 一案中,法院将两种界定混合在一起提出自己的观点,即鉴别诊断是医生确定什么疾病导致患者症状的方式。医生全盘考虑所有引发该症状的潜在原因,而后通过体检、临床测验、整个案件过程等考查排除其他可能性原因。[④] 一些法院认为鉴别诊断在医学上的使用不同于在法学上的使用,后者强调的是对一种疾病产生的事实原因的研究,通过医学研究推断疾病引发的事实原因。无论如何,鉴别诊断会在特定因果关系认定中作为判断的重要参考。法院对鉴别诊断的可信性(reliable)加以思量,一些法院认为它是认定疾病原因的一种科学技术,而有些法院却囿于科学的差异性与不确定性,认为它是一种伪科学(junk science)。故而实践进一步发展出判断鉴别诊断可信性的方法,首先,该鉴别诊断应证明该剂量是有毒物的,该有毒物质的足够分量会导致他人损害或死亡。其次,在医学或生物学确定性的合理范围内,某有毒物质导致了某种损害。有学者与法官对要求达到医学或生物学的合理确定性提出了质疑,《美国侵权责任法第三次重述》第 28 条的评注也认可这一观点。

---

① The American Law Institute, *Restatement of the law, Third, Torts: Liability for physical and emotional harm (as adopted and promulgated by the American Law Institute at Philadelphia, Pennsylvania, May 16, 2005)*, American Law Institute Publishers, 2010, § 28 Comment C.

② 参见[美]哈维:《临床鉴别诊断学——临床表现的解释》,王宝恩译,人民卫生出版社 1986 年版,第 1 页。

③ 892 F. Supp. 756, 771 (E. D. Va 1995).

④ 563 F. 3d 171 (United States of Appeals, Sixth Circuit, 2009).

故学者们提出两种解决“合理确定性”质疑的途径:其一为双倍风险标准(the doubling of the risk standard)的因果有关系理论,即原告仅需要证明诉争的有毒物质释放可能会导致原告罹患疾病的机会超过了两倍,或者说是原告接触诉争的有毒物质,导致将来其罹患疾病的相对风险值(relative risk,risk ratio,RR)达到2以上。为什么会采取相对风险值为2的要求呢?因为学者认为在流行病学上,该暴露毒物相对风险值大于2的门槛,相当于以科学的证据说明因果关系超过50%的可能性。[①] 双倍风险标准的因果有关系理论被视为优势证据理念的“弱”版本。这一途径更受原告欢迎。虽然它将迫使被告为很多自然的癌症提供补偿,因为仍然没有方法来确定特定原告的癌症是由被告引起的,或者是通过其他方式发生的,但这个结果与是原告伤害的“重大因素”的被告应对该伤害负有完全责任的原则是一致的,即使其他因素也可能是导致伤害的原因。[②]

其二为比例因果关系理论(proportional causation)。在比例因果关系理论下,因果关系依据被告行为发生损害的可能性来认定,即传统的“全有或全无”的因果关系理论已不再适用,仅依据因果关系可能性比例判断因果关系,并相应于该比例计算被告应赔偿之数额。[③] 也就是说,在有毒物质侵权的特定因果关系中取消达到优势证据程度的要求。例如,若原告可以证明其因为暴露于有毒物质而增加了25%的风险,则他可以从该有毒物质制造者处获得25%的损害赔偿。[④] 该观点就是主张在有毒物质侵权中降低因果关系的证明标准,采用比例责任进行赔偿。关于比例责任的具体内容与借鉴,本书将在第五章与第六章中详细探讨。

---

① See Andrew R. Klein, *A model for enhanced risk recovery in tort*, Washington and Lee Law Review, Vol. 4, p. 1198 - 1199(1999).

② 参见[美]约翰·斯普兰克林、格雷戈里·韦伯:《危险废物和有毒物质法精要》,凌欣译,南开大学出版社2016年版,第384页。

③ 参见邱聪智:《因果关系与损害赔偿》,北京大学出版社2006年版,第196页。

④ A. B. Hill, *A Short Texbook if Medical Statistics*, 1977, p. 285 - 296; Andrew C. Harper and Laurie J. Lambert, *The Health of Populations: An Introduction*, 1994, p. 92 - 95. 转引自 Robin Kundis Craig et al., *Toxic and Environmental Torts Cases and Materials*, West Publishing, 2011, p. 217 - 218。

三、美国做法对我国的借鉴价值

在一般有毒物质侵权中,条件说与相当因果关系说仍有适用的可能,但遇到复杂难解的因果关系时,可借鉴美国一般因果关系与特定因果关系的判断要素,在认定有毒物质是否造成原告损害时至少考虑以下几个因素:

1. 原告是否暴露于有毒物质。原告须用直接或间接的证据证明其暴露于有毒物质之中。在日积月累引发损害的情形下,原告还须证明暴露的程度与持续的时间。在原告提供的是间接证据的场合,法院可以运用"频繁性、规律性和接近性"三性进行判断,如法院可以通过工作记录、同事的证言、日常采购记录等渠道了解原告暴露于有毒有害工作场所或相关产品的持续时间,综合判定这些有毒物质可能接近原告的程度、可能造成原告损害的范围等,由此初步判断原告是否可能因暴露于有毒物质造成损害。

2. 参考科学证据、专家证言来判断该有毒物质是否会造成且实际造成原告的损害。在相当因果关系的框架下,法院可以借助科学证据(专家证言、医学证明、毒理学或基因学的研究成果等)来衡量毒物致害的可能性,运用双倍风险标准来判断"相当性",以解决相当性判断在有毒物质侵权中失灵的困境。

法律的确定性不同于科学的确定性。法律的确定性主要体现在证明标准的要求上,英美法系国家采用的是优势证据标准,即超过50%,我国采用的是高度盖然性标准,其要求诉讼证据力高于50%;而科学的确定性一般要求确定性达90%~95%。[①] 问题在于如何将科学的确定性转化为法律的确定性,也就是法院是否应当采信科学证据、如何采信科学证据。这是一个非常复杂的问题,正如英美法学者所言,专家证言的充分性(是否达到盖然性程度,侵权法上的问题)和可采性(是否可被法院采纳,证据法上的问题)常交织在一起,难以完全分开判断。[②] 具体表现在:首先,在很大程度上,现代证据法关于专家证言可采性的规则是从有毒物质侵权中产生的;其次,大部分的讨论特定因果关系的侵权案件都涉及证据可采性问题;再次,特定因果关系的讨论常常是关于证据可采

---

① See M. Stuart Madden, *Toxic Torts Deskbook*, CRC Press, 2018, p. 90.

② See Joseph Sanders, *The Controversial Comment c: Factual Causation in Toxic Substance and Disease Cases*, Wake Forest L. Rev., Vol. 44, p. 1029(2009).

性争议的讨论；最后，在许多有毒物质侵权的案件中，证据可采性的判断往往具有决定性。法院会在判断一般因果关系与特定因果关系时考虑原告提供的因果关系证据，若原告无法提供可采性的证据，则法院将不会支持原告的主张。[①] 由于科学证据采信问题的复杂性，本书将在最后一章中详细阐述。

就双倍风险标准运用而言，在一般的有毒物质侵权中（环境毒物侵权与产品毒物侵权的因果关系下文会专门论述），双倍风险因果关系较比例因果关系更具确定性，也为因果关系证明标准提出了门槛要求，较能符合因果关系要件的要求，故更适合运用于一般有毒物质侵权，比例因果关系仅适用于一些特定的情形（对此本书将于第五章与第六章中详细论述）。通过双倍风险标准，专家证言不再需要使用"通常接受""合理确定"等呓语，而是可以通过对于实验设计及统计数据的探讨，由这道在充满机率的非决定论世界中划出的界限，在侵权法的归责体系中更能聚焦。[②] 而且由实验数据获得的原因的相对风险值作为衡量原因与损害结果之间的相关性程度，既符合科学研究过程中从相关性到因果关系的推论过程，又将因果关系的可能性百分比化、数值化，对法官与当事人而言较为直观，较易操作，避免了法官自由心证的随意性。同时，双倍风险的因果关系条件相当于因果关系可能性过半的要求，可以避免"诉讼洪水"的泛滥，也是矫正正义论者较能接受的缓和方案。

双倍风险标准并不是判断因果关系的唯一决定因素，法院应综合考察案件其他证据、结合经验与法律政策作出判断。一方面，不能证明其罹患疾病的机会在统计数据上倍增的原告，可以提出其他情形来证明很可能是因被告的行为导致其疾病损害。例如，一个患有无鲜明特征的癌症的石棉工人可以证明石棉纤维存在于靠近肿瘤的位置，以此帮助证明他的癌症是由于石棉暴露而引起的。[③] 另一方面，被告可以举证证明其他因素致使原告罹患疾病的风险超过两倍，以此排除自己的责任。例如，被告可以通过遗传学的证据或原告自身原有

---

① See Robin Kundis Craig et al., *Toxic and Environmental Torts Cases and Materials*, West Publishing, 2011, p. 212.

② 参见叶咏翔：《双倍风险标准的因果关系》，载《法令月刊》2016年第11期。

③ 参见[美]约翰·斯普兰克林、格雷戈里·韦伯：《危险废物和有毒物质法精要》，凌欣译，南开大学出版社2016年版，第385页。

疾病、长期不良生活方式等证据,来证明诉争的特定疾病更可能是由被告行为以外的其他原因造成的。

第二节　一般有毒物质侵权责任构成要件中潜在损害的阐释

一般有毒物质侵权责任构成要件中的损害具有独特性,其包括毒物侵权行为造成的实际损害与可能造成的潜在损害。为了与潜在损害相区别,本书将前者损害称为“已显损害”。已显损害与一般侵权责任构成要件中的“损害”基本无异,在此不赘述。而潜在损害在毒物侵权中为何成为一种可赔偿的损害,属于毒物侵权责任构成要件中损害的一种,须加以深入分析。

一、可赔偿损害及其特征①

(一)损害与可赔偿损害

社会生活中总是存在如汽车损毁、身体受伤、心情悲痛、钱币丢失等各种不幸,这些客观存在的不幸事实通常都会被人称为损失或者损害。但是法律不可能对所有人们称为损害的不幸进行救济。立法者通常通过一定的法学方法进行甄选,从中挑选具有法律价值的内容称为“损害”,进而进行法律的救济。换言之,法律上所说的损害并非一种自然的结果,而是增加了人为的价值判断。当一个人遭遇不幸、承受损害时,其处于一种自然客观的事实状态之下,这种状态只有经过了法的价值评判,才能上升为法律事实,从而成为法律上的损害。

没有实际遭受损害的受害者不具有损害赔偿的基础。但是对于什么是损害,长久以来却一直缺乏一种权威的定义。立法上,大陆法系国家罕有对损害做出明确规定,仅《奥地利民法典》将损害定义为:“损害是给某人财产、权利或人身造成的不利益。”②学说上,法学界一直众说纷纭。我国台湾地区学者认为,

① 对于可赔偿损害,学界存在可赔偿性损害、可救济损害、可救济性损害等不同的表述方式。

② [德]U. 马格努斯主编:《侵权法的统一——损害与损害赔偿》,谢鸿飞译,法律出版社 2009 年版,第 16 页。

损害"系法益所受之不利益"[1],"损害,谓就财产或其他法益所受之不利益"[2];我国大陆学者认为损害"指受害人一方因他人的侵害行为或者准侵害行为而遭受的人身、精神或财产方面的不利后果"[3],"是行为人的行为对受害人造成的不利益状态"[4]。但这种定义只是对损害的自然状态的一种描述,王泽鉴教授将其称为"自然的损害概念"[5],而并没有进一步剖析损害的规范属性。与之相对的,是德国学者卡尔·沃尔夫(Karl Wolff)将损害定义为"在法律上能够被理解为不利益的状态,即法律上的利益较之于此前发生减损"[6],强调的是损害在法律价值上的评价。这种对损害规范性的考察在奥地利2007年颁布的《奥地利损害赔偿法草案》中即有体现:该法案第1293条将损害重新定义为"损害是指任何人就其人身、财产或者其他受法律保护的法益所遭受的不利益"。

区分自然损害与规范损害的意义在于,以差额说为代表的自然的损害概念系以一般语言作为出发点而对损害采取的一种自然理解,其优点在于符合一般人的观念,并在一定程度上形成了统一的损害观念,能够广泛地适用于财产损害或非财产损害;但其弊端亦为明显:自然意义上的损害概念仅仅是一种价值中立的计算方法,而对于法律上损害而言,能够请求赔偿的不利益当有法律上的规范评价,而自然的损害概念忽视了法的评价对损害概念形成的价值,不能就一些理性的损害提供必要的判断基准。[7] 对于侵权法而言,判断一个不利益是否属于损害,不仅要关注其自然事实上的变化,同样还要考虑其法律上的评判价值。

因此侵权法中的损害,实则具备事实和法律双重属性,前者指侵权行为所造成的受害人在人身、财产上的不利益,而后者指这些不利益被法律所认可并能够获得赔偿。[8] 在此意义上,侵权赔偿责任重要基础之一的损害理所当然地

---

① 孙森焱:《民法债编总论》(上卷),法律出版社2006年版,第38页。
② 史尚宽:《债法总论》,中国政法大学出版社2000年版,第167页。
③ 张新宝:《侵权责任法》,中国人民大学出版社2016年版,第27页。
④ 王利明:《侵权责任法研究》(上卷),中国人民大学出版社2016年版,第308页。
⑤ 王泽鉴:《损害赔偿》,北京大学出版社2017年版,第61页。
⑥ [奥]海尔姆特·库奇奥:《侵权责任法的基本问题(第一卷)——德语国家的视角》,朱岩译,北京大学出版社2017年版,第109页。
⑦ 参见王泽鉴:《损害赔偿》,北京大学出版社2017年版,第62页。
⑧ 参见杨立新、杨彪:《侵权法中的可救济性损害理论》,载《政治与法律》2007年第6期。

指向了"可赔偿损害"。这种观点在欧洲已基本达成共识，即"欧洲各国的侵权责任法几乎一致地认为，作为侵权责任构成要件上的'损害'指的是'可赔偿性损害'"①。《欧洲侵权行为法基本原则》(Principles of European Tort Law)更是在损害编中进一步明确可赔偿损害(recoverable damage)的内涵："损害必须是对受法律保护利益的物质或非物质上的伤害"。② 而《欧洲私法的原则、定义和示范规则：欧洲民法典草案》则是创造了"与法律相关的损害"(legally relevant damage)概念，强调损害系对权利或受法律保护利益的侵犯。③ 可见，在侵权法上，损害只有具有法律上的评价意义与规范属性，才会被认为具有"开启损害赔偿请求权的意义"④。换言之，侵权损害赔偿请求权前提之一的"损害"要件，实际指的是一种法律意义上的损害，即"可赔偿损害"。

（二）可赔偿损害的特征

所谓的可赔偿损害实际是得到法律规范评价的利益或权益被侵犯的后果，是侵权法所要救济的目标。与自然意义上的损害相比，侵权法上的可赔偿损害具有更加典型的特征。具体而言，可赔偿损害的特征在于：

第一，可赔偿损害系对合法民事权益造成侵害的后果。首先，这种损害的客体必须是合法权益。对于受侵害的非法利益，如毒品失窃等，虽然有自然意义的损失，但也无法获得侵权法上的规范评价。其次，这种权益必须是由侵权法救济的民事权益。而对于契约上的损害或其他部门法范畴的损害，得由其他专门的方式予以救济。最后，这种后果对受害者而言是一种不利后果。这种不利后果是对受害者现时既有状态的反向维持，包括了不该支出而支出、该增加而不增加等被依据生活经验、常识等一般社会观念认为是不可容忍、不能接受或者至少是令人痛苦或难堪的种种不利结果。⑤

---

① 杨立新、张新宝、姚辉：《侵权法三人行》，法律出版社2007年版，第105页。

② Principles of European Tort Law：Art. 2：101. Recoverable damage：Damage requires material or immaterial harm to a legally protected interest.

③ Christian Von Bar & Eric Clive and Hans Schulte-Nölke, *Principles, Definitions and Model Rules of European Private Law：Draft Common Frame of Reference*, European Law Publishers GmBH, Munich, 2009, p. 396.

④ 张新宝：《侵权责任法构成要件研究》，法律出版社2007年版，第122页。

⑤ 参见马俊驹、余延满：《民法原论》，法律出版社2005年版，第1012页。

第二,可赔偿损害具有确定性。损害的确定性是指损害事实是一种客观真实的存在,而非基于受害者主观臆断、假设、虚构,其中包含了损害能够认定及损害系真实存在两个层次的内涵。其造成的损失是具体的、相对确定的,即受害人的赔偿请求权在请求内容上应当是明确的。受害人在主张损害赔偿时需要证明其受到损害的具体程度与范围,即损害的具体数额。[①] 从实践看,损害的确定问题是对损害赔偿数额的合理限制,也是归责的重要依据。[②] 因此,不具有确定性的损害不具有可赔偿性。

第三,可赔偿损害在法律上应当具有可救济性。这种可救济性一方面指损害具有一定程度上的危害性,对于不具有危害性或仅具有细微、琐碎、微小危害性的损害,一般人应当具有一定的容忍义务,无须救济;另一方面这种损害是发生在法律保护范围中的损害,诸如被他人遮挡不能观鸟等损失并非法律界定的保护利益,无法通过侵权法予以救济。另外,这种损害必须与侵权行为存在较为密切的关联性。可赔偿损害关注的是不幸损害结果的转移,这种转移既包括损害本身可转移,也包括具有可转移的对象。因果关系即是确定损害责任人的关键,因此一旦因果关系过于遥远或泛滥,则不具有可救济性,无法得到赔偿。

综上可知,所谓的"可赔偿损害",实际是一种具有侵益性、确定性及可救济性的损害。侵权法通过三者的限制,从漫无边际的损害中提取出"可赔偿损害"这一概念,根本目的在于为损害确定一个合理的界限,避免责任的盲目扩张。但一个损害,从自然意义上的损害上升为法律损害再上升为侵权法上的可赔偿损害,不仅依赖于可赔偿损害的一般性特征限定,同样还需要在个案中采取相关的利益平衡工具予以考量。如此方能实现侵权法在行为人自由与他人固有利益乃至可期待利益之间的平衡。[③]

二、确定可赔偿损害的考量因素

确定可赔偿损害的考量因素是一个自然事实归纳与理性总结的过程。面对林林总总的自然损害事实,必须以特定的价值标准对这些不幸事实进行整体

---

① 参见程啸:《侵权责任法》(第3版),法律出版社2021年版,第233页。

② 参见王利明:《侵权责任法研究》(上卷),中国人民大学出版社2016年版,第318页。

③ 参见朱岩:《侵权责任法通论:总论》,法律出版社2011年版,第123页。

性、概括性地过滤与取舍。通常来说，首先确定损害的可赔偿性依据的标准即是法律本身的目的追求与价值取向，具备合目的性。其次应当考虑到，损害不仅仅是一个侵权法问题，也是整个法律体系的问题，不仅是一国法律体系下的问题，更是具有国际性影响的问题。在全球化日益密切的今日，应当从体系视角出发，注重法律部门的联动，同时将其置于国际视野之下考察。最后，还应当考虑其现实可能性，即损害赔偿的可操作性，只有能够弥补的损害才有救济价值，这种弥补表现在损害得以通过一定的标准量化，否则只能具有事实意义，而不具有救济的可操作性。总而言之，区分损害能否得以赔偿，应当考虑在损害赔偿中实际发生作用的诸要素。一般来说，这些要素包括损害的可量性、法规目的、受侵犯的利益性质、加害人的注意义务、法政策因素、法律部门间的协调等。详言之：

第一，损害的可量性。损害的可量性实际是指损害在具体认定上的可操作性。首先，这种损害必须是符合目前法律发展趋势，属于人们认知观念上的损害。只有可认知、可量化的损害才具有赔偿的可能性。否则，虽然不幸是真实的，却因无法量化而无法弥补。其次，这种损害还需要达到一定的标准。社会上的不幸是普遍存在的，但这并不意味着法律对所有的不幸提供救济的渠道，人们需要对一些细微的损害有一定的容忍义务，否则将对行为的自由与社会的进步造成严重阻碍。应当注意的是，对损害程度细微与否的判定，并不单纯考察量的积累，还应当结合具体的受损利益加以判断。最后，损害的可量性还应当具有救济上的经济合理性与社会认同性。[①] 诸如纯粹经济损失等损害，如果动辄予以救济，则会产生漫无边际的赔偿责任，远超责任人的能力限制，不具有经济上的合理性，得不到一般观念的认同。

第二，法规目的。立法的目的是一部法律或一个条文的立足点，从法律的立法目的出发，能够从根本上判断哪些权益当以法律保护。因此，通过法规目的中蕴含的法的价值论断与规范评价，一方面能够确定某损害是否系属法的保护范围，另一方面亦同时为损害的可赔偿性划定界限。可以说，法规目的正是可赔偿性损害的判断基准。

---

① 参见刘勇：《侵权法上之损害》，载《南京大学法律评论》2005 年第 1 期。

第三，受侵犯的利益性质。受侵犯的利益性质决定了法律的具体保护范围。如果说法规目的是从宏观上对保护范围进行考量，受侵犯的利益性质则决定了微观层面的具体涵摄。侵权法面临的是一张权利与利益交叉之网，在此张不确定的权益网络之下，不同权益满足人的需求程度是存在差异的，受侵权法保护的程度也会相应地存在差异。[①] 不同利益的价值位阶不同，其救济的紧迫性与全面性亦有所不同。如生命与财产发生冲突时，通常会认为生命价值高于财产利益，应得到优先的保护。

第四，加害人的注意义务。损害的可赔偿性意味着损害渗入了法律评价，这种评价一方面关注损害本身，另一方面亦考虑到加害人存在的注意义务。正如学者所言，"损害是义务的另一面。有损害的地方也一定存在义务的违反"[②]。在侵权法上，出于对维护人之自由的考量，一般情况下只有那些违反了一般注意义务或法律规定的作为义务而产生的损害才予以赔偿。否则，将会导致可赔偿范围的过宽。

第五，法政策因素。如果说法规目的蕴含着法律长久一致的价值目标，政策因素则反映了对现实的政治、经济、伦理等社会环境及价值的关注与反馈。法政策的考量体现了可赔偿损害认定的灵活性，使其能紧跟社会的发展需要。

第六，法律部门间的协调。侵权救济并非损害唯一的救济途径。有些损害可以由侵权法救济，有些损害则由社会保障法救济或行政法救济。部门法之间的差别、公法与私法保护对象的不同、法律价值取向的不一致亦可能导致救济方式的区分。即使一项被侵害的权利可以由不同法律予以保护，但这些法律保护的内容与救济的形式是有差异的。不同部门法之间的联系与区别亦是应当考量的因素。

虽然决定损害可赔偿性的因素有很多，但是并非意味着所有的可赔偿性损害都必须具有上述全部因素。事实上，上述这些因素在损害的具体认定中发挥的作用并非均等。例如，损害的可量性决定了损害赔偿的现实可能，如果不具有可量性则即使符合其他要素也无法予以赔偿。而对于法律部门协调与法政

---

① 王磊：《侵权损害赔偿范围的确定机制》，载《法学》2021 年第 4 期。

② ［德］克里斯蒂安·冯·巴尔：《欧洲比较侵权行为法》（下册），焦美华译，法律出版社 2001 年版，第 13 页。

策因素,实际起到的是一种补充作用,并非必须要件。确定可赔偿损害的考量因素只是手段,服务于论证损害赔偿的可能性与合理性的目的。因此,当某种新的损害符合其中的某几个要素就足以证明其赔偿的可能性与合理性时,即足以证明其可赔偿性。

三、潜在损害可赔偿的证成

从可赔偿损害的阐述可以看出,损害想要获得侵权法上的赔偿救济,必须经过两个层次的考察:从可赔偿损害的特征考察,其必须是对受法律保护的利益的侵犯,且外在表现符合可赔偿性损害的一般性特征;从可赔偿损害的考量因素看,其必须要满足一定的利益平衡要素,这些要素或出于法规目的考量,或基于现实救济可能,从多方面综合判断一种损害的实际可赔偿性。但这两种考察方式并非相互割裂,两者有相通之处。而且,这些决定因素终究只是手段,服务于论证损害赔偿的可能性与合理性目的。因此,在进行损害可赔偿性分析时无论这些要素的作用如何,都应从整体加以考虑,只要某种损害符合可赔偿性损害的本质特征、符合其重要考虑因素,即具有了赔偿的可能。而是否可以获得实际的赔偿,则需要通过个案再次审视,从而判定救济与否以及选择适宜的救济方式。

(一)对潜在损害可赔偿性的特征考察

从可赔偿损害的特征观察,可赔偿损害必须是一种具有侵益性、确定性及可救济性的损害。应当承认的是,潜在损害本身的潜伏性、渐进性特征决定了其与一般损害存在较大的差别,这种差别也使得现有的侵权损害赔偿责任制度在面对这一异类的损害救济时显得束手无措。但细细审查,我们会发现潜在损害虽有异质之处,但亦非与可赔偿的损害截然不同,其在很大程度上符合可赔偿性的特征。

1. 潜在损害具有侵益性与可救济性特征

就潜在损害的侵益性而言,其本身是侵权行为侵犯受害者合法的人身、财产权益而产生的不利益后果。以人身潜在损害为例,它是自然人生命或健康权益受侵害之事实。现代社会对健康权的理解“不仅包括身体之生理机能的完整性,也及于个人持续、稳定、良好的心理状态”。[①] 对于自然人生理机能完整性的损害不再仅局限于常规下的人体各项组织器官及其身体组成部分的残缺或病变,还应包括在微观情形下人体组织内的细胞及亚细胞层次上的基因结构异常或染色体畸变等健康异常情形。如前文所述,有毒物质对人体产生的危害主要包括致癌效应、基因突变、畸形生长等,是有毒物质对人体组织内的基因或生化结构的破坏造成的。

而且有毒物质侵权引发的潜在损害亦造成了受害人在财产与非财产上的不利益。受害人所受财产损失包括但不以以下列举为限:(1)医疗监测费用的支出。有毒物质侵害人体肇致人体对某种疾病之患病风险急剧攀升,为维系健康之所需,受害者不得不采取医疗手段定期对身体进行特异监测,以便及时察觉与诊治相关之疾病,从而降低损害阈值。(2)人身商业保险费用的支出。基于对潜在损害之恐惧,受害者通常会采取多种手段进行风险分摊,其中商业健康险即为主要手段,也是受害者提高自身抗风险能力的重要途径。因此,人身商业险的额外支出也是潜在损害肇致的必由之负担。(3)生活上必要增加费用。除维系人身健康而必需支出的费用外,潜在损害还增加生活上之必要费用。如有毒物质暴露在居住环境中时,必然引发修治、搬迁、安置等费用。而就非财产损失而言,受害人本身亦有因罹患癌病等相关疾病风险增加而肇致的忧惧、恐慌、不安等精神痛苦。

因此潜在损害本质上亦是侵犯受法律保护的人身、财产利益的不利后果,符合可赔偿损害侵益性与可救济性的特征。唯有在损害的确定性方面,潜在损害的确定性与传统损害不同,存有较大争议。

2. 潜在损害具有一定的确定性

就潜在损害的确定性而言,首先,潜在损害并非臆想,而是客观真实存在。就患病风险增加而言,相关概率往往可以借助统计学的手段、专业的鉴定等方式予以确认。例如,在我国台湾地区 RCA 毒物侵权案件中,法院在专家意见基础上指出,该厂员工长期暴露于有害有机溶剂环境之下,致使该厂员工罹患癌症之风险高达 0.3%(在医学上可接受值为 0.01% 到 0.0001%),非致癌概率

① 王利明:《人格权法研究》,中国人民大学出版社 2012 年版,第 328 页。

(亦即导致其他疾病风险之概率)也高达16.9%(医学尚可接受值小于1)。[①]虽然潜在损害在外观上缺乏直观的可感知“性状”,但随着现代医疗技术与微分子生物技术的发展,人类对于损害的发现在生物学上有了长足的进步,一些原本的潜在损害也逐渐被认为是已显损害,即使一些损害仍未显化,依据现有技术依然可以发现其中蕴藏的长足风险。例如,“基因测序技术在肿瘤诊疗中的应用,通过检测个体DNA序列可以发现基因组的异常变异,从而可以评估肿瘤疾患的风险”。[②] 又如,纳米分子诊断技术和生物芯片技术推进了人体内生物标记物的发现。“生物标记是人身体里的一种化学物质,它可以提供某一个体曾暴露在化学物质之下、其所受到的影响以及该个体对疾病的敏感性等相关信息。”[③]科技的不断进步使潜在损害不仅可感,而且可量化。其次,潜在损害作为未来可能性的损害,具有一定的确定性即可。在很长一段时间内,我国的一些学者认为损害必须真实存在,未发生的损害事实不具有可赔偿性。[④]在实践中,法院对于损害的计算也通常是按照实际发生的损失数额进行认定,但是这种理解备受争议。最高人民法院颁布的《人身损害赔偿司法解释》把将来确定发生之损失亦归入赔偿项目范畴。[⑤] 可见,最高人民法院不必然坚持损害的实际发生,而是将其放在一定的时间尺度之内进行衡量,在划定周期内的损失具有可预测性,即可认为是确定之损害从而可得赔偿。这种确定性不局限于损害的“实然”,如将来医疗费用依据专业技术之推定,而护理费、伤残赔偿则采取高度盖然标准。只要有方法确定“应然”之损害,亦得应该之赔偿。境外法中还存在损害确定性的可能性标准,只要损害可能存在即可获得

---

① 参见我国台湾地区“台北地方法院”2006年度重诉更一字第4号民事判决。

② 刘加强、彭旭东、刘德军:《基因测序技术在肿瘤诊疗中的应用进展》,载《中国临床保健杂志》2016年第5期。

③ 李冬梅、韦经建:《论现代环境法面临的若干新问题——以美国环境法为视角》,载《当代法学》2008年第3期。

④ 参见魏振瀛主编:《民法》,北京大学出版社2000年版,第687页。

⑤ 最高人民法院《关于审理人身损害赔偿案件适用法律若干问题的解释》第19条第2款规定:“医疗费的赔偿数额,按照一审法庭辩论终结前实际发生的数额确定。器官功能恢复训练所必要的康复费、适当的整容费以及其他后续治疗费,赔偿权利人可以待实际发生后另行起诉。但根据医疗证明或者鉴定结论确定必然发生的费用,可以与已经发生的医疗费一并予以赔偿。”

赔偿。[1] 正如我国台湾学者陈忠五指出的,“基准时点以前已经发生的损害,属于‘现在的损害’,固然是确定存在之损害;基准时点以后才会发生的损害,由于尚未现实发生,仅是一种可能会发生的损害,此种‘将来的损害’是否属于确定存在的损害,不能一概而论。……应该以损害在将来‘发生可能性’的‘或然率高低’决定‘将来的损害’是否得请求赔偿。”[2]可赔偿损害的确定性,实际考察的是这种损害对受害者造成不利益的可能性,当这种可能性达到某种程度时,即使现时没有事实上的损失,也应当合理的认为受害者确实受到损害。

从域外立法例来看,对损害确定性的判断也并非采用严苛的标准。荷兰民法对于损害赔偿的计算采宽容的标准,可通过当事人举证或由法院评估。“通常法院为了评定损害赔偿,会要求提供一些损害发生或范围的证据,但在损害赔偿不可能计算时,法院有权评估。这也适用于未来发生的损害。”[3]其《民法典》第6:105条亦明确规定:“对于尚未发生的损害,法院可以全部或部分推迟计算,或者根据将来事件的各种可能计算损害。”从荷兰民法典的规定可以看出,将来损害的确定只要达到可能性的程度,法院可根据“未来事件的各种可能”来计算损害。法国民法亦是如此,“损害的确定性要求不是严格的,因为确定性这一条件与证据问题有关,受害人必须证明其所受损害的存在及其范围。很明显,损害的确定性是一个相对的要求,在面对未来损失时尤为如此,甚至不考虑基于偶然性因数的扣除”[4]。法国法并没有僵硬地看待损害的确定性,而是采相对性的灵活态度。南非的做法亦类似,“损害确定性的一般规则为,原告应证明其遭受的损害,证明的要求是高度盖然性(可能性超过50%)。但考虑到

---

① 《荷兰民法典》第6条、第105条规定:“对于尚未发生的损害,法院可以全部或部分推迟计算,或者根据将来事件的各种可能计算损害。在后一情形中,法院可以判令债务人一次或定期支付赔偿额,同时有义务或者没有义务的提供担保;该裁判可以附有法院指定的条件。”据此,荷兰民法中损害只要可能存在即可获得赔偿;南非法律要求原告应当证明其遭受的损害具有高度盖然性,而对于未来损害,法律并不要求原告提供肯定的证明,而只要证明其可能遭受损害,便可按照该损害的可能性进行赔偿。参见[德]U.马格努斯主编:《侵权法的统一:损害与损害赔偿》,谢鸿飞译,法律出版社2009年版,第243页。

② 参见陈忠五:《产前遗传诊断失误的损害赔偿责任——从“新光医院唐氏症事件”论我国民事责任法的新课题》,载《台大法学论丛》2005年第6期。

③ [荷]马克·H.温森克、维勒姆·H.范布姆:《荷兰法中的损害赔偿》,载[德]U.马格努斯主编:《侵权法的统一:损害与损害赔偿》,谢鸿飞译,法律出版社2009年版,第223页。

④ [法]苏珊·加兰·卡法尔:《法国法中的损害赔偿》,载[德]U.马格努斯主编:《侵权法的统一:损害与损害赔偿》,谢鸿飞译,法律出版社2009年版,第119~125页。

未来损失的不确定性和推测性，原告只需要证明符合合理的盖然性，便可依据其遭受损害的可能性进行赔偿”①。即使是在德国这样一个严谨的国度中，损害的确定性亦不是绝对的。德国民法要求侵权损害赔偿的对象是实际的、具体的损失，而非抽象损失。但它又进一步指出“对于未来的收入损失可以而且往往必须按照抽象的假定标准计算”②。可见，德国民法对于未来损害的认定亦放宽了确定性要求。由此看来，域外国家对于损害确定性的要求采取了宽容态度，尤其是对于未来损害的可赔偿性，放宽或降低了损害的确定性要求，采取可能性标准，即只要具有合理的盖然性即可。这种对损害确定性标准的缓和，实际上正是法律对现代社会层出不穷的新型损害的一种政策性应对。如果固守损害的实际发生标准，将会出现一些社会观念中普遍认可的损害却得不到法律回应的尴尬境地。

就潜在损害而言，只要受害者有相应的证据证明这种损害很大概率会对其造成不利影响，即这种损害只要达到合理的盖然性程度，亦可能请求赔偿。例如，对于有毒物质侵权中的医疗监测费用赔偿主张，如果受害者过量接触的有毒物质被认为与某种特征性疾病具有压倒性关联，根据先例或专家处方其定期医疗监测是必须的，则该种潜在损害即具有相当的确定性。即使是相对激进的疾病风险增加赔偿主张，如果能够证明这种疾病增加的可能性达到51%，那么也可以说这种损害几乎是确定的。只是具体应当采取什么程度的确定性证明，还应当结合个案，根据受损法益的性质、受害人具体情况、侵权情节等具体分析。

因此，从潜在损害的特征考察，作为潜在损害典型形态，不论是疾病风险增加还是医疗监测费用支出或疾病风险恐惧，都符合损害的侵益性与可救济性特征。而在损害的确定性上，虽然与一般损害的必然确定性要求有所差距，但基于潜在损害的疾病恐惧与医疗监测费用亦具有高度盖然的确定性；疾病风险的增加由于证明复杂，其确定性通常较低，但在受害者能够举证的情况下，亦有救

① [南]约翰·尼斯凌：《南非法中的损害赔偿》，载[德]U. 马格努斯主编：《侵权法的统一：损害与损害赔偿》，谢鸿飞译，法律出版社2009年版，第243页。

② [德]乌尔里希·马格努斯：《德国法中的损害赔偿》，载[德]U. 马格努斯主编：《侵权法的统一：损害与损害赔偿》，谢鸿飞译，法律出版社2009年版，第142～144页。

济之必要。

(二)对潜在损害可赔偿性的考量因素考察

从法规目的上看,侵权法最初的目的即在于保护合法民事权益,对受害者遭受的损害进行恢复与填补。本质是对社会生活中的不确定性即种种不幸进行分散与移转。而随着政治形态、社会经济、道德伦理等因素的变化与发展,侵权法的功能与价值也始终处于一个变化的过程。迄今,现代侵权法的目的与功能已经在填补损害、制裁侵权、预防损害上取得共识。尤其在风险四伏的当今社会,"在某些类型的情形中,对风险的理解之变化实际上使风险接触或者面临风险这种状态更加接近于遭受损害"①。侵权法的预防损害功能愈发地得到认可与重视。

与潜在损害显现时的症状性疾病相比,潜在损害在潜伏期并不具有必然的可赔偿价值。只有那些符合侵权损害的规范目的、真正造成其健康与财产状态减损或精神状态不安宁的内容,才具有可救济的价值。以有毒物质造成特征性疾病为例,与疾病已经发生的受害者相比,潜在损害者之疾病风险虽未显现,但其遭受同等暴露之事实已是确定。基于该事实,虽其潜在损害并未确定,但对该事实之忧惧痛苦却是真实存在且持续加深。而作为理性受害者,定期采取医学监测手段监视疾病亦是能够得到理解与支持,由此可见,潜在损害受害者所遭受的潜在损害本身的确定性虽有待进一步论证与考量,但基于潜在损害而附生的精神痛苦与医疗监测费用损失却是具有一定的合理性和可确定性。这些不利益即使尚未对受害者的财产或人身状态造成直接的现实变化,但这种不利影响已经实际存在且将长期潜伏,这种悬而未决的不定状态对受害人精神上的损害有时更胜过实际发生的损害,通过金钱赔偿可以在一定程度上对受害者提供有效的慰抚;另外,通过定期医疗监测可以有效地降低其对应的潜在损害的具现概率或危害程度,也能促使侵权人提高自身的注意义务,震慑其行为。因此,从现代侵权法法规目的的角度,潜在损害受害者遭受的部分潜在损害如疾病恐惧及医疗监测费用存在法律上的救济价值,具有可赔偿性。

从法政策因素视角,现有的侵权体系在对潜在损害的救济上存在一定的空

---

① [英]珍妮·斯蒂尔:《风险与法律理论》,韩永强译,中国政法大学出版社2012年版,第127页。

白,对于可能出现的将来损害缺乏合适的救济渠道,这使侵权救济体系欠缺完整性。有些潜在损害尚未发生,但具有相当的确定性,在法规目的上具有救济价值,却得不到救济,显然是因为法律在传统损害概念的理解上存在保守性与滞后性,无法将社会发展过程中不断出现的新型不利益涵摄,导致现实救济中的种种问题。而当传统规则失效时,一个有效的方法便是运用法政策予以填补。从法律的目的、社会的观念、人权的保护等多方面因素考量,潜在损害均具有救济的必要性。运用法政策确认潜在损害的可赔偿性当属应有之义。潜在损害赔偿的确认,使得已显损害赔偿与潜在损害赔偿涵盖了对过去、现在、将来的损害或确定的损害威胁的救济,为风险社会的受害者编织了较完整的救济之网。

从法律部门间的协调来看,潜在损害通常来自有毒物质侵权,此类侵权范围广泛,因而涉及侵权法与环境法之间的协调。而且有毒物质的暴露有时会介入一定的公权力因素,公法部门也一直在这方面进行努力。但是从私法的角度,赋予潜在损害私法救济的权利,能够解决公法运转缓慢的问题,利用私法的灵活性及时对损害进行赔偿,提高救济效率。也能对侵权人起到及时监督的作用。

从受侵犯的利益性质讲,潜在损害的受害者往往多方面利益均处于不利状态。其中既包括了法律保护范围内的人身、财产等权益的不利益,也包括了法律保护范围外的一些现实的不利益。而对于前者,自然应当受到法律的保护。从广义上理解,受害者患病风险的持续增加必将肇致其预期健康之不利益;基于潜在损害肇致的忧惧亦会使受害者罹患精神上之不利益;若为维系预期健康之利息,受害者必须支出定期医疗监测之费用,肇使财产上之不利益。易言之,潜在损害受害者这部分被侵犯的利益均是客观的、真实存在的,并非臆想、虚构的。这些真实受侵犯的利益说明了潜在损害受害者在损害实际发生之前确实面临着有别于最终损害后果的且具有客观性、真实性以及确定性的不利后果,自然具有可救济性。

从加害人的注意义务看,大部分的潜在损害是因为侵权人侵犯受法律保护的利益而造成的结果,这些损害通常来源于食品毒物、药品毒物、环境毒物等。排除发展风险带来的不可知风险,侵权行为人对自身行为之法律风险均具有预见性,同时对其自身行为亦具有决定的支配力。换言之,毒物侵权的行为人本身就自身行为较一般人具有更高的注意义务,潜在损害即是该种义务之违反的法律后果,因而要求行为人对此赔偿具有合理性。

从损害的可量性看,虽然并非所有潜在损害受害者面临的不利益都具有可操作性,但对于其中几种典型的潜在损害延伸损失却具有现实的可量性。例如,疾病忧惧肇致的精神痛苦符合一般社会观念对精神损害的理解;医疗监测费用之支出具有必要性与可确定性;即使是患病风险提高本身,亦是对受害者预期健康利益的直接减损。此外,潜在损害亦会导致诸如居住环境修治之类的生活上必要费用之增加。及时甚至预先救济潜在损害能够阻遏其显化,充分降低损害后果,进而降低总体救济成本。毕竟,在毒物侵权中,事前的预防成本总是小于事后的救济成本。从此角度而言,对潜在损害受害者的赔偿亦符合一定的经济理性。

总体而言,从损害内部构造的角度,潜在损害在潜伏期给受害者带来的诸多不利益与一般的损害标准确实有所差别。但通过损害可赔偿要素的分析可以发现,虽然大部分的不利益由于不符合可赔偿要素而不具有救济性,但其中亦有某些具体的损失符合法律上的可救济性与应救济性。这些不利益都是因为毒物侵权人违反了注意义务而产生的,但从法规目的、受侵犯利益的角度,疾病风险增加、疾病风险恐惧、医疗监测费用支出等具有侵权法上的救济价值;就损害的可量性而言,疾病风险恐惧与医疗监测费用支出的认定具有相当的可操作性,而疾病风险增加的判断则较为复杂。因此,仅从潜在损害的内部考量,可能给予赔偿的主要限于疾病恐惧、疾病风险增加以及医疗监测费用支出,其中疾病恐惧与医疗监测费用支出的确定性程度更高,更易于为人接受,而疾病风险增加稍显激进,在理论上具有可赔偿性,实践操作还有待医学、毒物理学等科学的进步。

综上,潜在损害受害者遭受的部分潜在损害符合可赔偿损害的侵益性、确定性与可救济性特征,在法规目的、法政策因素、受侵害利益性质、部门间协调、加害人注意义务、损害的可量性等方面均具有可赔偿的价值,具有相当的可赔偿性。须注意的是,可赔偿性并非意味着绝对能够得到赔偿,而只是提供一种救济的可能,即使潜在损害的一些项目符合可赔偿性损害的标准,但不同潜在损害的类型，其可赔偿性还应有所区别。例如，根据损害发生的时间，潜在损害又可以分为潜在的现实损害与潜在的将来损害，前者如基于暴露事实而对癌症的恐惧，系典型的现实的精神损害；后者又可以分为相对确定的潜在将来损害以及相对不确定的将来损害。前者如医疗监测费用的支出，虽然现实还未发生，但通过专家证言、医学原理等可以合理地确定其具体范围；后者如癌症风险上升带来的预期生命价值丧失，囿于科学技术与医学原理的发展，这种潜在损害的不确定性程度相对较高。因此，对于可赔偿的潜在损害的甄别，还需回归到个案中进行具体审视，而不能一概而论。总而言之，某些特定的潜在损害原则上具有可赔偿性，但这种可赔偿性还需借助个案中具体因素的二次审查，避免赔偿责任的无限扩张。

第三章　环境毒物侵权责任的特殊构成要件：因果关系

在有毒物质侵权中，环境毒物侵权较为特殊。从侵权类型上看，环境毒物侵权通常被认为是环境侵权的一种，因此在责任归属上此类侵权采取的是无过错责任原则。与一般的有毒物质侵权的构成要件相比，环境毒物侵权责任的构成要件特殊之处在于其因果关系。与环境侵权面临的因果关系困境一样，在环境媒介的开放性、混合性等前提下，环境毒物侵权案件中同样存在类似的因果关系困境。

第一节　环境毒物侵权中因果关系认定的立法阐释

一、《民法典》第1230条(原《侵权责任法》第66条)[①]的争议

就现阶段而言，我国尚缺乏有毒物质侵权的专门立法。因此在具体法律实践中，此类问题往往通过寻找其上位概念，以借助现有法律规定勉强对此类问题进行法律涵摄。而对于环境毒

① 《民法典》第1230条规定："因污染环境、破坏生态发生纠纷，行为人应当就法律规定的不承担责任或者减轻责任的情形及其行为与损害之间不存在因果关系承担举证责任。"

物侵权,其上位概念即为“环境侵权”。[①]

在我国现有私法框架中,与“环境侵权”相关的法律条款有原《民法通则》第124条,《民法典》侵权责任编第7章以及《环境保护法》第6条第3款和第64条。除此之外,还有一些具体的环境污染规制条款散见于《海洋环境保护法》等专门法律规范以及其他的一些法律解释中。这些或概括或具体的法律条文、解释共同构成了我国“环境侵权”问题的规范基础。但对于环境侵权的救济而言,现有的这些规范还存在一定的不足:第一,这些法律条文分属于各个部门法之中,呈现零散、杂乱、随意的态势,由此导致我们环境侵权救济法律体系内存在一定的矛盾冲突和漏洞空白之处,缺乏缜密的体系构造,难以成为一个逻辑严密的法律体系。在实践中,对于环境侵权问题的指引存在一定的问题,更难以为情况更加复杂、特殊的环境毒物侵权问题提供指引。第二,从部门性质来看,《民法典》属于私法范畴,解决的是微观层面的权利人利益保护问题,而其他相关的规定主要见于各公法部门之中,目的是从宏观的角度对环境污染问题进行矫正、调整、指引。但就前者而言规定的过于宽泛,对于环境毒物侵权这种具体的侵权行为缺乏细致的引导,而后者着眼于行为矫正层面,对于人身损害等利益归属问题的指导比较缺乏。第三,即使《民法典》的制定为环境侵权诉讼找到了一定的突破口。但在实践中,这种传统环境污染视角下的法律构造面对环境侵权种类与数量日益增多的现状仍稍显乏力。虽然立法者对于该问题也有所回应,甚至专门以《民法典》第1230条[②]回应了环境侵权案件中最为复杂的因果关系认定问题,但由于社会经济的发展,法律的滞后问题越发突出。加之《民法典》第1230条自身的一定瑕疵,导致该条文本身仍存在一定的争议。也因此,这种过于笼统的规定无法为环境毒物侵权等特殊环境侵权类型提供恰当的指引。对此,将在下文展开分析:

前文提到,环境毒物侵权最核心的问题在于因果关系的认定,原因在于,环

① 现行法中,对环境侵权问题的表述通常表述为“环境污染”,如原《侵权责任法》的“环境污染责任”实质就是学界所指的“环境侵权责任”。

② 为统一表述,本书将下文中有关学者对原《侵权责任法》第66条的理解与解释统一表述为对《民法典》第1230条的理解与解释;将法院对原《侵权责任法》第66条的适用亦统一表述为对《民法典》第1230条的适用。

境潜伏性毒物自身具有潜伏期长、隐蔽性强、渐进累积等特征，导致当此类问题发作时，可能因为较长潜伏期的经过导致介入过多的偶然因素而使得举证问题面临障碍，而这事实上也是环境侵权所要面临的重要障碍之一。在环境侵权中，环境介质的开放性导致此类侵权通常比较轻易地介入过多的其他因素，使得因果关系的认定面临巨大的障碍。鉴于此，我国《民法典》特地通过第1230条的设置对传统举证责任分配制度进行一定的改良以试图缓和环境潜伏性毒物中的举证困境。但对于《民法典》第1230条的性质问题在我国学界却存在差异化的理解，有将其视为纯粹的证明责任规则内容的，亦有认为其是因果关系推定的一种，还有学者认为该条兼具了新型证据规则与因果关系推定的特点等不一而足。而由于理解上的偏差，也导致在实践中法官在面对具体问题时对于《民法典》第1230条的应用也不尽相同。对于这些差异化理解，详言之：

(一)举证责任倒置立场

对于《民法典》第1230条，有学者持举证责任倒置的立场，认为该条文实际是在环境侵权案件中对原被告的证明责任进行了重新分配，系一种特殊的证明责任规则。根据该条文规定，受害人仅需对存在侵权行为及损害结果进行举证即可，在完成此二项举证后，举证责任将转移到侵权人身上，由其对二者不存在因果关系进行举证，否则侵权人将承担相应的责任。持该立场的主要有最高人民法院及王利明教授。

1. 最高人民法院的观点

最高人民法院认为《民法典》第1230条是对环境侵权行为与损害后果之间不存在因果关系实行举证责任倒置，将该举证责任倒置给侵权人。但是同时，最高人民法院认为受害人仍应该就环境侵权行为与损害后果之间存在关联性承担一定的举证责任，但受害人只需要提供能够证明环境侵权行为与损害后果之间存在关联性的初步证据即可。其主要理由为：第一，由于环境侵权行为的特殊性，导致其所造成的损害后果并非线性和单一性的“排放行为—损害后果”过程，而是动态的，需要整体考虑的复杂系统，并且通过呈现出多源头排放、多介质污染、多途径暴露、多受体损害的复杂面貌，因此其因果关系链条十分复杂，需要采用举证责任倒置制度来减轻原告的举证责任。第二，之所以仍要求受害人就环境侵权行为与损害后果之间存在因果关系承担初步的举证责任，是因为该条款针对的是结果意义上的举证责任("客观的证明责任"),其适用于在经人民法院审理后,相关事实仍处于真伪不明时的情形,这并不妨碍要求受害人承担行为意义层面的初步举证责任("主观的证明责任");并且要求受害人承担初步的举证责任,也能够避免受害人滥诉行为的发生;另外,无论是从两大法系的立法例来看,还是承继2015年颁布的最高人民法院《关于审理环境侵权责任纠纷案件适用法律若干问题的解释》(以下简称2015年《环境侵权司法解释》),均要求受害人承担一定的举证责任。①

从最高人民法院的理解可以看出,其之所以认为该条款属于举证责任倒置,核心是因为该条规定有别于一般的举证规则,一般的举证规则是"谁主张,谁举证"并由其承担举证不能的败诉后果;而根据该条规定,系由侵害人承担未尽举证责任而导致的败诉后果。虽然表面上要求受害人承担一定的因果关系举证责任,但是这种要求明显低于一般举证规则中对受害人举证责任的要求,并且这种要求更多基于司法实践中防止滥诉、保护"侵权人"②基本合法权益的需要。

2. 王利明教授的观点

中国人民大学的王利明教授从以下几个方面阐释自己对《民法典》第1230条的立场:

第一,基于最基础的文义解释,该条表达了这样一种立场:由污染者绝对的对不存在因果关系承担举证责任。条文没有涉及受害人在该方面的相关责任,因此仅从文义的角度,法条明显地将举证责任完全置于污染者即侵权人一方;而从目的解释的角度,法律之所以设置了第1230条,目的显然是为了解决环境侵权中诉讼双方地位不平等、信息不对称、权责不匹配等造成的救济失衡问题,因此立法者出于减轻受害人在环境侵权中的举证负担而专门设置了该条款,显然属于一种"减负目的"下的条款。此外,随着人类科技水平的提高,环境侵权行为的影响范围、作用形式等将愈发复杂化,已经超出了社会一般人的常识水

---

① 最高人民法院民法典贯彻实施工作领导小组:《中华人民共和国民法典侵权责任编理解与适用》,人民法院出版社2020年版,第517~521页。

② 此处"侵权人"指的是客观上存在排放行为,但事实上其排放行为与受害人的损害不存在任何因果关系但却被原告滥诉的民事主体。

平,而属于专业性较强的侵权方式。在此情况下要求受害者对于超出自身认识水平的事实承担举证责任,显然并不公平。

第二,比较因果关系推定与举证责任倒置,可以明显地看出二者的区别。从规范目的看,二者确有一定的联系,如二者都是因果关系证明的一种特殊形式。在实体法上,因果关系推定的实现主要是借助于举证责任来完成,即在法官适用因果关系推定规则时,最终都要回归到案件的具体证明之中,而这一步骤的完成最终还是需要通过举证责任倒置来完成。但应当看到,二者之间的差异也是明显的。从程序上看,举证责任倒置是从形式上直接减轻了原告的举证负担,即将原本由原告应当承担的证明责任免除而要求另一方当事人进行否定性证明;而因果关系推定在举证程序上看与一般的举证过程并无区别,而是在原告举证因果关系这一环节上,通过各种形式的推定,使法官相信因果关系确实存在,即着眼于法官的心证。从结果上看,举证责任倒置并不必然实现因果关系推定,若侵权人的否定性证明成立,则因果关系的否定证明已经完成,而无所谓推定。

第三,对于学界中存在的"过错推定说"①,王利明教授持反对立场。从环境侵权的归责原则看,其实施的是一种无过错责任原则,环境侵权的成立不以行为人过错为要件。因此所谓的"不承担责任或者减轻责任"实际是一种过失相抵规则,即侵权人通过举证受害人自身存在过错或其他法律规定的相关减责、免责条款的情形来减免自身的责任,而非所谓的"过错推定"。②

从王利明教授的观点可以得出:首先,《民法典》第1230条中的"举证责任倒置"系举证责任的部分转移,即只是将一般证明责任中由原告承担的对因果关系的证明分配给侵权人,而非将全部证明责任进行转移;其次,他认为第1230条的做法直接降低了受害者的证明责任,在证明"量"上完成减负而与因果关系推定形成鲜明对比:后者系通过各种手段的运用加深法官的自由心证程度,通过证明形式的转变而直接减轻受害者的证明程度,系一种证明"质"上的减轻。

---

① 有学者观点认为其是过错推定与因果关系推定的结合,他们将该条文分拆成两个部分进行解释,即认为"污染者应当就法律规定的不承担责任或者减轻责任的情形承担举证责任"是关于过错推定的规定,"污染者应当就其行为与损害之间不存在因果关系承担举证责任"是因果关系推定。

② 参见王利明:《侵权责任法研究》(下卷),中国人民大学出版社2010年版,第492页。

从责任的承担来看,第 1230 条规定的举证责任倒置对于受害者的负担显然要轻于因果关系推定。

(二)因果关系推定立场

对于《民法典》第 1230 条,还有部分学者持"因果关系"推定的立场,该种观点以北京农学院文法学院的童光法副教授为代表。

根据童光法的观点,该条款实际间接地借鉴了大陆法系的"间接反证法",属于一种典型的因果关系推定方法。此外,在该条款出台之前,许多学者的论文及相关法律条文建议稿等都直接或间接地确认了环境侵权因果关系推定制度。[①] 因此从历史解释及体系解释的角度出发,将该条解释为因果关系推定似乎更加妥当。仅就平衡诉讼双方利益而言,将其解释为因果关系推定也更能平衡诉讼双方的权益。具体而言,依然依照一般举证规则进行,但受害者只需对因果关系部分作出初步证明即可,此时转由侵权人进行反证,即提供相当确定的证明以推翻原告的主张。如此能够平衡双方的举证能力,而不过分偏向于某一方当事人,更能实现侵权法的公正。[②]

童光法副教授主要是从历史渊源和照顾诉讼双方权益等方面进行分析,认为将该条理解为因果关系推定更为适宜。但是这样分析的结论难免不够充分,因为王利明教授在其建议稿中也提出应当在环境侵权中实行因果关系推定,但他在对该条进行分析时却认为该法条的性质是举证责任倒置。

(三)兼具"举证责任倒置"与"因果关系推定"立场

除了前述观点外,还有部分学者在全面考证这两种主张后,认为《民法典》第 1230 条并非简单的某种"倒置"或"推定",而是兼具二者之长。持该立场的学者以杨立新教授、侯佳儒教授、蔡颖雯教授为代表。

1. 杨立新教授的观点

根据杨立新教授的观点,在环境侵权的因果关系认定过程中,同时存在"因

---

① 参见梁慧星:《中国民法典草案建议稿附理由侵权行为编、继承编》,法律出版社 2004 年版,第 13 页;王利明:《中国民法典草案建议稿及说明》,中国法制出版社 2004 年版,第 252 页;杨立新:《中华人民共和国侵权责任法草案建议稿及说明》,法律出版社 2007 年版,第 244 页;张新宝:《侵权责任法研究》,中国人民大学出版社 2009 年版,第 71 页。

② 参见童光法:《我国环境侵权因果关系的证明责任》,载《哈尔滨工业大学学报(社会科学版)》2015 年第 4 期。

果关系推定"和"举证责任倒置"这两种规则，只是其存在于不同的阶段，具体过程为：第一步，先由受害人就存在因果关系相当程度的可能性进行举证，其证明程度只要能够达到基于一般人以通常的知识经验观察就可以；第二步，由法官对其进行因果关系推定，也就是只要受害人证明因果关系达到盖然性标准程度的时候，其就完成了举证责任，法官就可以推定因果关系成立，并不需要受害人的举证达到高度盖然性；第三步，开始进入举证责任倒置阶段，即由侵权人证明环境污染行为与原告的损害之间不存在因果关系，只要其能够证明二者之间不存在因果关系，就可以推翻前面的因果关系推定，从而免除自己的责任，但如果其不能证明或者其所提供的证据不足以证明二者之间不存在因果关系的，那么因果关系推定就成立，即认定存在因果关系。[①] 需要注意的是，侵权人要证明其环境污染行为与受害人的损害之间不存在因果关系，其证明标准应当采用高度盖然性的标准，也就是要达到能够使法官确信的程度才可以认定不存在因果关系。[②] 根据杨立新教授的观点可知，"举证责任倒置"与"因果关系推定"并不是冲突的，无论是"举证责任倒置"，还是"因果关系推定"均不能完整地概括该规定所包含的规则形式。在利用该规定进行因果关系认定的过程中，不同阶段运用到了不同的规则。前半部分，基于保护受害人的考虑，在其初步证明存在因果关系的前提下，先行推定存在因果关系；后半部分，将结果意义上的举证责任倒置给侵权人，由其承担因不能证明不存在因果关系而导致的败诉、承担法律责任的后果。

2. 侯佳儒教授的观点

根据侯佳儒教授的观点，对于该条而言，"举证责任倒置"的表述本身就存在一定瑕疵。在环境侵权中，证明责任的分配并非如其字面上所说的颠倒双方证明义务，而仅仅是对因果关系证明义务的一次转移。易言之，在环境侵权的"举证责任倒置"中，参与证明责任重新分配的对象实际仅限于因果关系。因此，就该条而言，实际只是增加了侵权人对因果关系承担否定性证明义务的内容，而并没有取消原告对因果关系的初步证明责任。即在这一次证明责任分配

---

① 王利明、杨立新、程啸：《民法学》，法律出版社 2020 年版，第 1139 页。

② 杨立新：《中华人民共和国民法典释义与案例评注：侵权责任编》，中国法制出版社 2020 年版，第 312 页。

中,法律实际将原本由原告承担的因果关系证明中最为复杂的部分转化为侵权人应当承担的否定性证明义务,而原告保留因果关系的初步证明义务。

之所以会存在"举证责任倒置"与"因果关系推定"的性质之争,实际的原因在于理论阐释的角度偏差。即从举证责任分配的视角,该条将因果关系的实体举证义务转嫁于侵权人,相比于传统举证规则中的"谁主张,谁举证",这显然是一种"倒置";而从结果视角看,如果侵权人无法完成否定性证明,则因果关系将被认为成立,这显然是基于间接事实的一种推定,而非实际证明了因果关系的直接存在,因此被认为是因果关系推定就不难理解。

而从法条的目的看,该条的最终目的在于解决环境侵权中因果关系举证障碍的问题,而无论是"倒置"还是"推定"的直接目的都在于降低受害者的举证负担,就该角度而言,无论是"举证责任倒置"还是"因果关系推定"实际并无多大区别。

因此,侯佳儒认为该条实际只是在环境侵权中,在一般的"谁主张,谁举证"的基础上,对侵权人施加了额外的就"因果关系不存在或存在责任减免事由承担举证责任"的义务,而并非一种倒置。同样地,原告仍然要对全部的侵权责任成立要件承担相应的举证义务,法律仅仅是降低了其在因果关系上的部分举证难度而已。①

综上所述,根据侯佳儒的观点,受害者依然要对环境侵权责任成立的三个构成要件进行相应的举证。但有所区别的是,在因果关系的证明方面,受害者仅需进行初步证明,达到表见证明的程度即可推定因果关系的存在,而转由侵权人对不存在因果关系进行实质性的反证。这种观点认为该条是在不改变传统举证程序的基础上,通过诉讼双方具体举证义务的改变,适当的平衡双方的举证负担,兼顾侵权人与受害者的利益。

3. 蔡颖雯教授的观点

根据蔡颖雯的观点,"举证责任倒置"表现在免责和减责事由的证明责任由环境侵害人承担;"因果关系推定"表现在环境侵害人对倒置给他的责任进行举

---

① 参见侯佳儒:《中国环境侵权责任法基本问题研究》,北京大学出版社 2014 年版,第 128 ~ 130 页。

证之前，如果受害人完成了对环境毒物侵权因果关系的盖然性举证，那就推定该因果关系存在。如果受害人的举证达不到盖然性的要求，那就推定不存在因果关系，侵害人也就无须对倒置给他的责任进行举证了。[①]

二、《民法典》第1230条的解释与分析

从前述的各方观点可以看到，虽然对于《民法典》第1230条的具体解释存在争议，但"举证责任倒置说"和"因果关系推定说"在实践中却表现出一定的相似性。例如，无论是"倒置说"还是"推定说"均要求受害者至少对存在侵害事实与损害结果承担全部的举证责任，侵权人在无法对推定的因果关系提出否定性证明时则承担不利结果。但是这种表面上的相似性不能掩盖"倒置说"与"推定说"实质上的差异。尤其在环境毒物侵权中，这种差异被环境潜伏性毒物的特殊性所放大，实际会给诉讼双方带来截然不同的后果。因此应当对二者的异同予以详细分析。

在具体的法律运用中，举证责任倒置通常表现为：首先，由受害者对存在侵权事实与损害结果进行举证，初步证明侵权事实的发生与损害后果的真实性；其次，由侵权人对因果关系进行否定性证明举证；最后，由法官进行心证。可以看到，举证责任倒置下的因果关系证明被割裂为侵权人的证明项，即在诉讼中由侵权人对因果关系承担否定性的证明责任。以更加直观的方式描述即为：步骤一，受害人起诉，就侵权行为与自身损害后果提供证明；步骤二，侵权人就侵权行为与损害后果间的因果关系提供否定性证明；步骤三，法官基于步骤一、二的证明事实进行心证，确定责任归属。而因果关系推定通常表现为：首先，根据"谁主张，谁举证"的传统诉讼规则，由受害人对自己的主张提供证据，具体而言，即对侵权行为、损害结果及二者间的因果关系提供证明。而在法律允许因果关系推定的场合，这种因果关系证明程度被弱化为盖然性标准即可。[②] 当受害者对于因果关系的证明达到一定程度使法官有理由相信时，即可推定因果关系成立，此时侵权人除非举出反证，否则将承担相应的责任。同样以步骤化方

① 参见蔡颖雯：《环境污染与高度危险》，中国法制出版社2010年版，第9~11页。

② 根据具体的因果关系推定的方式不同，对于原告的因果关系证明程度的要求也有所不同，此处暂以实践中较普遍的"盖然性"为标准。

式进行描述:步骤一,原告就自身主张进行举证,在因果关系证明上,达到盖然性标准;步骤二,法官就步骤一的证明事实进行心证,如果因果关系的初步证明使法官相信,则推定因果关系成立;步骤三,如果因果关系初步证立,则由侵权人承担因果关系的否定性证明责任,否则将承担不利后果。

通过以上对因果关系推定与举证责任倒置的具体法律运用过程中的步骤分解可以看到,二者的共同点在于因果关系的证立形式:即均要求受害人进行一定的举证、侵权人针对性地提出反证以及法律上对因果关系的推定。但在实际适用中二者仍存在明显的差异:不仅在具体的程序步骤上存在区别,最终证立因果关系的依据也是有所不同的。对于采取举证责任倒置的当事人而言,侵权人承担责任的前提是其未能承担相应的客观证明责任,即其承担的是一种举证不能产生的不利后果。而对于采取因果关系推定的当事人而言,侵权人承担责任的原因在于其未能削弱法律推定的因果关系的证明力,即主观证明责任不能。① 因此,二者在适用条件、逻辑顺序上均具有显著的差异。

而回归到《民法典》第1230条本身,该条规定了环境侵权当事人特殊的举证责任,即侵权人应当就法律规定的减责、免责事由及其行为与结果之间不存在因果关系承担证明责任。与一般的侵权诉讼相比,法律考虑到环境侵权的特殊性而对该类型侵权的证明责任做了补充。但由于法律规定的不完善,导致该条款的理解出现了偏差。由于条文仅规定了侵权人应当对环境侵权的因果关系进行否定性证明,这就出现了一些分歧理解:即既然法律规定了侵权人应当对因果关系进行否定性证明,那么就受害人而言,原本应当由其承担的相应证明责任是否被法律缩减,更细致地说,在《民法典》第1230条的前提下,受害者是否不需要对因果关系进行举证?对此,本书持否定立场。

对于《民法典》第1230条,本书认为其并没有排除受害者的因果关系证明责任。理由如下:

第一,从法律体系的角度,"谁主张,谁举证"是我国诉讼的一贯立场,仅《民法典》第1230条原文的文义来看,其并未涉及受害者的举证责任。换言之,仅从文义的角度,该条并没有排除受害者的举证责任。如果认为受害人只需证明

① 参见王立争:《民法推定性规范研究》,法律出版社2013年版,第241页。

侵权行为与损害结果,实际与我国一贯的诉讼立场相悖。

第二,从法律公平的角度,这种绝对的割裂也不利于法律公平。将原本受害者应当承担的因果关系证明责任绝对的分配给侵权人,看似是出于法律公平,但是一来这种做法已经破坏了一贯的良好诉讼秩序,二来随着社会科技的发展,环境侵权的专业性越来越强,对于侵权人而言,其本身未必较受害人有多大优势,在这种前提下,侵权人固然要承担更多的责任,但据此就要求以破坏诉讼秩序为代价令其对受害人的主张进行反证,过分抬高了受害人的诉权,既加剧了侵权人的负担,也可能引发滥诉。

第三,回归法律的原文可以发现,《民法典》第 1230 条与"谁主张,谁举证"的诉讼原则并不冲突。《民法典》第 1230 条仅从侵权人角度额外的施加了其对因果关系的否定性证明义务,但并没有排除受害人的相关义务,换言之,二者实际可以共存于诉讼之中。而比较恰当的做法就是采取因果关系推定或举证责任缓和的形式,一方面要求侵权人承担相应的反证义务;另一方面则通过降低受害人因果关系的证明标准以减轻其诉讼负担。在理想模型下,由受害人对因果关系提出初步证明,在法官完成心证后推定因果关系存在;而对于侵权人而言,其维护自身权利、对抗因果关系的方式在于对该推定进行反证,即对不存在因果关系提出证明。事实上,2015 年《环境侵权司法解释》早就采取了这一立场,并且 2021 年实施的最高人民法院《关于审理环境侵权责任纠纷案件适用法律若干问题的解释》(以下简称 2021 年《环境侵权司法解释》)延续了这一立场。

但是,也应当看到,虽然这种做法有其合理性。但由于我国相关法律条文规定的过于宽泛,如受害人的初步证明的具体标准、因果关系的推定方法是什么,侵权人对因果关系否定性证明的具体方法、标准是什么等均缺乏细致的规定。这也导致实践中法院缺乏充分的指引,而在实践中发展出了不同的做法。对此,将在下文展开分析。

第二节　环境毒物侵权中因果关系认定的实证案例评析

前文提到,在环境毒物侵权中,《民法典》第1230条的具体适用在实践中遭遇两个难题:一是如何确定受害者的因果关系证明责任达到初步或盖然性标准,即因果关系的推定方法或标准是什么;二是对于侵权人对因果关系的否定性证明,又该采取何种评判方法与标准。由于我国相关的法律法规或司法解释规定的较为简陋,并不能很好地为这两个问题的解决起到指引作用,导致实践中存在认定标准不一的情形。对此,本书通过三个具体的实践案例进行分析。①

一、完全的举证责任倒置:辛某某诉天安煤业案

在原《侵权责任法》颁布初期,司法者对于举证责任倒置的理解尚停留在较基础的程度,因此在实践中出现了一些机械运用举证责任倒置的判决,在环境侵权案件中,过于绝对的将因果关系的证明责任分配给了被告。这种情形以辛某某诉平炳山某某煤业股份有限责任公司十三矿(以下简称天安煤业)为典型。在本案中,原告辛某某诉被告天安煤业,由于被告的违法排放行为,煤渣污水沿当地铁路排洪水道排放到原告耕作地的用水河中,使得污染物渗透土壤,造成原告的耕地严重污染,失去耕作价值。为了证明自己的主张,原告提供了被告违法排放行为及自身土地存在损害的证明事实。当地法院在审理过程中认为,第一,本案属于多因一果的环境侵权行为,即在本案中,对于原告的损害存在一种共同因果关系或结合因果关系的可能,即原告的损失是由多种原因共同作用下产生的,本案中天安煤业家属区排放的污水以及周边养殖场,饭店或其他居民生活、生产排放的废水等均会对土壤造成污染。因此,可以认为,被告的排污

---

① 本节所引用分析的三个案件并非都是环境毒物侵权的案件(前两个案件是由环境毒物引起的环境侵权案件,第三个案件可以视为环境毒物侵权案件),但是法院在这三个案件中,对原告举证责任的要求、对举证责任倒置的理解,一定程度上能够反映出在我国司法实践中法官在处理环境毒物侵权案件时所可能发生的不同情况,即也可能同样地存在对原告举证责任要求不一、对举证责任倒置如何适用理解不一等情况。因为环境毒物侵权是环境侵权的一种类型,在我国目前并没有对环境侵权进行细分的情况下,法院在遇到环境毒物侵权案件时,也是按法律上所规定的环境侵权一般规则进行处理的。

行为是造成全部损害结果的必要条件之一，不能否定因果关系的存在。第二，根据我国《民法典》第1230条的规定，在原告完成对环境侵权行为及自身损害结果的证明后，被告应当对二者之间不存在因果关系或存在减责、免责等事由提供证明。但被告提供的诸项证据仅能证明其矿区生产、生活废水经过处理验收达标，而未能证明其家属区排放的污水与土壤污染之间不存在因果关系。法院据此推定因果关系存在，由被告对原告的土壤损害承担相应的责任。[①]

本案的判决严格地采取了举证责任倒置的做法，在原告完成被告侵权事实及自身财产损失的举证之后，法院即认可了其主张，而要求被告对因果关系提供否定性证明。从判决中可以看出，法官有意地对受害者提供了一定的倾斜保护，不仅要求被告对所属矿区的排放污水与损害结果之间不存在因果关系提供证明，对于其家属区的排放污水也要求相应的反证。从该案的整个判决过程我们可以发现，第一，法官认为原告完成了举证责任并非单纯的基于其提供的两方面证据，而是法官在侵权行为与损害结果的基础上，运用一般经验常识，通过心证推定因果关系的存在。即在原告举证侵权行为与损害结果后，法官据此初步认定因果关系存在，因此认为原告的举证完成。第二，法官最终确认存在因果关系不是基于心证，而是被告未能对因果关系的存在提供否定性证明，即被告未能完成其相应的证明责任。反之，则可能认为因果关系不存在。

但是我们应当看到，由于本案案件事实比较清楚简单，也处于一般人的常识认知中，因此法官可以通过简单的日常经验就完成心证。但在环境毒物侵权当中，随着科技进步发展，环境毒物的技术含量越来越高，法官难以运用日常经验常识对因果关系进行判断，此时势必需要原告提供一定的先期证明使法官相信其主张有合理依据。另外，此类侵权往往包含较强的专业性，此时将因果关系的举证责任完全分配给侵权人，固然是考虑到受害者在信息、地位上的不平等。但也应当看到，在专业化程度越来越高的情况下，侵权人自身较受害者也无更高的优势，因此这种机械化地举证责任转移将过分加重侵权人的负担，有悖法律的公平正义。

---

① 参见河南省许昌市中级人民法院民事判决书，(2015)许民终969号。

二、举证责任缓和：孙某某诉通力厂案、韩某某诉某石油公司水污染责任纠纷案

在对《民法典》第1230条的理解上，一些法院采取了不同于前诉判决的立场。虽然其同样认可举证责任倒置的做法，但依然要求原告先行承担一定的举证责任，由于我国法律对原告的举证责任承担程度并未有明确规定，故而在实践中对原告所应承担的举证责任程度存在较大差异，有些法院要求原告承担较高的举证责任，但也有一些法院仅要求原告承担初步的举证责任。前者以孙某某诉新沂市通力氨基酸厂（以下简称通力厂）环境污染损害赔偿纠纷案（以下简称孙某某案）为代表。[①] 后者以韩某某诉某石油公司水污染责任纠纷案（以下简称韩某某案）为代表。[②] 在孙某某案中，原告孙某某诉称被告通力厂的工业废水违法排放到其承包的鱼塘水源老墨河，致使其鱼塘中的鱼类非正常死亡，并提供了被告排放废水及自家鱼塘鱼类死亡的证据。但法院认为，虽然原告提供了通力厂向老墨河排放废水及其承包鱼塘鱼类死亡的证据，但其未能举证证明鱼类死亡的真实原因。只有孙某某初步举证证明被告的行为与其鱼类死亡间具有一定的关联性，且这种证明达到盖然性的程度，才能产生举证责任倒置的效果，转由被告就不存在因果关系进行反证。最终，法院以原告未能尽到举证责任为由，判决驳回其诉讼请求。

而在韩某某案中，韩某某诉称其多年来一直在涉案鱼塘进行鱼类养殖，2010年9月，某石油公司位于其鱼塘附近的油井发生泄漏，大量原油流入其鱼塘，使整个鱼塘受到污染，经有关部门化验因污染水质有害物质含量严重超标，大量鱼死亡。后某石油公司对鱼塘原油进行打捞过程中对鱼塘水进行了排泄，导致韩某某整个鱼塘水被排入江中，全部鱼流失或死亡，给韩某某造成了经济损失，遂成诉。法院经审理认为，韩某某除应就某石油公司存在污染行为、自身遭受损害承担举证责任外，还应举出初步证据证明原油泄漏与其损害之间具有关联性，某石油公司应就其行为与损害之间不存在因果关系进行举证。就原油泄漏与其损害之间具有关联性的初步证据有水质监测报告及相关证人证言，其

---

① 参见江苏省徐州市中级人民法院民事判决书，（2006）徐民一终字第27号。

② 参见最高人民法院民事判决书，（2018）最高法民再415号。

中水质监测报告表明鱼塘中的石油含量严重超标、水质环境不适合渔业养殖，可以认定韩某某就原油泄漏与其损害之间具有关联性尽到了初步的举证。而某石油公司关于原油泄漏系人为破坏、其本身没有实施污染和破坏环境行为，仅有少量原油流进韩某某的鱼塘、并且经过7天清理，已清理完毕、鱼塘不存在污染、水质监测报告不具有证据效力，以及韩某某的鱼流失系因嫩江涨水超过堤坝导致等抗辩理由并不能证明原油泄漏与韩某某的损害之间不存在因果关系，因此某石油公司未完成法定的举证责任，应承担相应的不利后果。

上述两个案件中的两位法官在考虑到环境侵权特殊性的情况下，均适当降低了原告的举证难度，但显然其降低的幅度、对原告承担初步盖然性举证责任的程度并不相同。两个案件同样是主张因环境中存在的有毒物质造成了生命体的死亡，两个案件的原告同样都没有确切、直接的证据证明其所主张的有毒物质是造成相关生命体死亡的原因，孙某某案中法官以孙某某未能初步举证通力厂的行为与其鱼类死亡间具有一定关联为由驳回其诉求，而韩某某案中法官以某石油公司未能举证证明原油泄漏与韩某某的鱼死亡之间不存在因果关系为由支持了韩某某的相关诉求。由此可知，虽然已有相当数量的法院采取了举证责任缓和的立场，即并没有机械化地认为环境侵权中的因果关系证明责任由被告方承担，而是要求在原告完成初步举证的前提下，才转由被告进行反证。该种做法符合传统诉讼中的证据规则，一方面对原告提出举证要求，避免引发滥诉；另一方面增加了被告的举证责任，也一定程度保护了较为弱势的原告。不过我们应当看到，这种做法固然有其可取之处，但是由于我国法律并未对原告所应承担的举证责任程度作出明确的规定，因此司法实践中对于原告应该承担怎样的初步举证责任存在较大差异，一些法院对原告所要求的盖然性证明依然超出了原告的能力范围。因为像在环境毒物侵权中，我们对一些新型环境毒物的性质、机理等均缺乏一定的了解，甚至对一些已知的环境毒物的危害、致害结果仍缺乏全面的了解，此时应当怎样确定盖然性证明的标准，或者说该要求原告进行到何种程度的盖然性证明？虽然2021年《环境侵权司法解释》仅要求原告应当提供行为与损害之间的关联性。但对于这种关联性的具体标准、证明程度等，法律亦似乎有意含糊而交由实践衡量。此时，原告对于因果关系的初步证明是否合格就只能依赖法官的心证，这就导致在相类似的不同案件中，由于不同法官对盖然性证明程度的理解不同,导致对原告所提出的盖然性证明程度亦不相同。因此,在环境毒物侵权逐渐泛滥,环境侵权专业性程度日益增强的当下,寻找一种合适的因果关系证明理论来科学合理地认定各方是否尽到各自的举证责任,显得更加迫切。

三、因果关系推定:赵某某猫叫综合征案

实践中,除了举证责任倒置之外,一些法院还大胆地采用了因果关系推定的做法。上海"猫叫综合征"案便是一典型。[①] 本案原告赵某某居住在一家从事集装箱制造、修理的公司的附近小区,被告即为该公司。在本案中,原告生活区域与被告生产区域相隔不足百米,而被告在其生产活动中未采取任何防护措施、设备等,甚至直接露天作业,赵某某长期暴露在大量刺激性化学挥发物之中。在此后的检查中赵某某发现其体内胎儿染色体异常,有可能患上"猫叫综合征"。最终,在医生建议下赵某某终止妊娠,并起诉该公司。本案审理过程中,法院认为,根据我国的相关法律规定,被告承担环境侵权责任必须满足存在环境污染行为、存在损害结果及二者间存在因果关系的条件。根据当时的证据规则,被告承担对二者之间不存在关联性的证明义务。但是这种举证责任倒置必须建立在环境侵权行为与损害结果之间有一定关联性的基础上。法院对于这种关联性的判断采取了因果关系推定的方法,运用国外较先进的疫学因果关系理论,要求污染行为与损害结果在疫学上具有一定的关联。但是根据原被告双方先后出示的各种科学报告、专业意见等,未能发现被告造成的污染与原告损害之间具有疫学上的关联,因此推定因果关系并不成立,被告无须再对因果关系不存在进行证明,即驳回了原告的赔偿请求。

在本案中,原告虽然证明了被告存在的环境污染行为及自身损害结果。但由于被告排放的污染物质与其自身损害之间的关系并不明朗,"猫叫综合征"这种相对罕见的疾病与环境毒物之间的关联性是怎样无从得知。法官难以运用日常经验进行判断,因此本案法官不得不采取因果关系推定的方式,利用疫学因果关系理论,考察本案涉案环境毒物与特征性疾病的关联性,进而推定出原

① 参见冯娇雯:《论环境侵权中的因果关系推定》,中国政法大学2011年硕士学位论文,第27页。

告损害与被告环境污染行为不存在因果关系的结论。这种因果关系推定的方法能够有效地降低环境毒物侵权中因果关系的证明难度。但也应当看到,在本案中,法院通过疫学因果关系推定出最终结论的过程较为简单,仅依据"国内未见相关报道"与"已有的医学研究成果未发现二者存在因果关系"等比较外在的因素而得出结论,对于受害者,尤其是遭受环境毒物侵权而产生比较复杂或具有潜伏性的损害结果的受害者而言,这种推定方式过于简陋,忽略了疾病损害的复杂性、潜伏性等特征。可以说,法院采取疫学因果关系的推定方式解决复杂环境毒物侵权案件中的因果关系认定问题的做法值得鼓励。但是在具体的运用因果关系推定方法时的程度、标准、方式等细节处理上仍有欠缺之处,值得我们继续研究。

从前述的三个案例可以发现,虽然我国《民法典》第1230条规定了类似举证责任倒置的条款。但是在司法实践中各地法院对于该条款的理解有所区别,导致实践中对于同类行为可能出现不同的处理结果。即使都认可举证责任倒置立场,也会有绝对举证责任倒置与举证责任缓和的区别。实践中出现的不同处理方式也对立法者与学者提出挑战。虽然2015年《环境侵权司法解释》明确将受害者的因果关系初步证明责任作为举证责任倒置的前提,一定程度上默认了举证责任缓和的立场。但是由于司法解释依然没有对关联性的具体内容作出进一步阐释,因此给学者与司法者仍然留出了一定的解释空间。从法律发展的趋势看,完全的举证责任倒置内容显然不适合越发复杂、专业的环境毒物侵权,但对于到底采举证责任缓和还是因果关系推定,学界仍然有不少争论。即使忽略二者的性质差异,在具体实践中如何确定环境毒物侵权行为与复杂的损害结果之间的因果关系,仍然是学者与司法者们不得不面对的严峻难题。如何在原被告双方之间合理的分配复杂的因果关系举证责任,直接关系到因果关系的最终确定。这一问题在环境毒物侵权中显得尤为突出。如何在环境毒物侵权中寻找符合现实需要的因果关系证明理论来解决最终的因果关系确定问题,成为文章下一步要解决的问题。对此,将在下文继续展开分析。

第三节 环境毒物侵权中因果关系证明的理论①

一、环境毒物侵权因果关系证明的一般认识

前文通过对《民法典》第1230条的性质争议及中国法律实践中存在的环境侵权因果关系认定现状进行了分析。可以发现,主要的问题在于,随着社会科学的发展,环境侵权的形式越发多样化,尤其在环境毒物侵权领域,环境毒物的专业性程度甚至已经超越了一般人的认识水平,给因果关系的认定带来了极大的难题。由于相关法律及司法解释没有在细节处过多展开,导致在环境毒物侵权中,如何确定侵权人的行为与受害者的复杂损害结果间存在因果关系成为环境侵权救济的一个难点。怎么平衡经济、信息、地位等均处于劣势地位的受害者与较强势的侵权人之间的举证责任,使得因果关系的认定更加的科学、公正、合理,成为考验立法者、司法者以及学者的新难题。

从学界的研究现状看,虽然有不少文章关注了环境侵权的因果关系领域,但对于环境毒物侵权的因果关系认定这一更加深入的子领域的系统研究还寥寥无几。但是在这些学者的研究成果中,几乎不约而同地提到环境侵权中的潜伏性、复杂性及广泛性特征,因而认为在因果关系证明中不应适用传统的必然因果关系理论而应当实行因果关系推定理论。而就环境毒物侵权而言,其本身具有环境侵权的一般性特征,而在损害结果的潜伏性上,环境毒物侵权较一般的环境侵权更加显著,为相关的证明责任制造了巨大的障碍。因此在环境毒物侵权中运用因果关系推定理论,显得十分有必要。

因果关系推定是指根据现有的一些基本事实,可以通过经验法则等方式符合逻辑地推断出相关因果关系的存在,此时受害者无需对因果关系进行更加深入的证明即可根据现有事实主张损害赔偿,而侵权人除非对因果关系提出相应

---

① 由于上文中已提及,环境毒物侵权因果关系证明难主要是事实上的因果关系证明难,因此各国的立法、诸学者的研究多是针对如何证明事实上的因果关系展开的,几乎无涉及法律上的因果关系,所以在本节的因果关系证明方法和理论以及下一节所提出的对因果关系证明的完善建议中,所称“因果关系”主要指“事实上的因果关系”。

的否定性证明,否则应当承担相应的侵权责任。在一些学者的著作中,因果关系推定与举证责任倒置的性质之争没有那么泾渭分明,而是采取混合适用的方式,根据因果关系认定过程中的推定程度而将其分为了举证责任倒置(因果关系完全推定)与举证责任缓和(因果关系的不完全推定)。所谓举证责任倒置系指在法律规定的前提下,将原本应当由原告承担的对某些事实的证明义务,转移到被告身上,尤其不存在这些事实承担相应的证明责任,如果对方无法完成举证,则推定原告的主张成立的一种特殊的证明责任分配制度。因果关系的举证责任倒置系指提出因果关系存在主张的一方并不承担相应的证明责任,而转由反对方提供相应的否定性证明。举证责任缓和是指在法律有所规定的前提下,在受害者存有囿于技术或其他因素而无法达到法律要求的证明标准的情形时,适当地降低其举证程度要求,在原告达到相应要求时,视为其已经完成因果关系的证明,此时进行举证责任转换,由侵权人承担相应的否定性证明。在侵权诉讼中,当原告对于因果关系的证明达到一定程度时,即可通过法官的心证视其已完成因果关系的举证,此时由被告对不存在因果关系进行举证,即有条件的举证责任倒置。

因果关系不完全推定的举证责任缓和与因果关系完全推定的举证责任倒置有所区别:第一,适用条件上存在差异。前者系一种有条件的证明责任转移,受害者必须对其主张事实提供一定的初步证明,或是证明因果关联的盖然性,或是提供临床学、病理性等数据基础。而后者是一种无条件的举证责任转嫁,即将受害者对某些事实的证明义务完全转移给侵权人,其自身不承担相应的证明责任。第二,全面推定与不全面推定的差异。举证责任缓和中因果关系的推定并非完全基于逻辑推断,而是需要建立在一定的事实基础之上,受害者不能对因果关系的证明毫无表态。而后者是先直接推定因果关系存在,再由侵权人进行否定证明,这个过程中原告不需要进行任何举证,因此谓之完全推定。第三,证明顺序的区别。前者系先由原告提供初步证明的基础上,再进行因果关系推定,然后转移证明义务。而后者系由被告先承担相应的证明责任,而免除受害者的举证义务。①

① 以下关于因果关系的举证责任缓和与因果关系完全推定的举证责任倒置不同的论述引自杨立新:《医疗损害责任的因果关系证明及举证责任》,载《法学》2009 年第 1 期。

法律之所以在“谁主张，谁举证”的传统证明责任规则中发展出举证责任倒置与举证责任缓和有其现实意义：第一，实现受害者、侵权人之间的权责利益的平衡。在现实中，一些侵权案件的当事人在经济条件、社会地位、信息渠道、专业水平等方面存在极大的差距，如果一味的要求受害人对自己的主张负绝对的证明责任，一方面超越了受害者的能力范围，另一方面对当事人也是额外的负担。即可能造成受害者主观或客观上的举证不能。例如，在医疗侵权案件与环境侵权案件中，侵权人往往掌握着病历、排放资料等一手侵权证据，此时要求受害者对这些进行举证既不现实也不效率。法律设立举证责任倒置与举证责任缓和即是为了平衡此类矛盾，将举证责任按照现实的举证能力进行重新分配，平衡当事双方的权责利益，避免举证能力上的差异造成的最终诉讼结果的偏差。[①] 第二，有利于体现侵权法律制度充分救济受害者的理念，实现法的公平正义价值。在当今风险社会，公害案件、药害案件、医疗事故等不断发生，迫于现实的压力与救济需要，一些国家开始在传统的过错责任原则基础上开辟出了无过错责任的归责体系，为侵权人施加更加严格的责任。即使在固守过错责任的一些国家中，也不断的另辟蹊径，采取举证责任倒置或举证责任缓和的方式平衡原被告双方的诉讼利益，为弱势受害者提供更高的救济可能。无论是严格责任还是证明责任的重新分配，都表征着现代侵权法律制度保护受害人利益的理念，法律不再局限于矫正正义，追求形式上的公平，而是更加倾向于实质正义，通过实体法或者程序法的设置来协调社会与社会成员、社会成员内部之间的不同利益和诉求，为一些特殊侵权案件中的弱势群体提供适当的倾斜，也避免侵权人的责任过分泛滥，更好地彰显法律的公平正义理念。

近年来，学者们对于环境侵权不适用传统的必然因果关系理论已逐渐达成共识。他们在环境侵权的特殊性基础上，针对性地提出了相应的因果关系认定解决方案，这些方案或理论也为环境毒物侵权因果关系的证明提供了可资借鉴的地方。例如，王利明教授就环境侵权指出，环境污染行为导致的最终损害结果往往具有不确定性，一些损害还伴随着潜伏性、隐蔽性、复杂性等特征，对于

---

① 参见童光法：《举证责任倒置抑或因果关系推定——对〈侵权责任法〉第 66 条的解释分析》，载《清华法治论衡》2014 年第 2 期。

这种损害的观察、认识、发觉等都需要一定的专业知识，远远超出社会一般标准的经验常识水平。如果在环境侵权中一味地保守传统因果关系理论，将会使受害人陷入实际的举证不能的境地，导致法律成为空壳，缺乏实际的救济价值。因此王利明教授针对不同种类的环境侵权，提出了因果关系认定手段应当有所区分的观点，对于那些具有较长潜伏期、牵涉范围广泛、受害人实际取证困难的一些案件，采用因果关系推定理论如国外的间接反证法、疫学因果关系理论等都具有一定的合理性。[①] 胡学军教授则认为，在环境侵权案件的因果关系举证上仍与传统的必然因果关系理论保持一致，在逻辑上是行不通的。因为对于环境侵权而言，其环境介质的开放性意味着在环境侵权中找寻一个必能导致损害的污染行为或必不能导致损害的污染行为都是不现实的。因此，单纯地在证明责任分配制度上寻找出路并不能真正有效的解决因果关系认定难问题，而只是将这种逻辑上不可能的难题转移给相对优势的被告而已。一种比较好的方法在于立足于国内外广泛的理论、实践的基础上，采取多样化的因果关系认定手段，“不断完善以建立具体证明办法与证明评价机制以寻求事实信息的最大化，从而平衡对双方当事人的利益保护”。[②] 学者们这些观点的一个共同点在于，他们都看到了环境侵权中损害结果与侵权行为“距离”过于遥远这一特点，针对因果关系而寻求问题的解决路径，而这实际也是环境毒物侵权所要面临的难题。因此，这些观点对于环境毒物侵权案件同样具有一定的指导意义。

在对在环境侵权中采用因果关系推定达成一定共识的基础上，多数学者均认为应该针对环境侵权损害对象的差异性，综合考量各种因果推定方法以及不同程度的证明要求，对环境侵权因果关系证明进行类型化的规范设计。[③] 如杨素娟教授认为，以前简单的采用必然因果关系认定各类侵权责任的做法已经无法满足环境侵权种类多样化的现实需要，因此应当根据环境侵权的具体类型，寻找与之相适应的某种因果关系推定方法。例如，一些因为工农业生产导致大气污染、水污染损害林、农、牧、渔等相关主体的利益时，由于此类侵害客体往往

---

① 参见王利明：《侵权责任法研究》（下卷），中国人民大学出版社 2011 年版，第 487 页。

② 胡学军：《环境侵权中的因果关系及其证明问题评析》，载《中国法学》2013 年第 5 期。

③ 参见张旭东：《环境侵权因果关系证明责任倒置反思与重构：立法、学理及判例》，载《中国地质大学学报（社会科学版）》2015 年第 5 期。

是财产利益，则可以参考日本的间接反证法或盖然性因果关系认定理论；而对于一些噪声污染、毒素侵害等损害人身健康利益的环境侵权行为，可以在因果关系认定上进行跨学科互动，适当的借鉴疫学上的因果关系认定手段。①

在实践中，环境毒物的种类随着科技的发展处于不断增多的一种态势。这些不断增加且科技含量高、专业性强的风险物对社会造成的威胁是多样的。由此衍生的各类侵权案件可能基于某种具体环境毒物的不同而具有相应的特征。这也导致即使在环境毒物侵权实践比较成熟的国家，也不存在某种能够妥善解决各类环境毒物侵权案件的因果关系认定方式。更多的是采取一种多样化的证明手段，在具体的法律实践中根据实际情况的差异选择某种适宜的因果关系推定方法。也因此，一些国家或地区在环境毒物侵权实践中发展出了不少有效的因果关系推定方法。从域外的一些立法实践与司法实践看，他们解决环境毒物侵权因果关系的认定问题往往从两个角度入手，一是在立法层面，通过证明责任的再分配，在环境毒物侵权中为诉讼双方确定一种更加符合实际情况的举证责任分配制度以平衡双方的诉讼利益；二是在具体的因果关系推定步骤上，通过理论设计与实践判例，逐渐发展出了针对某些特殊环境毒物侵权因果关系认定的相应的具体方式。对此，将在下文展开分析。

二、环境毒物侵权因果关系的举证责任

前文述及，由于我国并未对环境毒物侵权这一环境侵权特殊类型作出专门规定，因此实践中对于环境毒物侵权的因果关系认定往往只能按照一般环境侵权进行法律适用，即根据我国《民法典》第 1230 条对因果关系判断。而前文也提到，由于对该法第 1230 条的理解存在一定的差异，导致实践中对于因果关系的证明责任分配及具体认定方式往往只能依赖于法官的心证，甚至出现了同案不同判的情形。如前文提到的，在 2015 年《环境侵权司法解释》出台前，我国同时存在完全的举证责任倒置与举证责任缓和的情形，在举证责任缓和中，又有必然的因果关系认定与因果关系推定的差异。可以说，这一时期我国对于环境侵权因果关系的认定尚比较混乱。在 2015 年《环境侵权司法解释》出台后，虽

① 参见杨素娟：《论环境侵权诉讼中的因果关系推定》，载《法学评论（双月刊）》2003 年第 4 期。

然举证责任缓和的立场得到了肯定，但依然在理解上存在一定的偏差，并且2021年《环境侵权司法解释》对此也没有予以回应解决。对此，本书试图从一些国家或地区的做法中寻求启示。

(一)我国台湾地区对环境毒物侵权举证责任的规定①

我国台湾地区"民法"第191条之3通常被认为是台湾地区环境毒物侵权责任的规范基础，该条规定："经营一定事业或从事其他工作或活动之人，其工作或活动之性质或其使用之工具或方法有生损害他人之危险者，对他人之损害应负赔偿责任……"②从该条的立法理由看，③受害者只要能够证明侵权人的行为或活动性质(包括使用的工具、方法等)具有发生损害的可能性，并且自己受到了这种损害，即可获得赔偿。换言之，受害者只要举证侵权人的行为危险性与自身的损害程度即完成了诉讼义务，而侵权人必须对其行为与损害之间不具有因果关系进行举证。根据立法者的阐述，之所以会出现这种倒置的责任分配，系因为随着科技的发展，人类活动的影响力越来越大，而这些高危、高影响

① 我国台湾地区并没有"环境毒物侵权"这种表述，对于这类型的环境侵权行为，往往包含在"毒物侵权行为""公害行为"里面，笔者为了全文概念统一，在对台湾地区介绍的这一部分，统一用"环境毒物侵权"进行表述，特此说明。

② 该条全文："经营一定事业或从事其他工作或活动之人，其工作或活动之性质或其使用之工具或方法有生损害他人之危险者，对他人之损害应负赔偿责任。但损害非由于其工作或活动或其使用之工具或方法所致，或于防止损害之发生已尽相当之注意者，不在此限。"转引自李崇僖：《公害诉讼中因果关系认定之科学与法理》，载《全国律师》2013年第1期。

③ 该条规定的立法理由为：随着工业革命的发展，科学技术的不断进步，人类的活动越来越繁多，人类对自然的影响和作用力越来越大，由此相伴的就是人类的活动所产生的危险性亦越来越大。基于这样的一个现实背景，如果实际中受害人受到某个损害，而该受害人为了要得到救济和赔偿需要证明侵害人的行为造成了其损害、侵害人主观有过失或过错等一系列事实，这对处于弱势地位的受害人来说是不公平的；而相比于受害人，侵害人往往是处在优势地位的，因为他们是污染物的制造者，他们控制着污染物的排放，并且他们的污染排放行为是其盈利活动中的一个组成部分。在这种情形下，侵害人应当为其环境侵害行为以及所产生的损害承担赔偿责任，这也符合社会公平、法律实质正义的要求。因此，对于从事一定工作或者从事其他活动的人，对因其工作或活动的性质或所使用的工具、方法等手段有损害他人的危险，如工厂排放污水、废气，矿地煤尘的弥漫等，对于这些危险一旦对人体产生伤害，就应当承担赔偿责任。受害人在请求赔偿的时候，只需要证明侵害人的工作或活动的性质，或其所使用的工作或方法存有损害他人的危险，并且受害人在这样的工作或活动中受到损害就可以，受害人无须再证明损害行为与损害结果之间存在因果关系。但是如果侵权人能够证明损害的结果不是由于其工作或活动或者其所使用的工作或方法导致的，或者侵权人已经尽到了防止损害发生的相当程度的注意义务的时候，那么侵权人可以免除赔偿责任。转引自胡通碧：《我国台湾地区"民法"第191条之3评析》，载《现代法学》2002年第4期。

活动的行为主体往往具有较高的社会或经济地位,当其造成损害时,要求弱势受害人承担全部的责任是不公平的。另外,根据获益报偿理论,既然侵权人享受了其行为的收益,自然也应当对其行为造成的损害承担责任,这也是社会公平的体现。这种思路照顾了环境毒物侵权中的弱势受害者,减轻一般受害者的诉讼负担,一定程度上弘扬了法律正义。

著名的美国无线电公司毒物侵权诉讼案(RCA 案)佐证了我国台湾地区"民法"第 191 条之 3 立法者的担忧。在该案中,法官认为大量重要的证据处于被告 RCA 的支配、掌控、保管之下,此时要求受害者对这些进行举证,显然不切实际。而法律如果一味要求主张者举证,显然不公平。因此法院认为应当实行"翻转举证责任",将个别接触与暴露剂量等因果关系证明的举证责任翻转给被告承担。[①]

(二)德国对环境毒物侵权举证责任的规定[②]

在德国法中,传统的环境侵权责任在性质上属于危险责任或行为责任,而《德国环境责任法》针对特殊的环境侵权发展了设备责任这一特殊责任形式,并在此基础上确立了相应的因果关系推定制度。[③] 所谓设备责任,是指个人或公司所属的运营设备污染或破坏生态环境引发的侵权责任。从性质上说,设备责任属于特殊危险责任的一种,是在传统侵权行为理论对于现代社会工业生产中产生的诸多特殊损害力有不逮的情形下的一种补充手段。从设备责任涵盖的范围看,基于运营设备产生的各种环境毒物侵权亦属于设备责任的一种。换言之,在德国法上,对于环境毒物侵权并没有专门予以规定,而是被涵摄在设备责任的内涵之中。[④] 从设备责任的具体内容看,其属于一种纯粹的私法责任,关注

---

① 参见林宜平:《RCA 诉讼与判决里的科学证据》,载《台湾卫志》2015 年第 3 期。

② 德国法上,对环境侵权分为两类,一是一般环境侵权,二是特殊环境侵权,其中特殊环境侵权与笔者所研究的环境毒物侵权概念相近。转引自孟庆涛:《环境权及其诉讼救济》,法律出版社 2014 年版,第 107 页。而对于因"特殊环境侵权"而引起的侵权责任,德国法上以"设备责任"进行规制。为了文章概念统一,笔者在介绍分析德国的特殊环境侵权时,统一使用"环境毒物侵权"这一表述,特此说明。

③ 参见晋海、周龙:《德国环境责任法因果关系推定制度及对我国环境立法的启示》,载《东南学术》2014 年第 2 期。

④ 应当注意的是,这种涵摄并不是完全包涵的关系,从具体内涵看,本书所要研究的环境毒物侵权责任与德国法中的设备责任确有重叠之处,但二者并非完全从属。但德国法的做法依然能够为我们的研究提供有益的经验借鉴。

的是环境侵权中具体受害人的人身、财产损害问题,而不涉及单纯的对生态环境的保护。因此其在因果关系证明上主要以平衡当事双方的诉讼利益,救济弱势受害者为重点,实现法的实质公平价值。这种以人为本的做法值得我国借鉴。

从《德国环境责任法》对受害人的举证责任的规定来看,[①]该法对于特殊的环境侵权不追求必然的因果关系,而认同在其中使用因果关系推定。对于推定的因果关系,受害者需要提供以下三种证明:第一,侵权人的设备属于该法明确规定的95种特殊设备范围;第二,受害者的损害系由该种设备造成;第三,侵权人的设备确实能够造成此种环境损害。而对于因果关系证明中的关键环节,即"侵权人设备造成环境损害的可能性"及"受害者损害与侵权行为间的关联性"则采取特殊的处理手段。对于设备的致害可能性,主要考察该设备排放的有毒物质在流行病学(疫学)上的研究成果,借助于专家证言或医学鉴定等方法。而对于受害者损害与侵权行为间的关联性,则通常要根据案件的实际情况,考察暴露学、临床医学、疫理学等学科上的证据。为了保证即使是仅具有日常经验的受害人也能对这些具有一定专业性的内容进行举证,该法特定在其第8条、第9条中规定了受害者的特别资讯请求权,即"有任何事实可证明损害是由某设备导致的,受害人就可以要求该设备的所有人提供必要的资讯"以及"如果有任何事实表明某设备引起损害之发生,受害人得要求向该设备颁发许可、负可监管职责或者负责记录环境影响的行政机关提供必要的资讯"。这种法律设计充分考虑到日益专业化的侵权形式与一般受害人贫乏的举证能力间的矛盾,有效地降低了受害者的举证难度。在这些条文下,受害者无须证明确切的因果事实,而仅需提供设备可能造成环境侵权的相关证明即可推定因果关系成立。[②]从这个意义讲,虽然德国设备责任法并没有要求在特殊环境侵权中采取举证责任倒置,而依然要求弱势受害者承担全部的举证责任,但又通过特别资讯请求权的方式赋予受害者请求被告与行政机关提供必要资讯的权利,降低环境侵权

---

① 《德国环境责任法》第6条第1款规定:"根据特定案件之状况,如果某设备可以引起相应损害之发生,应推定损害是由该设备造成。在个案中该设备能否引发损害,其应根据其操作流程、所使用的装置和设施、所使用和排放物质的种类及浓度、气象状况、损害发生的时间与地点、损害的性质与范围以及与损害发生相关的其他所有因素来确定。"

② 参见晋海、周龙:《德国环境责任法因果关系推定制度及对我国环境立法的启示》,载《东南学术》2014年第2期。

中信息不平等带来的举证障碍,减轻受害者的举证负担,有效地解决了受害者因果关系证明难的困境。有一典型案例如下:

在一起设备排放引起的侵权案件中,原告诉称被告所属的运营设备排放的废气超出了法律规定的有毒物排放标准,导致其人身健康受到了严重侵害。而被告则辩称其设备属于法律允许的范围。本案的二审法院驳回了原告的诉讼请求。法院认为,原告并未对被告的环境侵权行为与其自身损害间的因果关系进行充分举证,因而不能证明原告遭受的人身损害来自被告设备的影响,不适用举证责任的减轻;二审法院同时排除了《德国环境责任法》第6条关于因果关系推定的适用,因为被告已经证明了其设备属于法律允许的范畴。除此之外,法院还认为生活中的交通尾气、火灾烟雾以及其他企业的生产都可能造成有害气体的排放,从而使原告的人身健康受到侵害,因此原告的主张并不充分。但是联邦最高普通法院驳回了该判决,其理由为:第一,如果一方当事人因为缺乏相关的专业知识,对设备实际的运行过程以及其中各种物理或化学层面上的变化与法益损害间的联系并不了解,那么他就只能基于自身的经验常识而陈述对因果关系的推定。在这种证明专业性极高的案件中,不能对一般的当事人提出这么高的举证要求。第二,有毒物质的排放是一个确切的事实,原告已经针对该事实与其人身健康之间的联系提供了足够的、有价值的证明,此时应当由专家来精确的判断二者之间的因果关系状况。第三,针对《德国环境责任法》第6条第3款、第4款中所规定的特殊运营义务以及对此的监管义务,法院在进行事实审查时,应当确定被告应当具体履行哪些内容,以及是否遵守相关主体的监管等。第四,二审法院排除适用《德国环境责任法》第6条的理由并不充分,除非有确定的其他因素能够独立造成损害结果,否则仅以“可能存在其他损害原因”为由并不充分。

从联邦最高普通法院陈述的理由看,最高法院认为原告能够对设备侵权行为的存在及自身损害结果进行相应的举证就能够初步支持其诉讼主张,而如果还要求其对二者之间的因果关系进行较高程度的举证,未免过于严苛。当因果关系的证明具有较高的专业性或复杂性时,应当适时的借助专家证言、科学鉴定的方式介入,而不能一味对原告施加过高的举证负担。①

---

① 参见庄敬华:《环境污染损害赔偿立法研究》,中国方正出版社2012年版,第101~103页。

对于被告而言,其避免责任的方式在于推翻因果关系推定的结论,即根据《德国环境责任法》第7条第1款的规定,对存在其他能够独立致害的事实或原因进行举证。应当注意的是,如果损害系由多个设备共同引起,则侵权人列举的"另外因素"不包括"其他侵权人设备也能造成损害发生"这一情形。其中,这些设备不仅指《德国环境责任法》附录一中规定的设备,还涵盖了如《德国民法典》《德国水利法》等其他法律中有所规定的非目录设备。换言之,只有那些法律规定的设备责任外的其他因素具有独立致害性时才能推翻因果关系推定的结论,如气候变化、流行性疾病、受害人自身因素等。如此设计制度的目的在于,防止处于工业园区的一些企业以其他工厂设备也能致损为由来减免自己的责任。

从前述的法律规定及实证案例可以看出,在一些国家和地区对于环境侵权受害者的举证责任的要求较为宽松,往往只要求受害人对存在环境侵权事实及人身损害结果进行确切的证明,而对于期间的因果联系,一些国家和地区往往在联系具体个例的基础上减轻受害者的举证负担,通常仅要求较低程度的盖然性证明,通过因果关系推定与反证的方式解决因果关系举证问题。如在我国台湾地区只要求受害者证明"侵害人的工作或活动性质或其所使用的工作或方法有损害他人的危险"和"受害人在这样的工作或活动中受到损害"即可以推定存在因果关系,[①]而对于这种环境侵权行为是否实际的造成了该损害结果,事实上并没有到确切证实的程度。而为了避免这种低程度的盖然性证明对侵权人过于严苛,还提供了侵权人反证的余地。在德国法上,受害者同样不需要对因果关系作出直接的、确切的证明,而是在受害者证明"侵权人存在环境侵权行为"及"自身存在损害结果"的基础上,通过法律让侵权人、行政机构提供的信息或专家的鉴定对"侵害人的相关设备能否导致该种损害"来建立一般因果关系,对于受害人的损害结果到底是不是由这个侵害人的环境侵害行为(是否存在特定因果关系)则通过其他的证据来建立关联关系。

可以看到,以上的做法为环境毒物侵权的因果关系认定开辟了一种新的思路。在环境毒物侵权的因果关系证明中借鉴这些国家或地区的做法能够在一定程度上减轻受害者的举证负担,缓和因果关系的认定问题。但是与日益多样

---

① 参见林宜平:《RCA诉讼与判决里的科学证据》,载《台湾卫志》2015年第3期。

化、复杂化的环境毒物侵权形式相比，这些做法仍显得不够具体与充分。对于种类越发多样的环境毒物侵权，我们应当探索更多的差异化的因果关系推定方式。

三、环境毒物侵权中因果关系推定的具体方法①

从上文的论述可知，在环境毒物侵权领域，由于因果关系的极端复杂，因此一些地区或国家，如德国等在面对此类问题时，均对因果关系的证明采取了推定的方式，以减轻受害者的举证负担，保障受害者的权益。但是在司法实践中，环境毒物侵权的方式多种多样，具体应当在哪种类型的环境毒物侵权中采取怎么样的推定方式，都需要进一步的回答。

最高人民法院就认为，可以参考域外司法实践所发展出的盖然性、疫学因果关系和间接反证等因果关系推定理论，对环境侵权因果关系的证明标准予以类型化区分，对大规模人群的健康受损，可以采用"疫学因果关系理论"，对于其他的人身和财产损害，可以借鉴"间接反证理论"。② 对此，本书认为，上述观点具有一定的建设性，应当基于环境毒物侵权的特殊性，在深入分析现有的各种因果关系推定的具体方法的基础上进行选择。

（一）盖然性因果关系

盖然性因果关系理论系日本学者德本镇将德国的矿害赔偿制度的精髓运用到公害领域的产物，又称为盖然性因果关系说。其实质是一种降低受害者举证负担的因果关系推定方法。在此前，传统的侵权诉讼往往要求原告对因果关系的证明达到确切的程度，即追求必然的因果关系。而德本镇提出的盖然性因果关系认为，受害者对于因果关系的举证程度仅需要达到"盖然性"程度即可，

① 对于"盖然性因果关系说""疫学因果关系说""间接反证法"，国内学者在表述时候，用到的表述有"因果关系证明的理论"，参见王利明：《侵权责任法研究》（下卷），中国人民大学出版社2011年版，第488页；还有"因果关系推定方法"，参见汪渊智：《侵权责任法学》，法律出版社2008年版，第428页。笔者认为，不同的表述是因为各学者在不同地方对这些内容进行介绍导致的表述差异，并无实质差别。笔者此处采用"因果关系推定的具体方法"表述也是文章需要，并且"因果关系推定的具体方法"指的是对事实上的因果关系进行推定的方法。

② 最高人民法院民法典贯彻实施工作领导小组：《中华人民共和国民法典侵权责任编理解与适用》，人民法院出版社2020年版，第519～520页。

这种理论在日本的公害案件中得到了有效的运用。[①] 在环境毒物侵权中，由于环境侵害行为的专业性强，涉及范围广泛，对于受害者而言，其在信息、技术、经济条件等方面上与侵权人不对等，因此盖然性因果关系理论认为受害者只要证明侵权事实与损害事实之间的关联性达到盖然的程度，或证明如果没有该侵权事实，则损害事实盖然不会出现，则可以推定二者之间存在因果关系。该理论的要点在于：第一，从举证形式看，因果关系的举证仍然按照“谁主张，谁举证”的一般规则；第二，从实际上看，举证责任实际已经发生了转移，即对于因果关系的主要判断集中于侵权人的否定性证明上，由侵权人承担因果关系证明的主体内容；第三，其所要求的“相当程度的盖然性”指的是超出一般的大概明确的范围，但还没有达到确切、确信的程度。[②]

根据因果关系理论，受害者通常仅需对两个事实进行充分举证：一是受害者必须证明侵权人排放的有毒物质进入受害者所处的环境介质且已经积累到足以致损的程度；二是受害者并非特例，而是这种环境侵权系一种大范围的现象。[③] 当然，受害人对这两个事实的举证程度无须达到绝对的水平，只要达到比一般诉讼所要求的证明程度更低的盖然性程度，即完成了举证责任并推定因果关系成立。[④] 而对于侵权人而言，其实际承担了因果关系证明的主体部分的内容，其反证的内容必须能够确切地推翻因果关系存在的所有可能性，否则将要承担相应的侵权责任。

在美国的司法实践中，对于环境毒物侵权的因果关系认定也存在类似的方式，即对受害者的因果关系证明采取盖然性标准。根据该标准，受害人无须对某种环境毒物造成其损害发生的可能性证明到绝对确切的程度，而仅需提供“盖然性或可能性”的证据，证明侵权人暴露的环境毒物已经超出一般社会标准，受害者处于该种环境介质中，并且通过暴露学上的证据能够一定程度证明可能对人体造成伤害的程度，即可建立因果关系。[⑤]

---

① 参见于敏：《日本侵权行为法》，法律出版社2006年版，第192~194页。

② 参见于敏：《日本侵权行为法》，法律出版社2006年版，第192页。

③ 参见汪渊智：《侵权责任法学》，法律出版社2008年版，第428页。

④ 参见莫神星、闫子皎：《我国环境侵权因果关系认定问题的探讨》，中国环境资源法学研讨会2004年年会论文。

⑤ 参见张敏纯：《我国环境侵权诉讼中科学证据认定规则的构建》，载《学术界》2014年第10期。

环境毒物侵权中适用盖然性因果关系理论的一个著名实证案例系我国台湾地区的莺歌镇陶瓷厂空气污染纠纷民事诉讼案。在本案中,法院运用盖然性因果关系理论,将受害者应当承担的因果关系事实的证明义务分配给了侵权人。法院提出,“公害肇害之因素常属不确定,损害之发生后多经过长久时日综合各肇害源而凑合累积而成,受害人举证甚为困难,因之如果受害人有达到‘盖然性’之举证时,如侵害人不能提出相反之证明时,即可推定其具有因果关系”。[①] 即受害人所提出证明因果关系存在的证据只要能够达到盖然性的程度,即可认为其完成了举证责任,推定存在因果关系。[②]

由于盖然性因果关系理论能够一定程度上解决环境毒物侵权中受害人举证责任过于严苛的问题,能够有效保护受害者的利益,平衡诉讼双方的诉讼利益,因此得到多数学者的支持。一些学者更是在此基础上进一步发展出了更加具体的理论,如日本学者加藤教授就在德本镇的观点上,借鉴英美法上的“证据的优越性”规则发展出了优势证据说。该理论认为,只要一方主张的事实能够达到确切(盖然性大)的程度就可以判定其胜诉。从数学上来讲,只要存在超过50%的盖然性的情形,无须达到相当高程度的证明就可以认为存在因果关系。[③]

本书认为,盖然性因果关系理论的优点在于它看到了环境毒物侵权案件中因果关系证明的专业性强、跨度长等特点,而受害者囿于信息不对等、经济条件有限等因素而往往无法对因果关系进行举证,从而陷入事实上难以救济的境地,因此提出了降低受害者举证程度的理论。这种理论一定程度上使得受害者的保护更加全面具体。但是也应当看到,这种“盖然性”程度缺乏一种客观的衡量标准,使得实践中只能依赖法官的主观心证,使案件的判决增加了不确定性,不利于法律安定价值的体现。即使有优势证据说在证明程度上提出了50%标准,但是从法理上讲,50.1%较49.9%,二者之间又有何差别?因此,对于盖然性因果关系理论的运用应当慎重,宜用于一些因果关系相对容易推定,牵涉范

---

① 参见蔡瑄庭:《毒物侵权诉讼之因果关系理论之研究》,载《看守台湾》2009年第2期。

② 参见蔡侑伦:《毒物侵权行为之民事损害赔偿责任》,台湾成功大学2015年硕士学位论文,第20页。

③ 参见于敏:《日本侵权行为法》,法律出版社2006年版,第192页。

围并不广泛，专业性程度没那么强的案件之中。而对于那些更加复杂的案件，则需要借助其他的一些理论。

（二）疫学因果关系说

在环境毒物侵权中，由于大多数的损害形式表现为某种有毒物质对人体造成的特征性疾病，因此在因果关系的认定上，往往需要先判断受害者罹患的损害与有毒物质之间是否具有医学上的因果关系，如果在医学上并无关联性，则侵权责任无从谈起，反之，则有很大可能认为二者之间具备因果关系。换言之，在环境毒物侵权中，对因果关系进行推定的一个重要方式是利用医学上的原理对侵权行为与损害结果进行分析。但实践中由于人体疾病的复杂性导致某种疾病可能存在多种病因，而人类对于有毒物质的致病机理尚未能完全掌握，导致实际上人们往往仍难以从医学上确定有毒物质与人体损害间的确切的因果关系。疫学因果关系说即是为了解决该问题而产生的有效手段。通过引入流行病学研究中的统计方法，从流行性疾病的角度研究某类特异疾病损害的肇因与该特异损害之间是否存在盖然的联系，进而判断二者之间是否存有因果关联。从实践看，疫学因果关系理论往往与盖然性因果关系理论一并适用。[①] 根据该理论，判断某种特殊肇因与特异疾病间是否具有因果关联，受害者只需证明该种毒物能够造成自身罹患的此类损害即可，而无须事实的证明自身罹患的损害确切的系由该毒物造成。[②] 具体而言，当采用疫学因果关系理论时，受害者需要证明以下四个事实：第一，证明该种环境毒物在损害实际发生前的一定时间内已先于受害者暴露于环境介质之中；第二，证明该环境毒物在环境介质中的暴露剂量与其致害效果正相关，即环境介质中的该种毒物越多则引发此类损害的可能性就越高；第三，证明随着环境介质中此类毒物暴露剂量被减少或消除，相应的损害结果就随之降低或消失，且在不存在此类毒物暴露的环境中的生活群体罹患此类损害的概率极低；第四，证明该环境毒物作为主要的损害原因，其作用机制能够具有医学或科学上的合理说明。[③]

---

① 参见吴志正：《以疫学手法作为民事因果关系认定之检讨》，载《东吴法律学报》2008 年第 1 期。

② 参见杨小丽：《论因果关系推定中的疫学因果关系理论》，重庆大学 2011 年硕士学位论文，第 6 页。

③ 参见胡学军：《环境侵权中的因果关系及其证明问题评析》，载《中国法学》2013 年第 5 期。

与传统的因果关系认定方式相比,疫学因果关系说不要求直接、确定、必然的因果关系证明,使得相应的技术、科学支持大大减少。在具体操作上,疫学因果关系说通常是利用大数据的统计手段,直接或间接的分析损害宏观上的作用机制,进而以测量的结果判断环境毒物与损害结果间的关联性,与传统手段相比,对受害者的举证负担更轻。[①] 从举证程度看,也不要求受害者对此进行高度确定的证明,而只需一定程度的盖然性证明。

最早在环境毒物侵权案件中运用疫学因果关系理论的案例见于日本的富山骨痛病系列公害案件。在该案中,如果依据传统的因果关系认定规则,原告承担的举证责任包括对骨痛病的致害机制、镉元素与疾病间的医学联系等专业性极强甚至科学上无定论或存在争议的事项等内容。显然,这对于受害者而言几乎属于不可能的事项,远远超出了一般受害者的举证能力范围。鉴于此,初审法院富山地方法院运用疫学因果关系理论解决了该问题。根据此案判决书,在此类案件中,对于环境侵权行为与损害结果间的事实因果关系在无法从临床学上得出结论时,可以借助疫学的方法进行尝试。"像骨痛病这样的特异疾病,如果只从临床学来判断环境侵害行为和损害结果之间自然的(事实的)因果关系是否存在比较困难,若从疫学来考察也许并不太难。"该案的上诉名古屋高等法院金泽分院在审理该案中,将疫学的方法在判决中正式地固定下来,其判决写道:"在判断公害案件的因果关系存在与否时,考虑到伴随着企事业单位的活动发生的大气污染和水质污染造成的被害,因其涉及的范围较广、经过的时间较长,并且侵害的是不特定的多数人的人身健康和财产利益等因素,若从临床医学和病理学方面来分析论证,不能十分有效地判明加害行为与侵害结果之间的因果关系,可以活用疫病学的原理来加以证明,若通过疫病学的原理能够证明加害行为与侵害结果之间的原因物质的确存在,就可以认定加害行为与侵害结果之间的法律上的因果关系是存在的。"[②]

从案件的具体原因看,富山骨痛病系列公害案件属于典型的单一原因造成大规模损害的环境毒物侵权案件。但在实践中,某些特异疾病的致害原因往往

---

① 参见徐圭璋:《医疗纠纷中因果关系的实证医学分析》,台湾成功大学2009年硕士学位论文,第31页。

② 冷罗生:《日本公害诉讼理论与案件评析》,商务印书馆2005年版,第279页。

并不孤立，一因多果，多因一果等复杂情形在环境侵权中并不鲜见。如大气污染侵权案件即为典型的复合因果关系案件。在此类案件中，借助疫学因果关系能够大大地降低因果关系认定的难度，如日本的千叶川铁所大气污染诉讼案即是例证。[①]

从实际效果看，疫学因果关系理论在环境毒物侵权因果关系的认定上具有较大的优越性，使因果关系的推理更具有科学依据。但其同样也具有一定的局限：第一，它固然能够很好解决环境毒物致人健康损害的案件，但疫学理论仅限于人身健康等范畴，对于环境毒物致财产损害等非人身损害的内容则无能为力；第二，即使相比于一般的因果关系认定方式疫学因果关系的手段更为简便，但为了支撑其结论的科学性与客观性，往往需要借助大量的统计手段与医学分析，这也导致一般个体受害者往往难以独立的采用该种方法，而更适用于因为环境因素引起的大规模人身损害案件中，因此在适用范围上有一定的欠缺。而对于环境毒物侵权中个体受害者的因果关系认定难题，另一种因果关系认定理论间接反证法更具有优势。

（三）间接反证法

间接反证法源于德国学者罗森贝克。在他看来，环境毒物侵权案件中的因果关系认定通常涉及多方面的要素，十分之复杂，对受害者而言举证责任过于严苛。面对这种局面，他提出如果受害者提出的证据能够佐证诉讼中部分关键事实的存在，则可以间接的推定其他部分事实亦能成立。[②] 具体而言，间接反证法通过将环境侵权行为与损害结果间的因果关系人为的划分为具有逻辑关联的多个组成部分，使其具体化为一个完整的因果关系逻辑链，只要受害者能够证明该逻辑链中的部分关键事实，则可以推定该因果关系逻辑链中的其他事实也能够成立，从而推定存在因果关系。

运用间接反证的代表案例系日本的新潟水俣病。该案系典型的环境毒物致人身体健康损害案件。被告昭和电工鹿濑工厂向阿贺野川地区长期排放含有有机水银的废水，毒素积聚在河内的野生鱼类体内，又被当地居民长期使用，

---

① 冷罗生：《日本公害诉讼理论与案件评析》，商务印书馆2005年版，第214页。

② 参见汲科一：《论优势证据说在环境侵权因果关系推定中的运用》，重庆大学2014年硕士学位论文，第8页。

使得当地大量居民罹患严重疾病甚至死亡。该案中,被告否认了其排放行为与损害事实之间的因果关系,而法院则认为要认定因果关系的关键在于以下三点:A 被害疾病患者的特定和该原因(病因)物质;B 原因物质到达受害人的路径(污染路径);C 加害企业的原因物质的排除(生成至排除为止的过程)。而像本案这样的环境毒物侵权案件,要求受害人的举证完全达到上述三点是不符合法律的公平公正价值的。前述的 AB 两点,如果相关多个证据能够在相关诸科学的关联上没有漏洞地说明清楚,则可以解释为从法律因果关系方面予以证明,对于上述 AB 进行举证达到了追击污染源至该企业之门的程度。至于 C,如果企业无法证明自己的工厂不存在污染源,则事实上推定为存在,其结果则解释为所有的法律上的因果关系都得到了证明。而本案中,受害者的症状是由有机有银造成的中毒,完成了 A 的举证,有机水银是经过河里的鱼进入人体,而有机水银是从加害企业的排污口排放到河流中,这完成了 B 的举证,与此相对,加害企业无法举证证明没有 C,因此被认定为存在因果关系。①

在本案中,法院将因果关系分为具有前后逻辑的三个部分,并认为只要受害者证明了前面两个部分即可推定后一部分的成立,从而推定整个因果关系的存在。这种做法使得受害者的举证负担大大降低,从而引起了日本法学界的热烈讨论。一些日本学者通过对法院判断的总结分析,对间接反证说不断进行完善。其中最著名的是竹下守夫教授的论述。其将公害事件中的因果关系细分为几个部分并分别讨论其中的证明状态:首先,将因果关系按照时间顺序具体的划分为五个待证事实:A 被告企业制造了特定的有害物质,B 排放该物质,C 通过环境介质扩散,D 到达目标身体或财产,E 发生损害;其次,将 A－B－C－D－E整体串联,作为一个复合的证明主题进行把握;最后,由受害者对因果关系进行举证。但在具体举证上,并不要求受害者对 A－B－C－D－E 整个因果关系逻辑链全部进行举证,而是在其证明其中的某一环节时,如果根据经验法则能够推断出与其逻辑关联的前一环节或后一环节,则可以直接推定这部分内容存在。换言之,对于五个待证事实,受害者只需证明部分内容,而剩下的可

① 参见[日]交告尚史、臼杵知史、前田阳一、黑川哲志:《日本环境法概论》,田林、丁倩雯译,中国法制出版社 2014 年版,第 216 页。

以通过经验法则推定补足。而此时侵权人应当对存在不适用经验法则的特别情形进行举证,如果侵权人没有提出阻断因果链的证明,则推定整个因果关系存在。[①] 竹下教授的做法使得因果关系的整体证明转化为了部分证明,大大降低了受害者的举证负担。而通过部分事实的证明最终还原整个因果关系,这也是因果关系推定之所在。

间接反证法的优点在于受害者无须对因果关系中的全部事实都进行举证,而仅需对其中关键的一个或几个事实加以证明,剩余部分可以通过经验法则的方式推定补足。这种做法运用于环境毒物侵权中能够有效降低因果关系的认定难度。但是同样,该理论也存在一定的争议。如受害者赖以推定补足剩余待证事实的经验法则是否存在客观的方法或标准等,都值得在具体案件中进一步分析。虽如此,间接反证法依然以其简便、相对客观的优点较好的适用于一些环境毒物侵权案件中,弥补了疫学因果关系理论在此类个体性案件中的局限性,受到学界与实务界的广泛认可。

(四)其他因果关系推定规则

在实践中,还存在一种表现证据规则,在德国法上又称为表见证明,该种理论以高度盖然的经验法则为基础,从客观的侵权事实中抽象地推断出过错或因果关系的存在。换言之,它是一种类似行为的推断。如果依据日常经验或生活常识能够直接从一些基本的、表面的事实中直接察觉到过失或因果关联的存在,受害人就不必要再进行烦琐的证明,而只需要法官通过这种类似的经验直接推定事实成立。例如,对于手术患者体内遗留器械或其他医疗废物的侵权案件,根据一般的经验即可推断只能是医师或其他协助人员的行为结果,因此可以直接推定该患者的主刀医师及协助人员存有过失。这即是基于经验事实而生的表见证明。

日本法中对于因果关系的推定还存在"大概推定"的证明责任原则。根据该原则,在一般情况下,如果不是因为侵权人的过失不会发生相应的损害的,而此时受害者证明了并非基于自身原因而发生了该原害,则可以大概推断侵权人

---

① 参见吴瑞肖:《环境污染致健康损害的因果关系判定研究》,华中科技大学2009年硕士学位论文,第10页。

具有一定的过失,此时侵权人必须提供相应的否定性证明,否则将承担不利的结果。①

此外,实践中还存在一种"因果关系认定比例说"。该种理论的核心观点在于其将原本确定的事实概率化,即任何事实的发生具有一定的概率。在无法实现必然因果关系的认定的情况下,任何因果关系的存在证明实质都只是概率的堆砌,即使采取相对科学的疫学因果关系理论,与事实真相的距离可能也仅高于盖然性因果关系理论几个百分点。在此情形下,如果因果关系认定概率化不可避免,那么可否在责任认定上也贯彻概率原则。这种将主观证明还原到自然科学的做法,在因果关系极度复杂的场合,具有相当的平衡作用。其固然与传统理论相悖,但在实践中,却往往能发挥声张实质公平的作用,弥补传统理论在受害者救济上的不足。日本东京地方裁判所的一起判决就曾运用过该理论。该案当事人在事发两年后就事故后遗症主张赔偿,而对于其中事故与后遗症之间的因果关系,裁判所认为,"肯定因果关系存在的证据和否定证据并存时,经综合考虑可以认定70%的相当因果关系的存在,并依此肯定其损害额的70%"。②

四、小结

通过前文对环境毒物侵权因果关系认定理论及实践上的分析,本书已大体梳理出现阶段环境毒物侵权因果关系认定的基本脉络。总结前文,基本可以归纳为以下几点:

(一)在举证责任方面通过制度设计降低受害人的证明标准

从国内外的法律实践看,通过举证责任制度的设计以适当降低受害人对因果关系的证明标准成为各个国家、地区普遍的做法。无论国内外的立法者或学者均清楚认识到要求环境毒物侵权受害者对极端复杂的因果关系承担高度盖然性甚至是必然性的证明责任不符合客观规律与实际情况。因此应当通过相应的体系建构,从制度层面重构因果关系的举证制度,平衡当事双方的诉讼利

---

① 参见艾尔肯:《医疗损害举证责任之缓和规则》,载《北方法学》2014年第5期。

② [日]新堂幸司、青山善充、高桥宏志编:《民事诉讼法判例百选II》第123件判例评论,东京地方裁判所1971年6月29日,高田昌宏评,有斐阁1998年版。转引自周江洪:《日本侵权法中的因果关系理论述评》,载《厦门大学法学评论》第2005年第1期。

益。具体而言,主要从三个方面进行操作:

第一,通过降低受害人对因果关系的证明标准以实现原告举证责任的完满。无论是国内外的一些法律实践还是学界的一些理论学说,均选择从证明标准的角度入手,将原本使法官确信的证明标准降低为使法官大致相信因果关系存在,从而通过推定的方式解决因果关系认定难问题。第二,对侵权人施加额外的举证负担,如德国法中就有规定受害人可以要求侵权人提供由侵权人掌握的一些不利于其自身的证据,我国台湾地区的司法判决中也有要求侵权人承担环境毒物暴露治疗举证责任的先例。第三,通过要求侵权人对因果关系承担否定性证明的义务而将举证不能的后果转嫁于被告,这也是一些实践或理论用来督促侵权人又避免责任过于严苛的一种手段。

(二)根据具体案件类型采用不同的方法进行因果关系推定

从性质上讲,环境毒物侵权属于传统侵权中的特殊侵权类别下环境侵权的次生侵权类型,但是在法律上其地位并没有得到承认。而从实践看,其固然具有环境侵权的一些基本特征,但基于环境毒物的复杂性,环境毒物侵权的一些特殊性质也导致其与一般的环境侵权相区别。例如,环境毒物侵权的肇因复杂、损害各异,不同时间、不同地点甚至不同当事人产生的侵权形态、损害结果等也存在一定差异。如此情况下,单一的因果关系认定方法往往无法应对如此庞杂的侵权形势。因此学者们在对环境毒物侵权进行细致研究的基础上,得出了不同类型的环境毒物侵权应当相应的采取合适的因果关系认定手段的结论:如因果关系相对不会过分复杂的案件可以采取盖然性因果关系理论;而对于大规模人身损害的环境毒物侵权案件则可以借助疫学因果关系说。这些认定方法既可以单一使用,也可以根据实际情况相结合。但总体而言,环境毒物侵权中不存在万能、普适的因果关系认定方法,这就需要我们司法者更加审慎认定。

(三)推定过程包含一般因果关系与特定因果关系

在环境毒物侵权中,一个特殊的情形是多数受害者往往缺乏对环境毒物的有效认知,对其致害性、作用机理等往往缺乏预见。因此在认定因果关系时,往往需要先一步对该毒物与特异损害间是否具有医学上的关联作出认定。在美国,法律将环境毒物侵权的因果关系划分为一般因果关系与特定因果关系,并在诉讼中着重考察一般因果关系的认定。由于该种认定关系环境毒物的各种化学性质,因此无法通过日常生活常识或法律经验直接得出结论,而需要通过专家的介入,或运用各种科学手段进行分析研究。总体而言,在环境毒物侵权的因果关系认定中,对于环境毒物与损害结果之间的一般因果关系系因果关系认定的重点,也只有在确定一般因果关系存在的场合,法官才有理由推定该种特定的当事人确实遭受了该种一般性损害后果,从而确定特殊因果关系的存在,最终实现因果关系的认定。

(四)法官自由心证的发挥与限制

在环境毒物侵权因果关系的认定中,一个重要的手段在于在原告一定的证据基础上对因果关系展开推定。这种推定系由法官根据既有事实,结合各种理论与方法完成,但归根结底仍依赖于法官的自由心证。换言之,在因果关系推定下,法官对于因果关系的确定具有了一定的自由裁量权。自由裁量权固然能够帮助法官认清真相,有针对性地根据实际案情作出审判,实现实质公平。但也应当看到,这种心证缺乏一定的客观标准,极度依然法官的个人素养。为了保证司法的权威与统一,这种自由发挥的权利应当得到有效的限制与规范。从实践看,比较恰当的做法是建立起一系列相对科学的证据审查、认定标准作为自由心证的辅助。如美国就在对专家证言审查制度中建立起了多波特标准,在科学证据证明力认定上存在希尔标准等。通过这些客观标准的介入,可以帮助法官从客观层面排除掉一些不符合要求的证据,从而使判决更加科学合理,避免过分主观,影响法律公正。

第四节　我国环境毒物侵权因果关系证明的完善建议

前文分析了环境毒物侵权中因果关系认定的现实困境以及针对这些困境发展出的种种理论与实践,可以看到,在传统环境侵权规定背景下,环境毒物侵权的受害者能够得到的救济往往有限。虽然2015年《环境侵权司法解释》一定程度上缓解了环境侵权案件中因果关系认定的争议,但对于环境毒物侵权而言,相关立法进程仍显缓慢,并且这些问题无论是在《民法典》,还是在2021年《环境侵权司法解释》中均未能得到突破性的回应解决,所以只能依靠实践中司法者发挥主观能动性，根据相关的实践与理论寻求妥当的解决方式。总体而言，我国现阶段环境毒物侵权中因果关系认定的情况不容乐观，但一些法律实践与理论进步也为解决该问题提供了新的视角，本书将在对这些内容进行总结的基础上，提出相关的完善建议。

一、明确环境毒物侵权双方对因果关系的举证责任

在环境毒物侵权因果关系认定中，一个基本的难点在于具体举证责任的分配。由于法律没有对环境毒物侵权行为予以专门规定，因此对其因果关系的认定只能依据侵权法的相关规定进行。而环境毒物侵权的因果关系较一般的环境侵权更为复杂，因此对于受害者与侵权人举证责任的分配则显得尤为重要。明确当事双方对因果关系的证明责任，关键在于对《民法典》第1230条的理解，并在该理解的基础上明确双方的证明责任分配及相应的证据、证明标准。

前文述及，在学理上，因果关系可以分为事实上的因果关系和法律上的因果关系，而对于事实因果关系，又可以进一步细分为一般的因果关系和个别的因果关系。通常来说，一件案件中的因果关系的证明采取以下步骤：在证立法律上因果关系的前提下，通过证明存在一般的因果关系与个别的因果关系得出存在事实上因果关系的结论，最终证立因果关系的存在。[①] 在一般举证责任规则下，当事双方都承担着主观证明义务，而客观证明责任则由受害者承担。换言之，受害者应当对存在法律上因果关系、一般的因果关系、个别的因果关系进行举证，而侵权人则可以针对这些证明提出相应的否定性证明，排除因果关系的存在。在双方都提供了相应的证据前提下，如果案件事实仍然无法查明，则由受害者承担败诉的结果，即其未能完成客观的证明责任。而对于环境毒物侵权中的受害者而言，其往往缺乏相应的举证能力，无法达到一般侵权中使法官确信的标准。因此基于法律的公平公正，实现实质公平，一方面应当允许对因果关系进行推定；另一方面也应当将一部分的证明责任“倒置”给侵权人。

① 法律上的因果关系涉及的是法律规定，如果不存在法律上的因果关系，那么即使存在事实上的因果关系，那么侵害人也会因法律的规定而无需承担责任。而这种情形下，讨论是否存在事实上的因果关系也就没有意义了。所以本书之所以一直是在探讨事实上的因果关系，是因为笔者预设存在法律上的因果关系，也只有在这一前提之下，才有探讨如何证明事实上的因果关系的意义。

(一)对受害者"推定"的要求

对于因果关系的推定并非凭空而生,而是依然需要受害者提供一定的初步证明。换言之,事实上的因果关系推定仍然需要受害者先期对一些关键事实进行举证。在环境毒物侵权中,受害者应当至少提供存在环境侵权行为、损害结果以及二者之间存在关联性的证明。与一般侵权中使法官确信的证明标准不同,环境毒物侵权中对于受害者的因果关系初步证明的标准通常不做过分严苛的要求,往往只需达到使法官相信可能存在该事实的盖然性标准,即可推定因果关系的存在。[①] 而在受害者完成因果关系的初步证明后,法官通过心证推定因果关系的存在,继而要求侵权人对法律"倒置"给他的举证义务进行证明。

(二)对侵害人"倒置"的要求

从我国《民法典》第1230条看,其所谓的对"不承担责任或者减轻责任"进行举证实质就是对不存在法律上的因果关系进行证明,"行为与损害之间不存在因果关系"实质是不存在事实上的因果关系的情形。因此在环境毒物侵权中,侵权人如果要排除因果关系的推定,不仅需要证明不存在事实上的因果关系,也需要对法律上因果关系进行否定性证明。"倒置"的法律效果在于如果侵权人无法完成此二项证明,则需要承担相应的不利后果。

因此不难发现,学界对于《民法典》第1230条性质归属的争议实质上只是该条款在具体运用中的视角偏差。所谓的"因果关系推定"与"举证责任倒置"事实上只是证明责任在不同阶段的表现形式:"推定"指的是在受害者完成因果关系的初步证明时,即可认为其已经完成了法律规定的举证责任,即推定因果关系姑且成立,如果嗣后侵权人未能完成反证,则推定成立,由侵权人承担未尽举证责任的不利后果。而"倒置"亦非真正意义的颠倒,而只是在环境毒物侵权中,为了平衡双方的诉讼利益,而由法律额外施加给侵权人的一种举证负担。如果侵权人未能完成该义务,则要承担未尽举证责任的不利后果。

二、不同类型环境毒物侵权中因果关系的推定方法

环境毒物侵权与一般环境侵权相比,其因果关系推定的难度更胜一筹,这

---

① 参见邹雄:《论环境侵权中因果关系的认定》,载《中国政法大学学报》2010年第2期。

种难实际是对当事人及法官科学专业性的一种考验，不仅受害人的举证存在专业性要求，对于法官的心证，同样需要其对相关的专业知识有一定的了解。原因在于：一方面，由于环境毒物存在潜伏性特征，从其积聚到实际发生损害具有较长的潜伏期与不确定性，在此期间可能出现证据佚失、介入异常因素等复杂情形，使最终因果关系链条蔓延过长，制造了极大的证明障碍；另一方面，环境毒物存在较强的专业性，这些毒物往往来自最新的化学领域，人类对其认知有限，尚未能完全掌握其致害机理与作用形式，从医学上看，其造成的损害也往往怪、偏，缺乏相应的研究，难以为因果关系证明提供更多的科学支持。因此，种种因素下，不仅受害者无法对因果关系提供确切证明，法官也难以通过现有证据完成因果关系的推定，这将极大增加司法负担。

因此，在环境毒物侵权中，对于受害人的因果关系证明责任不能过于严苛，而应适当降低其举证要求，在其提供的初步证明能够盖然的推定因果关系存在时，即可认为受害者已经完成了举证责任。而在具体案件中，则应当根据案件的实际情况，针对不同案件类型及当事主体，结合实践与理论中发展出的各种因果关系推定理论，建立多元化的因果关系推定制度体系。

（一）对因果关系推定“盖然性”标准的确定

在因果关系推定中，一个重要的问题是受害者的举证要达到何种程度才能使法官相信可能存在因果关系，即所谓的盖然性的证据是否存在相应的客观标准。理论上，对于因果关系的推定是法官在受害者提供的初步证明的基础上的一个心证过程，因此其标准往往比较主观。为了保证因果关系推定的客观性、科学性、合理性，本书认为可以参照优势证据说，当受害人提出的证据从数学上讲有超过50%的概率可能存在时，即认为符合盖然性的要求。而对于如何将这些证据量化为数学标准，则需要从科学、医学、经验、逻辑等方面架构合适的权重。总体而言，盖然性的客观标准应当作为环境毒物侵权中因果关系认定的一种基本原则，而对于具体标准的设置，则还需结合具体的案情和实际采用的方法进行相应的调整。

（二）盖然性因果关系说及其所适用的案件类型

根据盖然性因果关系理论，受害者应当对两个关键事实进行举证：一是受害者需证明侵权人的侵权行为触及其身，即所谓的有毒物质到达其所处的环境,并造成实际影响;二是同一环境介质内存在同类损害。前一事实系为了佐证特定因果关系的存在,即其个人受到有毒物质影响,对此往往需要暴露学、医学、临床学、病理学等方面的证据支持;而后一事实主要为了佐证一般因果关系的存在,即使法官相信该种有毒物质具有一般侵害性,往往需要一定的大数据支持。此外,由于此类侵权专业性极强,因此有时还需要相关的专家证言来帮助法官进行因果关系推定。从受害者的举证要求看,此类因果关系的推定方法主要适用于环境毒物侵权案件中牵涉范围广泛、暴露学证据易取得、损害后果比较统一类似的部分。典型如石棉工人罹患肺癌的情形,受害者对石棉厂中存在有毒物质,有毒物质进入其体内及工友们存在类似症状等事实的举证比较容易,法官也可根据这些事实作出合理的推断。

总体而言,盖然性因果关系理论主要适用于举证责任相对简单的大规模有毒物质侵权案件,而对于那些难度更高、更加复杂的案件,则还需借助其他的因果关系推定手段。

(三)疫学因果关系说及其所适用的案件类型

盖然性因果关系理论中,受害人只需要承担两部分的举证责任,这固然使得举证较为简便,但也将其适用限定在一定的范围之内。而对于一些更加复杂的环境毒物致人损害案件,则需要进一步对因果关系进行分解,以达到易证明、易推定的程度。疫学因果关系理论将受害者的举证责任划为四部分:一是对时间逻辑的证明,即要求特定侵权人的环境侵权行为必须发生在损害出现之前;二是对关联要素的证明,即要求受害者证明有毒物质与损害结果正相关;三是要求受害者证明该种患病概率高于一般国民患病率,即在不存在此类物质的环境内生活的人患病率极低;四是要求受害者证明这种致损具有一定科学支持。第一部分的证明系为了排除受害者特异体质及存在其他侵权人的情形,后三部分则是为了证明存在一般的因果关系。前者需要一定的临床、病理学的支持,后者需要专家证言、数据统计等。从疫学因果关系理论中的举证要求看,此类方法更适用于那些规模较大、致害机理不明,但存在相当数量的临床记录与对比数据的环境毒物侵权案件。

以上介绍的两个因果关系方法主要是适用在大规模性的环境毒物侵权案件中,而对于个别性的环境毒物侵权案件类型,由于上述两个因果关系方法均具有需要相当数量的其他同样损害事实发生作为证据这一特点就难以适用了，所以如果是个别性的环境毒物侵权案件类型，就需要适用间接反证法。

（四）间接反证法及其所适用的案件类型

盖然性因果关系说与疫学因果关系说均是建立在一定数量的同类案件基础上的数据推定，而对于个别性的环境毒物侵权案件，则需要间接反证法的介入。

根据间接反证法代表人物竹下教授的主张，环境毒物侵权的因果关系可以细分为五个部分：一是侵权人制造有毒物质；二是有毒物质在环境介质中暴露；三是有毒物质通过环境介质扩散；四是有毒物质到达受害者身体、财产；五是损害出现。由于五者具有前后相连的时间逻辑，因此受害者只要能够对其中部分关键事实进行举证，并且根据经验法则可以推导出其他部分的，就可以根据这部分证明直接推定整个因果关系的存在。虽然这五部分都是对特定因果关系进行判断，似乎没有涉及一般的因果关系，但一般因果关系的判断实际隐藏于整体逻辑之中，即完成最终推定的经验法则。因此，只要这五部分能够证立，则间接也证明了一般因果关系的存在。另外，由于这种方法对受害人的举证要求更低，也特别适合应用于受害人与侵权人双方力量差距悬殊的案件中，如发生在农村的环境毒物侵权案件中，侵权人是大企业，而受害人仅为欠缺文化的农民的情形。①

上述几种因果关系推定方法根据案件规模与举证难易而区分适用，基本涵盖了现阶段的多数环境侵权案件，能够在一定程度上缓解当今社会的环境毒物侵权因果关系认定问题。但是随着社会经济的发展，科技水平的提高，一些新的环境毒物层出不穷，不可避免地将出现越来越多的新型环境毒物侵权案件。对于将来可能出现的新的因果关系认定问题，正如日本野村好弘教授所说的，“环境侵权问题依据是一个既复杂又常新的问题”。因此不应该固守传统理论，迷信、局限于某种或某几种因果关系方法，而应该在综合各种方法的优点与特点的基础上，以追求法律的公平正义为出发点，根据案件的实际情况，权衡当事双方的举证能力，进而妥当的分配举证责任。

---

① 参见侯茜、宋宗宇：《环境侵权因果关系理论中的间接反证说》，载《西南民族大学学报（人文社科版）》2008 年第 8 期。

第四章　产品毒物侵权责任的特殊构成要件及相关问题

产品毒物侵权是有毒物质侵权的典型类型之一。与产品侵权责任相比，产品毒物侵权责任既属于产品侵权责任的一种，又有别于一般的产品侵权责任，其独特性主要体现在因果关系的判定和发展风险抗辩的理解上。

第一节　产品毒物侵权责任的特殊构成要件：因果关系判定

一、产品毒物侵权因果关系的内涵

（一）产品毒物侵权因果关系的概念

产品毒物侵权的因果关系是法律意义上的因果关系规则在产品侵权领域的实证体现，我国《民法典》侵权责任编未对因果关系作出明确的规定。在产品侵权责任的因果关系认识上，最高人民法院认为产品侵权责任构成要件包括产品与损害事实之间具有因果关系，也就是缺陷产品与受害人的损害事实之间存在的引起与被引起的关系，[①]作为特殊侵权责任的产品毒物侵

① 最高人民法院民法典贯彻实施工作领导小组：《中华人民共和国民法典侵权责任编理解与适用》，人民法院出版社2020年版，第313页。

权责任，其责任构成中的因果关系要件在具有一般侵权责任因果关系要件的普遍特性之外，同样也具有基于自身性质而生的独特内涵。从产品毒物侵权本身的性质来说，它并不是我国实体法上明确规定的责任类型，而是基于产品媒介下有毒物质侵权行为的一种学术归类，是一种纯粹的学术概念，因而其具体内涵与实体法上的责任类型仍存在些微差别：例如，实体法上的产品责任，既包括普通的产品缺陷责任，又包括一些特殊产品的责任如食品责任与药品责任等，是聚合在产品这一共同基础上而生的一种侵权责任类型；而对于产品毒物侵权而言，其考察的是产品媒介中的有毒物质侵权要素，换言之，它在产品基础上更进一步，关注的是产品侵权中的有毒物质要素。因此，对于产品毒物侵权而言，它并不过分关注产品的特殊属性，而考察的是产品侵权中的有毒物质要素，无论是有毒产品侵权，还是有毒食品侵权、有毒药品侵权等，均可统合于产品毒物侵权这一学术概念之下。在这一基本认识的前提下，产品毒物侵权因果关系即指产品毒物侵权行为与损害事实之间的引起与被引起的关联关系。

（二）产品毒物侵权因果关系的相关概念

1. 产品毒物侵权因果关系的体系定位

上文提到，产品毒物侵权是基于产品媒介下有毒物质侵权行为的一种学术归类，与一般的产品侵权既有联系亦有区别。与产品侵权相比，产品毒物侵权并不过分关注产品的类型划分，转而寻求共同的有毒物质基础。但在因果关系的认定上，它与常规的各类型产品侵权都具有明显的相同之处。例如，首先，它与食品侵权、药品侵权一样，具有非常强的专业性特征，食品、药品都属于产品中的特殊领域，具有明确的专业性要求，而有毒物质基于其自身的特性，同样需要极高的科学认知水平；其次，他们都具有多种因果关系形态，存在诸如多重因果关系等难题；再次，他们均存在诉讼双方地位不平等及相关的救济机制缺失问题；最后，在因果关系认定理论及法律规范的建构上面，都存在诸多争议，面临几乎相同的因果关系认定难题。事实上，多数情况下，产品毒物侵权与食品、药品侵权本身即是一体的，食品缺陷与药品缺陷通常也都是表现为有毒成分的致害问题。因此，在侵权法体系，尤其是产品责任体系，产品毒物侵权的因果关系认定多数情况下与食品、药品侵权因果关系的认定具有一致性。

2. 医学上因果关系与法律上因果关系

产品毒物侵权与普通产品侵权相比，一个重要的特征在于其造成的大部分损害属于潜伏性损害如一些疑难疾病等，这与一般产品侵权造成的创伤性损害形成明显的对比。因此与普通的产品侵权责任相比，产品毒物侵权责任的认定，尤其是其损害事实的认定，通常要求更高程度的科学、医疗技术的介入。因此，在法律上对产品毒物侵权行为与损害事实之间的因果关系进行认定时，首先必须要证明的是，二者存在医学上的引起与被引起关系。

医学上因果关系与法律上因果关系是两个不同学科对于同一种现象基于各自价值观的表达。所谓的医学因果关系，即是通常所说的病因，泛指引发疾病的各种要素。更准确地说，是指某种因为自身的增减而导致某种疾病或健康问题的增减的要素。[①] 对于产品毒物侵权而言，判断受害者罹患的损害是否是基于产品毒物的暴露而造成，必须首先借助医学判断，确定损害与有毒物质之间是否存在医学上引起与被引起的关系，继而才能考虑是否具有法律上的因果关系。换言之，在产品毒物侵权中，医学上因果关系的判断是法律上因果关系成立的前提。然而医学上因果关系与法律上因果关系又存在明显的区别：对于科学而言，判断疾病与病因之间的因果关系是一项十分严谨的待证事实，一种疾病的产生，除了暴露于有毒物质之外，同时还存在其他可能的诱因，同样构成医学上的因果关系；但对于法律判断而言，它不需要非常明确的科学联系，因为这往往意味着十分沉重的诉讼负担，可能与法律的效率、公平等价值相悖。对于产品毒物而言，其因果关系的认定是法律在医学因果关系的基础上的一种价值选择。通常来说，法律上的因果关系判断标准总是比医学上因果关系的认定标准更为宽泛，对于产品毒物侵权而言，只要有毒物质引发疾病的可能性大于一定标准，即可以推定损害与有毒物质在法律上具有引起与被引起的关系，虽然有可能事实上该损害的产生是由于更低概率的其他因素造成的。这种区别正是两种学科不同价值观所造成的。

3. 一般因果关系与特定因果关系

在因果关系上，无论是大陆法系还是英美法系目前对于损害与行为之间的

---

① 参见王旭：《医疗过失技术鉴定研究》，中国人民公安大学出版社 2009 年版，第 122 页。

因果关系,通常包含两个层面的内容,大陆法系将其称为责任成立的因果关系与责任范围的因果关系;英美法系则称为事实上因果关系与法律上因果关系。

在关于责任是否成立即事实上的因果关系上,通常包括了一般因果关系(general causation)与特定因果关系(specific causation)两个层面的内容。对于产品毒物侵权,前者是指产品毒物是否能造成受害者所遭受的那种损害,后者是指产品毒物是否对特定的主体即受害者本人造成损害。换言之,判断产品毒物是否能够造成损害,既要认定有毒物质确实与受害者罹患的疾病具有引起与被引起的关系,还要认定受害者的罹患疾病与接触该种有毒物质之间具有明确联系。

产品毒物侵权中因果关系的认定难题即在于一般因果关系与特定因果关系的确定。一方面,人类在医学上的认识水平总是受到科学技术的限制,迄今为止人类还未能彻底弄清楚人体自身的健康机理。另一方面,对人体有害的有毒物质要么被新发现,要么被新创造,总是处于一种不停增加、更新的状态,远超人类认识水平的发展速度。因此单纯从医学上确认疾病与有毒物质之间的因果关系,具有相当大的操作难度。

除了一般因果关系的难以确定之外,特定因果关系的确定对产品毒物侵权而言亦是一种挑战。对于有毒物质造成的各种疾病,具有漫长的潜伏期,且疾病在医学上具有广泛的病因,这就导致特定因果关系的认定极易陷入选择困境。例如,对于某种有毒物质,有明确的科学研究证明其能够提高某种癌症的发病率,当受害者接触到相关产品时,确实有个别人因此罹患疾病,但同时,亦有部分人是基于其他因素罹患同样的疾病。此时,对于这一部分人群的区分则显得十分困难,这也是在大多数产品毒物诉讼中受害者无法胜诉的重要原因,如龙胆泻肝丸案中最后的判决一样,对此,将在下文进行详细论述。

(三)产品毒物侵权因果关系的特征

作为产品侵权中的一种特殊侵权形态,产品毒物侵权因果关系在具有产品侵权一般性特征的同时,也具有其自身的特性。

第一,因果关系的认定存在时间与空间上的割裂。在产品毒物侵权中,一方面,由于有毒物质的隐蔽性与潜伏性,导致产品毒物侵权的发生往往也具有潜伏性。有毒物质的损害通常需要漫长的时间发酵才能显现出来;另一方面,由于产品自身的流动性与扩散性特征,导致接触产品的受害者在数量及分布上通常呈现规模大、分布广的特点。二者叠加,在侵权行为被发现时,通常距离产品毒物的初次接触已经间隔遥远,侵权行为与损害结果在时间与空间上呈现出普遍的割裂状态,加大受害者的举证难度甚至造成客观的举证不能,同时这种割裂也将导致因果关系因为漫长的时间经过而被弱化,或者因为时间的流逝介入了太多的其他因素而中断、扰乱了因果关系。

第二,因果关系的认定存在源头不明的情况。所谓因果关系的源头不明,是指在产品毒物侵权中,因果关系的两端——受害者与加害者的识别问题。对于产品毒物侵权,一方面因为产品的流通性导致存在大量潜在受害者,另一方面基于产品的同质性也同样存在大量的潜在加害者。基于这两种特性,将导致在产品毒物侵权因果关系的认定中,会出现许多加害者的识别问题。例如,在龙胆泻肝丸案中,龙胆泻肝丸是我国常见的一种中成药,在市场上存在多家制药公司生产经营,对于受害者而言,在其发现自身遭受侵权时,究竟该将自身的损害与具体的哪家制药公司相关联,将直接影响到其合法权益的救济。

第三,因果关系的确定性标准较低。通常来说,一般的产品侵权均要求侵权行为与损害结果之间应当具有明确的因果联系。表现在诉讼上,即要求受害者应当对因果关系的存在提供充分的证明。而在产品毒物侵权中,如果要求受害者就导致侵权行为与损害结果之间因果关系的确定性标准严格地按照科学标准予以确定,一方面,将会导致在认定时间、诉讼资源、举证能力等方面产生极大的负担;另一方面,一个更加可能出现的问题是现有的科技水平甚至无法给出准确的回应。因此在产品毒物侵权中,对于因果关系的认定通常需要法律进行价值取舍,而不追求科学标准级别的确定性。

第四,对有毒物质侵权因果关系的认定中更具法的价值评判性。按照传统的因果关系认定理论,判断某种侵权行为的行为与结果之间存在因果关系需要两者之间存在稳定、本质、必然的联系,即需要科学上的高度确信程度,将科学上的证明力拟制为法律上的因果关系。在产品毒物侵权中,因有毒物质的特殊性质与人体机理的复杂性,其因果关系的确认远比一般的因果关系确认要复杂。此外,由于有毒物质致害结果是复合性的,因此在分配责任时还需要借助科学实验、司法鉴定等技术手段对有毒物质侵权中的其他原因行为进行综合性评价。但是实际上,对产品毒物侵权的因果关系认定进行科学性评价还存在诸多困难。

这些困难包括而不限于:第一,从科学领域来说,目前对有毒物质的认识还依赖于科学技术的手段,因此受限于科技水平的发展,目前社会对多数有毒物质的致害机制还处于盲目的状态。第二,化学产品混合产生的毒物侵权多是多种致害因子复合作用下的结果,对于此类复合物需要一定的技术手段与时间进行剥离、个别认定。第三,由于产品毒物侵权针对的是不特定的一人或多人,基于个体的差异,存在有些有毒物质对某些个体具有致害性而对其他个体又无害的情况,此类情况将导致原因的认定更为复杂。第四,有毒物质还具有潜伏期长、隐蔽性强等特征,如果要完全确定因果关系的存在往往需要大量人力成本、资金成本与时间的投入,如果坚持严格的科学评价将会导致司法裁判难以为继,即使以举证责任倒置的形式也只是将这种困难转嫁到被告的身上,而实际的难题并没有得到真正的解决。因此产品毒物侵权诉讼中,不能依照传统的因果关系认定方法确定因果关系,在科学的证明力无法满足法律的需求时有必要在科学的严谨性与法律的救济性之间做出抉择。科学研究是严谨独立的存在,但法律是社会的产物。因此对于产品毒物侵权诉讼,鉴于司法者追求裁决的正当性需求,以及达到法的公平正义的社会实效的目的,因果关系的认定当然产生了法律倾向性。换句话说,在有毒物质侵权因果关系认定中法律价值评判的作用要高于科学结论的作用。

二、我国产品毒物侵权因果关系的认定现状及问题分析

在产品毒物侵权诉讼中,若要求生产者、销售者承担应有的责任,一个重要的待证事实是证明受害人的损失是因为暴露在产品中的有毒物质所产生,换言之,即需证明受害人的人身、财产损失与产品毒物导致的不合理危险现实化之间的因果联系。根据举证责任分配的一般原理,在普通民事诉讼中举证责任通常由原告一方承担,即适用“谁主张,谁举证”原则。但是在产品毒物侵权诉讼中,这一原则当有所变化。

在产品毒物侵权中,想要确认产品毒物与受害人损失之间存在因果联系殊为不易。一方面,与普通侵权简单明了的因果联系不同,在产品毒物侵权案件

中，一些产品中含有的有毒物质成分往往囿于现时科技水平、研究投入等因素难以被发现，或者以现时的技术水平尚不能完成受害人损失与产品毒物之间因果关系的确切证明。因此在产品毒物侵权案件中，多数情况下只能认为或推断有毒产品与受害人损失之间可能存在某种因果联系。另一方面，产品毒物造成损害的形式往往是复合式的，并非教科书式的"一因一果"的作用形式，在实践中，当事人遭受的损失通常受到多种因素的影响。产品毒物与所造成的损害之间的因果联系更多的呈现多因一果或多因多果的样态，不能以非此即彼的逻辑形式草率的笃定产品缺陷与当事人损失之间的因果联系。事实上，从 20 世纪 60 年代开始，随着社会整体发展水平的进步，全球范围内的工业化水平急剧攀升。尤其是我国，改革开放以来各色的机械产品、化学产品、药品以及新兴食用品等开始进入流通，产品责任就开始日趋复杂。有毒产品复杂的作用形式与致害机理导致产品毒物侵权诉讼案件的广泛性、持续性、潜伏性等特征凸显，也使得此类案件中产品缺陷与受害人损失之间的因果联系变得越发难以认定。为此，我国的法律也对此陆续出台了相应的应对措施。

（一）我国产品毒物因果关系认定的规范阐释

我国法律对于产品毒物侵权乃至整个产品侵权的因果关系认定问题都没有直接的明文规定，对于因果关系要件，通常只是暗含在相关的法律条文之中（如《民法典》侵权责任编与《产品质量法》中对于产品侵权责任的规定）。因此，对于产品毒物侵权因果关系的认定规则，只能从一般的举证责任规则与一些实证案例中提取总结。

我国最早在 1982 年颁布实施的《民事诉讼法（试行）》中确立了"谁主张，谁举证"的一般规则，但是这仅仅是一项基于整个民事诉讼制度所确立的整体的、原则性的规定，对于实务中具体的一些举证细节，以及一些特殊案件的证明责任等，都存在证明责任分配不清或没有分配的情况。之后 1992 年颁布的《关于适用〈中华人民共和国民事诉讼法〉若干问题的意见》（以下简称《民诉法意见》）第 74 条归纳了六种由被告承担举证责任的情况，这种举证责任分配模式又被称为举证责任倒置。2001 年《证据规定》在民事诉讼基本证据规则与《民诉法意见》举证责任倒置模式的基础上，吸纳总结了实践中的裁判经验而发展出具体证据规则，对证明责任的具体内涵与实施细则均有所明确。第 4 条规定了八种被认为是举证责任倒置的情形,虽然该条关于八种举证责任倒置的规定在2019年《证据规定》中均被废止,但实际上这八种举证责任倒置的规定均被分别吸纳到《民法典》《专利法》《产品质量法》等现行的一般或特别的法律中,以新的形式延续其生命价值。2001年《证据规定》第6项明确规定的“因缺陷产品致人损害的侵权诉讼,由产品的生产者就法律规定的免责事由承担举证责任”,《产品质量法》第41条就吸纳了该项所确立的产品侵权责任中的举证责任分配原则,并且对生产者的免责事由的举证责任范围作出了进一步的明确规定。值得一提的是,2001年《证据规定》第7条针对现实中复杂的证明责任问题,提出了由法官自由心证的方式,在法律没有规定、无法明确证明责任分配时,法院可根据公平原则与诚实信用原则,结合当事人的举证能力等因素来分配举证责任。然而2019年《证据规定》删除了该条款,并且2021年实施的最高人民法院《关于适用〈中华人民共和国民事诉讼法〉执行程序若干问题的解释》第91条也否定了2001年《证据规定》第7条所确定的由法官分配各方当事人举证责任的规定,因此该条款现已不再适用,不得不说是一种遗憾。除此之外,最高人民法院又根据现实需要陆续颁布了一些司法解释,其中也或多或少的涉及了举证责任分配。但遗憾的是,2020年实施的最高人民法院《关于民事诉讼证据的若干规定》(以下简称2020年《证据规定》)删去了这几条的规定,虽部分规定在其他法律或司法解释中有所体现,但产品责任举证责任却陷入了无规可依的困境。

结合这些证明责任分配规则,具体而言,中国现有的产品毒物侵权的因果关系的证明责任分配主要有以下几种情况:

1. 当事人互负举证责任的一般规则

我国民事诉讼法对于举证责任一般情况下实行的是“谁主张,谁举证”原则,当事人对自己提出的主张负有提供证据证明的义务。虽然根据《产品质量法》第41条之规定可知,生产者若能举证证明存在法定的三种情形的,亦可予以免责。但事实上,对于该条款的性质,大多数法院认为其并不属于举证责任倒置,而仅仅认为是举证责任的正常分配,“否认受害人权利举证的生产者,就其主张的阻碍受害人权利发生的要件事实进行举证”①。

① 四川省广元市中级人民法院民事判决书,(2015)广民终字第287号。

基于前述这些规定看来，在一般的产品诉讼中，缺陷产品的侵权人与受害人负有的是一种平行的举证责任，即受害人对产品侵权的一般构成要件，包括产品的发展缺陷，遭受的实际人身、财产损失，以及产品缺陷与受害人损失之间的因果联系进行举证，而侵权人则对存在的免责事由进行举证。可以说，对于因果关系证明，原告仍要负担起主要的举证责任。[①] 对此存在的解释是，一般的产品侵权由于侵权产品处于受害人附近，由受害人收集、保存以及提交证据都更加方便，更能接近事实真相，且能够督促受害人妥善保管、及时提交证据。如果受害人不负有举证责任，则可能使受害人对证据注意不足，任由证据磨灭、消失、毁坏等，加剧后续取证与确责的难度。而对于产品的生产者即侵权人而言，其所要承担的倒置的举证责任在于证明自身具有免责事由，也就是《产品质量法》第 41 条规定的三项免责事由等。而根据《民诉法司法解释》第 108 条的规定可知，负有举证责任的当事人，即对因果关系的存在承担举证责任的受害人来说，其对于因果关系的举证还应当达到高度的盖然性标准。

2. 产品毒物侵权中的因果关系推定

前述法律规定的一般情况下由原告即受害人证明因果关系具有一定的合理性，但是在新技术不断得到运用与推广的背景下，产品致害的形式与机理已超乎当时立法者的想象。在当代社会，一些有毒产品，如有毒食品、药品、化学品等，由于有毒物质成分的存在，其损害往往是潜在的、隐蔽的、广泛的、长期的，致害结果与缺陷产品之间可能出现时间与空间上的割裂，导致因果关系的证明极端困难。一些产品损害鉴定以及证据收集等需要较高的专业水平与资金投入，这些都是普通消费者、产品使用者所无法承受的。如果一味地要求他们承担举证责任，则必然导致举证不能的结果。因此为了应对此类情况的出现，最高人民法院针对社会关注度相对较高的食品、药品领域率先颁布了司法解释，提出了新的因果关系认定模式。最高人民法院 2021 年施行的最高人民法院《关于审理食品药品纠纷案件适用法律若干问题的规定》（以下简称《食品药品纠纷规定》）第 5 条第 2 款规定："消费者举证证明因食用食品或者使用药

---

① 有立法者主张，考虑到用户、消费者与生产者之间存在信息上的不对称，特别是对于高科技产品致害原因不易证明等特点，通常要求生产者就缺陷不存在，或缺陷与损害之间不存在因果关系举证。参见黄薇：《中华人民共和国释义及适用指南》，中国民主法制出版社 2020 年版，第 1840 页。

品受到损害,初步证明损害与食用食品或者使用药品存在因果关系,并请求食品、药品的生产者、销售者承担侵权责任的,人民法院应予支持,但食品、药品的生产者、销售者能证明损害不是因产品不符合质量标准造成的除外。”即对于受害者而言,其在产品毒物侵权诉讼中,并不需要达到一般证据规则所规定的证明程度,而仅需初步证明自身遭受的损失与产品之间存在盖然性标准的因果联系即可。具体而言,受害人只要提供其购买问题食品、药品的初步证据如发票、容器等,即可证明二者存在因果关系,此后将由食品、药品的生产者、销售者证明被侵权人的损害并非由产品导致。[①] 在该规则下,特定的有毒产品如有毒食品与有毒物品等,能够率先突破传统因果关系认定规则的桎梏,为产品毒物侵权的因果关系认定规则的确认开辟了一种新的思路。

(二)我国产品毒物因果关系认定的实践运作

根据上文的分析,在产品侵权责任中,对于产品缺陷与受害人损害之间因果关系的认定一直缺乏一个统一的、明确的认定方式。在我国诸多产品责任立法中,始终未涉及产品毒物侵权因果关系的认定,因此只能通过了解学界、司法界对现行相关法律规定的理解来寻求认定产品毒物侵权中因果关系认定的方法,除了上文中提到的《产品质量法》第 41 条以外,还有对《民法典》第 1202 条的理解探讨。虽然这种基于一般产品侵权下的证明规则实际上难以有效适应产品毒物侵权中复杂的证明责任分配需求,并且本身学界和司法界对该条款的理解也存在一定的争议,但不可否认的是,通过这种理解与争议,一定程度是可以推动学界和司法界对该问题不断探讨、研究出新的成果。

1. 学界的观点

学界中,王利明教授、杨立新教授均认为产品责任的因果关系应由受害者承担。王利明教授认为,应由受害者证明产品由责任因果关系的存在,也就是说,就因果关系而言,受害人仍具有初步的举证义务,需要提供相应的证据,以证明缺陷产品与其遭受的损害之间存在因果关系。当然,王利明教授同时也表

① 参见最高人民法院民一庭编:《最高人民法院关于食品药品纠纷司法解释理解与适用》,人民法院出版社 2014 年版,第 85 页。

示，在许多情况下要受害者证明缺陷与损害之间存在因果关系是很困难的，所以在例外情形中，法院也可以要求由生产者或销售者承担举证责任。[①] 杨立新教授也认为确认产品责任的因果关系要由受害人证明，证明的内容为损害是由使用或消费有缺陷的产品所致。[②]

2. 最高人民法院的观点

根据最高人民法院的观点，其认定为产品侵权责任实质的是严格责任，通常采取举证责任倒置的方法，由生产者、销售者承担更重的举证的责任，产品缺陷是否存在的证明，要由生产者、销售者来承担举证责任，他们要证明产品没有缺陷，否则就要承担相应的责任。当然与此同时，最高人民法院也认为这种举证责任倒置并不意味着受害者就免于承担任何举证责任，其仍然要就缺陷在产品销售当时即已存在、缺陷产品曾经被使用或消费，以及自身遭受了损害这三种事实进行举证。[③]

通过上述观点可知，虽然学界和司法界对《民法典》第 1202 条所规定的产品侵权责任中因果关系举证责任的性质存在一定的争议，但实际上双方都趋于合理平衡受害者与侵权人之间的证明责任分配。王利明教授在主张由受害者承担举证责任的同时，也提到在受害者就因果关系举证存在困难时，可以作为例外情形，进而要求由生产者或销售者承担相关举证责任；而最高人民法院在认为应由生产者、销售者承担更重举证责任的同时，同时也对受害者的初步举证责任提出了一定的要求。当然，虽然学界和司法界有趋同的趋势，但我们也应当看到，双方之间的原则立场仍存在近乎对立之异，这也导致了在司法裁判中，不同法官由于对该条款以及相关法律规定的理解存在巨大差异，从而作出完全不同的判决结果。

3. 产品毒物侵权因果关系认定的司法实践

(1) 要求原告提供确切的因果关系证明

该种情形以国内首例汽车苯超标致害案“李某照、李某君、于某英人身损害

---

① 参见王利明：《侵权责任法研究》(下卷)，中国人民大学出版社 2011 年版，第 258 ~ 260 页。

② 王利明、杨立新、程啸：《民法学》，法律出版社 2020 年版，第 1132 页。

③ 最高人民法院民法典贯彻实施工作领导小组：《中华人民共和国民法典侵权责任编理解与适用》，人民法院出版社 2020 年版，第 319 页。

赔偿纠纷上诉案”为代表。在本案中，上诉人李某照、李某君、于某英向北京市丰台区人民法院起诉，认为其购买的由重庆长安铃木汽车有限公司生产制造、北京北方新兴长安铃木汽车销售服务有限公司负责销售的奥拓车车内苯含量严重超标，导致上诉人妻子朱某荣罹患再生障碍性贫血症死亡，因此要求两家公司承担侵权责任，赔偿各项经济损失。最终，二审法院以上诉人李某照、李某君、于某英不能证实朱某荣患重症再生障碍性贫血而导致死亡系因朱某荣购买和使用的奥拓车存在苯污染所致为由，认为其起诉缺乏事实和理由依据，因此裁定撤销原判决，驳回李某照、李某君、于某英的起诉。[①]（原审判决驳回原告的诉讼请求）

在本案中，二审法院认为上诉人即原告不能证明受害人的死亡与汽车存在的苯污染具有因果关系，因此驳回了原告的起诉。换言之，法院即要求原告必须提供确切的证据证实受害人所受的损害与产品的缺陷之间具有充分的因果关系。系典型的“谁主张，谁举证”的做法，并且适用的是必然因果关系理论，要求对因果关系的证明还应达到确定、充分的程度。显然，本案的裁判至少存在两个方面的缺失：一方面，忽略了产品毒物致害复杂的致害机理，对于产品毒物致害的认识有所欠缺。对于受害人而言，要求其证明苯含量超标与导致再生障碍性贫血症之间的联系需要具备一定的专业水平或花费大量的精力、财力，这种负担由一个普通家庭承受显然是不合理的。另一方面，产品毒物致害并非简单的一因一果模式，还可能存在多因一果或多因多果。在本案中，受害人朱某荣的病症可能由苯含量超标导致，也可能由苯含量超标以外的其他因素共同导致，但无论是一因一果或多因一果，均不能草率的认定二者间的因果关系，而需要进一步专业的调查与判断。在这种情况下法院要求受害人提供充分的证据证明因果联系，无视了生产者与受害者之间的信息不对称因素，显然是不公平的。因此，在使用者因车内甲醛、苯超标而致害的案件中，法院要求受害人必须确切地证实二者的因果关系，显然是不合理的。[②]

---

① 李某照、李某君、于某英人身损害赔偿纠纷上诉案，北京市第二中级人民法院，(2004)二中民终字第7532号民事裁定书。

② 参见程啸：《侵权责任法》，法律出版社2015年版，第506页。

(2)运用因果关系推定,由原告完成盖然性证明

虽然大多数法院在产品侵权责任诉讼中通常都采取民事诉讼法中规定的一般证明责任分配原则,但是在一些特殊产品责任领域,一些法院也在探索更加公平、合理的因果关系认定方式。"杨某与王某产品销售者责任纠纷"一案即是一起运用了因果关系推定理论的有毒化妆品致害案件。在本案中,原告王某在购买使用由被告杨某销售的化妆品"黄膏祛斑王 R"后出现颜面及双侧眼睑浮肿症状,此后出现双下肢浮肿,解泡沫尿,间断恶心,全身乏力等不适,经多次诊断确定为汞中毒导致的肾病综合征,经鉴定与使用的化妆品"黄膏祛斑王 R"有关,因此向法院提起诉讼。在诉讼中,被告认为原告的真正病因不明,在缺乏足够效力的因果关系鉴定结论的前提下,仅仅依赖病例并不能得出原告的肾病综合征与使用不合格化妆品间存在因果关系,且虽然"黄膏祛斑王 R"存在汞超标的情形,但此前并无消费者因此患病,可见原告的损害与化妆品无关。但是二审法院认为,原告出示了使用化妆品前的体检报告,证明此前无肾病经历,且有鉴定机构证明原告所受损害为汞中毒所致,与使用"黄膏祛斑王 R"直接相关,参与度 100%,能够初步证明其患肾病与使用被告销售的"黄膏祛斑王 R"存在因果关系。虽然第二次鉴定对是否存在因果关系并未给出结论,但使用美白化妆品致汞中毒并引发肾病的案例屡有发生,相关报道也屡现荧屏,且涉案产品"黄膏祛斑王 R"汞含量超标 13,074 倍是客观事实,存在引发化妆品使用者肾病的高度可能性。因此法院认定原告所受损害与使用了有毒产品有存在因果关系的可能。①

在本案中,法院对产品毒物侵权因果关系的认定提供了一种新的思路。在面对一些特殊、复杂的产品毒物侵权诉讼,主要包括那些技术水平高、专业性强、工艺复杂、致害机理不明的如医药、化学等产品诉讼时,可以适当采用因果关系推定的手段,即由受害人承担初步的证明责任,提供损害事实是基于使用缺陷产品,且该缺陷产品确实具有引发不合理危险的可能性的证明即可,而被告则就此项因果关系不存在而进行举证。运用到本案,原告只需证明自身确实使用了有毒产品,且该产品确实具有引发原告所受损害的可能性,就可以据此

① 重庆市第二中级人民法院民事判决书,(2017)渝 02 民终 50 号。

推定原告的损害事实与被告提供的有毒产品之间具有因果关系。原告出示了与被告之间的交易记录以及体检证明，可以确定自身的损害确与使用该化妆品相关，而化妆品汞超标致肾病案例屡发，故可以推定二者之间具有因果关系。到此，将转由被告就原告的肾病综合征与使用有毒化妆品之间不存在因果关系作出举证。换言之，在此类特殊的产品毒物侵权案件中，对于举证困难、受害人举证能力有限的情况，法院可以根据案件的需要，结合公平原则与诚实信用原则，要求原告就损害事实、缺陷产品的存在，以及能够排除其他致害因素作出盖然性证明，继而推定二者间存在因果关系，从而将比较复杂的证明责任交由处于优势地位的侵权人承担。此类有关因果关系推定的案例，在最高人民法院颁布了有关《食品药品审理规定》的司法解释之后，广泛被运用于各类食品、药品侵权当中，成为产品毒物侵权最常使用的因果关系认定规则。

(3)运用举证责任倒置，由被告就不存在因果关系举证

对于产品毒物侵权因果关系的认定，一些地方的行政立法为我们提供了另一种思路。在我国部分省份对于预防疫苗接种异常反应补偿办法的规定中，立法者们比较一致认为，对于不能排除是由疫苗异常反应导致损害的，应当要给予一定的补偿。显然，这是一种典型的因果关系推定思路：虽然不能明确的认为存在因果关系，但同样无法否定因果关系存在的事实，故而可以认为因果关系实际存在。这种思路在司法实践中也有一定的认可度。

河南的“张某与新蔡县疾病预防控制中心、辽宁依生生物制药有限公司医疗损害责任纠纷”①即是一起典型的因果关系举证缓和的案件，在本案中，原告张某被狗咬伤后在被告新蔡县疾病预防中心三次接种狂犬疫苗，此后出现身体异常反应，经医院诊断为急性播散性脑脊髓炎，遂向法院提起诉讼。本案中，法院认为，根据医疗鉴定结论，虽然接种狂犬疫苗引起该种疾病的情形比较罕见，但不能排除接种疫苗与引发该种疾病的可能。在被告疾控中心没有证据证明其医疗行为与原告罹患脑脊髓炎之间不存在因果关系时，应当认定二者之间存在因果关系。

在我国，对于疫苗产品侵权的因果关系认定问题，缺乏明确的因果关系推

① 河南省新蔡县人民法院民事判决书，(2012)新民初字第234号。

定制度，而通常依赖于科学的医学鉴定，对于因果关系认定的态度比较严格。然而即使以现代科学的水平，人们对于疫苗产品副作用与人体异常反应之间的确切关系依然缺乏比较确定的认识，对于普通人而言，依据一般的社会智识能够证明的程度通常停留于表面，对于更深层次的因果关系的认定如不良反应、安全性等认识往往需要依赖于一定的专业、科学水平。故而强行要求受害人承担严格的因果关系证明责任，实际是将疫苗产品的未知副作用风险一概地施加于受害人身上，显然背离了公平正义的理念。虽然在理论上主流一直提倡相当因果关系理论与因果关系推定设计，然而却缺乏实际的实体法支持。在本案中，法院大胆突破，采取举证责任倒置的方式，在原告对自身损害以及疫苗与损害之间的可能性作出初步证明之后，将因果关系的更高层次的证明义务转移于被告身上，比较合理的分配了原被告之间的诉讼证明义务，不失为一种具有参考价值的产品毒物侵权因果关系放松思路。

(4)基于经验法则的因果关系推定

在食品、药品之外的产品侵权领域，法院在坚持"谁主张，谁举证"原则的同时，也看到产品侵权尤其是产品毒物侵权中原告的弱势地位，如果严格要求因果关系的确定性证明，将会加剧原告的举证负担，有悖公平正义原则。尤其是产品毒物侵权问题专业性与危害性较强，甚至会出现受害者已经死亡或失去行为能力等无法举证的情形。因此有的法院在基于合理分配举证责任的考量的前提下，运用经验法则进行因果关系的推定。"深圳市鹏润装饰工程有限公司因与被上诉人刘某生命权纠纷"一案即是典型例证。①

在本案中，受害人在加班回家途中昏倒，不久后去世，医院病历记载受害人脑干出血、肺部感染、高血压病，致肾脏、心脏等多器官功能衰竭而死亡，被上诉人(原审原告)系受害者的二姐，认为受害人的死亡是因为长期从事油漆涂刷而吸入油漆中的有毒气体，而公司没有做好相应的防护措施导致，故将被告诉至法庭。被告提出抗辩认为涉案油漆系正规公司生产的净味产品系列，完全符合国家安全性能和环保性能，没有任何证据证明受害人死亡是由于油漆中的苯中毒导致，即受害人死亡和油漆工作之间不存在因果关系。但是法院认为，"民事

① 海南省第二中级人民法院民事判决书，(2014)海南二中民一终字第513号。

侵权行为因果关系之判断不应限于排他的必然联系，而应当遵照一般人的智识和经验之见解审查各因素较之损害结果的原因力，判断是否有相当之因果关系”。二审法院根据医院的入院记录记载认为病历的描述均符合吸入有毒有害气体而中毒之症状。结合受害人身前的工作经历、工作环境及受害人所在公司的过错等因素，推定从事油漆涂刷工作而中毒系受害人死亡的原因之一，从而认为二者之间具有相当之因果关系，足以形成法律上的因果关系。

在本案中，法院并未机械化的适用一般的举证规则，而是基于一般智识经验，综合分析了受害者的生前经历、工作环境、既往实例等诸条件，从而事实上推导出被告公司的不作为对原告的死亡具有相当的原因力，因而构成了法律上的因果关系。这种事实推定规则规避了产品毒物侵权因果关系认定中比较复杂与困难的专业性要求，而通过常人易于理解的外在表现证明因果关系的存在，一方面能够缓和产品毒物侵权中因果关系证明责任的困难，实现分配正义，另一方面也能提高诉讼效率，合理利用有限的司法资源。

在另一份产品责任纠纷判决书中，亦有法官指出，对于“谁主张，谁举证”的举证责任分配规则“不能做绝对化、机械化的理解，产品责任纠纷中的受害人一般欠缺与产品相关的专业知识，亦不参与产品的生产、销售过程，对相关信息获取途径亦为有限，故对于受害人关于产品缺陷的证明责任要求不宜过苛，一般而言，只要受害人能够提供初步证据，使法官基于生活常理及一定的专业知识，有理由相信涉案产品存在缺陷，其举证责任即已完成”①。因此，虽然在司法实践中大多数法院仍然坚持“谁主张，谁举证”的举证责任分配立场，但是他们对于这种举证责任分配规则有更深层次的理解与运用，甚至可以说他们正是运用因果关系推定的理念进行产品责任因果关系认定。

(5)小结

综合上诉案例可以知道，虽然我国法律对于产品毒物侵权因果关系的证明责任分配的规定还比较含糊，一些法院往往沿用民事诉讼法与司法解散的相关规定，但从司法实践中法院的裁判可以看出产品毒物侵权因果关系证明责任呈现出合理分配的趋势。越来越多的法院对产品侵权诉讼中因果关系采取一种

① 北京市第三中级人民法院民事判决书，(2015)三中民终字第14295号。

二分的看法:一方面,对于那些产品缺陷明显、侵权构成简单明了的案件,通常仍施行常规的证明责任分配模式;另一方面,对于食品、药品、化学品等技术含量高、工艺复杂、致害机理不明的有毒产品引发的诉讼,法院往往采取比较谨慎的态度,通过合理计算双方当事人的举证能力以降低证明程度,采取因果关系推定的方式,由信息获取渠道广、专业性强、资金宽裕的一方承担更高的举证责任,减轻原告的举证负担。这种根据当事人实际情况确定产品毒物侵权因果关系证明责任分配的方法,显然更加合理与公平,符合法律的正义价值。

4.我国产品毒物侵权因果关系认定存在的问题

(1)产品毒物侵权因果关系认定的适用前提问题

前文提到,在产品责任中,因果关系的确定是建立在产品缺陷与损害事实的基础之上。换言之,想要认定因果关系使侵权者承担责任的一个基本前提在于涉案产品具有实在的产品缺陷。然而在产品毒物侵权中,所谓的产品毒物是对产品损害机理的一种描述,但是对于产品中含有有毒物质是否构成产品缺陷,仍然是一个在实践与理论上都比较棘手的问题。

在我国的侵权法领域中,对于产品缺陷的认定主要采取双重认定标准:一是不合理危险标准,二是强制性标准。这种认定体现了我国对于产品质量管理的行政规制倾向,即主要通过相关产品的国家标准、行业标准来认定缺陷的存在,而以不合理危险的兜底式规定来填补漏洞。虽然这种双重标准的方式看似比较合理,但是在实践中,由于不合理危险的标准过分的要求法官的自由心证,极易引起争议,导致在实践中司法裁判对于产品缺陷的认定往往向强制性标准逃逸,使其形同虚设。另外,即使是强制性标准的缺陷认定方式,在产品毒物侵权领域也存在比较大的问题:第一,实践中产品的种类是不停更新的,通过行政手段颁布相应的规范标准应对市场比较迟缓,存在典型的法律滞后问题;第二,在司法实践中,法官对于产品缺陷的认定更倾向于无争议的强制性标准,在缺乏具体的强制性标准时,对于不合理危险的确定往往存在争议,使得缺陷产品的认定首先便占据了极大的司法资源,产生诉累,实际阻碍了因果关系的认定;第三,一个更重要的问题是,有毒产品的定义实际上与缺陷产品并不一致。产品缺陷是指产品因为设计、生产以及嗣后警示等流程存在的问题,通常包括构造缺陷、警示缺陷和设计缺陷。但是对于有毒产品而言,其本身并未有一种法定概念，而是对产品毒物侵权中肇因物的一种概括与归类。有毒的产品未必是缺陷的产品，因此如果无法统一有毒产品的实际标准，将导致因果关系的认定缺乏明确的事实基础，使因果关系的源头无法连接。

(2)产品毒物侵权因果关系认定的标准不清

前文提到，产品毒物侵权中的因果关系存在多样性，如此将导致对于具体因果关系的判断出现多种判断标准。与一些立法、理论比较完善的国家相比，我国对于因果关系认定规则的建构还处于起步阶段。因此在具体的司法裁判中，常常出现同一类型的案件的因果关系判断，有的适用高度盖然性标准，有的则采信相当因果关系理论，形成司法上的不严谨、不规范甚至不公平。

这种因果关系认定适用上的选择混乱，主要是由于我国司法实践中对于因果关系认定的不够重视，导致在缺乏明确的实体法依据的情况下，只能借助于法官的自由心证，而缺乏统一的适用依据与标准。在英美法系国家，对于类型案件中的因果关系认定标准，通常会以判例的形式成为具有法律效力的实定规则，从而指导同类案件的审判。即使是一些大陆法系国家，也不避讳运用指导性案例形成相应的理论规则。但是我国缺乏对因果关系的认定具有指导意义的指导案例，因而在具体的实践中我国法官只能基于个人的法律素养以及有限的诉讼证明责任规则进行因果关系举证责任的分配。这也导致实践中的产品侵权诉讼充斥着大量采信必然因果关系的高度盖然性标准的案例，而对于产品毒物侵权因果关系的认定，既无明确的实体法依据，亦未形成类型化的因果关系认定理论适用习惯，使得产品毒物侵权案件中的因果关系认定只能各行其是，较为混乱。

(3)产品毒物侵权因果关系认定的证明责任严苛

在法律并未对产品毒物侵权因果关系的认定规则作出明确规定前，其具体的认定只能参照普通产品侵权的规定。前文提到，在现有法律体系下，产品毒物侵权的因果关系认定存在两种可能的方式：一是遵循普通产品责任的认定规则，采取“谁主张，谁举证”的证明责任分配规则，由受害者证明因果关系的存在具有高度盖然性；二是一些特殊产品如食品、药品等，可以使用因果关系推定规则，在原告提出初步证据证明之后即可推定因果关系存在，除非被告提出反证。对于产品毒物侵权而言，第一种规则显然过于严苛，原因在于：首先，有毒物质的致害机理与作用形式比较复杂，产品的生产工艺复杂，具有较强的专业性，远远超出一般人的举证能力上限；其次，产品从生产到销售具有一个较长的流动链条，受害者正是出于供应链的低端，与缺陷产品的肇因相隔甚远，实际处于一种信息、资源不平等的弱势地位；最后，有毒物质的潜伏性特征导致产品毒物侵权的作用时间久远，容易介入其他因素，造成客观上的证据灭失等，加重受害人的举证负担。因而对于产品毒物侵权而言，一般的证明责任分配规则显然过于严苛且不合理。第二种规则属于典型的因果关系推定规则，一定程度上缓和了一般举证规则对于产品毒物侵权原告的不利情形，然而其实际作用仍然有限：一方面是因为其适用的范围比较有限，仅仅存在于食品、药品等相关领域，无法覆盖普通产品造成的毒物侵权案件；另一方面，产品毒物侵权的种种复杂特性也决定了，有时候受害者连最基本的证明标准都无法达到，例如，对于没有保留发票习惯的受害者而言，如何证明其使用的产品与销售者的关系亦是一个典型的难题。

三、比较法上产品毒物侵权因果关系认定规则

（一）大陆法系中产品毒物侵权因果关系认定规则

在比较法上，产品侵权责任的因果关系证明通常情况下仍适用因果关系的一般原理，而在一些特殊的产品领域，则往往会借助一些新理论。具体而言，对于普通的产品责任因果关系的证明，域外国家惯常的方式是由受害人进行举证。如《欧共体产品责任指令》第 4 条规定，受害人要承担证明损害、缺陷以及缺陷和损害之间因果关系的责任。在德国法中，一般情况下产品侵权责任仍适用普通的因果关系认定规则，包括在证明程度上采取相当因果说等。但是在一些特殊产品领域，大陆法系的国家依然发展出了因果关系推定规则。如德国在药品责任中则采取因果关系推定的方式，只要提供缺陷药品致害的盖然性证明，即可推定二者间因果关系的存在。[①]

日本的“手机低温烫伤案件”比较典型的反映了大陆法系国家因果关系认定规则的转变。在本案中，原告将手机放在裤兜捂在被炉（类似于电热毯的电

① 参见王利明：《侵权责任法研究》（下卷），中国人民大学出版社 2016 年版，第 245 页。

器)中睡觉,而于翌日凌晨被痛醒,发现大腿已经红肿起泡,原告根据疼痛部位推测系手机发热导致,遂依日本制造物责任法向手机制造商提起损害赔偿之诉。本案一审中,法院认可了被告手机公司的手机温度实验,实验显示,第一,根据实验结果,即使在手机最高功率运行且放置于口袋,其发热温度也不足以致人烫伤;第二,虽然伤口形状与手机类似,但不能就此得出一致结论;第三,在实验中无确切证据证明手机是烫伤的肇因,相反可能与被炉有关。基于此,法院认为原告的证据并不充分,否定了原告的烫伤事实与手机发热之间的因果关系。但是在二审中,二审法院却给出了截然相反的结论:首先,伤口部位与手机形状基本吻合,可以判定为手机所致;其次,本案手机曾有过持续异常发热,烫伤很有可能是由于该种异常导致;最后,综合多方因素,判断本案的损害可能由手机异常发热导致,而既往手机发热事故频发,说明手机异常发热导致损害具有高度盖然可能。因此可以推定原告的烫伤与手机发热具有因果关系。

从本案两审法官截然不同的态度可以看出,大陆法系对于产品责任中的因果关系认定存在两种不同的判定思维。一审法官代表了传统侵权法思维下的因果关系判定方式,既采信传统因果关系理论中的"条件说",要求损害事实与肇因之间的因果关系具有充分的必然性。而二审法院则明显的倾向于"盖然性"标准,通过对既有事实的推定而确定因果关系。这种截然不同的两种态度,反映了大陆法系国家在面对复杂产品侵权时的一种矛盾与进步。

在日本的"输血梅毒案"中,原告在输血时使用了一名梅毒患者的血源导致原告同样染上梅毒,因而提起诉讼。诉讼中被告提出医学上无法确定输血与染上梅毒之间存在因果关系,因此被告无须承担责任。然而法院判决认为,科学上的因果关系与法律上的因果关系应当有所区别,前者要求理论上的必然性与绝对的排他性,而对于后者而言,只需具有经验上的可能性,并足以排除一般怀疑即可。可见,在日本,对于血液产品毒物的侵权,法院倾向于对必然因果关系与产品毒物侵权之间做出切割,在充分考虑举证的复杂性与权衡诉讼双方举证能力的前提下,而仅对产品毒物侵权要求盖然性的证明标准。

这种诉讼利益的权衡同样也反应在日本的疫苗接种领域。对于疫苗产品副作用侵权问题，日本的疾病、障害委员会在承认疫苗产品侵权中接种行为与损害之间因果关系认定的困难性的基础上，提出了判断因果关系的三个标准：第一，疫苗的不良反应在医学上存在引发相关疾病的合理可能；第二，疫苗副作用发生在接种疫苗之后的合理期间之内；第三，不存在其他可能引发疾病的合理原因。① 而在举证责任的分配上，日本的司法实践中出现了多种因果关系举证责任分配的情形，但主流观点认为举证责任倒置将会背离传统举证责任规则，而由原告进行初步证明，继而由被告反证的做法既能维持原有规则，亦更具有操作性。② 同时，日本的疾病、障害委员会在审查实践案例时还提出了“不能排除因果关系”的认定方式，如果以下五项因果关系排除的理由不存在的话，则可以推定因果关系存在：第一，虽然没有明确证据证明接种与疾病之间的因果关系，但依据一般医学常识即可排除；第二，具有因果关系不存在的肯定证据；第三，引发的疾病属于疫苗的正常不良反应；第四，损害的程度属于法律允许的医疗损害范围；第五，缺乏足够的因果关系判断的资料，无法进行医学上的判断。③ 可见，日本在疫苗产品侵权的领域，采取的也是因果关系推定的做法。

通过上述案例可知悉，在日本的产品侵权领域，尤其是产品毒物引发的复杂侵权，因果关系推定的做法得到比较大的认可，对于举证责任的分配，则依然保留原告举证的传统规则，但同时权衡诉讼双方的举证能力，赋予被告更多的反证义务。在证明程度上，则通常采取盖然性的立证标准。

因果关系的盖然性说原本是公害领域的一种推定方法，主要是用以解决公害中多种复杂因素对责任认定的干扰问题。而在产品侵权责任中，随着产品结构、功能、成分等越发复杂，其损害也越发具有潜伏性、长期性、复杂性特征，导致其中因果关系的认定越发困难，因此将盖然性理论运用于产品责任成为了大

① 参见邱玫惠：《由美、日经验检讨我国预防接种救济制度：从 H1N1 新型流感疫苗谈起》，载《台湾大学法学论丛》2010 年第 40 卷第 2 期。

② 参见［日］宇贺克也：《预防接种健康被害救济制度中的因果关系》，载《法学教室》1988 年总第 94 期。转引自杜仪方：《日本预防接种事件中的因果关系——以判决为中心的考察》，载《华东政法大学学报》2014 年第 1 期。

③ 邱玫惠：《由美、日经验检讨我国预防接种救济制度：从 H1N1 新型流感疫苗谈起》，载《台湾大学法学论丛》2010 年第 40 卷第 2 期。

陆法系国家的一种趋势。在盖然性理论下，通过证明因果关系盖然性存在，即可将实质的举证责任转移到被告身上，从而将原本的确定性证明标准降低为盖然性标准，使得原告原本艰难的举证责任得以缓和。这种做法充分考虑到作为个体受害者与生产商之间不平等的经济地位，实际上是突破了传统侵权法矫正正义的框架，而追求分配正义。

大陆法系国家虽然没有直接对产品毒物侵权作出明确的规定，但从其相关的实体法与判例中可以看出，对于越发趋向复杂化的产品侵权行为，大陆法系国家普遍乐于采取一种开放式的态度，在遵守法律传统与充分救济受害人之间倾向于后者。对于因果关系认定理论的选择，也越发地从分配正义的角度选择因果关系推定的做法。因此，可以相信，在实际面对产品毒物侵权时，因果关系的推定依然是大陆法系国家的普遍选择。

（二）英美法系中产品毒物侵权因果关系认定规则

《美国侵权责任法第三次重述》责任分担第 3 条 a 款规定，除分节 b 所述情形外，原告负有证明被告侵权行为乃原告损害之事实原因的义务。即对于一般产品侵权中的因果关系认定，依然采取传统的分配模式。但美国对于有毒物质侵权的重视程度要远超其他国家，因而发展出了许多特有的因果关系理论。在产品毒物侵权领域，比较典型的是美国著名的“DES”案（又称辛德尔案）确立的市场份额理论。[1]

在 20 世纪 80 年代，美国有 300 多家公司生产并销售一种叫作 DES 的通用药品用来预防流产。每个公司所卖的 DES 都是同一种化学结构，因此，可能会引起的危害也是相同的。此药在市场中流通了数十年后，研究者发现：如果妇女在怀孕期间服用了此种药物，其女性后代罹患癌症的可能性很大。原告辛德尔即是在其母亲服用此药二十多年后发现自己罹患生殖系统癌症，但原告无法证明哪家生产商的 DES 药品被其母亲服用并导致了她的损害。为了能够请求损害赔偿，辛德尔向法院起诉包括艾伯特实验室在内的十一家生产该药物的制药企业。

---

① 即“Judith Sindell v. Abbott Laboratories” See Judith Sindell v. Abbott Laboratories，26 Cal 3d 588（1980）。转引自王利明：《侵权责任法研究》（下卷），中国人民大学出版社 2016 年版，第 247 页。

在本案中，由于年代久远，证据丢失等原因，原告的母亲已经无法确认其购买的是哪一家企业生产的 DES 药物。依据传统的侵权理论，在美国生产该药物的企业有 300 多家，而原告仅起诉了 11 家企业，很有可能这 11 家企业均非实际侵权人，则对其科以责任显然有悖公平原则。因此该案的法官创制了一种新的因果关系认定理论：在这种因果关系不明的情况下，依据被告企业销售产品在同类产品中所占份额来确定其责任，通常来说，被告的市场份额越高，那么原告购买到其产品的可能性就越高。加利福尼亚州上诉法院认为，只要原告能够证明所起诉的被告都生产了造成损害的产品，且被告的市场份额总量已达到“实质市场份额”的要求，法院就将证明因果关系的责任负担转移给被告。[①] 而被告只有证明自己的产品不具有给原告造成损害的可能性才有可能免责。

在“DES”案中确立的“市场份额”理论为产品责任因果关系认定提供了一种新思路。在大规模产品毒物侵权中，由于产品售卖范围广泛，其导致的损害可能具有潜伏性等，如果按照一般侵权责任因果关系理论，要求受害人承担因果关系的证明理论显然不符实际。因此法院认为原告仅需证明自身损害的存在以及被告生产了缺陷产品且该产品的市场份额达到一定程度，则有理由相信原告就是使用了被告生产的产品，即推定原告的损害与被告生产的缺陷产品之间存在因果关系。《美国侵权责任法第三次重述》也认可了该理论，其第 28 节 b 条规定，当原告起诉所有行为人并且证明每一行为人都参与了将原告置于损害风险的侵权行为且其中一个或多个行为人的侵权导致了原告损害，但并无合理的理由期待原告证明哪个或哪些行为人造成了该损害时，关于事实因果关系的举证责任，包括证据提交和说服，转由被告承担。

然而对于市场份额理论的适用在美国仍然存在争议，美国学界认为，在因果关系的认定方面，市场份额理论违背了传统的法学理论，实际是一种以“统计代替因果关系”的做法，[②]在该种理论下，原告实际只证明了侵权行为与损害间“推测的可能性”。换言之，市场份额理论下责任的承担基础是行为的危险性而

---

① See Robert A. Kors, *Refining Market Share Liability: Sindell v. Abbott Laboratories*, Stan. L. Rev. 1980, p. 937 - 952. 转引自路海燕：《论美国市场份额理论及其对我国侵权法的启示》，浙江工商大学 2015 年硕士学位论文，第 14 页。

② 参见王泽鉴：《侵权行为法(二)特殊侵权行为》，2006 年自版发行，第 51 页。

非损害。[①] 通常,侵权责任确立的核心在于损害与行为之间的因果关系,如果没有因果关系,则不得称责任。但是在学者看来,市场份额理论实际打破了这一规则,依据该理论,有毒物质侵权责任的确立不再依赖于因果关系的存在,转而依据被告产品所占的市场份额,继而将侵权行为责任转变为了一种侵权风险责任,这种责任的确立方式过于草率而导致学界对侵权责任无限扩张的警惕。对此,美国的一些学者也对市场份额理论中的因果关系进行理论证成,试图寻找市场份额理论中的因果关系内核,并发展出了两种可能的解释。

1. 基于诉讼规则嬗变的解释

对于市场份额规则是否符合因果关系规则,美国的两位学者亚瑟·里普斯坦和本杰明·齐普斯基提出了一种基于程序法的证成思路。他们认为,传统证据规则中的"谁主张,谁举证"规则实际源于刑事责任观念,基于刑法的正义性,不能对任何嫌疑人进行有罪推定,公诉方必须提出超越合理怀疑标准的证据来证明嫌疑人的罪行。而这种自证其辞的程序规则也被自然的延用于民事诉讼当中,成为因果关系认定的基本规则。[②] 但是他们认为,这种传统在民事诉讼中并非绝对,理由是证据标准与举证责任实际是一组差别概念,如刑事诉讼中要求超越合理怀疑的证据标准以及不得自证其罪的举证责任,而民事诉讼通常要求优势证据规则与"谁主张,谁举证"的举证责任分配。他们将这种程序性规则从因果关系的内核中剥离出来,作为证成市场份额理论与因果关系内在一致性的突破口。

两位学者因此将因果关系的认定划分为实质性要素与程序性要素,从而将因果关系的举证责任剥离,进而认为,"DES"案中的市场份额理论仍然遵循侵权法的因果关系理论,即被告承担责任的基础依然是基于其侵权行为与损害结果之间的因果关系。他们认为,在"DES"案中,原告能够举证被告违反了注意义务,且其行为已经对自己造成了损害,只是缺乏将具体的加害人与损害联系起来的证据。而市场份额理论的做法则是将这一部分的举证责任转移给了被

---

① See Dalmau Garcia & Revisiting Paton v. Abbot Laboratories: *Is Market Share Liability a Viable Theory of Recovery in Massachusetts*?, B. U. L. Rev., Vol. 80, p. 1127(2000).

② See Arthur Ripstein & Benjamin Zipursky, *Corrective Justice in an age of Mass Tort*, in Gerald J. Postema ed., Philosophy and the Law of Torts, Cambridge University Press, 2001, p. 233.

告，由被告证明自己未造成损害结果。理由在于，如果强行要原告对该种超出能力范围的事项进行举证，实际是拒绝了原告的诉讼权利，严重违背了公平、正义的要求。而加州最高法院确立的市场份额规则，实际是出于正义的考量而对证据规则作出的一种变化。这种变化并非没有先例，如著名的禁反言规则就是为了避免诉讼主体利用矛盾言辞攫取不利益而作出的一种诉讼规则的变化。而在有毒物质侵权诉讼中，为了追求公平合理的分配规则，将原本的举证责任从因果关系中剥离出来，独立为专门的程序性事项而由被告承担，实际是一种“在无辜的原告与有过错的被告之间，后者应当承担损害的成本”①的考量。

在里普斯坦与齐普斯基眼中，市场份额规则下的因果关系并没有改变，损害与行为之间的因果关系仍然需要被证明，只是这种举证责任被作为一项程序事项而从传统的因果关系规则中剥离转移。他们认为，采取这种解释能够有效地维护诉讼双方的公平公正，且保留既有的因果关系内核，避免出现学界担忧的放弃因果关系导致的侵权责任的泛滥。

2. 基于整体证明理论的解释

对于市场份额责任的正当性证成，美国学者马克·A. 盖斯特费尔德提出了另一种思路，即整体证明理论（evidential grouping）②。该理论另辟蹊径，从美国的另一起判例“萨默斯案”中得到启发。③“萨默斯案”确立了一种新的证据规则，即选择性责任规则，该规则与我国的共同危险行为规则类似，故不再赘述。在该规则下，不明加害人将被视为一个被告共同体，与雇主责任中的责任共同体具有相似之处，因而盖斯特菲尔德将具有共同危险行为但具体加害人不明的被告称为证据共同体。

在证据共同体理论下，“一旦原告对以下几点提供了优势证据证明，则被告不能通过其他人侵权抗辩免责：第一，任意被告的行为均可引发损害；第二，实际的加害人数量大于或等于一；第三，任意被告都因其实际造成损害或促成损

---

① Sindell v. Abbott Labs. ,607 P. 2d 924 ,928(Cal 1980).

② See Mark A. Geistfeld, *Accounting for Risk Disparity: An Alternative to Market Share Theory*, U. Pa. L. Rev. Vol. 155 ,p. 54(2006).

③ 萨默斯案的经过是：两名被告在狩猎时从不同方向不约而同地朝被告开枪，其中一枪击中了原告的眼睛，然而由于枪支的各项规制一致，无法分辨出是哪把猎枪导致的损害，最终法院判决两名被告承担连带赔偿责任。See Summers v. Tice,199 P. 2d 1 ,2(Cal 1948).

害的发生而应当承担赔偿责任。而如果被告能够对前述三者不存在因果关系提出证据,则可以使所有被告免予承担责任"。[①] 换言之,原告在通过"表明证据规则"证明了被告共同体与损害之间具有因果关系后,被告就只能以其未造成原告损害来免责。

在盖斯特菲尔德看来,美国学界既然接受了以证据共同体理论为基础的选择性责任理论,则如果以证据共同体理论为核心重新解读市场份额理论,将会寻找到其与传统侵权法之间的内在联系。与基于选择性责任理论的"萨默斯"案相比,"DES"案具有许多的相似之处,如二者均是有多名被告而只有其中的部分造成了实际的损害,因而很难在原告与实际加害人之间建立因果关系。这种相似的事实基础使得运用证据共同体理论解释市场份额理论成为可能。

根据证据共同体理论,在产品毒物侵权中,如果具体的加害人不明,可以将同质有毒产品的生产商视为一个证据共同体,则某一生产商的行为亦为可视为共同体的行为。在此基础上,原告可以提出自身损害与该诉讼利益共同体的侵权行为之间存在因果关系的优势证据证明以获得救济。这种替换并未实质改变既有的证据标准与举证责任,而只是将原本证明原告损害与实际侵权人之间的因果关系扩张到了原告与侵权人共同体之间的因果关系,原告仍然需要对应当证明的事项进行举证。而市场份额的意义在于,与选择性责任理论下的责任共同体不同,市场份额理论下的被告共同体实际只是一种证据共同体。在责任范围上,选择性责任理论下的被告承担的是一种连带责任,而市场份额理论下的被告仅对自己所占市场份额部分的损害进行比例赔偿,如被告共同体的市场份额达到70%,则对损害的70%负责。原告的救济范围实质上与被告所占市场份额对应,单个被告承担的是市场份额内的按份责任。因此,在整体证明理论内核下,将原本多数不明的被告视为一个证据共同体之后,市场份额理论下的因果关系认定就与传统因果关系的认定相一致。原本因果关系认定中的优势证据规则则被转变为市场份额标准,被告依据自身所占的市场份额比例对损害的发生产生对应关系,换句话说,所谓的市场份额可以理解成被告基于市场

---

① Mark A. Geistfeld, *Accounting for Risk Disparity: An Alternative to Market Share Theory*, U. Pa. L. Rev. 155, 2006, p. 469.

份额而可能对侵权行为的发生产生的原因力,而这种市场份额与原因力的对应关系恰恰符合普通侵权中的较大盖然性证据规则,基本达成了市场份额理论下因果关系认定的逻辑自洽。

四、我国产品毒物侵权因果关系认定规则的完善建议

从上文对因果关系认定的分析可以看出,在域外国家中,虽然他们对于产品毒物的重视程度有所区别,但在面对传统因果关系认定理论在产品侵权领域遭遇困境时的态度却出奇的一致。对于基于特殊产品性质导致的种种产品侵权因果关系认定的难题,比较法上并没有死守侵权法传统,而是以受害人为中心,在坚持法的公平正义价值的基础上,另辟蹊径,大胆的开创了多种因果关系认定的理论与实践方法。一方面,他们在既有的产品责任因果关系认定理论的基础上开创性地提出了诸多理论,如盖然性证据标准、选择性责任理论、市场份额理论等;另一方面,他们又竭力避免新的理论背离传统侵权法的传统,寻找多种正当性途径对其进行解释,完成因果关系认定理论的自我调整与升级。

针对上文提到的我国因果关系认定的困境,对于产品毒物侵权的因果关系认定,我们首先应当做到的,一是对基本前提的统一,对有毒物质与产品毒物的确切定义应有较为明确、较为权威的规范或解释。在产品毒物侵权中,虽然造成损害的是产品中存在的有毒物质成分,然而含有有毒物质成分的产品并不一定构成法律所规定的缺陷。产品毒物侵权既可能是因为产品中的化学成分超标形成毒性,亦可能是产品成分中添加了有毒物质,还有可能是多种无毒产品混合后产生的毒性,甚至包括可能的发展风险。因此,从该意义而言,有毒产品的范围有与缺陷产品重叠的部分,亦有一定的例外。一种可能的情形是有毒产品实际上符合国家的强制性标准,但其存在不合理的现实危险,如早期的立顿速溶茶事件,由于我国的国家标准较低,导致在国外被认为含有有毒成分的产品在中国却不被认为是缺陷产品,显然有悖法的公平正义价值。所以对于有毒产品的界定,我们应以有毒物质的包容标准来判断,可定义为由侵权人生产、加工或销售的,经受害人接触使用,对受害人机体产生物理或者化学作用,导致不同程度的机体正常功能破坏或发生病变的有害物质。

二是对于因果关系认定依据与标准的混乱问题,一方面可以梳理总结比较

法上相关的理论经验，建立我国产品毒物侵权因果关系认定的理论体系，为相关法律工作提供理论指导依据。另一方面也可以归纳总结现有司法实践中法官对于因果关系认定的判定方式，通过最高院对产品毒物侵权的案件进行类型化处理，归纳总结出相应的指导案例，为法律实践提供可行的判断标准与认定依据。

三是对于因果关系举证责任严苛问题，可以参照比较法上的经验，通过因果关系推定的方式实现举证责任的缓和。在条件允许情形下，尝试认可"统计代替因果关系"，运用市场份额比例来推定因果关系。同时，在特殊情况下，由法官裁量证明责任的分配。在有关举证责任倒置的司法解释中，与其他情况不同，产品责任的举证责任倒置并非由被告承担证明产品缺陷与损害结果之间的因果关系，而是仅限于被告举证免责事由的存在。因此在一般情况下的产品责任侵权，仍由原告对因果关系的存在负举证责任。但前文亦述及，在现代社会产品结构复杂化、致害机理与作用形式多样化的背景下，这种简单的举证责任分配模式已经无法应对现实的需求。例如，在国内首例因汽车内部苯超标致害案件中，法院以原告不能证明汽车内苯超标与受害人损害之间的因果联系而判决其败诉，在该案中，法院要求受害人提供化学物与损害之间确切的因果联系，显然是不切实际的。[①] 为了充分保障当事人的合法权益，法律也在努力作出调整，但迄今为止仍未有比较大的突破。值得欣慰的是，在食品药品领域立法者已经看到问题所在，适时推出了因果关系推定的做法，减轻受害人的举证负担。但也要看到的是，在食品、药品之外的有毒产品领域，如化学产品、重金属产品等，这些产品毒物的侵权同样也面临损害大、时间久、取证难的困境。而对于此类问题，法律尚未有一个比较好的回应。一个值得思考的做法是，2001 年《证据规定》在第 7 条中规定了复杂情况下法官可基于公平原则与诚实信用原则对举证责任分配进行自由心证。虽然该规定已被废止，但实际上在如今这样的一个工业技术发展迅猛的时代，过于机械的法律实难应对各类有毒产品侵权问题，在涉及这类案件的举证责任分配问题时，赋予法官一定的自由心证权利，还是

① 李某照、李某君、于某英人身损害赔偿纠纷上诉案，北京市第二中级人民法院，(2004)二中民终字第 7532 号民事裁定书。

具有一定的现实意义。因此,对于特殊的产品侵权案件因果关系的认定,在适用一般举证责任分配规则极度不合理,且其他法律没有规定的情况下,法官可以参考《食品药品纠纷规定》的做法与精神,结合具体的当事人实际,适当自由裁量举证责任的分配。在裁量过程中,可参考相关的因果关系认定学说,寻求一种妥当的因果关系证明责任分配模式。

综上所述,我国现行的产品责任因果关系的证明责任分配模式已经不能满足社会司法实践的需求,21 世纪初,我国著名的“龙胆泻肝丸致人损害”案落下帷幕,北京崇文区法院以患者“不能证明其服用了被告生产的龙胆泻肝丸”①为由,驳回了原告李某的索赔请求。在该案中,全国有 200 多家企业生产龙胆泻肝丸,具有大量的潜在受害者。然而法院依照传统的因果关系认定原则,认为原告李某举证不能判其败诉,使得大量消费者的权益无从保障。事实上,该案与前述美国“DES”案有类似之处,均系因有毒产品致害的潜伏性、长期性等因素导致损害事实出现与受害者使用有毒产品的时间出现割裂,使得受害人无法确定或者无法证明自己即有毒产品的受害者。美国法院采取了市场份额理论解决了该问题,其可取之处值得我们借鉴。对于产品责任因果关系的证明亦可在接受因果关系推定原则的前提下,根据涉事产品以及致害形式的差异,采取举证责任倒置、引入盖然性因果理论、吸收疫学因果理论等做法,合理地在受害人与侵权人之间分配证明责任,避免给予受害人或生产者过多的举证负担。从前述国内外的司法实践可以看出,这些特殊的举证规则能够更有效率、更加公平的解决产品责任的因果关系认定问题,能够有效地减轻受害人举证负担,保障公民的合法权益,符合法律公平正义的理念。因此,在我国的产品侵权领域进行创新,适用新的因果关系认定理论已势在必行。

---

① 吴晨光、法伊莎:《谁对“龙胆泻肝丸”受害者负责?》,载《南方周末》2004 年 3 月 11 日,T00 版。

第二节　产品毒物侵权责任构成要件的延伸:发展风险抗辩

一、产品毒物侵权中可否适用发展风险抗辩问题的提出

发展风险抗辩(Development Risk Defense)的概念最初来源于欧共体产品责任法的讨论,系指“经营者对商品流通进入市场时,依当时科学技术水准,不能发现的商品欠缺安全性的危险,不必负责,以免阻碍新技术研究开发”①。又称“发展缺陷抗辩”“开发风险抗辩”。与之相对应的,是英美法系中的业内技术水平抗辩(State of the Art Defense),也有学者将其称为“最高工艺抗辩”“技术水平抗辩”等。所谓发展风险,或称开发缺陷、发展缺陷,对于其具体内涵,存在多种表述。《欧共体产品责任指令》的第 7 条第 5 项将其规定为:“将产品投入流通时,限于当时的科学技术水平,尚无法发现缺陷的存在。”亦即对于这种缺陷唯有等待科技水平更新与发展才能显现,故而称为发展风险。而美国的产品责任法用的则是业内技术水平的表述,系指将商品投入流通时最先进的工艺水平仍不能发现的缺陷。我国《产品质量法》第 41 条第 2 款第 3 项规定的“将产品投入流通时的科学技术水平尚不能发现缺陷的存在的”就是如此。它是许多产品责任案件中被告所主张的一个重要抗辩,也是各国产品责任法公认的法定免责条件。②

在早期的产品责任诉讼中,一般认为,如果制造商以一个一般的社会谨慎人的标准预见或者应当预见到自己的产品的某种样态可能导致他人受到损害,则有义务尽到合理的注意义务,否则应当对此承担损害赔偿责任。而现代的产品责任制度则将责任视角由生产者过失转为产品的风险的分配与损害的填补,对生产者的要求更为苛刻。此背景下,随着社会的不断发展进步,对于产品风险的认识也不停发生着变化,生产者是否应当对这种竭其所能仍无法预见但又确实存在,经由科技进步而发现的缺陷造成的损害负责,成为一个新的命题。

① 王泽鉴:《侵权行为法》,北京大学出版社 2016 年版,第 651 页。

② 张新宝:《侵权责任法》(第 5 版),中国人民大学出版社 2020 年版,第 212 页。

传统的过失产品责任中,此种生产者竭尽注意义务仍无法避免的缺陷损害自然而然的属于一种免责事由。但是在注重产品责任合理分配的严格责任体系下,这种抗辩是否得以适用成为不断争议的一个焦点。对此,我国的《产品质量法》第 41 条规定,“因产品存在缺陷造成人身、缺陷产品以外的其他财产(以下简称他人财产)损害的,生产者应当承担赔偿责任。生产者能够证明有下列情形之一的,不承担赔偿责任……(三)将产品投入流通时的科学技术水平尚不能发现缺陷的存在的”。此即“发展风险抗辩”。

我国的发展风险抗辩制度的特征在于,第一,发展风险抗辩的本质是一种过失免责抗辩。在承认发展风险抗辩的欧美各地区,均认为发展风险抗辩是建立在生产商的确获得最新知识水平的基础上,即生产商尽到了“当时最高科技水平”下的审查义务而仍无法发现缺陷的存在,对于损害的发生没有过失,因此得以免责。我国《产品质量法》规定的发展风险抗辩也是建立在当时科学技术水平的审慎检查基础下,与之同理。第二,发展风险抗辩是《产品质量法》确立的产品责任的法定免责事由之一。我国在 1993 年制定的《产品质量法》中引入了发展风险条款,从而确立了产品责任的法定免责事由制度。而原《侵权责任法》第二次审议稿第 39 条虽然也提出了这一内容,但在之后通过的正式法条中却未能予以保留,因而对于发展风险抗辩的认识,只能继续沿用《产品质量法》的规定。第三,发展风险抗辩的免责期限截至缺陷被发现,一旦最新科技得以发现潜伏性产品缺陷,生产商则有义务采取补救。我国《民法典》侵权责任编中虽然没有规定“发展风险抗辩”,但是增添了生产商的后续观察义务,《民法典》第 1206 条第 1 款规定:“产品投入流通后发现存在缺陷的,生产者、销售者应当及时采取……造成损害的,对扩大的损害也应当承担侵权责任”,此条条款修正了《产品质量法》第 41 条的免责效力,将其限定为缺陷发现之前的免责,实质仍是强调发展风险的过失责任属性。

发展风险抗辩制度的本意旨在帮助生产者对抗超出其预见可能性的潜伏性风险导致的产品责任。但是在生产者责任严格化的背景下,这种制度的理论根据受到了动摇。在我国,严格责任作为产品责任规范体系的核心规则的地位根深蒂固,发展风险抗辩是否与其具有体系层面的冲突与矛盾?进而,法律该如何应对随着科技水平发展进程不断出现的潜伏性风险?潜伏性毒物致害是否可借此免责？本书将在发展风险抗辩妥适性分析的基础上，结合比较法分析，探求符合中国客观实际的潜伏性风险应对手段。

二、产品毒物侵权中发展风险抗辩的争议

(一)发展风险抗辩的理论争议

对于发展风险抗辩制度妥当与否，产品责任领域长久以来争执不下。在欧洲，虽然欧共体指令在制度上确认了发展风险抗辩，但又允许各成员国对其排除，且不能保证此种抗辩的长期效力，因此实际上并未就这项制度统一标准。而在美国，对于最高工艺抗辩的诉讼，各地方法院屡有针锋相对的判例出现，未能对其达成共识。在中国，鉴于发展诉讼风险与成本的考虑，生产者更倾向于先进行责任构成要件上的抗辩以对抗责任成立，而较少引用举证难度大、相关规则不明确的发展风险抗辩条款，使其在事实上成为一个“沉睡”的条款。[①] 简言之，对于发展风险抗辩最激烈的争议集中在“具有过失责任属性的发展风险抗辩制度是否能够被纳入严格责任体系下责任抗辩的范畴”，由此而衍生出最根本的问题，即赞成发展风险抗辩还是反对发展风险抗辩。各国基于本国的具体实际及政策考量因素，对发展风险抗辩各持立场。在消费者保护主义日占上风、产品责任趋于生产者绝对化的今天，生产商对自己不具预见可能性、无法控制的潜伏性风险承担责任是否符合社会公平、正义的价值取向，成为每个立法者都必须重视的问题。矫正正义与分配正义的权衡，实质也是考量着社会、立法者对于效率与安全的取舍。对与这些争论，本书将在下文展开论述。

1. 发展风险抗辩的理论支持

支持者认为，在现代产品责任领域，生产者已受到过多的限制。在严格责任下，生产者对于现时发生的风险几乎没有抗辩的理由。而这种责任更随着社会的发展日益绝对化，此时如果仍让生产者为自身没有过错、无法预见、无法控制的风险承担责任，则将生产者责任推向绝对化的地步，有类似“有加害事实即有责任”的古罗马加害责任的嫌疑。当司法资源被如此有倾向性地运用于原告

---

① 参见贺琛：《我国产品责任发中发展风险抗辩制度的反思与重构》，载《法律科学》2016 年第 3 期。

一方时,法律的公平公正价值不免将受到各方的质疑。

此外,与一般的合同责任不同,在严格责任的归责机制下,由于生产者需要对产品风险承担无过错的赔偿义务,这就导致对于产品风险的预防主体将由合同双方转由生产者单方面。此时,考虑到发展风险自身的特殊性,即使生产者尽到高度注意、谨慎防范的义务,也无法依凭旧有的技术积累、经验认知对其进行规避。这就意味着这种风险已经超出了生产者的主观能动范围,因此为了规避这种风险,唯一的方式便是停止对新产品的研发。这种不加限制对生产者科以发展风险责任的做法将会挫伤产品研发的积极性,抑制社会产品创新。一个典型的例子就是,在美国,许多制药商因为惧怕可能发生的巨额产品责任追偿而中止一些社会亟须的药品的生产以及新产品的研发。在产品责任诉讼的威胁下,制药公司对于新药的研究和开发的积极性受到严重打击。[①] 因此发展风险抗辩的支持者们提出,发展风险责任固然在一定时期一定程度上降低了产品发展风险,减少对消费者的侵害,但从长久的历史眼光来看,这种做法将是一种以牺牲社会发展可能性为代价的消极止损,最终受到损害的仍然是消费者本应享有的科技福利。

发展风险抗辩的很大一部分支持者来自保险行业。我们知道,在现代侵权法的救济体系中,与严格责任密不可分的一套制度便是保险制度。通常为了分摊风险,部分承担严格责任的生产商会选择为自己的产品购买保险,正常情况下保险业足以面对这些由严格责任分摊而来的损害。然而在发展风险责任中,由于生产者需要单方面承担预防风险发生的责任,即生产者将实际成为自身产品安全的保险人。由于发展风险的不可预知性与无法控制性,这些产品将会在不可确定的蛰伏期中产生不可估量的扩散与损害,更令生产者无法承担的是,这些损害将会随时间的推移不断累积,最终爆发出来的赔偿诉讼足以摧毁一个健康的企业。这种潜在的巨大风险将迫使所有的生产者购买高额责任保险,而这些费用又会折算成商品成本转嫁在消费者身上。然而这种做法实属饮鸩止渴,对于保险业而言,这种累积的赔偿数额将迫使保险业在承接业务时做出选

---

① 参见[美]罗伯特·考特、托马斯·尤伦:《法和经济学》(中译本),史晋川等译,上海三联书店1997年版,第617页。

择,要么提高保费,要么取消险种。不管哪种,对保险业而言都不是良性的选择。事实上,以历史的眼光来看,在每一段历史时期,发展风险总是必然存在的,由此可以做出这样的推定,如果承认发展风险责任,则对于整个行业的生产者与整个保险业而言,他们总是确定的承担这样一种风险:一种由于受时代限制而无法发现,但终究会被发现,并且造成损害的风险。这种风险的损害结果还会随着时间的推移而不断累积。这就意味着,生产者与保险业以及那些承担额外保险成本的消费者在未来的某段时期总会确定的承受这些风险,而一旦爆发的风险数额过大,甚至会摧毁整个行业。从公平正义的理念来讲,生产者、保险业、未受损害的消费者三者构成的群体利益也应当与遭受发展风险损害的群体得到同等的评价。

2. 发展风险抗辩的理论批评

虽然支持者们的理由看似合理,但是也有人提出迥然不同的观点。批评者认为,发展风险抗辩的免责理由是生产者限于当时科技水平仍无法发现发展风险的存在,流露出来的实质内涵是生产者已尽到谨慎防范、合理注意义务,而这事实上是过失责任的精神所在。众所周知,产品责任由过失责任演变为无过失责任,系各国或地区法制之共同趋势。[①] 其实质是令掌控危险的获利者承担更多的不幸损害,用以替代原有不顾实际的追求形式公正的责任承担方式。这种趋势背后体现的正是现代侵权法追求分配正义的价值取向。而发展风险抗辩的支持者们无过错则无责任的理由看似追求公平正义,实际上是无视了现代产品责任多年来追求实质公平的发展。强行选择发展风险抗辩,将会导致整个产品责任体系的价值冲突。

对于支持者们的产品制造者和消费者对于发展风险缺陷均无预见能力因而任何一方承担责任都有失公平的论调,批评者这样反驳:现代法律在法律行为的实施过程中将个人完全抽象化,而代之以法律人格加以描述,才会出现上述的论调。事实上,在产品诉讼中,如果将"生产者""消费者"这样的法律人格具体化,我们会发现,一方是资金雄厚的企业,另一方只是个体的人,这种体量上的区别本身就是一种不公平。如果在这种不公平的基础上平等对待,反而造

① 参见王泽鉴:《民法学说与判例研究》(重排合订本),北京大学出版社 2015 年版,第 721 页。

成事实的不公平。因此采纳发展风险抗辩得到的是形式上的公平，实质却导致了结果的不公平。[①]

有趣的是，批评者们对于发展风险抗辩的市场作用得出了与支持者截然相反的结论。他们认为，发展风险抗辩不但不会抑制产品创新，反而能够刺激产品制造者尽最大可能地改进产品设计。[②] 发展风险责任有利于建立一个更加安全的社会。二战结束后作为人的价值被进一步发掘，以美国为首的世界各国爆发了消费者保护运动，首先关注的便是消费者的生命安全。作为关系身体健康的一环，产品缺陷致损问题得到社会的普遍关注。受此观念影响，生产者在利益驱动下自然会选择以产品安全为卖点，自发的寻求产品的安全性升级，而非支持者所言的创新动力受到抑制。事实上，如马克思所说的，资本在利润面前敢冒杀头的风险，即使在美国产品责任最严格的 80 年代，制药公司也没有停止新药研发的脚步[③]，对产品科以发展风险责任是对消费者安全的最大尊重，是人权价值高于财产价值的体现。

此外，发展风险责任还意在调整产品责任的分配，寻求责任双方的利益平衡。对生产者科以严格的产品责任意在使得社会上不幸的损害得到合理的填补。与追求平等主体间无差别对待的矫正正义的过失责任不同，严格责任实质是一种分配正义，核心是不平等的主体应当得到不同的对待。我们知道，个案中消费者的风险承受能力与企业相比不成一个量级，对于风险的应对能力也应有所区别。具体到产品责任领域，企业可以通过购买保险或者调整价格，将这种责任转化为产品成本，由社会大众均摊，这是消费者无力做到的。[④] 如果接受发展风险抗辩则意味着这些潜伏性的风险引发的危害将完全由消费者承担，而作为获利者，危险的直接来源，却能借此免责。这种巨大的利益失衡对于一个完备的责任制度而言是破坏性的存在，不应当存在于日臻成熟的严格责任体系之中。

还有的人针对我国的立法模式对发展风险抗辩提出新的异议。我国的《产

---

① 参见张再芝、谢丽萍：《论产品责任中发展缺陷抗辩的排除》，载《政治与法律》2007 年第 2 期。

② 参见李蔚：《论产品的发展风险及其抗辩》，载《法学评论》1998 年第 6 期。

③ 此说是欧美的制药公司任由印度仿制其药品正是为了试验其潜伏风险。

④ See Dix. W. Nobel & Jerry. Phillips, *Products Liability*, p. 32.

品质量法》第41条规定了发展风险抗辩，而《民法典》第1206条规定了缺陷召回的后续观察义务，而对于二者的关系立法者未有明确的厘清。此时如果允许发展风险抗辩继续存在，则在具体的适用过程中，生产者将尽可能追求发展风险免责，而用以规避召回义务。①

3. 博弈下的发展风险抗辩

在关于发展风险抗辩的争论中，支持者与反对者双方争论最激烈的莫过于公平正义的讨论。支持者认为这种风险来自生产者的能力范围之外，让生产者为自己无法预料、无法控制的风险负责有将责任绝对化的嫌疑，法律的倾向性太过明显，有悖法的公平正义价值。而反对者则认为如果认可发展风险抗辩则会导致在个案中由体量渺小的个体承担其不可承受之风险，而风险的制造者却得以逃脱责任，反而背离了法的价值。审视之，双方的观点不无道理。但仔细分析就会发现，这种对于公平正义的差异认识，实际是由于认知主体的差异而造成的。双方各持立场，则各具公平。对于法律而言，如何在这种矛盾的价值取向中寻求平衡点，才是公平的意义所在。

(1)公平面向的发展风险抗辩

在发展风险抗辩中存在两个彼此对立的利益群体。一方是受到产品发展风险侵害的消费者群体，另一方是由生产者、保险业者，甚至包括未受侵害的消费者组成。发展风险抗辩的承认与否总会确定的侵害到一方主体的利益，因此立法者必须谨慎寻求二者的平衡点。表面上看，生产者与消费者对潜伏性的发展风险都不具预见性，要求任何一方对其承担责任都有失公平，但损害是客观存在，必须在双方主体间进行分配。此时，无论如何分配都将沦为不正义。虽然正义是衡量善法恶法的标准，但在具体个案中确定某一法律可行与否时，它并不是唯一适用的标准。在一个法律体系的搭建过程中，势必会遇到许多专门、专业、特定的问题，此时这些问题的解决还可以依据利益衡量、社会效益风险分析、可行性分析等标准进行。回到发展风险抗辩中来，争议双方都有其正义理论的基础，但细究之下，二者仍有区别。生产者的正义来自法的平等保护

---

① 参见张云：《突破与超越：〈侵权责任法〉产品后续观察义务之解读》，载《现代法学》2011年第5期。

与社会效益的追求,而消费者的正义是法的实质保护与人的安全追求。这些价值并不显著高下,但必须在具体个案中具体予以分析。将消费者与生产者摆在同等地位实际是早期产品责任法契约责任理论的视角。发展风险抗辩支持者忽略了平等保护、无过错无责任的正义是以平等主体为前提。现代侵权法早已认识到生产者与消费者之间的地位差异,剥离二者的法律人格,实际是资本聚合体与私人个体的较量。因而对于消费者的倾向性保护体现了社会正义的效益,从这个意义而言,反对者的理由比支持者的更具说服力。

(2)效益面向的发展风险抗辩

然而不容忽视的是,过分的倾斜保护确实对生产者的行为产生了影响。在整个社会视域下,生产者固然是发展风险的制造者,但是我们也应该注意到,他同样也是社会效益的创造者。如果说保护消费者是基于社会效益的考量,那么生产者在社会效益层面同样也具有需要保护的理由。无法回避的问题是,发展风险的损失无法通过传统的途径予以分散。对于生产者与保险业而言,从宏观的角度看,这些损失必然会发生,尤其是如果这种发展风险来自设计方案,则此种设计下的产品都将因具有发展缺陷而陷入产品责任危机,爆发出来的损失足以摧毁整个行业。此时,受害者的损失得以填补,然而这些产业的倒下实际将导致其他正常产品的缺失(一般而言缺陷产品只是公司的产品之一),最终影响到整个社会的效益价值。因而从效益层面,支持者也具有强有力的理由。

(3)公平与效益的平衡

从前述的争议中我们可以得出这样一种认识,只要生产者和消费者之间存在利益冲突,则始终会存在分别代表各自利益团体的观点对抗。博登海默说过,一个旨在实现正义的法律制度,会试图在自由、平等和安全方面创设一种切实可行的综合体和和谐体。[①] 法学方法论告诉我们,在法的各项价值或原则之间存在冲突的情况下,下位的原则应该受到更上位原则的协调;当最高层原则发生矛盾时,则应当相互协调、互为让步,最终取决于个别原则在这个原则构成体系中价值如何。[②] 具体到消费者的公平之正义与生产者的自由之效益之间的

① 参见[美]E. 博登海默:《法理学》,邓正来译,中国政法大学出版社2004年版,第323页。

② 参见[德]卡尔·拉伦茨:《法学方法论》,陈爱娥译,台北,五南图书出版股份有限公司1996年版,第390页。

冲突，接受任何一方的观点不是取决于其内容的正确性（因为它们各自具有合理因素），而是应当结合他们所处的客观社会经济环境予以考虑。传统商事法律追求效率，然而产品责任法则更多强调国家的干预，因而具有经济法的性质。对于经济法而言，社会公平是其第一追求，国家的干预即旨在在自由放任的市场中确立稳定的秩序，寻求实质上的公平。即使发展风险责任的规定对于法的效益价值具有负面影响，但仍需服从于法的正义追求。从这一方面讲，正义是第一位的，效益是第二的。但是正义与效益之间并非非此即彼的关系，即使正义对于效益具有优先性，也不能因此排除效益的追求，而应该试图在正义框架下寻求效益的最大化。具体到发展风险责任之中，本书认为，不论国外如何，在中国现有的社会条件下，可以有条件的适用发展风险抗辩，对于高度关系人的生命安全，如医疗器械、血液制品、药品等领域对发展风险抗辩予以排除或限制，但是对于一般产品而言，应当保留发展风险抗辩适用的余地，并通过责任限额、补偿性质责任等立法设计降低影响。如此，寻求发展风险责任在生产者与消费者之间的微妙平衡。

（二）发展风险抗辩的比较法分析

1. 美国法中的业内技术水平抗辩

现代意义上的产品责任起源于美国，然后经由欧洲传播到亚洲、拉丁美洲等地区，并表现出全球趋同的现象。[①] 20 世纪 60 年代以来，侵权责任法经历了产品责任的归责理论从一般产品责任原则到严格产品责任原则的发展。1963 年，加利福尼亚最高法院确立了著名的格林曼（Greenman）规则，产品责任的重点从生产者的行为转向了产品缺陷，政策衡平的考量因素替代了原有的疏忽责任认定。随后《美国侵权责任法第二次重述》第 402A 条汲取了严格责任的精神，标志着产品责任法领域的新归责原则——严格责任的诞生。

美国的严格责任在 20 世纪 60 年代到 80 年代经历了急剧的扩张。在当时，严格责任被认为是产品责任领域的万用妙方。由此，一场关于是否在严格责任下的产品发展风险案件中接受业内技术水平抗辩的讨论就此展开。一时间，业内技术水平证据与严格责任是否相关的激烈讨论甚嚣尘上。一些法院认为业

① 参见王利明：《侵权责任法研究》（下卷），中国人民大学出版社 2016 年版，第 218 页。

内技术水平证据证明的只是生产者尽到了合理注意、谨慎防范的义务，只是对其行为合理的一种证明，与严格责任关注的产品缺陷并不相干，如果就此接受这种证据将使产品责任退回到过失责任的层次。然而异见者认为，这种业内技术水平证据并不是必然的、恒定的与生产者行为相挂钩，从某种意义上讲，它也能被用于确定产品的缺陷所在。理由在于，如果令生产商对无法预知、不可掌控的产品风险负责，实际上属于绝对责任，与生产者并非产品的绝对保险人的结论相违背。①

除了理论上的争议，美国各地方法院对业内技术水平抗辩的态度也是各持立场，产生了诸多彼此冲突的判例。有的州甚至在短短几年内出现过反复不一的判例，其中最为典型的便是美国新泽西州地方法院的判例。在 1982 年，美国新泽西州最高法院在“毕沙达诉约翰斯—曼威尔产品公司”一案中认为，②业内技术水平抗辩关注的是被告警示缺陷义务的违反，本质属于过失抗辩，不能适用于严格责任案件。该法院认为，石棉具有缺陷便是具有缺陷，生产者无论如何都应当对其造成的损失负责，而无论当时的业内技术水平是否能够发现这些缺陷。然而在两年后，新泽西州的最高法院又在一起产品责任诉讼中用新的判例推翻了自己此前的态度。这便是著名的“菲尔德曼诉乐得利实验室”案。③该案中法院接受了被告提出的业内技术水平抗辩，否认了此前在毕沙达案中的一些理由与观点，指出毕沙达一案的判决属于个案，并将这种判例限制在了石棉产品致害领域。但是新泽西州最高法院的做法并没能得到广泛的认同，甚至对这种区分表示怀疑，以至于一些石棉公司对这种区别提出了合宪性怀疑。

20 世纪 80 年代起，潜伏性毒物致害爆发的诉讼危机开始引起重视。大量巨额的产品责任诉讼出现在了工业、制造业领域，一些石棉商、制药公司纷纷因卷入巨额责任诉讼而破产，他们的破产又牵扯到保险业，对美国的金融业乃至整个美国的社会经济产生了巨大的冲击，引起了一场严重的产品责任危机。日趋绝对化的产品责任制度开始受到广泛的质疑，法律界开始反思严格产品责任制度，并着手进行改革。这一时期，法院在适用严格责任时态度开始缓和，上述

---

① Heritage v. Pioneers Brokerage & Sales, Inc. ,604 P .2d 1059,1063 - 1064(Alaska 1979).

② Beshada v. John-Mannville Prouct Corp. ,447 A. 2d 539 (N. J. 1982).

③ Fledman v. Lederle Laboratories. ,479 A. 2d 374 (N. J 1984).

菲尔德曼案便是一例。随着生产者责任绝对化的思潮被遏制,合理性因素的考量开始出现在产品责任领域,并在1998年的《美国侵权责任法第三次重述》产品责任中得到体现:在其第2条的规定中,针对不同的缺陷类型设定了不同的规则标准,其中制造缺陷排除了一切合理性而仍然保持严格责任标准。但是在设计缺陷与警示缺陷中则采纳了合理性因素,运用了风险—利用平衡测试方法用以取代此前的消费者期望标准。在具体案例中,原告可以提出一种在保持产品价值的基础上有效的减少风险的替代方案来证明产品存在缺陷,而被告也可以证明在当时的业界既定技术水平下产品已足以安全。这种标准是建立在对未来缺陷的知悉以及产品投入流通时可以合理掌握的用以规避风险的技术水平的基础上,因此当时的科技水平能否及时规避风险则成为判断的关键所在,自然而然成为了针对缺陷产品的抗辩。总而言之,随着对生产者严格责任的反思,发展风险抗辩制度在美国逐渐回归。

2. 欧洲法中的发展风险抗辩

20世纪70年代,严格责任原则相继为国际产品责任领域所采纳,欧洲各国在判例的基础上相继发展起了各自的产品责任制度。但由于各国的历史因素所限,经济发展水平存在差异,对于产品责任方面的规则也存在不少差异。欧洲共同体认为各国产品责任规则的分歧将破坏市场竞争、阻碍统一市场的建立以及对消费者的差异保护等,因而试图建立一种统一的产品责任制度。在发展风险问题上,欧共体曾多次发文,但是文件的立场都不同。早期,即1976年,《欧共体产品责任草案》试图对此做出规定,其在第2条第2款便规定,"制造人使其商品流通之时,即使依当时科学技术发展,并不认为商品具有缺陷者,制造人仍应负责"。但是该条款引起了极大的争议,与会国未能达成共识。因此之后的《产品责任特斯拉堡公约》特意回避了该问题。[①] 直到1985年,《欧共体产品责任指令》在第7条第5项规定了制造商对产品投入流通时的科学技术知识水平不能发现的缺陷不承担责任。指令起草人试图为此项纷争画上句号,但由于各方反馈而来的压力巨大,不得不又在指令的第15条做出减损规定,允许成员国对第7条第5项做出保留。因而发展风险抗辩依然未能在欧洲达成一致

① 参见涂永前、韩晓琪:《论产品责任之发展风险》,载《西南民族大学学报》2010年第10期。

的意见。

欧共体产品责任指令的起草者显然借鉴了美国模式的经验，认为生产者可以基于其优势地位，通过定价手段转嫁责任成本而理所当然成为产品责任的承担者，其在序言第12条提出，"生产者无过错责任是科技飞速发展时代里充分解决现代科技产品内在风险的公平分配问题的唯一手段"；但他们显然也认识到严格责任并非绝对责任，提出"生产者能证明其满足特定责任免除情形时可以得到责任豁免"，只是在这种免责情形中，关于发展风险的讨论始终未能取得成果，只得允许各国保留。可见，即使在欧盟当中，发展风险抗辩的适用依然存在巨大的阻力。

欧洲各国的态度体现在了他们的立法当中，在对《欧共体产品责任指令》第7条第5项的具体反馈中，卢森堡和荷兰完全排除了发展风险抗辩制度在产品责任领域的适用；其他国家一般都是选择性的适用。例如，德国在人体组织器官、血液衍生品及药品领域排除了发展风险抗辩；法国在器官与血液衍生品领域完全禁用发展风险抗辩，在农产品、药品以及化学品领域设定了十年禁用期；西班牙同样在器官与血液方面做出禁止性规定，同时在农产品涉及供人消费的产品领域也对发展风险抗辩做出排除。① 虽然各国的规定各不相同，但我们仍能从其中察觉一些端倪。在选择性适用发展风险抗辩的国家，至少对人体及人体衍生品排除适用发展风险抗辩已达成共识，而药品、食品也得到高度注视，但是对于一般制品，欧洲国家的态度则比较缓和。

发展风险抗辩条款在欧洲的适用中还遇到对于"生产者将产品投入流通时的科技水平"条款的理解问题。1997年，欧盟法院审理了欧共体委员会诉英国一案：英国在其《消费者保护法案》中极大地扩充了指令发展风险抗辩的范围，导致指令据以为凭的严格责任实际上被更改为过失责任。因而欧共体委员会向欧盟法院提请裁决《欧共体产品责任指令》第7条第5项与《消费者保护法案》第4条第1款第5项是否一致。欧盟法院对此做出的解释是："7(e)条款并非专门针对生产者所在行业的具体适用和安全标准，而是缺陷产品进入流通领域时的科技知识水平，这种知识水平包括最先进的内容。该抗辩条款并不考虑

① 参见涂永前、韩晓琪：《论产品责任之发展风险》，载《西南民族大学学报》2010年第10期。

生产者在主观上是否知悉该项知识水平，而是考虑被推定为生产者已经知悉的科学技术知识的客观水平。但是7(e)条款暗含着这种知识水平限于在缺陷产品进入流通时应当属于可获取的内容。"[①]此案中欧盟法院就发展风险抗辩导入了一种客观标准，但又提出具有一定的主观因素。但是此案似乎仍然没能提供一个确切的标准。在之后各国的做法中，各成员国依然对发展风险抗辩的标准做出不同的选择。

3. 日本法律中的发展风险抗辩

日本对于发展风险抗辩的态度与欧盟类似，其在《制造物责任法》中列举的免责事由就包括"依其制造业等于交付该制造物时的科学或技术水平，不可能认识该制造物有那种缺陷"。显然，日本模式下生产者是否承担责任取决于发展缺陷是否能够被发现，依然无法避免过失责任的评价。为了避免出现产品责任类型归属上的困惑，日本利用法解释学的方法提高发展缺陷认知可能性的判断标准。例如，《日本产品责任法》的立法释义指出，在认定发展风险抗辩成立与否时，要以可能获得的最高科学、技术的水准来判断。但是这种做法实际上依然不能与过失生产者的注意义务标准区分开。

三、一般产品侵权中发展风险抗辩的适用规则

(一)缺陷标准的判断

严格责任下产品责任的归责标准由生产者注意义务的违反转向了产品自身存在不合理缺陷。现代产品责任法归责体系中，产品存在缺陷是承担产品责任的基础和前提，但是从生活中的效用与需求来看，任何产品都因其目的性与使用方式存在一定的风险。基于共同福利的原则，任何人对于产品的风险都具有一定的容忍义务，并非所有的风险都能遭致侵权责任法的评价。因此现代侵权法对产品风险的认识出现了合理风险与不合理风险的划分，只有后者才是生产者责任的基础。然而对于不合理风险的判断，比较法上也具有分歧。对于产品缺陷的认定标准，欧洲国家采取了消费者合理预期的标准，认为所谓缺陷，就

---

① Commission v. United Kingdom Judgment of the Court (Fifth Chamber) 29 May 1997，第26～28段。转引自范小华：《发展风险抗辩制度及其启示》，载《法律适用》2013年第5期。

是指产品不具有可合理期待的安全性，具体判断时需考虑产品的通常用途、产品的使用说明、产品的使用人等因素。[①]《美国侵权责任法第二次重述》第402A条将产品缺陷定义为"对使用者或消费者或者其财产有不合理危险的缺陷状态"，亦即是一种"产品在离开卖方时，直接消费者无法预期的不合理危险"。[②]然而这种消费者期望标准在20世纪80年代因为生产者责任绝对化的倾向遭致广泛的批评。随后，在《美国侵权责任法第三次重述》产品责任中，消费者预期标准在警示缺陷与设计缺陷的判断中被风险—利用平衡原则所取代，该种标准的判断依据是，衡量产品是否存在不合理危险不依靠消费者对它的期望，而要在该产品产生的社会效益和其可能带来的风险之间进行权衡。[③]

我国《民法典》侵权责任编并未对产品缺陷做出定义，有关产品缺陷的概念，依然适用《产品质量法》的规定。我国《产品质量法》第46条规定："本法所称缺陷，是指产品存在危及人身、他人财产安全的不合理的危险；产品有保障人体健康和人身、财产安全的国家标准、行业标准的，是指不符合该标准。"一般认为，我国对于产品缺陷的认定采取的是消费者预期标准与产品强制性标准共同适用的双重规范模式。考虑到发展缺陷的判断是在缺陷标准的基础上，结合科技发展水平与判断时间点进行的考量，我国的双重规范模式潜在的提供了科技水平证据的介入途径——产品的强制性技术标准实际上是国家或行业结合科技水平、产品用途、产品使用人等因素所制定，一定程度上该项标准与当时科技水平所挂钩。但是在具体适用时，由于无法解决这样两个问题：有时符合强制性标准的产品依然具有不合理危险；[④]强制性标准是总结性的成果，不具前瞻性，容易滞后社会发展。因此在具体的司法实践中往往为法院所摒弃。[⑤]

（二）依据怎样的科技水平

发展风险抗辩的核心要件发展风险，是一种囿于当时科学技术水平而无法

---

① 参见王利明：《侵权责任法研究》（下卷），中国人民大学出版社2016年版，第231页。

② *Blacks Law Dictionary*, p. 990, West Publish Co. 1991. 转引自吴忆萍：《产品责任与产品缺陷探析》，载《现代法学》1999年第3期。

③ 参见张岚：《产品责任法发展史上的里程碑》，载《法学》2004年第3期。

④ 刘某红诉三菱汽车工业株式会社产品责任案，北京市高级人民法院（2005）高民终字第624号民事判决书。

⑤ 昆明金星啤酒有限公司与王某等产品责任案，云南省昆明市中级人民法院（2008）昆民三终字第195号民事判决书。

被发现的潜伏性风险。在这种定义中,科学技术水平成为定义发展风险的关键所在。然而在具体的法律适用中,对于作为缺陷判断标准的科技水平证据的界定,法院之间也存在不同的意见。有的认为作为发展缺陷检测标准的科技水平必须是当时科技领域的尖端成果;有的认为生产者的各个生产环节达到政府或法律规定的强制标准即可;有的认为这种科学水平应当有一个限定范围,不能强求欧洲的生产商充分了解中文期刊上的最新发现,种种不一。比较法上,美国对于科技水平的界定主要分为行业惯常标准与业内最高技术标准。其中,行业惯常标准是指生产者可以通过证明其产品在制造或设计上符合当时的"行业标准"而免除责任。一个典型的案例,在阿列夫罗马吉罗斯诉赫金杰公司(Alevromagiros v. Hechinger Co.)一案中,①原告因为在使用梯子时受到伤害而起诉,并拿出另一生产商更具安全性的梯子,用以证明被告未能与当时的工艺水平保持一致。但是原审法院并没有采纳该意见,它认为仅依靠另一产品的附加装置不能证明被告的梯子不符行业惯例标准。上诉法院与原审法院持统一立场,它认为,"原告不能仅仅依靠一个特定的竞争商品来证明整个业界的技术标准,他仍必须对被告产品违反行业或政府的相关标准做出证明"。即这种界定是以被告产品的安全性与一组相关产业产品的安全标准进行比较,唯有被告超过或达到行业标准,其发展风险抗辩方可被采纳。而业内最好技术标准又称最安全的现有技术,它是一些地区为了应对行业标准模式的漏洞而另行制定的一种标准。如果认为行业惯例标准是要求生产者遵守一种普遍的已然做法,那么业内最好技术标准则是代表着业界同类产品的最高水平的应然做法。在蒙哥马利—沃德诉格雷格一案中,原告提出存在比被告更具安全性的某个同类产品以证明被告生产的轮胎落后于当时业界的技术水平。法院采纳了原告的主张,并认为,如果仅仅将科技水平界定为业界的普遍做法,则即使某类产品存在确实的不合理危险,也仍可能因这种危险存在于普遍行业惯例中而使得生产者逃脱责任。在这种标准下,被告不是去证明自己的产品符合业界的标准,而是力图证明业内没有比自身产品更安全的竞争产品。在欧洲,对科学技术水平的分歧表现在主客观标准的争议。主观标准是指缺陷产品的制造者及其同领

---

① See Alevromagiros v. Hechinger Co., 993 F. 2d 417, 420 (4th Cir. 1993).

域的制造者所能够获取的科学知识,实际还是指行业内的知识相关。而客观标准则更为宽泛,包括了在整个科学界信息流通过程中所有公开资料所体现的最新领域的技术水平,但是这种标准以合理性为前提,需要考虑制造商接触信息的可能性。

在我国,根据《产品质量法》的立法精神,判断产品的发展风险是否能被科技水平发现的判定模式更类似于欧盟的客观标准,它主要依据当时整个社会所具有的综合知识来判断,而非生产者自身掌握的科学技术。亦即在发展风险中,对于科技水平的界定不用考虑生产者主观上是否知悉,而仅需基于推定生产者应当知道的相关技术的客观水平。因此,在认定"整个社会的综合知识水平"时,应当考虑到生产者获取知识的客观可能性,例如,不能强求生产者了解某个小语种期刊中的最新研究进程。因此在具体的司法适用中,科技水平的认定则更适合表现为业界最高技术的界定,通过缺陷产品与业界最安全产品的比较,更易于对产品是否存在缺陷做出判断。但是业界最高技术绝不能等同于社会综合知识水平。例如,如果原告可以提供一种在不减损产品价值前提下,更加安全合理可行的替代方案,那么即使缺陷产品处于业界最安全的层次,依然应当被认定为具有缺陷。

(三)依据何时的科技水平

在现代社会,科学技术总是随着时间的推移不断发展,从宏观上看,人类的认知能力总是不断处于一种上升的趋势,因而在发展风险责任当中,依据何时的科技水平作为发展缺陷的衡量标准,则显得尤为重要。欧盟将据以认定发展缺陷的科技水平选择节点限定为产品投入流通时,亦即截至产品投入流通时,此时的科技水平作为衡量产品缺陷是否属于发展风险的证据。日本与我国均采取了相同的做法。而在美国的判例中,与科技水平的界定一样,科技水平的选取节点也存在争议。有的法院以产品投入流通时的科技水平衡量发展风险;有的法院则将该时间点推至产品被设计及投产时;还有的法院以审判时或损害发生时作为科技水平证据固定的时间点。

一般认为,以产品脱离生产者掌控作为科技水平证据固定的时间节点更符合发展风险责任的逻辑。原因在于,过早的固定科技水平证据,将会削弱生产者发现发展风险的积极性;过晚的固定科技水平证据,生产者因无预见可能性与作为可能性而使得发展风险责任沦为结果责任。只有以产品脱离生产者影响为限,作为生产者获取知识的最后期限,此时生产者仍有机会阻止具有潜伏性风险的产品发生损害结果,即只有在产品投入流通之前,生产者才具有止损可能性。一旦产品投入流通,生产者无法再进行止损,此时开始固定科技水平,方能真正体现生产者的责任所在。

(四)发展风险抗辩的适用范围

美欧的发展风险抗辩制度虽然存在差异,但是它们有一点认识是相同的,即不能放任发展风险抗辩的适用。因此他们在各自产品责任法的发展过程中都对发展风险抗辩的适用范围做出了一定的限制。其中,美国模式下的发展风险抗辩是针对产品缺陷要件之抗辩,即通过证明产品没有缺陷而免除生产者的责任。在这种模式下,产品缺陷的判断变得尤为重要,科技水平因素也因此成为产品缺陷的构成要件。《美国侵权责任法第三次重述》中,重申了制造缺陷不适用发展风险抗辩的态度,但是对于警示缺陷与设计缺陷,法律允许生产者通过风险—效益平衡的衡量方式,提交科技水平证据证明自身产品不属于不合理危险,即美国法以产品缺陷类型作为其限制发展风险抗辩适用范围的依据。而欧洲,往往是通过特别法的方式对发展风险抗辩的适用范围加以规制,如德国在1976年制定的《药品法》中排除了发展风险抗辩的适用;西班牙在1984年《消费者保护法案》中规定不能在医药产品、人类食用的食品领域适用发展风险抗辩;法国则在其《民法典》第4编第2章"有缺陷的产品引起的责任"中规定,在有关人体产品及其衍生品(如血液制品)的损害中,生产者不得依据发展风险条款主张免责。①

在欧洲,有限制的适用发展风险似乎已经达成共识,对于药品的适用排除也得到了多数国家的认可,但是这种做法的合理性有待商榷。排除掉食品药品等适用,固然能起到督促生产者、保障社会公众安全的作用。但是从宏观上看,在一个时间段内的科学技术水平下,一些产品在发挥其通常作用时,总是伴随不可避免的危险性,药品领域尤其如此。例如,多数中成药总是伴随副作用不

---

① See Duncan Fairgrieve, *Product Liability in Comparative Perspective*, Cambridge University Press, 2005. 转引自贺琛:《我国产品责任法中发展风险抗辩制度的反思与重构》,载《法律科学》2016年第3期。

明的警示标志。在药品领域,对于药效的追求总是意味着风险的上升,但是同时,一些疾病的传染性、致命性危险又决定了人们往往愿意为解决疾病付出一定的代价。可以说,医疗领域往往都是以一种较低层次的代价换取较高的风险,而比较少的存在无风险的情况。因此,如果将人体产品、药品等严重依赖创新,又严重被社会所需要的产品课以发展风险责任,实际是以人们长远的健康利益换取眼前短暂的安全。比较可取的做法,是缩小这些领域的限制范围,将发展风险抗辩的排除局限于一般的医疗、人体产品等范围内,而对于一些社会亟须的、效益高过风险的产品,可以另行商榷。

在我国,由于长期以来对于发展风险抗辩还仅仅只是停留在《产品质量法》的字面规定之上,其实际上属于一条"沉睡的条款",更遑论更加细致化的规定。目前我国对于发展风险抗辩问题的类型化处理尚未开始,缺少相应的配套规范,对于限制种类的列举也存在不能周延的问题。而鉴于我国目前已对产品缺陷的类型化界分有一定的基础,本书认为,可以考虑适用美国模式的做法,待时机成熟后,借鉴欧盟的做法再予以完善。

（五）发展风险的救济

现代产品责任法认为,生产者的注意义务并不因为产品投入流通而终结。在很长一段时间内,生产者对于其产品的市场使用情况仍然具有后续观察义务。虽然在发展风险抗辩制度下,生产者可以基于科技水平对无法预见、掌控的潜伏性风险造成的伤害的免责,但是一旦这些伤害随着科技的进步凸显出来,基于侵权法的一般原理,生产者应当具有警示与补救的义务,以防止伤害的发生。否则,生产者应当承担一般的侵权责任。这种后续观察义务因其有利的实现生产者与消费者之间利益的动态平衡,得到广泛的采纳。比较法上,多数国家将其作为发展风险抗辩制度的衔接。具体来说,欧共体委员会在1992年6月29日92/59关于一般产品安全的指令中通过"产品观察义务"这一表述将该义务提高到欧洲共同法的高度,并提出了警示和必要召回的措施。[①] 美国纽约州高等法院在科弗诉科恩(Cover v. Cohen)一案中[②]指出,生产者可以通过科技

① 参见张云:《突破与超越:〈侵权责任法〉产品后续观察义务之解读》,载《现代法学》2011年第5期。

② See Cover v. Cohen, 461 N. E. 2d 864, 872 (N. Y. 1984).

进步或者产品事故发现自身产品存在的潜在危险，如果生产者在危险被发现之后没有及时予以警示，则应对此造成的损害承担侵权责任。在我国，《民法典》第1206条规定了产品在投入流通后发现存在缺陷的，生产者、销售者具有警示、召回等补救义务。这一条承接了《产品质量法》第41条，在产品投入流通后，缺陷发现前，生产者可对囿于科技水平不能发现的产品责任免责，但是以这种缺陷通过科技或者产品事故暴露出来为限，生产者应当开始承担售后义务。

四、我国产品毒物侵权中发展风险抗辩适用的阐析与完善

(一)我国关于发展风险抗辩适用的阐析

应当承认，在《民法通则》(已失效)到《产品质量法》、《侵权责任法》(已失效)再到《民法典》颁布之后，无过错责任作为我国产品责任的核心归责原则的地位已无可动摇。这样的结果使以事实上免除无过错生产者的责任为特征的发展风险抗辩制度在我国的地位显得尤为尴尬。在实践中，较少有法院直接或间接使用该条款。有学者研究发现，在我国的司法实践中，对于发展风险抗辩在“输血感染艾滋病、乙肝病毒”上应用的问题，各法院存在较大分歧。有的直接认定血液检测标准规定出台前输血的原告败诉；有的则依据公平原则令血液提供方适当提供补偿；还有的拒绝承认“发展风险”的使用，认定血液提供机构承担侵权责任。[①] 立法上，我国《民法典》侵权责任编并没有规定发展风险抗辩作为抗辩事由，但《产品质量法》第41条第2款规定的三种法定免责事由中采纳了发展风险的概念。学界对我国《民法典》侵权责任编是否承认发展风险作为抗辩事由存在不同观点。一种观点认为，《民法典》侵权责任编并未否认发展风险抗辩，因为这一事由在《产品质量法》中有明确规定，且现行法律中并没有以相悖的条文否认发展风险。另一种观点则认为，依据《民法典》侵权责任编第1202条，只要产品因缺陷而造成他人损害，生产者都要承担侵权责任。因此不管产品缺陷在当时的科学技术条件下能否被检测出来，生产者都要承担侵权责任，这种严厉的规定实际否认了发展风险的存在基础。王利明教授认为，原《侵

---

① 参见董春华:《论销售者产品责任抗辩事由》，载《商业研究》2015年第1期。

权责任法》事实上采取了有限承认发展风险抗辩的做法[①]:一方面,《民法典》没有规定抗辩事由,但也没有明确否定和修改《产品质量法》关于发展风险的规定,实际上是一种悬而未决的态度,一定程度上仍然承认发展风险的抗辩事由。另一方面,《民法典》第1223条规定,"因药品、消毒药剂、医疗器械的缺陷,或者输入不合格的血液造成患者损害的,患者可以向药品上市许可持有人、生产者、血液提供机构请求赔偿,也可以向医疗机构请求赔偿。患者向医疗机构请求赔偿的,医疗机构赔偿后,有权向负有责任的药品上市许可持有人、生产者、血液提供机构追偿"。依据该条文的文义,对于缺陷血液等医疗产品,即使依据当时的科学技术水平无法检测出其潜伏性风险,因此导致的损害,医院依然要承担责任,这实际是否定了发展风险在血液等医疗产品领域的适用。因此王利明教授认为,如此规定主要是考虑到医疗产品的特殊性,往往都是作用于人的身体健康,不能以牺牲消费者的生命健康权益为代价换取经济利益,因此在特殊情形下不应当承认这种抗辩。

总之,对于发展风险抗辩的适用问题,我国目前仍处于旧的特别法与新的一般法的交替衔接过程中,立法者有意无意地忽略了该问题,以至于该条款成为事实上的沉睡条款。至于废除或者激活该条文,结合前文的理论分析与比较法研究,本书认为,至少应当得到如下启示。

(二)域外经验对我国的有益启示

通过前文对域外发展风险抗辩制度的渊源、发展的介绍与比较,对该制度形成如下观点。

1. 发展风险抗辩在世界范围内存在争议

无论美国还是欧洲各国,乃至日本等地,对于生产者是否应当承担发展风险责任都存在普遍争议,而争议双方的理由都具有充分的正当性。反对者基于对消费者利益的重视以及全面维护消费者利益的诉求,认为严格责任的原理是从危险行为中获利的主体有义务对产生的损害报偿,因此即使该种损害不可预见、不可避免,作为产品的收益者与危险的制造者也应当对此负责,而不希望将这种保护弱势消费者利益的严格责任倒退回过错责任。支持者

① 参见王利明:《侵权责任法研究》(下卷),中国人民大学出版社2016年版,第253页。

则是认为发展风险抗辩是对严格责任的一种正当限制，目的是防止责任绝对化，实现消费者与生产者之间的利益平衡，保持产品革新动力，实现社会整体的经济效益。可以说，发展风险抗辩存在争议是一种必然的结果，而且这种争议并无对错之分。

2. 发展风险抗辩背后是一个庞大的利益团体的需求

发展风险抗辩起初是过失责任的当然结果，严格责任时期，发展风险抗辩成为生产者反抗严格责任消极作用的重要手段。到如今，发展风险抗辩的影响已经不仅仅局限于生产者领域，而是进一步蔓延到保险、金融乃至整个社会的经济秩序。从经济学的角度，当今社会已经不存在独立的经济个体，任何社会上的经济角色都与其他角色息息相关，最后交织成一张巨大的利益网络，任何一个经济主体的异动都会引起连锁反应。具体到产品责任当中，严格责任本身就是国家通过法律手段对经济秩序的一种干预，目的在于调整及平衡整个社会的利益。严格责任的诞生、绝对化趋势以及回归发生在美国不是偶然，而是美国的法律试图与社会经济相匹配的结果，严格责任的诞生是对于美国20世纪初期经济腾飞下市场无序发展乱象的一种自我反馈与调解。但是当社会经济秩序恢复到一定程度时，严格责任原先的规制又会成为经济发展的枷锁，最终又发展到枷锁的步步脱落。例如，20世纪80年代，美国的产品质量状况有所好转，但是当一些诸如石棉、医疗等超出生产者预见与掌握的潜伏性风险爆发时，整个社会对此没有足够的重视，以至于当严格责任下无数巨额的产品诉讼发生时，诸多企业破产，由此牵连到相关的保险行业，而工业与保险业的崩塌又导致了金融业的衰退。因此美国社会又对严格责任进行反思，最终在《美国侵权责任法第三次重述》中迎回了发展风险抗辩制度。

美国的例子说明，发展风险抗辩的承认与否并不是一道简单的法律题，而是关系社会上两个庞大利益群体之间的利益较量。在考虑到消费者群体的利益时，也不能忘了另一个群体利益的存在。事实上，如果过分保护消费者，势必令严格责任走上绝对化。其后果便是个案中少数的消费者得到了正义，而更多的是生产者受诉累破产，引发产品倒退、更新停滞、裁员等整体社会效益的下降。因此我们的立法者必须正视任何利益群体的诉求，防止矫枉过正。

3. 发展风险抗辩的争议是两个利益群体持续对抗的过程

发展风险抗辩争议的本质是消费者与生产者在争夺利益的优先级。无论是消费者争取的人身安全保障还是生产者追求的经济效益,都是属于人的本质需求,也都是符合社会发展规律,因此二者之间并无对错之分高下之分。这也导致了在二者的对抗中,不会出现一方利益彻底胜过另一方的情形。对抗的结果只会表现为在某个时期社会评价会偏向于某个群体的利益,但在另一个时期这种倾向可能又会反转。因此我们必须明确,对于发展风险抗辩的争论,没有一劳永逸的解决方法。任何手段的成功都是建立在社会历史条件下,采纳哪个群体的意见最终必须取决于社会的总体需求。

4. 当今的趋势是有条件的适用发展风险抗辩

欧盟地区的发展风险抗辩是将其视为一种法定的免责事由;而美国的业内最高技术抗辩则是将其视为缺陷的要件证据,用以证明不构成产品的警示缺陷或设计缺陷而相应的不需承担责任。前者是积极地追求责任的豁免,而后者是被动地等待缺陷的判定。但不管区别如何,在其实定法中都出现了共同一种趋势,即在承认发展风险抗辩的基础上,又对其加以条件限制。美国依据产品缺陷类型的不同,在特定类型的产品缺陷中禁止适用科技水平证据,其余的都可以提出业内最高技术抗辩;欧洲地区则在欧洲统一法的确认发展风险抗辩的基础上,又特别颁布单行法对某些领域的发展风险抗辩的使用予以限制。总体而言,都是允许其有条件的存在。

(三)我国产品毒物侵权中发展风险抗辩适用的完善建议

基于上述认识,本书拟对我国产品毒物侵权中发展风险抗辩制度的发展与完善提出一些有益之见。

1. 发展风险抗辩的表征意义大于实际意义,不宜废除

从发展风险抗辩制度的诞生以及其后在欧盟委员会中四次报告中可以看出,虽然该条款处于激烈的争论之中,但现阶段其在利益平衡上的象征意义更大于其实际作用。在现实中发展风险抗辩的具体适用案例较少,但它至少表明法律对于生产者利益的尊重,表明法律在努力寻求消费者、生产者之间的利益平衡,以及一种鼓励产品创新的态度。欧盟委员会在第四次关于发展风险抗辩条款的报告中也指出,尽管争议存在,但对指令任何条款的修正都将对指令的

平衡产生影响。[①] 如果取消该条款,一方面在法律上打破消费者与生产者之间脆弱的利益平衡,违背了法律中立的态度;另一方面也可能导致工业、保险业、金融业的反弹。从目前的司法实践中看,保留该条款,法院在适用的过程中依然对其回避;而取消则可能导致社会利益的背离。从这个角度看,与其废除,不如保留,尤其在产品毒物这一特殊侵权中,其有适用的重要意义,但须对之加以严格规范。

2. 发展风险抗辩的内涵应尽量折衷

发展风险抗辩在美国经历了由严格到放宽的转变。狭义的发展风险抗辩是依据严格的业内最高工艺水平证据进行免责抗辩,即唯有最新科技水平绝对不可能发现方可主张免责;广义上的发展风险抗辩,则采取宽松的标准主张免责,指产品发展风险通过现行工业惯例或者合理方法不足以发现,则可以免责。欧洲对于发展风险抗辩科学技术水平证据的选取也有主观层面与客观层面的区别,前者指产品的生产者及同行业生产者所能获得的最高水平知识,后者是指整个科学界所流通的信息资料体现的最高知识水平。不同的利益主体对于标准的选择都是基于自身权益的立场,消费者倾向严格标准,生产者自然选择宽松标准,无论站哪一方都可能导致走上极端。因此法律在确定发展风险抗辩时对其内涵的界定应尽量采取折衷原则,寻求利益的平衡。

3. 发展风险抗辩应当被限制使用

目前中国的产品质量问题层出不穷,尤其是产品毒物,它将对人的生命权益、健康安全造成严重的危险与危害,再加上中国消费者保护制度尚处于刚起步阶段,消费者和生产者之间的力量对比极为悬殊。从社会的发展来看,消费者与生产者的利益对比未达到欧美国家的平衡。鉴于此,我国产品毒物侵权中发展风险抗辩应当被限制在一个比较小的范围之内。一方面,可以提高科技水平证据的选取标准,以客观的知识水平作为发展风险的发现依据。另一方面,可以在具体领域排除使用,如《民法典》第1223条就将血液产品排除出了发展风险的适用范围。对于直接关系人的生命健康的产品,产品毒物造成损害,一

---

① European Commission, Fourth Report on the Application of Council Directive 85/374/EEC COM (2011) 547 final, 8. 9. 2011.

般不宜适用发展风险抗辩。

4. 应及时根据社会发展状况调整发展风险抗辩制度

如前文所述,发展风险抗辩制度是一个与社会状况息息相关的制度。社会经济状况与人权观念决定了社会对于生产者与消费者的保护倾向,法律也应该根据这种倾向适时的调整保护的力度。如美国在产品质量问题高度严重时期发展出了严格责任,直接令生产者背上无过错的义务,而在这种责任影响到社会经济的发展时,又放宽其使用,令发展风险抗辩在某些领域回归。欧盟也经常聘请专家及相关利益团体对该问题进行专门研究,在五年一次的欧洲会议中进行讨论。鉴于此,在我国产品毒物侵权的发展风险抗辩制度的发展过程中,应当注重实证研究,紧密结合现实状况及时调整法律制度。

第五章　有毒物质侵权的责任形态

第一节　有毒物质侵权责任形态中的共同责任

一、有毒物质侵权责任形态的内涵

有毒物质侵权责任形态具体指的是有毒物质侵权法律关系的当事人所承担侵权责任的不同表现形式，即按照不同的有毒物质侵权行为类型，侵权责任由有毒物质侵权法律关系中的不同当事人依照侵权责任承担的基本规则来承担的基本形式。它与英美侵权法上“责任分担”规则的实质相似，即在于“讨论在两位或者多位当事人之间分配责任的问题”。[①]

有毒物质侵权责任形态主要具有以下法律特征：

第一，有毒物质侵权责任形态关注的是侵权责任后果由何人承担的问题。侵权责任形式着眼于毒物侵权行为的后果，而非毒物侵权行为的表现。具言之，当毒物侵权行为发生并具备有毒物质侵权责任所需的构成要件时，相关当事人应当负责的行为后果正是有毒物质侵权责任形态所规制的。对毒物侵权行为类型的考察侧重的是侵权行为本身，例如，其是一般的毒物侵权行为还是无过错的侵权行为（如环境毒物侵权行为），对毒物

---

① 参见［美］爱伦·M. 芭波里克选编：《侵权法重述纲要》（第3版），许传玺等译，法律出版社2007年版，第323～324页。

侵权行为类型的考察尚未考虑毒物侵权行为的法律后果由谁承担的问题。有毒物质侵权责任形态与有毒物质侵权责任构成亦不同,前文第二章至第四章所述毒物侵权责任的构成要件研究的是侵权行为人承担有毒物质侵权责任所应当具备的条件,只有行为符合有毒物质侵权责任构成要件后才有可能进一步讨论责任由何者承担的问题。

第二,有毒物质侵权责任形态是当事人应当承担的侵权行为后果的不同表现形式。应当重点做好有毒物质侵权责任形态和有毒物质侵权责任方式的区别。尽管有毒物质侵权责任方式可归类于毒物侵权行为的法律后果,但是它所探讨的是毒物侵权行为后果的具体表现形式,即所谓损害赔偿、赔礼道歉、排除妨害、消除影响等责任本身的承担形式,本书将在第七章与第八章阐述有毒物质侵权的损害赔偿。它并不是在不同的当事人之间对侵权责任的承担形式进行分配。尽管有毒物质侵权责任形态和有毒物质侵权责任方式存在区别,但两者亦有一定的联系,有毒物质侵权责任形态能够被当成是在不同的当事人之间针对有毒物质侵权责任方式进行分配。

二、有毒物质侵权责任形态的基本形式及其关系

(一)有毒物质侵权责任形态的基本形式

有毒物质侵权责任形态的基本形式并没有脱离现有侵权法责任理论,主要包括以下几种分类。

1. 自己责任和替代责任

根据有毒物质侵权责任是否由行为实施者自身来承担责任,可以将有毒物质侵权责任形态分为自己责任和替代责任。行为人对自己实施的毒物侵害行为造成的后果承担侵权责任的,此种有毒物质侵权责任形态为直接责任。责任人对他人实施的毒物侵权行为或者其所有或管理下的物件造成的损害承担侵权责任的,此种有毒物质侵权责任形态为替代责任。在有毒物质侵权中,侵权人承担的可能是自己责任,亦可能是替代责任,但自己责任的形式更为常见。

2. 单方责任和双方责任

根据有毒物质侵权责任主体是侵权法律关系中的一方当事人还是双方当事人,可以将有毒物质侵权责任形态划分为单方责任和双方责任。单方责任是

指仅由一方当事人承担责任的侵权责任形态,如毒物侵害结果完全是由有毒物质侵权人一方所造成的,有毒物质侵权人一方承担全部责任的情形,或者损害后果完全是因为受害人自己的过错而造成的,只需要受害人自己承担责任的情形。双方责任是指有毒物质侵权人和有毒物质受害人均须承担责任的侵权责任形态。换言之,有毒物质侵权行为人的过错或无过错行为是导致损害结果发生的原因之一,则其应承担责任,同时受害人自身对损害结果的发生也存在过错,便产生过失相抵,此时,该侵权责任形态即为双方责任。双方责任形态在有毒物质侵权中不难发现,因为有毒物质侵害结果的最终发生常经过较长的时间,其间常不可避免地介入了受害人自身的一些因素,如受害人不良的习惯,受害人自身身体疾病等。

3. 单独责任和共同责任

根据有毒物质侵权责任承担者人数的多少,可以将有毒物质侵权责任形态分为单独责任和共同责任。单独责任表现为只有一位毒物侵权人且由其自身承担责任。如果毒物侵权行为是由多数人实施的,且须将侵权责任分配至数个毒物侵权人,此种侵权责任形态就被称为共同责任。共同责任的责任分配方式包括连带责任、按份责任、不真正连带责任、补充责任和比例责任,比如,数个毒物侵权人实施的侵权行为构成共同侵权行为或者共同危险行为的,那么每个侵权人均应当承担连带责任;数个毒物侵权人没有过错的联系,仅是行为恰巧结合在一起共同造成某种损害后果,此时侵害人承担的是按份责任;数个毒物侵权人的行为结合在一起,但造成侵权损害的原因或其所产生的原因力难以确定,此时数个毒物侵权人可能承担比例责任。

由于有毒物质侵权常具有过程长期性、原因多样性与损害后果广泛性等特征,故其侵权责任形态常表现为共同责任。与其他侵权责任相较,有毒物质侵权责任形态的特别性也体现在共同责任中的比例责任上。这正是本章须详细阐述的内容。

(二)有毒物质侵权责任形态的相互关系

前述的三类有毒物质侵权责任形态并不属于并列的、相互独立的关系,而是属于各形态之间相互包容的关系。首先,有毒物质侵权责任中最基本的形态是自己责任和替代责任,在认定任何有毒物质侵权行为所须承担的责任时均无法避免要讨论到它们。无论何种有毒物质侵权行为，责任主体所须承担的责任不是自己责任即是替代责任，此外并无第三种选择。其次，有毒物质侵权责任的单方形态和双方形态的选择，同样需要在认定所须承担的责任时进行。不管是单方责任还是双方责任，均会涉及选择自己责任还是替代责任。在单方责任的情况下，仅由单方当事人自行承担侵权责任，该责任不是自己责任就是替代责任。在双方责任的情况下，毒物侵权人一方所承担的责任可能是自己责任，也可能属于替代责任。如果毒物侵权人一方是复数，那么可能需要认定侵权责任的共同形态，即连带责任、按份责任、补充责任或者比例责任。最后，有毒物质侵权责任关于单独责任和共同责任的责任形态划分，只在毒物侵权人须承担责任时进行，而不涉及受害人的问题。当单独责任的毒物侵权人是单独一人时，由其自己承担责任，该责任可以是自己责任或者是替代责任。共同责任则是在毒物侵权人为多数人的情形下发生的责任形态，同理，该责任可以是自己责任的共同责任形态，也可以是替代责任的共同责任形态。在双方责任的情形下，如果毒物侵权人一方为单数，则该责任亦为单独责任；如果毒物侵权人一方是复数，那么可能需要认定侵权责任的共同形态，即连带责任、按份责任、补充责任或者比例责任。在单方责任的情形下，仅在毒物侵权人一方承担责任时才存在单独责任和共同责任的区分，而如果责任承担者为受害人一方，则不用针对单独责任和共同责任而进行划分。

三、有毒物质侵权中共同责任形态

在有毒物质侵权中，最难处理的是毒物侵权人为数人时，如何在数人之间分担侵权责任，此时，依照毒物侵权人着手实施的侵权行为的性质，可继续确定属于连带责任、按份责任、不真正连带责任、补充责任或者比例责任。

（一）连带责任

1. 有毒物质侵权中连带责任的适用情形

共同责任中的连带责任，源于罗马法中的连带之债，罗马法中关于债务与责任不作区分，主张两者共同构成债务这一概念，凡存在债务必有对应的责任，责任仅属于一种特殊形式的债务。[①] 可以说,连带责任是连带之债的法律规则在侵权法领域中的体现。我国古代法中也可见连带责任的雏形,其主要体现在刑事法律上,如秦简中记载的秦律适用的连坐制度[②]、宋代创立的保甲制度[③]。现代连带责任制度主要运用于民商法中。

有毒物质侵权中的连带责任表示为受害人有权向共同毒物侵权人或者共同毒物危险行为人中的任意一个人或数个人主张赔偿所有损失,毒物侵权人中任一人或数个人应当向受害人赔偿全部损失,共同毒物侵权人或者共同毒物危险行为人之一或数个人已承担了全部赔偿责任的,可以免除其他共同毒物侵权人或者共同毒物危险行为人的赔偿责任。连带责任在国外也称为"共同的和分别的责任"(joint and several liability)。[④] 从性质上说,连带责任是一种法定责任。法定性属于连带责任的特征之一,共同毒物侵权人或者共同毒物危险行为人所达成分配责任大小的内部协议,对受害人不发生法律效力,不影响连带责任的适用,它仅在共同毒物侵权人或者共同毒物危险行为人内部具有约束力。

在有毒物质侵权中,数个侵权人承担连带责任的情形有以下几种:(1)数个侵权人是共同毒物侵权人或共同毒物危险行为人。(2)数个毒物侵权人分别着手实施毒物侵权行为导致同一损害结果,且每一毒物侵权人的侵权行为均足以导致全部损害结果的,数个毒物侵权人均应当承担连带责任。(3)教唆、帮助他人实施毒物侵权行为,则数人承担连带责任。(4)所有人将高度危险毒物交由他人管理时,若所有人有过错,那么应当和管理人一样承担连带责任。(5)他人非法占有高度危险毒物后,而所有人、管理人无法证明为防止他人非法占有已经尽到高度注意义务的,则应和非法占有人一同承担连带责任。

2. 有毒物质侵权中连带责任的法律效力

有毒物质侵权涉及的连带责任的法律效力包含外部效力与内部效力。

连带责任的外部效力体现在毒物侵权的责任人对外作为一个整体向受害人承担责任。其主要有两层含义:第一,受害人有权依自己的意愿指定毒物侵

---

① 参见林诚二:《民法债编总论——体系化解说》,中国人民大学出版社 2003 年版,第 215 页。

② 参见刘海年:《战国秦代法制管窥》,法律出版社 2006 年版,第 129 页。

③ 参见张维迎、邓峰:《信息、激励与连带责任》,载《中国社会科学》2003 年第 3 期。

④ 参见张新宝:《侵权责任法原理》,中国人民大学出版社 2005 年版,第 284 页。

权人中的一个、数个或全部来承担连带责任的，让其承担赔偿责任。根据连带债务理论通说，受害人不需要向全体共同侵权人做出行使赔偿请求权的意思表示，即不作为其行使赔偿请求权的必要条件。第二，毒物侵权人之一或部分根据受害人的要求，履行过全部赔偿责任之后，全部责任人对受害人所承担的连带责任即告消灭，受害人就不再享有对那些未履行责任的毒物侵权人的损害赔偿请求权。

有毒物质因其复杂性的特征，受害人常难以得到充分的赔偿，基于连带责任这一制度安排，受害人的损害更容易得到赔偿。法院在判决数个毒物侵权人需要承担连带责任的同时，原则上不会在判决书上明确区分各个毒物侵权人的赔偿份额。实际执行判决过程中，既能全部执行一个或者部分毒物侵权人的财产，如果其财产不足的话，也能执行其他毒物侵权人的财产，直至强制执行完判决所确定的赔偿义务。①

虽然毒物侵权连带责任人对外作为一个整体对受害人承担责任，但这并不意味着数个责任人对外承担的责任是最终责任，在毒物侵权人内部关系上，各有其应负担的部分，承担责任超出自己应负份额的毒物侵权人可以向其他责任人追偿。《民法典》第 178 条对此作出了明确的规定，②其中包含两个重要信息：

第一，毒物侵权的连带责任人内部份额的确定。我国立法采用了“比例分担为原则，平均分担为补充”的规则，此种规则兼顾了可能出现的在确定程序中最终责任份额后置的情况，在独立的分摊请求权诉讼过程中，假如依旧不能明确最终份额，那么就适用较为合适的平均分担方法，以此当成最终的解决方案。这一做法亦为许多国家和地区的民法所肯定，如《意大利民法典》第 2055 条、1966 年《葡萄牙民法典》第 497 条、《俄罗斯联邦民法典》第 1081 条、《欧洲侵权

---

① 参见张新宝：《侵权责任法原理》，中国人民大学出版社 2005 年版，第 284 页。笔者在中国裁判文书网上，以“民事案件”“连带责任”进行检索，查阅相关案例，证实该表述。

② 《民法典》第 178 条规定：“二人以上依法承担连带责任的，权利人有权请求部分或者全部连带责任人承担责任。连带责任人的责任份额根据各自责任大小确定；难以确定责任大小的，平均承担责任。实际承担责任超过自己责任份额的连带责任人，有权向其他连带责任人追偿。连带责任，由法律规定或者当事人约定。”

法原则》第9:102条以及西班牙、以色列判例等均采这一规则。[①]

第二,毒物侵权的连带责任人追偿权的行使。毒物侵权的连带责任人之一或者部分在清偿完所有赔偿责任之后,有权依据超出自己应承担的部分向其他责任人主张追偿。追偿权的行使须具备三个条件,即毒物侵权人实施了清偿或者其他财产支出行为;毒物侵权人的行为使其他毒物侵权人的债务消灭;毒物侵权人承担了超出自己的赔偿数额的责任。追偿权在毒物侵权的连带责任内部关系中具有平衡毒物侵权人内部权益的重要作用,它可以保障毒物侵权的连带责任人内部合理地分担风险,避免本应承担责任者逃脱责任。

(二)按份责任

1. 有毒物质侵权中按份责任的适用情形

有毒物质侵权中按份责任(按份之债)是指数个有毒物质侵权人根据各自应当承担的责任份额分别承担各自责任的侵权责任形态。

在有毒物质侵权中,按份责任主要被运用在无意思联络的分别侵权行为认定中。适用按份责任应当符合三个条件:第一,存在二人以上的毒物侵权人各自着手实施毒物侵权行为。第二,有毒物侵权行为的数人所实施的行为均存在关联性,数人的毒物侵权行为并不属于造成损害的同一种原因,每个毒物侵权行为对损害结果的发生分别产生作用。[②] 第三,数人的毒物侵权行为造成同一损害后果。“同一损害”指的是数个毒物侵权行为导致损害的发生的性质是一样的,包括身体伤害或者财产损失,同时损害内容存在关联性。[③]

2. 有毒物质侵权中按份责任的法律效力

从责任人对外关系的角度看,各毒物侵权按份责任人只需要依据自己承担的责任份额为受害人负赔偿责任,而不像毒物侵权连带责任人一样,作为一个整体对外承担责任。毒物侵权按份责任人对其他责任人承担的债务份额,没有为其清偿的义务。从受害人的角度看,他对特定的毒物侵权责任人仅可以根据其所享有的债权份额主张责任人承担赔偿责任,而不能请求该责任人在超出其

---

① 参见王竹:《侵权责任分担论——侵权损害赔偿责任数人分担的一般理论》,中国人民大学出版社2009年版,第218~219页。

② 参见张新宝:《侵权责任法原理》,中国人民大学出版社2005年版,第82页。

③ 参见王胜明:《中华人民共和国侵权责任法释义》,法律出版社2010年版,第67页。

应负份额的范围给予赔偿。

从内部关系上来看，毒物侵权按份责任人在清偿其所负担的责任份额后，自身的责任消灭，即使他多为给付也不得向其他责任人追偿，毒物侵权按份责任人之间没有追偿的权利。部分毒物侵权责任人赔偿所须承担的责任份额后，其法律效力不会影响其他责任人的按份责任，也并不意味着整个损害赔偿责任的消灭，所以毒物侵权按份责任实质上属于数个没有“牵连”关系的“独立”之债。①

就毒物侵权人内部责任分配而言，其一，责任大小可以确定的，各责任人各自承担责任。如果各毒物侵权人的损害结果可以单独确定，则各侵权人就其行为的损害承担赔偿责任。但如果共同损害结果无法分割，那么各毒物侵权人就应根据各自所实施行为而产生的原因力，依照份额承担相应责任。其二，如果责任大小不能明确的，那么各毒物侵权责任人应当平均承担赔偿责任。在某些情形下，责任分配的尺度可能难以用一个可以量化的标准，在无法确定各毒物侵权责任人责任份额时，我国《民法典》侵权责任编借鉴了《俄罗斯联邦民法典》第 1081 条和《意大利民法典》第 2055 条的规定，要求各行为人平均承担赔偿责任。

（三）不真正连带责任

1. 有毒物质侵权中不真正连带责任的适用情形

不真正连带责任，也叫作不真正连带债务。所谓的不真正连带责任具体指的是数个债务人基于各自不一样的发生原因，为债权人承担着以同一给付为标的的数个债务，其中因为某一债务人对于负担责任的完全履行，那么其他债务由于目的已达成而消灭。② 在有毒物质侵权中，不真正连带债务即为不真正连带责任，③也就是指数个毒物侵权人基于各自的发生原因导致同一受害人遭受损害，每个毒物侵权人对受害人均负有相同内容的侵权责任，各自分别承担所有赔偿责任，并由于毒物侵权人之一对责任的完全履行而导致其他责任人的责任被消灭的侵权责任形态。这一责任形态最为典型的是在产品毒物侵权中，产

---

① 参见张俊浩：《民法学原理》，中国政法大学出版社 2000 年版，第 636 页。
② 参见史尚宽：《债法总论》，中国政法大学出版社 2000 年版，第 672 页。
③ 参见杨立新：《侵权行为法》，复旦大学出版社 2007 年版，第 226 页。

品毒物生产者和销售者之间的责任形态就属于不真正连带责任。

产品毒物侵权中不真正连带责任具有如下特征：

(1)基于不同的发生原因，产品毒物生产者与销售者的行为偶然联系在一起对受害人造成损害。该不同的原因主要指的是不同的事实，生产者基于生产了有毒的产品，销售者基于销售了有毒的产品，而不是法律关系的性质不同。而且产品毒物生产者与销售者在主观上不存在意思联络，没有同时共同实施某一侵权行为，他们行为产生紧密联系纯粹属于偶然。

(2)产品毒物生产者与销售者的不真正连带责任是基于同一损害事实产生的。虽然生产者实施的是生产产品行为，销售者实施的销售产品的行为，但他们所造成的损害结果是同一的，即产品使用者的人身或财产损害。此时产品毒物生产者与销售者的侵权行为才能构成共同责任，导致负有不真正连带责任的法律后果。如果产品毒物生产者与销售者单独实施侵权行为，没有造成共同的损害结果，就不能产生不真正连带责任。

(3)产品毒物生产者与销售者对同一损害结果发生的侵权责任相互重合。产品毒物生产者与销售者实施相互独立的侵权行为，但是导致了同一产品使用者其人身伤害或者财产损害结果的发生。所以，每一侵权行为人所应当承担的侵权责任内容是一样的，无论是在责任性质、责任方式还是在责任范围上，均存在重合。[①] 因而，不真正连带责任与连带责任和按份责任是不一样的。

(4)产品毒物生产者与销售者对于受害人分别负全部赔偿责任。在不真正连带责任中，产品毒物生产者与销售者基于不同的原因对受害人造成损害，所以两者应就自己的独立的侵权行为向受害人承担责任，受害人可以针对产品毒物生产者与销售者分别提出不同的诉讼请求。但产品毒物生产者与销售者之一承担了全部责任后，其他加害人的责任也随之消灭，受害人不可以再向其他责任人主张其赔偿请求。

2. 有毒物质侵权中不真正连带责任的法律效力

就有毒物质侵权中不真正连带责任的对外效力而言，受害人对于产品毒物生产者与销售者享有分别的请求权，受害人可以要求产品毒物生产者或销售者

---

① 参见杨立新：《侵权行为法专论》，高等教育出版社2005年版，第306页。

承担全部侵权责任，二者都须承担全部的赔偿责任。但这并不意味着受害人可以同时行使并实现其对产品毒物生产者或销售者所享有的权利。受害人已经向产品毒物生产者或销售者之一提出请求的，就不得再向其他责任人提出请求。由于不真正连带责任的损害赔偿数额是一个竞合的数额，其救济的仅为同一个损害，所以一旦责任人之一承担了责任，其他责任人的责任就消灭了。

有毒物质侵权中不真正连带责任的对内效力是指责任人内部的责任分担和追偿关系。依据通说，产品毒物生产者或销售者的侵权行为产生原因不同，只是由于偶然因素而结合在一起，产品毒物生产者与销售者之间不存在内部分担关系，所以不真正连带责任并没有基于内部分担关系而产生的求偿权。但在产品毒物生产者或销售者应负终局责任的情况下，不真正连带责任往往是因为最终可归责于产品毒物生产者或销售者的事由而产生，那么作为终局责任人的加害人就应当对其他加害人责任的产生承担最后责任。如此就能避免终局责任人因其他责任人给付赔偿数额而逃脱自己本应承担的责任，从而更好地保障公平。因此，如果产品毒物生产者或销售者在承担了所有责任之后，那么就有权向终局责任人提出追偿。

对于有毒物质侵权中的比例责任，因其内容较为复杂，本书以专节方式加以阐述。

第二节　有毒物质侵权中比例责任的一般适用①

一、有毒物质侵权中比例责任的适用情形

(一)比例责任主要适用于因果关系不明的毒物侵权中

“比例责任”存在多种含义。从广义上说，“比例责任”是指在被告和原告之间，在每个被告之间分配既定损害的负担，不管是基于比较过错，比较原因力，还是两者兼有之。广义上的比例责任包括助成(比较)过失的抗辩事由和涉

① 该节主要内容是在 Michael D. Green 和笔者的合著《论比例责任》(该文载《侵权法的比较与发展》，北京大学出版社 2013 年版，第 155～188 页)基础上的进一步深化。

及多个侵权人之间的分担规则。[①] 然而,这里所讨论的比例责任着眼于其特殊的、具有挑战性的一面,是一种可能替代传统的“全有或全无”规则(all or nothing rule)的责任分担规则。它是根据侵权行为作为损害结果必要条件的可能性在1%到99%分配责任。[②] 因此,与基于比较过错和比较可责难性进行的分担不同。我们使用欧洲侵权法小组对因果型比例责任(Causal Proportional Liability)的研究中采用的定义,将比例责任界定如下:比例责任是依据被告的侵权行为已经造成损害,或者造成部分损害,或者在将来造成损害的可能性,对原告遭受的损害,或者部分损害,或者可能遭受的损害,对被告苛加的侵权责任。[③] 下文中,笔者将基于因果关系不明而苛加比例责任的概念简称为比例责任或“CPL”。[④]

当今社会,因果关系不明的现象很广泛,[⑤]尤其是高科技的发展、危险行为和危险物品数量的激增、不确定因素的介入,使得行为与损害结果之间的因果关系的认定越发困难。有毒物质侵权中尤为如此。因有毒物质侵权的复杂性,法院通常无法100%确定被告的侵权行为是否是原告损害结果的必要原因(也就是事实原因)。各法院仅仅能够在可获得证据的基础上,在1%到99%估计被告的侵权行为造成原告所受损害的可能性,这种估计往往存在较大的差异。总体上说,传统上处理因果关系不明情形的方式主要是适用证据规则中的“证据标准”。当被告造成原告损害的可能性不符合国内法所规定的证明标准时,法院则判决因果关系不成立从而被告不对原告承担侵权责任。但当达到要求的证明标准时,法院则判决因果关系成立并且要求被告为原告的损害承担责任。

---

① 欧洲学者关于此项内容的最新成果,参见 Aggregation and Divisibility of Damage (Ken Oliphant ed.,2009), Tort and Insurance Law Vol. 26 Edited by the European Center of Tort and Insurance Law together with Institute of European Tort Law of the Austrian Academy of Sciences。

② 参见本书的第二部分。

③ 注意我们并没有将 CPL 适用于不考虑原告是否实际遭受损害或者可能遭受损害而基于产生风险本身苛加责任。See Christopher H. Schroeder, *Corrective Justice and Liability for Increasing Risks*, UCLA L. Rev., Vol. 37, p. 439 - 479(1989 - 1990).(认为侵害行为一旦实行即告完成,主张因此对增加风险苛加责任——这些收入可以用于向实际遭受损失的人进行赔偿——这不仅符合矫正正义并且是更可取的。)

④ 下文若无特别说明,其所称比例责任即因果型比例责任。

⑤ See Ariel Porat & Alex Stein, *Tort Liability Under Uncertainty*, Oxford University Press, 2001, p. 16.

尽管已经证明了被告有毒物侵权行为，并且被告的毒物侵权行为可能是导致原告损害结果的原因，但“全有或全无”规则运用于因果关系不明的情形会导致被告免于承担责任而原告无法获得赔偿。在某些有毒物质侵权案件中，被告被判免责的结果是令人难以接受的。传统“全有或全无”的极端后果，的确严重影响法的可预见性和稳定性，而现代侵权责任法不断追求对侵权案件的公平处理，“比例责任”在很多案件中取代“全有或全无”就是一个集中体现。[①] 此时采用比例责任的做法，即根据被告的侵权行为导致原告受损的比例来对原告进行补偿，虽然这个比例不足以达到证明标准的要求，但使得原告获得了部分的赔偿，较毫无所获而言，比例责任的做法彰显了侵权法的矫正正义之功能。

在有些案件中，存在多个被告但无法确定是谁造成了损害结果，或者是无法确定被告的侵权行为造成了多大的损害结果的情形，部分国家对此适用证明责任倒置并同时适用连带责任的规则。下文也将对证明责任倒置并同时适用连带责任与比例责任方式进行比较。[②] 证明责任的倒置虽然减轻了原告的举证负担，为原告获得及时救济提供了便利，但是它在一定程度上是以牺牲被告的利益作为代价的，即由于因果关系的不确定性，有毒物质侵权中连带责任的苛加会导致被告可能要对不是由自己行为造成的损害承担责任，从而过度地张扬了侵权法的威慑功能。

“全有或全无”规则向比例责任规则的转换，不仅仅是影响“全无”，而且也会影响“全有”。如果原告能够根据被告的毒物侵权行为造成原告损害的可能性获得赔偿，那么从逻辑上说，即使这个比例未达到证明标准的要求，原告仍然有权获得部分赔偿。只有当100%确定被告的毒物侵权行为是原告所受损害的必要原因时，原告才有权获得全部赔偿。可见，比例责任的运用让毒物侵权人得到了应有的而不是过分的处罚。

（二）比例责任在我国有毒物质侵权中适用的意义

我国一般采用传统证明责任方式来解决民事侵权纠纷问题，即“谁主张，谁举证”，原告提出的证据达到法律要求的程度，则法院据此判令原告获得全部的

---

① 参见朱岩：《侵权责任法通论·总论》，法律出版社2011年版，第197页。

② 当两个独立且充分的原因同时发生，而无法确定何者先发生时，部分法院则会假设两者同时发生，因此被告都承担连带责任。

赔偿。然而如果原告提出的证据无法达到法律要求的程度，则他所面临的结果是无法通过法院的胜诉判决来获得救济。对于民事诉讼的证明标准，我国《民事诉讼法》及证据法规则并没有作出明确无疑义的规定。我国《民事诉讼法》并未明确规定证明标准。2001 年《证据规定》第 73 条第 1 款规定："双方当事人对同一事实分别举出相反的证据，但都没有足够的依据否定对方证据的，人民法院应当结合案件情况，判决一方提供证据的证明力是否明显大于另一方提供证据的证明力，并对证明力较大的证据予以确认。"该规定对民事诉讼中一般待证事实的证明标准提出了"明显大于""证明力较大"的要求。对此有"高度盖然性"和"优势证据标准"两种解读。埋论界多数人认为，这表明我国确立了高度盖然性的民事诉讼证明标准，但也有人将这一条内容理解为优势证据标准。[①] 2020 年《证据规定》删去了这一模糊的表述。

2021 年实施的最高人民法院《关于适用〈中华人民共和国民事诉讼法〉的解释》第 108 条仍沿袭了 2015 年的规定，[②]"高度可能性"的措辞昭示了我国民事诉讼基本的证明标准为高度盖然性。故这一规定体现的是"高度盖然性"的证明标准。[③] 法官从证据中虽未形成事实必定如此的确信，但内心形成事实极有可能或非常可能如此的判断。[④]

可见，虽有部分学者认为我国司法解释采纳了英美法系的盖然性的证明标准，或者说是优势证据的证明标准，但主流观点则认为我国仍奉行大陆法系贯行的高度盖然性的证明标准。

然而在应对因果关系不明的有毒物质侵权案件时，高度盖然性标准较优势证据证明标准越发显得拙劣。高度盖然性的证明要求往往会阻止一些原告获得应有的赔偿，立法为了避免由于诉讼法上的遗缺引发的不公正，在实体法上

---

① 史乃兴：《知识产权诉讼中权属和被控侵权行为的证明标准》2020 年第 19 期。

② 最高人民法院《关于适用〈中华人民共和国民事诉讼法〉的解释》第 108 条规定："对负有举证证明责任的当事人提供的证据，人民法院经审查并结合相关事实，确信待证事实的存在具有高度可能性的，应当认定该事实存在。对一方当事人为反驳负有举证证明责任的当事人所主张事实而提供的证据，人民法院经审查并结合相关事实，认为待证事实真伪不明的，应当认定该事实不存在。法律对于待证事实所应达到的证明标准另有规定的，从其规定。"

③ 潘剑峰：《民事证明责任论纲——对民事证明责任基本问题的认识》，载《政治与法律》2016 年第 11 期。

④ 江伟：《民事诉讼法》（第 4 版），高等教育出版社 2013 年版，第 225 页。

对这些情形采取“或推定因果关系、或适用连带责任、或推定平均责任、或公平补偿”,辅以程序法上“证明责任倒置”等方式予以补救,法律上的“好意”适得其反地使部分无辜“侵权人”承担过重的责任。由此可见,如何在因果关系难以确定的案例中有效地保障原告、适度地遏制侵权行为、平衡双方之间的权益,是我国与美国、欧洲许多国家一样所面临的问题,急需合理的责任分配的理论来解决此类难题,弥补立法的欠缺,比例责任或许就是一种恰当的可选择性的补充路径。另外,我国的立法对此也作了一定的尝试,《民法典》第 1231 条的规定就是比例责任的一种表现,但是这毕竟只是针对环境污染责任的个别规定,当前我国正需要体系化的理论阐释与合理的立法建议来切实地应对复杂的因果关系不明的毒物侵权纠纷。

为了在有毒物质侵权中更好地适用 CPL,我们需要对 CPL 作一充分的了解,美国对 CPL 的研究与实践走在各国前列,故下文的阐释以美国为重点。

二、不同种类比例责任案例的类型化及其原因

(一)类型化原因

类型化的原因基于以下四点:

首先,在存在竞争关系的规则中作出选择,要考虑到每项规则对促进侵权法目标实现的作用。而在不同情形中侵权法的目标可能指向不同的方向,因此对这些情形进行类型化很重要。CPL 在某种类型化中是更可取的,但在不同种类或者同一种类不同子类型中则不然。尤其在某些情形中更是如此,替代 CPL 的或者免责,或者全责。这意味着,在一些情况下 CPL 使得原告获得更多的利益而被告受到损害;但在另一些情形中,其影响又是相反的,被告获利而原告却成为“失利者”。在此我们使用的获利者和失利者的定义是纯粹描述性的。侵权法的目的支撑了本书的规范性结论。

其次,类型化帮助我们确认 CPL 引发的实践和理论问题及其暗含和衍生问题。正如我们会看到的,类型化对区分过去和将来的损害,多数被告和多数原告,因果关系不明的损害和范围,还有其他与类型化有关的情况提供了诸多帮助。

再次,接受或拒绝 CPL 的美国各州法已经进行了某种意义的类型化。这些

判决和相关的文献已经区分了不同的种类，并将其中一些标记为“选择性责任”“市场份额责任”和“机会丧失”等。而下文的类型化采纳了这些标签，并将其融入一个更全面的 CPL 框架中来。

最后，类型化对于 CPL 而言，在任何学术性、司法性和立法性的确定 CPL 内涵和外延的严肃尝试中都具有决定性作用，或者说是“必须”的因素。它使得法院能够对可能苛加 CPL 的情形予以提前确定，从而更容易地掌握 CPL 的体系。但更为重要的是，借助类型化的帮助确定 CPL 的范围，是法律确定性的先决条件。一般性的不确定，特别是在 CPL 的语境下，可能对于促进侵权法目标是最为有害的，并破坏 CPL 令人满意的效果。①

在以下类型化中，我们将用形象的案例来作为范例，例如，用“猎人案”展示 A1 类，用“市场份额责任”展示 A3 类。这些范例借鉴众所周知的案例，但并不全是来自欧洲侵权法与保险法研究中心（ECTIL）涉及的法域。

（二）不同类型

1. A 类及其子类型

A 类由以下这些情形构成：原告的损害可能来自其他被告的侵权行为、非侵权行为或者原告的过错，因而不确定被告的侵权行为是否是原告已经受到损害的事实原因。

我们认为，基于以上列举的原因，这一大类中的情形容纳了所有侵权案件中的大部分，因此建议将其进一步分为以下五个子类型：

A1 子类型——“选择性责任”——侵权人不确定

A1 子类型，我们称为“选择性责任”，指在一个案件的多个被告中，每一个被告都可能是造成原告损害的原因，但并非所有或者仅仅一个被告才实际上是造成损害的原因。

范例 1：三个猎人同一时间在森林里打猎，并且同时向他们误以为是猎物的人开枪。原告被子弹射中之后，起诉了三个猎人，但没有证据证明是哪一个猎人的子弹打伤了原告。

范例 2：原告在工作环境中接触到了石棉隔热产品，他在 20 年的时间跨度中

① 参见下文。

受雇于四个雇主。每一位雇主都没有为原告提供劳动保护以避免吸入石棉纤维，从而使原告面临患上石棉肺病的风险。最终原告得了间皮瘤，这种病只需要吸入很少剂量石棉纤维就会开始漫长患病过程。由于无法确定原告吸入造成间皮瘤的石棉纤维是受雇于哪一位或者哪几位雇主的时期，原告起诉了四位雇主。

A2 子类型——"市场份额责任"——侵权人与原告之间不具有因果关联性

A2 子类型被命名为"市场份额责任"，是指在多名侵权人导致多名原告受损的情形中，究竟是哪一名被告导致了原告的损害不确定。[①]

范例3：有200家公司生产并销售一种叫作DES的通用用品用来预防流产。每个公司所卖的DES都是同一种化学结构，因此，可能会引起的危害也是相同的。此药在市场中流通了数十年后，研究者发现：如果妇女在怀孕期间服用了此种药物，其女性后代罹患癌症的可能性很大。但原告无法证明哪家生产商的DES药品被其母亲服用并导致了她们的损害。她们起诉了部分而不是全部的DES生产者。

范例4：数十家公司所生产的产品里包含石棉，这些产品中由于石棉的比例不同而且防止纤维脱离的结构也不同，所以产生的风险也不同。接触这些厂家生产的多种石棉产品的建筑工种的雇员因此得了间皮瘤。但这些生产公司有的已经不存在了，有的已经破产了。而在此情况中，原告们无法证明是哪些被告提供了导致间皮瘤的石棉纤维，甚至无法确定某一被告是否为之。

A3 子类型——"环境污染或药品案件"——受害人不确定

在A3子类型案件中，环境污染、药品或类似的危险源进一步地增加了罹患某种疾病的风险，但非侵权的因素也会导致部分的病患。

范例5：制药公司生产了某种药物用来控制怀孕妇女的糖尿病，在此药推出市场数年后，研究人员发现服用药品的怀孕妇女的后代出生时有先天缺陷的可能性比未使用此药的人高40%或者101%。

A4 子类型——"疑难案件"

在A1子类型和A2子类型中，可以确定原告的损害是由一组"嫌疑人"中的一个或者多个人所实施的侵权行为造成的。在A3中，虽然不确定原告是否

---

① A1子类型和A2子类型的主要区别参见下文。

为侵权行为的受害人，但被告是造成原告所受这种损害的侵权人，这一点是确定的，并且被告可能的确造成了原告的损害。相比较而言，A4 子类型包括那些不确定单独的原告是侵权行为的受害人，也不确定单独的被告尽管有侵权性的行为，但是否实际导致了受害人的损害，很可能原告既不是侵权行为的受害人而被告也不是侵权人的案件。因此，我们将这个子类型的案件作为因果型比例责任中的“疑难案件”。

范例 6：被告是一位房东，由于过失而没有更换其所有的公寓楼梯上的灯管。而原告正好是在楼梯间摔倒并且受伤了。在本案中，无法确定原告摔倒是由于没有灯，还是可能因为她自己笨手笨脚或者是楼梯上发现的一包被碾碎的西红柿。但可以确定的是其中的一项原因导致其损害。

范例 7：原告在出生时有很严重的脑疾，但无法确定该损害是早产不可避免的后果，还是被告产科医生的过失处理导致的。经查实，被告的不当处理导致原告损害的可能性是 20%（85%）。

A5 子类型——“机会丧失”

有时某一侵权人导致某一原告所受的损害并不是在因果关系术语意义上的危险系数增加，而是原告不遭受该损害的机会减少。这一减少造成“丧失”可能获得全部赔偿的“机会”的独立损害。当这一独立损害被认可时，这类案件就属于 A5 子类型。[①]

范例 8：被告医生由于过失未能诊断出原告的癌症，当原告的病症越来越严重时，其求医于另外一位医生，并的确诊断出了癌症。但由于之前阶段的耽误，治疗并不成功，原告去世了。如果一开始被告医生诊断出了癌症，那么原告可能会有 30%（85%）的机会获得成功的保命治疗，这恰恰是他失去的。

范例 9：在赛马比赛中，一位骑师故意妨碍另一匹（原告所有的）马的进程，最终原告的马完成了比赛但没有得到奖金。原告就被告使其失去了获得更好名次和奖金的机会（10% 或 80%）而提起诉讼。

2. B 类——损害中不确定的部分

A 类主要囊括了无法确定被告的侵权行为是否为原告所受损害中任何部

---

① A4 子类型与 A5 子类型的联系在下文中讨论。

分的必要原因的案件，而 B 类则是根据证据规则可以确定被告的侵权行为导致了原告的一些损害，但问题是无法确定损害中的哪一部分是由侵权行为造成的，哪一部分是由其他要素造成的。

B 类可以区分为两个子类型，一类是根据证据规则可以确定原告的全部损害是由多个被告的侵权行为造成的（B1 子类型），尽管并非其中之一侵权行为造成了全部的损害。另一类则是有部分损害是由非侵权性要素造成的，或者是由原告的助成过错造成的（B2 子类型）。

B1 子类型——原告损害的所有部分由有责任的多名被告造成

范例 10：在几个月的时间中，原告在两次独立的交通事故中，损伤到了身体的同一部分。因此，造成了她永久性残疾，但是无法确定每位侵权人的过失行为造成的损害程度。

范例 11：原告被三只狗攻击、撕咬并被咬伤，这三只狗分别属于不同的主人 D1、D2 和 D3，并且无法确定特定损害部分是由哪一只狗造成的。①

B2 子类型——原告损害的一些部分由其他因素造成

在 B2 子类型的案例中，根据证据规则可以确定原告的部分损害是由一个或者数个侵权人造成的，而其他则是由非侵权性要素或者原告的助成过失造成的，但无法确定哪些部分是哪个要素造成的。

范例 10A：与 10 相同，除了部分损失是由原告的过错导致的。

范例 10B：与 10 相同，除了其中一次事故并不是由于任何人的过失造成的。

范例 11A：与 11 相同，除了其中一只狗是流浪狗而没有主人。

范例 12：被告医生在诊断病人的癌症时由于误诊导致原告的肿瘤变大而损害增大，但原告无法确定和证明由于被告的过错而增大的程度和相应的损害大小。

3. C 类——不确定的未来损失

C 类包括了因果关系的不确定性在于被告的侵权性举动是否会引起未来损害的案例。我们将其区分为两个子类型，一类是无法确定被告的侵权行为未来是否会对原告造成任何损害（C1 子类型），另一类是根据证据规则的要求，可

---

① 另一个范例：三头来自分属被告 D1、D2 和 D3 的不同农场的牛破坏了原告的玉米地。每一头都分别造成了玉米地一定分散数量的损失，但每一头导致的具体损害无法确定。

以确定被告的侵权行为导致了原告过去的损害,或者会导致原告未来的损害,但这一损害未来会发展到的程度或者严重性不确定(C2 子类型)。[①]

尚未转变为现实的未来损害的风险可能引起"派生损害",例如"预防成本"(减轻或者消除危险的费用)或者"精神损害"(对于未知危险的恐惧和焦虑)。这些损失是否可以获得赔偿和是否应当获得赔偿是一个有意思的话题,但如果确定了原告的损失是被告的侵权行为造成的,这就不是一个因果关系不明的问题,我们也就不再作进一步的研究了。

范例 13:原告由于被告雇主的过失而职业性地接触一种已知的有毒物质,在提起诉讼时,尽管尚未受到身体伤害,但是有 12% 或者 85% 的可能性在将来患病(C1 子类型)。

范例 14:由于被告的过失导致原告遭受严重骨折,在初审时,不确定原告的情况是否会在将来恶化(C2 子类型)。

4."复合案例"

需要明确指出的是,在前文的类型化中,我们并未穷尽所有可能的 CPL 情形,显然,有些情形具有一个以上的类型或者子类型的特征,因此也不能单独的归入上述的任何一个"格子"。例如,一些情形符合了多重不确定性,不仅难以确定一组"嫌疑人"造成的损害实际是由哪个被告造成的(A1 子类型),而且难以确定损害是否确实是由被告造成的,并且也不是由原告的过错或者非侵权性因素造成的(A4 子类型)。另一个例子是不仅无法确定被告的侵权行为是否为原告损害的必要原因(A 类),而且还无法确定如果被告的侵权行为造成了损害,哪一部分的损失是由被告造成的(B 类)。我们不能确定单个和每一种复合情形,只能是对有代表性的情形进行讨论。

范例 1A—2A:事实与范例 1、2 相同,除了有一个猎人(1A)或者两个雇主(2A)都没有过错。

范例 2A:事实与范例 2 相同,除了原告可能因为其自身的过错而患肺癌(不顾反复的警告而不戒烟)。

---

① 不确定性不仅存在于将来损害的程度或者严重性中,而且还存在于是否有额外不同类型损害风险也可能出现的案件中,在下文进行分析(复合案件)。

三、美国学术界对于比例责任的观点

美国学术界关注 CPL 不同方面的问题至少有 40 年了。如此多的关注是由于不断出现新诉讼类型,例如,在关于有毒物质的民事诉讼中,科学证据会提供决定因果关系可能性大小的基础,尤其是当概率低于证据规则规定的情形时。总体来说,美国学术界比法院对 CPL 更感兴趣。我们将对 CPL 的主要学术观点进行总结并试图确定哪些符合我们上文所提出的分类方法。

关于比例责任最有影响力是约瑟夫·金(Joseph King)教授的文章。① 约瑟夫·金教授认为可赔偿的损害应当被理解为丧失了获得更好结果的机会,或者避免未来遭受损害的机会。他建议其仅限于 A5 子类型中机会丧失的情形和 C2 子类型中,即在被告已经造成的人身损害赔偿诉讼中判定对未来损害加以赔偿的情形。在约瑟夫·金教授对损害重新定义之后,无须对因果关系或证据标准予以调整便可将侵权责任扩张适用于机会丧失的案件。在大部分案件中,法院听从了约瑟夫·金教授的建议,即把损害重新定义为机会损失,而不是对不利结果适用比例责任。

由于 A1 子类型的责任是由美国判例法,即"猎人案"确立的,此类案例少有学术著作论及。在加州 1948 年的开创性案例 Summers v. Tice 案件之后,因果关系证明责任移转给了猎人一方面,除非他们能够证明自己没有责任,否则他们将承担连带责任。因此,学者并未将此类案件看作一个难题,于是,在此领域几乎没有所谓的当代观点。

艾伦·罗斯特龙(Allen Rostron)教授希望能够在 DES 案件之外扩大市场份额责任(A2 子类型)的适用范围。美国的法院在适用市场份额责任时,将其限定在有相同危险的可替代产品类型中。② 他希望将市场份额责任扩展到存在不同危险程度的产品上,并将这些危险程度的差别纳入比例责任的考量之中。其中有一起 DES 市场份额案为艾伦·罗斯特龙教授的观点提供了支持。考虑

---

① See Joseph H. King, Jr., *Causation, Valuation, and Chance in Personal Injury Torts Involving Preexisting Conditions and Future Consequences*, Yale Law Journal, Vol. 90, p. 1353 (1981).

② See Allen Rostron, *Beyond Market Share Liability: A Theory of Proportional Share Liability for Nonfungible Products*, UCLA L. Rev., Vol. 52, p. 151 (2004).

到建立市场份额的管理费用，威斯康星州最高法院精心制定了被理解（误解）为“风险分摊”的制度，把它作为市场份额责任的替代。[①] 之所以说是被误解的，因为虽然法院引用了学界的“风险分摊”理论，但法院确定被告之间分摊的确定因素与比例责任的规则相反，后者的规则允许单个被告对原告的全部损害承担责任，而法院考虑的是过错而不是风险分摊。但法院毫无启示性地表示这个新概念能够运用到与 DES“事实类似”的案件。在 25 年后，柯林斯（Collins）案[②]的理论仅适用于另一种产品，即作为涂料成分的碱式碳酸铅。很明显的，法院采信了“不同形态的碱式碳酸铅在生物利用率方面并无差别”的证人证言。

一些学者试图对 A3 子类型的案例建立一种比例责任体系（在此类中包括现代有毒物质案件，包括药品、化学品、石棉物质引起的疾病和其他可能引起疾病的药剂，此类案件用以统计数据为基础的科学证据来确定因果关系）。他们提出某种形式的比例责任主要依赖“系统误差”，否则当被告的药剂造成的危害不超过其他所有背景危险所引发的危害时，根据优势证据标准，将会导致被告不承担责任并且失去了威慑效果。系统误差在涉及大规模的接触药剂案件中尤其麻烦，这种情形下所有的误差都会向同一个方向发展。

哈佛法学院的大卫·罗森博格（David Rosenberg）是倡导此类比例责任体系的最卓越的学者。大卫·罗森博格从威慑效果和矫正正义两个方面证明他的主张，其矫正正义的观点可简述为：

从矫正正义的立场出发，比例规则比优势证据规则在实现侵权法中保护权利的价值目标上毫无疑问是更有效果的。比例责任通过可能性扣减了因其他侵权人、无可责难的原因抑或原告自身造成损害的这部分补偿。因此，比例责任规则让侵权人对根据自己行为公平分配给自己的既不多也不少的损害承担责任。[③]

---

① 参见 Collins v. Eli Lilly Co. ,342 N. W. 2d 37（Wis. 1984）。法庭简洁地表示了它的理由：“在无过错的原告和提供产品导致他人损害的被告之间，根据正义和公平后者更应该承担损害所带来的财产损失。”

② Thomas ex rel. Gramling v. Mallett, 701 N. W. 2d 523（Wis. 2005）.

③ Ariel Porat & Alex Stern, *Tort Liability Under Uncertainty*, Oxford University Press, 2001, p. 106 ; Kenneth W. Simons, *Corrective Justice and Liability for Risk-Creation: A Comment*, UCLA L. Rev., Vol. 38, p. 125 - 126(1990).

大卫·罗森博格也粗略地提出了更广泛的比例责任体系,即应当将"危险"认定为可认知的损害,因此也包括了由于他人的侵权行为而导致受害人暴露在危险不断增强的环境中,使得原告要花费更多的费用监测受害人的状况,甚至是就此病最终发展的投保费用。这样他固守了传统的因果关系概念,但改变了作为赔偿对象的损害概念。此理论也应用在 A3 子类型案件中。

大卫·罗森博格的危险补偿理论与其他两位当代的杰出法经济学家威廉·兰德斯(William Landes)和理查德·波斯纳(Richard Posner)(现在是法官)的观点不谋而合。威廉·兰德斯和理查德·波斯纳认为暴露在危险中的补偿应当扣减去每个人暴露在危险中可能患病的可能性比例。①

从经济学角度对比例责任作出最广泛思考的是一篇工作底稿,它运用经济分析比较了所有民事诉讼中的优势证据规则与比例责任。② 与之前所总结的观点不同,作者发现在考虑被告作为主体的责任和解协议的基础上,优势证据规则在适当的威慑效果方面做得更好,虽然代价是产生更多的诉讼。莱边(Leshem)教授与其他考虑了比例责任威慑效果的经济学家所得出的结论不同,因为他没有考虑因果关系不明的情况,而将不确定性限于证据不明的情形,这将导致向另一结论的方向发展。

在 A3 子类型案例中的矫正正义阵营中,克里斯·施罗德(Chris Schroeder)教授在证明比例责任正当性方面产生了最为持续而精炼的影响。克里斯·施罗德教授的争论也延伸到 A4 子类型案例中。③ 克里斯·施罗德教授主张一个非法的行为一旦作出即告完成,是否使他人遭受损害是行为人无法控制的偶然

---

① See William M. Landes & Richard A. Posner, *The Economic Structure of Tort Law*, Harvard University Press, 1987, p. 260 – 268. 相较于其他的法学和经济学者在权衡比例责任的问题上,他们考虑到了侵权法的阻碍因素和经济效益。参见 Susan Rose-Ackerman, *Market-Share Allocations in Tort-Law: Strengths and Weaknesses*, J. LEGAL STUD 19, 1990, p. 739(主张每个 A2 子类型和 A3 子类型中的案例的因果关系的认定都应当以比例责任为基础因为以威慑的出发点建立独立的因果关系认定是需要花费的); Urs Schweizer, *Legal Damages for Losses of Chances*, INT'L Rev., L. & ECON 29, 2008, p. 153(讨论了机会丧失案件中适当的损害)。

② 参见 Shmuel Leshem, *All-or-Nothing versus Proportionate Damages* (*working paper draft of* 2008)。

③ See Christopher H. Schroeder, *Corrective Justice and Liability for Increasing Risks*, UCLA L. Rev., 37, p. 439 (1990).

事件。因此他得出结论,为危险的增加而强加责任不仅与矫正正义相一致,而且更符合因果关系基础体系。克里斯·施罗德教授承认管理成本是采用事前风险增加方法的阻碍。尽管如此,他认定有害物质案件可以用来检验他提出的以风险为基础的责任建议。

然而,在克里斯·施罗德教授提出的增加危险的背景下,适用因果关系的弊端大于采用事后的比例责任的弊端。厄尼·威恩瑞伯(Ernie Weinrib),北美最重要的矫正正义学者,主张对增加的风险予以救济会导致没有与"行为人"相联系的"受害人",以此来回应克里斯·施罗德教授。①

在 A3 子类型案件中适用比例责任的另一个支持者是丹·法伯(Dan Farber)。② 在以向最可能是被告有害物质受害者提供赔偿的基础上,丹·法伯论证了"最有可能受害者"规则的优势。该方案可能会给受到被告药剂伤害的可能性较高的那些人提供全额赔偿,而拒绝对那些可能性较低的人进行赔偿。当药剂所造成的危险增加少于倍增时,被告承担责任(相当于没达到优势证据标准的情形),对丹·法伯所提到的最有可能受害者提供赔偿。

索尔·列莫摩(Saul Levmore)教授就"导致损害可能性超过 0% 但很可能并不超过 50%"的被告的问题提出了有力的论点。③ 这尤其是一个难题,因为与引起损害的比例是在 0~99% 的被告不同,索尔·列莫摩教授所提到的被告不会承担任何责任。④ 索尔·列莫摩教授同意其他的评论者对于威慑效果不足的观点,并且提出建议当可能性低于 50% 的门槛限制时,基于因果关系可能性

---

① See Ernest J. Weinrib, *Causation and Wrongdoing*, Chi.-Kent L. Rev., Vol. 63, p. 407 – 448 (1983). David Fischer 是我们发现唯一的一位很好地将比例责任与矫正正义结合起来并发现其需求的评论者。See David A. Fischer, *Proportional Liability: Statistical Evidence and the Probability Paradox*, VAND. L. Rev., 46. p. 1201, 1220 – 1221 (1993). (发现在对于原告的损害没有一个可信赖的被告并且因为原告无法获得赔偿时比例责任通过加强责任破坏了矫正正义的价值意义)根据 Fischer 教授的看法,矫正正义无法满足在任何比例责任之中两者都是在 50% 以下的情形。

② See Daniel A. Farber, *Toxic Causation*, MINN. L. Rev., Vol. 71, p. 1219 (1987).

③ See Saul Levmore, *Probabilistic Recoveries, Restitution, and Recurring Wrongs*, J. LEGAL STUD, Vol. 19, p. 691 – 706 (1990).

④ 同样的问题是被告符合证明标准,他将会承担比自己实际造成的损害更多的责任,因为适用了"全有或全无"规则。

损害赔偿将被减少,作为损害赔偿的替代救济方式的恢复原状的方法可得适用。丹·法伯十多年前评论过索尔·列莫摩教授的理论,认为“现如今普遍的学术共识是应当摒弃优势证据规则,选择某种形式的盖然性补偿”。阿里丽·波特(Ariel Porat)和亚历克斯·斯坦因(Alex Stein)主张应当允许暴露在增加癌症发病率25%的辐射环境下的癌症患者在盖然性基础上获得赔偿,以此达到威慑和矫正正义的目的。[①]

本书合作作者格林(Green)教授不赞成在A3子类型案例中适用比例责任。学者中赞同比例责任的认为证明因果关系的比例的有力证据是可行的,而格林教授的基本观点则是证明危险比例只有50%或者更少的可信赖证据是无法获得的,而任何此类关于危险增加的证据更可能是数据的随机变化,而非对危险程度增加事实的反映。在探讨此类案件中最为常用的证据类型,即流行病学证据时,格林教授的论文解释了在那些研究中误差的来源致命地将其研究能力限于探求符合比例责任要求的增加危险的程度。的确,除非药剂能够最少使危险增加两倍到三倍(相当于50%～67%的可能性),否则研究的结果更可能是数据的随机变化而非危险的增加。这在对硅胶丰胸引起系统疾病相关联系的坐标散布图的研究中得到了揭示,而此类植入是对有毒药剂最好的研究之一,因为在接受植入后产生副作用的患者提起了大量此类诉讼。

这些数据是来自法庭委任的关于硅胶植入丰胸诉讼的专家所作的报告,反映了硅胶植入丰胸和结缔组织疾病(见图1)与类风湿性关节炎(见图2)之间联系的流行病学研究。[②]

---

① See Ariel Porat & Alex Stern, *Tort Liability Under Uncertainty*, Oxford University Press, 2001, p. 124.

② 笔者简化了专家所提出的入选标准;即在报告三10—11中包含的精确标准。参见Barbara A. Diamond以及其他人的案例,硅胶植入胸部涉及结缔组织疾病和免疫学功能异常:国际科学小组对协调法官Sam C. Pointer Jr. 审理的关于联邦丰胸引起多重疾病的诉讼的报告。载http://www.fjc.gov/BREIMLIT/SCIENCE/report.htm。参见Esther C. Janowsky,关于硅胶丰胸和结缔组织风险之间的元分析,N. ENG. J. MED 342,2004,p.781.“所有的研究”反映了元分析的结果是受到操控的。额外的附加的条目,因为删除的Hennekens的案例是一个由许多研究证明的案例,这个案例同样可以反驳其他许多研究结果,而且许多研究结果本身就存在选择性偏差的问题,这些结果都是通过邮寄调查问卷得来的。

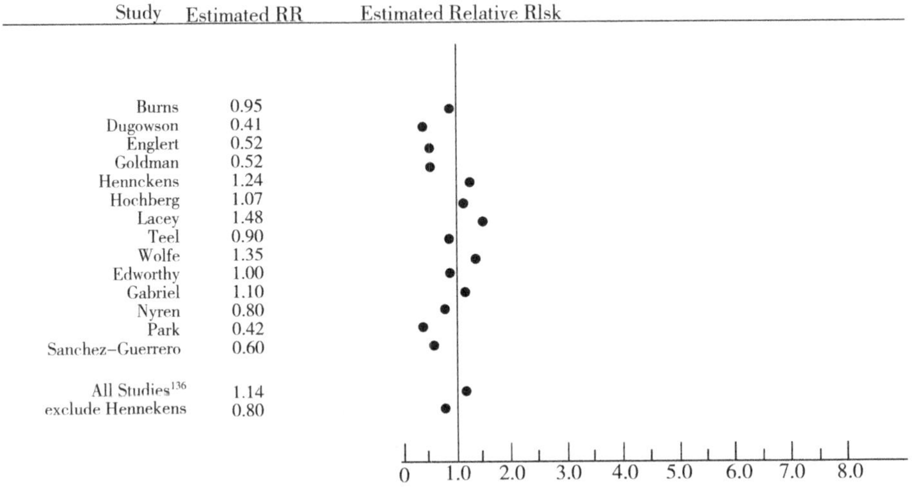

图 1　硅胶植入丰胸和结缔组织疾病的流行病学研究

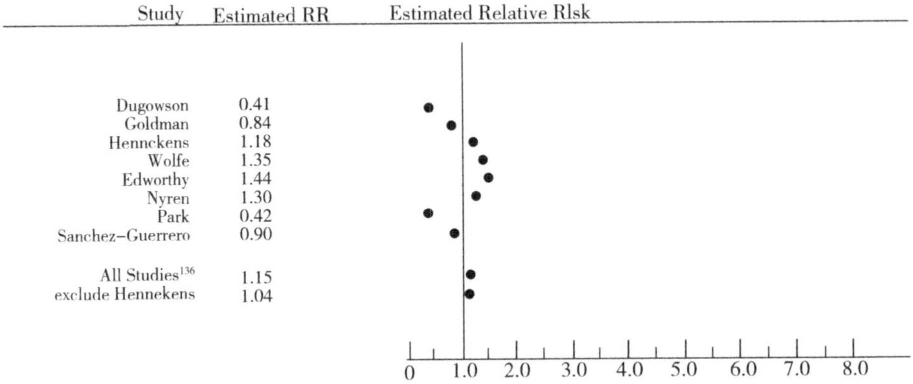

图 2　类风湿性关节类的流行病学研究

从这些数据中，我们能看到无影响效果的结果集群，同时又存在有些许的双向偏离。我们可能在观察了全部的结果分布之后产生怀疑：如果这个结果反映的是微小误差而非实际影响，那么被夸大并被认为是存在正相关的误差总是会导致被告在比例责任体系下被苛加过多的赔偿责任。超额赔偿责任也不会由于反向误差的发生被扣减。被告并未被提供正相关的赔偿能力，事实上，当证据显示正相关时,他们尚未卷入诉讼中。[①]

四、美国法上的比例责任

(一)引言

在美国,优势证据检测是明确的证明标准。在美国的一些法院,已经在机会丧失(A5 子类型)和市场份额(A2 子类型)领域采用了比例责任。如下所述,尽管有上述的强大的学术支持,但在法庭观点中,几乎没有或者根本没有关于广义比例责任的讨论。

出于对这种潜在转型的认知——也可能是普通法程序中所固有的保守主义结果,法院在采用市场份额及机会丧失理论时一直非常谨慎,强调在采用这些新理论时的限制。在市场份额理论中,就其产生的风险而言,要求产品具有可替代性的特征限制了该理论在其他情形中的适用,例如石棉。[②] 同样,《美国侵权责任法第三次重述》解释了机会丧失理论"暂停"发展是"由于法院一直试图找到适当的限制"。[③]

从历史上看,美国法院一直对采用需要一个全面的 CPL 系统的统计证据持怀疑态度。这也是基于统计学的证据的传统反应。在史密斯诉高速交通公司[Smith v. Rapid Transit,58 N. E. 2d 754(Mass. 1945)]案件中,法院拒绝基于可以支持主张的统计方面的优势证据作出裁断。这里引用一个较早的案例,法院认为:

---

① See Jun Zheng, *The Puzzling Association Between Smoking and Hypertension During Pregnancy*, AM. J. OBSTET. GYNECOL 181,1999,p. 1407.(发现怀孕期间吸烟对高血压和先兆子痫的有实质性的保护作用尤其是怀孕期间血压高和液体潴留导致肿胀的情形中);Hilary Klonorr-Cohen et al., *Cigarette Smoking and Preeclampsia*, OBSTET. & GYNECOL, Vol. 81, p. 541(1993)。(对于先兆子痫有同样的发现)

② 参见《美国侵权责任法第三次重述》物质和精神损害责任编 § 28,cmt. o(2010)。(解释了适用市场分享责任的"小范围的案件"即当对可替代危险的产品进行限制时其范围也受到了限制)

③ David Fischer 解释如果将损失的机会重新进行逻辑考虑则会形成潜在的巨大的变化。See David A. Fischer, *Tort Recovery for Loss of a Chance*, WAKE FOREST L. Rev., Vol. 36, p. 605 - 614(2001); Vaughn Black, *Not a Chance: Comments on Waddams, The Valuation of Chances*, CANADIAN BUS. L. J. Vol. 70, p. 96 - 98(2013).(通过此番对损害的重新描述,几乎所有的因果关系不确定的案件都可以被转变为机会丧失的案件)

统计意义上的概率不足以支持证明一个命题。例如,在本年度彩色汽车的生产数量超过黑色汽车的事实不足以证明一辆未被描述的今年生产的汽车是彩色的,而不是黑色的。又比如只有少数的男性死于癌症的事实也不足以证明一个特定的人不是死于癌症……如果源于证据对某主张的真实性的实际信赖,可能或更可能存在于法庭的内心中,尽管仍可能存疑,则该主张被优势证据所证明。①

大多数美国法院已经在许多领域,包括就业歧视、环境和有毒物质的诉讼中开始接受在史密斯一案中所反映的统计证据。变革的产生基础是在这种案例中,统计证据对必须解决的法律问题来说是所能提供的最好证据。然而,法院对于仅由统计证据和明确从大量事件中所得出的概率来解决纠纷仍然存在顾虑。

比例责任似乎最宜适用于因果关系概率为50%及以下的重复性案件中,或可适用于因果关系概率超过50%但远小于100%的案件,以及可以得到关于因果关系的概率的、可信赖的证据,且考虑到此类案例所涉及的利害关系时提供这些证据的费用是合理的案件。

(二)不同类型

1. A类案例及其子类型

A1子类型:选择性责任

美国法院对范例1所反映的猎人案件中应当对被告课加责任有广泛的共识,这个责任不仅仅局限于只有两个猎人的案件中。因此,所有的猎人都必须对原告的损害承担过失责任并且加入原告提起的诉讼中。责任不是基于事前风险或造成损害的事后概率。当然,因果关系问题是通过将因果关系证明责任转移给被告的做法解决的,不仅如此,当证据不足以排除一些被告时,由所有被告承担责任。最终根据各方的比较责任进行分担,其在基于连带责任分摊目的或者是确定每个被告所应承担的责任比例时是正确的。这看起来似乎是一个

---

① Sargent v. Massachusetts Accident Co., 58 N. E. 2d at 755 [quoting 29 N. E. 2d 825, 827 (Mass. 1940)]; Richard W. Wright, *Causation, Responsibility, Risk, Probability, Naked Statistics, and Proof: Pruning the Bramble Bush by Clarifying the Concepts*, Iowa L. Rev., Vol. 73, p. 1001 - 1051 (1988).

能够实现公平和威慑效果的情况，尽管尚不明确责任的分摊应基于给定的被告所造成危害的可能性还是基于比较过错。

在《美国侵权责任法第三次重述》物质和精神损害责任编中阐述了当原告有比较过错时，以移转证明责任为基础而判决的案例则是在减少的：

当原告自己的过失完全阻碍其获得救济时，选择性责任才得以发展。对比较责任的采纳导致了对有过错的原告是否能够请求适用选择性责任的问题。因为没有任何阐述这种情况的重要判例法，美国法律协会在这个问题上也没有明确立场。[①]

Dobbs 教授和他的同事发现，当原告也有错误的时候，将被告的过失视为损害的实际原因将会使原本强烈的道德基础变得十分薄弱。[②]

A2 子类型：市场份额责任

为了实现市场份额责任令人满意的目的，需要一部统一的法律适用于所有一般性风险的制造者。在联邦制度下，如美国，法律不是协调一致的，市场份额责任的实现要求所有立法机构的同心协力。这在美国并没有经验可循，一些州的法院拒绝采取市场份额责任，而其他州的法院则采用不同的参数给每个被告人确定适当的"份额"。此外，当市场范围被确定为当地之后，经验告诉我们：管理费用是相当可观的。最后，在普通法制度下，立法机关在起草市场份额责任内容时具有比较制度的优势，因为他们可以全面地应对需要解决的各种问题。

市场份额责任，二十多年前作为一个重要且充满争议的话题，已成为侵权法上一个未能广泛适用的温和法律学说。它已被限制在 DES 以及产品间彼此构成等同风险的少数的较小案例类型中。那些例子与其他许多不适用市场份额责任的产品一样，在学界的评论者与矫正正义的拥护者之间存在争议，并在《美国侵权责任法第三次重述》物质和精神损害责任编中得到了演绎。[③]

---

① 《美国侵权责任法第三次重述》物质和精神损害责任编 § 28，cmt. n。（在已经有数十年历史的比较过失之外，仅仅有两个案例存在 A1 中涉及的原告的过失）

② Dan B. Dobbs et al.，The Law of Torts § 193，at 653 (2d ed. 2011).

③ 参见《美国侵权责任法第三次重述》物质和精神损害责任编 § 28，rptrs' note to cmt. o (2010)。

A3 子类型:环境污染或药品案件

正如上文论述所阐述的,这是美国学者主张适用比例责任的主要类别。正如前文讨论所揭示的,此处我们也想说明,美国法院没有回应学者们的恳求,而保留了在原告可以要求的全部赔偿中,因果关系要被优势证据所证明的要求。

A4 子类型:疑难案件

如范例6(楼梯摔倒案)所示的情形是常见的,其中,事实原因的存在是不确定的,但它存在的盖然性高度依赖于具体事实。需要注意到的是,像范例6那样由于缺乏照明,动作笨拙,或碾碎的西红柿造成的摔下楼梯的概率的比例数据是不太可能获得的。留由事实裁断者推断或猜测原因是什么。相比之下,在范例7(早产儿脑损伤案)中,关于是否因被告的不当处理造成脑损害的科学证据是可获得的。如果是这样的话,与误诊相对的早产的比例也是可获得的。因此,如范例所示,因被告的过失而造成原告的伤害的概率是可以获得的。事实上,在大部分情况下,如范例7与A3子类型(环境污染或药品案件)的案件是可以进行比较的。在这两种案件中,可能都存在对基于团体(流行病学)研究成果的因果关系概率的估计,并且估计概率可能达不到证明的标准。在A3子类型的案件中,我们认为被告的行为造成了一定的伤害,而在A4子类型的案件中我们不这样认为。但我们没有理由认为在这些案件中被告的过错比其他的更大,而且对他人造成伤害并不是侵权法需要考虑的一般性问题。

范例6可以分解为两个潜在的层次。首先是由法院决定所提供的证据是否足以使事实裁断者(通常情况下是陪审团)作一个“合理推断”,即被告的过失是造成损害的事实原因。[①] 如果原告成功地承担了说服责任,那么剩下的就是由陪审团来决定因果关系是否成立,即说服陪审团。与法院判决不同的是,我们没有陪审团在这种情况下会作出决定的系统解释。

通常,法院会就类似的事实是否属于“合理推断”而不是“不被认可的推

① 当然,在重要层面上,关于事实因果关系的认定都包括推断。因果关系并不能由感觉所决定。See Glanville Williams, *Causation in the Law*, CAMBRIDGE Law Journa, Vol. 62, p. 170 n. 22(1961)(从某种意义上说,假设和猜测都是确定因果关系的基础,因为每一种关于因果关系的表述都表明如果前因不同,后果将会变成什么样);H. L. A. Hart & A. M. Honoré, Causation in the Law lxi (2d ed. 1985)(反证的调查总是需要对因果关系进行评估)。

测”作出不同的评估。[①] 有时甚至同一法官所作的评估也会前后不一致。[②] 没有美国法院会在这种案件中采用比例责任，也许部分原因是因为根本没有对因果关系成立概率的良好估计。

就范例 7 类似案件而言，美国法院同样地不采用比例责任，对事实上的因果关系和损害赔偿采用“全有或全无”规则。与上述评论相反，相较于 A3 子类型中的案例，我们更不需要担心在这类问题中会有系统性误差，即使因果关系的概率低于证据规则对于个体暴露在药品或污染之类物品所要求的证明标准。我们也没有理由相信不当医疗行为系统性地导致负面事件的概率低于或高于优势证据标准。

A5 子类型：机会丧失

美国法院处理机会丧失类型的案子已经有超过 40 年的时间。这些案例产生于因医生误诊而导致治愈或者获得更好结果的机会减少，但是误诊造成损害的可能性低于证明标准所要求的高于 50% 的门槛。大多数的法院会采取某种法律学说来使原告获得救济，并且近年来多把机会丧失作为法律上可诉的损害。[③] 约瑟夫 · 金教授的一篇文章[④]叙述了有关机会丧失案件在现代发展中的影响。约瑟夫 · 金教授主张法院应将这些案子中的损害重新定义为对获得一个更好结果的机会的剥夺。

将损害转变为机会丧失的概念难点在于法院一般并不会允许那些所受

---

① 同一法院对几乎相同的事实作出不同的决定，对比. Tex. Theatres, Inc. v. Rutledge, 453 S. W. 2d 466, 468 - 470 (Tex. 1970)（推翻下级法院对于案件的判决声称电影院的存在管理过失未能控制好人群导致原告受损）与 Marek v. S. Enters. of Tex., 99 S. W. 2d 594, 596 - 597 (Tex. 1936)（相反）。

② 与 Wolf v. Kaufman, 237 N. Y. S. 550 (App. Div. 1929) (Finch, J.) 相比，持有的观点是陪审团关于死者在楼梯上摔倒的因果关系的想法并不仅仅建立在现有证据的基础上，因为“陪审团将得出的结论是死者摔倒在没有灯光的楼梯上”是由于被告的过失。Ingersoll v. Liberty Bank of Buffalo, 14 N. E. 2d 828 (N. Y. 1938) (Finch, J.)（持有的观点是陪审团可能认为是在一方面，死者在楼梯上摔倒导致死亡可能是因为心脏病或者拎 32 磅东西而导致头晕眼花；在另一方面在原告摔倒的第二阶到最后一阶的楼梯上发现破损，这是由于被告的过失导致的）；另参见 Reynolds v. Tex. & Pac. Ry. Co., 37 La. Ann. 694 (La. 1885)（与 *Wolf* 一案事实情况相似；法庭推断陪审团作出的判决代表原告是合适的因为被告的过失“大量增加”事故的危险性并且事故在被告无过失的情况下发生的可能是太过于推测性了）。

③ 参见 Matsuyama v. Birnbaum, 890 N. E. 2d 819 (Mass. 2008)（引用：美国 20 个州采用机会丧失规则和 10 个州否决了此规则）；Alberts v. Schultz, 975 P. 2d 1270 (N. M. 1999)。

④ Joseph King, *Causation, Valuation, and Chance in Personal Injury Torts Involving Preexisting Conditions and Future Consequences*, YALE Law Journal, Vol. 90, p. 1353 (1981).

损害并不严重的机会丧失者获得救济。因此，由过失而导致误诊从而使治愈癌症的机会由50%降至20%的原告应该获得那损失掉的30%治愈机会的救济，即使她幸运地在20%的治愈可能范围里。但是这并不是法院承认的机会丧失理论的案件。[①] 大量的法院在失去的机会少于50%的情形下都在尽量避免使用这一理论。例如，在芬内尔诉南马里兰医院中心（Fennell v. Southern Maryland Hospital Center, Inc.）一案[②]中，因只有40%的机会损失可能性而使被告的过失侵权不成立。该案法院明确地指出了此处否认机会损失理论的四个原因：

第一，法院认为，机会丧失理论的逻辑要求如果被告的过失使原告存活的机会从40%降至10%，不论最后原告是否存活，都应获得部分救济。

第二，法院对初审中的行为有所顾虑：在审判中使用统计数据常常会被批判，因为其不甚可靠、令人误解、易被篡改并且使陪审团迷惑。如果巨大的损害赔偿金是由误诊之前的统计存活概率减去误诊发生后的存活概率，再乘以失去生命的价值而算出的，可以想象陪审团面对的是多令人困惑的数据，同时还要考虑陪审团在衡量、比较可靠性时，双方提交的分歧巨大的统计证据会带来多大的困难。

第三，法院指出了一个有关公平的顾虑：如果原告死者有49%的存活率，因误诊失去了49%的存活率而死亡，他可获得死者生命价值49%的救济赔偿，那么一个因过失治疗失去51%存活率的死者就只能获得最高51%的救济。

第四，法院强调了提供医疗服务的成本变化在法律上带来的影响。[③]

迄今为止，美国法院没有面临和解决过当失去的机会大于证明标准时是否要用比例责任来限制损害的案例。除了下述法院外，我们没有找到任何其他法院曾面对这样的争议，毋庸说去解决它了。然而，理查德·波斯纳（Richard Posner）法

---

① 参见 Alberts, supra; cf. Matsuyama, supra 890 N. E. 2d at 835 n. 33，但在 cf. Alexander v. Scheid, 726 N. E. 2d 272（Ind. 2000）中，由于医生的医疗失误而导致的病人生存概率减少，也可以说是寿命减少可以通过损害赔偿来支持从医疗事故中甚至是未知的最终结果恢复因为病人的伤害还未到最严重的程度并且也许永远不会。

② 580 A. 2d 206（Md. 1990）.

③ Marc A. Franklin et al., *Tort Law and Alternatives*, Foundation Press, 2011, p. 363.

官是这一比例责任补充性作用的大力倡导者。在成为法官之前，理查德·波斯纳是法经济学派名列前茅的学者。他在朵尔诉布朗(Doll v. Brown)案①中叙述了该问题，虽然该案的主要焦点在于职业歧视，但是也涉及了A5子类型的有关内容：

如果在本书案例中的病人有权因25%的存活率而获得25%的损害额，那么如果他有75%的存活率就应该获得75%的损害额，而并非像优势证据理论那样，证明了75%的损害机会就能带来100%的赔偿。在这两种情况下都证明了损害，但是每种损害都仅仅是盖然的，因此都要相应地扣减。②

美国法院限制在因医疗过失导致机会丧失的个人伤害情形下适用机会丧失理论。③《美国侵权责任法第三次重述》物质和精神损害责任编中指出了可以将医疗过失案件与其他机会丧失案例相区别的三个特征：(1)在病人和医生(或医院雇员)之间存在合同关系，而合同存在的理由是医生可以采取任何合理的治疗方法，以使病人获得最好的治疗效果；(2)就一般性机会丧失概率的统计而言，合理适当的实证证据是可获得的；(3)通常情况下，医生的过失会剥夺病人低于50%的治愈机会。

机会丧失类型的案例可以从很多方面与危险增加案例(C1子类型)进行区分：(1)机会丧失使得良好结果出现的概率降低，而危险增加的案子则是增加了未来损害发生的风险；(2)机会丧失案例在美国被限定在医疗失职范围内，原被告之间存在一种合同关系，被告需要为原告的最佳利益服务，尽管也有因不相关因素导致本可以预防的损害发生而产生侵权效果的情形；(3)似乎存在一种观点，认为在医疗失职案例中，合理适当的数据可以用来确定失去的治愈机会大小的推定；(4)危险增加的案例提供了判断损害是否由被告导致的可能性，但是机会丧失的案子并不存在这一可能。

---

① 75 F. 3d 1200(7th Cir. 1996).

② Posner法官对于Doll一案中的建议参考分散的少数案例。参见Liebig-Grigsby v. U. S., 2003 WL 1090272 (N. D. Ⅲ. 2003); DeHanes v. Rothman, 797 A. 2d 8 (N. J. 1999)(顺便摘要，在机会丧失的案件中的法官降低了损害"以反映所失去的70%的机会")。

③ 参见《美国侵权责任法第三次重述》物质和精神损害责任编 § 26 cmt. f (2010)。

2. B 类案例:损害的不确定部分

B1 子类型:原告损害的所有部分由有责任的多名被告造成

B 类案例的难点在于确定每个被告各自造成了多大的损害。第一个问题是:当原告不能证明每个被告各自造成多大的损害时,被告是否承担责任?在美国,直至 20 世纪中期,原告一直被要求承担准确证明每个被告所负责任的大小的责任。若举证失败,则会使被告胜诉。这条规则后来在马达克斯诉唐纳森[Maddux v. Donaldson,108 N. W. 2d 33,35 (Mich. 1961)]案中被改变并得到了很好的说明:

当我们要求受害的原告在一系列复杂冲突中证明哪个冲突导致了哪个损害时,表现出来的司法倾向是让一个本身没有过错的原告得不到任何赔偿会比让侵权者在由他促成的复杂状况中承担超过理论赔偿份额要好。仅仅是对政策的陈述就暴露出了其对事实的背离。

在这种变化下,分摊因果关系比例的证明责任转而由被告承担——他们被要求提供证据来证明各自承担的责任的因果关系比例。如果他们未能举证,则对原告所有损害承担连带责任。[①]

避免使用比例责任的原因除了在 B 类案例中棘手的证明问题外,还包括法院采用其他机制而非比例责任来解决因果关系不明的情况;此外,还可能包括通常没有可采信的证据能够确定导致损失的比例。当存在相应的证据时,尽管不在比例责任学说的范畴下,但通常仍将比例责任用于分担责任。

因此,在同范例 10 类似的案件中,依据因果关系分担的基础似乎不存在,使得所有被告都要对原告的损害承担连带责任。在比较有责性或平均分担基础上的分摊是可能的,但在连带责任下,无赔偿能力的风险还是会存在被告之中。相反,如果依据因果关系的分摊是可能的,每个被告则仅仅对自己造成的那部分损害负责即可,其他被告的无赔偿能力不会影响别的被告承担责任。同时,由被告造成的总的损害与每个被告的比较有责性之间没有必然的关系。

---

① See Michael D. Green & William C. Powers, *Conceptual Clarity and Necessary Muddles*, TEX. L. Rev., Vol. 90, SEEALSO 41 (2011).

依据因果关系分担在范例 11 中似乎可行。与范例 10 陈述的情形不同，证据可能确定原告的哪部分损失是分别由三只狗中的哪只狗造成的。除了依据实际因果关系分担之外，基于事先危险基础的分担也可以被采用，尤其是在知道每只狗都同样凶恶的情形下。

实际上，事先危险是 B 类比例责任的唯一表面证据。[①] 所以找出证明每个被告各自责任的盖然性证据是非常困难的。

B2 子类型：原告损害的一些部分由其他因素造成

对助成过失的摒弃和对比较有责性的采用带来了理论上的新发展，即在马达克斯诉唐纳森（Maddux v. Donaldson）案中表现出来的预防措施责任的转移。因此，B2 子类型（A）比 B1 子类型描绘的方案更加难以解决，因为原告也有过错。《美国侵权责任法第三次重述》物质和精神损害责任编承认了这一转变，同时倡导降低对使用依据因果关系分担的充足证据的限制：

> 一个更吸引人的解决办法是将证明责任置于寻求避免对所有损害承担责任的一方（通常情况下是被告，但在原告有过错的情形下则可能是原告），同时减轻其举证责任。这使得陪审团可以在可用的证据基础上分配损害赔偿责任。[②]

一方面，少数法院在解决此类案件时已经开始减少依据因果关系分担的证据的阻碍，甚至在放宽了标准仍然没有可用的因果关系分担情况下采用平均分摊规则。[③]

另一方面，当非侵权的原因造成原告部分但无法确定份额的损害时，这一问题就变得更加复杂。这一范畴可以包括原告方的无过错起因，甚至是侵权性的起因，但诉讼已经解决或被成功抗辩以及原告在初审前遭受不确定程度的扩大的损害等各种预先存在的情形。这些原因可能是先天条件的结果，后天原告生活方式的选择，自然原因，或者是非侵权性人的行为。鉴于大量不同情况的

---

① 参见《美国侵权责任法第二次重述》§ 433A cmt. d & ills. p. 3 – 5。

② 《美国侵权责任法第三次重述》责任分担编 § 26，cmt. h。

③ 参见 Campione v. Soden，695 A. 2d 1364（N. J. 1997）；Loui v. Oakley，438 P. 2d 393（Haw. 1968）。

存在以及当法院面对这类案件时采取的不同处理路径,《美国侵权责任法第三次重述》物质和精神损害责任编提出:

鉴于情况的多样性……美国法律协会没有提供任何关于谁应该承担证明责任的立场。将这一责任分配给原告的衡平法救济在下列情形下会减弱:(1)相关先存条件的严重性与损害扩大相比较小;(2)先存条件是无过错原因导致的;(3)尽管先存条件不是无过错原因的结果,除了先存条件,原告不能从其他任何人那里获得救济;(4)原告在损害扩大中没有助成过失;(5)相较于被告,原告在证明损害扩大中并未处于优越地位。不管如何分配证明责任,最好的方法是采用一个适度的门槛来使有证明责任的一方满足对损害大小的举证责任。事实裁断者依据因果关系进行分担,都比要求负担证明责任的一方承担全部损失的结果来得更可取。①

3. C 类案例:不确定的未来损失

C1 子类型:具有未来造成损害潜力的未实现风险

美国法院不允许对在损害基础上由侵权增加的损害或者因未来损害带来的预期的精神损害进行救济。② 他们甚至为此忽略了关于延迟此类诉讼会使因果关系的证明变得复杂的观点。这些观点无法合适表达出在有毒物质侵权案件中,时间的推移除了有利于暴露证据外,还有利于因果关系的确定。在长期潜伏期的案件中,延迟赔偿会减弱其威慑效应这一问题也越来越受到关注,因为新的管理者和所有者将会承担损失。同样的顾虑产生于较长时间内未患病的原告可能会在需要求偿时才发现有责任的被告不再有足够的资产来被执行的情况中,这一情况在石棉诉讼中大量出现。

---

① 《美国侵权责任法第三次重述》物质和精神损害责任编 § 28, cmt. d(2)。

② 参见 Metro-North Commuter Railroad Co. v. Buckley, 521 U. S. 424 (1997)(根据联邦雇主责任法作出判决)DeStories v. City of Phoenix, 744 P. 2d 705 (Ariz. Ct. App. 1987)(暴露在石棉工作环境中的工人由于没有患病而无法获得补偿)Capital Holding Corp. v. Bailey, 873 S. W. 2d 187 (Ky. 1994)参见《美国侵权责任法第三次重述》物质和精神损害责任编 § 47 cmt. h (T. D. No. 5, 2007). 但是在 cf. Mauro v. Raymark Industries, Inc. , 561 A. 2d 257 (N. J. 1989)。(认为原告能够就其未来生病的危险增加而获得赔偿但仅在其有充分的证据证明很有可能患病的情况适用)

C2 子类型：额外损害的未来风险

对没有受到身体伤害的原告诉求的驳回，要与原告已受到损害而寻求对未来损害的救济的情况区别开来，这是单一判决的要求，也是既判力制度的一个反映。[①] 传统上，原告在获得全额救济之前被要求证明未来的结果是有可能发生的，如果提供了此等证据，则原告可以获得未来损害结果的全额赔偿。[②] 因此，法院坚持对此类未来损害适用“全有或全无”的救济规则。

近年来，一些法院开始允许基于比例责任原则的未来损害的救济，甚至在未来损害发生的可能性没有达到优势证据标准时也可支持。在狄龙诉埃文斯顿医院（Dillon v. Evanston Hospital）案[③]中，被告医生由于过失在移除导管时将导管碎片留在病人胸腔内，并且该碎片移动到了病人的心脏，导致未来损害发生可能性低于50%，法院废除了有关未来损害一定要在获得救济前有合理发生可能性的规则，原告的损害赔偿可以根据未来损害发生的可能性大小进行相应扣减。[④]

五、比例责任在因果关系不明的毒物侵权中的一般适用

（一）共同危险毒物侵权中比例责任适用的可能性

原《侵权责任法》的颁布具有重大的意义，其中增加了对许多新型的侵权行为的规制，加强了原告的权益保障，它对因果关系难以确定的纠纷也作出了相应的

---

① 石棉诉讼是一个非常显著的单一案例判决。石棉受害人可能身患多种疾病其中某些疾病可能有较长的潜伏期并且在初期没有发病的征兆。许多美国法院允许原告将诉因分离将每一种病症独立出来当作各自独立案件进行诉讼。参见 e. g. , Wilson v. Johns-Manville Sales Corp. , 684 F. 2d 111, 118, 119 (D. C. Cir. 1982); David G. Poston, *Gone Today and Here Tomorrow: Damage Recovery for Subsequent Developing Latent Diseases in Toxic Tort Exposure Actions*, 14 AM. J. TRIAL ADVOC 159 (1990)。（这种改变要求那些受到临界损害的，胸膜有斑点但是还不足以作为临床症状）等到伤害更加明显的时候没有法律法规可以限制受害人的时候诉讼。作为一个实际的案例，由于考虑到被告人的偿还能力和石棉案件原告的不配合。这个案例并没有引起广泛的关注，这同样使得疾病受害者在第一次为了自己所患的病要求补偿后，在第二次患病的时候也可以再次诉讼要求补偿。这有一个必然条件是未来受到的伤害必须符合证据规则的优势标准。正如文中已经解释过的一样，由于第二次伤害可能低于临界值大多数人没有得到赔偿。

② 参见案例 Uryasz v. Archbishop Bergan Mercy Hosp. , 431 N. W. 2d 617 (Neb. 1988)（将来致害必须是在合理地确定后才能获得补偿）。

③ 771 N. E. 2d 357 (Ill. 2002).

④ 参见 Petriell v. Kalman, 576 A. 2d 474 (Conn. 19990)（与 Dillon 类似）。

调整,《民法典》侵权责任编也延续了原《侵权责任法》的相关规定。[①] 其所规制的情形类似上文提及的 A1 类型的情形。据此,数个毒物行为人中必有其中之一或若干造成了原告的损失,但原告却无法举证具体是何者实际造成了原告的损失,此时若依高度盖然性的证明标准,则原告将无法得到赔偿,面对如此不公平、不公正的情形,“侵权责任编”施以“因果关系推定”和“连带责任”给予原告有力的救济。

所谓因果关系推定,就是指在损害发生后,数个行为人都有可能造成损害,但又不能确定谁是真正的行为人时,法律从公平正义和保护原告的角度出发,推定每个人的行为与损害之间都具有因果关系。[②] 连带责任的苛加,使所有可能的毒物侵权被告被视为一整体,对损害后果共同承担责任。连带责任制度无疑具有转移和分散风险的积极作用。一方面,连带责任将由原告承担的风险转移给了共同危险的毒物侵权行为人,更有利于填补原告的损害;另一方面,连带责任制度将原告自行承担赔偿不能的风险转化为由共同危险的毒物侵权行为人承担内部求偿不能的风险。正如德国著名侵权法学者所述:“在多人参与的损害行为中,经常无法查明是其中的哪一个人造成了损害。而这一规定(《德国民法典》第 830 条第 1 款)[③]的目的正是为了克服这种情况下原告的举证困难。这里的基本观点是,在多人参与的侵权行为案件中,当无法完全准确地确定真正的被告本人时,原告的请求权不能因此而无法实现。”[④]这无疑为被毒物侵害的原告之利益提供了一道强劲的保障。

但同时我们也不禁质疑这一保障是否过于强劲,以至于对一些实际本没有造成损害的毒物所有者或持有者是不公平、不公正的。绝对的连带责任不免引起另一种的非正义,尤其是当要求引发致害可能性比例较低者(如有些毒物侵权的被告的行为导致损害结果的可能性只有 5% 或 10%)承担连带责任,未免过于苛刻。此时,弃连带责任而适用比例责任将可以避免这种非正义。此外,

---

① 《民法典》第 1170 条对“共同危险行为”作出了规定:“二人以上实施危及他人人身、财产安全的行为,其中一人或者数人的行为造成他人损害,能够确定具体侵权人的,由侵权人承担责任;不能确定具体侵权人的,行为人承担连带责任。”

② 参见王利明:《侵权行为法研究》(上卷),中国人民大学出版社 2004 年版,第 742 页。

③ 《民法典》第 1170 条的规定正是借鉴德国法所制定的,通说认为共同危险行为制度起源于德国民法,后为各国立法所确认。

④ [德] 马克西米利安 · 福克斯:《侵权行为法》,齐晓琨译,法律出版社 2006 年版,第 234 页。

即使是在适用连带责任可行的情形下,比例责任的分担方法可以用作计算连带责任人内部责任大小的依据。①

(二)无意思联络分别侵权中比例责任适用的可能性

前文所述,在有毒物质侵权中,数个毒物侵权人分别、独立地实施侵权行为,各个毒物侵权行为对损害后果的发生分别产生了作用,并造成同一个损害结果时,若能确定各自的责任大小,则行为人依责任大小承担相应的侵权责任,即按份责任。对此立法者、司法界和理论界均无异议。但在各侵权人责任大小难以确定的情形下,行为人的责任如何承担则争议较大。这一情形类似上文提及的 B1 类型的情形。

对此,我国学界有三种观点:一为"连带责任说"。该说认为,数人主观上无意思联络,仅因行为耦合导致损害后果发生,若各人的加害部分无法单独确定,则应以共同侵权论,各人对损害应承担连带赔偿责任。② 二为"公平责任说"。该说认为,如果各行为人的加害部分无法单独确定,则应按公平原则,由法院根据案件的具体情况,令行为人分担适当的责任。③ 三为"平均责任说"。该说认为,无过错联系的共同加害责任是按份责任,在难以认定当事人责任大小时,应当平均承担责任,④该说目前也为众多学者所主张。

我国立法者亦采纳了平均责任说,立法者认为"责任分配的尺度很难有一个可以数量化的标准,在某些情形下,由于案情复杂,很难分清每个侵权行为对损害后果的作用力究竟有多大。我们可以借鉴其他国家和地区在确定各个连带责任人内部份额时的做法……推定所有人的责任相同"⑤。

由此可以推论出,对于数人毒物侵权而造成的损害份额无法确定的情形,出于对原告保护的考虑,有可能采用的侵权责任形态包括连带责任、公平责任

---

① 当损害可以通过因果关系来划分时,有些美国法院会采取两步骤的方法:首先他们先根据因果关系将损害分为不可分割的部分,然后在各个不可分割部分中,通过责任认定来分担损害。参见 The American Law Institute。*Restatement of the Law, Third, Torts: Apportionment of Liability*. St. Paul, MN: American Law Institute Publishers, 2000, p. 26。此时若通过过错方式来分配不可分损害,有时不尽人意,所以比例责任的适用些许可以弥补这一缺陷。

② 参见蓝承烈:《连带侵权责任及其内部求偿权》,载《法学实践》1991 年第 1 期。

③ 参见王利明:《侵权行为法归责原则研究》,中国政法大学出版社 1992 年版,第 296 页。

④ 参见杨立新:《侵权责任法》,法律出版社 2010 年版,第 108 页。

⑤ 王胜明主编:《中华人民共和国侵权责任法释义》,法律出版社 2010 年版,第 70 页。

或平均责任。就连带责任而言,令无过错联络的共同毒物侵权人承担此等责任,有将此类行为与共同侵权行为相等同之嫌,给毒物侵权人课加过苛之责任。

就公平责任而言,我国立法传统上就存在行为人均无过错情形下公平责任的分担之说,所以在数人毒物侵权中,倘若各自的加害部分无法明确区分,似可根据公平原则加以分担。但是公平分担损失的方法宜用于双方当事人均无过错的情形,因为在现实生活中,行为人对损害结果的发生均没有过错,如果严格依照无过错即无责任的原则,则原告得自担损失,但就此特殊情形而言,损失毕竟是由于行为人的行为造成的,若完全由原告来承受由此引发的损害后果,有失公允,不利于建立和谐有序的人际关系,所以立法者以公平分担损失的方法来解决。然而在数个毒物侵权行为致人损害、份额不明确的情况下,数个毒物侵权人均是有过错的,本应对损害后果承担责任,只是因为各自的毒物侵权行为与相应的损害后果之间因果关系不明,无法确切地证明原告的哪些损害是由哪个毒物侵权人所为的,因此这种情形不宜适用公平责任。

为众多学者及立法者所钟爱的平均责任看似能解决此类问题,各"大打五十大板"的做法可以避免连带责任的过苛性,又可弥补公平责任的不确定性,但平均主义、"一刀切"的方式无法凸显法律对不同程度危险制造者的处罚差异,使得毒物侵权人并没有就自己造成的不同损害承担责任。

然采比例责任之路径,以毒物侵权人引发危险的可能性大小来分配责任,则可以使毒物侵权人承担的责任更接近于其可能造成的损害的赔偿,从而更好地实现法律对不同侵害程度的毒物侵权人的有别对待。

综上可见,我国完全有可能在借鉴域外比例责任的研究成果和实践操作的先进之处的基础上,采纳比例责任作为解决因果关系不明的毒物侵权责任的补充路径。我国将来可以在《民法典》侵权责任编的总则中完善规定比例责任作为一种补充性、选择性的侵权责任形态;在司法实践中,可以采用试点的方式,在某些地区的法院先进行尝试,在总结我国司法运作经验的基础上,逐渐地在全国铺展开来。①

---

① 司法先试先行在我国已经有了先例。参见梅贤明:《涉台审判 连江先行》,载《人民法院报》2010年11月4日,第5版;朱晓勤、杨垠红:《为两岸和谐奠定坚实的司法基础》,载《人民法院报》2010年11月4日,第5版。

第六章　有毒物质侵权中比例责任的具体适用

比例责任对我国而言并非一种完全陌生的制度。实际上，在中国立法中就有相关的体现，即《民法典》第1231条关于环境污染责任的规定："两个以上侵权人污染环境、破坏生态的，承担责任的大小，根据污染物的种类、浓度、排放量，破坏生态的方式、范围、程度，以及行为对损害后果所起的作用等因素确定。"当两个以上的污染者所制造的污染物质造成污染环境的后果，却不能确定损害是由谁造成时，数个污染者均有造成损害的可能性。依《民法典》第1170条的规定，共同危险行为人应承担连带责任。立法者却认为，承担连带责任虽然能更好地保护原告，但从社会公平的角度来说，值得商榷。污染损害发生后，原告从赔付能力考虑，一般会起诉经济能力较强的大企业。而大企业由于处理污染物能力较强，不一定比小企业排放污染物多，规定连带责任会加重大企业的负担，不利于社会公平，也不利于排污多的小企业积极治理污染。同时，部分排污者承担连带责任后还需另行起诉，根据污染物排放量等因素在排污者之间追偿，增加诉累。因此，应当规定按份责任，直接根据污染物的种类、浓度、排放量等确定排污者责任的大小。[①] 该规定蕴含比例责任的精神，环境污染者分担责任的基础是污染者各自

---

① 参见王胜明：《中华人民共和国侵权责任法释义》，法律出版社2010年版，第340～341页。

造成损害后果的可能性大小，抑或更准确地说，是根据污染者各自引发先前危险的比例来分担相应的责任，污染物的种类、浓度、排放量多少等正是确定这一可能性比例的重要指标。据此，数个环境毒物侵权人污染环境造成损害的，他们之间的责任分担采比例责任形式，根据污染物的种类、浓度、排放量等因素确定各自的责任大小。

学术界对比例责任的研究主要体现在对丧失存活机会责任和市场份额责任的探讨之中。近些年来，对于丧失存活机会责任的研究为数不少，但一些学者在论述时，仅将丧失存活机会作为损害结果之一加以分析，并没有对存活机会丧失的因果关系进行探究。换言之，一些学者虽然注意到了医疗侵权中存活机会丧失的问题，但没有跳出传统因果关系证明标准的窠臼。以比例因果关系为基础的比例责任与单纯以机会丧失作为损害的理论，存在实质性的不同："后者系将治愈机会本身作为应予赔偿之损害，至于最终损害仅为计算损害之基础，而依据机会丧失之比例，计算实际被告应予赔偿之数额。反之，比例因果关系之损害乃指最终损害，且被告行为与最终损害间具有因果关系可能性时，即认定具有因果关系，成立损害赔偿责任，但损害额需依据该因果关系的比例计算之。在机会丧失作为损害之理论，其探求者为被告行为与'机会丧失'之间损害的因果关系，仍然适用传统全有或全无原则以及优势证据法则，并未舍弃传统理论之适用。"①已有不少学者在比例因果关系的基础上对存活机会丧失规则展开了探讨，提出了在医疗侵权纠纷中，传统因果关系理论已无法应对存活机会50%以下的丧失问题，必要条件理论失灵，优势盖然性理论失衡，全无或全有规则失效。比例因果关系是化解此困境的有效出路。中国立法应当借鉴比例因果关系下的存活机会丧失规则，为医疗纠纷的妥善解决提供良策。② 甚至有些学者在此基础上进一步指出，存活机会丧失规则的适用不应仅仅限于医疗侵权责任，其所体现的比例因果关系、比例责任可以适用于更广

---

① 陈聪富：《"存活机会丧失"之损害赔偿》(下)，载中国民商法律网2011年12月10日，http://www.civillaw.com.cn/article/default.asp? id =23276。

② 参见董念清：《"机会丧失"与损害赔偿——对少女截肢事件的法律分析》，载《中国民用航空》2006年第4期；吴秉范：《医疗损害赔偿之新思考——机会丧失理论之引入》，载《湖北警官学院学报》2011年第1期。

泛的领域。[①]

我国学者对市场份额理论的研究至少有十多年的历史，早在 1999 年，已有学者建议将市场份额理论引入中国产品责任领域，[②]目前中国学界对于在产品质量领域适用市场份额责任已经基本达成了共识，早先已在《侵权责任法草案（专家意见稿）》中予以规定。[③] 学者们纷纷阐述了市场份额责任内容，肯定了其产生及其存在的重要价值：该责任是对传统因果关系证明理论的突破。它的确立，一方面，能够较为公平地在生产同种商品的生产商之间分配赔偿责任，实质上减轻了少数被原告视为“深口袋”的生产商可能承担全部责任的风险；[④]另一方面，强化了私法中对弱势群体权益的保障，实现了侵权法矫正正义的价值。甚至有些学者已经着手分析以市场份额为基础拓展开来的比例责任，并建议中国立法采纳之。例如，有学者阐释了由市场份额发展而来的比例责任，他指出，为了克服市场份额的适用限制，美国学术界提出了“比例份额责任（proportional share liability）”的观点。该观点认为，法院在被告间分配责任时，市场份额并不是唯一可以被参考的因素，法庭应该综合多种因素（如不同产品间危险程度比例）以便在被告产品不具有一致的危险性时，仍可依据市场份额推知被告造成损害的可能性比例。在《美国侵权责任法第三次重述》产品责任部分，已经使用比例责任（proportional liability）这样的词语，并且在论述中也没有明确可替代性要求。[⑤] 有的学者，进一步分析了从“市场份额责任”向“比例份额责任”扩展

---

① 参见田韶华、樊鸿雁：《论机会丧失的损害赔偿》，载《法商研究》2005 年第 4 期；陈志杰：《“治愈或存活机会丧失”损害赔偿问题研究》（下），载中国民商法律网 2012 年 1 月 8 日，http://www.civillaw.com.cn/Article/default.asp? id=39447；陈聪富：《“存活机会丧失”之损害赔偿》（下），载中国民商法律网 2011 年 12 月 10 日，http://www.civillaw.com.cn/article/default.asp? id=23276。陈教授对此持相对谨慎的态度，他认为，机会丧失理论，在侵权行为案件中，除纯粹经济上损失之案件外，原则上仅适用于医疗纠纷案件，而非所有侵权行为案件均予以适用。

② 参见金晓晨、冯益娜：《外国产品责任法对中国的启示》，载《河北学刊》1999 年第 6 期。

③ 参见杨立新主编：《中华人民共和国侵权责任法草案建议稿及说明》，法律出版社 2007 年版，第 235 页。转引自王竹：《试论市场份额责任在多因大规模网络侵权中的运用——以“艳照门”事件为例》，载《政治与法律》2008 年第 4 期。

④ 参见王竹：《侵权责任分担论：侵权损害赔偿责任数人分担的一般理论》，中国人民大学出版社 2009 年版，第 258 页。

⑤ 参见谢远扬：《论侵害人不明的大规模产品侵权责任：以市场份额责任为中心》，载《法律科学》2010 年第 4 期。

的适用可能性,以及肯定了比例责任提出的价值,进而建议在中国侵权责任法上确立"比例份额责任",即在侵权责任形态一般规则层面上确立"比例份额责任",并适当地限定其适用范围。①

这些研究都为本书探讨有毒物质侵权中两种最主要的比例责任的具体适用情形,即毒物侵权导致生存机会丧失的情形与产品毒物侵权情形,做了丰富的理论铺垫。下文便在学者们研究的基础上,进一步展开深入的阐释,以明晰在有毒物质侵权中比例责任的具体适用规则。

第一节　丧失生存机会的毒物侵权中比例责任的适用②

一、由现实医患纠纷引发的思考

有毒物质侵权引发的主要的损害后果是人身损害,但由于毒物侵权自身潜伏性特征,加之医疗机构的过失行为(如漏诊、错诊、误诊),常导致患者延误了最佳的治疗时机,引发进一步的人身损害甚至死亡的后果。此类侵权不同于其他毒物侵权,有其独特性,即医生的过失行为、毒物侵权行为、患者自身的疾病共同造成了患者的最后损害后果。医生的过失行为或毒物侵权行为不是导致患者死亡的直接原因,它只是使患者失去了最佳的治愈机会或加速了患者疾病的进展,从而在原有疾病的基础上加剧了结果的恶化。甚至在某些情形下,即使医疗机构不存在诊断或治疗过失,即使未发生毒物侵权行为,患者亦难逃人身损害甚至是死亡的噩运。此时医疗机构或毒物侵权人则会利用此等损害因果关系的复杂性,以患者的最终损害后果是由其自身疾病原因造成为由,而拒绝承担责任,导致患者或家属无法获得任何赔偿。

上述现象发生的原因在于传统因果关系理论仅对因果关系是否存在作出判断,而不论及因果关系是否"可能"存在,即传统因果关系的判断仅涉及"有"

---

① 参见王竹:《侵权责任分担论:侵权损害赔偿责任数人分担的一般理论》,中国人民大学出版社2009年版,第296~298页。

② 该节的主要内容是在笔者拙著《丧失生存机会侵权中比例责任之适用》(《华东政法大学学报》2016年第1期)基础上的进一步深化。

或“无”因果关系的分析，不存在“一定比例因果关系”的问题。这一传统理论适用于仅有“一定比例”生存机会问题的侵权纠纷，便暴露出其严重的弊端与应对问题的无奈。在传统因果关系下，患者通常只能通过证明医疗机构的过失或毒物侵权行为更可能导致最后的结果来获得赔偿。如果患者有51%的生存机会，医疗机构的过失诊断、治疗或毒物侵权行为致使这一机会减少或丧失，患者因此遭受的所有(full)损失将获得赔偿。然而，只要在医疗机构的过失行为或毒物侵权行为之前，患者的生存机会少于平均数，从逻辑上说，患者不可能证明医疗机构的过失行为或毒物侵权行为是其死亡的必然原因，因而无法得到救济。于是当患者的生存机会低于50%时，无论医疗机构的过失或毒物侵权行为是多么受人指责，患者都难以从医疗机构或毒物侵权人那里获得任何救济。传统的“全有或全无”规则的适用结果，[①]一方面可能使医疗机构或毒物侵权人承担超过其过失范围的责任，另一方面可能放纵了医师的过错行为与毒物侵权人的加害行为，“无法提供恰当的动因以保证患者所获得的治疗与照顾的水平不低于这一领域专家通常应有的注意与谨慎标准，不能保证因丧失处于更好境地的机会而遭受了实际损害的受害人获得公平的赔偿”[②]，从而难以在医院、毒物侵权人、患者之间进行有效的责任分担，影响了侵权法威慑力与填补损害功能的正常发挥，造成了不公正的结果，激化了三者之间的矛盾，埋藏了可能破坏社会生活稳定的导火索。[③] 对此，域外有两种学说提供了解决的途径，即机会丧失理论(“lost chance” doctrine)和CPL。

二、丧失生存机会的毒物侵权中比例责任解决路径之优势

(一)丧失生存机会的毒物侵权中机会丧失理论的阐释

约瑟夫·金教授是机会丧失理论的积极倡导者，他主张将“机会丧失”本身

① “全有或全无”规则即认定构成侵权时赔偿全部损害，认定不构成侵权时则全部不赔偿，二者必居其一。参见叶金强：《论侵权损害赔偿范围的确定》，载《中外法学》2012年第1期。

② Marc A. Franklin et al., *Tort Law and Alternatives, Cases and Materials* (9*th*), Foundation Press, 2011, p. 358.

③ 2015年3月第三周内连续发生了三起医院暴力事件，即广州ICU医生被殴重伤、浙江温岭发生杀医血案、北京120急救车组在救护过程中被殴打。可见，医患矛盾的升级引致了不少医院暴力事件，从而影响了社会生活秩序的稳定。

作为损害进行赔偿,[1]此赔偿是就获得更好结果的可能性机会减少而给予的赔偿。[2] 在确定赔偿数额时,约瑟夫·金教授认为,"盖既存条件业已减低被告所侵害之利益的价值,被告行为已非全部损害的原因。被告之责任范围,应与其行为导致既存条件继续发展、恶化或加速损害发生的程度相当"[3]。因此,在机会丧失理论看来,患者自身的生存机会是有价值的,从而将患者机会丧失本身认定为损害,患者可以直接基于机会的丧失请求损害赔偿。此时,患者只需证明机会的丧失与医疗机构的过失行为、毒物侵权行为之间存在因果关系即可,无须证明最终的损害结果(通常是死亡的后果)与医疗机构的过失行为、毒物侵权行为之间存在因果关系。如果患者能够举证证明被告过失地剥夺了他(她)一次生存机会或一次重要的生存机会,则被告应对其过失毁损的生存机会之价值承担赔偿责任。[4] 可见,机会损失理论转换了损害的概念,但在因果关系规则上仍适用传统"全有或全无"因果关系规则,即以优势证据规则或高度盖然性规则来判断因果关系的有无。于赔偿后果上,一旦因果关系成立,医疗机构或毒物侵权人应就丧失的存活机会承担相应的赔偿责任。该原则以机会丧失本身为损害,为患者提供了一定程度的救济。

(二)丧失生存机会的毒物侵权中比例责任之阐释

侵权赔偿中占主导地位的"全有或全无"原则不能满足"公平地分配人类损害的费用和风险"的基本目的,故而比例责任被提出,[5]并在丧失生存机会侵权案件中予以适用。如前一章节所述,比例责任的可能性适用范围包括四种大类型九种子类型,其中一种子类型即为丧失机会类型。将比例责任应用于生存机会丧失的侵权中,"因原告依据专家证言,只能证明被告不法行为,引起某种比例之存活机会丧失,而非全部存活机会丧失,因而不能依据传统理论,

---

① See Joseph H. King, *Causation, Valuation and Chance in Personal Injury Torts Involving Preexisting Conditions and Future Consequences*, Yale Law Journal, Vol. 90, p. 1353 – 1397 (1981).

② See Joseph H. King, *Reduction of Likelihood Reformulation and Other Retrofitting of the Loss-of-a-Chance Doctrine*, U. MEM. L. Rev., Vol. 28, p. 492 (1998).

③ 陈聪富:《因果关系与损害赔偿》,北京大学出版社 2006 年版,第 179 页。

④ See Dan B. Dobbs, *The Law of Torts*, West Group, 2000, p. 436.

⑤ See Joseph H. King, *Causation, Valuation and Chance in Personal Injury Torts Involving Preexisting Conditions and Future Consequences*, Yale Law Journal, Vol. 90, p. 1353 – 1397 (1981).

在原告无法举证优势证据下，判决原告全部败诉。亦即，无论被害人丧失之存活机会多寡，被告行为既已引起被害人损失，即应相应于被告行为对于损害原因力的比例，认定比例上的因果关系，而成立被告的比例责任"[①]。比例责任的适用打破了传统因果关系理论的束缚，推陈出新地提出了比例因果关系理论。比例因果关系理论探求的是行为或其他因素与损害结果之间的因果关系可能性之比例。故以此为前提的比例责任并不关注因果关系是否存在，当事人只需证明因果关系可能性的大小，"侵权人则应根据其侵害行为作为受害人损害的事实原因之可能性比例，分担相应的责任"[②]，即医疗机构、毒物侵权人与患者根据各自行为与损害结果之间因果关系的比例大小承担相应的责任。

比例因果关系理论有别于疫学因果关系理论。疫学研究方法，也称流行病学的研究方法，主要是指将有关某疾病发生的原因，就疫学上可考虑的若干因素，利用统计的方法，调查各因素与疾病发生的关系，选出关联性（盖然性）较大的因素，对之进行综合性的研究及判断。[③] 可见，疫学是以科学的方法分析疾病的发生原因以及发展经过，在此基础上找出各现象间的关联性，通过新的经验法则对因果关系进行判断。因而根据疫学因果关系论，认为某个因素与基于它的疾病之间的关系，即使从医学、药理学等观点不能符合法则的证明，但是，根据统计的大量观察方法，肯定其间存在高度的盖然性时，就可以肯定因果关系。[④] 虽然疫学因果关系理论与比例因果关系理论均是为了救济受害人而基于科学方法、统计学概率而产生，均弥补了传统因果关系认定的缺陷，但两者亦有不同：疫学因果关系所要解决的并非相当性问题，而是原因与结果之间的条件关系存在与否，[⑤]而比例因果关系所要解决并非因果关系存否的问题，

---

① 陈聪富：《因果关系与损害赔偿》，北京大学出版社 2006 年版，第 197 页。

② Israel Gilead et al., *Causal Uncertainty and Proportional liability: Analytical and Comparative Report*, in Israel Gilead et al. eds., Proportional liability: Analytical and Comparative Perspectives, De Gruyter, 2013, p. 2.

③ 参见邱聪智：《公害法原理》，台北，三民书局 1984 年版，第 200 页。

④ 参见［日］大塚仁：《刑法概说（总论）》，冯军译，中国人民大学出版社 2003 年版，第 167 ~ 168 页。

⑤ 参见左袖阳：《疫学因果关系的刑事证明责任分析》，载《中国刑事法杂志》2013 年第 5 期。

而是存在的可能性与可能性之大小。疫学因果关系理论旨在为当事人举证达到传统因果关系证明要求提供便利,而比例因果关系则是一种有别于传统因果关系的"全有或全无"证明要求之理论,在传统因果关系理论无法合理救济之情形下,它为受害人降低了因果关系证明的难度、提供了补充性的救济路径。

(三)比例责任较丧失机会原则之优势

比例责任和丧失机会原则均因弥补传统规则适用的缺憾而生,然而比例责任较丧失机会原则更能实现与传统规则的合理衔接,兼顾医毒患三方权益。具体体现在以下三点:

1. 证明对象与程度。在比例责任理论下,当事人仅就因果关系的可能性比例加以证明,而无须证明因果关系确属存在。① 它减轻了当事人的举证负担,这在丧失生存机会侵权中是合理的,因为就医疗机构与损害结果之间的因果关系而言,"过错治疗之后病人的健康状况,使得难以(如果并非不可能)确定他在适当治疗的情况下健康状况会是怎样。由于这个证明问题基本上是基于医生的行为,所以在这方面减轻患者的举证责任是公平和正义的要求"②。就毒物侵权行为与损害结果之间的因果关系而言,其棘手性与繁复性无可置疑。如第一章所述,其因果关系的证明除了受科学的不确定性影响外,还同样受到时间因素与偶然介入因素等多种内外因的影响。

然而,在丧失机会原则下,其仍采传统的"全有或全无"因果关系规则,患者仍应以优势证据甚至是高度盖然性证据,就机会丧失与医疗机构的过错行为或毒物侵权行为之间存在因果关系进行举证,而这正是患者在寻求机会丧失救济时遇到的一个关键性的难点。丧失生存机会原则虽在损害概念上进行了创新,为当事人提供了救济之可能,但因果关系存留的问题无疑成为当事人获得救济的一道艰难的障碍。

2. 救济结果。依据比例责任理论,各侵权人根据因果关系的可能性大小承担相应的责任,即使当事人丧失生存机会的可能性小于50%或原本生存机会低

---

① 参见陈聪富:《因果关系与损害赔偿》,北京大学出版社2006年版,第196页。

② [荷]米夏埃尔·富尔、[奥]赫尔穆特·考茨欧:《医疗事故侵权案例比较研究》,丁道勤、杨秀英译,中国法制出版社2012年版,第171页。

于50%,亦可获得比例赔偿,同时各侵权人仅对自己过失行为可能造成的后果承担责任,无须对当事人自身原因或其他因素可能引致的后果承担过度的责任。丧失机会原则虽然在一定程度上化解了传统规则的戾气,但因其举证责任的严苛性,导致生存机会降低值较小的患者难以获得赔偿。例如,密歇根州立法机构曾通过如下立法《密歇根州公司法》第600.2912(a)(2)条[Mich. Comp. Laws Ann. §600.2912(a)(2)]:在医疗事故诉讼中,原告负有举证责任,证明造成他(她)所受的伤害的近因极有可能是被告的过失;在医疗事故诉讼中,原告不得就丧失存活的可能性,或丧失实现较好结果的可能性造成的损失获得赔偿,除非该可能性大于50%。[①] 另外,对于在被告出现过失之前原告存活的可能性不足50%的救济,法院观点存在差异,在布恩诉威廉W.巴克斯医院[Boone v. William W. Backus Hosp.,864 A.2d 1 (Conn. 2005)]案中,法院要求丧失机会的原告证明,在被告出现过失之前,死者的幸存概率至少有51%。[②] 显然,此种观点并不利于生存机会原本就低于50%的患者,其干扰了丧失机会原则设立的初衷。

3.理论架构。比例责任要求以实际损害发生为基础,而丧失机会原则以机会丧失为基础。实际损害(actual harm)可视为原损害(primary harm),丧失机会可视为派生损害(derivative harm);丧失机会原则探察的是原告是否可就派生损害获得全部赔偿(fully compensated),而比例责任考量的是原告是否可就原损害获得部分赔偿(partially compensated)。[③] 正是由于丧失机会原则以丧失的机会抑或派生损害为基础,导致它在理论上与实务上均面临着两个难题,即丧失了避免损害发生机会的人在还未遭受损害前是否可以要求赔偿?丧失了避免损害发生机会的人并无实际遭受损害,可否要求对丧失的机会进

---

① 参见[美]小詹姆斯·A.亨德森等:《美国侵权法实体与程序》,王竹等译,北京大学出版社2014年版,第260页。

② 参见[美]小詹姆斯·A.亨德森等:《美国侵权法实体与程序》,王竹等译,北京大学出版社2014年版,第261页。

③ See Israel Gilead et al., *General Report: Causal Uncertainty and Proportional liability: Analytical and Comparative Report*, in Israel Gilead et al. eds., Proportional liability: Analytical and Comparative Perspectives, De Gruyter, 2013, p. 40.

行赔偿?[1] 根据机会丧失理论,丧失机会本身即可构成损害,故而若可证明因果关系之存在,即使尚未发生实际损害或最终未发生实际损害,当事人亦可针对单纯的机会丧失(loss of pure chance)要求损害赔偿。[2] 这势必泛化机会丧失理论的适用,向医疗机构或毒物侵权人施加过苛的责任,况且对于尚未发生或最终未发生的损害进行赔偿亦不符合侵权损害赔偿的原则,即"侵权损害赔偿应以损害的实际发生为前提"。[3] 如若不允许当事人就此等机会丧失获得赔偿,则自身的理论体系难以圆满。因此,虽然机会丧失理论之路径优于传统的规则,为患者提供了救济的可能,但它无法提供内在有机统一的理论支撑,其适用一方面可能造成对患者保护不周全,另一方面亦可能导致诉讼的滥化。相较之,比例责任的做法克服了这一理论亏缺,贯穿了侵权损害赔偿的传统原则,实现了传统理论与比例责任的有机连接,维护了侵权法理论体系的协调性,在解决实践问题的同时打通了机会丧失理论之堵点。

总之,在丧失生存机会的毒物侵权中,比例责任较丧失机会原则更能发挥矫治传统规则缺陷的作用。

三、我国丧失生存机会的毒物侵权中确立比例责任之可行性

(一)我国司法实践已为比例责任的采用孕育了土壤

我国法院处理丧失生存机会案件的判决理由中已蕴含了比例责任之精神。虽然暂未找到医疗机构、毒物侵权人与患者之间分担责任的丧失生存机会侵权案件,但我们已发现法院在处理丧失生存机会的纠纷中运用了比例责任的原理,同理可将之扩展适用于毒物侵权人参与的情形。

具言之,法院通常以认定存在间接(或一定)因果关系为前提,参考医疗过错行为参与度,判定责任承担的比例。法院认为被告诊疗行为与患者最终死亡后果之间不存在直接因果关系,而是存在间接(或一定)因果关系,进而参考被

---

① The American Law Institute, *Restatement of the law, Third, Torts: Liability for Physical and Emotional Harm* (as adopted and promulgated by The American Law Institute at Philadelphia, Pennsylvania, May 16, 2005), American Law Institute Publishers, 2010. § 26, comment n.

② See Anne L. M. Keirse, *Going Dutch: How to Address Cases of Causal Uncertainty*, in Israel Gilead et al. eds., Proportional liability: Analytical and Comparative Perspectives, De Gruyter, 2013, p. 244 – 245.

③ 参见王利明:《侵权责任法研究》(上卷),中国人民大学出版社 2010 年版,第 661 页。

告过错行为参与度要求其承担一定比例的赔偿责任。[①] 间接因果关系并非一种判断因果关系的标准，它仅是因果关系的一种类型，仅表明诊疗行为通过介入中间环节而产生损害后果，法院已经认识到诊疗行为与丧失生存机会的患者最终损害之间因果关系的特殊性，但难以用现有的因果关系判断学说来阐释，故欲言又止，接着参考司法鉴定中的"医疗过错行为参与度"，[②]要求被告对最终损害承担一定比例的责任。"医疗过错行为参与度的概念是由法医学鉴定中的损伤参与度的概念引申出来的，是指在同时存在医疗过错行为、患者疾病因素等众多致害因素的医疗纠纷事件中，判断医疗过错行为在患者发生的损害后果上的参与程度。医疗过错行为参与度的确定，是对过错医疗行为与损害结果之间因果关系的定量划分，是因果关系的进一步具体化、直观化，便于司法人员理解和适用，从而判断医疗机构是否应当承担侵权责任以及承担多大的侵权责任。"[③]也就是说，在医疗纠纷案件中，法院或受损害方可以要求司法鉴定机构对医疗过错行为与损害后果之间存在因果关系"可能性"进行鉴定，这种因果关系

---

① 此类判例可以分为两种类型，一种是法院直接根据医疗过错行为参与度确定当事人责任承担的比例。例如，山东省曹县人民法院(2013)曹民初字1089号民事判决；广西壮族自治区柳州市鱼峰区人民法院(2012)鱼民初(一)字第355号民事判决书；新疆生产建设兵团第十师中级人民法院(2012)农十民终字第00031号民事判决书；湖南省吉首市人民法院(2012)吉民初字第929号民事判决书。另一种是以医疗过错行为参与度为参考，结合案件其他因素，确定当事人承担责任的比例。例如，上海市第二中级人民法院(2003)沪二中民一(民)终字第2512号民事判决书；新疆维吾尔自治区乌鲁木齐市中级人民法院(2010)乌中民一终字第620号民事判决书。实践中亦有不少法官主张医疗过错行为参与度仅能作为判定责任的依据之一，例如，安徽省颍上县人民法院王颖法官：《医疗过错参与度不是确定赔偿比例的唯一认定标准》，江西省广昌县人民法院王长平、李夏莲法官：《医疗过失参与度是否等同民事赔偿责任比例?》。最高人民法院以指导性案例表明"参与度"并不是判定责任比例的唯一标准，参见荣宝英诉王阳、永诚财产保险股份有限公司江阴支公司机动车交通事故责任纠纷案，载《最高人民法院公报》2014年第8期。

② 原《侵权责任法》实施之前，医疗纠纷解决呈二元化局面(医疗事故损害赔偿依《医疗事故处理条例》和非医疗事故损害赔偿依原《民法通则》等民事法律规定)，以《医疗事故处理条例》为依据的《医疗事故技术鉴定暂行办法》规定医疗事故技术鉴定书应包括"医疗行为是否违反医疗卫生管理法律、行政法规、部门规章和诊疗护理规范、常规；医疗过失行为与人身损害后果之间是否存在因果关系；医疗过失行为在医疗事故损害后果中的责任程度"等内容。原《侵权责任法》和《民法典》的实施统一了医疗损害赔偿的法律适用，《医疗事故处理条例》不再作为人民法院判案的依据，对需要鉴定的，按照《全国人民代表大会常务委员会关于司法鉴定管理问题的决定》《人民法院对外委托司法鉴定管理规定》及国家有关部门的规定组织鉴定，司法鉴定的事项主要为"医疗行为是否存在过错"、"医疗行为与患者损害后果是否存在因果关系"以及"医疗行为的过错参与度"三项。

③ 刘鑫：《医疗损害鉴定之因果关系研究》，载《证据科学》2013年第3期。

可能性通常分为六个等级即完全因素、主要因素、同等因素、次要因素、轻微因素和无关因果关系，针对这六种因果关系可能性存在相应的不同比例的医疗过错行为参与度数值。① 由此可见，医疗过错参与度是采用模糊数学的方法建立因果关系的模糊等级，而不是对因果关系的精确划分，它是一个纯粹技术方面的概念，是仅通过技术手段而没有考虑案件的其他情况和责任划分所得出的事实因果关系的关联程度的数值。② 借此法官可综合案件的全部情形，判断医疗过错行为与丧失生存机会的患者的最终损害之间的因果关系的可能性大小，以量化角度确定此因果关系的可能性之比例，并要求被告承担与此比例相应的赔偿责任。

由此可见，比例责任理论并不背离我国的司法实践，恰恰为司法判决中难以阐述清晰之困提供了可供参考的理论依据，法官可以结合案件的具体情况通过其自由心证，将医学术语“参与度”科学地转化为法律术语“因果关系可能性之比例”，更可体现审判权的严肃性和司法判决文书的法律专业性，有助于维护司法的统一与权威。③

（二）比例责任域外适用经验为我国提供了借鉴之源

根据欧洲侵权法小组发布的部分国家比例责任研究报告，欧洲主要国家、美洲与非洲部分国家或立法小组在丧失机会侵权中适用比例责任的统计如表2所示。④

---

① 参见张四平、黄伟宣、程时和、李新、孙岩：《机会丧失医疗损害的鉴定》，载《中国司法鉴定》2013年第3期；彭书雅、夏文涛：《机会丧失医疗纠纷因果关系及参与程度鉴定分析》，载《证据科学》2013年第3期。

② 参见刘鑫：《医疗损害鉴定之因果关系研究》，载《证据科学》2013年第3期。

③ 由于医疗纠纷具有很强的专业，故法院判案十分信赖司法鉴定结论，但笔者认为司法鉴定结论中医疗过错行为参与度仅可作为法官判定责任大小的依据，鉴定结论不得僭越其性质定位与功能界线。持此观点的学者不在少数，参见张新宝、明俊：《侵权法上的原因力理论研究》，载《中国法学》2005年第2期；刘兰秋、赵然：《我国医疗诉讼鉴定制度实证研究》，载《证据科学》2015年第2期；刘鑫：《医疗损害鉴定之因果关系研究》，载《证据科学》2013年第3期；周敏、邵海：《医疗损害司法鉴定与司法裁判：背离困境与契合构想》，载《甘肃政法学院学报》2015年第3期；张四平、程时和、孙岩、刘书唱：《机会丧失分析在医疗损害鉴定中的应用》，载《中国司法鉴定》2014年第1期。

④ See Israel Gilead et al., *General Report: Causal Uncertainty and Proportional liability: Analytical and Comparative Report*, in Israel Gilead et al. eds., Proportional liability: Analytical and Comparative Perspectives, De Gruyter, 2013, p. 43 – 44.

表 2　域外部分国家适用比例责任的情况统计

国家	全有或全无路径	比例责任路径	其他路径	具体说明
奥地利			√	治愈机会丧失原则不适用,但如果双方均有潜在的致损原因,则可适用比例责任;(特定的)将来获利的损失可获得全部赔偿
捷克共和国	√			
丹麦	√			若达到举证要求,应获得全部赔偿
英国	√	√		目前仅在纯粹经济损失中适用比例责任,若此等经济损失是可赔偿的。在人身损害中适用比例责任目前尚未被承认,但将来很可能被认可
法国		√		即使丧失机会低于 10%,亦可获得赔偿。但更倾向将丧失机会视为损害问题而非因果关系问题
德国	√			
希腊	√			依据将颁布的法律,比例责任的适用争议颇大
以色列		√		仅在丧失治愈机会的情形下,极少在丧失治愈机会超过 50% 的情形中适用
意大利		√		在丧失存活或康复机会或赢得比赛机会的情形下可适用比例责任
荷兰	√	√		基于个案分析的基础且取决于丧失机会的真实性
挪威	√			除非权利主张者可以证明因果关系,否则不课加责任
波兰		√		丧失治愈或改善健康状况的机会作为独立的损害(财产或非财产的损害)——根据法院的自由裁量权来分担责任
南非	√	√		比例责任仅适用于获得利益机会丧失(期待利益的落空)
西班牙		√		比例责任适用于针对医生和医院的诉求(丧失治愈或存活的机会)和律师的诉求(丧失诉讼机会)
瑞士			√	法院拒绝承认丧失机会,但学说上认可比例责任;法院依强大的司法裁量权已判予部分责任

续表

国家	全有或全无路径	比例责任路径	其他路径	具体说明
美国		√		仅在医疗不当案件中,当可能性低于证明标准的要求时
欧洲侵权法原则		√		《欧洲侵权法原则》第3:106条

可见,在参加此项目的17个国家或立法小组中,在丧失机会侵权中适用比例责任的共10个,并不在少数,它们包括了立法技术、司法实践与理论研究较为先进的美国、英国、法国、意大利和荷兰。这些国家对比例责任的适用已有丰富的理论研究基础与司法实践经验。故我国可以在汲取域外较为成熟的经验基础上,结合我国审判实践,在有限情形下适用比例责任。

四、我国丧失生存机会的毒物侵权中比例责任的具体适用

(一)适用比例责任的基本原则

比例责任理论摒弃了传统因果关系理论,以比例因果关系理论为前提,以因果关系可能性之比例为分担责任的依据,在责任构成与责任承担双层面均产生了一定的冲击性。遂引发一关键问题,即传统"全有或全无"理论与比例责任理论两者适用的界限为何?一般情形下应适用传统的因果关系判断理论与责任分担规则,但在因果关系不明的侵权中,当适用传统理论将导致不公平、非正义时,如若可以得到关于因果关系概率的可信赖证据且考虑到此类案件所涉及的利害关系时提供这些证据的费用是合理的,①则比例责任理论可作为弥合传统理论缺陷的一种可供选择的补充性救济路径。丧失生存机会的毒物侵权正是可适用比例责任的情形。就比例责任在丧失生存机会的毒物侵权中的具体适用而言,可借鉴荷兰法的做法,比例责任的适用以个案分析为基础。"在具体的案件中,法院应考察所违反的标准的制定意旨、违反的性质和损害的性质等,综合考虑此等因素从而判断是否适用比例责任。如若适用比例责任,则侵权人

① 参见杨垠红:《多因不明侵权中比例责任之适用》,载《政法论坛》2013年第4期。

所承担的责任将根据其他原因导致损害的可能性比例予以减少。”[①]

(二)比例责任中“比例”的判断标准

在适用比例责任的情形下,因果关系的可能性是最为关键的问题。[②] 关于因果关系可能性之比例的判断主要有三种方式,即贡献度、可能性和法官的心证。

1. 以贡献度作为比例的判断标准

以贡献度(substantial factor)作为比例的判断标准,该学说以日本的野村好弘教授为代表。该学说认为“事实因果关系之存否应以‘该当原因对结果发生有何种程度之贡献’而从量的程度来加以把握。此处的贡献度,是参考科学上的知识并以法的价值判断或政策考虑为核心”[③]。采用贡献度为比例的方法,实际上是判断侵权行为人的过错行为是否是造成损害的实质性因素。它要求当事人以高度盖然性的标准证明贡献度之存否,并以贡献度大小对因果关系进行比例认定。

2. 以可能性作为比例的判断标准

依此标准,责任分担的可能性是基于被告引发的事前风险(ex ante risk),而非原告已经遭受损害的可能性的事后评估(ex post assessment)。[④] 即责任分担的依据在于被告行为引发的风险与最终损害之间事实因果关系的可能性比例,该比例一般可根据医学鉴定或统计学数据来认定。试举英国判例加以说明:“Simon Brown 法官在 Hotson 一案中指出,被告行为具有过失,且该过失行为具有发生不良医疗结果之实质危险性,该危险程度可得确定时,原告就其丧失机会的范围内,得以获得比例部分之赔偿。故该案中,被害人之损害为 4.6

---

① Anne L. M. Keirse, *Going Dutch: How to Address Cases of Causal Uncertainty*, in Israel Gilead et al. eds., Proportional liability: Analytical and Comparative Perspectives, Berlin/Boston, De Gruyter, 2013, p. 43.

② See Anne L. M. Keirse, *Going Dutch: How to Address Cases of Causal Uncertainty*, in Israel Gilead et al. eds., Proportional liability: Analytical and Comparative Perspectives, Berlin/Boston, De Gruyter, 2013, p. 244.

③ 李小芬:《医疗民事责任因果关系之研究》,台湾大学法律研究所 2008 年硕士学位论文,第 80 ~ 81 页。

④ See Israel Gilead et al., *General Report: Causal Uncertainty and Proportional liability: Analytical and Comparative Report*, in Israel Gilead et al. eds., Proportional liability: Analytical and Comparative Perspectives, Berlin/Boston, De Gruyter, 2013, p. 2.

万英镑，被告过失行为剥夺原告25%的治愈机会，因而原告可请求1.15万英镑，加上150英镑的精神痛苦损害赔偿。”[①]

3. 以法官的心证作为比例的判断标准

以法官的心证来认定比例的方法又称为“确率的心证论”“依心证度比例决定损害额”“依法官具体心证而为比例认定说”，无论其称呼为何，此等学说的实质在于依靠法官的自由心证就案件的具体情况来判定因果关系的比例，从而决定赔偿的数额。该学说的推崇者是日本学者仓田卓次教授，东京地判1970年6月29日判决对此作出了肯定。该学说主要适用于肯定因果关系与否定因果关系的证据并存，而法官审视所有证据后仅能认定因果关系存在之可能性的案件中，此时，法官并不对因果关系存否作出判定，而是根据因果关系存在之可能性比例判给受害人相应比例的赔偿。

4. 三种方式的比较分析

就以贡献度为比例的判断标准而言，究其本质，是以实质因素说来弥补条件说的缺陷，正如野村好弘教授在提出贡献度学说时指出，“向来均以条件理论判断事实上因果关系之存在，但也有许多无法适用条件理论判断的例子，此时，以行为人之行为是否系产生结果之重要因素的实质因素说即发挥补充条件理论之机能；申言之，辨析因果关系时用行为对结果的贡献度，即实质因素（substantial factor）来考虑”[②]。不难发现，贡献度学说实则为实质因素说，即如果被告行为是原告伤害的重要因素，则应认定存在侵权诉因。[③] 它并非完全符合严格意义上的比例因果关系特征，贡献度学说要求侵害行为构成引致损害结果的重要因素时，方可认定因果关系，然比例因果关系的本质在于仅认可因果关系的可能性比例，并不要求侵害行为必须构成导致损害的重要因素，即侵害行为的贡献度无须达到实质性或重要性的程度。

就可能性标准而言，它以被告行为引发的事先风险造成损害的可能性来判断因果关系可能性之比例，以科学证据为依托，符合事物发展的正常规律，而不

---

① 陈聪富：《因果关系与损害赔偿》，北京大学出版社2006年版，第196～197页。

② 李小芬：《医疗民事责任因果关系之研究》，台湾大学法律研究所2008年硕士学位论文，第80～81页。

③ Anderson v. Minneapolis 146 Minn. 430；179 N. W. 45（1920）.

是事后的主观臆断。[①] 可能性标准的采用,可以较公平地在侵权人行为、受害人自身原因、自然因素或其他可能致害原因之间分担相应的责任。试举一例加以佐证,毒物侵权人甲给乙造成了人身损害,乙去医院救治的途中恰巧被三块因自然力从山上滚下的石头砸中,继而被送往医院救治,因医院疏忽与延误导致乙生存机会仅存10%。经专家鉴定,即使乙被及时救治,生存的机会可能仅为40%,因而医院认为乙是因甲的原因遭受损害而终至死亡的,应由甲承担责任。甲却主张医院未合理救治亦应承担责任。乙遂起诉要求医院、甲承担赔偿责任。面对此等复杂的多因不明侵权案件,宜适用比例责任之解决方法,根据当事人行为、自然力各自引发风险造成损害的可能性分担责任,即医院行为导致受害人损害的可能性为30%(10%~40%),假设通过鉴定甲对乙可能造成的损害为30%,其他三块石头导致受害人损害的可能性各为10%(30%/3),因此医院应承担30%的损害赔偿责任,甲应承担30%的损害赔偿责任,剩余的40%损害是受害人自身应承担的风险。

法官的心证说相较于其他两种方式具有较大的弹性。故对此说有一质疑,即法官的心证是法官根据双方当事人的举证程度而形成的主观判断,具有较大的任意性,难以保障类似判决的统一性。虽然如此,但不论采用何种比例判断标准,采用何种因果关系学说,衡量何种证明标准,无不需要通过法官发挥能动性,通过其内心公平正义的权衡加以最终确定。尤其是在因果关系不明的侵权中,如果科学证据是相互矛盾的(如有些专家说是,另外有些专家说不是),那么将由法官作决定。[②] 换言之,"面临不信服的证据(指证据尚有被驳斥或否定的可能性,并不产生结论或确定的结果)挑战时,可以信任法官会合理地估算应课加给被告的适当比例的责任"[③],故而笔者认为以法官的心证判断因果关系的比

---

① 可能性的判断标准为欧洲侵权法小组以及大陆法系与英美法系不少国家理论与实践所认可。See Israel Gilead et al., *General Report: Causal Uncertainty and Proportional liability: Analytical and Comparative Report*, in Israel Gilead et al. eds., Proportional liability: Analytical and Comparative Perspectives, De Gruyter, 2013, p. 2.

② 参见[荷] J. 施皮尔主编:《侵权法的统一:因果关系》,易继明等译,法律出版社2009年版,第123页。

③ Olivier Moréteau, *Causal Uncertainty and Proportional Liability in France*, in Israel Gilead et al. eds., Proportional liability: Analytical and Comparative Perspectives, Berlin/Boston, De Gruyter, 2013, p. 150.

例,有其存在之必然与可取之处,但不宜作为单独适用的判断标准。

综上观之,基于前文所述我国司法实践处理丧失生存机会的毒物侵权的实际情况,我国法院应以"可能性"(结合司法鉴定的结论)作为比例的主要判断参考,同时运用自由心证之灵活性武器,依个案作出尽量贴近事实的公正判决。

第二节　产品毒物侵权中比例责任(市场份额责任)的适用

20 世纪 80 年代,美国经济空前繁荣,新型工业、科技发展迅速,因此导致诸如石棉中毒、重金属污染、DES 药害等大规模产品侵权案件频发。此类案件由于规模大、受害人与加害人数量均不确定,使得受害人求偿受限甚至无法获得赔偿。对此美国法院创新性地提出了市场份额责任(market share liability)理论。该理论突破了传统的产品责任规则,对美国法院审理加害人不明的大规模产品侵权案件具有重要的工具价值。近年来,我国同样面临风险社会下的大规模侵权问题。适时引入市场份额责任理论对于解决我国产品毒物侵权问题、完善产品责任法律体系、保障消费者合法权益等具有重要的意义。不过,我国的法律环境及诉讼规则与美国法仍存在较大的差异,对于市场份额责任的法律移植应当追本溯源,攫取精华,立足于我国法律实际,适时、适当地对其进行吸收消化,方能正确发挥其制度价值。

一、市场份额责任的阐释

(一)市场份额责任的确立与发展

所谓市场份额责任理论,是指在复数企业的缺陷产品致人损害而又不能证明具体是哪个企业的产品致害时,由所有生产企业按其产品占有市场的份额对被害人承担赔偿责任的一种判例规则。[①] 它是美国法院在面对大规模产品侵权中由于加害人不明且受害人难以举证查明导致救济不能的法律困境而创设的

---

① 参见鲁晓明:《论美国法中市场份额责任理论及其在我国的应用》,载《法商研究》2009 年第 3 期。

一种制度。在此之前，对于产品侵权案件中因果关系不确定的难题，美国学者及其法官尝试借助其他的一些理论工具进行解决，而最终市场份额责任脱颖而出，受到多数法院的青睐。

1. 辛德尔案与市场份额责任的确立

市场份额责任理论是在美国DES产品责任诉讼浪潮中逐渐确立与发展起来的，其最初可以追溯到20世纪80年代的美国加利福尼亚州的辛德尔诉阿伯特实验室案（以下简称辛德尔案）。[①] DES即“乙烯雌酚”，系20世纪30年代人工合成的一种化学物质。在其诞生之初，研究人员发现其能够对孕期妇女的妊娠综合征起到有效的预防作用，因此在随后的几十年间被作为安胎药广泛地投放到美国市场。但随着研究的深入以及一些症状的出现，人们开始发现那些孕期服用过DES的妇女的女性后代可能罹患一种与DES存在极大关联性的“特征性疾病”——阴道透明细胞腺癌（clear-cell adenocarcinoma of the vagina）。[②] 辛德尔即是其中之一的受害者。在辛德尔案中，辛德尔的母亲在妊娠期服用了含有DES成分的安胎药，导致辛德尔在成年时罹患癌症，辛德尔据此以过失、严格责任、违反明示和暗示担保等传统产品责任为由向阿伯特实验室及其他五家生产DES药物的公司提起集团诉讼。然而初审法院驳回了原告的起诉，原因在于该案中被告销售的产品与受害者的损害之间的因果关系无法确定，导致难以确定适格的被告：一方面DES的化学结构单一，又被记载于《美国药典》（*United States Pharmacopoeia*）之中，其生产制造并无技术门槛，大量公司以“无商标药品”的形式进行生产销售，且医生在开出处方时通常以通用的DES名称，并未指向特定商品，因此原告通常无法确定自己服用的DES由哪一个被告生产；加之从受害者母亲服用DES到受害者罹患癌症之间具有漫长的潜伏期，这一过程中制药公司的流动性极大，甚至早已破产。另一方面受害者在发现患病之前也不会刻意保留凭证，导致一些可能确定被告的证据也随时间佚失。据统计，在辛德尔母亲服用DES时期，市场上约有200家公司同时生产此类药物，因此想要确定受害者究竟服用的是哪家公司的产品，几乎是不

---

① Sindell v. Abbott Labs.,607 P.2d 924,928(Cal.1980).

② 参见孙大伟：《市场份额责任理论研究：以普通法侵权解释理论为基础》，上海人民出版社2012年版，第9页。

可能的事情。[①] 为了解决因果关系不确定的难题,原告律师试图从选择责任、一致行动以及泛行业责任理论入手,通过论证被告们具有密切一致的生产行为及整体联系从而使其承担责任,但缺乏足够的说服力而被法院驳回。[②]

辛德尔的律师首先主张选择责任,但法院拒绝将其适用于 DES 案。原因在于,在 DES 案中,漫长的潜伏期与庞大的生产商及销售记录的缺失等情形不仅困扰原告,也同样困扰被告。选择责任要求起诉所有的可能被告,并假设由其承担责任。但对于辛德尔案而言,DES 的生产商有 200 多家,要其承担选择责任显然是不现实的。这些公司销售量有多有少,在连带责任背景下,要求其承担同样的责任显然不公平。法院同样拒绝了原告所主张的被告之间存在默示一致的观点,而认为被告之间的行为实际是普遍认可的行业惯例,如果将"一致行动"的概念扩大到该领域,则实际背离其本质。最后法院同样拒绝了泛行业责任理论的适用,原因在于泛行业责任通常适用于生产商比较集中、彼此联系密切、具有较强的控制力的行业,而 DES 生产商是零散分布的 200 多家中小型公司,恰恰不属于行业责任的范畴。

在原告无法确定真实被告的情况下,法院通常将会驳回起诉,拒绝提供救济。但辛德尔案中暴露出来的因果关系不确定问题是一种系统性难题。由于 1947 年至 1971 年有 500 万至 1000 万的美国孕妇服用过该药,[③]她们面临的问题是类似的,虽能确定疾病的原因但大量的受害者却得不到救济,若不能妥善解决此类问题,将背离法律的公平救济价值,亦有悖于普罗大众的正义观念。鉴于此,加利福尼亚州最高法院虽然没有认可原告提出的各种既有产品责任理论,但从法理以及公共政策的角度要求被告对原告的损害承担责任,并给出了三项理由:首先,是对社会现实的积极回应。随着社会科技的发展,诸如 DES 这种具有可替代性(fungible)的商品大量出现,因果关系不明导致受害者无法确定被告的情况将会更加普遍,这种情况下,调整既有责任与因果关系制度被

---

① See Debra L. Scammon & Mary Jane Sheffet, *Market Share Liability: An Analysis since Sindell*, 11 Journal of Public Policy & Marketing, Vol. 11, p. 1(1992).

② See Edward J. Schoen et al., *An Examination of the Legal and Ethical Public Consideration Underlying DES Market Share Liability*, Journal of Business Ethics, Vol. 24, p. 143(2000).

③ See Richard Russell, *The Causation Requirement: Guardian of Fairness or Obstacle to Justice? —Making Sense of a Decade of DES Litigation*, Suffolk U. L. Rev., Vol. 25, p. 1071(1991).

认为是妥当的。其次,符合诉讼双方的相对状况,因果关系无法证明的主要原因在于副作用具有潜伏性,而这恰恰是被告生产的药物属性所致,所以原告对因果关系无法举证是可被谅解的,从法律的价值取舍上看,让销售缺陷产品的实力雄厚的众多被告承担责任显然比要求无辜原告接受损害更为合理。最后,从法律政策的角度看,一方面,被告可以通过价格、保险等方式分散责任成本;另一方面,这种责任的承担也能促使被告在产品安全性上提高警惕。[①]

在冲破了既有制度的限制之后,为了解决辛德尔案被告的责任承担问题,加利福尼亚州最高法院创造性地提出了市场份额责任理论,认为这些 DES 的生产商对于 DES 的生产流通至少存有过失,因此令其承担责任是合理的,在具体到责任的分配上,则按照各个生产商所占之市场份额衡量其致害可能性,从而按比例对原告的损害承担责任,除非被告能够证明其并未生产造成原告损害的 DES(如该 DES 厂商证明在原告出生后才开始生产 DES)。原告想要依据市场份额责任理论实现损害赔偿请求权,则必须:第一,致害产品是一种具有可替代性的商品,即该商品是按统一规则与标准普遍生产、销售的;第二,损害是由于产品的设计缺陷而产生的,且这种缺陷导致被告的产品均具有不合理的危险性;第三,原告自始不能确定真正加害人;第四,原告应当起诉代表市场实质份额的同种或可替代商品的生产商。[②] 加州最高法院成为第一个适用市场份额责任的法院,标志着市场份额责任理论的真正确立。

2. 辛德尔案与市场份额责任的发展

虽然仍然存在较多的争议,但因为能够妥当地解决因果关系不确定带来的救济不公问题,市场份额责任在创立之初就引起各国法律界的普遍关注。虽然法律传统不同,但是大陆法系的国家和地区对市场份额责任同样表现出了巨大的兴趣。尤其是欧陆各国及日本,同样在 20 世纪 50 年代至 70 年代亦发生大规模的"TLD"药害事件。[③] 市场份额责任理论的出现为救济此类产品毒物侵权开

---

① See Sindell v. Abbott Labs. ,607 P. 2d 924,937(Cal. 1980).

② See Sindell v. Abbott Labs. ,607 P. 2d 924,937(Cal. 1980).

③ TLD 即沙利度胺,是 Thalidomide 的缩写,俗称反应停。20 世纪 50 年代在西德首次合成,由于临床上能够有效治疗孕吐而在全球范围内广泛生产,但后来发现其具有生殖毒性,孕期妇女服用后可能产下"海豹畸形儿",因此撤出临床。

启了新的思路,引起大陆法系的学者广泛讨论。在此后的欧洲统一侵权法编写过程中,欧洲侵权法小组更是把市场份额责任的案例放入了“不确定因果关系”的讨论之中,要求不同国家的学者阐明各自国家对该理论的态度及本国的司法适用状况。①

奥地利对于市场份额责任理论持一种比较积极的态度。奥地利学者认为在此类案件中,每个生产商都因自己的产品造成了部分损害,因此生产商应当对该产品造成的与自己所占市场份额同比例的损害后果承担责任。②

比利时并不支持市场份额责任的适用,在比利时的司法判例中也没有 DES 案的类似判例。原因在于比利时法院不支持没有确定侵权人的诉讼。欧盟产品责任指令并没有对因果关系进行明确界定,在比利时产品责任案中的因果关系将以等同论进行推断,不能确定有毒产品的实际生产者的起诉将被驳回。③

英国法院同样没有接受市场份额责任理论,原因在于 DES 案中的因果关系过分不明确,与英国的判例传统相悖。④

法国法院没有类似市场份额责任的判决,但法国学者倾向于通过程序的改变而使得每个生产商能够承担起与自身所占市场份额相匹配的责任。⑤

在德国,责任的承担要求侵权行为与受害者之间具有确定的、必然的因果关系,而 DES 案中的受害者无法就自身损害与每一个独立生产商之间建立起确定的因果关系,因此德国最高法院并未出现有关市场份额责任的判例。但德

---

① 该示范案例是这样的:许多制药厂(D1 - D20)过失生产某药品,D1 的市场占有率为 50.01%,D2 为 15%,其他公司的市场份额从 0.5% 到 3% 不等,D20 大概有 0.5% 的市场份额。该药品能导致潜伏期很长的严重伤害,发病在 10 年后。药品严重损伤了 P1/25000,但经年已久,他们根本指不出当初是从哪个药厂买的药。这里我们得先假设,总的损害结果可归因于 D1 - D20,但他们造成的损害各不相同。参见[荷]J. 施皮尔主编:《侵权法的统一:因果关系》,易继明等译,法律出版社 2009 年版,第 8 页。

② 参见[荷]J. 施皮尔主编:《侵权法的统一:因果关系》,易继明等译,法律出版社 2009 年版,第 28 页。

③ 参见[荷]J. 施皮尔主编:《侵权法的统一:因果关系》,易继明等译,法律出版社 2009 年版,第 49 页。

④ 参见[荷]J. 施皮尔主编:《侵权法的统一:因果关系》,易继明等译,法律出版社 2009 年版,第 68 页。

⑤ 参见[荷]J. 施皮尔主编:《侵权法的统一:因果关系》,易继明等译,法律出版社 2009 年版,第 83 页。

国学者倾向于将来可能会接受或发展此类判决。[①]

依照意大利的法律传统，类似 DES 案的受害者并不能从生产商中获得赔偿。但意大利学者认为被告应当按照市场份额或出资比例承担责任，只是意大利没有类似于集团诉讼的法律手段，因此难以对其适用市场份额责任。[②]

瑞士虽然同样没有出现类似的判例，但根据瑞士侵权法的改革方案及精神，接受市场份额责任理论成为一种倾向，瑞士《侵权责任法(草案)》第 49 条允许按照市场份额来分配损失，在学者看来这种解决方案要优于连带责任。[③]

由此可见，尽管按照目前的法律，仅部分大陆法系国家支持市场份额责任的判决，但对于市场份额责任在应对因果关系不确定问题上的优越性，学者们还是普遍表现出了认可，市场份额责任也成为各国法律改革的方向之一。这种认可在欧洲侵权法小组的态度中表现的更为明显，《欧洲侵权法原则》(Principles of European Tort Law)明文规定了市场份额责任，[④]他们认为在此类案件中众多原告与潜在被告之间的因果关系是十分明显的，如果仅仅因为无法确定实际加害人而放弃救济是十分残忍的，市场份额责任将被告造成的损害推定为与其市场份额大致相同，进而以相对明确的市场份额作为损害归因标准，相对于其他的理论工具而言，这种方案能够较为准确地推定出生产商的应有责任，属于比较之下的最优解。[⑤]

美国作为市场份额责任的发源地，辛德尔案虽然确立了市场份额责任的雏形，但同样也留下了许多争议，如未对其中作为被告身份认定标准的实质性份额做出说明、缺乏对市场的精确定义等。然而这些问题并没有影响该理论的发

---

① 参见［荷］J. 施皮尔主编：《侵权法的统一：因果关系》，易继明等译，法律出版社 2009 年版，第 100 页。

② 参见［荷］J. 施皮尔主编：《侵权法的统一：因果关系》，易继明等译，法律出版社 2009 年版，第 126 页。

③ 参见［荷］J. 施皮尔主编：《侵权法的统一：因果关系》，易继明等译，法律出版社 2009 年版，第 170 页。

④ 《欧洲侵权法原则》第 3 条、第 103 条第 2 款规定："在有多数受害人，但不能清楚确定特定受害人的损害是否由某一行为引起时，即使该行为可能没有引起所有损害，也应根据该行为引起特定受害人的损害的可能性，认定其为所有受害人所遭受损害的原因。"

⑤ 参见欧洲侵权法小组：《欧洲侵权法原则：文本与评注》，于敏、谢鸿飞译，法律出版社 2009 年版，第 82 ~ 86 页。

展,由于20世纪七八十年代美国的大规模产品毒物侵权案件频发,在加州法院作出按照市场份额进行损害归因的判决之后,该理论迅速地得到了多数法官的青睐,使得越来越多的法院开始考虑市场份额责任的制度价值。学者、法官不断地推动该理论的发展,使之更加成熟,随后《美国侵权责任法第三次重述》产品责任部分亦对市场份额责任作出了具体规定。可以说,真正推动市场份额理论发展的,是美国各州法院推陈出新的判决。

(二)美国市场份额责任的阐析

自辛德尔案确立市场份额责任理论以来,至少有九个州的美国法院明确表示了拒绝而依然要求原告提供盖然性的因果关系证明证据,但也有不低于八个州法院或多或少采纳并发展了该理论。[①] 市场份额责任理论在美国经过几十年的发展,相继产生了以各州最高法院判决为代表的几种市场份额责任模式,由于每种模式下的市场份额责任中被告的因果关系证明责任与赔偿责任均有所区别,因此分别进行阐述。

1. 加利福尼亚州模式

加利福尼亚州最高法院对辛德尔案的判决可算作市场份额责任的滥觞,在开创新河的同时也如同打开了潘多拉魔盒,引发了许多争议:第一,如何确定市场的范围?所谓的市场是仅限于全国市场还是包括州市场或更低层级的市场。第二,实质性份额中的实质性要求该如何理解?加州最高法院作出市场份额责任判决的启发来自一篇论文,而该论文建议设置70% ~80%的市场份额门槛,[②]但法院没有采纳该建议而仅要求实质性份额,却没有对实质性份额作出解释。第三,各被告对于原告承担的是连带责任还是按份责任。

在此后另一起"DES"案件——布朗诉高等法院(Brown v. Superior Court)案[③](以下简称Brown案)中,加州最高法院对辛德尔案中关于被告责任形态的争议作出了回答。对于该案,下级法院认为市场份额责任中诸被告承担的是按

---

① 参见王竹:《试论市场份额责任在多因大规模网络侵权中的运用——以"艳照门"事件为例》,载《政治与法律》2008年第4期。

② See Naomi Sheiner, *DES and a Proposed Theory of Enterprise Liability*, 46 Fordham Law Review, Vol. 46, p. 963(1978).

③ Brown v. Superior Court, 751 P. 2d 470(Cal. 1988).

份责任。而原告向加州最高法院上诉，主张被告应当承担连带责任，即使法院认为连带责任不妥必须采取按份责任，被告的赔偿责任也应当以其份额为基础进行比例扩张，确保原告能够得到充分救济。但加州最高法院认为这种主张违背了市场份额责任的本意：市场份额责任的核心在于通过各被告所占的市场份额以衡量其造成损害的可能性，并以此作为确定责任的客观依据，进而使得被告实际承担的责任与其原本应当承担的责任等同。在此目的下，要求任意被告均对原告承担连带责任，实际不是以致害可能性而是以被告的财务能力作为承担责任的基础，将使超额被告承担起额外的追偿成本及追偿不能的风险。[①] 因此，在加州模式中数个被告对原告承担的是一种按份责任。但由此产生的弊端在于若数个被告的市场份额总和低于100%，则原告的获偿将不充分。

除了对责任形态阐明观点之外，在墨菲诉E. R. 施贵宝 & 颂斯公司(Murphy v. E. R. Squibb & Sons, Inc.)[②]案中，加州最高法院也对实质性份额作出了初步阐释。在该案中，原告主张所谓的实质性份额应当根据具体案件而有所变化，因此虽然施贵宝公司所占市场份额仅为10%，但其乃美国第二大DES生产商，因此应当认为其满足实质性份额的要求。加州最高法院拒绝了这一主张，指出实质性份额要求的目的在于消除市场份额责任下将举证责任转移给被告带来的不公平之处，被告仅占10%市场份额，则其致害可能性也仅为10%，并没有满足适用市场份额责任的门槛条件。[③] 此案得出的结论是实质性份额应当高于10%，遗憾的是，加州法院仍未就具体门槛作出释明，实质性份额要求仍是一种不确定的标准。

2. 华盛顿州模式——市场份额选择责任

华盛顿州最高法院在马丁诉雅培实验室(Martin v. Abbott Labs.)案[④](以下简称Martin案)中提出了市场份额责任的一种新版本——市场份额选择责任(Market Share Alternative Liability)。华盛顿州法院认为，DES生产商毋庸置疑地应当对其行为承担责任，一方面其将公众暴露于危险之中并确实造成损害，

---

① See Brown v. Superior Court, 751 P. 2d 470, 486 – 487 (Cal. 1988).

② Murphy v. E. R. Squibb & Sons, Inc. 710 P. 2d 247 (Cal. 1985).

③ See Murphy v. E. R. Squibb & Sons, Inc. 710 P. 2d 247, 255 (Cal. 1985).

④ Martin v. Abbott Labs., 689 P. 2d 368 (Wash. 1984).

另一方面由其承担责任更易于通过价格或保险手段将成本转嫁出去。问题在于应当以何种方式合理地确定数个被告的责任。华盛顿州最高法院拒绝了原告提出的一致行动、泛行业责任、市场份额责任以及选择责任之后，认为合并市场份额责任与选择责任相对而言较为公平。①

在该理论下，法院对适格的被告并无实质性份额要求，而仅要求原告证明：第一，其母亲服用过 DES；第二，其损害为 DES 造成；第三，被告生产或销售了该类 DES 商品；第四，被告的行为违反了其负有的对原告的法律上义务。换言之，该模式下原告可仅起诉一个被告。而被告想要实现免责则必须证明其商品并未与受害者接触——未生产或销售过此类 DES，或未在原告母亲孕期生产或销售过此类 DES，或未在原告母亲购买或服用 DES 的相关区域生产或销售过此类 DES。无法对这些举证的被告则被首先推定为拥有相同的市场份额并以此为比例承担责任，而被告可以对这种等额推定进行反驳，证明自己所占实际份额小于推定份额，而未能证明的被告将被重新调整责任份额。同时法院也允许被告为了降低其责任份额证明其实际份额而使未被起诉的生产商加入诉讼的行为，因为如果各被告均能证明实际份额小于推定份额，则原告将无法获得充分赔偿。② 该观点后来也被佛罗里达州最高法院所援引。③

3. 威斯康星州模式

威斯康星州最高法院在柯林斯诉礼来公司（Collins v. Eli Lilly & Co.）案（以下简称 Collins 案）中否定了选择责任、一致行动及泛行业责任的适用，就市场份额责任也表现出了对其实际适用性的怀疑，最终，法院并未完全接受市场份额责任，而是创设了一种新的理论——危险分担理论来解决被告间的责任分配问题，市场份额仅作为分配损害的一种相关要素予以参考。④

法院认为 DES 生产商不仅造成了损害，更是对公众造成了一种不合理的

① See Debra L. Scammon & Mary Jane Sheffet, *Market Share Liability: An Analysis since Sindell*, 11 Journal of Public Polic & Marketing, Vol. 11, p. 5 (1992).

② See Edward J. Schoen et al., *An Examination of the Legal and Ethical Public Consideration Underlying DES Market Share Liabiliyt*, Journal of Business Ethics, Vol. 24, p. 145 (2000).

③ See Conley v. Boyle Drug Co., 570 So. 2d 275 (Fla. 1990).

④ See Thomas J. Currie, *Rlisk Contribution: An Undesireable New Method for Apportioning Damages in the DES Cases*, the Journal of Corporation Law, Vol. 10, p. 743 – 755 (1984 – 1985).

危险,因此生产或销售 DES 的生产商都应当对这种不合理危险承担责任。依据该理论,原告同样可以仅起诉一个被告,并从中获得全部赔偿,当然原告需以优势证据证明其母亲服用过 DES 并由此产生药害,被告在相关时间、地域内生产过此类 DES,这些与 Martin 案大致相同。但在威斯康星州模式下,即使原告不能确切证明其母亲服用过 DES,只要能够证明被告在相关时间、地域内生产过此类药品,举证责任就将转移于被告。为了在被告间公平分配责任,法院允许被告对第三方生产商进行起诉。

在损害责任确立后,法院将根据每个被告造成损害的危险比例分配赔偿责任。这部分通常要考虑以下因素:第一,被告是否对 DES 尽到了充分的安全检测;第二,被告在申请 FDA 批准该药时所起的作用;第三,被告在相关领域的市场份额大小;第四,被告的市场地位;第五,被告是否对 DES 的危险进行警示;第六,被告在知道或应当知道存在危险后是否继续生产 DES;第七,被告是否采取措施减少危险。[①] 可见,在威斯康星州模式下,法院主要根据被告对不合理危险的原因力而非仅依据市场份额进行责任分配。

4. 纽约州模式——国家市场份额责任

纽约州上诉法院在希莫威茨诉礼来公司(Hymowitz v. Eli Lilly & Co.)案[②]中(以下简称 Hymowitz 案)确立了市场份额责任的另一修订版本——国家市场份额责任(National Market Liability)。该模式摒弃了以区域市场为基础的市场份额责任,认为系 DES 对全国民众造成的普遍损害。因此,国家市场份额责任实际是以 DES 生产商对公众造成的普遍损害作为责任基础。一方面依据国家市场份额责任,原告可以对所有的 DES 生产商进行起诉,且原告在证明其母亲在孕期服用过 DES 以及被告生产、销售过 DES 两项事实之后,举证责任将转由被告承担。另一方面,被告的过错是建立在其对公众造成的普遍损害而非某个特定原告的损害上,因此原告无须像辛德尔案一般需要寻找实质性份额的适格被告,而市场份额对应的市场地域也应该是全国市场而非区域市场。法院认为这种模式或许会存在不利之处,但能够满足救济受害者的需要,且以被告在全

---

① See Debra L. Scammon & Mary Jane Sheffet, *Market Share Liability: An Analysis since Sindell*, Journal of Public Polic & Marketing, Vol. 11, p. 5(1992).

② Hymowitz v. Eli Lilly & Co. , 539 N. E. 2d 1069(N. Y. 1989).

国市场所占的份额作为责任确定的依据与被告对社会造成的总体危险即整体过错相一致，能够较合理地在被告之间分配责任。[①]

在纽约州模式下，传统的因果关系认定规则并不能有效地帮助被告免责。法院拒绝被告的产品未造成原告损害的免责理由。被告唯一的抗辩理由是证明其根本没有生产过 DES，否则即使被告能够证明其未在原告母亲孕期或相关地域生产、销售过 DES 也不能免责，因为责任是建立在对社会整体造成的过错之上。法院认为，"如果某被告仅仅因为其制造的商品标识明显或仅销往特定药店而可以免责，则被告将获得不法利益。并不能减少其将产品投入市场的过错，而这种过错正是其被苛以责任的基础"[②]。

5. 石棉案与疫苗案中的市场份额责任的排除适用

辛德尔案创立的市场份额责任模式由于有效地缓解了 DES 毒物侵权中因果关系不确定问题带来的救济压力，因而得到了其他产品毒物侵权受害者的广泛关注。在石棉导致的毒物侵权案件中，许多受害者开始请求法院援引辛德尔案确立的市场份额责任模式进行审理。石棉案与 DES 侵权案有诸多类似之处：均是有毒物质带来的潜伏性损害，原告通常是在时隔多年后才能发现自己罹患某种严重疾病；石棉制品同样存在大量的生产、销售商，原告往往难以确定真正侵权人。因此大多数受害者在通过常规途径无法获赔之后都会寻求市场份额责任的救济。在高曼诉约翰斯销售公司（Goldman v. Johns-Manvile Sales Corp.）案[③]中（以下简称 Goldman 案）原告就以石棉侵权潜伏期长、石棉生产商数量众多等因素请求法院适用市场份额责任对其进行救济。然而法院以石棉制品不具有可替代性为由拒绝了其主张。Goldman 案为市场份额责任的适用强化了一项排除规则——商品的"可替代性"。在市场份额责任制度中，可替代性是指同一种产品采用的是同种生产工艺或配方材料，制造商或品牌的差异不会对商品构成本质的区别，且品牌的识别程度较低。例如维生素 C 片，其生产工艺简单，各公司的产品包装比较简单，医生在开设处方时也不会专门指定品

---

① See Edward J. Schoen et al., *An Examination of the Legal and Ethical Public Consideration Underlying DES Market Share Liabiliyt*, Journal of Business Ethics, Vol. 24, p. 146 (2000).

② See Hymowitz v. Eli Lilly & Co., 539 N. E. 2d 1069(N. Y. 1989).

③ Goldman v. Johns-Manvile Sales Corp., 514 N. E. 2d 691(ohio. 1987).

牌,这种情况即为可替代商品。在 DES 案件中,DES 的化学成分简单,且公开记载于《美国药典》,各生产商通常采取统一的标准与规则生产此类药品,因此任意厂商的任意 DES 产品的危险是一样的。但石棉制品与 DES 不同,不同制造商生产的石棉制品的石棉含量并不一致,其危险也不同,不符合市场份额责任的要义。

加州上诉法院审理的谢菲尔德诉礼来公司(Sheffield v. Eli Lilly & Co.)案[①](以下简称 Sheffield 案)则确立了另外两个适用市场份额责任的衡量因素。在该案中原告认为其女儿注射的预防脊髓灰质炎疫苗(antipolio vaccine)属于缺陷产品,造成其女儿严重的人身伤害,但其无法举证是哪一生产商的药品。法院拒绝适用市场份额责任的理由是一方面本案中虽然众多生产商与 DES 案中的生产商一样按照同种生产标准进行生产,但是缺陷产品的产生与商品标准、配方无关,而是属于个别生产商的生产瑕疵,其他生产商并未对社会造成不合理危险,因此不适用市场份额责任制度;另一方面该疫苗的副作用潜伏期短,原告不存在举证上的客观障碍,因此不能将举证责任转移于被告。

Goldman 案与 Sheffield 案确立了三种市场份额责任的排除因素,包括产品应当具有可替代性、产品损害具有潜伏性及存在行业的整体过失。这些考量因素最终衡量的是生产者是否对社会造成不合理的危险及受害者的救济是否遭到客观阻碍。换言之,市场份额责任并不是一种常规的救济手段,只有在遭遇实质公平将被破坏的场合才有其适用空间。

二、我国产品毒物侵权中引入市场份额责任的证成

(一)我国产品毒物侵权中引入市场份额责任的必要性

1. 解决产品毒物侵权救济困境的需要

产品毒物侵权属于产品侵权中的一种特殊类型,产品毒物亦属于产品缺陷的一种。但是与一般产品缺陷带来的物理性损害后果不同,产品毒物侵权的致害后果往往是病理性的,且这种疾病通常具有漫长的潜伏期。由于产品的流通性与现代商品交易的跨地域性,导致一旦产品中含有有毒物质,具有产品毒物

---

① Sheffield v. Eli Lilly & Corp. ,144 Cal. App. 3d 583(Cal. 1983).

侵权风险，则受害者往往人数众多、分布广泛，会酿成大规模的侵权事件。

随着我国社会的发展水平不断提高，越来越多的新型化学物质被投入使用，而高效、迅捷的交通水平又为产品流通提供了便利，产品毒物侵权风险凸显。近年来，“龙胆泄肝丸”事件、“毒疫苗”事件等药害事件频发，“三聚氰胺毒奶粉”“塑化剂”等有毒食品屡见不鲜，“多环芳香烃”塑料鞋、汞过量化妆品等大量产品被曝出有毒物质超标，产品毒物侵权形势空前严峻。而且大部分的有毒产品生产工艺简陋、缺乏特征标识，随着电商经济的繁荣，即使一些小作坊按照通用技术标准生产的三无产品也能轻易地、大规模地流通到全国市场。由此带来的后果是，一旦产品中含有有毒物质甚至造成产品毒物侵权，则受害者规模动辄成千上万。中国社会潜伏着前所未有的产品毒物侵权风险。

更令人担忧的是，此类大规模的产品毒物侵权往往面临着法律上的救济难题，由于这些产品毒物生产商众多、流通广泛，加之损害的潜伏期漫长，证据容易灭失，依据我国传统的法律规则，受害者几乎不可能在众多生产商与自身损害间建立起必然的、稳定的联系。换言之，在我国现行法律背景下，因果关系不确定的大规模产品毒物侵权受害者往往无法得到救济。有毒产品的广泛流通性与损害潜伏性等特征使得大规模的产品侵权案件通常要面临被告身份认证障碍、因果关系确定障碍及赔偿责任分配障碍等问题。这些难题均对我国的实务界与学术界提出了挑战。而市场份额责任作为美国法律用以解决因果关系不确定的产品侵权案件的重要理论工具，依据市场份额推定生产商的致害可能性继而归因归责的做法一方面能够减轻因果关系举证负担，另一方面也较为妥适地在众被告之间分配责任。引入市场份额责任能够有效地应对产品毒物侵权中的因果关系不确定问题，相对公平地做到原被告之间的义务分配，缓解我国产品毒物侵权的司法救济压力。

2. 完善我国产品责任规则体系的需要

众所周知，现代产品责任法是对现代工业社会发展过程中出现的诸多问题的规范总结。以美国产品责任法为代表，现代产品责任法解决的是发达工业社会下的产品风险与人的矛盾问题。现代产品责任法的核心在于令产品的生产、销售者承担起风险产品的赔偿责任。一种完善的产品责任体系不仅能够监督生产经营者安全生产、督促其提高产品质量，也能保障消费者合法权益，鼓励消费者积极维权,形成规范的市场监管体系与良性的市场竞争机制。美国作为最先实现工业化、现代化的国家之一,其较为完善的产品责任体系对其经济发展功不可没。作为判例法国家的代表之一,美国法院灵活地运用司法判例应对工业发展下的层出不穷的新型产品侵权问题,创新性地提出了一系列产品责任理论,促使美国产品责任规则不断完善,以反哺美国社会的经济发展,形成了良性的循环。而在我国,产品责任法起步较晚,其规则体系尚不完善。尽管现有的法律体系中确实存在不少产品责任规范,如《产品质量法》《消费者权益保护法》等规定了产品责任条款,《民法典》侵权责任编也有专章的产品责任。但总体而言,一方面这些零散的规则并不足以支撑起一个完善的产品责任体系;另一方面这些规定都是面对早期的中国国情而产生的,最近十年,中国的发展速度空前,一些新出现的问题远超早期立法者的预想,诸如电商经济、全国市场互联等新形势带来的大规模侵权等新问题,难以在传统的产品责任体系中找到妥适的解决方案。既有的产品责任体系在部分内容上是残缺的,并不能很好地应对新形势下的产品侵权尤其是产品毒物侵权问题,对于产品毒物侵权中的因果关系不确定、责任分配不均等问题缺乏合适的制度工具与理论模型。具体而言,如果类似 DES 案一般的大规模产品毒物侵权案件发生在中国,往往会面对几个无法回避的问题:在社会保险体系缺失的情况下,受害者只能依赖于侵权法的救济,而我国产品缺陷侵权规则通常要求受害者证明其损害与侵权人之间的具体联系,这在类似 DES 案的产品毒物侵权中几乎是不可能的;依据我国产品质量法,侵权人对于 DES 侵权亦可能援引产品发展风险抗辩条款,对救济形成阻碍;即使按照共同危险行为处理,受害者也面临无法辨识所有侵权人的困境。

在此背景下,尤其在诸多法院为层出不穷的新型产品毒物侵权焦头烂额的当下,中国面临着与 20 世纪 80 年代的美国一样的产品侵权法律困境,此时借鉴发达国家相对成熟的产品责任制度,适时引入其中的合理内容,对完善我国产品责任体系、促进我国消费市场良性竞争具有相当大的必要性。

(二)我国产品毒物侵权中引入市场份额责任的可行性

1. 国外成熟制度提供了理论与实践范本

产品毒物侵权在我国虽然尚属新型侵权之一,在国内缺乏足够的理论积淀与实践范本,但在国外,尤其是产品责任体系相对发达的美国,早在20世纪七八十年代就掀起了一次产品毒物侵权浪潮,甚至推动了美国产品责任法的发展。市场份额责任正是在那一波大规模产品毒物侵权中发展出来的理论结晶。前文也提到,在美国,建立在有毒物质产品侵权之上的市场份额责任至少发展出了四种不同的处理模式,对于产品毒物侵权中因果关系不确定及赔偿责任分配不均等问题,美国产品责任法有着相对娴熟的处理经验。在欧盟及另外一些大陆法系国家,学者们也对市场份额责任表达了足够的兴趣。对于产品毒物侵权而言,市场份额责任能够提供一种相对实质公平的处理模式,也因此成为处理大规模产品毒物侵权因果关系不确定问题的不二之选。

我国近年来步入高速发展阶段,同样遭遇或者即将遭遇与美国类似的大规模产品毒物侵权的风险。对于工业社会而言,遇到的问题是类似的,解决问题的方法自然值得互鉴。对我国而言,后发国家的优势在于能够吸取先发国家的经验,避免走弯路、错路。美国法院在确立市场份额责任前分别尝试了选择责任、一致行动理论、泛行业责任等理论工具,大陆法系国家也尝试过共同危险行为理论的解决模式。但是最终事实证明,市场份额责任虽存在不完善之处,但在实现实质公平上,仍具有其独特的优势。因此,对于我国而言,吸收市场份额责任的合理之处具有充分的合理性与必要性。而国外成熟的市场份额理论以及充分的司法实践也为构建我国市场份额责任制度提供充足的制度范本与借鉴经验,使得我国在产品毒物侵权中运用市场份额理论成为可能。

2. 我国法律实践提供了解释空间

在我国,并非没有市场份额责任的蛛丝马迹。事实上,一些学者较早地就关注了市场份额责任在美国产品毒物侵权中的成功。而这种关注反馈到我国的法律实践上,就是在我国侵权责任的有关立法上展露出了市场份额责任的端倪。在侵权法制定前后,我国就有学者建议制定市场份额责任条款,①虽然该建议未能被采纳,但在我国《民法典》第1231条关于数人污染环境责任的规定中,

---

① 王利明教授主编的《中国民法典学者建议稿及立法理由:侵权行为编》第1958条"产品责任的分担"规定:"数人生产的同类产品因缺陷造成损害,不能确定致害产品生产者的,应当按照产品在市场份额中的比例承担民事责任。"参见王利明主编:《中国民法典学者建议稿及立法理由:侵权行为编》,法律出版社2005年版,第235页。

隐约为市场份额责任预留了一定的解读空间。以《民法典》为例，其第 1231 条规定“两个以上侵权人污染环境、破坏生态的，承担责任的大小，根据污染物的种类、浓度、排放量，破坏生态的方式、范围、程度，以及行为对损害后果所起的作用等因素确定”。其中的排放量，在无干扰因素（同等排放条件下）情况下，实际与生产者的产量相挂钩，而产量实际就是企业市场份额的体现。即使排除这种联想，单就已排放量确定污染者责任的做法，实际与市场份额责任的核心一脉相承：在无法确定真实损害数据的情况下，根据生产者造成损害的可能性推定其责任份额。而这种可能性表现在产品责任中即为市场份额，表现在环境污染中即是排放量。而早在原《侵权责任法》颁布之前，我国就已经存在有关环境污染的市场份额责任司法实践。在“镇平水产公司等诉华荣公司等污染水质损失”案中，[①]法院就按各被告公司的年产量推算其责任份额，对各被告的过错与过错程度进行区别与确认。可以看到，至少在环境毒物侵权领域，我国司法实践就对市场份额责任的应用有一定的尝试。这种立法上的探索与实践中的尝试反映出来的追求实质公平的精神，为我国在产品毒物侵权中建立市场份额责任制度埋下了伏笔。

虽然我国法律中未有有关市场份额责任的实质性规定，但我国学者的理论探索与法官的司法实践均对市场份额责任表现出了一种开放的态度，也为我国在产品毒物侵权中引入市场份额责任提供了可能。

3. 现代侵权法精神的支持

高度工业化背景下，在产品毒物侵权事件中，如何有效地保障人们的身体健康与财产安全成为社会普遍关注的焦点。因此现代侵权法更注重对弱势群体的保护，着眼于对受害人被侵害权益的充分救济，追求实质公平，不让受害人仅因举证门槛所限而被拒于救济大门之外。《民法典》的终极价值在于对人的关怀，而侵权法的关怀正是表现在公平合理地规范人的责任空间与权利空间，

---

① 该案的案情是：原告水库附近建有 24 名被告成立的铜、钼厂，暴雨将 24 名被告所建铜、钼选厂的尾矿砂、油类等有害废物冲入水库导致 3 名原告饲养的水库鱼大量死亡，原告因此起诉 24 名被告赔偿损失。虽然无法确定原告损失与 24 名被告具体的因果关系，但可以确定原告财产损失与这些污染物有直接关系。因此法院在 23 名被告中按其生产量比例分配赔偿责任，其中一名被告因证明自己未生产、排放而予以免责。参见最高人民法院：《人民法院案例选》，时事出版社 1999 年版，第 80 ~ 89 页。

实现个人的自由、安宁、健康及社会经济效益的平衡。具体到产品毒物侵权与市场份额责任,在我国既有法律规则无法妥当地解决产品毒物侵权中不确定因果关系的认定问题及侵权人责任分配问题时,其突破传统理论的桎梏,提供一种可供司法选择的法律规则以回应当今社会的新情况与新需要。可以说,现代侵权法以宽容的态度保护弱者、以多渠道的方式维护实质正义、以更灵活的方式因应社会变革之精神为市场份额的可能适用提供了价值支持。

三、我国产品毒物侵权中引入市场份额责任的适用困境

虽然在我国当今社会背景下引进市场份额责任有其必要性、合理性与可行性,然而传统理论的局限与市场份额责任制度本身模糊性等因素对该制度确立与运用造成了一定的阻碍。

(一)与共同危险责任的功能交错

市场份额责任理论引入我国的一个障碍在于共同危险责任制度的存在。在我国,对于多人侵权但具体侵权人不明的侵权行为,法律规定以共同危险行为制度予以处理。该种制度与市场份额理论存在诸多类似之处,例如均是涉及多人侵权、侵权主体的身份认证都存在一定的现实障碍、均对因果关系采取一定的推定方式、在举证责任上采取举证责任倒置等。在功能上共同危险行为制度与市场份额责任亦存在相同之处。有学者认为二者功能基本相同,在确立共同危险行为制度前提下,引入市场份额制度似无必要。[①] 此外,虽然二者存在诸多相似之处,但共同危险行为制度中侵权人责任形态上采取的是连带责任,而市场份额责任倾向于按份责任。在二者适用前提类似的情况下,责任形态的差异也阻碍了后者的引进适用。

(二)市场份额责任制度的自身模糊性

1. 市场的定义与界限问题

在美国,市场份额责任自其确立之日起就饱受争议。虽然在辛德尔案等系列 DES 案件中市场份额责任能够相对公平地做到令侵权人的全部责任与其造

---

① 参见李俊、刘梦云:《美国产品责任法中的市场份额责任规则及其启示》,载《中州学刊》2018 年第 11 期。

成的全部危险相一致而受到不少法院的青睐，但不少法院对采取市场份额责任仍持保留态度，或仅将市场份额作为一种参考要素。其中一个重要原因是，加利福尼亚州最高法院确立的市场份额责任对于市场定义持一种含糊态度。在采取市场份额这一关键核心后又缺乏对其足够的阐释，使得市场份额制度在诞生之初就存在一定的遗憾，也因此其他适用市场份额责任制度的州法院往往在保留市场份额制度以被告侵权可能性归因的核心要义下重新诠释市场份额责任，如前述的国家市场份额责任或市场份额选择责任等。虽如此，美国法律依然未能对市场的定义与界限问题作出统一的明晰。

这一模糊性不仅影响了市场份额责任在美国的普及，也成为我国司法实践或立法采纳的阻碍。在市场份额中市场的定义与界限之所以如此重要，实乃因为在突破传统因果关系认定规则之后，市场份额作为唯一的维系侵权人侵权行为与受害者损害结果之间的纽带，若市场界定不准确，以市场份额为基础的责任分配就会出现偏差，则无法实现法律欲实现之正义。通俗而言，市场份额即企业产品的市场占有率，但在法律上，由于受害者自身购买力及购买范围的限制，其通常只会在一定的时间与空间范围内接触到有毒产品，因此市场的区分则十分必要。例如，A 省企业 B 追求全国铺货，产品销往各地，而 A 省企业 C 则致力耕耘本土市场，在这种情况下，如果以全国市场为视角，B 的市场占有率或许会高于 C，但仅考虑 A 省市场，则 C 的市场占有率会高于 B。当受害者 E 居住于 A 省时，依其购买习惯通常只会购买 A 省的产品，则 C 对其致害的实际可能性更大，但依照全国市场下的市场份额归因，B、C 的责任份额却可能相差无几。可见，围绕着受害者的购买力与购买范围，有关市场的定义将直接影响到侵权人的责任承担。在本身就存在令真正侵权人逃脱制裁的质疑声音下，实现实质公平成为支持市场份额责任的核心价值基础，对于市场的界定不清将会直接影响到实质公平的实现，进而动摇其制度证立的价值基础。

因此，我国想要引进市场份额责任，必须首先解决市场的定义与界限问题。由于我国工业高度发达，是唯一涵盖所有联合国产业分类目录中所有工业门类的国家，加之高度发达的交通与物流体系，使得产品的流通速度与范围远超其他国家。此时区域市场标准、全国市场标准或其他更加合理的市场定义标准的选择则显得更加重要。如何对其进行合理的界定成为我国引入市场份额责任首先要解决的问题。

2. 市场份额的举证问题

除了市场的定义之外,市场份额责任制度实施的另一难点在于市场份额的举证问题。市场份额以产品的市场占有率为前提,实际包含了一个市场占有率的统计要求。换言之,只有能够统计出相关被告产品的市场份额,该制度才有适用之余地。因此对于市场份额的举证同样至关重要。

在美国,市场份额的举证曾被认为是烦琐的、困难的、浪费司法资源的,但随着美国市场交易体系的日渐成熟,美国可较易完成相关统计,因此该问题在美国的法律实践中并不突出。然而就我国而言,由于我国经济的发展速度要远远领先于其他的配套体系,虽然在产品的生产、销售上取得了令人瞩目的成绩,但相应的行业协会制度等配套规则体系并不健全。我国的工业门类虽然齐全,但是大部分行业由中小微企业组成,数量众多、利润微薄、分布广泛,因而缺乏足够的生产、销售数据,业界各品牌的市场份额往往难以统计。

另外,即使某些行业已经建立起成熟的行业协会制度,拥有相对翔实的统计数据,能够计算出业界各品牌的市场占有率,但对于实际的产品毒物侵权诉讼而言,由谁承担对市场份额的举证责任仍然是一个问题。美国的加州模式市场份额责任要求受害者起诉被告时应当选择占实质性市场份额的被告,换言之,受害者只有事先证明被告的市场份额达到实质性标准才能起诉,亦即暗含受害者举证被告市场份额的要求。但在威斯康星州的市场份额责任模式中,原告可以仅就一个被告起诉,换言之,市场份额的证明不再成为被告身份的要求而划入责任分配的证明上。可见,对于市场份额的举证作用及其责任分配均有待进一步厘清。此外,无法举证市场份额或市场份额举证不一致该如何处理等问题,都是我国引进市场份额责任时需要面对的困惑。

3. 市场份额责任的适用范围问题

在美国,多数法院拒绝在 DES 系列案件之外适用市场份额责任制度,原因在于该制度摒弃了传统的因果关系认定规则,在责任的承担上用推定取代了确定,有使真正侵权人逃脱责任的嫌疑。一些法院对市场份额责任的适用设定了严格的排除条件,进一步限缩了市场份额责任的适用范围。在专业技术壁垒高立的今天,许多产品都不具有可替代性,尤其是产品毒物中,各种新型有毒物质的发现与生产都具有一定的技术含量，更降低了产品可替代性的可能。是否将市场份额责任限制在类似 DES 案件的范围之内，还是可以扩展到其他类型的产品毒物侵权中，如何合理地划定市场份额责任的适用范围亦是我国引入该制度要面对的难题。

四、我国产品毒物侵权中适用市场份额责任的构想

虽然在我国产品毒物侵权中引入市场份额责任存在一定的法理障碍与制度设计障碍，但这些障碍并非无法克服。与放任产品毒物侵权因果关系不确定问题造成受害人权益无法救济的后果相比，克服市场份额责任规则在我国的理论与制度设计障碍更应该值得尝试。

（一）市场份额责任与共同危险责任关系的厘清

对于因果关系不确定的多人侵权，我国侵权法已经规定了共同危险行为的救济制度，因此引入市场份额责任似乎有重复规定的嫌疑。但是仔细比较二者可以发现，虽然它们存在诸多类似之处，但仍存在本质的区别：共同危险行为是在确定的被告群体之中无法确认真正侵权人，而这些被告已实施了可能致害行为，因此法律将被告群体推定为共同侵权人，使该责任共同体与损害事实之间建立起确定的因果关系，允许个别被告在可以证明自身不具有侵权可能时退出该责任共同体，使真正侵权人的范围缩小。简言之，共同危险制度不会使真正侵权人逃脱责任，而承担连带责任的其他责任人也因为制造了现实的危险而具有可归责性。但市场份额责任是在不确定的被告群体之间寻找真正侵权人，由于被告群体始终无法确定，因此真正侵权人有逃脱责任之虞。而且被告的可能致害行为与损害结果之间的因果关系是疏离的，加之真正侵权人可能脱离于被告群体之外，故而无法在被告整体与损害结果之间建立确切的因果关系。此时，法律通过被告群体对社会制造的整体危险性分配其相应的赔偿责任，使被告承担起“或许不是在这次诉讼中承担，但总是应该由他承担的责任”。

对于大规模产品毒物侵权而言，它造成的总体损害结果在大数据下是恒定的，因此生产商总体应当承担的责任也相对确定，市场份额责任规则相当于令这些生产商提前按市场份额认领他们制造的总体危险责任。可见，从本质上看，市场份额责任并不在于挖掘真正的侵权人，而是从社会整体考量，全部生产

商在其引发的危险整体中按各自的产品市场份额来分担责任。因此,较共同危险行为而言,市场份额责任与其在小规模的产品侵权中可能起到相同的作用,但在大规模侵权领域,共同危险行为制度能够发挥的作用有限。一方面大规模产品侵权的被告群体难以真正确定,共同危险行为的集合全部危险制造者的要求就无法实现;另一方面即使能够实现,其连带责任的责任形态对生产商而言也过分严苛,一些小规模的企业将可能因为连续不断的诉累而破产。因此在我国,市场份额责任制度与共同危险行为制度并不是简单的对立或重复关系,两者均是应对因果关系不明的侵权而催生的法律制度,但其具体适用情形与价值取向是不同的。而事实上,二者在精神内核上也确有相似之处,均是为了解决弱势原告无法救济而对原被告责任关系进行矫正的手段,在中国法律语境下,市场份额责任中令较大市场份额生产者承担更多的责任也可理解为是对共同危险行为精神的发挥。因此,在适用前提相似的情况下,市场份额责任制度更适合应用于大规模产品毒物侵权案件中,而共同危险责任则更适合应用于少数共同危险行为侵权情形。市场份额责任摒弃传统"全有或全无"因果关系,采取一种更为宽容的因果关系认定方式,在责任认定的天秤上向受害人倾斜,故在责任承担的天秤上则努力将之平衡,以类似按份责任的方式避免被告承担过重的责任。而共同危险责任仍采取传统因果关系判断方式,受害人须证明共同危险行为与损害结果之间存在因果关系,故在责任承担时基于对受害人保护而要求共同危险行为人承担连带责任。但如前一章所述,共同危险责任的采用可能有时会使某个或某些共同危险行为人承担过重的责任,此时市场份额责任亦有适用的可能。

(二)我国产品毒物侵权中市场份额责任的制度设计

1. 法律定位

在我国产品毒物侵权中有必要引入市场份额责任制度作为我国司法工具库的可供选择之器。但由于我国的法律传统与司法环境和美国存在一定的差异,不能照搬照抄美国的市场份额责任制度,应当根据我国具体国情进行本土化构建。市场份额责任本土化的第一步,就是认清其在我国的法律定位,寻找其存在的规范基础与解释空间,阐释其价值导向与立法目的,进而为法官提供明确的法律适用的指引。

前一章已述,比例责任作为共同责任形态中的一种,可在《民法典》侵权责任编的总则中予以明确。市场份额责任作为比例责任在产品侵权中的具体体现,故可以在《民法典》侵权责任编的"产品责任"一章中予以规定,即使不作明文规定,亦可通过总则中比例责任的规定解释适用市场份额责任。

由于市场份额责任的特殊性,其选择适用必须严格的限定在其立法目的之下。在我国确立市场份额责任的目的主要有二:保护弱势受害人利益与威慑侵权预防损害。我国侵权法的立法目的与基本功能在于保护民事主体合法权益,预防并制裁侵权行为。从现代侵权法的发展趋势来看,充分救济与保护受害者合法利益是当代侵权法的主流价值导向之一。尤其在现代社会,产品毒物侵权风险高度凸显,而相比于那些制造、掌握风险的生产经营者而言,消费者对于风险的到来缺乏足够的辨识能力与预防能力,在此背景下,对受害者选择适当倾斜性保护,是侵权法基于救济受害者理念下的价值矫正。在风险社会,生产经营者有制造风险的自由而消费者却无拒绝风险的自由,权责关系失衡下,产生市场份额责任这种矫正制度正是侵权法救济弱势受害者、追求实质公平的体现,符合法律正义的价值取向与一般人的道德观念。因此,当具体制度在设计过程或适用过程中出现争议需要解释时,宜以救济风险下的受害人、追求实质公平的价值取向作为首要考量因素。

另外,侵权法还通过施加侵权责任制裁侵权行为,预防损害的再次发生,对相关主体的行为能够起到一定的引导作用。由于市场份额制度本身就是一种由众多判例积累形成的理论,具有一定的扩展性与解释空间,因此在具体的制度设计上,也宜谨慎思量其可能对企业行为造成的影响,减少对企业创新活力的压制,追求社会风险的整体降低与产品损害的有效预防,最终减少大规模产品毒物侵权事件的发生。

2. 适用范围

从市场份额责任制度在美国的发展历程可以看出,该制度通常都是被运用于特定类型的产品侵权案件之中。从其具体的制度设计也可以看出,其本身就是立足于宏观视角,可以说几乎是为大规模产品毒物侵权量身定做的一套制度。诸如市场份额等归因归责要素,只有在侵权规模达到一定程度时才有其实际意义。因此在我国引进市场份额制度时,同样应当严格地限定其适用范围,避免其特殊的归责方式、因果关系形态与我国既有的法律秩序产生冲突并造成不必要的混乱。

美国在市场份额制度发展的过程中提出了三种排除因素：产品的可替代性、行业的一致过失与损害的长潜伏期。这一限定是合理的，我国在产品毒物侵权中适用市场份额责任时，也应采纳之。同时对于那些具有技术壁垒或商业秘密或品牌辨识度高、损害潜伏期短的缺陷产品，其制造工艺、品牌影响力等比较突出，受害者对其识别程度较高，不会出现客观的举证障碍，因此没必要适用市场份额责任制度。对于一些具有垄断性的行业，由于其生产制造通常集中在几个专门的生产商中，侵权人具有较高的确定性，也无须适用市场份额责任。对于那些区域特色美食等工艺简单的产品，一方面生产者都是小经营者，且高度分散，不存在统计市场份额的可能性；另一方面由于其分布地域比较集中，能够较为方便地集结所有危险制造者，采取共同危险行为制度即可，无须采用市场份额责任。

因此，在我国现阶段法律语境下，宜将市场份额责任的适用限定于穷尽传统侵权救济手段仍无法为确已遭受损害的受害人提供救济的情形，利用市场份额责任制度在应对因果关系不确定的大规模侵权案件中的优势，将其作为特定情形下大规模产品毒物侵权的救济手段，一方面尽量降低其对传统产品侵权救济秩序的冲击，另一方面亦能救济风险社会下弱势的产品毒物受害者。

3. 适用条件

《美国侵权责任法第三次重述》产品责任部分对法院能否适用市场份额责任提出了六项考量因素，包括产品的可替代性、损害结果的潜伏性、被告数量众多而原告无法查明具体侵权人、缺陷产品与损害结果之间有可确定可证实的科学关联性、不存在其他可能造成或实际导致伤害的药物或环境因素、被告行业存在统计市场份额的可能性。① 这些考量因素实际依然围绕着因果关系的不确定与被告整体行为的可责性来设定市场份额责任的适用条件。这些考量因素背后透露的，是对因果关系客观不确定与被告行为实质危险性的限定。即只有

① 参见美国法律研究院：《侵权法重述第三版：产品责任》，肖永平等译，法律出版社2006年版，第328页。

那些“非主观因素导致的被告无法确定、但被告的行为确实对社会制造了可证实的不合理危险”的案件才得以适用市场份额责任制度。因此，在我国为市场份额责任制度设定适用条件时，可以遵循前述的两项核心考量标准，参考美国侵权法重述提出的若干考量因素，结合我国产品毒物侵权现状及法律环境，设定符合我国实际的市场份额责任适用要件。

具体而言，欲适用市场份额责任制度，必须首先满足因果关系客观不确定之要求。在产品毒物侵权中，导致因果关系客观不能确定的主要原因有两种，包括产品问题与生产商原因。详言之，在产品问题上，适用市场份额责任制度的缺陷产品必须满足以下三种条件：第一，该缺陷产品是一种可替代性产品。即该产品是生产者按照统一的配方、工序等生产，不同品牌生产者生产的同种产品并无本质区别。第二，该缺陷产品的产品缺陷是行业内部的系统性原因造成。该缺陷出现的原因应当归咎于行业整体而非生产商的个别行为，例如产品的通用配方或设计以及业内统一的制造工艺或设备存在缺陷等情形，导致整个行业生产的该种产品具有缺陷。行业未能就产品缺陷及时追踪警示，也应当对产品风险承担责任。这些产品缺陷出现的原因并非单个生产商能够导致，而是基于行业的整体过失而产生，因此应当由行业整体对市场负责，且在行业一致过失前提下，任一产品的危害性是一致的，由行业整体承担责任不会出现枉责的情形。这也是市场份额责任的正当性基础之一。第三，产品损害具有较长的潜伏期。即使是具有行业一致过失的可替代性产品，如果其损害没有太过漫长的潜伏期，受害者也能够及时地发现损害，确定真正侵权人。而只有潜伏期过分久远，才会出现证据佚失等无法确定被告身份的情形。但产品损害的潜伏性并不仅意味着较长的潜伏期，产品潜伏性设定的最初目的是证明原告对证据的证明保存并非懈怠，而是由于客观的时间因素才导致举证不能。因此在构建我国产品毒物市场份额责任制度时，产品的潜伏期要求并非仅限于时间的长久性，只要原告的举证不能并非出于主观懈怠，而是所有受害者均可能遇到的阻碍，则有适用市场份额责任的余地。

就生产商的原因而言，主要在于其数量，由于可替代性产品往往生产工艺简单、配方统一又具有相当的实用性因此生产规模大，其相关的生产者数量往往众多，加之中国的物流交通便捷，缺陷产品的生产者可能遍布全国，因此在具体的身份确认上具有相当大的难度。

除了因果关系客观不确定之外,原告还应当证明被告确实对社会制造了不合理危险。这一点可以从两个方面加以解释:一方面,原告遭受的损害应当是一种特征明显、原因明确的损害。以"DES"案为例,受害者罹患的阴道透明细胞腺癌即是一种与DES具有科学上压倒性关联的特征性疾病。这种损害具有区别性与典型性,故可以轻易地推断出其与被告产品中的关联性,而排除了诸如环境致病要素等的干扰,使得产品危险能够与被告行为牢固地对应上,证明了被告行为的可责性,为使用市场份额责任提供了正当性证明。如果损害不够明显或病因不够确定,则难以将危险与被告行为相关联。如一些非特征性疾病,比如肺癌,可能由某种有毒物质造成,也可能因为常年吸烟等不良习惯,产品毒物仅是提高了损害的概率,在此情况下,很难得出被告制造了普遍不合理危险的结论。另一方面,适用市场份额责任还要求被告的不合理危险是可证实的。在"DES"案中,原告的损害来自母亲的孕期服药,因此在确定责任时被告可以举证自己在那一时期之后才生产DES,没有对原告造成实质性危险,方可得以免责。换言之,由于原告的受害时间是较为确定的,被告行为的危险性才得以证实。反之,如果原告长时间地使用某一种有毒产品,即使符合市场份额责任的其他要件,但是其具体的受害时间无法确定,此时适用市场份额责任,则导致一些在原告使用该产品之后或出现损害之后才生产该产品的生产者承担不合理的责任,令被告无法通过未生产,未在特定时间、地域生产等理由进行抗辩。在危险无法证实的情况下适用市场份额责任将会使产品责任沦为行为责任,显然不可取。

4. 市场份额的举证

在美国,对于市场份额的举证,各州法院主要存在两种态度:一种是由原告完成举证责任,法院保持中立;[①]另一种是法院在具体个案中根据情况衡量由谁进行举证。[②] 但无论具体实践中如何分配对市场范围与市场份额界定的举证责

---

① See Debra L. Scammon & Mary Jane Sheffet, *Market Share Liability: An Analysis since Sindell*, 11 Journal of Public Polic & Marketing, Vol. 1, p. 3(1992).

② See Edward J. Schoen et al., *An Examination of the Legal and Ethical Public Consideration Underlying DES Market Share Liability*, 24 Journal of Business Ethics 145, (2000).

任,都绕不开一个重要前提,即为这种界定的证明确立一个恰当的指导原则。

对于市场范围的界定主要围绕地域、时间两个关键要素进行。地域的范围将直接决定被告责任份额的多寡,时间与被告行为的真正危险性存在关联。因此在界定市场范围之时,应当在考虑实际公平的前提下,从时间与地域两个维度为被告的市场份额确定合理的市场范围。

就市场的地域标准而言,并不应该局限于某种固定的格式。就产品的流通范围而言,产品可以分为全国性产品和地方性产品。一种产品毒物的影响范围与它的流通范围成正比。对于市场份额责任而言,其核心要素之一在于被告引发危险的可能性大小,而任何被告制造的危险仅限于其产品的流通范围之内。因此在确立市场份额的市场范围时,应当以侵权产品的流通性即其造成损害的现实范围作为判断市场范围的依据。对于那些在全国广泛流通的产品造成的损害,应当统计其在全国范围的市场份额,如三聚氰胺毒奶粉、龙胆泻肝丸等产品毒物均是如此。而对于那些损害仅发生在个别、特定地域的产品,统计其全国份额进行损害归责显然有悖实质公平。当然,考虑到我国发达的物流交通体系与电商经济,现在产品的区域性特征越发的不明显。若从产品的流通范围考虑,几乎所有的产品都可能投放到全国各地。因此就我国的实际情况而言,以全国性市场作为确定市场份额责任的市场基础较为合理。另外,能够使用市场份额责任的产品毒物侵权案件往往人数众多、分布广泛,采取全国性份额能够一次性为全国各地法院提供统一的数据、证据支持,避免司法资源的反复浪费,能够节约诉讼与救济成本。当然,从法律正义的角度,我们没有理由要求被告对其制造的危险范围之外的损害承担责任,故而还须保留地方市场标准作为全国性市场的补充,在那些具有明显区域性特征的产品毒物侵权中,仅考虑销往该区域的产品市场份额。总之,以全国性市场为原则,以区域市场为补充,再根据产品损害的可能范围加以调整,以此作为判断市场范围的指导原则较为合理。

就时间要素而言,需要考虑原告的规模。如果仅单个原告进行诉讼,则市场份额的统计应当以造成原告损害的产品被使用的时间为时点,统计这一时期各被告的市场份额;但对于那些大规模的集团诉讼而言,由于原告数量众多,各原告使用产品的时间不一,按照产品使用时点计算市场份额将会十分烦琐复杂,会给司法资源造成沉重负担。一种比较可行的办法是以被告自生产产品之日起截至诉讼之日的平均销量计算其时间份额。该理论基础同样以被告制造危险的可能性作为衡量标准。无论特定时期被告的责任份额如何,其总体制造的危险是相对确定的。对于横跨多个时间维度的赔偿责任而言,采取平均销量计算时间份额不失为相对公平的做法。

在确立具体的市场份额判断标准后,接下来的问题是由谁承担对市场份额的举证责任。如若要求法院对市场份额进行统计需要耗费大量的时间与物质成本,会造成司法资源的极大浪费。如若由原告证明,原告本身就是一个风险承担能力薄弱、社会资源有限的个体,难以掌握动辄以全国为幅度、横跨数十年的数据资料,可能无力承担相应的举证成本或根本没有足够的举证能力。如此看来,只有离危险最近、掌握且制造了危险且离证据距离最近的被告群体较为合适承担举证责任。一方面,因为被告群体掌握着统计数据的便捷渠道,又具有提供证据的较为强大的经济实力,应承担更重的举证责任。另一方面,要求作为被告的生产商进行市场份额举证,也能倒逼其建立起规范的生产销售记录制度,而完善的生产销售记录制度也能减轻产品毒物侵权中被告身份认证障碍的压力,使责任的承担更加公平。

5. 分担方式与免责事由

在美国,市场份额责任的分担方式有连带与按份之分。市场份额连带责任要求损害量不同的生产者对外承担同样的赔偿责任,这对于那些中小微企业,是显失公平的,也将可能导致其经营负担过重甚至破产。因此根据自身制造的危险大小按比例承担责任的市场份额按份责任更加合理。在市场份额按份责任下,被告仅需对自身的行为负责,具体而言,其优势在于:即使其他被告因为免责或破产无法承担赔偿责任,被告的负担也不会进一步加重;在其他被告无力承担赔偿责任时,被告也无须垫付赔偿责任。这一安排也是出于实质公平的考量,在原告无法确定因果关系而采用市场份额责任时已是对原告的倾斜保护,如果再令被告承担连带责任,则过分加重被告负担,将使得正义天平过度向一方倾斜。另外,按份责任亦符合市场份额责任按危险份额承担责任的要义。

对于市场份额责任而言,由于其根据的是被告对社会整体造成的危险判定被告应承担责任的大小,确立其责任的依据并非被告在具体个案中的行为而是其造成社会整体不合理危险的生产行为。因此在市场份额责任中被告不能以未对特定原告造成损害为由进行抗辩免责。不过被告的免责策略可以适用的是,通过证明其未对社会造成不合理危险进行免责。因此,市场份额责任中被告的免责事由主要包括未生产该缺陷产品、该产品不存在缺陷及缺陷产品未进入市场等危险否定事由。

第七章　有毒物质侵权之已显损害赔偿责任

第一节　有毒物质侵权中已显损害的一般理论

一、有毒物质侵权中已显损害的内涵

(一)有毒物质侵权中已显损害的含义

在有毒物质侵权中,损害事实的构成较一般的侵权行为中的损害更为复杂。一般侵权行为造成的损害结果往往比较简单直接,依据一般的社会经验或简单的医学判断即可认定损害的存在,而有毒物质作用形式与致害机理都超出一般人的认知水平。对于受害者而言,有时候即使其暴露在有毒物质中,也往往难以察觉自身正在遭受有毒物质的侵害;或者依据现有的科学医疗水平与观察手段虽然可以发现一部分损害,但仍有一些未知的损害潜伏在人体中。

有毒物质的损害事实往往具有鲜明的层次性。第一,与普通侵权类似,有毒物质侵权会对受害者造成一些可以察觉的、现实的损害,此类损害通常表现为可以为现有观察水平所发现的一般性病征,又可称为已显损害;第二,除了已显损害之外,有毒物质侵权通常还会带来另一种类型的损害,因为有毒物质侵权的缓慢性与潜伏性特征,有毒物质对人体机能造成的破坏往往不会直接显现,而是需要经历一定的潜伏期,这种暂时不能及时发现的损害称为潜伏性损害。需要强调的是,已显损害与潜伏

性损害并不是完全独立、彼此割裂的两种概念。事实上,二者只是对于同一种损害不同阶段的描述,实际统一于有毒物质侵权损害这一概念之下,例如,在科技与医疗手段不足时,一些损害不能为现有观察水平所发现,因而可能被称为潜在损害。同样地,当潜在损害到达爆发期时,其显现出来的损害亦称为已显损害。因此,有毒物质侵权的已显损害,实际是指,有毒物质侵权中,因为暴露在有毒物质之中而对受害人造成的依据现有的观察水平能够发现的人身、财产或其他法益的损失。在本章中,主要讨论有毒物质侵权之已显损害的赔偿问题,[①]对于潜在损害的赔偿,将在另外章节详细论述。

(二)有毒物质侵权中已显损害的特征

除了具备侵权损害的一般性特征之外,有毒物质侵权之已显损害还具有如下特征:首先,有毒物质侵权的已显损害以人的身体健康损害为主。由于有毒物质的致害主要是通过产品或环境媒介而产生的暴露侵蚀,这种暴露在媒介中而生的侵蚀主要会对人体健康造成比较大的影响,虽然也会对一些财产造成价值上的贬损(如特殊的化学反应造成的财产损毁),但从比例上讲还是以人身损害居多。其次,有毒物质侵权的已显损害的构成复杂。一般侵权中的人身损害多为创伤性、外部性损害,损害的发生具有突然性与直接性。而在有毒物质侵权中,占多数比例的人身已显损害多为内部损害,通常表现为人体的复杂疾病,如有毒物质造成的器官衰竭、免疫功能丧失、癌症等。最后,有毒物质侵权的已显损害的证明复杂。这种复杂性表现在:一方面,一般侵权中的损害都是瞬间发生,持续性时间短,在实际发生时即可为受害者察觉,因而在损害证明上比较容易;而有毒物质侵权中的已显损害则是有毒物质长期暴露过程中缓慢发生的结果,且通常表现为某种疾病形式。当损害显现时不一定能与有毒物质暴露相联系,即使怀疑是有毒物质侵权造成,也会因为时间的经过而难以举证。另一方面,与一般侵权中仅凭一般社会智识即可判断的损害不同,有毒物质侵权损害的认定通常需要现代科学的介入,且这种介入还要求较高的专业水平。因为人体的机理复杂,有毒物质又是现代科学技术的结晶,二者均依赖较高的专业技术与新近的科学知识。

---

① 本章中,如无特指,所有提到的有毒物质侵权损害均是指已显损害。

(三)有毒物质侵权中已显损害与一般侵权损害的关系

有毒物质的侵权因为其自身的特殊性与复杂性,导致其造成的损害事实较传统的损害事实亦有明显的区别。上文提到,有毒物质侵权中的损害事实可以分为已显损害与潜伏性损害两部分,这里只对已显损害与一般侵权损害进行比较。

由于已显损害主要指有毒物质侵权中依据现有观察水平可以发现的损害事实,主要针对已知的现实损害,因此容易与一般侵权中的损害要件相混淆。但事实上,二者依然具有显著的区别。第一,从损害的内容来讲,一般侵权责任中的损害事实,主要指加害人对受害人造成的全部可赔偿损害。但是在有毒物质侵权中,囿于科学技术水平的限制,现有的观察能力可能无法发现一部分的潜伏性损害。因此,有毒物质侵权的已显损害在内容上实际只是部分的损害事实,因而如果依据传统的侵权救济理论,仅针对现实的已显损害进行赔偿,实际只完成了部分的侵权救济,受害人的全部合法权益未能得到充分的保障。换言之,在内涵的射程范围上,有毒物质的已显损害的射程范围要小于一般侵权损害中损害的范围。第二,从损害的认定看,一般侵权责任中的损害,在其内容构成上,在财产领域,多为毁伤性损害,在人身领域,多为创伤性损害,其判断与认定相对比较简单直接。而在有毒物质造成的人身侵权中,即使是现有水平可以观察到的已显损害,也多是因为接触有毒物质而造成的种种病理性损害,这种损害既可表现为单一有毒物质造成的单一疾病,亦可能表现为多种有毒物质造成的多种疑难杂症,其实际是一种累积性的复杂损害。其在个案中的认定不仅需要借助较高的医疗、科学水平,有时还需要借助法律政策。第三,从损害与行为的关系看,一般侵权中,损害总是紧随着侵权行为而发生,侵权行为与损害之间是一种连续的、继发的关系。但有毒物质侵权的已显损害一个重要的特征在于受害人在遭受侵害暴露在有毒物质中时,不会第一时间发生损害,受害者现实地察觉到损害时,可能侵权行为已经过去了比较长的时间。换言之,已显损害事实与侵权行为之间可能存在时间上的割裂。这些特征在特定情况下有其特殊性。对此,将在后文继续分析。

二、有毒物质侵权中已显损害赔偿的主要原则

传统侵权法理论中对于损害的认识主要建立在差额说的基础上，因此对于损害赔偿的基本理念主要是贯彻全部赔偿原则，即对于受害人遭受侵权行为前与现在时点之间的财产差额进行全面地赔偿。但前文亦提到，随着现代科技、人类活动的迅猛发展，侵权行为的形式与原理也发生着变化，新型的侵权行为层出不穷，仅仅依据差额说及全部赔偿理念，无法实现对受害人的充分救济。例如，在有毒物质侵权中，由于侵权行为与损害结果之间可能存在漫长的时间割裂，因此如果依据差额说比较受害人受侵害前后的整体财产变化，则可能介入过多的其他因素导致实际的计算不能；在我国台湾地区的亲属看护案例中，受害者由于受亲属看护而未支出费用，则无实际财产变化，则无法依据差额说认定为损害进行赔偿，我国台湾地区法院以公平正义理念将亲属因为看护而花费的劳力认定为损害，实际突破了差额说与全部赔偿的理念。[①] 事实上，这种突破并非偶然，无论是理论还是实践，学术上与司法实务中已经发展出多种损害赔偿的原则。而具体到有毒物质侵权已显损害的赔偿中，则主要应当坚持以下三种思路：

（一）全部赔偿原则与惩罚性赔偿原则并行

在大陆法系的传统侵权法理论中，损害赔偿的最佳归属是实现损害的恢复，即将受害者的利益状况恢复到侵权行为发生之前。这种全部弥补的思路使受害者不会少获得一分救济，加害人也不会多付出一分的赔偿，二者的利益状态处于一种完全衡平的状态，体现了民法的公平中立的理念。但这种完全中立的不干涉思路系当时时代背景下追求自由交易秩序与充分经济发展的立法选择。在现代社会，侵权法理念发生了极大的转向，以受害人为中心的救济理念占据上风，分配正义的理念逐渐取代了矫正正义。在此基础上，一些新型的侵权类型如果依然坚持适用全部赔偿原则，则实际会造成实质上的不平等从而违背了法的正义理念。例如，全面赔偿原则关注的是对个人所受损害的全面赔偿，但是在有毒物质侵权中，当一些企业排放、泄漏的有毒物质暴露在环境媒介

---

① 相关案例参见我国台湾地区“最高法院”1999 年台上字第 1827 号判决。

中造成侵权时,其不仅对环境中的居民造成影响,也对生态环境造成了实质性破坏。生态环境的宜居性本身也是居民的法益所在,但这部分内容无法被折算成财产而得到赔偿。此外,侵权法本身还具有震慑功能,通过侵权责任的承担来震慑侵权人,使其不会继续实施侵权行为,继续进行排放,出现侵权人因为侵权行为而获益的情形,不会使侵权法失去威慑价值,造成实际的非正义。

在此背景下,一些侵权行为的救济出现了惩罚性赔偿原则的思路,例如我国《消费者权益保护法》中规定的惩罚性条款等。惩罚性赔偿原则是指对于损害的赔偿,要求侵权人支付超出实际损害的金钱,超出的部分即是对侵权人的惩罚,实际是法的一种规范性评价。这种原则本质上是对侵权人要求一种加重给付,在填补受害人的全部损害的前提下,通过对侵权人科以额外的惩罚性赔付,提高侵权人的注意义务与行为成本,从而实现责任的倒逼。与全面赔偿原则相比,惩罚性赔偿原则不仅能够有效地弥补全面赔偿原则在赔偿范围或赔偿数量上的不足,还更加强调侵权法的震慑价值,通过法的震慑以提高侵权人的注意义务,实现对同类行为的警示与二次预防。前文述及,有毒物质侵权通常表现为产品毒物侵权与环境毒物侵权两种类型,无论何种,均强调侵权法的震慑功能与预防价值。尤其就有毒物质的特性而言,其损害的风险更为突出,通过对加害人施加惩罚性责任实现源头控制,更能够解决问题。换言之,惩罚性赔偿原则十分契合有毒物质侵权已显损害赔偿的需要。在具体的法律实践中,面对有毒物质侵权的已显损害赔偿问题,应当充分考虑惩罚性赔偿原则的立场,以全面实现法的救济与预防价值。

(二)自己责任原则与社会化救济原则结合

通常来说,损害的赔偿实施的是自己责任原则,即由侵权人自己对自身行为造成的损害进行赔偿,又称为责任自负原则。责任自负原则在普通侵权损害的赔偿中并无不妥。但是在有毒物质侵权的已显损害赔偿中,由于有毒物质侵权的损害在范围与数量上具有一定的规模性与广泛性,极易演变为大规模侵权,使得其应当赔付的总额达到一个天文数字。当单一的责任主体面对如此的赔偿请求时,最可能的结果就是责任主体因赔偿不能而破产,而受害者也得不到充分的救济。换言之,在大规模侵权领域,一味地坚持责任自负原则将会出现侵权人与受害者双输的局面,而侵权人的破产与受害人的救济不充分又会导致社会秩序的动荡。因此,对于大规模的有毒物质侵权已显损害的赔偿诉求,应跨越自己责任,寻求一种更加广阔的思路。

在理论与实践的探索中,社会化救济的路径脱颖而出。社会化救济原则即通过社会化的统计,将原本由受害人自负的责任转化为社会责任,由社会整体共同分摊。这种模式实际扩大了责任主体的范围,提高了侵权人的风险承担能力,加大了受害人的侵权救济力度,因而得到了广泛的支持。目前的社会化模式主要包括责任保险、基金会等形式。对于普通的有毒物质侵权的已显损害,可以要求加害人承担自己责任,而在面对大规模的有毒物质侵权时,社会化的责任分摊模式能够有效地对大量、巨额的已显损害进行分摊,从而全面填补受害人的损失。如此,社会化救济不仅能在侵权企业与受害人之间寻求到利益平衡点,实现行为自由与受害人保护的兼顾,还能避免责任的泛滥导致的企业破产、救济不充分等引发的社会动荡,实现社会秩序的稳定。

(三)统一赔偿原则与个案正义原则兼顾

对于损害的赔偿,通常有恢复原状与金钱赔偿两种。而有毒物质侵权中,由于有毒物质的暴露是一种不可逆的行为,无法请求加害人恢复原状。因此对于有毒物质侵权的赔偿只能以金钱赔偿为主,辅以一定的恢复原状费用损害赔偿。对于金钱赔偿,通常具有多种赔偿模式,但无论何种赔偿模式,最终的结果都会回到数量的计算之上。这种数量计算,最重要的是坚持统一赔偿原则的理念。

统一赔偿原则是指在不同的侵权个案中,对于同类侵权行为引发的损害赔偿,在数量计算上应该采纳一致的标准。统一赔偿原则背后实际是民法的公平正义价值与民事主体人格平等理念的体现,也是现代法律、现代文明的一道红线。《民法典》出台前,在具体的损害赔偿计算上,往往需要分别依据相关的法律文本,而这些法律文本的制定时间有先后,制定背景有变化,参照标准有争议,种种差异导致我国实践中的损害赔偿标准并不统一。典型的有长久争论的"同命不同价"问题。在侵权法领域,医疗侵权又有医疗侵权与医疗事故侵权之分,前者依据的是原《侵权责任法》的规定进行赔付,而后者依据的却是《医疗事故处理条例》,但无论依据何种规定,对于受害人而言,其遭受的损害都是一样的,如果受害人仅因为侵权人的主观过错不同而遭遇不同的赔偿标准,其公平性显然有待商榷。《民法典》的出台统一了损害赔偿的标准，其第 1180 条“因同一侵权行为造成多人死亡的，可以以相同数额确定死亡赔偿金”等损害赔偿以及医疗损害责任的完善规定显然给予了以上问题较为妥善的回应。

因此，在对于已显损害的赔偿上，有毒物质侵权应当坚持统一赔偿的原则。值得注意的是，统一赔偿原则并非指数额统一，而是指赖以依据的赔偿标准要一致，至于实际要赔偿的费用，则还要考察具体个案中受害人过错、损益相抵、当地消费水平等因素进行计算，从而实现个案的正义价值。

三、有毒物质侵权中已显损害赔偿的类型

损害赔偿的类型是与损害的类型相对应的。从自然损害的角度，损害即是受害者利益遭遇的不法减损。这种减损的具体表现形式多种多样，但从分类学的立场，依然可以归纳出其中的本质特征。将这些具有共同本质特征的损害形态归纳为一种类型聚合，并以这些特征为基础与出发点寻找相应的应对措施，此后在遭遇损害时，只要根据其特征认定其形态，即可迅速地找到相应的解决方案，这即是损害形态类型化的意义。通过经验总结归纳与再应用，公平有效率地解决社会问题。

对于损害形态的具体分类，技术上有二分法、三分法乃至四分法的区别。比较法上，《意大利民法典》第 2043 条与第 2059 条就分别规定了财产损害与非财产损害两种类型。三分法则以英国为典型，英国法中，人身损害与财产物理属性的损害都属于法律上的损害，在当事人之间存在特定关系时，经济损失也被认为是一种损害。[①] 四分法通常被认为只是学术上的一种讨论，根据损害性质的不同，法国学者认为损害可以分为财产损害、人身损害、精神损害、经济损失；[②]我国学者则有财产损害、精神损害、生物损害与纯粹经济损失的划分。[③]通说认为，我国侵权法中规定的损害类型主要有财产损害、人身损害与精神损

---

① 参见[英]W. V. 霍顿·罗杰斯：《英国法中的损害赔偿》，载 U. 马格努斯主编：《侵权法的统一：损害与损害赔偿》，谢鸿飞译，法律出版社 2009 年版。

② 参见[法]苏珊·加兰·卡法尔：《法国法中的损害赔偿》，载 U. 马格努斯主编：《侵权法的统一：损害与损害赔偿》，谢鸿飞译，法律出版社 2009 年版。

③ 参见麻昌华：《侵权行为法地位研究》，中国政法大学 2004 年版，第 182 页。

害,但是这只是一种基于损害客体的划分,此处的财产是一种狭义上的财产。考察我国《民法通则》(已废止)、《民法总则》(已废止)、《侵权责任法》(已废止)、《民法典》及相关法律解释中的规定可以发现,我国侵权法中的损害一定程度上也遵循了二分法的逻辑,如对于人身损害,实际包含可以金钱量化赔偿的损害与不可物化的损害,前者与财产损害构成广义上的财产损害,而后者与精神损害则属于不可用金钱衡量的损害。

综上观之,从毒物侵权的特征出发,本书根据划分标准的不同对已显损害赔偿的类型做以下分类:

1. 财产性损害赔偿与非财产性损害赔偿

根据损害内容是否能够通过金钱予以量化,可以分为财产性损害赔偿与非财产性损害赔偿。前者是指侵权人对受害人的人身、财产权益遭受的经济损失的赔偿,如甲驾车撞伤骑电动车的乙,导致乙的电动车损毁并支出医疗费用等。换言之,财产性损害赔偿实际是指对受害人整体财产属性的一种贬损的赔偿,这种贬损能够通过计算得出具体的数字,因而通过客观的金钱衡量进行弥补,使得受害人的财产总值恢复到侵权前状态。故而又被称为有形损害或经济损失赔偿。[①] 非财产性损害赔偿,所赔偿的损害不易用金钱衡量其价值,或因为含有了个人的情感而只能通过主观方法予以确定。[②] 例如,前述案例中,乙被甲撞成残疾,电动车是乙父亲的遗物,具有浓厚的纪念意义,乙经历双重打击,精神上承担巨大的痛苦等。一般其也可以称为无形损害或精神损害。

区分财产性损害赔偿与非财产性损害赔偿的意义在于,首先,二者的实际可偿性并不相同。通常来说,由于财产性损害赔偿能够根据差额说理论,通过计算侵权事故前后受害者的财产整体状况变化来确定损害,使得损害的赔偿易于计算且能够实现,具有切实的可偿性。而对于非财产性损害赔偿,通常只有在法律允许的时候才能进行,如我国《民法典》第1183条就对精神损害赔偿作出限制,只有达到严重的精神损害才具有可偿性。原因在于,一方面,非财产损害(如精神痛苦)是一种十分主观的概念,根据具体受害人的实际情况不同(如

---

① 参见程啸:《侵权责任法》,法律出版社2021年版,第229页。

② 参见[德]乌尔里希·马格努斯:《德国法中的损害赔偿》,载U. 马格努斯主编:《侵权法的统一:损害与损害赔偿》,谢鸿飞译,法律出版社2009年版。

社会阅历、受教育程度、家庭环境等差异),同类侵权行为可能造成的精神痛苦实际并不相同,如果允许普遍适用精神损害赔偿,则会导致侵权责任的无限扩张,有悖侵权责任法维护行为自由的初衷;另一方面,非财产性损害由于难以通过金钱手段予以物化衡量,在实践中通常只能根据一般的社会观念与受害人的个体情况而由法官自由裁量,因而导致法官在非财产性损害内容的确定上具有较大的权限。因此,非财产性损害赔偿实际是一种法律的规范评价,必须谨慎把握与限制。

其次,对于财产损害与非财产损害的责任承担形式也有所不同。通常来说,损失赔偿在本质上主要是恢复原状与金钱赔偿,前者是使受害人的利益恢复到完满状态,后者是使一些无法恢复的损害可以通过金钱换算代偿。在我国,对于财产性损害,通常要求行为人承担赔偿损失的责任,而对于非财产性损害,除了赔偿损失之外,我国侵权法还规定了赔礼道歉、恢复名誉、消除影响等其他非财产内容的责任承担形式。

最后,在有毒物质侵权中,已显财产性损害与已显非财产性损害的划分更具有实际意义。一些有毒物质侵权不仅会造成肢体的残缺、健康的损害,还会对人造成生理上的疼痛,这种疼痛可能要远胜于一般残疾的精神痛苦。长期身体的剧烈疼痛可作为一种非财产性损害,在必要时给予救济。

2. 直接损害赔偿与间接损害赔偿

根据因果关系的关联性,还可以将损害分为直接损害与间接损害。直接损害又可以称为客体损害,是指侵权人对受害人的人身、财产权益的本体造成的损害。[①] 通常来说,这种损害对受害人造成的变化是明显且易于观察的。从某种程度上说,有毒物质侵权中已显损害赔偿主要是对直接损害的赔偿,如受害人因为服用了含有马兜铃酸的药物而导致肾衰竭。间接损害又称为财产结果损害,是指基于权益本体的受侵害事实延伸出来的对受害人财产的间接损害,通常包括收入丧失、利润降低、丧失机会等。有毒物质侵权中已显损害赔偿也可能涉及对间接损害的赔偿,如甲将有毒物质倾倒在乙的门店,导致乙无法营业,收入减少。

① 参见程啸:《侵权责任法》,法律出版社 2021 年版,第 31 页。

区分二者的意义在于，第一，侵权行为与二者的因果联系程度不同。对于直接损害而言，其与侵权行为具有直接、明确的因果关系，受害者可以获得完整的法律保护。而对于间接损害而言，其与侵权行为的关系相较之下更为遥远，是否能够获得救济通常还要考虑多方面的其他因素，甚至因为因果关系的遥远而无法获得救济。从立法的角度，如果过多地承认间接损害将有可能导致侵权责任泛滥，因此需要法律政策对其予以一定的限制。第二，在假设因果关系的场合，二者的可赔偿性也有所不同。直接损害无须考虑假设因果关系而可以获得赔偿，但间接损害则有待斟酌。例如，甲损坏乙在码头经营的游轮，但一日后台风过境，洪水与台风将油轮倾覆，则甲应当赔偿游轮的损害（直接损害），但对于乙无法使用游轮而丧失的营业收入（间接损害）则无须赔偿，因为即使没有甲的行为，乙也依然无法营业。

在有毒物质侵权中，二者的区分还存在更多的意义。一方面，在比较法上，《美国侵权责任法第二次重述》还规定了一种独特的损害赔偿：生活质量降低的损害，法院认为，生活质量的降低也可以作为损害的一部分而获得救济。① 在 Ayers v. Township of Jackson 案中，②原告主张因为饮用水源受有毒物质污染，使得他们失去了活水供给，导致他们不仅要承担极大的生活不便利，还不得不用桶装水作为替代供给，产生了许多问题。法院认为，正是他们对于水源的使用权与享受权受到干涉，导致了他们生活质量的降低。在 Sterling v. Velsicol Chemical Corp. 案中，③法院支持了这种生活质量降低的主张，认为虽然被告的行为妨害的是原告的财产，但它的基础却是对原告的生活与幸福的干涉。换言之，生活质量降低作为有毒物质侵权引发的一种间接损害，得到了美国法院的认可并给予损害赔偿。另一方面，在有毒物质侵权造成的已显损害中，实际存在许多假设因果关系的可能。由于人体机能复杂，有毒物质的致害机理同样超出认知，且其造成的损害与许多疾病存在重合，导致在有毒物质侵权中，原告罹患的疾病可能存在多方面的复合肇因。例如，原告有多年的抽烟习惯，而在接

① 参见［美］吉恩·马基雅弗利·艾根：《毒物侵权法精要》，南开大学出版社 2016 年版，第 295 页。

② 525 A. 2d 287（N. J. 1987）.

③ 855 F. 2d 1188（6th Cir. 1988）.

触有毒物质后检测出罹患肺癌,此时对于原告肺癌的赔偿,究竟是否考虑假设因果关系,也是一个实际的问题。

第二节　有毒物质侵权中已显财产性损害赔偿

一、有毒物质侵权中已显财产性损害

(一)有毒物质侵权中已显财产性损害的概述

有毒侵权中已显财产性损害,是指受害人因为遭受毒物侵权而蒙受的经济损失,毒物侵权既可表现为对受害人财产权益的侵害,亦可表现为对其人身权益的侵害,但从其造成的后果来看,是受害人财产内容的损失,本质上是受害人因为被毒物侵权而产生的整体财产状况的贬损。这种损失一般可以用金钱、货币予以衡量计算,因此被称为财产性损害。通常来说,财产性损害主要包括受害者有形财产、无形财产的减损或可得利益的损失等,具体表现为有毒物质侵害他人财产造成的价值减损、侵害受害人的人身利益导致的经济损失等。

毒物侵权中已显财产性损害并非仅指财物的毁损灭失,其本质上是以受害主体个人为单位的人的总体财产价值的一种减损或丧失。因此,它具有自然意义上的财产损害所不具备的法律特征:

首先,划分财产性损害的目的在于恢复受害人的财产状况,这是区别于非财产性损害的本质特征。后者的目的主要在于抚慰受害人的精神痛苦,而前者主要通过金钱赔偿,增加受害人的总体财产价值,使其财产关系恢复到侵权事故之前。

其次,财产性损害不具有专属性。事实上,财产性损害本质上是对受害人损失利益的一种规范性转化,根本上来说是用金钱赔偿替代实际的价值减损。因此,只有不具有人身专属性的损害才具有转化替代的可能,而对于一些具有人身依附性质的损害如精神损害等,则属于非财产性损害的范畴。

再次,基于前述原因,财产性损害必须是一种确定的损害,只有确定的损害才会导致受害人的财产状况变化得以认定,因而有了用金钱计算衡量的可能。

最后,即使是确定存在的损害,当其无法或难以用金钱衡量计算,或者无法证明时,也不构成财产性损害。因为财产性损害的本质原理在于价值贬损的经

济性，能够通过金钱赔偿恢复财产价值，但当这种经济性不存在时，也就失去了财产性损害成立的基础。

（二）有毒物质侵权中已显财产性损害的赔偿方法

一般而言，毒物侵权中已显财产性损害的赔偿方法主要有恢复原状与金钱赔偿两种。我国《民法典》第179条规定了十一种民事责任的承担形式，但本质上均可归入恢复原状与金钱赔偿两种类型。然而并非所有的金钱给付都属于金钱赔偿。例如，在物的损害赔偿中，从法的规范目的而言，恢复原状的法律意旨在于恢复受害人被侵犯的利益，使其处于侵权事故前的完满状态，这种恢复既可以表现为某些特定的行为，亦可表现为一定的金钱给付，例如汽车被损毁而支付修理费，从形式上看是一种金钱给付，但本质上是通过给付金钱而对汽车进行修理使汽车恢复到完满状态；而金钱赔偿通常是在恢复不能时通过对损失的衡量计算，而以给付金钱的方式弥补其交易价值的减损、丧失。值得注意的是，我国《民法典》将传统侵权法理论中的恢复原状进行剥离，以至于部分恢复原状的内容如恢复原状费用请求权等也被纳入了赔偿损失的范畴，可以说，我国侵权责任法中的恢复原状与赔偿损失并不等同于大陆法系民法理论中的恢复原状与金钱赔偿。

由于二者并非对立的关系，在遭受毒物侵权时既可行使恢复原状请求权，亦可采取金钱赔偿的方法，都能实现对受害者的救济。因此在实践中对于两者优先级的取舍，成为理论争议的一个焦点。比较法上，存在三种可能的运用方式。一是优先采取恢复原状的做法。如我国台湾地区的民事相关规定了一般情况下恢复原状的优先适用，[①]德国、奥地利等国家亦如此。二是优先适用金钱赔偿的方法，该种做法主要以日本、法国、荷兰等国家为代表。如《日本民法典》就规定了以金钱赔偿厘定损害的准则，荷兰亦有通过金钱支付实现损害赔偿的规定。[②] 三是选择主义的模式，即对于适用恢复原状还是金钱赔偿主要依赖于法院的裁量。例如，瑞士的债务法就规定了对于损害的赔偿方法由法院斟酌实

① 我国台湾地区“民法”第213条第1项：“负损害赔偿责任者，除法律另有规定或契约另有订立外，应恢复他方损害发生前之原状。”

② 《日本民法典》第417条：“如无其他意思表示时，以金钱定其（赔偿）数额”；《荷兰民法典》第6：103条：“损害赔偿通过金钱的支付实现”。

际情势而确定。[①] 在我国,《民法典》规定了十一种民事责任承担形式,既可单独适用,也可以合并适用。《民法典》物权编规定侵害物权的,既可以选择损害赔偿,亦可以请求承担其他民事责任。可见,在我国,并不存在某种赔偿方法的特别优先,而是依赖于当事人自决。

二、有毒物质侵权中已显财产性损害赔偿

有毒物质侵权的已显损害同样需要寻求财产损害赔偿与非财产损害的赔偿。所谓的财产损害赔偿,是指侵害他人民事权益并造成财产损失时,侵权人应当向被侵权人承担的损害赔偿义务。[②] 一般来说,按照受保护的法益类型,财产损害赔偿可以分为人身伤亡类型的财产损害赔偿与其他侵益型的财产损害赔偿。我国《民法典》第1179条至第1184条涉及对财产损害赔偿的具体规定。其中第1179条、第1180条、第1181条涉及人身伤亡的财产损害赔偿规定,第1182条、第1184条是对侵害其他民事权益的财产损害赔偿的规定。前者主要针对人的生命、健康等权益受侵犯进行的救济,后者是对人的财产以及其他非人身伤亡类型的人身权益遭受侵权损失时的赔偿。

在有毒物质侵权中,主要涉及的是对人的生命权、身体权以及健康权的侵犯。有毒物质的暴露虽然也会对人的财产造成损害,但是由于财产的物理性与非生物性,以及有毒物质的缓慢侵蚀性,很多时候在有毒物质造成实际损害前财产已经进行更新、弃置。因此有毒物质对于财产侵害的赔偿并不常见,亦不太复杂,并不是有毒物质侵权损害赔偿的重点关注的内容。一言以蔽之,在有毒物质侵权的已显损害中,财产性损害赔偿主要包括人身伤亡的财产性损害赔偿与侵犯财产权益的财产性损害赔偿,且主要以人身伤亡的财产性损害赔偿为主,一般不包括侵犯其他人身权益的财产性损害赔偿。

(一)毒物侵权中侵犯财产权益的已显财产性损害赔偿

1. 毒物侵权中侵犯财产权益的已显财产性损害的赔偿范围

有毒物质的主要侵害形式是有毒物质通过环境媒介对周边生物及非生物

---

① 《瑞士债务法》第43条:“所生损害的赔偿方法和范围,由法院斟酌责任的情况和程度确定。”

② 参见程啸:《侵权责任法》,法律出版社2021年版,第619页。

造成缓慢侵蚀。根据我国法律规定，属于受保护的财产权益主要有三种，包括物权、知识产权与其他如股权、继承权等抽象权利。而从有毒物质的侵权形式可知，有毒物质对于财产权益的侵犯主要集中在有体财产之上，对于知识产权、股权、继承权等无形权利，不属于有毒物质侵犯的财产权益范围。因此，有毒物质侵权诉讼中，纯粹因为有毒物质侵犯财产权益造成的已显损害主要集中在侵犯物权这一领域。财产权益被侵犯带来的损失主要可以分为两类，一是所受损害，二是所失利益。

(1)所受损害

所受损害，即由侵权带来的直接损失，该损失主要是针对受害者的现有财产状况而言，是因侵权导致的财产价值的减损。对于具有情感价值的财产，除非法律另有规定，一般也仅对其客观价值减少进行赔偿。

受害者的所受损害，主要表现为两种形式：积极财产的减损和消极财产的增加。就积极财产的减损而言，它通常包括两种情形。一是财产由于受有毒物质侵蚀导致其使用价值的减少、丧失从而造成总体财产的减损，这种减损一般需要通过替代物的比较或者专门机构鉴定才能确定。二是财产遭受有毒物质侵蚀导致的价值的贬损，这种贬损既包括即使经过修复也不能完全恢复导致的使用价值降低，也包括虽然已经修复，但是因为财产自身的性质，经过修复之后会造成交易价值的贬损。例如，一件名贵西装暴露在有毒物质当中而无法穿着，经过清洗与修复，其恢复了一定的使用价值，但由于有毒物质的残留难以彻底去除，因而西装的使用价值有所下降，且经过修复后，西装的市场交易价格也急剧下降，此种清洗即是典型的因为有毒物质侵害财产导致财产价值贬损的情形。[①] 无论哪种贬损，都属于受害者现实的显性财产损害，均应获得赔偿。

就消极财产的增加而言，消极财产即对民事主体具有负面影响的收益，一般指债务。消极财产增加即是指受害者为了维持原财产权益而产生的费用。典型的例子如在新房装修中为了清理有毒油漆而支出的费用，这种损失也属于受害人所受损害，当然应予赔偿。

---

① 对于交易价值的贬损更典型的案例是对汽车的侵权。一旦汽车经过修复，其市场价值就会有明显的下降。参见李自庆：《南京审结轿车受损贬值案　原告获赔汽车贬值费 3.7 万元》，载《人民法院报》2006 年 9 月 15 日。

(2)所失利益

对于所失利益,学界上的定义是“系被害人于侵害事由时尚未发生,但若无此等侵害事由,将来预期可能取得的财产利益”[1]。换言之,就是有毒侵权行为导致原本按照正常逻辑、因果能够由受害人获得的财产利益无法获得。这种财产利益既包括可能的金钱收入,也包括可能的权利(如毒油漆导致房屋不能居住等)。

受害人因为毒物侵权导致的所失利益应当获得赔偿。原因在于,根据事物发展的正常逻辑,受害人获得利益本是既定的事实,只是因为介入了异常的毒物侵权因素,导致受害人正常行为与利益之间的联系中断,从而导致了既定利益的丧失。换言之,毒物侵权行为与既定利益的丧失具有确定的因果关系,故而应当承担相应的赔偿责任。这种认识也为我国的法律实践所接受。如我国的最高人民法院《关于审理道路交通事故损害赔偿案件适用法律若干问题的解释》(以下简称《道路交通事故损害赔偿司法解释》)中就支持了经营性车辆因为无法营运而导致的停运损失的赔偿。[2]

但是由于所失利益毕竟是一种间接损失,其与毒物侵权行为之间的因果关系较远,可能介入其他的偶然因素。因此对于所失利益的赔偿应当遵循严格的条件,尤其在有毒物质侵权中,由于有毒物质的潜伏期长,作用缓慢,其本身与所受损害之间的联系就比较复杂,更遥远的所失利益与其关联更加可能介入其他因素,一般来说,所失利益必须是确定的利益,即当事人丧失的既得利益必须是具有一定的预见性,按照事物正常的发展有着相当确定的可能性会获得此种利益,否则就不具有可偿性。如毒油漆导致房屋无法居住,然而房屋本身未通过验收,不具有居住利益,受害者可以请求所受损害的赔偿,但不能获得所失利益的赔偿。此外,如果法律对某种所失利益持否定或限制的态度,则该类型的所失利益也不能获偿。如违法行为的可得利益显然不在赔偿的范围之内。

---

① 王泽鉴:《损害赔偿》,北京大学出版社 2018 年版,第 70 页。

② 《道路交通事故损害赔偿司法解释》第 12 条:“因道路交通事故造成下列财产损失,当事人请求侵权人赔偿的,人民法院应予支持:……(三)依法从事货物运输、旅客运输等经营性活动的车辆,因无法从事相应经营活动所产生的合理停运损失;(四)非经营性车辆因无法继续使用,所产生的通常替代性交通工具的合理费用。”

比较法上,对于有毒物质造成的财产利益损失并不罕见,但通常集中在受有毒物质污染的土地或环境的修复费用赔偿上。例如,在英国的蓝圈工业股份有限公司诉英国国防部(Blue Circle Industries Plc. v. Ministry of Defence)案中,[①]被告的核材料污染了原告的土地,造成原告既定的交易计划取消,被告虽然愿意支付35万欧元的土地修复费用,却拒绝对土地的市场价值减损进行赔偿。但是英国上诉法院认为,土地价值的减损并非单纯的经济损失,基于土地受污染而使其结构或实用性下降造成的损失属于有形损害,符合英国普通法及《核设施法案》中确立的赔偿目的。在美国的有毒物质侵权诉讼中,土地受有毒物质污染的案件,其污染的修复费用等通常都能获得赔偿。但是对于原告而言,即使污染被修复,其财产的价值依然受到不良影响而贬值。如在雷伊·保利铁路造船厂的诉讼(Re Paoli Railroad Yard Litigation)案[②]中,法院认为,原告获得的救济款项不能充分地弥补其实际损失,有毒物质的污染侵害导致其财产的市场价值下降,原告可以就这部分损失获得财产损害赔偿。同样,在美国的法院判例中,也存在对基于天然气泄漏造成的房屋价值贬值的财产损失的赔偿请求。[③]

2. 毒物侵权中侵犯财产权益的已显财产性损害赔偿的计算

为了实现损害赔偿的目的,使受害者的财产关系恢复到侵权事由发生之前的状态,需要对其遭受的损失进行合理、科学、可行的计算。财产性损害赔偿数额的计算主要包括三个方面的内容,一是损害计算时点的确定,二是损害计算标准的确定,三是损害计算方法的确定。三者任意一方面出现变动,都会导致最终的结果产生较大的变化,直接影响到侵权损害的赔偿与救济。因此在对财产损害赔偿进行计算时,必须谨慎地加以确定。

(1)计算时点的确定

损害计算时点的确定主要是指以哪一个时间为基点开始计算损失。由于

---

① Blue Circle Industries Plc. v. Ministry of Defence,[1990]3 W. L. R. 383,394E－F. 转引自[英]马克·韦尔德:《环境损害的民事责任——欧洲和美国法律与政策比较》,吴婧译,商务印书馆2017年版,第131页。

② 35 F. 3d 717(3d Cir. 1994). 关于交易性贬值损失问题,我国理论界与实务界均存有争议,可参见张红:《交易性贬值损失之赔偿》,载《中国法学》2021年第1期,第105～123页。本书暂未对此深入论述。

③ See Smith v. Kansas Gas Service Co. ,169 P. 3d 1052(Kan. 2007).

人的财产状态受多方面因素影响总是呈现一种运动的状态，毒物侵权损害只是导致财产变动的因素之一，在某一个时间点其对整体财产的影响较大且确定，因此能够容易地通过财产差额的比较计算出实际损失。但如果计算时点比较遥远，则介入其他影响整体财产的因素，使侵权损害的影响不再显著，而难以通过财产差额的变化进行计算。因此，财产损害赔偿数额的计算的第一步，即是确定以何时间点开始计算损失。

通常来说，损害计算的时点主要有侵权开始的时间点、损害实际产生的时间点、受害人知晓损害的时间点、受害人起诉的时间点等。比较法上，对于损害计算时点的确定并不统一：奥地利规定对于过失侵权只需赔偿实际损失，计算损害时采取“损害发生时”的时点计算财产的客观价值，而对于故意或重大过失，则要赔偿受害人的全部主观损失，因此应当以裁决前为计算时点；[①]英国起初以“不法行为发生时”为计算时点，而现在倾向于选择“不法行为发生时”与“审判时”之间的某个更能确定受害人实际损害的时间为计算时点；[②]而我国的侵权责任法主要采取的是“损失发生时”的计算时点，但同时也不排除其他计算方式。通常，受害人的损失总是紧随着侵权行为而出现，早期一般侵权中侵权行为发生时也即意味着损失发生时。但是随着侵权行为类型的扩张，出现了越来越多的行为与损害时点割裂的情形，因此，“损失发生时”的规定重点在于损害。“损失发生时”实际是以损害的具体显现为计算时点，其合理性在于，一方面，以损失发生时为计算时点，主要考察的是财产对所有人的客观价值，更符合受害者实际的财产贬损状况。另一方面，从损害的发生到受害人提起诉讼往往需要经过一定的时间，而除了特定物品之外，一般的市场规律是产品的价格总是随着时间的经过而下降。采取损失发生时的市场价格也有利于保护受害人的利益。

在有毒物质侵权中，单纯的“损失发生时”计算时点具有局限性。有毒物质的侵权是一种隐蔽的、缓慢的、渐进的、潜伏的侵权，其对于人身、财产的损害总

---

① 参见［奥］赫尔穆特·考茨欧：《奥地利法中的损害赔偿》，载 U. 马格努斯主编：《侵权法的统一：损害与损害赔偿》，谢鸿飞译，法律出版社 2009 年版。

② 参见［英］W. V. 霍顿·罗杰斯：《英国法中的损害赔偿》，载 U. 马格努斯主编：《侵权法的统一：损害与损害赔偿》，谢鸿飞译，法律出版社 2009 年版。

是潜在而不易察觉的。当受害者知道自己暴露在有毒物质中时,并不一定存在已显损害。即使损害发生,也不一定被察觉。一般侵权中,损害发生即会被察觉,但是在有毒物质侵权中,由于多数疾病在早期并无明显症状,即使损害发生也不一定被察觉。例如,当受害者因为身体不适而体检发现自身的有毒物质引发的癌症时,往往这种疾病已经到了中晚期。可见,在有毒物质侵权中,损害的察觉的重要性远超其他侵权类型。因为有毒物质的损害是一种不断潜伏而又不停扩大的损害,越早地察觉到损害则实际的损失越小,损害发生时与损害察觉时的区分更加具有现实意义与法律意义。因此,对于有毒物质侵权已显损害的财产赔偿计算时点的选择,通常情况下以损害发生时为计算时点,但是在综合考量受害人的利益的前提下,亦存在以受害人察觉到损害时为计算时点的可能。值得注意的是,侵权财产中的损害并不等同于人身伤亡中的损害。由于人命无价,人身损害中的财产赔偿只是对于人身利益的一种替代性补偿,人身伤亡侵权中的损害实际有两种,一种是对人体健康权益造成的损害,另一种是为了恢复人体健康利益而支出的种种费用,而后者才是损害赔偿法意义上的损害。在该种理解下,损害的察觉又与损害的发生等同起来——当察觉到人体利益受损时,不得不支出费用恢复人体利益,从而遭受财产损害。其中两个“损害”间微妙的区别应当仔细斟酌。

(2)计算标准的确定

对于财产损害的计算标准,我国法律规定了两种模式。一种是以损失发生时的市场价格作为计算的客观标准,另一种是《民法典》第 1184 条后半段规定的其他标准。

以损失发生时受侵害财产的市场价格作为衡量损害的标准,视为一般标准。它是以市场客观价值为参照物而形成的损害赔偿的计算标准。通过对比受侵害财产的残余价值与同类产品的市场价格之间的差值以确定实际的损失,从而得出应当赔偿的实际数额。用市场价格作为衡量标准具有其客观性,能够保证双方之间的公平。

就其他标准而言,它是法律为了弥补市场价格标准的不足而作的补充规定。例如,如果损害的财产具有特别的主观价值,或者缺乏比对的市场价格,则一般标准即失灵。故法律特别规定了其他标准的选择空间。其他标准为何,法律虽然没有详细规定，但是根据一般社会智识与法理，学者总结出了四种其他标准：[①]第一，法定标准。如果法律对于侵权损害的赔偿另有规定的，则依据该法律确立的标准。这种情况主要出现在知识产权领域，如我国《商标法》第63条就规定了商标侵权损害赔偿数额计算应当参照的市场价格以外的标准。第二，受害者实际损失标准。主要是在市场价格标准失灵时，根据受害者的实际损失而确定的赔偿标准。如若有交易合同，双方约定了相应的价款，当第三人的毒物侵权行为毁损标的时，受害人即可以合同约定价款作为损害赔偿的标准。第三，评估价格的标准。对于一些稀缺品、收藏品或存在主观价值的财产，由于并无市场价格或市场价格不能真实反映其价值，此时需要依赖一定的专门机构进行评估以确定赔偿的标准。第四，法院酌定的标准。在损害实在难以确定时，法院可以结合立法精神，根据实际的情况自由裁量。例如，对于受害人损失无法确定但侵权人因为毒物侵权行为获利时，可以根据"禁止不法获利"原则确定赔偿数额。

(3)损害计算方法的确定

损害计算的方法，一般有客观计算与主观计算两种方式。前者在计算损害时通常只考虑普通因素，主要参照社会的一般情况进行损害厘定；后者在计算损害时不仅考虑普通因素，同时还考虑受害人的主观情况，根据受害人的具体情况来计算实际损失。从二者的定义可知，客观计算方式主要关注的是损害计算的公平性，它主要关注财产对人的一般价值，而不考虑其对人的特别价值；而主观计算方式通常关注受害人的全部主观损失，意图恢复受害人的整体财产状况，二者具有明显不同的倾向性，分别适用于不同的场合。

在有毒物质侵权中，已显损害的程度不仅取决于毒物的暴露程度，同时还与具体受害人的自身身体体质有密切的关联，其本身是一种带有浓厚主观色彩的具体损害。因此，计算毒物侵权中侵犯财产权益的已显财产性损害赔偿时，宜采用客观标准的计算方法，在计算毒物侵权中造成人身伤亡的已显财产性损害赔偿时，虽以客观标准为主，但还须适当考虑受害人的收入情况、家庭背景等因素。然而在毒物侵权中已显损害之非财产性损害赔偿中，宜以主观标准为

① 参见王利明：《侵权责任法研究》(上卷)，中国政法大学出版社2016年版，第682页。

主,充分考虑到受害人的痛苦程度。

(二)毒物侵权中人身伤亡的已显财产性损害赔偿

1. 毒物侵权中人身伤亡的已显财产性损害赔偿之内涵与特征

毒物侵权中人身伤亡的已显财产性损害赔偿是指对因为有毒物质侵权而造成的显性人身生命健康权损失的赔偿。在人身伤亡损害中,要赔偿的并非是实际的人身损害,因为人的生命权、健康权无法用金钱衡量。客观上说,没有一种方法能够使遭受人身伤亡损害的受害者恢复如初,即人身伤亡损害赔偿中具有可赔偿性的内容是为了恢复人的身体健康利益或因为人的死亡而发生的经济损失。因此有毒物质侵权中的人身伤亡损害赔偿实际要弥补的是受害人因为遭受人身伤亡损害而产生的种种合理费用。在此前提下,有毒物质侵权中的显性人身损害的赔偿又具有以下特征:

第一,从性质上讲,人身伤亡的损害赔偿针对的是一种经济损失。在有毒物质侵权中,当受害人遭受有毒物质侵权发生人身伤亡损害时,主要会存在两种损失:一是经济利益的损失。这部分损失主要来自因为人身伤亡而支出的医疗费、丧葬费、误工费等直接或延伸的损失;二是精神利益的损失。包括受害人自身因为残疾而产生的精神痛苦以及其亲属因为受害者死亡而产生的悲痛。前者是人身伤亡财产损害赔偿的主要内容,也是金钱赔偿要恢复的价值目标。而后者无法以金钱进行计算,支付的金钱赔偿旨在慰抚受害人及其亲属的精神痛苦。

第二,从损害赔偿的方法而言,人身伤亡的损害赔偿主要采取的是金钱赔偿以及恢复原状费用请求权的方法。从客观的角度,恢复原状请求权不适用于人身伤亡之中,因为无论死亡还是残疾都不具有恢复的可能,即使是轻微的人身损害,也无法由加害人来恢复原状。前文提到,人身的伤亡的损害赔偿实际只是对于人身利益的一种替代性补偿,是为了填补为恢复人体健康利益而支出的种种费用。因此,在具体的赔偿方法上,通常是通过金钱赔偿恢复其损失,或者请求用于医疗等恢复健康所需要的费用。

第三,就人身伤亡的损害赔偿请求权而言,其请求权主体不具有唯一性。例如,对于侵犯生命权的行为,当受害人死亡时,损害赔偿请求权人只能为受害人之外的民事主体,包括其近亲属,以及支付了相关费用的主体如保险公司等。

2. 毒物侵权中人身伤亡的已显财产性损害赔偿范围

有毒物质侵权中，并非所有的人身损害都能获得赔偿，只有当人身损害是确定的时（包括已显损害与可预知的潜在损害），才具有可偿性。对于人身伤亡已显损害的赔偿范围，也比较有争议。由于人身损害的非金钱性，导致其无法直接用金钱衡量，而只能通过计算相关的费用支出来确定损失。而对于何种费用属于赔偿的范围，在世界各国都是一个值得探讨的问题。

比较法上，对于人身损害的赔偿，所有的欧洲国家都采取了全面赔偿的原则，[①]要求在人身损害领域全面赔偿受害者。但也作出相应限制，除英国外的欧洲国家都排除了惩罚性赔偿。对于具体的赔偿范围，多数的欧洲国家都支持医疗费、护理费、附加费用、收入损失、丧葬费、被抚养人的生活费的请求。在奥地利、荷兰、德国以及瑞士，侵权人还需要赔偿第三人对受害人的探望费；英国、法国、意大利支持未遭受实际收入损失但收入能力下降的赔偿请求；[②]此外，奥地利民法典还支持因为容貌损毁导致的"更好前途受阻"的赔偿；[③]意大利法院作出了支持将来外科手术费用请求权的判决。[④] 值得一提的是，欧洲各国（除意大利外）对于养老金收入降低的赔偿似乎保持一致的态度，由于人身损害导致收入能力下降时，其应获得的养老金可能也会下降，对于这部分损失，也被认为是实际收入的一种，因此同样应当得到赔偿。[⑤]

在我国，《民法典》出台前对于人身伤亡的财产损害赔偿范围的相关法律很多，[⑥]

---

① 参见［德］乌尔里希·马格努斯：《比较报告》，载 U. 马格努斯主编：《侵权法的统一：损害与损害赔偿》，谢鸿飞译，法律出版社 2009 年版。

② 参见［奥］伯恩哈德·A. 科赫、赫尔穆特·考茨欧主编：《比较法视野下的人身伤害赔偿》，陈永强、徐同远等译，中国法制出版社 2012 年版，第 469～471 页。

③ 参见［奥］伯恩哈德·A. 科赫、赫尔穆特·考茨欧：《奥地利的人身损害赔偿》，载［奥］伯恩哈德·A. 科赫、赫尔穆特·考茨欧主编：《比较法视野下的人身伤害赔偿》，陈永强、徐同远等译，中国法制出版社 2012 年版，第 24 页。

④ 参见［意］弗朗西斯科·D. 布斯内利、乔瓦尼·科曼德：《意大利的人身伤害赔偿》，载［奥］伯恩哈德·A. 科赫、赫尔穆特·考茨欧主编：《比较法视野下的人身伤害赔偿》，陈永强、徐同远等译，中国法制出版社 2012 年版，第 249 页。

⑤ 参见［奥］伯恩哈德·A. 科赫、赫尔穆特·考茨欧主编：《比较法视野下的人身伤害赔偿》，陈永强、徐同远等译，中国法制出版社 2012 年版，第 474 页。

⑥ 如原《民法通则》第 119 条，《消费者权益保护法》第 49 条、第 50 条，《产品质量法》第 44 条，《国家赔偿法》第 34 条，《人身损害赔偿司法解释》第 17 条等。

这些法律与原《侵权责任法》第16条共同构成了我国人身损害财产赔偿范围的渊源。《民法典》出台后根据其第1179条的规定,我国的人身伤亡的财产损害赔偿主要包括医疗费、护理费、交通费、营养费、住院伙食补助费、误工费、残疾辅助器具费、残疾赔偿金、丧葬费、死亡赔偿金等为恢复健康利益而支出的费用以及因此遭受的消极损失。这同样可以依据所受损害与所失利益的标准进行划分:

(1)所受损害

第一,医疗费的损失。有毒物质侵权的人身伤亡已显损害中最为突出也是最为普遍的损失是医疗费的损失。此外,由于有毒物质侵权中损害发生与损害察觉之间可能间隔较长的时间,且可能存在仍未被察觉的潜伏性损害。因此对于毒物侵权的医疗费赔偿请求,不仅针对当下医疗诊断发生的费用,还应该包括损害被察觉前与毒物侵权有关的医疗费损失,以及将来可能发生的医疗费用。一般来说,我国法律认可的医疗费损失主要包括挂号费、检查费、治疗费、医药费以及住院费等。但在比较法上,对于有毒物质侵权的医疗费请求权,美国还存在医疗监测费用请求权的判例。对于有毒物质侵权来说,当受害者明显地察觉到身体的不适时,毒物带来的病理性损害通常已到达中晚期,因此为了及时治疗,必须在损害显现的初期就及时察觉。为此,美国法支持了医疗监测的损失,允许受害者就为了监测潜伏性损害支出的体检费、检查费的损失提出赔偿。这一部分内容并非已显损害赔偿应当探讨的重点,将在另章再述。

对于医疗费的计算,主要根据医疗机构出示的相关费用凭证以及实际的病历、处方等进行确定。由于人体健康利益的恢复是一个持续的过程,因此相关的医疗费用也会一直产生。因此在对医疗费的计算上,我国的《人身损害赔偿司法解释》采取的是"一审法庭辩论终结前"这一时点,能够充分地反映受害者的实际损失。而对于健康费等后续费用,由于损失尚未出现,即不存在已显损害,因此一般情况下只有等实际支出这部分费用后才能再行请求,除非这种费用是已知确定会发生的费用,可以跟已显损害一起请求赔偿。

第二,护理费的损失。护理费是指受害人因为遭受人身损害而暂时或永久不能生活自理,需要他人帮助护理而支出的费用。值得注意的是,对于本身就需要护理的人员(如医院中的病患又遭毒物泄漏罹患第二种损害或年老年幼等不具有完全行为能力的自然人等），遭受人身侵害时是否能够请求护理费损失赔偿，也是一个应当思考的问题。从理论上讲，护理费之所以需要赔偿，是因为它本身属于侵权行为带来的损失。但对于本身就需要护理的人员而言，护理费的支出是其财产状况的自然发展过程，是基于其自身意思的产物，因此此类护理费通常不能称为损失，不具有可偿性。但是在有毒物质侵权中，毒物损害带来的疾病通常比较罕见或复杂，如果此类受害人的护理有特殊专业要求，需要额外聘请护工时，不能因为受害者本身就有护理需求而否定了这部分支出的可偿性。①

对于护理费的计算，司法解释确定了两种计算标准，一是误工费标准，二是职业收入标准。对于护理而言，通常存在由家属护理或专门护工护理两种情形。对于家属而言，因为其通常都有正常收入，因为护理而导致无法工作的，其误工费当然应当赔偿；而如果从事护理的家属无收入时，应当以护工行业同级别护理的费用标准进行衡量。这是因为，虽然表面上看亲属护理是基于亲情而自发进行而受害者通常无须支出护理费用，即看似不存在护理费的损失，但是从根本上讲，侵权行为导致了受害者亲属的劳动付出，而这部分劳动付出可以以护理行业的相关费用标准进行衡量，因此也就具有了可偿性。此外，虽然司法解释中规定雇用护工的参照行业标准进行计算，但该规定主要是为了限制"无效护理费用"，即避免受害者盲目聘请多名护工或不需要的专业护工。在护工的实际报酬属于合理范围时，这部分护工费应当按照护工的报酬进行计算。

第三，交通费的损失。在原《侵权责任法》出台之前，我国损害赔偿的相关法律都没有交通费的规定。而原《侵权责任法》和《民法典》将其作为可赔偿的损失，主要考虑到在我国，由于医疗资源分布的不平均，对于一些疾病或损害，受害者通常会去具有良好资源的一线城市进行诊治，需要花费不菲的交通费。尤其有毒物质侵权中，交通费的支出更为明显，因为有毒物质的复杂性与危害性导致一旦发生损害则一般水平的医院通常难以诊疗甚至无法检测出损害。

① 如受害者本身为老年人，长期需要家政人员的护理，但当其遭受有毒物质侵权染上疾病时，聘请了具有一定医学知识的专业护工并辞退之前的家政人员，则不能认为聘请专业护工的护理费可以因为其本身的护理需求而冲抵或免除。因为从理论上讲，专业护工是基于受害者的特殊需求而产生的，虽然也同时进行一般护理，但其价值主要体现在对于特殊情形的护理，不具有替代性。

此外有毒物质侵权损害的康复还需要长期的复检，需要多次往返医院。因此交通费的支出也在有毒物质侵权的人身伤亡损失中占了较大的一部分比例。值得注意的是，并非所有的交通费都属于可偿范围，《民法典》第 1179 条第 1 句后半段对其作出了语义限制，仅"为治疗和康复支出"的合理费用才需要赔偿，通常包括受害者本身以及必要陪护人员的就医、转院、康健而支出的交通费。而对于其亲属发生的交通费，由于不属于治疗和康复的范畴，因此在我国不属于必要的合理费用。但在比较法上，奥地利、荷兰、瑞士等国，支持近亲属因为探望受害者的探望费损失，为了使其符合侵权法的逻辑结构，瑞士将这种近亲属的探望费损失视为无因管理而获得对受害者的探望费赔偿请求权，从而将其转化为受害者的损失，因此获得对侵权人的赔偿请求权。[①]

第四，营养费和住院伙食费用的损失。对于营养费，《人身损害赔偿司法解释》第 11 条规定："营养费根据受害人伤残情况参照医疗机构的意见确定"；住院伙食补助费则根据《人身损害赔偿司法解释》第 10 条"住院伙食补助费可以参照当地国家机关一般工作人员的出差伙食补助标准予以确定。受害人确有必要到外地治疗，因客观原因不能住院，受害人本人及其陪护人员实际发生的住宿费和伙食费，其合理部分应予赔偿"的规定予以赔偿。

第五，《民法典》第 1179 条后半段的其他费用损失。《民法典》第 1179 条第 1 句后半段以兜底条款的形式规定了受害者为"治疗和康复支出的合理费用"也能获得赔偿。例如一些手术患者在愈后为了恢复身体的正常机能，通常还需要做一些康复训练，如手肌腱手术、断指再植手术等，都需要手部的康复训练。此类康复训练如果存在必要花费的，也属于合理费用的范畴。

第六，残疾生活辅助具费。对于遭受人身侵权而导致残疾的受害者而言，虽然其生命权没有丧失，但其健康权遭受了不可逆的损害。由于残疾无法恢复，受害者为了达到一定的行为能力，不得不借助各种专门的辅具。这部分费用的支出被称为残疾生活辅助具费，是我国法定的人身损害赔偿的种类。通常包括各种义肢、假体、辅助工具等。

---

① 参见［瑞士］罗兰 · 布雷姆：《瑞士的人身损害赔偿》，载［奥］伯恩哈德 · A. 科赫、赫尔穆特 · 考茨欧主编：《比较法视野下的人身伤害赔偿》，陈永强、徐同远等译，中国法制出版社 2012 年版，第 474 页。

第七，丧葬费。我国司法解释规定，对于丧葬费，按照受诉法院所在地上一年度职工月平均工资的标准计算，总计 6 个月。从本质上讲，丧葬费的损失实际已经不能称为受害人的损害，因为人的民事权利能力终结于死亡，但丧葬费的赔偿蕴含着尊重人格尊严的价值。在人的生命权受侵害最终死亡时，虽然其本身已不称为民事主体，不具有民事能力，不再享有相关的请求权。但对于生命而言，必要的丧葬是人格尊严的最后体现，也是社会伦理的终极价值。换一个角度思考，通常情况下人死亡时，总是由其亲属安排丧葬，如果抛去伦理道德温情，仅从法律的角度，正如继承人在继承财产时同样要继承其债务一样，继承受害者财产的人，对于受害者自然有丧葬的义务。丧葬费的支出在理论上是受害者最后的一笔“自然”债务。因此，理论上，通常情况下，受害者的丧葬费应当从受害者的遗产中支付。对前述观点的通俗理解是，既然人临死前能够用自己的财产安排自己的丧葬，那么由于人无法预知自己的死亡，因此总是可以推定这种意思是始终存在的，换言之，在财产还未变成遗产前，将这部分财产用于丧葬就是受害者自然存在的意思。在此前提下，支出丧葬费的人实际是对受害者遗产的一种无因管理，因此具有了对其遗产的无因管理费用请求权。而遗产继承人可以就这部分损失对毒物侵权人提出损害赔偿，最终仍由毒物侵权人承担最后的赔偿责任。

(2)所失利益

人身损害赔偿中的所失利益主要指因为人身伤亡而导致的可得收益丧失。我国侵权法规定了三种人身伤亡的消极损害，主要包括误工损失、残疾赔偿金以及死亡赔偿金。

第一，因为误工导致的收入损失。在受害人遭受人身伤亡损害时，其通常无法继续从事工作，因此导致其丧失了一定时间内的收入。这部分损失虽然不是毒物侵权行为直接造成的，却与侵权行为具有密切的因果关系。因此侵权人必须承担相应的赔偿责任。《民法典》第 1179 条规定的误工费即是对受害者这部分可得利益损失的补偿。但是应当注意的是，误工损失本身是一种十分不确定的概念。原因在于，误工本身即具有相当的主观性。对于受害者而言，任意受害者之间的个体差异明显，其收入水平受到多方面主观因素的影响，难有一个固定的计算标准。一方面，各种职业的收入水平以及工资支付方式不一致；

另一方面,即使同一职业,亦有绩效工资的说法。因此所有对误工费的计算实际都是一种推测,虽然合理,却有着不确定性。例如,对于固定工资的受害者,因为收入稳定,因此其误工损失易于计算。但对于那些收入浮动大的人,如艺术家、歌手等,其收入取决于其销售、通告等具体情况,本身并无稳定的规律,如果按照往期收入予以推断,显然是不公平也不合理的。我国的司法解释对于误工费的计算则稍稍缓和,对于非固定收入职业者,主要根据其3年平均收入进行计算,在前者无法证明的情况下,采用的是法院地标准跟同行业标准。

对于因为人身伤亡导致的收入损失,我国法律主要集中在工作收入的减少这一块。但是在比较法上,欧洲的国家还关心因为劳动能力的减损带来的其他方面的损失。欧洲国家把收入损失分为临时性的收入损失与永久性的收入损失。前者是指误工收入的情形,而后者主要指因为劳动能力下降或丧失而导致未来收入的降低,与我国的残疾赔偿金相似,但救济的范围更广、更全面。比较典型的是奥地利的家务能力丧失的补偿。在奥地利法中,家务能力亦被看作一种财产价值,因此当家务能力丧失时,受害人可以就聘请家政人员的费用损失提出赔偿。[①] 这一损失在一方为家庭主妇时更加明显,原因是当家庭主妇失去家务能力时,其家庭对于家政的需要就更加凸显出来。在我国,由于没有普遍的家政服务习惯,因此这一方面的需求并没有显现,但我们同样应当予以重视。此外,英法等国还普遍允许赚取收入能力下降的损害赔偿。[②] 例如,在一个假定的案例中,受害人遭受人身损害,虽然没有残疾,但其从事某种职业的能力下降,导致其不得不转行或被下调工资级别。从财产状况看,受害人并没有丧失收入,但是这种收入比其遭受侵权前的可得收入有明显的下降,因此应当予以赔偿。在有毒物质侵权中,有毒物质造成的疾病多数情况都会使受害者的劳动能力下降。虽然不至于丧失劳动能力或者残疾,但足以导致受害者因为身体健康原因而无法胜任多数的工作。对于此种类型的损害赔偿,应当值得我们

---

① 参见[奥]伯恩哈德·A. 科赫、赫尔穆特·考茨欧:《奥地利的人身损害赔偿》,载[奥]伯恩哈德·A. 科赫、赫尔穆特·考茨欧主编:《比较法视野下的人身伤害赔偿》,陈永强、徐同远等译,中国法制出版社2012年版,第22页。

② 参见[奥]伯恩哈德·A. 科赫、赫尔穆特·考茨欧主编:《比较法视野下的人身伤害赔偿》,陈永强、徐同远等译,中国法制出版社2012年版,第469页以下。

关注。

第二,残疾赔偿金。在我国的法律中,对于因为遭受人身侵权而导致的身体残疾的损害,受害者可以要求侵权人赔偿一定的残疾赔偿金。具体的赔偿数额主要根据伤残鉴定的结果以及相应的法律标准进行赔偿,是一个规范的赔偿概念。对于残疾赔偿金的性质,学术上有“所得丧失说”、“劳动能力丧失说”以及“生活来源丧失说”三种理解。比较法上,德国法认为残疾导致受害者从业能力的下降与生活需要的增加,侵权人需要支付定期金以赔偿损害。由于这种下降与上升的证明通常需要比较侵权前后的财产总体状况,因此又称为差额说。[①]德国法认为劳动能力与被害人具有主观联系而无法以金钱物化,劳动能力下降不是财产损害,不能请求损害赔偿。但是在瑞士法中,劳动能力被认为是一种应受保护的利益。[②] 即使没有实际的损失,仅凭劳动能力本身的下降或丧失,亦能被认为是一种损害。原因在于,虽然基于主观的因素每个人的劳动能力并不相同,但是在市场上对于相应工作都隐含着一定劳动能力的要求,并存在一定的对价(工资)。换言之,在财产价值上,个人的劳动能力在市场标准下可转化为人力资本,当劳动能力下降时,实际也是人力资本的一种损失。在我国,有学者认为残疾赔偿救济的是受害人致残前后生活来源的差额。[③] 换言之,赔偿金关注的是劳动能力下降后生活来源的变化。

三种理解中,生活来源说的理解无视了劳动能力的真实价值,而仅以生活来源的变化认定损失,实际是一种非常表面的做法。所得丧失说虽然具有一定的合理性,但是其对劳动能力核心价值的理解决定了其始终存在盲区。例如,对于家庭主妇的家务能力丧失、无业者或未成年人等的劳动能力损害,因为其既往收入的缺失导致即使致残,其收入在财产外观上并无变化,因而无法获得有效的救济。而劳动能力丧失说为大多数国家所接受,如美国的人身侵权损害认定中即采取这种做法,[④]日本的判例早期采取所得丧失说,但逐渐为劳动能力

① 参见程啸:《侵权责任法》,法律出版社 2016 年版,第 685 页。

② 《瑞士债务法》第 46 条规定:“因身体侵害,被害人取得费用赔偿请求权或劳动能力之全部或一部分丧失之补偿权时,应斟酌未来生计之困难情形。”

③ 参见杨立新:《侵权法论》(下册),吉林人民出版社 2001 年版,第 637 页。

④ 参见[美]爱伦 · M. 芭波里克选编:《侵权法重述纲要》,许传玺、石宏等译,法律出版社 2016 年版,第 464 页。

丧失说所取代。[①] 我国在有关人身损害的司法解释中,改变了原《民法通则》的做法,而在吸收所得丧失说的基础上,既关注收入层面的减损,也看到劳动能力本身的下降,围绕劳动能力的价值确定损害赔偿。[②]

在对残疾损害赔偿金的计算上,传统的大陆法系国家倾向于采用主观计算标准,如德国的通说与判例认为,应当以受害人实际遭受的损失为计算的基础,[③]即损失的参照标准不是受害人收入的减少,而是无侵权行为时可能获得的收入,这样就解决了无收入者、未成年人等的赔偿问题。我国台湾地区亦采取具体主观认定基准,认为"不能以一时一地之工作收入为准"。[④] 但在我国大陆,对于残疾赔偿金的计算,主要以抽象计算为原则。如《人身损害赔偿司法解释》规定的残疾赔偿金的计算就是以伤残等级为参照,以居民年均收入为基准,实际是一种抽象的规范损害。只有在例外情况时才采取具体计算标准,如伤残本身不影响收入时对赔偿金的调整。

第三,死亡赔偿金。死亡赔偿金属于一种比较特殊的损害赔偿。从性质上讲,它并非对受害者生命利益的赔偿,因为生命的价值本身无法衡量。通俗地说,由于受害者已经死亡,因此死亡赔偿金是对受害者亲属的一种慰藉以及将来财产损失的补偿,而不属于受害者的法定遗产。但是对于死亡赔偿金的具体性质,又存在不同的观点。

一般来说,对于死亡赔偿金的性质有"扶养丧失说"与"继承丧失说"两种理解。前者认为,死亡赔偿金赔偿的是与受害者具有扶养关系的亲属的财产损失,由于侵权人的行为导致受害者死亡,无法继续履行扶养义务,使得受害者的扶养义务人成为侵权行为的间接受害者,其损失与侵权行为的因果关系密切,

---

① 参见[日]楠木安雄:《逸失利益的算定》,第153~155页。转引自曾隆兴:《详解损害赔偿法》,政法大学出版社2004年版,第296页。

② 《人身损害赔偿司法解释》第12条规定:"残疾赔偿金根据受害人丧失劳动能力程度或者伤残等级,按照受诉法院所在地上一年度城镇居民人均可支配收入或者农村居民人均纯收入标准,自定残之日起按二十年计算。但六十周岁以上的,年龄每增加一岁减少一年;七十五周岁以上的,按五年计算。

"受害人因伤致残但实际收入没有减少,或者伤残等级较轻但造成职业妨害严重影响其劳动就业的,可以对残疾赔偿金作相应调整。"

③ MuenchKommBGB/Stein, §843, Rn. 9. 转引自程啸:《侵权责任法》,法律出版社2016年版,第686页。

④ 参见王泽鉴:《损害赔偿》,北京大学出版社2018年版,第146页。

因此侵权人也要承担相应的赔偿责任。后者是指如果受害者没有死亡,则可以不断地获得收入,而这部分收入最终将成为其亲属的继承遗产,而侵权人的致死行为中断了这一部分收入的增长,造成受害者继承人继承遗产的价值减少。换言之,侵权人应当赔偿的是受害者近亲属的未来继承利益。在比较法上,欧洲国家对于死亡场合的可赔偿损害的划分更为细致,除了一致的丧葬费之外,奥地利认为侵权人要为受害者的死亡赔偿全部费用,包括丧葬费、抚养费以及抚慰金;比利时认为受害者死亡导致的经济损害限于为亲属利益而支出的部分;[①]瑞士法规定侵权人应当赔偿失去扶养人的损失。[②] 此外,英国、俄罗斯也是持扶养丧失说的观点。而对于继承丧失说,比较法上主要受到美国的部分州及日本的认可。[③] 我国法律虽然规定了被扶养人生活费请求权,但是在具体的死亡赔偿金计算中,又以受害人的未来收入损失为基准,实际就是继承丧失说的做法。因此在实践中,扶养费请求权与死亡赔偿金通常都是分开单独计算的。这样做的好处在于,我国传统的财产观总是以家庭为单位,通常一个家庭成员受到损害都是以整个家庭的财产去救治,因此我国家庭成员之间的财产联系要较西方国家更为密切,彼此的经济联系要远超单纯的扶养关系。当受害者死亡时,家庭成员的损失远不止扶养费的丧失那么简单。例如,在有毒物质侵权中,受害者通常都是罹患癌症等重大疾病,通常会花费整个家庭的积蓄。但中国家庭的付出通常都是无偿的,不会计算家庭成员之间的债务。而实际上多数情况下受害者存在事实的债务关系,这部分投入通常为亲情所掩盖,但却是受害者亲属实在的损失。仅从扶养关系评价中国侵权死亡受害者亲属的损失实际并不公平,也不能反映真实的损害情况。而且我国目前法定的扶养费比较低,采取扶养费与死亡赔偿金并行的做法更能够填补受害者的损失,尤其对于为了治疗有毒物质侵权受害者而投入全部财产的家庭而言,继承丧失说理解下的死亡赔偿金更能够填补、恢复其损失。

---

① 参见[比]赫尔曼·库西、迪米特里·德罗斯绍特:《比利时的人身损害赔偿》,载[奥]伯恩哈德·A. 科赫、赫尔穆特·考茨欧主编:《比较法视野下的人身伤害赔偿》,陈永强、徐同远等译,中国法制出版社 2012 年版,第 86 页。

② 《瑞士债务法》第 45 条规定:"……他人因自然人的死亡而失去扶养的,对这一损失也应予赔偿。"

③ 参见程啸:《侵权责任法》,法律出版社 2021 年版,第 827 页。

第四,死亡赔偿金的同命同价标准。在《人身损害赔偿司法解释》中,对于死亡赔偿金的赔偿标准存在户籍差异导致的区分。生命本无价,采取客观的赔偿标准本身即是一种无奈的选择。如果仅仅因为出生地或户籍的不同而使这种无奈的客观标准出现分化,实际是对生命的一种亵渎,也与法的公平正义相去甚远。因此我国《民法典》第1180条尝试性地规定了对于同一行为导致的多人死亡侵权,可以采取一致的死亡赔偿金。之所以用“可以”一词,是因为虽然从伦理道德的角度,同命不同价并不可取,但是不能忽略的是,我国的经济发展不平衡,地域差异极大,消费水平同样存在差异。如果一律采取一致的死亡赔偿金,其实际的消费力对于经济发达地区与经济不发达地区的受害者家属而言仍然存在差异,即形式上的公平反而导致实质的不公平。当然,这种矛盾总是不可避免,然而解决矛盾的关键在于根据受害者的个体差异而判断其实际的损失,而不是“一刀切”式的颁布一种客观的强制标准,而忽略了现实的特殊性。事实上,即使是城市户籍的标准,也存在发达地区的城市户籍与不发达地区的城市户籍的差异。因此问题的关键不在于标准的差异化,而在于用来体现差异的标准的选取。从这一角度而言,同命同价固然是政治正确,但实际效果可能并没有想象的好。因此侵权法将其限定为死亡赔偿金的范畴,并用了“可以”这一字眼,也体现出了一种探索性的态度。

不过对于有毒物质侵权而言,由于有毒物质广泛的侵权媒介,导致一旦发生侵权极易转为大规模侵权。此时《民法典》第1180条的规定能够有效地降低受害者的诉讼义务。当一个受害者获得赔偿金时,其他的受害者可以援引判决获得相应的赔偿,从而避免诉累,其对于有毒物质侵权的救济具有十分重要的作用。

3. 人身伤亡损害赔偿金的支付

对于赔偿金的支付,通常有一次性支付与分期支付的做法。前者的优点在于,能够迅速地解决纠纷,结束诉讼争议,避免产生不必要的争议。但其缺点也同样明显:对于持续性损害或永久性损害的受害者而言,其损失是一个不断发生、持续的过程,其真实的损失数额并不确定,一次性给付存在极大的不确定性与数额风险;在通货膨胀的场合,过早地支付全部费用将使得货币迅速贬值,导致事实的救济失败;对于赔偿义务人而言,一次性支付将会造成较大的诉讼负担。分期支付的优点在于,能够针对前述一次性支付的缺点进行弥补,充分、有效地赔偿受害者的全部损失,按期支付的方式也能避免赔偿金被另作他用,使其发挥真正的用途。但是其弊端在于,定期支付使得侵权双方的权利义务关系被人为延长,容易产生额外纠纷;此外考虑到分期支付产生的额外费用如转账手续费、联络费等,实际增加了侵权人的支付义务;而且在支付过程中,存在极大的情势变更风险,或者是受害者损害增加,或者是侵权人财产变化,均可能导致新的问题出现。因此,慎重的选择支付方式成为人身伤亡损害赔偿的又一难题。

在比较法上,英国的当事人与法院都倾向于一次性支付①;西班牙的法院通常会通过粗略猜想判定一个总付金额,而不区分赔偿的不同项目;②丹麦的损害赔偿法将劳动能力的损害确定为一次性赔偿。③ 我国台湾地区以一次性支付为原则,分期支付为例外。而德国、奥地利、葡萄牙、瑞典等国在人身损害赔偿中普遍采取定期金给付即分期支付的形式。④ 此外,荷兰法中对于一次性支付还是分期支付并无倾向性,主要取决于法官的自由裁量。⑤

我国早期的法律法规中对于赔偿金额的支付采取的是一次性给付的方式,⑥但是此后《人身损害赔偿司法解释》中发展了定期给付形式。这种一次性

---

① 参见[英]W. V. 霍顿·罗杰斯:《英格兰的人身伤害赔偿》,载[奥]伯恩哈德·A. 科赫、赫尔穆特·考茨欧主编:《比较法视野下的人身伤害赔偿》,陈永强、徐同远等译,中国法制出版社 2012 年版,第 110 页。

② 参见[西]米克尔·马丁·卡尔萨斯、[奥]若尔迪·里沃特、[英]何塞普·索莱·费利乌:《西班牙的人身伤害赔偿》,载[奥]伯恩哈德·A. 科赫、赫尔穆特·考茨欧主编:《比较法视野下的人身伤害赔偿》,陈永强、徐同远等译,中国法制出版社 2012 年版,第 343 页以下。

③ 参见[德]克里斯蒂安·冯·巴尔:《欧洲比较侵权行为法》(下册),焦美华译,法律出版社 2004 年版,第 235 页。

④ 参见[德]克里斯蒂安·冯·巴尔:《欧洲比较侵权行为法》(下册),焦美华译,法律出版社 2004 年版,第 235 页。

⑤ 《荷兰民法典》第 6:105 条规定:"法官可以全部或部分推迟对尚未发生的损害之估价,也可在进行盖然性评估之后立即对未来的损害进行估价。于后一情形,法官可以判决债务人一次性支付赔偿金额,或者判决债务人附履行担保或不附履行担保分期支付赔偿金额;此等判决由法官依具体情况定之。"

⑥ 如《医疗事故处理条例》(2002 年)第 52 条规定:"医疗事故赔偿费用,实行一次性结算,由承担医疗事故责任的医疗机构支付";以及最高人民法院印发的《关于审理涉外海上人身伤亡案件损害赔偿的具体规定(试行)》(已失效)第 5 条规定:"……70 岁以上致残或死亡的,其计算收入损失的年限不足 5 年者,按 5 年计算,并予以一次性赔付(综合考虑利率及物价上涨因素)。"

给付与定期给付并行的形式又被《民法典》更改，就给付方式而言，无论是原《侵权责任法》还是《民法典》都尊重当事人的意思自治。只有在双方无法形成合意时，才采取一次性支付为原则，定期支付为例外的方式。

给付方式的重要性在有毒物质侵权中体现的比较明显。一方面，对于有毒物质侵权的受害者而言，大多数受害者始终处于一种持续的损害当中，即使是对潜伏损害的检查或者对已显损害的后续监测，也需要持续地支出相应的检查费。因此，此类受害者的人身损害是一种难以确定、但总体呈上升趋势的持续经济损失。而另一方面，对于有毒物质侵权的行为人而言，因为有毒物质广泛的侵权媒介，其通常要面对大量的赔偿请求，在责任总额上，是一个十分庞大的支付数字。综合有毒物质人身损害赔偿的这两种特征可知，一次性支付的方式在有毒物质侵权的已显损害赔偿中，可能会出现赔偿不充分或者赔偿不能的情形。因此，虽然我国法律原则上更倾向于一次性支付的方式，但是考虑到有毒物质侵权损害的具体情况，对于有毒物质造成的人身已显损害的赔偿，应当以定期支付为宜，而一次性支付仅在损害相对轻微、损失比较确定的场合予以适用。

第三节　有毒物质侵权中已显非财产性损害赔偿

一、有毒物质侵权中非财产性损害赔偿的一般理论

有毒物质侵权中已显损害之非财产性损害，以下简称毒物侵权中已显非财产性损害。

(一)有毒物质侵权中非财产性损害

1. 非财产性损害的概念与外延

所谓非财产性损害，又叫作非财产损害、非财产上损害，通常指“非得以金钱计算的损害”①。对于非财产性损害的定义，学界仍然存有不同的看法。有学者认为，“非财产上损害，又称无形的损害，是指对于财产以外的法益，例如，对

① 王泽鉴：《损害赔偿》，北京大学出版社 2018 年版，第 239 页。

于生命、身体、自由、名誉等之侵害所生之损害"[①];亦有学者认为,非财产性损害是"与财产权的变动无关的、表现为生理或心理上的痛苦之损害形式"[②];还有学者提出,所谓的非财产损害是指"财产损害以外之所有损害而言,并非单指精神上痛苦和损害"[③],"不仅涵盖了物理性的身体损伤以及对身体和精神健康的损害,还涵盖了焦虑和精神痛苦以及'象征性'损失"[④];我国学者则认为,非财产损害即是精神损害,是对民事主体精神活动的损害。[⑤] 从上述的定义中可以看出,对于非财产性损害,至少可以明确,无论何种定义,优先排除的就是财产性损害,最普遍的理解是精神损害。而分歧主要出现在对于财产性损害与精神损害中间这一部分损失的具体理解上:有将其等同于无形损害的,有认为包括精神痛苦与肉体痛苦的,还有单纯的精神损害的。就非财产损害的外延而言,有国外学者以列举的方式,认为非财产损害主要表现为身体的疼痛、痛苦;生活享乐的丧失;身体上的不便与不适;恶意诉讼中社会信用的丧失;精神损害;诽谤案件中的名誉损失。[⑥] 我国有学者将财产损害与非财产损害中间部分的特定内容定义为边际损害,并认为在出于保护受害人利益的需要时将其定义为非财产损害。[⑦] 但理论与实践中普遍的主流观点均是将精神损害与非财产性损害等同起来。

作为损害分类中与财产性损害相对应的概念,比较法上对于其的认识与理解也有所区别:除了南斯拉夫将精神损害作为财产性损害的对应概念,并给出概括性的定义与范围"对于他人造成的生理的、心理的或引起恐惧的损害"(《南斯拉夫债务法》第155条)外。日本法中使用的是"财产以外的损害"的概念;[⑧]英国法中金钱损失的对应概念为"非金钱损失",涵盖了疼痛、痛苦、精神

---

① 史尚宽:《债法总论》,中国政法大学出版社2000年版,第287页。

② 曾世雄:《损害赔偿法原理》,中国政法大学出版社2001年版,第293页。

③ 曾隆兴:《现代损害赔偿法论》,台北,台北出版社1988年版,第263页。

④ [英]W. V. 霍顿·罗杰斯:《比较法视野下的非金钱损失赔偿》,许翠霞译,中国法制出版社2012年版,第328页。

⑤ 参见杨立新:《侵权法论》,人民法院出版社2004年版,第686页;程啸:《侵权责任法》,法律出版社2021年版,第854页。

⑥ See Harvey McGregor, *McGregor on Damages*, 15th Edition, 1988, p. 46 – 50.

⑦ 参见王利明:《侵权责任法研究》(上卷),中国人民大学出版社2016年版,第320页。

⑧ 参见于敏:《日本侵权行为法》,法律出版社2006年版,第401页。

损害、享乐损害等内容；[①]我国台湾地区亦采非财产上损害的概念；[②]《法国民法典》并未就损害作出区分，只要是确定的、专属的、法定的损害即可获得赔偿，但法国近年的法律实践与其他部门法的发展间接地承认了非财产损害，主要涵盖了精神损害、容貌毁损、舒适丧失等。[③] 可见，虽然具体的词汇不一样，但从语义上而言，各国对于作为财产性损害的对立概念的理解，均倾向于非财产性损害这种集合概念，而精神损害只是前述的"非财产上损害"的从属概念、子概念。

综上所述，本书对于非财产损害的概念更倾向于比较法上的普遍理解，认为其是一种与财产性损害对应的集合概念，主要包括财产性损害以外的种种不可以金钱量化的损害。综合前述的多种理论与实践，非财产损害的内涵可以归纳为：是一种与财产性损害相对应的损害形式，是因为行为人的侵权行为而导致被害人遭受到的无法以金钱进行衡量、计算的损害，它包括但又不止于精神上的损失，主要表现为种种非财产层面的损害事实。从外观看，这种损害既可能是无形的，也可能是有形的；既可能是侵犯人身权带来的，亦可能是侵权财产权带来的。

2. 有毒物质侵权中的非财产性损害

在我国的法律与司法实践中，主流观点对于财产损害之外损失的理解，普遍倾向于将非财产损害与精神损害等同起来，而我国对于精神损害赔偿的适用又极其严格，因此导致对于财产性损害之外损害的救济存在一定的盲区。正如我国台湾地区学者邱聪智所言，"非财产损害赔偿制度之功能，并非仅止于被害人精神痛苦之满足，更为重要者，毋宁为非财产层面受害之填满"。[④] 随着社会

① 参见[英]W. V. 霍顿·罗杰斯：《英国法律中的非金钱损失》，载[英]W. V. 霍顿·罗杰斯主编：《比较法视野下的非金钱损失赔偿》，中国法制出版社2012年版，第73页。

② 我国台湾地区"民法"第194条规定："不法侵害他人致死者，被害人之父、母、子、女及配偶，虽非财产上之损害，亦得请求赔偿相当之金额。"

第195条规定："不法侵害他人之身体、健康、名誉、自由、信用、隐私、贞操，或不法侵害其他人格法益而情节重大者，被害人虽非财产上之损害，亦得请求赔偿相当之金额。"

③ 《法国民法典》第1382条对于损害的规定极其简洁，并没有做出财产损害与非财产损害的区分。直到法国的立法者在刑事诉讼法对于刑事附带民事诉讼的民事部分的诉讼利益进行了确认，首次明确精神损害的法律地位。参见[法]苏珊·加兰·卡法尔：《法国法律中的非金钱损失》，载[英]W. V. 霍顿·罗杰斯主编：《比较法视野下的非金钱损失赔偿》，中国法制出版社2012年版，第119~121页。

④ 参见邱聪智：《民法研究(一)》，中国人民大学出版社2002年版，第283页。

的发展,越来越多的新型侵权类型被发现,但单纯的精神损害的概念已经无法涵盖大多数事实上的非财产层面的损害。尤其在有毒物质侵权中,受害者除了要忍受有毒物质引发的疾病带来的痛苦之外,还要承受更多的有毒物质侵权的非财产性损害。例如,终日对可能的潜伏性损害提心吊胆,时刻处于患病的恐惧当中,此外,其生活质量、生活乐趣等也将严重受挫。对于这些由侵权行为带来的真实的恐惧与实在的损失,我国的精神损害赔偿制度出现了明显的不匹配,无法充分、有效地解决非财产层面的损害填补问题。

为了解决有毒物质非财产性层面的损害赔偿问题,首先必须对有毒物质中的非财产性损害予以明确。前述的非财产性损害主要包括四个层面的损失:一是精神损害;二是人身伤害带来的疼痛与痛苦;三是人格权被侵犯引发的人格利益损失;四是损害带来的无法正常生活的损失。但在我国,目前受法律认可的非财产性损失仅限于精神损害,主要限于侵犯人身权益以及侵犯特定纪念物带来的精神损害。但考察有毒物质侵权案例可以发现,有毒物质给受害者带来的非财产性损害远不止精神损害。一般来说,有毒物质侵权中的非财产性损害主要包括:(1)精神损害。有毒物质侵权能够带来精神损害是毋庸置疑的。在有毒物质侵权中,基于有毒物质的特性与其侵权方式,其主要的损害客体是人的财产利益与人的身体健康利益,而通常不会对一般人格权造成损失。因此,在有毒物质侵权中,非财产性损害与通常意义的非财产性损害相比,范围略微狭窄,通常可以排除人格利益的损失。(2)对于疾病的恐惧与焦虑。对于有毒物质的受害者而言,当其知晓自身存在暴露于有毒物质之中的经历时,基于对有毒物质致病性的了解,其很可能处于极大的忧惧与焦虑之中,一个典型的例子如知晓自身接触过含有 AIDS 的血液制品,这种对于 AIDS 的恐惧是真实、强烈且易于理解的。或者当其被告知接触过致癌物时,焦虑与不安不仅给他带来现实的不适,这种不适还极有可能转化成现实的精神类疾病如神经官能症等。在美国的个别州,这种对于疾病的恐惧足以成为损害赔偿的依据。[①] (3)疼痛与痛苦。疼痛或痛苦是人身损害给人带来的最直观的感受。有毒物质侵权中,

---

① 参见[美]吉恩·马基雅弗利·艾根:《毒物侵权法精要》(第4版),李冰强译,南开大学出版社 2016 年版,第 274 页。

这种疼痛则根据具体的疾病有所区别。但是在可查询的案例中，一些有毒物质引发的疾病给人带来的疼痛不亚于分娩的疼痛。[①] 这种痛苦也是有毒物质侵权带来的典型的非财产层面的损害。(4)生活乐趣与质量的损失。有毒物质侵权导致的享乐损失包括两个方面的内容，一种是人身伤亡给近亲属的生活乐趣带来的损失，这种诉讼多见于英美法中的侵权案例；另一种是因为有毒物质泄漏带来的种种不便导致的生活质量下降，[②]如水源污染带来的生活不便、[③]空气污染带来的呼吸不适等。(5)生存机会的降低损失。有毒物质对于人体的损害主要通过破坏人体机能而产生，即使有时能够被治愈，也会导致预期寿命的缩减。除此之外，当暴露在有毒物质当中时，虽然可能当时没有实在的损害或微小的已显损害，但其未来罹患某种癌症的概率也可能大大增加。在美国的有毒物质侵权诉讼中，就有受害者因此提出了患病风险增长的赔偿请求。[④] 上述五种非财产损害中，对于疾病的恐惧与焦虑、生存机会的降低损失属于下一章讨论的潜在损害，其余三种属于已显非财产损害。

（二）有毒物质侵权中已显非财产性损害赔偿

前文述及，非财产性损害只是一种财产层面以外的损害事实。确认非财产性损害的意义在于为非财产性损害赔偿提供明确的事实基础。在比较法上，起初只有精神痛苦与肉体疼痛的非财产性损害能够得到赔偿。[⑤] 此后，在经济水平提升到一定的程度时，人的价值开始得到普遍的重视，一些与人格价值有关的非财产损害开始得到重视。如法国法就致力于情感损害的特别形态，发展了性生活丧失、青少年生活的丧失等生活乐趣丧失损害；[⑥]德国以及瑞典支持因为

---

① 如镉中毒引发的骨痛病，患者全身各部位会发生神经痛、骨痛现象，行动困难，甚至呼吸都会带来难以忍受的痛苦。

② 对于生活质量降低损失的一个典型例子是：生活中购买海景房是为了欣赏海景，是一种提升生活质量的选择。但海景被污染时，其生活质量显然受到损失。

③ See Ayers v. Township of Jackson Corp., 525 A. 2d 287(N. J. 1987).

④ See Brafford v. Susquehanna Corp., 586 F. Supp. 14(D. Colo. 1984).

⑤ 参见[日]森岛昭夫：《侵权行为法讲义》，有斐阁 1987 年版，第 364 页。

⑥ 参见[德]克里斯蒂安·冯·巴尔：《欧洲比较侵权行为法》(下册)，焦美华译，法律出版社 2004 年版，第 206～208 页。

事故而不能从事原本业余爱好的损害;[①]英国法支持对存活希望减小损害的赔偿请求;[②]美国允许有毒物质导致生活质量降低的损害赔偿。[③] 值得一提的是,这些变化普遍出现在20世纪的中后期,且多数判例出现在20世纪末。而这一时期正是现代社会的转型期,也是法律现代化的重要过程。从比较法对于非财产损害概念的发展来看,其实质内涵总是随着社会的发展而发生变化。然而在立法层面,并非所有被认为属于非财产损害范畴的损害事实都能获得赔偿。这通常取决于一个国家的社会经济发展状况与立法技术水平,但最核心的是损害赔偿制度总体的价值选择与发展方向。

侵权法理论主要产生并发展于工业革命时期,彼时社会的主流价值在于经济的发展与资本的扩张,人权意识仍处于一个发展期。在法律上,对于损害的理解偏向于自然概念的损害,且主要倾向于财产上的损失,对于人身损害的理解停留在外观上的创伤性损害。随着现代科学技术的发展与人权意识的提高,对于人身损害的认识从物理层面扩展到心理范畴。对于损害的理解亦开始遵循权利本位的原则,法律上的损害得到重视与发展。至此,现代侵权法中对于损害的内涵才有了财产损害与非财产损害分庭抗礼的局面。

虽然非财产损害得到了认识与重视,但是对于非财产损害的可赔偿性的确定,主要还是取决于一个国家立法精神与法律制度的价值取向。对于有毒物质侵权的非财产损害赔偿制度而言,何种非财产性损害得以赔偿通常取决于以下法律价值的选择:(1)慰抚价值。在财产损害赔偿中,赔偿的价值在于恢复受害人的财产利益损失。然而对于非财产损害而言,绝大多数的非财产损害如肢体残缺、亲人去世等无法用金钱予以计算,其损失也无从判断,通常来说,不具有可恢复性。金钱支付的价值不在于恢复某种失去的利益,而是通过金钱的获得提供某种慰抚、心理满足以替代伤痛。(2)人格价值。在旧时代,即使是近代社会,人与人之间亦存在很强的人身依赖关系。早期损害即财产损失的概念盛行

---

① 参见[德]克里斯蒂安·冯·巴尔:《欧洲比较侵权行为法》(下册),焦美华译,法律出版社2004年版,第206~208页。

② 参见[德]克里斯蒂安·冯·巴尔:《欧洲比较侵权行为法》(下册),焦美华译,法律出版社2004年版,第206~208页。

③ See Sterling v. Velsicol Chemical Corp. ,855 F. 2d 1188(6th Cir. 1988).

的很大一部分原因就是人格未能完全独立而使得人被物化，被看作是一种劳力资本。对于人的精神损害进行赔偿，体现了人格尊严与人格自由，使人的价值超脱金钱评价，充分体现了文明的进步与人权的发展。

在我国，很长一段时间认为用金钱赔偿精神损害是将人格物化的表现，因此原《民法通则》颁布之前，我国的法律理论与实践基本对非财产损害的赔偿保留一种否定的态度。在原《民法通则》颁布后，对于精神损害的可偿性开始得到人们的认识与重视，并随着社会的发展而有所发展。至此，精神损害的赔偿成为我国非财产损害的重要且唯一的救济途径。对于这种认识并非没有争议。20 世纪 90 年代我国就有学者提出了精神损害与非财产损害的区别，如主体上精神损害赔偿的请求权人只能是自然人，而比较法上法人的非财产损害亦能得到赔偿；就内容而言精神损害限于人体非物质层面的心理、情绪、精神状态等损害，而比较法通行的做法也承认了单纯的生物损害的法律地位（财产损害中对人身伤亡的赔偿不是赔偿人身体所受的损害，而是因为身体损害而支出的费用等财产上的损失。但域外学界认为，身体上的疼痛、创伤属于人的非财产损害，同样具有法律上损害的地位）；此外精神损害的说法带有浓厚的主观色彩，但实际的赔偿已经形成了统一的客观标准，容易发生歧义；最后，对于人的非财产层面的损害，国际上通常的做法都是以非财产损害概括。[①] 此外张新宝教授也曾在精神损害外提出了一种社会评价降低损害的类型，[②]也是一种典型的非财产性损害。可见，对于精神损害与非财产损害之间的区别我国的学者并非没有察觉。然而事实是在我国的立法中却依然试图以精神损害这种子概念涵盖其上位概念，如在最高人民法院关于精神损害赔偿的司法解释中，对精神损害的种类稍稍做了归纳，主要包括：（1）侵犯人身利益如身体权、生命权、健康权等引起的精神损害；（2）侵犯人格利益如隐私权、名誉权等引起的精神损害；（3）侵害身份权如亲权、亲属权等引发的精神损害；（4）侵犯具有特定精神利益的财产引起的精神损害；（5）侵犯死者的名誉、荣誉、肖像、姓名、隐私、遗体、遗骨等引起的死者亲属的精神损害。我国《民法典》第 996 条进一步承认了精神损害的法

① 参见薛虹：《非财产损害刍议》，载《现代法学》1994 年第 5 期。
② 参见张新宝：《侵权责任法原理》，中国人民大学出版社 2005 年版，第 58 页。

律地位并增加了违约行为损害人格权造成严重精神损害的精神损害赔偿请求权。但是对于其他非财产层面的损害的赔偿，诸如痛苦、疼痛、享乐损害等，仍然缺乏相应的规范基础。

从前述规定可知，对于有毒物质侵权造成的已显非财产性损害赔偿，我国缺乏专门的法律规定，而只能适用一般性的精神损害赔偿的规定。但对于有毒物质导致的多方面已显非财产性损害而言，单纯的精神损害赔偿不能涵盖受害人全部的非财产层面的损失，实际存在对有毒物质侵权已显非财产损害的救济缺陷问题。比较法上，除了常规的精神损害赔偿以外，一些其他类型的已显非财产损害赔偿请求通常也能获得法院的支持，域外国家与地区对于有毒物质已显非财产性损害的重视以及认定上的宽泛，值得我们学习与借鉴。

(三)有毒物质侵权中已显非财产性损害赔偿的方式

一般来说，对于非财产性损害赔偿主要存在恢复性救济与慰抚性救济两种方式。其中恢复性救济是指通过给付一定的行为(除去侵害、恢复性处分)而使受害者的非财产损害得到恢复与消除，如大陆法系中的恢复原状请求权。而慰抚性救济是对于一些不具有恢复利益的非财产损害的救济，主要指金钱赔偿。对于非财产性损害的金钱赔偿的认可经历了一个漫长的过程。早期对于非财产损害的认识主要停留在人的精神痛苦之上，当时的社会观念认为，对人的精神痛苦进行金钱赔偿是一种物化人格的歧视行为，因而受到了否定。[①] 但随着观念的更新与进步，人们开始意识到，金钱不是只有对价功能，同时还包含其他价值。与赔偿损失不同，非财产损害关注的是损害本身带来的经济损失外的损失，通常包括精神上的打击、情绪上的变化、生活上的不便等，这些损害本身无法用金钱填补与衡量，金钱的支付赔偿并不是给人明码标价，而是在于，一定的金钱获得会使人产生心理上的满足，能够给人带来更多的活动空间与生活享受，使人们忘记悲痛。因此，对于非财产损害的金钱赔偿开始得到多数人的认可。

除了金钱赔偿外，恢复原状是非财产性损害赔偿的另一种主要救济方式。对于非财产损害而言，并非所有的非财产层面的损失都能用金钱弥补，或者说

---

① 参见胡平：《精神损害赔偿制度研究》，中国法制出版社2004年版，第1页。

除了金钱弥补之外，另外的方式可能更好地缓解受害者的损失。例如，在侵犯名誉权的案例当中，虽然受害人的名誉因为侵权人的行为而受到损害，且这种损害无法用金钱计算，而只能表现为受害人自身精神的痛苦与社会评价的降低。如果适用金钱赔偿，或许能够慰抚受害者的部分悲痛，但其社会评价降低的损害依然无法弥补。而通过要求侵权人采取措施消除影响，给受害人赔礼道歉，维护其人格尊严等行为举动，虽然不是支付金钱，却能够给予受害者充分的尊重，消除侵权行为带来的不良影响，恢复受害者的社会评价。可见，在某些特定的场合，恢复原状的方式较金钱赔偿表现地更为有效率、有用。

比较法上，各国对于金钱赔偿与恢复原状两种方式的侧重与取舍各不相同：日本比较重视非财产损害赔偿，法国对于损害未做细致区分，只要是确定的、专属的、合法的损害均可获赔偿，德国则对非财产损害的金钱赔偿采取一种限制的态度，将其放在了次一级的位置。[①] 我国的《民法典》对于民事责任的选择并无明显的倾向性，无论是金钱赔偿还是恢复原状都可以选择适用或合并适用。事实上，因为非财产性损害本身的非经济性，最好的救济即是使受害人的状态恢复到既有的状态。金钱赔偿只是对于恢复不能情形的一种替代性救济方式，这也解释了德国法对金钱赔偿的谨慎态度。因此在有毒物质侵权的已显非财产性损害赔偿上，虽然我国法律对于赔偿方式的选择并无要求，但是我们应当遵循一个基本理念，即以恢复原状为原则，以金钱赔偿为例外，可以二者同时适用。但在能够进行恢复性救济的场合，应当谨慎选择金钱赔偿。原因在于，有毒物质的非财产性损害毕竟多属于对人身权益的侵犯，在可恢复的前提下选择金钱赔偿，存在一定的道德风险，会引发对人格尊严的贬损与物化人格的道德危机。

二、有毒物质侵权中已显非财产性损害之精神损害赔偿

有毒物质侵权中已显非财产性损害之精神损害赔偿，以下简称有毒物质侵权中已显精神损害赔偿。

---

① 参见张新宝、康长庆：《民法通则实施以来人民法院审理侵害名誉案件的情况、问题和若干对策》，载梁慧星主编：《民商法论丛》第 8 卷，法律出版社 1997 年版。

(一)有毒物质侵权中已显精神损害赔偿的特征

精神损害通常是指人身权益受侵害而引起的精神利益的损失。但是在法律上,并非所有的精神损害都能获得赔偿。我国《民法典》第996条规定:“因当事人一方的违约行为,损害对方人格权并造成严重精神损害,受损害方选择请求其承担违约责任的,不影响受损害方请求精神损害赔偿”,第1183条第1款规定:“侵害自然人人身权益造成严重精神损害的,被侵权人有权请求精神损害赔偿。”

可见,在我国对精神损害的赔偿存在两个主要的限制:一是必须以侵犯人格权益为前提。早先人们对精神损害的肇因仅停留在对人的生命、身体及健康的侵犯上,后续逐步扩展到对于具有人格纪念物的侵犯,我国《民法典》更进一步将其延伸至人格权整体。早期观点认为财产损害反映的是人的财产状态的变化,通常情况下不会导致人的心理上的痛苦,而精神损害是人主观状态的一种反应,具有强烈的专属性与从属性,故只有人身伤亡能引起人的精神状态的起伏。《民法典》颁布后,因违约行为造成的人格权损害也被纳入了法律的保护。此外,一些具有特定纪念意义的财产的损害同样也能主张损害赔偿。二是由于这种精神状态的起伏是一种主观而且普遍的存在,为了避免侵权责任的无限扩张,我国法律还存在另一层限制,必须以“严重精神损害”为前提。精神状态本身比较主观,因此实践中对于“严重”的程度通常需要受害者进行举证,但一般认为,如果造成残疾或死亡的,受害者及其近亲属的精神损害是可以确定的。

在我国,并非所有的侵权行为都能引起精神损害赔偿责任。前文提到,《民法典》中精神损害赔偿的一个适用前提在于侵犯的是人格权益。但在早期观点中,精神损害赔偿的适用前提主要是侵犯人身权益,对于人身权益,早期《民法通则》(已废止)中未有详尽规定,学者一般将其解释为包含人身权利与人身利益。在《民法典》颁布后,一些原本学术上的人身利益概念被归为人格权的范畴,因此只有侵犯人格权的行为才有可能导致精神损害赔偿责任。但其中亦存在例外,如对人具有特定纪念意义的财产,以及死者的遗体、遗骨,其本身虽不属于人身权益范畴,但其中却寄托了强烈的人类情感,具有极高的道德伦理价值,对此类财产的侵害实质上是对相关之人人格权益的侵犯,因而亦可能引发精神损害赔偿。

在有毒物质侵权中,精神损害赔偿适用同样根据有毒物质的特性而有所变化:首先,有毒物质侵权是基于侵权人的行为导致的有毒物质暴露而引发的被侵权人的损害,是一种典型的侵犯实体权利的行为。对于隐私、名誉等受我国法律保护的人格权益而言,通常不具有造成损害的可能性。因此,有毒物质的精神损害赔偿通常只会发生在生命权、健康权或身体权受侵犯的场合,特定条件下特殊财产的损害也能引起精神损害赔偿,但基本排除了侵权人格权益的可能。其次,对于有毒物质侵权中已显精神损害赔偿的限制,也应当与一般侵权相区分。我国精神赔偿以严重精神损害为前提,对于严重的判断采取主客观相结合的标准。受害人伤残或死亡的,可以根据相关法律确定标准进行赔偿,其他情况需要原告举证。但是实践中,对于非伤残或死亡的损害,其赔偿金额通常远远小于伤残或死亡的赔偿。对于一般的创伤性、外源性损害而言,这种赔偿比较合理。然而在有毒物质侵权中,其引发的损害主要为各种疑难疾病,诸如癌症等疾病,虽然不会造成伤残,但对身体的危害却远超一般的伤残,其对人精神上的打击更是远超一般伤残损害。然而在实践中,此类疾病型的损害却未被普遍认识与接受,在一些省份高级人民法院发布的精神损害赔偿的解释中,非伤残的人身损害的赔偿金额普遍低于伤残与死亡的赔偿金额,这显然不能满足有毒物质侵权的需求。就有毒物质侵权而言,其对人造成的精神损害严重程度的判断应当采取更加科学合理的标准,如针对有毒物质造成的疾病损害,通过估算疾病的发病率、死亡率等计算疾病的严重程度,再基于此计算精神损害,显然更加公平、合理。

(二)有毒物质侵权中已显精神损害赔偿的功能

一般来说,精神损害赔偿具有补偿功能与抚慰功能。[①] 但在有毒物质侵权中,由于传统侵权法理论在该领域存在一定的救济缺陷,导致有毒物质侵权中已显精神赔偿还承担起了其他的功能。

1. 补偿功能

补偿功能是精神损害赔偿的首要功能,在有毒物质侵权中亦是如此。我们知道,精神损害是非财产损害的下位概念,其本身就是人的非财产层面的一种

---

① 参见程啸:《侵权责任法》,法律出版社2021年版,第856页。

损害。此类损害及其损害程度由于具有主观性与专属性而无法用金钱予以物化衡量。在财产损害中,损害的救济通常通过财产的等量填补而恢复财产关系,因此又叫作赔偿。然而非财产损害本身不是财产关系的变化,赔偿就无从说起。对非财产性损害的救济本质上是通过消除已经出现的负面损害,增进受害人其他方面的利益,从而替代既有损害的负面影响。对于有毒物质侵权而言,受害者遭受有毒物质的侵害,不仅身体上受到不可逆的损害,心理上也要饱受疾病风险增加、疾病死亡的恐惧折磨。这种利益的损失无法用金钱恢复,但通过金钱的支付,可以补充受害者的财产利益,通过金钱获得喜悦、欢乐的情绪,摆脱精神上的悲伤与痛苦,从而达到一定程度上的受害者侵权前后利益的平衡。

2. 慰抚功能

除了补偿之外,受害者从已显精神损害赔偿中还能得到的是一种心理上的慰抚。通常,受害者遭受精神损害时心理还会产生另一种失衡,即对自身处境的悲伤与对加害人完好无损的愤懑。现代法律用损害填补替代了报复,但是财产损害的赔偿是应得的,心理受到的损害却是无妄之灾。虽然受害者的财产利益能够得到恢复,但是心理上遭受侵权的负面情绪却无处发泄。受害者无法通过施加同等的伤害以达到自身心理的平衡,但可以通过精神损害赔偿的请求,使侵权人遭受额外的损失,以满足受害人遭受无妄之灾的不甘,达到抚慰目的。正如一句戏言,幸福不是比谁过得更好,而是比谁过地更差,人类对于不幸的敏感要甚于幸福。通过要求精神损害赔偿,一定程度也是对不幸遭遇的安慰。

3. 惩戒功能

有毒物质侵权中已显精神损害赔偿同样还具有惩戒的功能。一般来说,有毒物质侵权带来的伤害是不可逆的,因此对于有毒物质损害的最好办法在于损害的预防。通过对有毒物质侵权施加一定的惩罚性赔偿,能够有效地增加侵权人的生产成本,提高侵权人的注意义务,降低有毒物质的侵权风险。在我国,对于食品、药品等领域的有毒物质侵权,受害者还可以要求一定的惩罚性赔偿。然而对于通常的毒物侵权的惩罚性赔偿,却缺乏相应的规范基础。故可借助精神损害赔偿、适当提高精神损害赔偿数额等方式来间接实现惩戒功能。

(三)有毒物质侵权中已显精神损害赔偿的范围

前文述及,根据我国现有的法律规定,可以主张精神损害赔偿的情形有以下几种:第一,因违约行为造成人格权益受损导致严重精神损害的;第二,对自然人人身权益造成侵害导致严重精神损害后果的;第三,侵犯具有人身意义的特定物的;第四,侵犯监护关系的;第五,对死者有形及无形遗体的侵犯。上述的几种法定的精神损害赔偿的范围并非全部都能适用有毒物质侵权当中。例如,对于身份权与死者利益的损害等,通常属于无形损害,而有毒物质侵权是典型的有形损害;对于死者的遗体、遗骨的侮辱、亵渎通常要求侵权人具有针对特定受害人的主观故意,而有毒物质的暴露通常是针对不特定的多数人,且其行为人通常保持一种中性的态度,可能存在泄漏的故意而无侮辱、亵渎的故意。即使是在侵犯人身权益的场合,也只有侵犯生命权、身体权、健康权才能引发精神损害赔偿的请求。因此,在有毒物质侵权中,精神损害赔偿的范围主要包括以下三种:

第一,对身体权、健康权的侵犯。有毒物质暴露引发的损害通常是病理性损害,当损害暴露成为已显损害时,通常表现为医学上的某种特定疾病,根据疾病的不同,会对人的身体造成免疫功能下降、器官功能衰竭或器官坏死等的损害。值得一提的是,对于免疫功能下降等人体机能的损害,虽然不属于伤残的情形,但其实际对人体的损害要远超一般的伤残,无法用一般侵权中的判断标准(如前述地方高级法院发布的精神损害赔偿数额的认定,实际就是根据人体的物理损害进行划分,数额通常根据一般损害、严重损害、残疾以及死亡递进)。因此,对于有毒物质人身侵权造成的精神损害的认定,应当兼顾一般的认定标准与病理学上的疾病标准,综合权衡二者给出的判断再进行认定。

第二,对生命权的侵犯。死亡对于所有人都是公平的。当受害者死亡时,无论何种侵权形式导致的死亡结果,对于受害人亲属、家人造成的精神打击都是一致的,在对生命权的侵犯上,有毒物质侵权与其他侵权别无他样。

第三,对具有人格利益的物的侵犯。一般来说,人格利益属于无形价值,而有毒物质侵权属于有形损害,二者并无交集。但是当人格利益被寄托在特定的财产上时,对于财产的损毁将会导致人格利益的灭失,因此使得有毒物质侵害人格利益成为可能。但应当注意的是,除非导致财产形体的损毁或无法接触,否则一般的沾染有毒物质不会影响其纪念意义，不得请求损害赔偿。总的来说，有毒物质侵犯具有人格利益的财产的情形比较罕见，且难以认定。

值得一提的是，虽然2001年的《关于确定民事侵权精神损害赔偿责任若干问题的解释》（以下简称《精神损害赔偿司法解释》）将残疾赔偿金与死亡赔偿金作为对受害者的精神抚慰金。但是今年实施的《精神损害赔偿司法解释》中已删除相关规定，且在我国相关的法律规定中，两种赔偿金通常都是作为有形损害的赔偿金而与精神赔偿相并列，是典型的财产损害赔偿的内容。换言之，依据现有的法律规定，残疾、死亡赔偿金中并不包含抚慰精神损害的部分，在实践中，二者可以一并提起赔偿请求。

（四）有毒物质侵权中已显精神损害赔偿数额的认定

1. 有毒物质侵权中已显精神损害赔偿数额认定的一般方法

对于精神损害赔偿数额的认定主要考虑两方面的内容，一是精神损害赔偿数额赖以确定的具体因素，二是实务中据以计算的具体方式。我国《精神损害赔偿司法解释》确定了六种精神损害赔偿数额的确定因素，主要包括过错程度、具体侵权细节、损害后果的严重性、侵权行为的获利情况、侵权人的责任承担能力以及受诉法院所在地的经济情况。但由于在《民法典》中将严重精神损害的损害后果作为精神损害赔偿的前提，将非法获利的情形作为财产损害的赔偿标准，因此目前精神损害赔偿数额的计算通常只考虑剩余的四种因素。①

我国法律虽然确定了精神损害赔偿的确定标准，但却缺乏对计算方式的规定。比较法上对于精神损害抚慰金的确定主要存在三种计算模式：第一种方式是以日本以及美国部分州为代表的概算法，这种方法通常不考虑具体的赔偿细目，而是以一种专门的标准一次性地确定总体的赔偿数额，由于其便捷有效率，因此受到了多数美、日法院的欢迎。但是其缺点也很明显，这种赔偿通常无据可寻，且根据当地的法律通常不得对赔偿数额异议提起上诉，因而这种便捷实际是建立在损害当事人利益的基础上。第二种方式是，比利时、法国等国家对于非财产性损害赔偿的数额计算采取的是分类法的模式，通过对应当予以赔偿的种种情形分别计算再最后相加而得出最终的数额，实际关注受害人的全部损

① 参见程啸：《侵权责任法》，法律出版社2021年版，第866页。

失,是完全赔偿精神的体现。但其缺点同样突出,虽然计算准确,但却是建立在对个案受害者的实际情况的全面分析的基础上,不但烦琐,而且还耗费大量的司法资源,缺乏效率性。第三种方式是前二者的折中,通常是列举出具体应赔偿的项目,再由法官确定出一个大概的总额。这种方法主要以瑞士为代表,兼顾了损害赔偿计算的公平与效率,因而具有一定的优越性。

2. 有毒物质侵权中已显精神损害赔偿数额的认定

由于有毒物质的特殊性以及有毒物质侵权区别于一般侵权的种种特征,在有毒物质侵权已显损害的精神损害赔偿中,其赖以确定的因素当与一般情形有所区别。在具体计算损害数额时,通常应当考虑以下几种原则:首先,应当综合考虑多种因素。虽然有毒物质的侵权责任在性质上属于特殊侵权责任,通常表现为产品侵权责任与环境侵权责任,因此其在归责时通常不考虑行为人的主观因素。但是这种不考虑并非说主观过错不重要,相反,而是由于此类责任对人身、财产权益的侵犯程度通常较高,因而直接推定行为人具有过错。对于具有过错的侵权人而言,要求其支付精神损害赔偿,更能安抚受害人的愤懑与不满。同时由于有毒物质侵权通常兼具大规模侵权的特征,其总体的赔偿数额往往比较巨大,个体责任主体通常连财产损害的赔偿都难以承受,对于精神损害的赔偿更是有心无力。值得一提的是,我国司法解释要求以受诉法院所在地的生活水平为确定标准。然而有毒物质侵权中受害者数量众多且分布广泛,其生活水平各有差异,以法院地为标准实际无法做到实质上的公平。其次,还应当坚持区别对待原则。在考虑前述因素的前提下,还应当明确受害人的哪项具体利益可以适用精神损害赔偿,例如,同样是人身侵权,造成死亡结果的与伤残结果的精神损害有显著的差别,根据受损人格利益的位阶差别,其实际的赔偿数额也应当有所区分。这种人格利益位阶的区分标准的优势还在于,通过人格利益位阶而不是具体损害表现形式来确定赔偿数额,能够解决前述有毒物质侵权中疾病损害与伤残标准的差别问题。再次,还应当考虑精神损害赔偿的限制问题。由于精神损害是一种十分主观的损失,对于具体受害者而言,其实际的痛苦各有不同,无论多高的赔偿都不能恢复其精神损害。然而侵权人的责任能力是有限的,在令其承担财产损害的赔偿之后,再承担高额的精神损害比较难以实现,尤其在有毒物质侵权中,这种责任能力的缺失更加明显。最后,在综合前述的多方考量之后,再赋予法官一定的裁量权,这是由于,法律的滞后性导致再完美的法律设置都会存在应对突发情形的不足,在客观标准的基础上赋予一定的法律价值取舍,更符合实际的需求,有利于实现法的分配正义。

在确定有毒物质侵权中已显精神损害赔偿的参考因素与确定原则之后,对于具体数额的计算方式也应当慎重选择。前述的三种模式中,概算法的统算模式对于大规模的有毒物质侵权而言具有效率上的优势,对于遍布全国各地、数量广泛的有毒物质受害者而言,如果一一予以确定其实际的各项损失再进行计算,一方面可能导致司法资源的严重紧张与浪费,另一方面有毒物质侵权通常要求及时地救济,如果在精神损害赔偿上耗时过久将严重影响救济的效率。从这个角度出发,概算法相比于分类法有着明显的优势,然而这种优势是建立在损害计算的准确性上的。对于有毒物质侵权而言,因为有毒物质的损害受个体差异的影响,导致同一种有毒物质造成的损害也可能存在明显的区别,因此,在个案中每个受害者的实际损害都有所不同。简单地一概而论将会导致公平性受到质疑。鉴于二者在应对有毒物质侵权的精神损害计算时存在明显的不足,兼顾二者优势的折中法成为有毒物质侵权的首选,虽然其不如分类法精确,也不如概算法有效率。但是通过客观因素的分类列举与法官的主观判断,形成主客观统一的认定方式,有效地平衡了概算法的公平缺失与分类法的效率缺失,相对而言是有毒物质精神损害赔偿计算的最佳方式。

三、有毒物质侵权中已显非财产损害之其他损害赔偿

我国的精神损害赔偿制度实际是一种不完全的非财产损害赔偿制度。由于上位概念的缺乏,单纯的精神损害并不能涵盖全部的非财产性损害。这种缺陷在有毒物质侵权中表现的更为明显,对于有毒物质引起的诸如疼痛、生活质量降低等受害人面临的真实存在的损害,通常不具有我国法律中提请精神损害赔偿的基础。可见,仅凭精神损害赔偿制度难以解决有毒物质侵权非财产层面的实际损害。比较法上,关于非财产损害的讨论有很多,对于非财产损害与精神损害的种属区分也基本达成共识。在实践中,对于有毒物质侵权,除了精神损害之外,还有以下一些其他非财产层面的损害同样也具有赔偿的可能性。

（一）有毒物质侵权中疼痛的赔偿

比较法上，英美法系对于人身损害的后果有着“疼痛”与“痛苦”的划分，前者是从身体上反馈的伤害感受，后者则是这种疼痛的感觉引起的情绪上的反应。[①] 在英国的法律实践中，原告可以基于痛苦与疼痛一并提出精神损害赔偿请求，亦可将疼痛与痛苦进行诉因分割而单独提出赔偿、单独就疼痛提出精神损害赔偿。在英国的一个胫骨骨折案例中，受害者就获得了关于疼痛的精神损害赔偿。[②] 这种划分是十分有必要的，例如，当受害者被侵权人使用钢针虐待时，钢针穿刺不会对受害者未来生活等造成严重的损害结果，但这种疼痛却是现实存在的。因此，对于“疼痛”的可赔偿性在欧洲是最不具有争议的。[③]

在我国，对于精神损害赔偿的事实基础通常局限于人的精神损害，是一种纯粹的非物质层面的一种损失。例如，《民法典》第 1183 条即是以“严重精神损害”作为精神损害赔偿责任的后果要件，换言之，无论是学者的表述还是法律的实践，大多有意无意地忽略了人因为遭受人身侵权而产生生理上的疼痛，如果受害者遭受侵权时仅有剧烈的疼痛而精神损害并不严重时，其无法请求精神损害的赔偿。例如，前述的钢针虐待案例，在我国，对于钢针虐待的案例通常能够得到精神损害赔偿，但其赖以认定责任的依据在于侵权人的主观过错与侵权具体细节，就单纯的疼痛而言，只是一种自然的损害事实，而无法成为责任成立意义上的损害。一般来说，人们会认可因为遭受长期病痛而产生精神痛苦的损害赔偿请求，却对这种长期病痛视而不见。令人怀疑的是，精神损害是一种纯粹的主观感受，对于乐观豁达的人而言，长期病痛并不一定会使其陷入精神痛苦，但疾病、伤害导致的痛苦却是确定的、真实的，这种疼痛使得受害者无法像正常人一样幸福地享受生活。

在有毒物质侵权中，有毒物质导致的肉体疼痛是最基本也是最普遍的损害形式。例如，在日本富山骨痛病案例中，镉中毒导致的人身损害最典型的症状

---

① See Cramer, Carleton Robert, *Comment Loss of Enjoyment of Life as a Separate Element of Damages*, Pacific Law Journal, Vol. 12. p. 965(1981).

② See Mechelen Court of First Instance, 9 April 1991[1992] Bull. Ass. 162.

③ 参见[德]克里斯蒂安·冯·巴尔：《欧洲比较侵权行为法》（下册），焦美华译，法律出版社 2004 年版，第 205 页。

就是受害者全身上下无处不在的疼痛，这种痛苦对人的折磨要远超一般伤残给人带来的精神损害。然而在我国精神损害赔偿规定中，却草率地依据一般伤害、严重伤害、残疾、死亡这种划分递进增加损害赔偿额度。即使有毒物质造成的疼痛可以通过损害的内涵扩张而纳入精神损害的赔偿范畴，然而其实际能够获得的精神损害赔偿也远远低于一些残疾的赔偿。这种以身体完整性作为衡量精神损害的参考标准，不符合有毒物质侵权的实际情况。一些有毒物质侵权不会造成肢体的残缺，然而其对人造成的生理上的疼痛要远胜于一般残疾的精神痛苦。长期身体的剧烈疼痛与身体残疾哪种对受害者的影响更大还需要讨论，但有毒物质造成的生理疼痛应当引起相关的重视。

（二）有毒物质侵权中舒适丧失的赔偿

享乐损害又称安乐生活的丧失、[①]生活乐趣的丧失以及舒适丧失，是指因为遭受人身侵害而造成身体上的变化导致不能按照既定的或理想的方式去生活，导致生活质量下降的损失。在法国法中，舒适丧失的损害被认为是一种永久性非金钱损失而得以获赔。[②] 在英国，舒适损失通常与疼痛和痛苦合并作为一般性损害。[③] 美国最初仅将舒适丧失作为“疼痛与痛苦”损害的一般审查因素，但在20世纪中后期，舒适丧失逐渐成为一项独立的损害类型与诉因，常见于人身侵权以及有毒物质侵权之中。

一个人的生活乐趣通常体现在其理想的生活方式与娱乐方式上，然而身体上的一些缺陷往往会导致这些乐趣的丧失。例如，眼睛的障碍将导致阅读的乐趣无法进行，肢体的残缺将导致运动的乐趣无法进行。此外，除了理想生活的不能之外，对于安逸、安适生活的妨害也会导致生活乐趣的丧失，例如，因为有毒物质的泄漏而搬离海景房导致欣赏海景的乐趣丧失[④]、水源被有毒物质污染

① 参见周华：《论侵权法中其他类型的非财产损害》，载《理论月刊》2017年第9期。

② 参见［法］苏珊·加兰-卡法尔：《法国法律中的非金钱损失》，载［英］W. V. 霍顿·罗杰斯主编：《比较法视野下的非金钱损失赔偿》，许翠霞译，中国法制出版社2012年版，第124页。

③ 参见［英］W. V. 霍顿·罗杰斯：《英国法律中的非金钱损失》，载［英］W. V. 霍顿·罗杰斯主编：《比较法视野下的非金钱损失赔偿》，许翠霞译，中国法制出版社2012年版，第76页。

④ 通常，海景房的市场价值会比一般的商品房要高，因为其中寄托了享受海景的价值。然而当有毒物质泄漏导致区域无法居住必须搬离时，侵权人是否应当对其进行赔偿。本书观点认为，既然受害人为享受海景的乐趣付出了额外的金钱，即说明这种乐趣有其现实的价值。虽然乐趣无法用金钱衡量，但确实属于受害者财产损害之外的损害。

而浪费时间在取水上导致的生活安逸损失等。这些生活乐趣的失去将会严重地降低一个人的生活品质，对于人而言，人生的价值不仅在于财产与健康，更在于对生活的享受。因此德国联邦最高法院认为“个人所选择的生活方式之丧失——当它属于独特的生活方式且他人认为这种生活方式的丧失对受害者无异于灾难时——”也能使受害者获得赔偿。①

在有毒物质侵权中，生活乐趣的丧失并非个例。事实上，有毒物质带来的各种疑难杂症产生的后果普遍会对受害者的生活带来不便。例如，对于日光浴爱好者而言，过多的接触二氯苯将有可能引发皮肤癌，一旦损害显现，则将剥夺受害者晒太阳的爱好，这无疑是残忍的、灾难性的。而这种因为损害而失去爱好的案例大量的存在于有毒物质侵权当中，原因即在于有毒物质损害的特征——各种复杂的病理性损害。

有观点认为，生活乐趣的丧失只存在于侵害人身权益的场合，对于财产权益的侵害，即使影响受害者的生活乐趣也通常无法请求赔偿。然而在美国的司法判例中，对于由外部损害引发的生活质量下降的情形，同样可以请求赔偿。确实，舒适丧失本身建立在人的主观体验之上，但是现实中通常存在财产利益受侵犯导致生活质量下降的情形，对于此类行为的赔偿请求，美国的法院采取了曲线救国的方法，在侵权人排放的有毒物质污染了原告的水源而使原告不得不使用桶装水或去远处取水的案例中，对于原告提出的生活不方便的赔偿诉求，法院通过援引《美国侵权责任法第二次重述》中规定的财产损害的类型划分——不舒服和困扰，认为对财产造成的不舒服和困扰的基础是对原告的生活与幸福的干涉，即生活质量的下降可以归结为财产损害中的妨害损害，因而从财产损害赔偿的角度对“舒适丧失”这种公认的非财产损害进行救济。② 这种判决的理论争议暂且不提，但它确实为有毒物质侵犯财产权益造成的生活质量损失的赔偿开辟了新的思路。

综上所述，有毒物质的独特特征导致有毒物质侵权的已显损害中存在大量

---

① 参见[德]克里斯蒂安·冯·巴尔：《欧洲比较侵权行为法》(下册)，焦美华译，法律出版社 2004 年版，第 208 页。

② 参见[美]吉恩·马基雅弗利·艾根：《毒物侵权法精要》(第 4 版)，李冰强译，南开大学出版社 2016 年版，第 295 页。

的非财产性损害,除了上述的种种非财产性损害外,还可能出现诸如预期寿命的缩短、生存机会的丧失等情形。在有毒物质侵权中已显非财产性损害赔偿的重要性并不亚于已显财产损害赔偿。后者关系受害人的财产关系状况,而前者却直接影响到人追求幸福美好生活的自由与权利。然而在我国,对于非财产损害赔偿的研究并不充分,法律实践的主流仍然停留在精神损害赔偿的领域,导致有毒物质侵权中可能出现的大量非财产性损害因为没有相应的规范基础而无从救济。因此,在有毒物质侵权已显损害赔偿制度的研究中,我们应当着重关注非财产性损害赔偿机制的构建,搭建好非财产损害赔偿这一上位概念,与精神损害赔偿相区分,通过扩展有毒物质侵权中非财产层面的损害救济的范围,维护法的公平正义价值。

第四节　有毒物质侵权中已显损害之惩罚性赔偿

由于有毒物质侵权中,潜在损害赔偿仅适用于十分有限的情形,并不会出现惩罚性赔偿的后果。故下文将之简称为有毒物质侵权的惩罚性赔偿。

一、有毒物质侵权的惩罚性赔偿之一般性理论

(一)有毒物质侵权的惩罚性赔偿概述

前文述及的多种损害赔偿,从本质上讲都可以归结为损害填补型的损害赔偿,即前述各类损害赔偿制度的核心都是围绕着恢复或慰抚受害人的利益而进行的,是对受害人因为遭受侵权而导致的整体利益状态的不完满而进行的补偿,是一种以受害者为中心的观察视角。在英美法系,除了损害填补的制度之外,对于侵权人出于恶意、轻率或其他特定情形而实施的侵权行为,法律还特别创设了一种要求侵权人除填补受害人损失之外的额外给付制度,由于这种制度的初衷是对侵权人不法行为的惩戒,因此又被称为惩罚性赔偿制度。

对于惩罚性赔偿制度,我国学者将其定义为“当被告以恶意、故意、欺诈或者放任之方式实施加害行为而致原告受损时,原告获得除实际损害赔偿金之外

的损害赔偿”。[①] 与补偿性质的损害赔偿制度相比，惩罚性赔偿具有截然不同的特点：第一，二者的法律目的不同。补偿性赔偿关注的是对已经发生损害的填补，遵循的是填平原则，通过不幸损害在侵权双方之间的合理分配，实现法的公平正义价值。而惩罚性赔偿除了矫正正义的目的之外，其主要的目的在于通过对侵权人恶劣的、不法的、故意的行为的惩戒，实现法律的震慑功能，谨防类似行为的再次发生，系一种面向未来的法律构造。第二，二者在赔偿范围上存在差异。填补性损害的赔偿遵循两个基本原则，即完全赔偿原则与禁止得利原则。前者是指对于受害人的所有损失，包括所受损害与所失利益，侵权人都有责任进行填平；后者是指禁止受害人从这种填平中获利。两个原则共同构成填补性损害的补偿思路，即完全的恢复原状补偿，通过侵权人的给付使受害者的整体利益状态恢复到原有的水平，既不能少，也不能多。而惩罚性赔偿则突破了这一范围，除了填补受害者的所有损害之外，通常侵权人还要承担额外的惩罚性支付，因为对于一些特殊的如恶意侵权的行为，受害人的损害虽然能够填补，但其不幸经历的体验却无法弥补。另外，当侵权人从不法行为中的获利超过其要承担的填补责任时，将会导致不法行为的横行，严重危害社会的秩序。因此，出于社会利益的考虑，对于此类行为的责任往往会超出传统民法填平原则的限制，而要求额外的惩罚性责任。值得注意的是，惩罚性赔偿在突破填平原则的同时，有时仍会遵循禁止获利原则的考量，如比较法上美国一些州会要求侵权人支付的惩罚性赔偿金上交至政府财政，并不一定会落到受害者手中，当然，这并不是绝对的。第三，正是基于前述的原因，惩罚性赔偿的出发点与核心价值更多的落脚于社会利益，而填补性损害赔偿始终是基于对受害人利益进行填补的考量。第四，从赔偿数额的计算看，惩罚性赔偿的计算要比填补性损害赔偿更为复杂。后者遵循完全赔偿的原则，其最终的数额通常与受害人所受的全部实际损失持平。而惩罚性赔偿更多的是出于社会利益的考量，因此其数额的计算通常要考虑各种额外的因素，如社会公序良俗、公共政策，乃至于一些填补性赔偿无法计算的不确定损害等。第五，填补性损害赔偿是一种被动性救济，只有受害者遭受损害时才能够提起，面向的是已经存在的损害事实，而惩罚

① 参见张新宝、李倩：《惩罚性赔偿的立法选择》，载《清华法学》2009 年第 4 期。

性赔偿更具有主动性，它是针对侵权人存在的主观恶性以及可能存在的二次侵权风险，而主动进行的法律惩戒与损害预防，这与公法领域的“制裁”有所区别。第六，二者在具体的适用范围上也存在差异。填补性赔偿是民事救济的通常手段，适用于各种民事利益受损的场合。而惩罚性赔偿本身存在大量的非难性的苛责，有法对行为自由的不当干涉嫌疑，因此惩罚性赔偿的适用往往受到严格的限制，非法定情形不得要求惩罚性赔偿。

（二）有毒物质侵权的惩罚性赔偿之功能价值

在有毒物质侵权中，惩罚性赔偿的作用更能够得到凸显。通常，一般侵权中的侵权行为主要是偶发行为，受害者的利益通过简单的损害填补就能得到恢复，也不会有再次遭受侵权的风险。然而在有毒物质侵权中，有毒物质侵权行为的进行具有一定的规律性与周期性。原因在于，绝大多数的有毒物质侵权都是出现在产品侵权领域与环境侵权领域，更深入地讲，都是来自企业的生产经营行为。例如产品毒物侵权通常伴随着侵权人的生产、销售行为而出现，环境毒物侵权主要来自侵权人生产过程的有毒物质排放、泄漏等。换言之，导致有毒物质侵权的侵权行为通常是持续性、重复性、营利性的行为。而此类行为的一个典型特点在于，相比要支付的对受害人遭受的全部损失的赔偿，此类侵权行为通常能够为侵权人带来大量的利益，在支付填补性损害赔偿之后，侵权人依然能够获得可观的利润，继而这种损害赔偿甚至会被转化为生产成本，最终仍由受害者承担，使得法律的规定对于侵权人而言不具有威慑性。另外，持续不断的有毒物质侵权风险意味着，受害者不但要终日提心吊胆，生活受到影响，更可能在下一次侵权中遭遇更严重的损害乃至丧失生命，这是任何赔偿都无法填补的。

而惩罚性赔偿区别于填补性损害赔偿的功能能够有效地缓解前述有毒物质侵权存在的问题。从我国《民法典》规定看，对民事利益的保护与对侵权行为的预防、制裁都是我国《民法典》侵权责任编的基本目的与主要功能。但填补性损害只能体现侵权法的保护价值，对于侵权行为的惩戒及对侵权人的震慑主要还是依靠惩罚性赔偿而进行。在有毒物质侵权中，通过对侵权行为施加惩罚性赔偿责任，一方面，能够使得侵权人为侵权行为付出额外的赔偿，使其在损害填补之外增加额外的经济支出，体现法的制裁功能；另一方面，这部分额外的支付通常数额巨大，使得侵权人的不法行为成本剧增，解决有毒物质侵权中的不法获利问题,同时能够有效地震慑侵权人,通过额外的给付使其感受到法的严厉性,提高生产、行为的注意义务。简言之,在有毒物质侵权中,惩罚性赔偿能够实现侵权法的震慑与惩戒功能,一方面能够解决有毒物质侵权中违法收益大于赔偿支出的窘境,树立法律权威;另一方面能够威慑侵权人,预防同类侵权行为的二次出现,保障受害人的合法权益。

除了震慑与惩戒侵权人之外,对于有毒物质侵权的受害人而言,惩罚性赔偿同样具有不可或缺的价值。一方面,正如前面所说,有毒物质侵权的行为是一种周期性的反复行为,且其对于全年龄段的人都具有严重的危害性,较一般侵权行为具有更大的主观恶性。受害者对于此类行为通常积蓄着大量的负面情绪,稍有不慎,极易引发群体性事件。如在我国"三聚氰胺毒奶粉"事件中,经常出现大量的受害者家长聚集维权的事例。在这种情况下,填补性损害赔偿对于受害者而言只是应得的救济,而通过对侵权人施加惩罚性赔偿,既惩戒了不法行为,又使受害者获得额外赔偿,能够有效慰抚受害者及其亲属心中的愤懑与不平,促进社会秩序稳定。另一方面,惩罚性赔偿的额外支付对于受害者而言也是一种激励。通常,一些有毒物质侵权的侵权人会通过私了的方式安抚受害者而免予诉讼,导致大量的有毒物质侵权行为在初期没能及时被揭发,最终发展成大规模的有毒物质侵权。而惩罚性赔偿的高额支付能够激发受害者的诉讼意识,鼓励受害者通过诉讼维护自己的权益,使问题暴露出来,同时起到督促侵权人提高注意义务的作用。

(三)我国有毒物质侵权的惩罚性赔偿制度之现状

虽然惩罚性赔偿能够在有毒物质侵权中发挥不小的作用,然而遗憾的是,我国对于有毒物质侵权的重视有所不足,并不能形成专门的有毒物质侵权的惩罚性赔偿制度。对于有毒物质侵权中的损害赔偿,只能参照一般的惩罚性赔偿制度进行。

在我国,惩罚性赔偿的规定最初出现在20世纪90年代制定的《消费者权益保护法》,[①]此后的《食品安全法》将这种惩罚性的赔偿拓展到食品安全领域。

---

① 《消费者权益保护法》(1993年)第49条规定:"经营者提供商品或者服务有欺诈行为的,应当按照消费者的要求增加赔偿其受到的损失,增加赔偿的金额为消费者购买商品的价款或者接受服务的费用的一倍。"

在原《侵权责任法》颁布后，缺陷产品侵权的惩罚性赔偿得到认可，惩罚性赔偿的概念及其法律地位得到正式的承认。目前，我国围绕着《民法典》、《消费者权益保护法》、《旅游法》以及《商标法》等法规，已经初步形成了以违约责任与侵权责任为核心，涉及食品、商品、合同、知识产权等领域的惩罚性赔偿制度。从有毒物质侵权的视角看，对于产品责任能否适用惩罚性赔偿已经不存在理论障碍，且已经初步具备有毒产品侵权的惩罚性赔偿的规范基础，但仍然存在一些不足。

目前，我国在有毒物质侵权领域适用惩罚性赔偿的主要问题在于，一方面，这些惩罚性赔偿的规定主要分布于各个单行法律之中，原《侵权责任法》虽然承认了惩罚性赔偿，但只是作为产品责任的一种赔偿方式。《民法典》虽然将惩罚性赔偿扩张到知识产权及环境侵权领域，但从体系的角度，依然缺乏惩罚性赔偿的一般性规则。另一方面，现有单行法中的惩罚性赔偿规定较为简陋，缺乏相应的具体实施规则。具体而言，目前我国有毒物质侵权的惩罚性赔偿主要存在以下不足：

1. 具体细节的缺失

对于惩罚性赔偿而言，赔偿数额的确定关系到其制度功能的实现。数额过小则对侵权人无伤大雅，无法起到相应的震慑与预防作用，也不能激励与慰抚受害者；数额过大则可能超出侵权人的责任能力范围，且有责任扩张的嫌疑，会引发对公平的质疑。而我国现有的《消费者权益保护法》与《食品安全法》中确定的 3 倍损失及 10 倍损失赔偿数额的规定过于草率，对于一些轻微的侵权损害而言，即使是 10 倍赔偿的数额对于企业而言也只是九牛一毛，不能阻止侵权人继续通过侵权行为获利。然而在有毒物质侵权当中，毒物侵权导致的损害存在规模大、范围广的特点，10 倍数额甚至可能直接导致企业破产，使得责任主体灭失而无法对其他受害者进行损害赔偿。这种数额上的严重差异主要是因为惩罚性赔偿的确定因素的缺失。比较法上，对于惩罚性赔偿数额的确定通常要考虑受害者的实际损失因素、公序良俗的社会利益、政府公共政策因素等。如美国的惩罚性赔偿中，法官在评估赔偿数额时要考虑被告行为的性质、损害结果的性质以及被告的财产状况等因素。[①] 然而我国的惩罚性赔偿制度却缺乏此

① 参见[美]爱伦·M. 芭波里克选编：《侵权法重述纲要》，许传玺、石宏等译，法律出版社 2016 年版，第 456 页。

类具体规则的设计,导致前述问题的产生。

2. 责任构成要件的缺陷

我国《民法典》第1207条规定,“明知产品存在缺陷仍然生产、销售,或者没有依据前条规定采取有效补救措施,造成他人死亡或者健康严重损害的,被侵权人有权请求相应的惩罚性赔偿”,换言之,惩罚性赔偿责任的一个重要前提是“明知存在缺陷”,即要求侵权人在主观状态表现为一种故意。同样,类似的规定还存在环境污染、生态破坏侵权之中。

对故意的要求或许是基于惩罚性赔偿是对于侵权人不法行为主观恶性的惩戒的考量,然而在有毒物质侵权之中,大量毒物侵权行为的出现并非基于侵权人的主观故意,更多的是一种过失或重大过失的情形,例如,在一些企业的生产中,其严格地按照国家标准进行有毒物质的排放,从主观状态讲,其并不具有违法故意。然而此类合法的排放行为同样也会造成毒物损害,而且这种情形实际大量地出现在有毒物质侵权当中。可见,对于主观状态的限定将导致惩罚性赔偿在有毒物质侵权中的适用受限,不能充分地保障受害人的合法权益。

二、比较法上有毒物质侵权的惩罚性赔偿制度

(一)英美法系中有毒物质侵权的惩罚性赔偿制度

1. 英国法律中相关惩罚性赔偿制度

一般认为,惩罚性赔偿是发源于英国普通法的制度,最早由英国法官在威尔克斯诉伍德(Wilkes v. Wood)案中创设。[①] 本案中,原告系一名杂志社成员,因撰文抨击国王而遭受囚禁,在被释放后以执法人员未有法官签发的逮捕令为由提起诉讼。法官支持了原告的主张,并认为可以判决比实际损害更高的金额,以在填补受害人损失之外,惩戒罪行,谨防再生,并彰显法律对此类行为的否定性评价。在彼时,惩罚性赔偿主要被运用于对公权力滥用的诉讼。但在此后惩罚性赔偿不断发展,逐渐扩展到其他领域,但因为其本身缺乏相应的具体规则而导致适用混乱,招致批评。目前来说,英国的惩罚性赔偿主要被运用于

---

① Eng. Rep. 498－499(K. B. 1763). 转引自王泽鉴:《损害赔偿》,北京大学出版社2018年版,第361页。

以下三种领域:(1)由政府雇佣所从事的压迫的、恣意的或违宪的行为;(2)被告实施某种行为获得超过应对原告赔偿损害的利益;(3)由法律明文规定。①

在英国,法官采用惩罚性赔偿的依据以及确定赔偿数额的标准不仅考虑被告的主观非难性,同时还考虑侵权行为的具体方式的非难性。② 具体而言,法官评估是否适用惩罚性赔偿以及确定具体的赔偿数额主要考虑以下因素:③(1)原告必须是恶劣行为的受害人。如果原告并非实际遭受不公正的、恶意的待遇而获得额外的赔偿,将有失法律的公正;(2)遵循适度原则。惩罚性赔偿的初衷在于惩戒不法行为,捍卫自由秩序,然而当这种法律责难过分严重时,又会成为行为自由的障碍,因此法官应当谨慎适度地适用损害赔偿,以达到惩戒与预防的公共目的;(3)除了被告本身的非难性外,法官通常还根据行为的具体细节进行评估。虽然一般的损害赔偿金只关注损害结果,但在惩罚性赔偿中,被告行为方式的恶劣程度将会直接影响到惩罚性赔偿的认定。

应当提醒的是,虽然英国的惩罚性赔偿案例并不少见。然而惩罚性赔偿的正当性依然饱受大量的质疑。如反对者认为其实际混淆了私法与公法的功能价值、原告的获偿不具有正当性、损害赔偿的适用范围与数额认定等具体规则混乱、不合理等。事实上,英国普通法中的惩罚性赔偿并没有得到苏格兰法的认可,英国政府也对增设性的惩罚性赔偿种类不感兴趣。关于惩罚性赔偿的存废、修正的问题仍然是英国法律界的一个长期课题。④

可以看到,一方面,英国法虽然比较早的发展了惩罚性赔偿制度,然而其法律与学界对于惩罚性赔偿的接受程度仍有所不足,对于惩罚性赔偿的限制比较严格。另一方面,英国法在赔偿数额的确定上给予了法官较大的裁量权,但由于缺乏统一的规则与标准,导致适用上的混乱,可能出现同案不同判、同命不同价的情形。

---

① 参见王泽鉴:《损害赔偿》,北京大学出版社 2018 年版,第 362 页。

② 参见[奥]赫尔穆特·考茨欧、瓦内萨·威尔科克斯主编:《惩罚性赔偿金:普通法与大陆法视角》,窦海阳译,中国法制出版社 2012 年版,第 5 页。

③ 参见[奥]赫尔穆特·考茨欧、瓦内萨·威尔科克斯主编:《惩罚性赔偿金:普通法与大陆法视角》,窦海阳译,中国法制出版社 2012 年版,第 28 页。

④ 参见王泽鉴:《损害赔偿》,北京大学出版社 2018 年版,第 362 页。

2. 美国法律中相关惩罚性赔偿

在美国法中，惩罚性赔偿通常被认为具有惩罚与制止被告的不法行为的双重目标。一方面，惩罚性赔偿金通常被作为损害赔偿的补充赔偿手段，在受害人的某些损害无法通过一般的损害赔偿制度予以确定、计算、填补时介入救济；另一方面，惩罚性赔偿金的要求也是基于社会公共利益的考量，通过惩戒性的支付责任，既能震慑被告，阻止类似行为的二次发生，也能对社会其他人起到一般警示的作用，因此在美国惩罚性赔偿金又常常被称为示范性赔偿金。

与英国的有限适用惩罚性赔偿不同，美国的惩罚性赔偿金属于侵权法领域的一般性制度，适用于各种领域的侵权救济。尤其在有毒物质侵权领域，大型企业的多数侵权行为通常符合一定的法律标准，使得刑事制裁的介入存在不足，利用惩罚性赔偿金能够有效地对企业起到一定的监督管理作用，也能进一步保护受害者的合法权益。因此，在美国的有毒物质侵权诉讼中，常常能够看到法院对大型企业采用惩罚性赔偿。

然而，美国的惩罚性赔偿制度同样受到法律上的限制。在太平洋互助人寿保险公司诉哈斯利普（Pacific Mutual Life Insurance Company v. Haslip）案[①]中，美国联邦最高法院为惩罚性赔偿的判决设定了正当程序的审查标准，为了保障惩罚性赔偿的决定与被告具有非难性的行为之间不会极度不对称，法院应当审查以下因素：(1)侵权行为的非难性；(2)侵权行为的持续性；(3)过去是否存在类似行为；(4)不法行为的获利情况；(5)被告的财产状况。Haslip 案的关键考虑因素在于惩罚性赔偿的数额与实际损害之间的关系，对于惩罚性赔偿的数额的认定，宝马北美公司诉戈尔（BMW of North America, Inc. v. Gore）案[②]确立了三种更加合理的正当程序分析原则：[③](1)被告行为的应受谴责性；(2)惩罚性损害赔偿与补偿性损害赔偿之间的合理比例；(3)对同种行为的其他可依据的民事或刑事的惩罚措施进行对比。

在有毒物质侵权领域，惩罚性赔偿的适用还存在另一个问题，即同种行为

---

① 499 U. S. 1(1991).

② 517 U. S. 559(1996).

③ 参见[美]吉恩·马基雅弗利·艾根：《毒物侵权法精要》(第4版)，李冰强译，南开大学出版社2016年版，第302页。

的多重惩罚问题。由于有毒物质侵权的受害者众多,针对原告的一个侵权行为,通常会有不同的原告提起诉讼,即被告可能因为同一个行为而遭受多次的惩罚性赔偿。从逻辑上讲,对于同一行为的多次惩罚显然违反了一事不再罚原则,会导致被告责任的无限叠加,而对被告有失公正。但如果反过来,同样也有公平缺失的问题。如欧文斯 – 康宁纤维玻璃公司诉马隆(Owens-Corning Fiberglas Corp. v. Malone)案①中德州最高法院阐述的那样,"如果对于涉及同一种行为,将惩罚性损害赔偿限定在首次或前几次判决,那么将会武断地只给了首批原告的诉讼以惩罚性损害赔偿金"。这显然对其他受害者是不公平的。一些提议认为可以为案件中的每个原告设定一个惩罚性赔偿金额的上限,②或者为惩罚性赔偿设定一个总的数额上限,但都遭到了法院的否定。

对于这种赔偿数额上存在的问题,美国的一些州法院也通过立法予以限制。此类限制主要包括,首先,对惩罚性赔偿的适用环境进行限制,有的州提高了惩罚性赔偿主张的证据标准,有的州允许"政府标准"抗辩,有的州甚至直接禁止了惩罚性赔偿的主张;其次,对惩罚性赔偿总额进行限制,如规定补偿性损害赔偿与惩罚性赔偿之间的比例、惩罚性赔偿金与被告资本净值的比例等;最后,还有一些州确定了"分离救济"的规则,将惩罚性赔偿金的部分按比例上缴到政府公共基金之中。除此之外,对于前述的有毒物质侵权多重惩罚性赔偿的问题,乔治亚州规定,在产品责任案件中,对于每个被告的每种产品,法院只能进行一次惩罚性赔偿判决。③

美国的惩罚性赔偿制度发展的比较完善,惩罚性赔偿可以普遍适用于侵权领域。然而也是这种宽泛的适用范围,引起其国内关于责任泛滥的质疑。对此,联邦法院与各州州法院发展出了比较合理的审查标准,提出了填补性损害赔偿与惩罚赔偿金的比例衡量方法,一定程度上起到限制惩罚性赔偿滥用的作用。但是对于有毒物质侵权中的同一行为的多重惩罚问题,依然得不到很好的

---

① 972 S. W. 2d 35(Tex. 1998).

② See Fischer v. Johns-Manville Corp. ,512 A. 2d 466(N. J. 1986).转引自[美]吉恩·马基雅弗利·艾根:《毒物侵权法精要》(第4版),李冰强译,南开大学出版社2016年版,第305页。

③ 参见[美]吉恩·马基雅弗利·艾根:《毒物侵权法精要》(第4版),李冰强译,南开大学出版社2016年版,第307页。

解决。

(二)大陆法系中有毒物质侵权的惩罚性赔偿制度

1. 一些欧洲国家相关惩罚性赔偿制度

在大陆法系中,对于惩罚性赔偿的适用一直保持一种比较排斥的态度。比较典型的是德国,德国的损害赔偿制度是典型的一元制模式,即在损害填补中坚持补偿性赔偿的唯一性。此外,德国的损害赔偿一贯坚持填平原则与禁止得利原则,在损害的填补上,以恢复原状为第一顺位,只有在恢复原状不能的前提下才允许金钱赔偿,且这种金钱赔偿必须以实际损害为限。正如学者所说,“一个一般性的前提就是,德国损害赔偿法的唯一功能就是对伤害的补偿和对所遭受损失的赔偿,而对于不法行为人的惩罚则完全由刑法承担”。[①] 可见,在德国,对于民法的中立性有着根深蒂固的坚持,既要追求受害者损失的全部填补,也要保证受害者不能从裁判中盈利,恪守严格的公平观念,坚持私法的纯粹性。

除德国外,法国也是私法纯粹的支持者。在法国的民法体系中,惩罚性赔偿同样不见踪影。对于法国而言,损害只要是确定的、专属的、合法的即可获得赔偿,这种宽泛的损害概念反映的是法国法在损害赔偿上的宽容态度。在高度强调损害的完全填补的法律体系内,惩罚性赔偿缺乏相应的正当性基础。在此前提下,法国法官对于损害赔偿金的看法是,用于填补实际遭受的损失,“不得使其从中变穷或者变富”。[②] 换言之,具有损害填补外的财产获得功能的惩罚性赔偿并不能得到法国法的认可。

此外,对于匈牙利、意大利以及一些北欧国家而言,既没有惩罚性赔偿的法律传统,在其实体法中也没有惩罚性赔偿的概念。即使在司法实践中,意大利对于国外的惩罚性赔偿的判决的执行也是持否定的态度,[③]可见,在传统的大陆法系国家中,惩罚性赔偿的功能与价值得不到认可。

但是这种传统在如今也逐渐遭到突破,欧洲大陆存在一种间接接受惩罚性

---

① 参见[奥]赫尔穆特·考茨欧、瓦内萨·威尔科克斯主编:《惩罚性赔偿金:普通法与大陆法视角》,窦海阳译,中国法制出版社 2012 年版,第 87 页。

② 参见[奥]赫尔穆特·考茨欧、瓦内萨·威尔科克斯主编:《惩罚性赔偿金:普通法与大陆法视角》,窦海阳译,中国法制出版社 2012 年版,第 64 页。

③ 参见[奥]赫尔穆特·考茨欧、瓦内萨·威尔科克斯主编:《惩罚性赔偿金:普通法与大陆法视角》,窦海阳译,中国法制出版社 2012 年版,第 128 页。

赔偿的趋势。如在德国的人格权领域，损害赔偿开始考虑侵权人的获利情形；在知识产权的索赔中，损害、许可费以及不法获利都可以作为赔偿的衡量因素；在有关性别歧视的雇佣案中，法律允许通过损害赔偿达到惩戒与吓阻的目的。[①]从这些相关法律可以看到，虽然德国法表面上不承认惩罚性赔偿，但在特定的侵权类型中，德国法同样注意到对不法行为的惩戒与吓阻。除此之外，在法国的债法改革中，2005 年的《债法改革草案》开始有条件地允许惩罚性赔偿金的适用；亦有一些法国学者建议在法国的环境法改革中支持对故意环境侵权施加惩罚性赔偿。[②] 在欧盟委员会条例（European Commission Regulation）（1995 年）中同样也有惩罚性赔偿的提法。[③]

可以看到，虽然大陆法系的法律传统不允许惩罚性赔偿金的存在，然而面对不断扩张的救济需要，以及对风险预防的需求，侵权法的惩戒与预防功能开始被大陆法系的学者所呼吁。尽管大陆法系诸国明面上仍然固守私法纯粹的原则，但在具体实践中，一些法院也会隐蔽的在判决中体现对侵权人的惩戒。总的来说，大陆法系的学者虽然不欢迎美国模式下的惩罚性赔偿制度，但是惩罚性赔偿的功能与价值已经得到他们的认可，并倾向于寻找一种更为限制的体系。这一点，在我国台湾地区对美国惩罚性赔偿制度的继受中可以稍稍有所反映。

2. 我国台湾地区相关惩罚性赔偿制度

在我国台湾地区，惩罚性赔偿被认为是一种准刑罚或刑事侵权[④]，惩罚性赔偿制度系结合私法与公法的规定以规范重大不法侵益性行为。我国台湾地区学者认为，惩罚性赔偿的目的主要包括惩罚、吓阻、损害补偿以及执行法律，其中惩罚与吓阻是惩罚性赔偿的最主要功能，而后二者仅是对前二者的补充，属于次要功能。这种目的上的划分直接关系到赔偿数额的确定，例如，惩罚系对侵权人不法行为的惩戒，因此要考虑其行为在过去造成的影响；而吓阻是为了

---

① 参见李建华、管洪博：《大规模侵权惩罚性赔偿制度的适用》，载《法学杂志》2013 年第 3 期。

② 参见［奥］赫尔穆特・考茨欧、瓦内萨・威尔科克斯主编：《惩罚性赔偿金：普通法与大陆法视角》，窦海阳译，中国法制出版社 2012 年版，第 81 页。

③ Commission Regulation（1995 年）第 18 条规定：“授予多倍所受损失赔偿金而对受害人进行过度赔偿，并因此只具有惩罚性目的……”

④ 参见王泽鉴：《损害赔偿》，北京大学出版社 2018 年版，第 365 页。

震慑侵权人,谨防同类行为的二次发生,系针对侵权人的将来而言。[①]

我国台湾地区同样不存在惩罚性赔偿的一般条款,对于惩罚性赔偿主要采取特别法的规范模式,以特别法列举的方式生成规范基础,主要存在于“公平交易法”“证券交易法”“消费者保护法”以及一些知识产权相关的法律等八个特别法之中,不得类推适用。其系在民法填补性损害赔偿制度之外的一种特别制度。

在具体的适用上,我国台湾地区则在相当程度上引进了美国法的经验,要求侵权人在主观上必须存在故意或过失。[②] 而在惩罚性赔偿金的控制方面,我国台湾地区的特别法主要借鉴了美国法院的做法及相关的改革方案,以损害额的倍数为基准,以最高赔偿额为限制,控制填补性损害赔偿与惩罚性赔偿金之间的合理比例,但这种填补性损害赔偿并不包括非财产损害的填补。

总的来说,我国台湾地区对于惩罚性赔偿的态度不像传统大陆法系国家的排斥,而是在引进与借鉴美国法中的惩罚性赔偿的基础上,结合大陆法系的法律特色与台湾地区的审判实际发展出独属于台湾地区的惩罚性赔偿。其立法模式主要关注惩罚性赔偿适用上的客观性与确定性,使得在个案中适用惩罚性赔偿时能够有统一的标准,保证裁判的稳定性与公平性。但缺点在于此种模式过于僵化,无法应对层出不穷的新型侵权类型,同时也忽略了个案中的特殊性,导致惩罚性赔偿的目的无法完全实现。

3. 比较法经验对我国的启示

一方面,随着全球经济水平的不断发展与科学技术的迅猛提高,世界各国都将面临有毒物质侵权的困扰,无论是普通的产品责任领域,还是特殊的食品、药品领域,以及环境责任领域,都存在有毒物质侵权的风险。美国的有毒物质侵权诉讼让世界看到了有毒物质侵权尤其是大规模有毒物质侵权的棘手性,也让惩罚性赔偿制度对于此类侵权的特殊价值彰显。比较法上,虽然并不是所有国家的法律都接受了惩罚性赔偿,但在特定领域发挥侵权法的惩戒与预防功能已是无法阻挡的趋势。可以说,目前摆在各国立法者面前的问题不是应否建立

---

① 参见王泽鉴:《损害赔偿》,北京大学出版社 2018 年版,第 365 页。

② 参见李建华、管洪博:《大规模侵权惩罚性赔偿制度的适用》,载《法学杂志》2013 年第 3 期。

惩罚性赔偿制度,而是建立什么样的惩罚性赔偿体系。对我国而言,将惩罚性赔偿扩展到有毒物质侵权的更多领域既是保障受害者利益与社会公共利益的需要,也符合比较法的发展趋势。

另一方面,我们应当吸取比较法的经验,对于惩罚性赔偿制度的完善,要大胆假设,小心求证。在具体的适用中,应当保持谨慎的态度。对于惩罚性赔偿的适用,比较法上不但通过立法限制其适用范围,还设置了严格的适用环境;对于赔偿金额的确定,不仅需要考虑侵权人的种种主观因素,同样也要考虑公共政策,确定全部实际损失与惩罚性赔偿金之间的合理比例。这些成功且成熟的经验应当为我国立法者所重视。

最后,对于惩罚性赔偿制度的借鉴应当做到以我为主,为我所用,结合本国实际,发展符合我国法律特色的惩罚性赔偿制度。事实上,比较法上成功的惩罚性赔偿制度都是本土化移植的结果,如美国的惩罚性赔偿继受自英国法的传统,但不仅将惩罚性赔偿推行到全部侵权法领域,而且其还在美国的有毒物质诉讼中发挥着特别的作用;我国台湾地区的惩罚性赔偿制度引入美国法的经验,但没有盲目地追求惩罚性赔偿的一般性适用,而是以特别法列举的形式确定了惩罚性赔偿的适用范围。我国在面对有毒物质侵权带来的责任风险与救济困境时,应当积极地利用惩罚性赔偿制度的功能价值,发挥《民法典》侵权责任编的震慑与预防作用,弥补填补性损害赔偿在面对此类侵权时的缺陷。但同时,我们也要注意惩罚性赔偿本身的非难性与责任的倾向性,在明确其对社会经济发展与法律秩序存在负面影响的前提下,结合我国的经济发展水平与法律发展状况,制定出切实可行的合理方案。

三、我国有毒物质侵权的惩罚性赔偿制度之构建

(一)有毒物质侵权适用惩罚性赔偿制度的正当性

1. 填补性损害赔偿制度在有毒物质侵权已显损害救济中的局限性

通常而言,在对民事关系的侵犯案件中,采取全面赔偿原则,对受害者的全部实际损失进行弥补,将双方的利益关系恢复到事故发生前的状态,是传统侵权责任制度一直以来的做法。然而即使是全面赔偿原则,也同样存在救济盲区。尤其在有毒物质侵权领域,这种救济上的缺陷表现地更为明显:一方面,对

于有毒物质侵权,由于损害的潜伏性、长期性特征,受害者通常难以对全部的实际损失进行证明,而使得填补性损害赔偿难以恢复其全部的利益损失;另一方面,有毒物质侵权中的受害者数量众多且分布广泛,一旦受害者的利益得不到充分保障,侵权人没有受到应有的惩戒,将会导致累积的愤懑与不甘演变成影响社会秩序的群体性事件。从这一角度而言,填补性损害赔偿对于个体权利的救济以及对于社会公共利益的恢复都存在一定的不足之处。

此外,填补性损害赔偿是一种被动性、后发型的救济方式,目的系单纯地对受害者进行损害的填补,其功能具有单一性。这种单一性的缺陷在于,由于是以受害人为中心的损害填补,因而忽略了对侵权人主观状态的制裁。对于填补性损害赔偿而言,通常只要求侵权人能够填平受害人的损失,而对于侵权人行为的主观恶性在所不问,不涉及对侵权人行为的法律评价。而这种法律评价功能的缺失,将会导致对于侵权人的震慑不足,不能发挥法律的惩戒作用、实现法的预防功能。这种缺陷在有毒物质侵权中表现地更为明显。一方面,有毒物质侵权的主体通常是经济聚合体,通过有毒物质侵权行为而获取利润,损害填补的费用远远比不上其侵权行为的获利,如果不对其从行为源头上作出否定评价,这样的侵权行为将会持续进行,导致法律的调整作用失效;另一方面,有毒物质侵权的特点还在于损害的风险性与严重性,对于有毒物质侵权而言,最好的救济方式即在于预防,通过对有毒物质侵权行为施以惩戒,能够震慑侵权人,提高其注意义务,预防类似行为的再次发生,然而这种作用仅凭单纯的损害填补是无法做到的。

2. 在有毒物质侵权救济中适用惩罚性赔偿制度的合理性

在有毒物质侵权救济中适用惩罚性赔偿的合理性在于:第一,出于社会救济的需要。前文提到,就有毒物质侵权的救济而言,填补性损害赔偿存在较大的局限性,风险预防的缺失与救济实践的局限导致一般的损害填补制度在有毒物质侵权中的效果不佳,不能发挥《民法典》侵权责任编价值。简言之,填补性损害赔偿制度的局限性导致在有毒物质侵权中需要惩罚性赔偿的介入。第二,惩罚性赔偿制度的功能契合有毒物质侵权风险预防与损害救济的需求。前文提到,惩罚性赔偿具有惩戒、预防与激励受害者的价值。对于侵权人而言,惩罚性赔偿的惩戒功能能够惩罚侵权人的主观恶意,同时一定的惩戒将会震慑行为人,使其提高行为的注意义务,预防类似行为的再次发生。而对于受害者而言,一方面,出于报应心理,对侵权人施加惩戒能够平复其遭受不幸损害的怒火;另一方面,巨额的惩罚性赔偿金能够激励受害者维权,主动、自发地监督不法侵权行为,反过来推动惩罚性赔偿的惩戒与预防功能的实现。第三,惩罚性赔偿有助于社会道德的重塑。前文述及,有毒物质侵权的行为人通常通过侵权行为攫取大把的利润。资本的迅速增值使得侵权人漠视生命,无视法律,敢于践踏一切世间的道德伦理。通过惩罚性赔偿,能够增加侵权人的行为成本,剥夺其从不法行为中的获利,令其承担更高的行为注意义务,从而维护社会的公序良俗。从这个意义讲,惩罚性赔偿不仅是对有毒物质侵权行为法律上的否定评价,也是对其道德上的谴责,通过惩罚性赔偿的适用,能够使侵权人重视生命利益,重塑社会道德。

(二)构建我国有毒物质侵权的惩罚性赔偿制度之设想

前文提到,惩罚性赔偿制度在功能与价值上与有毒物质侵权的风险预防需求以及复杂损害的救济需求具有一致性,在有毒物质侵权中引入惩罚性赔偿不仅是比较法上已经经过实证的有益经验,在我国也具有一定的规范基础。例如,在食品及消费品领域,我国已通过单行法的方式构建起了初步的损害赔偿制度。因此,在我国构建有毒物质侵权的惩罚性赔偿具有一定的理论基础与实践基础。然而正如前文提到的,我国的惩罚性赔偿制度建立的比较匆忙,是立法者应对强烈的社会需求而仓促的反馈,因此我国现有的惩罚性赔偿制度还存在适用范围狭窄、具体细则缺失以及责任构成的不明确等问题,需要学界与实务的发展与完善。具体而言,构建我国有毒物质侵权惩罚性赔偿制度,还应当考虑以下几个方面的内容:

第一,应当明确有毒物质侵权惩罚性损害赔偿的适用范围与适用条件。如前所述,我国并没有惩罚性赔偿的一般条款。在具体的立法模式上,采取的是类似我国台湾地区的列举主义,对于惩罚性赔偿的适用主要局限于特别法的规定。目前而言,我国的惩罚性赔偿制度主要集中在产品责任与食品安全责任领域。然而有毒物质侵权并非法定的特殊侵权类型,而是包含了产品毒物侵权、环境毒物侵权等多种特殊侵权的一种集合概念。因此,有毒物质侵权中的惩罚性赔偿亦具有其独特的适用范围与适用条件。对于有毒物质侵权而言,其不仅发生在特殊的产品责任中，在一般的产品侵权与环境侵权中同样存在有毒物质侵权的情形。因此，至少在有毒物质侵权领域，惩罚性赔偿的适用范围应当扩张到产品侵权与环境侵权领域。

在具体的适用要件上，则应当同时考虑有毒物质侵权的主观要件与客观要件。就主观方面而言，应当考虑有毒物质侵权行为人的主观心理因素。在美国，对于惩罚性赔偿的适用是针对侵权人的“邪恶动机或他莽撞地无视他人的权利”[①]主观心理因素，而我国《民法典》、《消费者权益保护法》以及《食品安全法》中的惩罚性赔偿也是建立在侵权人“明知”的主观状态。原因在于，这种不法行为的“故意”严重地违背了社会道德与法律秩序的要求，偏离了法律与伦理对人的一般性期待，具有高度的应受谴责性。但是在有毒物质侵权中，仅仅是“故意”的心理期待还并不能解决全部的问题，在环境毒物侵权中，多数的侵权行为人不具有侵权的故意，而仅仅是其相关注意义务的违反。在一般侵权中，对于侵权双方是具有平等经济地位的民事主体，因此通常不要求过高的注意义务，然而在有毒物质侵权中，侵权人通常为具有规模生产能力与区域影响力的企业、经济组织，其生产行为又是一种具有高度危险性的行为。因此，在侵权人的主观因素上，有毒物质侵权的要求要较一般侵权更高，换言之，对于侵权人的重大过失，也应当具有惩罚性赔偿意义上的可苛责性。在客观适用要件上，则应当考虑作为事实基础的损害要件。有毒物质侵权适用惩罚性赔偿首先应当建立在人身损害的基础上，原因在于，一方面，有毒物质造成的人身损害通常是一种持续性的、会对人体造成永久性负面影响的损害，这种影响通常是无法计算与确定的；另一方面，即使是可以计算的损害，由于有毒物质损害的暴露与行为的实际之间可能存在时间的割裂，导致受害人难以对自己所受的损害进行举证从而无法获得充分的救济。适用惩罚性赔偿能够有效地弥补填补性损害赔偿在这方面的缺失。此外，虽然我国现有的惩罚性赔偿都是建立在人身损害的事实基础上，然而我们同时应当看到有毒物质对于生态环境的巨大破坏性。人类始终是一种社群生物，生态环境利益通常是构成人的价值的重要组成成分，

① ［美］爱伦·M. 芭波里克选编：《侵权法重述纲要》，许传玺、石宏等译，法律出版社2016年版，第456页。

有毒物质对生态环境的侵权不仅是纯粹的环境损失，同样也会对人的健康、生活造成负面影响，对于环境利益的无序破坏同样具有相当高的应受谴责性。值得注意的是，虽然有毒物质也会对财产造成损失，但是这种可计算的物质损害可以通过常规的填补性赔偿手段恢复，因此不适用惩罚性赔偿的规定。

第二，应当合理地分配惩罚性赔偿的举证责任。与有毒物质侵权的责任构成不同，惩罚性赔偿责任的构成主要包括侵权人的主观状态、侵权行为、损害结果以及二者之间的因果联系。换言之，对于惩罚性赔偿责任的证成，是在有毒物质侵权责任的基础上，再考虑侵权人的主观恶性而予以确认。前文述及，有毒物质惩罚性赔偿中侵权人的主观恶性主要包括故意与重大过失。但对于有毒物质的侵权双方而言，受害者与侵权人之间的经济地位严重不对等，作为单独民事权利个体的受害者，在信息的掌握、资金的控制、社会资源的运转等方面与作为经济聚合体的侵权人存在显著的差异。如果按照一般的举证规则要求受害人对自己的诉求即对侵权人的主观恶性进行举证，具有相当高的难度以至于事实上无法完成从而使惩罚性赔偿变为一种事实上不能的死制度。另外，对于有毒物质侵权其他构成要件的证明难度在文章的其他部分亦有述及。可见，一个合理的举证责任分配制度是惩罚性赔偿赖以成功适用的关键前提。

最后，对于惩罚性赔偿而言，如果赔偿数额过少，则会导致惩戒目的无法达到，惩罚性赔偿实际上成为了侵权人生产成本的一环；如果赔偿数额过多，一方面会导致多个受害人之间的分配不均（前文提到的同一行为多重惩罚的问题），另一方面过高的赔偿责任也超出侵权人的责任能力，影响侵权人的生产发展，最终危害社会经济秩序。因此，在惩罚性赔偿数额的计算上，我们同样应当吸收比较法上的先进经验，在惩戒、震慑侵权人与激励、安抚受害者之间达成一个合理的平衡点。

具体而言，在对有毒物质侵权损害赔偿数额的确定上，我们应当综合考虑多方面因素：(1)侵权人的主观恶性。对于惩罚性赔偿而言，恶意是其赖以惩戒的根本原因。对于不具有主观恶性的行为人而言，出于行为自由的考量，其仅具有损害填补的责任。但对于具有主观恶性的侵权人而言，其行为偏离了法律与道德的价值期待，因而具有了非难性。在有毒物质侵权中，恶意主要表现为故意与重大过失。通常而言，故意的性质较重大过失更为恶劣，因此在数额上也更多。(2)侵权行为的具体细节。在刑法中,“手段特别残忍”通常会作为量刑的重要考量因素,是惩罚量上的参考标准,而在惩罚性赔偿中,这种标准也反映在侵权行为的具体细节上。除了侵权人主观恶性之外,侵权行为的具体细节也能反映一个侵权行为的应受谴责性,这些细节主要包括具体实施手段、实施同类行为的次数、行为的性质、造成的社会不良影响等多方面内容。(3)不法行为的获利情况。在有毒物质侵权中,一个重要的特点是侵权人的侵权行为通常也是一种盈利行为,侵权人主要通过侵权行为的实施获取利润。因此在惩罚性赔偿数额的厘定时应当重点关注侵权人的获利情况,在数额上应当与其不法获利持平或者超出其盈利部分,通过惩罚性赔偿阻断行为人的不法获利,以达到对侵权人的有效惩戒、震慑与对受害人的安抚。(4)行为人的责任承担能力。惩罚性赔偿的根本目的在于惩戒与预防,而不是消灭责任主体。尤其在有毒物质侵权中,其受害者数量多、分布广,一个责任主体通常要承担多份赔偿责任,稍有不慎,过度赔偿就会导致其破产。因此在确定惩罚性赔偿数额时同样应当关注行为人的责任能力,惩罚性赔偿应当控制在行为人的责任限度之内,在达到惩戒与吓阻效果的前提下,确保行为人能够继续经营。(5)在比较法上,惩罚性赔偿金通常要与填补性赔偿金之间存在一定的合理比例。如果惩罚性赔偿金过分地高于填补性赔偿金,则会引起对责任扩张的怀疑。而通过与实际损失的对比,则能够较合理地确定侵权人应受惩戒的限度,避免惩戒演变成一种迫害。我国现有的惩罚性规定也多是以实际损失为基准再辅以惩罚性赔偿,然而由于参考因素过于单一,此类赔偿的数额通常颇具争议。(6)最后,还要考虑侵权人是否因为该行为受过其他刑事或行政上的惩罚,虽然民事上的制裁与公法制裁有质上的差别,然而对于同一行为苛责过多的责任同样会引起过度赔偿的质疑。特别是有毒物质侵权中,企业在承担民事赔偿义务前,往往还会受到大量的刑事处罚或行政罚款等。

值得注意的是,比较法上通常还有赔偿总额的限制,这是为了避免惩罚性赔偿的责任无限扩张而采取的补救措施,一定程度上也能缓解有毒物质侵权中同一行为多重惩罚的困境。

第五节 有毒物质侵权中纯粹经济损失赔偿

一、有毒物质侵权中纯粹经济损失赔偿的一般性理论

(一)纯粹经济损失的内涵

所谓纯粹经济损失(pure economic loss),又称为纯粹财产损害(reines Vermögensschaden),指非因人身或所有权等权利受侵害而产生的经济或财产损失。[①] 然而这种定义并非绝对,比较法上,不同国家的学者对于纯粹经济损失的定义存在很大的差别,[②]如英国、瑞典以及荷兰等国家或地区的研究者习惯将其理解为与受害者的人身或有形财产的物质完整性无关的任何损失;德国、奥地利的学者通常将其定义为非因权利受侵害而产生的任何损失。[③] 虽然各国学者对纯粹经济损失的具体定义还有所争议,但通常都不排除纯粹经济损失的财产上损害属性。但真正从立法上直接对纯粹经济损失进行定义的,只有瑞典的侵权责任法。[④] 芬兰的侵权责任法虽然没有直接对其进行解释,但通常认为其侵权法第5:1条包含对纯粹经济损失的理解。[⑤]

对于纯粹经济损失而言,虽然学界对其在具体概念的理解上存在一定的差异,但其本身能作为各种权利之外损失的上位概念而被研究,说明这些权利之外的损失在本质上仍具有一些共同的特征,主要包括:(1)纯粹经济损失是一种独立的损害类型,其产生并非因为某种法定权益受侵犯,而是与法定权益无关的单纯经济上的损失。例如,护理费损失是典型的纯粹经济损失,但护理费的

---

① 参见王泽鉴:《侵权行为》,北京大学出版社2009年版,第362页。

② 参见[奥]赫尔穆特·考茨欧:《欧盟纯粹经济损失赔偿研究》,朱岩、张玉东译,载《北大法律评论》编辑委员会编:《北大法律评论》,北京大学出版社2009年版。

③ 参见[德]克里斯蒂安·冯·巴尔、乌里希·德罗布尼希主编:《欧洲合同法与侵权法及财产法的互动》,吴越等译,法律出版社2007年版,第25~27页。

④ 《瑞典侵权责任法》第2:4条规定:"本法的纯粹经济损失应被理解为不与任何人身体伤害或者财产损害想联系而产生的经济损失。"

⑤ 《芬兰侵权责任法》第5:1条规定:"赔偿包括对于人身伤害和财产损害的赔偿。如果损害是因为被刑法禁止的行为或者授权行为,或者在其他情况下有特别的理由,则赔偿应该是与人身伤害和财产损害不想联系的经济损失。"

产生是基于第三人的受害事实,对于护理人员而言,其本身不存在具体的人身或财产损失,而仅具有纯粹经济损失这一独立的损害形态。(2)在价值位阶上,纯粹经济损失要低于一般的人身损害或财产损害。从利益衡量的角度,虽然我国法律规定保护民事主体的人身、财产权益,但人身权益的价值在价值位阶上要高于财产权益,具有保护上的优先性,而纯粹经济损失并非法定权益的损害结果,因此在价值位阶上处于最低层次。(3)纯粹经济损失具有不确定性。由于纯粹经济损失并非侵权行为的直接结果,因此其在因果关系链条上处于远端,充满了种种不确定的因素,且这种比较“遥远”的损害对于侵权人而言通常不具有可预见性。(4)从性质上讲,纯粹经济损失是单纯的金钱利益损失,而一般意义上的财产损害,其本质上只是为了易于损害计算和补偿而将人身、财产等损害结果转化为可量化的经济损失。换言之,纯粹经济损失中的经济损失是侵权的本质结果,而一般财产损害中的经济损失实际上是将侵权结果转化为经济损失的产物。因此,对于精神损害等无法进行计算转化的非财产损害与纯粹经济损失无关。

(二)纯粹经济损失的类型划分

1. 纯粹经济损失的分类

由于对纯粹经济损失的内涵理解存在差异,学界对于纯粹经济损失类型的划分存在不同的理解。如我国大陆学者认为纯粹经济损失的主要类型包括以下四种:间接致损、失去使用价值的损失、不实表示和专家责任;[①]我国台湾地区的学者则将纯粹经济损失分为两类,包括直接侵害与间接侵害。[②] 而在比较法上,对于纯粹经济损失比较有影响力的划分方法出自布萨尼与帕尔默主编的《欧洲法中的纯粹经济损失赔偿》一书,在书中,学者将纯粹经济损失划分为四种,包括反射损失,转移损失,因信赖错误的信息、建议和专业服务引发的损失以及公共资源被侵害引发的损失。[③] 本书采此种划分方法,依据该书的观点,纯粹经济损失具体可划分为以下四种。

---

① 参见王利明:《侵权行为法研究》(上卷),中国人民大学出版社 2004 年版,第 372 ~ 374 页。

② 参见王泽鉴:《侵权行为》,北京大学出版社 2009 年版,第 362 页。

③ 参见[意]毛罗·布萨尼、弗农·瓦伦丁·帕尔默主编:《欧洲法中的纯粹经济损失》,张小艺、钟洪明译,法律出版社 2005 年版,第 8 ~ 9 页。

(1)反射损失

反射损失(ricochet loss),又可以叫作关联性经济损失,是指加害人的行为给某人的人身或财产造成了实际的损害,而由于社会生活的密切联系,该损害进一步引发了其他人的损失。[①] 具体而言,侵权人的侵权行为对第三人造成了直接的人身或财产权益的损害,而这种损害的发生又导致与第三人具有特定社会联系的人发生经济上的损失。换言之,在反射损失中,通常具有三方民事主体,包括加害人、侵权行为的直接受害人以及纯粹经济损失的受害人,而由于损害的性质以及社会关系的不确定,纯粹经济损失的受害人既可以是特定的少数人,也可以是不特定的多数人。此类反射损失的典型案例即是护理费案件与挖断电缆案件。前者受害人与第三人往往具有密切的社会关系,在第三人因被侵权而生活无法自理时,受害人基于社会关系而无偿进行护理,导致其收入的减少,即是典型的反射损失。虽然实践中护理费的赔偿请求都是由直接受害人即第三人提出,但这只是维持民法相对性的需要,是将受害人对第三人的护理费请求权认为是第三人遭受的一种实际损害而转为第三人对侵权人的损害赔偿请求权的技术性做法;而后者是指因为侵权人挖断第三人具有产权的电缆,导致接受第三人供电服务的不特定受害人因为停电而产生的经济损失。在此类案件中,侵权人的侵权行为虽然并非对受害人直接作出,但这种损失是因为受到第三人的损害而牵连发生的,亦属于典型的反射损失。

(2)转移损失

转移损失(transferred loss)是第三人并未遭受实际的侵权,但由于其对侵权行为的直接受害人负有法定或约定的义务,使得直接受害人的损失被转移到第三人身上。与反射损失相比,转移损失的最大特点在于第三人遭受纯粹经济损失的原因并非来自其与直接受害者的社会关系,而是来自二者之间的法定或约定义务。典型的约定型转移损失有租赁、保险等;而如工伤期间的工资,直接受害者遭受工伤而损失的工资收入因为工伤条例的规定由雇佣者承担,即是一种典型的法定型转移损失。

---

① 参见[意]毛罗·布萨尼、弗农·瓦伦丁·帕尔默主编:《欧洲法中的纯粹经济损失》,张小艺、钟洪明译,法律出版社2005年版,第9页。

(3)对信息、建议、专业服务的信赖导致的损失

在经济、金融以及其他一些专业领域,通常都会有一些民事主体与专门机构、组织或个人签订合同,进行一些信息、建议等的专门服务。而与这些服务合同无关的第三人往往会信赖这些专门机构、专家提供的信息、建议以及专业服务等。一旦这些专家、专门机构的服务存在问题,虽然并不一定会导致其与委托方之间的责任冲突,但往往会给信赖这些服务的第三人造成损失。如在遗嘱继承中,因为接受委托律师的错误建议而导致遗嘱继承人无法继承财产的情形,即是典型的此类纯粹经济损失,因为此类信赖主要来自对专业知识的信赖,因此又被称为专家责任。除此之外,此种纯粹经济损失中还存在一种不实陈述责任,主要是指证券行业中负有信息披露义务的主体基于故意或过失而进行不实陈述,导致投资者因为信任而蒙受损失。

(4)公共资源被侵害引发的损失

公共资源是指供社会群体使用的非私有资源,主要包括公共交通、公园等公共基础设施以及水域、航路等自然资源。对于此类资源的侵犯一方面会导致特定主体的民事利益受损,如集体所有的湖泊、水库等;另一方面也会对依赖此类资源生活生存的民事主体遭受纯粹经济损失,如在海上漏油事件中,不仅对海域造成污染,侵犯海洋环境利益,同时还对其周围的旅游业、捕鱼业等产生影响,导致其收入下降。

2. 有毒物质侵权中的纯粹经济损失类型

前文多次述及,有毒物质侵权是典型的有形损害。因此与有毒物质侵权直接相关的纯粹经济损失通常只包括反射损失与公共资源受侵害引起的损失。一般而言,有毒物质侵权中的反射损失主要指因为有毒物质侵权对受害者造成人身损害,从而引起与受害者具有一定社会关系的人的纯粹经济损失。典型的如产品毒物侵权中产生的受害者护理费等损失。而有毒物质侵害公共资源引起的纯粹经济损失典型的如海上有毒物质泄漏导致渔业、旅游业收入减少。

二、比较法上有毒物质侵权中纯粹经济损失赔偿阐释

(一)纯粹经济损失赔偿的关键因素

虽然从理论上讲,纯粹经济损失确实系受害人遭受的无辜的、真实的损害,

但是在对这种损害能否得到赔偿的问题上,比较法上表现出了惊人一致的态度,即对于这种缺乏直接因果关系的损害的赔偿充满了警惕与防范。在过去,国外的大多数学者都不热衷于为纯粹经济损失赔偿的正当性背书。原因在于,他们大部分都意识到,在注意维护行为自由与市场交易秩序的传统侵权法价值观下,纯粹经济损失的赔偿实际充满了不确定性。

决定纯粹经济损失应否得到赔偿的第一个关键因素在于“水闸理论”。水闸理论认为,如果不对纯粹经济损失责任加以限制,则可能导致此类诉讼的泛滥,更关键的是,这将导致“被告在不特定的时间、对不特定的人群承担不特定的责任”。[①] 换言之,如果允许纯粹经济损失责任不加限制地被运用于法律救济中,将会使所有交易秩序中的行为人蒙受不可预见的侵权风险。这种威慑过度的现象,严重地违背了行为自由原则,影响到正常的交易秩序。

引起对纯粹经济损失赔偿的担忧的第二个原因在于对于保护利益的衡量与取舍。[②] 通常来说,对于受法律保护的法益而言,诸如生命、财产等绝对权具有清楚、明确的内容,且这种权利也是显而易见的免受打扰;对于合同、债权等相对权而言,虽然其在外观上具有相对性,不易于为人察知,但在个案中这些受保护的权利的内容也是清楚明确的。因此,在对于前述的二者的保护上,出于尊重其他人的行为自由,仅要求一般性的注意义务。而对于纯粹经济损失,其虽然也属于财产上的利益,但其内容既不明确,也不具有可预见性,如果一定要对其加以保护,则意味着对其他行为人注意义务的拔高,亦即对其他人的行为自由造成了限制。要知道,在价值位阶的比较上,人身权与人格权处于最上层,其他绝对权次之,相对权再次之,而纯粹的经济利益显然处于价值金字塔的最末端。因而通常情况下,在无其他特别理由时,为了低位阶的价值利益(纯粹经济利益)而限制高位阶的价值(行为自由),显然是不合理的。

因此,比较法上,对于纯粹经济损失的全面赔偿几乎遭到了所有国家与学

---

① See Willem H. van Boom, *Pure Economic Loss: A Comparative Perspective*, in Willem van Boom, Helmut Koziol & Christian A. Witting, eds., Pure Economic Loss, Vienna: Springer Wien New York, 2004, p. 33. 转引自赫尔穆特·考茨欧:《欧盟纯粹经济损失赔偿研究》,朱岩、张玉东译,载《北大法律评论》编辑委员会编:《北大法律评论》,北京大学出版社2009年版。

② 参见[奥]赫尔穆特·考茨欧:《欧盟纯粹经济损失赔偿研究》,朱岩、张玉东译,载《北大法律评论》编辑委员会编:《北大法律评论》,北京大学出版社2009年版。

界的一致否认,但同时,学者们也不反对在有足够的理由支持下的有条件的纯粹经济损失赔偿。因此,纯粹经济损失的赔偿问题就引起了对其保护程度、保护范围以及保护方式等具体制度层面的讨论。对此,将见于下文比较法上的考察。

(二)比较法上纯粹经济损失赔偿的制度模式

对于故意侵权导致的纯粹经济损失通常都能得到各国法律的承认。纯粹经济损失的赔偿问题的关键在于对过失行为导致的侵权引起的损失的态度。比较法上,主要存在三种典型的规范模式:

1. 法国模式

《法国民法典》大部分继承了罗马法的传统,对于侵权损害的赔偿主要建立在"勿害他人"的原则之上。《法国民法典》第1382条规定,因过失侵害他人的,应负损害赔偿责任。从条文的表述看,法国法并未对受保护的法益作出限制。换言之,无论是绝对权还是相对权,权利还是利益,只要是基于侵权人故意或过失所生之损害,理论上都能够得到救济。因此法国判例学说上多未使用纯粹经济损失的用语或概念。[①] 但是,不能否认的是,法国这种概括开放式的法益保护方式并没有排除纯粹经济损失的救济。

根据《法国民法典》的规定,其第1382条成为纯粹经济损失赔偿的一般条款,能够普遍地适用于侵权救济当中。但是在实践中,这种宽泛的规定并没有导致"诉讼闸门"的洞开。在法国的司法实务中,审判者通常严格限制这种具有不确定性的损害赔偿责任的适用。这些限制主要来自对责任构成的严格要求:一是对侵权人主观要素的要求,为了防止纯粹经济损失赔偿的滥用导致过度威慑,法国的法官通常要求被告的行为必须是基于故意的,单纯的过失行为不能引起纯粹经济损失赔偿责任;二是对因果关系的要求较高,为了避免被告的责任被过度加重,法官通常要求请求赔偿的损失必须相对确定,且损害与因果关系之间必须有直接的关联。换言之,在法国法中,对于纯粹经济损失的赔偿,其制定法采取了比较宽泛的保护态度,但其实务中却是一种谨慎限制的做法。值得注意的是,即使法国法院对于纯粹经济损失的赔偿适用比较严格,但相比于

---

① 参见王泽鉴:《侵权行为》,北京大学出版社2009年版,第364页。

其他国家,法国对于纯粹经济损失赔偿的态度依然是最为宽泛、宽容的。

2. 德国模式

德国法上的纯粹经济损失赔偿制度是保守模式的代表,这种模式特点在于,由于其法典对权利保护的范围有着严格的限制,因而无法直接从法条中获得纯粹经济损失赔偿的请求权基础,使得立法者不得不通过特别立法、扩大解释等其他创设性的保护途径以缓和纯粹经济损失的救济问题。

德国民法典对于法益的保护并未采取法国民法典的概括做法,而是通过三个不同层次的小概括条款取代法国模式过于宽泛的利益保护做法:其《民法典》第 823 条第 1 款规定了对绝对权的侵权保护;而第 823 条第 2 款则规定了违反保护他人为目的法律的损害赔偿;第 826 条则是悖俗侵权的损害赔偿。其中,其《民法典》第 823 条第 1 款一般被认为是德国侵权行为法的一般条款。

德国三种小概括条款的做法导致其民法典直接规定保护的法益仅限于生命权、健康权等绝对权利。对于绝对权之外的利益保护则主要采取立法扩张与审判实践扩张的方式。其中,其《民法典》第 823 条第 2 款与第 826 条一般认为是对绝对权之外的利益保护的补充,因此又被认为是绝对权之外的法益保护的一般条款。根据这两条条文的规定,在违反制定法的义务或以故意悖俗的方法侵犯他人的利益时,受害者可以依据前述两条请求纯粹经济损失的赔偿。除了在一般条款中对法益保护进行扩张外,德国法还通过特别法列举的方式对纯粹经济损失的赔偿进行补充,如其《民法典》第 824 条规定了过错侵害商业信用的纯粹经济损失责任,其《民法典》第 844 条规定了致人死亡侵权中的丧葬费与扶养费的赔偿责任,在特别法上,亦有反不正当竞争法中的不正当竞争损失赔偿与水务法中的水质损失赔偿。这些基于特别法规定而生的损害赔偿具有独立的请求权基础,与前述的一般条款共同构成了制定法上的纯粹经济损失赔偿的规范基础。

在德国的审判实践与学术界中,还发展出了对《民法典》第 823 条第 1 款的扩大解释,对于第 823 条第 1 款中的“权利”,法院认为除了绝对权之外,通常还可以包括:第一,一般人格权、营业权;第二,在所有权的保护中,认为物的使用不能也属于所有权受侵害的情形;第三,在产品责任中,德国还发展了“继续侵蚀性损害”的概念,认为基于产品的瑕疵而引发的产品自损亦属于对产品所有权的侵害。此外，与法国一样，德国同样也通过扩张合同责任而对纯粹经济损失进行救济。

综上可知，德国法对于纯粹经济损失的赔偿采取的是立法上保守，但实务中为扩张保护的模式，这种模式也被奥地利、瑞典、荷兰等部分欧洲国家所采用。

3. 英国模式

大陆法系通常采取一般条款的形式对侵权行为进行概括规定。但英国的侵权行为法主要由多个独立的侵权行为构成，并不存在某种一般性的侵权条款。因此，对于不同法益的保护，通常由专门的侵权行为规范进行。其中，以专门保护经济利益即纯粹经济损失为内容的侵权行为在英国法中被称为“economic torts”。[①]

英国法对于纯粹经济损失的救济采取的是原则上不赔、只在例外情形中予以赔偿。其原因在于，在英美法系中，基于行为自由的观念，任何人对于自己的行为仅具有对他人的一般注意义务，而防止纯粹经济损失发生的注意义务仅在例外情况下才被赋予行为人。因此，英国法中对于纯粹经济损失的救济通常仅存在于三个方面：第一，故意侵权导致的纯粹经济损失，包括欺诈、胁迫、诽谤等。第二，违反制定法义务的侵权行为。通常是指违反了具有保护原告纯粹经济损失的法律。第三，过失侵权。英国法起初坚持责任排除规则，对于纯粹经济损失坚决不赔，但此后经过发展，诸如虚假陈述、过失提供服务等情形成为责任排除原则的例外。[②] 值得注意的是，英国法中过失侵权导致的纯粹经济损失的赔偿应当注意以下三个要素：损失应当是相对确定的，即具有可预见性；权利人与被告之间具有密切关系；被告对于损失的发生具有合理的注意义务。

综上所述，英国法对于纯粹经济损失的赔偿主要采取的是原则不赔，例外赔的实用模式，在具体对纯粹经济损失的保护范围上，相较于德国与法国显得略为狭窄。

（三）比较法上的有毒物质侵权纯粹经济损失赔偿

从上述比较法上的纯粹经济损失赔偿的制度模式可以看出，对于有毒物质

---

① 参见王泽鉴：《侵权行为》，北京大学出版社 2009 年版，第 365 页。

② 参见葛云松：《纯粹经济损失的赔偿与一般侵权行为条款》，载《中外法学》2009 年第 5 期。

侵权引发的纯粹经济损失赔偿,各国均不存在专门的法律规范。对于法国而言,只要有毒物质侵权符合其一般条款的规定,在个案中具有明确的损失与相对直接的因果关系,即可获得赔偿;在德国,根据其《民法典》第 844 条的规定,有毒物质侵权导致人身伤亡引起的丧葬费、扶养费等纯粹经济损失能够得到赔偿,但是其他类型的纯粹经济损失则缺乏明确的请求权基础。但这些条款都属于一般条款的范畴,规范的是反射损失型的纯粹经济损失赔偿。如前文所述,有毒物质侵权中的纯粹经济损失不仅包括反射损失,同样还包括侵害公共资源而导致的损失,而对于有毒物质侵权的此类纯粹经济损失赔偿,更具有参考价值的是美国法院对于“埃克森·瓦尔迪兹号油轮”系列诉讼案的中的某个判决。[①] 在本案中,法院支持了渔民针对有毒物质泄漏提出的渔业损失的赔偿,允许渔民就其收成的损失获得赔偿。可见,在环境毒物侵权领域,基于侵害公共资源而生的纯粹经济损失亦能够得到赔偿。

三、我国法律上有毒物质侵权中纯粹经济损失赔偿的完善

(一)我国现行法中的纯粹经济损失赔偿

我国法律对于纯粹经济损失赔偿的态度比较含糊,但原则上似乎已经认可了纯粹经济损失应受法律保护的地位。[②] 如《民法典》规定,侵害民事权益的应当承担民事责任。[③] 对于民事权益的理解,普遍认为包含民事权利与民事利益,而纯粹经济损失显然在民事利益受损的范畴之内。换言之,仅从字面上解释,我国的《民法典》似乎肯定了纯粹经济损失的可赔偿性。在我国,虽然法律没有明确规定应当对纯粹经济损失进行赔偿,但在一些单行法中对于特定情形下的纯粹经济损失属于损害赔偿的范畴作了规定。结合对《民法典》中民事侵权的一般条款的理解,可以肯定我国对于纯粹经济损失的赔偿是持

---

① See Union Oil Co. V. Oppen. 501 F. 2d 588(9th Cir. 1974).转引自[英]马克·韦尔德:《环境损害的民事责任——欧洲和美国法律与政策比较》,张一心、吴婧译,商务印书馆 2017 年版,第 140 页。

② 亦有学者持类似观点,如吴春香:《中国法上侵权请求权基础的规范体系》,载《政法论坛》2020 年第 6 期。

③ 《民法典》第 120 条规定:“民事权益受到侵害的,被侵权人有权请求侵权人承担侵权责任。”《民法典》第 1165 条规定:“行为人因过错侵害他人民事权益造成损害的,应当承担侵权责任。”

肯定态度的。[1] 即在我国，纯粹经济损失属于可赔偿的一种损害。然而可赔偿性与应赔偿性还是有所区别，并非所有的纯粹经济损失都能获得赔偿。

根据学者的研究，[2]在司法实践中，我国原《民法通则》的第106条第2款长期以来被法官作为纯粹经济损失赔偿的一般性规范基础。具体而言，自20世纪80年代以来，我国法院对于纯粹经济损失的态度主要有：第一，对于法律有规定予以赔偿的纯粹经济损失，[3]法院会直接援引相关法条判决；第二，在法律保护纯粹经济损失但缺乏责任规范时，法院会援引原《民法通则》第106条第2款的规定；第三，对于没有违反特别法规定而造成纯粹经济损失的，法院通常不会作出判决。据此，实务中我国法院对于纯粹经济损失的立场可以归结为：(1)纯粹经济损失属于原《民法通则》第106条第2款的一般性保护范围；(2)违反特别法规定导致的纯粹经济损失应当赔偿；(3)对于不属于特别法保护的一般纯粹经济损失，其保护力度要小于其他明确的法定权益，且具有严格的限制条件。但对于具体的适用要件，法院并没有进行深入的研究。

换言之，我国对于纯粹经济损失的赔偿实际仍保留一种谨慎的态度。即在立法上不否定纯粹经济损失赔偿的可能性，而在具体适用上采取逐渐扩张纯粹经济损失的保护的方式，实质接近于德国模式。[4]

(二)我国法中有毒物质纯粹经济损失赔偿的规范基础

在有毒物质侵权领域，纯粹经济损失同样具备赔偿的可能性。首先，《民法典》并未排除侵权行为导致的纯粹经济损失的损害赔偿的适用；其次，人身损害导致的纯粹经济损失赔偿具有一般性特征，有毒物质侵权侵犯人身利益引起诸如护理费等单纯经济费用的支出时，同样可以使用相关的纯粹经济损失的赔偿规定；最后，在产品毒物已显损害领域与环境毒物已显损害领域，同样也存在相

---

① 如立法者认为侵权责任还保护人格利益、经济利益等。参见最高人民法院民法典贯彻实施工作领导小组主编：《中华人民共和国民法典总则编理解与适用(下)》，人民法院出版社2020年版，第608页。

② 参见葛云松：《纯粹经济损失的赔偿与一般侵权行为条款》，载《中外法学》2009年第5期。

③ 主要包括《证券法》(2005年)第69条、第173条；《道路交通事故处理办法》(1992年)第38条；《民通意见》(1998年)第145条；《人身损害赔偿司法解释》(2003年)第22条；《关于审理船舶油污损害赔偿纠纷案件若干问题的规定》(2011年)第9条；《产品质量法》(1993年)第44条；《消费者权益保护法》(1994年)第41条等。

④ 参见葛云松：《纯粹经济损失的赔偿与一般侵权行为条款》，载《中外法学》2009年第5期。

应的规范基础。正如学者所言,无论是原《民法通则》第 122 条中的“他人财产”还是原《侵权责任法》第 41 条中的“造成他人损害”,都不能从文义上排除纯粹经济损失,[①]产品侵权的纯粹经济损失赔偿的适用空间并未被堵死。除此之外,我国最高人民法院《关于审理船舶油污损害赔偿纠纷案件若干问题的规定》(以下简称《船舶油污损害赔偿司法解释》)也规定了有毒物质侵权引起船舶之外的财产损害以及由此引起的收入损失同样属于赔偿的范围,[②]根据此规定,对于有毒物质污染海面导致的渔业收入减少等纯粹经济损失都能获得赔偿。具体而言,我国有毒物质纯粹经济损失的赔偿主要包括:(1)有毒物质侵权导致的反射损失。此类损失主要来自有毒物质造成的人身伤亡引发的次级损害,如护工费、交通费、丧葬费等。(2)产品毒物侵权引起的纯粹经济损失。此类损失主要是基于产品缺陷而产生的“继续侵蚀性损害”,由于有毒物质自身的扩散性特征,在某些特定产品中,只要其部分成分中出现有毒物质,将会导致整个产品的所有权受损。(3)海上毒物侵权引起的纯粹经济损失。根据《船舶油污损害赔偿司法解释》第 9 条第 2 项规定的内涵,因为有毒物质泄漏而导致的渔业损失(包括渔业收入减少、市场价格波动等)以及旅游业损失等都属于可赔偿的有毒物质侵权纯粹经济损失。

(三)我国有毒物质侵权纯粹经济损失赔偿的不足与建议

1. 我国有毒物质侵权纯粹经济损失赔偿中存在的不足

虽然有毒物质侵权纯粹经济损失赔偿能够在我国的法律体系中找到一定的规范基础。但这些规范基础通常只是一般性的纯粹经济损失赔偿条款,缺乏对有毒物质侵权的针对性。出于有毒物质侵权的复杂性特征,想要充分地实现有毒物质侵权的全面救济,我们应当清楚地认识到现有制度下有毒物质侵权纯粹经济损失救济存在的不足:

第一,我国的法律体系缺乏对有毒物质侵权纯粹经济损失的明确定位。正如前文所说,我国对于纯粹经济损失的赔偿主要通过特别法上的专门规定。而

---

① 参见朱晓喆、冯洁语:《产品自损、纯粹经济损失与侵权责任——以最高人民法院(2013)民申字第 908 号民事裁定书为切入点》,载《交大法学》2016 年第 1 期。

② 《船舶油污损害赔偿司法解释》(2011)第 9 条规定:“……(二)船舶油污事故造成该船舶之外的财产损害以及由此引起的收入损失……”

我国缺乏专门的有毒物质控制法，换言之，对于有毒物质侵权，通常只能通过其具体的侵权形式而寻找相关的法律进行救济，缺乏足够的针对性。纯粹经济损失的赔偿同样也是如此。

第二，除了有毒物质侵权纯粹经济损失不具备充分的法律地位之外，对于有毒物质纯粹经济损失的赔偿同样缺乏一般性的赔偿条款。有毒物质侵权本身即是将法律上规定的多种不同的侵权类型根据其有毒物质侵权的共同特性而进行的再分类，因而这些不同的侵权类型（如产品毒物侵权与环境毒物侵权）具有一定的共性，在纯粹经济损失的赔偿上，同样具有一般性的特征。遗憾的是，其同样没能反映在我国的法律体系当中。

第三，在前述前提下，我国的有毒物质侵权纯粹经济损失的可偿范围就变得特别狭小。仅在一般性的反射损失与特定的产品缺陷损失以及海上毒物侵权引起的损失中得以获赔。而对于其他类型的有毒物质侵权引发的纯粹经济损失（如污染盐田导致的盐业收入减少），却缺乏相应的规范基础。

2. 对我国有毒物质侵权纯粹经济损失赔偿制度的建议

根据我国有毒物质侵权纯粹经济损失制度的现状以及有毒物质侵权风险的控制需求，结合比较法上的经验与学术上对于纯粹经济损失救济的相关讨论，我们对有毒物质侵权的纯粹经济损失制度的完善提出如下建议：

首先，我们可以通过司法解释或审判实践的方式，在收到审判实践反馈的基础上，对纯粹经济损失中的有毒物质侵权造成的损失进行类型化区分，并对符合救济标准的损失类型予以法律上的承认，明确应受法律保护的有毒物质侵权纯粹经济损失的范围，从而为有毒物质侵权的纯粹经济损失赔偿制度搭建起一个立体的基本框架。

其次，在明确有毒物质侵权纯粹经济损失的法律地位的基础上，综合各类有毒物质侵权引发的纯粹经济损失的一般性特征，归结出有毒物质纯粹经济损失赔偿的一般性条款，形成有毒物质侵权纯粹经济损失救济的请求权基础与制度核心，从而根据现实救济的需要，围绕该条款建立起完整的有毒物质侵权纯粹经济损失赔偿制度。

最后，应当注意的是，虽然有毒物质侵权纯粹经济损失的救济有其正当性，但其同样具备前述的“水闸理论”的问题。因此，在具体的赔偿规则中，我们应当明确对有毒物质侵权纯粹经济损失制度的限制。具体而言,这些限制应当考虑以下因素:(1)真正受害人。由于诉讼泛滥的困扰,我们应当通过一些合理的标准筛选出真正遭受损失、亟需救济的真正原告,限制前者的请求权行使主体的数量。(2)危险与注意义务。一般来说,普通行为人没有防止纯粹经济损失发生的义务。但是对于有毒物质侵权行为人而言,其行为通常带有严重的侵益性,即具有极大的危险性(或者说损害风险)。因此无论是法律还是伦理或者通常观念上均对这些行为人要求更高的注意义务。而实际的注意义务还会根据有毒物质的性质、数量、危害性等要素发生变化。(3)近因与特殊联系。法律不保护太遥远的利益,从哲学上讲,任何事物都会基于一定的条件而被联系起来,如果因果关系太遥远将会导致责任的无限扩张。因此,因果关系越确定、越直接的损失的赔偿请求权越容易被接受。(4)损失的确定性与可预见性。由于纯粹经济损失并非基于侵权行为的直接结果,因此其与侵权行为的联系比较遥远,此时,只有具有明确内容且易于为人预见的经济损失才具有赔偿的可能性。(5)除了前述因素外,由于有毒物质侵权的规模性特征,其被告通常要承担大量的、巨额的赔偿责任,因此在确定纯粹经济损失的赔偿时,还应当考虑被告行为的主观恶性与被告的责任承担能力,依此确定合适的赔偿数额。

第八章　有毒物质侵权之潜在损害赔偿责任

第一节　我国确立有毒物质潜在损害赔偿责任之可行性

潜在损害系世界各国在现代社会不得不面对的一个棘手的问题。相比于显在损害,潜在损害一方面由于本身具有隐蔽性,不易于被察觉,导致在救济上极可能被疏忽;另一方面对于其本身带来的利益损失,存在一定的争议,其显在化带来的风险,亦被认为缺乏足够的确定性,因此传统的损害赔偿理论在潜在损害的救济的具体适用上遇到了障碍。为此,一些国家在不断地进行尝试,取得了较好的成果,为潜在损害的救济提供了良好的示范与开端,也为我国确立有毒物质潜在损害赔偿提供了可供借鉴的理论经验与良好的实践范本。而法律中的一些条款也为认可有毒物质潜在损害赔偿提供了一定的解释空间,使其在我国的确立成为可能。

一、世界其他国家相关探索提供理论参考

(一)法国:损害确定性标准的缓和

我国传统侵权法理论对于损害赔偿往往要求以实际损害为前提,这是受到了德国民法的影响。在德国的侵权损害赔偿责

任体系下的可赔偿性损害，必须与实际损害联系起来。[①] 虽然因现实发展的冲击，这种绝对的实际损害要求得到一定的修正，但其核心仍然为损害的实际发生。然而与德国法不同，在法国法中，并不强调损害赔偿中的损害与实际损害的关系。法国法上损害的界定是宽泛与自由的，一般来说，所有的损害只要满足确定的、本人遭受的、直接的、合法的要件，[②]都足以产生损害赔偿请求权。损害的确定性要求，即是法国法与德国法最显著的不同。

在德国的侵权损害赔偿责任体系中，由于损害是实际发生的，因此损害具有明确的确定性。但法国法对于损害的确定性要求却有明显的缓和。虽然在法国，受害者不能请求赔偿没有确定性的损害，但是这种损害的确定性只是一个相对的要求。[③] 于是法国法除了支持实际损害的赔偿之外，对于部分未来损失的损害赔偿亦肯定其可能性。实践中，法国法将损害确定性的判断权赋予法官，由法官就个案的具体情况对未来的损害、假想的损害、或然的损害以及机会性损失等进行确定性的判断。[④] 依据法国最高法院的判决，潜在损害等未来损失与或然或假想的损害不同，法官不能就纯粹的或有可能出现的损失作出予以损害赔偿的判决，但如果损害是事物依据当前状态确定的、直接的延伸，并且可以精确评估，则即使是潜在的、未来的损失亦可以纳入可赔偿损害的范畴。[⑤] 晚近，随着理论的发展与实践的积累，法国法对于损害的确定性要求越发缓和。起初，对于未来的损害的确定性要求为“未来确定会发生”，而后来发展至在存在先例的情况下，同种行为即可宣示损害的确定，最后甚至扩展到仅有“损害之风险”或者迫近之损害。[⑥] 可见，由于法国法中损害的确定性不必满足实际发生

---

① 参见朱晓峰：《论德国与法国侵权法中可赔偿性损害的确定方式》，载《人大法律评论》2011 年第 2 期。

② 参见［德］U. 马格努斯主编：《侵权法的统一：损害与损害赔偿》，谢鸿飞译，法律出版社 2009 年版，第 118 页。

③ 参见［德］U. 马格努斯主编：《侵权法的统一：损害与损害赔偿》，谢鸿飞译，法律出版社 2009 年版，第 118 页。

④ 参见张民安：《现代法国侵权责任制度研究》，中国法律图书有限公司 2007 年版，第 131 页。

⑤ 参见［德］U. 马格努斯主编：《侵权法的统一：损害与损害赔偿》，谢鸿飞译，法律出版社 2009 年版，第 125 页。

⑥ 参见叶名怡：《论侵权预防责任对传统侵权法的挑战》，载《法律科学（西北政法大学学报）》2013 年第 2 期。

的要求，只要依据一定的经验法则、社会通念，或在个别领域依据专业知识，即可推定可能发生的损害，即具有确定性，能够加以赔偿。在潜在损害极其严重的情况下，出于预防损害的目的，损害发生的可能性甚至无须达到相当肯定的程度。①

不同于美国法的尝试，法国法在损害的内部构造中为潜在损害的救济提供了正当性基础。面对愈演愈烈的现代风险，法国法对损害确定性缓和的做法能够极大的涵摄层出不穷的新型损害。在适当缓和损害的确定性证明的前提下，通过具体个案中法官的制约，避免责任的无限扩张。法国的这种做法为我国的潜在损害赔偿责任的确立提供了理论上的支持：通过损害内部构造的缓和，降低损害确定性的证明标准，将潜在损害的显在化风险亦纳入可赔偿损害的范畴，进而与潜在损害本身造成的损失一同进行救济，不失为充分保障潜在受害者合法利益的一种有益尝试。

（二）意大利：生理损害赔偿请求权与其背后的规范目的

与法国极端抽象化的损害概念不同，意大利法将损害分为财产损害与非财产损害。前者的请求权基础在于《意大利民法典》第2043条，而后者主要由《意大利民法典》第2059条予以规定。在意大利的法律实践中，对于财产损失的救济并未涉及过于复杂的理论与实践难题。但在非财产损害这一领域，由于其《民法典》第2059条规定，对于非财产损害只有在法律规定给予赔偿时才能予以赔偿，以至于此类损害的救济受到严格的限制。因此，根据《意大利民法典》的规定，当人身伤害未能造成财产损失结果，也不存在法定的非财产损害赔偿项目时，受害人得不到任何赔偿。这种类似于实际损害要求的规定，使得意大利民法实践中同样遭遇了潜在损害等非典型新型损害的救济阻碍。为了突破《意大利民法典》第2059条的限制，意大利的学者将目光转移至《意大利民法典》第2043条。该条规定，“任何故意或过失给他人造成不法损害的行为，行为实施者要承担赔偿责任”。由于该条并没有对受法律保护的利益进行说明，也未将“侵权”一词与造成损害行为绑定。这种未对侵权行为予以明确说明的做

---

① 参见叶名怡：《论侵权预防责任对传统侵权法的挑战》，载《法律科学（西北政法大学学报）》2013年第2期。

法,为意大利后来的法律实践改变传统侵权法中损害概念的一般性理解提供了解释空间。[①] 意大利为了矫正《民法典》第2059条带来的救济局限,从宪法角度发展了生物学损害(danno alla salute)这一新的损害类型,用于指代那些仅有身体完好性和生理学上的侵害而没有具体的财产损失或生理、心理等非财产性损失的损害类型。具体而言,它包括侵害身体但没有造成具体损失的情形,也包括纯粹的精神损害。[②] 意大利宪法法院依据《民法典》第2043条的规定,从不法损害的角度论证生物学损害系为与财产性损害、非财产性损害相并列的独立损害类型,从而为受害人提供相应的规范基础。

从意大利的法律实践看,将生物学上的损害独立于财产损害与精神损害之外而作为一种独立的损害类型,是法律对人权价值的进一步实现。通常情况下,无论是财产性损害还是非财产性损害,俱是以实际损害作为请求权的发生前提。原因在于,一方面,为了防止过分宽泛的损害概念导致泛滥的救济对侵权法体系造成超负荷甚至崩溃,必须对侵权法上损害的涵摄范围有所控制;另一方面,也避免了无限扩张的责任对人之行为自由造成的滞碍。但意大利的做法"恰恰是在法律所能负担的理性界限内,最大限度地为人之实践提供法律上的支持",[③]其背后透露的,是在风险社会时代,人作为"人"的价值得到前所未有的强化与重视,侵权法的功能回归到人本身,通过对损害的发掘,将侵权法的主要视角从制裁侵权人行为转向了充分救济受害人。在此背景下,法律的规范目的更多地着眼于仔细发掘与全面保护受害人。意大利法正是基于此发展出生物学损害,克服了传统立法在风险社会对于风险损害的救济缺陷,为受害者的权益救济提供更为坚实的实体法基础。同样地,在人权意识高涨的今天,为潜在损害的救济赋予了更高一层的正当性。在人权保障的规范目的下,赋予潜在损害以损害赔偿救济具有重要的现实意义与厚重的人文基础,也是法律理性下对具体人之价值实现的强化与落实。

对我国而言,意大利从人权的角度出发重新解读侵权损害,进而拓展了损

---

① 参见朱晓峰:《侵权可赔类型论》,法律出版社2017年版,第91页。

② 参见[德]U. 马格努斯主编:《侵权法的统一:损害与损害赔偿》,谢鸿飞译,法律出版社2009年版,第173页。

③ 朱晓峰:《侵权可赔类型论》,法律出版社2017年版,第95页。

害赔偿的范围，一方面，其关于人自身价值的做法，使得潜在的人身损害或预期的健康风险损失亦能成为健康权受侵害的独立损害类型，使对其的救济正当化，为疾病风险增加的赔偿提供了理论上的支持；另一方面，意大利依据宪法的人权保障精神从不法损害的角度绕开了传统理论对损害赔偿的限制，体现了规范目的对传统制度的矫正与更新，反映了人权价值对于侵权救济的影响与要求，为我国确立潜在损害赔偿责任提供了法律价值上的支持。

二、世界其他国家成熟制度提供实践经验

在美国，由有毒物质侵权带来的潜在损害问题的救济一直是美国法律界的热门话题。对于那些长期接触有害物质但尚未出现疾病症状的潜在受害者而言，[①]由于缺乏"法律上所认可的伤害"，导致他们的索赔面临极大的难题。为此，美国的学者与法官在法律实践中另辟蹊径，通过支持对这种潜在损害本身为基础而提起的侵权赔偿请求，进而解决此类受害者的救济不能问题。发展至今，美国在潜在损害赔偿上的实践已较为成熟。详言之，这些损害赔偿诉求包括：

第一，患病风险增加（enhanced risk of disease）的赔偿之诉。与一般人相比，暴露在有毒物质中的潜在损害受害者，虽然未具有明显的疾病症状，但因有毒物质的暴露使其将来罹患某种癌症的风险明显增加。原告认为这种潜在损害本身即对人体构成伤害，应当获得相应的赔偿。例如在哈格蒂诉 L& L 海洋服务公司案（Hagerty v. L& L Marine）Service，Inc. 案中，[②]原告被一种已知的致癌物感染，尽管他当时没有得癌症，但未来得癌症的可能性非常大，则他的赔偿请求权已经产生。[③] 对于此类诉讼，美国部分法院出于保障受害者利益的需要，作出了支持的判决，但法院通常要求原告对此类风险提供定量化证明或医学上的相对确定性证明。只有在大规模侵权的场合，才有个别法院免除原告这一定

---

① 参见李雯静：《有害物质潜在损害的法律救济及其解决进路——以美国法为例》，载《武大国际法评论》2015 年第 2 期。

② See Hagerty v. L &L Marine Service，Inc. ，788 F. 2d 315（5th. Cir. 1986）.

③ 参见［美］丹·B·多布斯：《侵权法》（上册），马静、李昊等译，中国政法大学出版社 2014 年版，第 496 页。

量化的证明义务。

第二,患病恐惧(fear of disease)的赔偿之诉。又称为恐惧将来伤害(fear of future injury)之诉、癌症恐惧(fear of cancer)之诉。在此类案件中,原告往往是长期暴露在有毒物质之中或长期食用某些缺陷产品、药品的当事人,虽然仅具有潜在损害,无显在病症,但伴随着患病可能性的逐渐增加,这种对潜在损害显在化可能出现的癌症或其他严重性疾病的恐惧给受害者带来了长期的精神折磨与严重的精神痛苦。原告在对这种患病恐惧提出赔偿请求时,大多数法院通常要求原告必须提供一定的人身伤害的证明才得以请求精神损害赔偿,但也有法院拒绝传统的人身伤害规则,认为传统规则忽视了癌症或其他疾病带来的真实、严重的恐惧。在波特诉费尔斯通轮胎和橡胶公司(Potter v. Firestone Tire and Rubber Company)案中,[①]法院即支持了暴露在有毒垃圾但没有明显人身伤害症状的土地所有人对癌症恐惧的赔偿请求。[②]

第三,医疗监测(medical surveillance)之诉。在有毒物质侵权中,对潜在损害进行医学监测系为了早期发现与诊断有毒物质可能诱发的疾病与健康损害,进而为受害者争取医疗时间与降低潜在损害显在化的危害程度。因此具有相当的合理性。暴露在有毒物质中的潜在损害受害者通常主张,为了健康和安全利益的最大化,不得不听从专家的医学劝告对身体进行定期的医疗检查,而由此产生的费用损失为现实损害,应由被告赔偿。相比于患病风险增加与患病恐惧,医疗监测的赔偿请求更易于为法院所接受,美国的多数法院对于潜在损害的医疗监测费用损失亦形成了规范性的救济。

面对潜在损害的法律救济困境,美国的法律理论与司法实践积极地寻找克服传统侵权理论障碍的出路。这些新的尝试集中于对传统损害规则内涵的质疑,通过扩充传统损害的内涵,为潜在损害的受害者寻找一种救济其预期利益的侵权请求权路径。在三种针对潜在损害的非典型赔偿请求权中,损害这一概念,被做了不同的解读。如在患病风险增加之诉中,损害系指有毒物质导致的将来疾病风险上升的事实;在患病恐惧之诉中,损害可指没有现实人身损害的

---

① See Potter v. Firestone Tire and Rubber Company, 863 P. 2d 795 (Cal. 1993).

② 参见[美]吉恩·马基雅弗利·艾根:《毒物侵权法精要》(第4版),李冰强译,南开大学出版社2016年版,第273页。

精神损害；在医疗监测费用之诉中，损害又指医疗监测带来的经济负担。但三者并非完全独立的个体，而是统一于潜在损害这一概念之中，系对潜在损害的具体表达。无论是机会丧失、纯粹的内心恐惧，还是经济损失，都是因潜在损害而进一步引发的实际损失。在具体的司法实践中，受害者亦往往基于潜在损害的事实而同时提起上述的一项或多项赔偿请求。可以说，在潜在损害的救济问题上，美国法上的经验为我们提供了一种新的思维方式与具体的解决路径，[①]为我国确立潜在损害赔偿责任提供了可借鉴的蓝本。

三、我国法律实践存在解释空间

对于潜在损害赔偿，我国虽然缺乏相关的法律规定，但《民法典》的有关规定也为适用潜在损害赔偿责任预留了一定的解释空间。我国《民法典》第 179 条、第 1164 条、第 1165 条共同构成了侵权责任的一般条款，以“侵害他人民事权益”作为承担侵权责任的前提。这种动态的表达方式避开了损害结果的要求，使得预防将来损害的侵权预防责任也能够融入我国的侵权救济体系之中，不可不谓之为一项创举。而这种一般条款的立法模式也为潜在损害赔偿的适用预留了一定的解释空间。

以潜在损害受害者的医疗监测费用赔偿为例。一项赔偿请求权的提起需要一定的现实基础，这些基础往往由法律加以规定。例如我国《民法典》第 1179 条就规定了医疗费用请求权，规定侵害他人造成人身损害的，应当赔偿医疗费等为治疗和康复支出的合理费用。其中医疗费请求权的事实基础就是受害人的人身损害。仔细比较该条与前述《民法典》的一般条款可以发现，医疗费请求权的逻辑模式为，“侵害他人造成人身损害 = 承担医疗费责任”，而《民法典》的一般条款是，“侵害他人民事权益 = 承担侵权责任”，其实际是《民法典》第 1164 条在人身健康权上的具体表达形式之一，而如果将第 1164 条在人身健康权上继续展开，如“侵害他人造成人身损害危险”的，则可以相应的关联到《民法典》第 179 条，生成相应的责任模式，最终表达为“侵害他人造成人身损害危

---

① 参见李雯静：《有害物质潜在损害的法律救济及其解决进路——以美国法为例》，载《武大国际法评论》2015 年第 2 期。

险＝承担停止侵权责任”，而无论损害责任还是危险责任，最终都落脚于健康权之上。换言之，无论是停止侵权还是赔偿医疗费损失，均是救济受害者健康权的手段。而依据此逻辑可以进一步推断出，当出现“侵害他人造成潜在人身损害”时，受害者“为预防和减少潜在损害对健康权的危害”而采取的定期医疗监测等救济健康权的合理手段应当与“为治疗和康复健康损害”具有救济上的等价性，统一于健康权的完满救济之下。换言之，在救济健康权上，医疗监测与医学治疗具有目的上的一致性。可见，虽然法律没有就医疗监测费用请求权作出具体规定，但根据对《民法典》第1179条的规范目的进行扩张解释，亦可为其在《民法典》第1164条中找到一定的解释空间。

除此之外，我国《民法典》第1183条也为疾病风险恐惧请求权提供了解释空间。由于法律仅要求“侵害人身权益”与“造成严重精神损害后果”，而未要求附随人身损害，使得纯粹的精神损害赔偿在我国成为可能。疾病风险恐惧系基于潜在损害而生的精神恐惧，在本质上亦属于纯粹精神损害的一种，在满足“严重精神损害后果”的前提下，亦具有可赔偿性。而我国关于纯粹精神损害的司法实践亦为其提高了现实基础：纯粹精神损害一般分为受害人直接损害与第三人损害，对于无血缘关系的第三人纯粹精神损害，我国尚无直接肯定该赔偿的案例，但司法实践也作出了一些尝试。① 但关于直接受害人的纯粹精神损害赔偿却不乏先例，其中较为典型的当属精神震惊案例与欺诈性抚养案例。除此之外，我国法院还有对疾病恐惧的精神损害赔偿案例——基于医疗过失导致的狂犬病恐惧案。②

可见，虽然我国立法上未有潜在损害赔偿的明文规定，但出于受害人权益保护与防范损害发生或扩大的考虑，一些法院另辟蹊径，通过对规范目的的解

① 在李某诉谭某健康权纠纷案中，李某与孟贵常年外出务工，两人并行在非机动车道上。此时一辆违规驾驶的货车突然从后方窜出，孟贵左侧肩膀被刮伤后，人车失控后摔倒在地，被货车碾轧而过，当场血肉模糊。李某在该事故之后，精神便开始出现异常，罹患应激障碍精神病。杜集区法院认为，谭某主观上不可能预见第三人李某的精神损害，谭某主观上没有过错。李某的精神损害与谭某的违规行驶行为有一定的关系，但李某的精神损害后果与谭某的违规驾驶行为没有必然的因果关系，谭某对李某的精神损害没有过错。根据原《民法通则》（2009）第132条规定：“当事人对造成损害都没有过错的，可以根据实际情况，由当事人分担民事责任。”判决被告补偿原告1500元，驳回原告的其他诉讼请求。参见王长青：《受惊吓精神失常肇事方被判补偿》，载《检察日报》2004年4月26日。

② 参见佚名：《狂犬病疫苗注射程序不当医院赔偿》，载《中国实用乡村医生杂志》2008年第9期。

读与对法律条文的扩张解释,为潜在损害打开了救济,也为我国潜在损害赔偿责任的确立奠定了有利的现实基础。

综上观之,潜在损害本身是一种抽象的集合概念,系对受害者遭受侵权行为而产生的那些非显在性的不利益的概括归纳。因此在判定潜在损害赔偿责任时,应当就具体的损害内容进行判断。原则上这种不利益具有可赔偿性,但在审判实践中,并非所有的这些不利益都应最终得到赔偿。例如,有毒物质泄漏对受害者造成的患癌恐惧,本身系对受害者造成的客观的、真实的损害,理论上具有可赔偿的价值。但依据我国关于精神损害赔偿的规定,只有造成严重结果的精神损害才能得到救济。故得依具体案情判断受害者的精神恐惧是否达到了严重的程度,方可作出赔与不赔、赔多少的判定。而且,对于现实中具体的潜在损害,能否产生相应的赔偿请求,能够产生几种潜在损害赔偿请求权,都应当结合个案进行具体分析。

因此,本章将在国内外的理论与实践的基础上,分析潜在损害赔偿责任的构成要件与赔偿数额,有区分地借鉴国外的潜在损害赔偿责任类型,构建符合我国实际的潜在损害赔偿责任制度:对于医疗监测费用赔偿责任,此类支出的可预见性强,在潜在损害中具有相对较高的确定性,在功能上,不仅能够实现疾病早期发现的经济利益,也有利于维护公众健康与社会稳定;就疾病风险恐惧赔偿责任而言,我国《民法典》第 1183 条为之提供了一定的解释空间,实践中亦有"狂犬病恐惧"精神损害赔偿的先例,在制度构建上具有一定的现实基础;就患病风险增加赔偿责任而言,其在确定性上相对较弱,该赔偿责任的运用对法官运用科学证据的水平、医疗诊断数据的准确性、法官对复杂因果关系的判断等要求较高,就我国目前的实际情况来说,患病风险增加赔偿责任过于激进,极易引发投机诉讼。需要说明的是,本章讨论的潜在损害赔偿的具体类型系在国内外法律实践上比较成熟经验的概括,但并不能排除还有其他可能的潜在损害赔偿责任的类型。综之,下文将将围绕医疗监测费用赔偿责任、疾病风险恐惧赔偿责任和患病风险增加赔偿责任展开详细探讨。

第二节　我国医疗监测费用赔偿责任的构建

医疗监测费用请求权系针对潜在损害受害者的医疗监测费用损失而产生的一项侵权预期请求权。由于潜在损害的特点,尤其是有毒物质造成的潜在损害极有可能显在化为某种严重的疾病,因此根据避免损失扩大与损害预防的原则,对这种潜在损害进行定期的医学监测被认为是十分合理且有必要的。例如,现代的医学研究表明,对于早期癌症进行针对性的治疗能够极大的提高患者的存活期。但是癌症在早期时往往无法通过受害者的直观感受感知,而只能依赖专业的医学监测。为了安全和健康利益的最大化,具有癌症潜在风险的受害者不得不定期进行医疗监测,由此将产生大量的医疗监测费用损失。对于受害者遭受的这种潜在损害,赋予其损害赔偿请求权不仅具有法理上的正当性,在医学与公共政策上亦具有正当性基础。

在我国,医疗监测费用请求权同样具有广泛的适用基础。例如“泉港碳九泄漏”事件中,大量的受害者暴露在有毒物质当中,其身体健康与生命安全受到有毒物质的极大威胁,但由于缺乏实际的病症而无法通过常规损害赔偿进行救济,受害者只能在痛苦与不安中等待潜在损害的显在化。而此类事件在我国并非孤立存在,随着中国社会发展水平的提高,这种大规模的、系统性的潜在损害侵权将会持续增加。通过侵权预期请求权的赋予,将极大地保障这些潜在损害受害者的身体健康与生命安全,降低社会的责任负担。

一、医疗监测费用赔偿责任的规范基础

在美国,医疗监测费用属于基本的人身损害赔偿内容之一。[①] 对于暴露于有毒物质下的原告而言,其为降低损害能够采取的最佳措施就是进行定期医疗

---

① 参见[美]丹·B. 多布斯:《侵权法》(下册),马静、李昊等译,中国政法大学出版社2014年版,第904~906页。

检查,为此而产生的医疗监测费用当然属于人身损害赔偿金的内容。[①] 但在我国,医疗监测费用能否请求赔偿却缺乏明确的规定。我国《民法典》第 1179 条对人身损害的赔偿设定了三个不同层次的标准,其中作为基础的是一般人身损害的赔偿标准,主要包括了医疗费、护理费、交通费等为治疗和康复支出的合理费用以及因为人身损害而误工减少的收入。可见,我国在人身损害赔偿上,并不区分赔偿的是"现在损害"还是"将来损害",只要是"为治疗和康复支出的合理费用"均属于可赔偿的损害。但医疗监测费用的根本目的在于对潜在损害的定期监测与早期发现,从法律解释的角度,很难将其涵摄在"为治疗和康复支出"之赔偿目的下,换言之,就现阶段而言,医疗监测费用难以解释成我国法定的人身损害赔偿项目。但这并不意味着我国法律不支持医疗监测费用的赔偿。如果比较"为康复和治疗而支出的医疗费用"与"医疗监测费用"我们可以发现,虽然前者的目的在于损害填补,而后者的目的在于损害发现与预防,但本质上二者都统一于健康权这一法益之下,目的都是实现健康权的完满。因此如果从健康权救济的角度,"康复和治疗费用"与"医疗监测费用"具有同等的可赔偿性。

长期以来,人们习惯于将侵犯健康权与人身损害等同,而忽视了二者之间的细微区别:前者系一种动态的表现过程,表达的是法益遭受侵害这一事实,而后者是一种静态的结果呈现,是法益遭受侵害的后果之一。从《民法典》第 1164 条及第 1165 条的规定看,我国法律用"侵害民事权益"替代"造成损害结果",为医疗监测费用请求权的产生提供了解释空间。据此,在我国,虽然无法从《民法典》第 1179 条获得医疗监测费用直接的规范基础,但从健康权救济的角度,我国《民法典》第 179 条、第 1164 条、第 1165 条共同为医疗监测费用请求权提供了一般性的规范基础。此外,从本质上讲,潜在损害系侵害健康权的一种不利后果,这种侵害没有直接产生有形的人身损害,而是对人体健康造成潜在的疾病隐患,使得受害者将来的健康利益减损。侵权预期请求权即是为了解决这种预期的健康利益损失而提起的一项损害赔偿请求权。故从这一角度说,

---

① 参见[美]丹・B. 多布斯:《侵权法》(下册),马静、李昊等译,中国政法大学出版社 2014 年版,第 907 页。

这三条不仅能够成为医疗监测费用赔偿的规范基础，也是其他潜在损害赔偿的规范基础。

二、医疗监测费用赔偿责任的权利主体

与其他具有特定侵权对象的一般侵权行为不同，有毒物质暴露往往是对区域内不特定的主体造成不特定的损害，并非毒物存在区域的任何人均有权提出医疗监测费用的损害赔偿请求。医疗检测费用赔偿的权利主体的范围须受限制，权利主体应具有适格性。从医疗监测费用赔偿的目的来看，它为填补潜在损害者对自身潜在损害进行医学监测的损失，以防止最终损害的发生或减轻最终损害的后果。因此，该项费用赔偿的权利主体首先是实际遭受了侵权行为，而身负潜在损害的受害者。

对于此类受害者，由于原因行为的不特定性，所以在进行筛选时必须依据一定的标准予以特定化，否则将会造成滥诉的发生。美国部分法院以人身伤害规则区分医疗监测费用请求权的适格主体。只有那些伴随着明显的人身伤害的受害者，才能针对这种伤害可能造成的预期损失提起医疗监测费用赔偿之诉。[1] 也有法院不要求当前人身伤害，或者以身体细胞的变化作为当前损害，进而支持赔偿请求。[2] 但总体而言，要求伴随明显人身伤害的规则愈发受到质疑，对医疗监测费用赔偿的权利主体资格的审定逐渐从人身伤害要求转向了暴露程度要求，即只有那些受到超过基础浓度的暴露或达到严重暴露程度的受害者才能够行使医疗监测费用请求权，而只是轻微暴露的受害者，则被认为没有定期监测的必要。

就我国而言，对于医疗监测费用赔偿的支持应持谨慎态度，对医疗监测费用赔偿权利主体的范围应作出严格的限制。晚近国内发生了核恐慌、辐射恐慌等事件，此时如果过度保护所谓的健康权益、轻易打开诉讼“闸门”，侵权救济体系可能会不堪重负。因此，赋予我国的潜在损害受害者医疗监测费用的赔偿请求权，必须建立在严格的主体资格筛选的基础上。只有那些真正遭受损害，具

---

① 在 Wood v. Wyeth-Ayerst Labs 案中，法院在缺乏当前的人身伤害证明的情况下，拒绝支持医学监测的诉求。See Wood v. Wyeth-Ayerst Labs, 82 S. W. 3d 849 (Ky. 2002).

② See Donovan v. Philip Morris USA, Inc., 914 N. E. 2d 891 (Mass. 2009).

有实际救济需求的受害者,才得以行使请求权。一个有效的思路是从受害者在侵权行为中的受影响程度入手,并非所有暴露在有毒物质中的受害者都需要救济,只有在符合下列情况时,受害者的权利主体才适格:(1)这种物质被认为是危险的,或已被证明能够诱发某种疾病;(2)受害者确实暴露其中;(3)暴露的结果是受害者潜在疾病的风险较一般群体有明显增加,或者体内监测中相关致病因子的数量异常增加。[①]

三、医疗监测费用赔偿责任的构成要件

除了规范基础之外,想要获得医疗监测费用赔偿还需要满足其责任构成要件。医疗监测费用赔偿诞生于美国,美国的司法实践对其责任构成要件的确立做出了许多尝试,例如在"Ayers v. Township of Jackson"案中较早、较全面地创立了适用医疗监测费用赔偿的五个要件:(1)在化学物质中暴露的程度和严重性;(2)化学物质的有毒性;(3)受害人因暴露行为导致的疾病的严重性;(4)因暴露行为而患病的可能性;(5)早期医疗监测的价值。[②] 在鲍尔诉西屋电气有限公司(Bower v. Westinghouse Elec. Corp.)案中,[③]法院为医疗监测费用请求权的行使设定了更为细致的六项标准:第一,原告确实严重的暴露在有毒物质之中;第二,原告必须以科学上的证据证明暴露事实与人体疾病之间存在关联性;第三,原告应当证明行为人在主观上具有故意或重大过失;第四,原告应当证明与未暴露在有毒物质中的人群相比,其未来罹患疾病的风险有所增加;第五,医疗监测的手段应当合理且必要;第六,对于潜在损害的具现后果,医学上应当有适当的监测方法。除了西弗吉尼亚州之外,美国其他支持医疗监测费用

---

① 以胃癌为例,临床上患者癌胚抗原(CEA)升高提示胃肠道肿瘤的可能性。同理,当潜在损害的受害者能够证明其体内的一些癌症相关指标在遭受有毒物质暴露后异常上升的,即具有较大的癌症风险。

② See Ayers v. Township of Jackson. 525 A. 2d 287 (N. J. 1987).

③ 本案中原告暴露在被告倾倒的废弃玻璃之中,这些玻璃被证明含有三十多种有毒物质,虽然原告尚未出现明显的相关疾病症状,但依然主张被告应当赔偿他的医疗监测费用支出。法院认为,医疗监测费用请求是一种对未来损害的主张,系原告因被告行为暴露在有毒物质之中,而为了监测自身是否因此产生潜在疾病风险而支出的费用,本质上是一种可预测的支出,这种支出建立在受法律保护的利益遭到侵害的基础之上,因此应当予以赔偿。See Bower v. Westinghouse Elec. Corp., 522 S. E. 2d 424 (W. Va. 1999).

请求的法院亦各自设置了相应的行使条件，如犹他州法院曾对此类损害赔偿的适用提出了八项标准，以限制漫无边际的诉讼洪流；[①]加利福尼亚州要求原告能够证明五点判断标准；[②]宾夕法尼亚州要求六项证明。[③] 综合这些法院的要求来看，其实际是想要通过原告证明自身主张的合理性与必要性以限制医疗监测费用赔偿请求权的随意行使，避免虚假诉讼、投机诉讼、欺诈诉讼等出现。

因此，想要给予潜在损害者医疗监测费用赔偿，需要满足一定的责任构成要件。结合境外的经验，根据我国侵权责任四要件，潜在损害受害者主张医疗监测费用赔偿至少应符合以下四项要件：

第一，须有毒物侵权人的侵权行为。在医疗监测费用赔偿案件中，毒物侵权人的侵权行为通常指使潜在损害受害者暴露在有毒物质之中的不法行为。通常来说，毒物侵权主要经由两个环节发生，一是侵权人的暴露行为，二是暴露物的危害性。前者指侵权人故意或过失的将某些物质不规范的暴露，使其与受害人接触；后者系指所暴露之物能够通过简单的接触甚至单纯的接近就足以造成损害。

判断是否构成有毒物质侵权，首先要确定暴露物的危害性。即被侵权人所接触之物质是否具有在科学上被证明与某些特定的伤害或疾病具有密切关联性的特征，使其可能造成确定的、非想象的损害。其次侵权人的暴露行为应当具有足够的危害性。不单是所暴露之物质具有危害性，还需要这种物质超越一定的安全防卫。在美国，一些法院认为这种暴露行为应当足以直接导致相关疾病或伤害之风险的上升，从而排除了一些轻微的接触者的起诉。故这种暴露应包含两个方面的内容：第一，原告接触的这种物质应当是已被证明对人体有害的危险物质；第二，原告接触的有毒物质在量上超过了该有毒物质在社会环境中的一般水平（greater than normal background levels）。前者系为证明被告的侵权行为具有确定的危险性，后者乃证明原告确实处于超出一般标准的危险之中。

第二，须有原告的合法权益受侵害的事实。与一般的损害赔偿请求权不

---

① See Hansen v. Mountain Fuel Supply Co. ,858 P. 2d 970(Utah. 1993).

② See Potter v. Firestone tire & Rubber Co. ,863 P. 2d 795(Cal. 1993).

③ See Redland Soccer Club,Inc. v. Dep't of the Army,696 A. 2d 137(Penn. 1997).

同,医疗监测费用赔偿是基于潜在损害的赔偿。因此原告应当证明的不是已经发生的人身伤害事实,而是导致医疗监测的潜在损害的确定性与合理性。

首先,这种潜在损害应当是客观真实的。表现在医疗监测费用请求诉讼中,即是原告罹患严重疾病的风险较自己未受暴露时的患病率以及该疾病的国民患病率有明显增加。

其次,这种潜在损害应当在合理的范围之内。也就是说,用于防止潜在损害扩大或早期发现潜在损害的医疗监测是必须的、合理的。这可以从分别是医疗监测的价值性和社会化成本两方面进行考察。医疗监测费用的价值性是指这种医疗监测应当被认为具有实际降低损害风险的价值,社会化成本则关注社会层面对于这种医学上监测的承受程度。具体而言,想要在个案中体现医学监测的价值性,受害者至少应当证明以下几点:第一,这种医学监测具有现实的可能性,即现有医学技术至少能够发现相关损害的前兆性特征,使得医学监测是可行的;第二,这种监测具有医学上的价值,即通过医学监测能够在早期发现损害,且这种早期损害通过先期治疗能够实际降低损害,使得医学监测是有效的。例如,“泉港碳九泄漏”事件中的受害者想要主张医学监测费用赔偿,首先必须证明:第一,目前医疗水平能够发现其体内致癌因子的异常上升;第二,这种早期的检查对于他的存活或健康保护具有医学上的帮助。此外,这种证明应当通过专业认证,且符合“Daubert”规则。“多伯特(Daubert)”规则源于“多伯特诉道指股票股份有限公司(Daubert v. Merrell Dow Pharms. Inc.)案”①,具体指医学监测的结果应符合以下标准:科学认同标准、同行认可标准、科学性测试标准、科学性测试的容错率问题。

最后,判断医学监测是否合理,还应当考虑医学监测的社会成本问题,这些成本通常指:是否挤压医疗资源、是否超出侵权人的责任承担能力,以及这种医学监测可能的副作用等因素。只有当医学监测的价值明显高于其社会成本时,这种医学监测才具有普遍推广的价值。例如,对于一些常见的毒物致癌性病变,无论是现有的监测技术还是治疗技术都比较成熟,在成本上已经为一般人所接受,此时允许医学上监测具有可行性,而对于一些新型毒物侵权,其相关机

① See Daubert v. Merrell Dow Pharms. ,Inc . 509 U. S. 579,592 - 594(1993).

理并不成熟,强行进行医学监测不一定必然具有价值。

第三,侵权行为与被告的潜在损害之间具有因果关系。这种因果关系要件解决的是医疗监测费用的责任归属问题。它主要指有毒物质的暴露事实与原告异常增长的疾病风险之间具有科学上的关联性。只有这种需要医疗监测的潜在损害指向被告,原告才得以据此请求损害赔偿。在此类案件中,侵权法关注的是侵权行为是否能够导致被侵权人危险状态的产生,而非侵权人是否具有实在的人身损害。

具体而言,毒物侵权行为是否对潜在损害受害人疾病风险异常增长的危险状态具有作用力,宜借助科学证明或专家证言对相当因果关系说加以判断。详细判断步骤如下。首先,对潜在损害受害人疾病风险异常增长的危险状态的判断。这需要对未来疾病发生的可能性和未来发生疾病的严重性进行考察,这种考察仅关注毒物是否存在引发疾病的危险性,而不作精确判定。其次,毒物侵权行为足以造成潜在损害受害人出现危险状态,即受害人应当提供侵权行为具有危险性的证据。例如,运输铀矿的车辆发生倾倒,周边民众仅需对存在铀矿进行举证就能说明暴露行为之危害,因为对于核辐射的危害性是众所周知的。此外,还存在一种惯行的证明方式,主要是借助医学上流行病研究的方式,通过对暴露在有毒物质中的人群的生理机能的反馈进行归纳统计,以数据库的形式探求其中的因果关系。这其实借助了统计学上的手段。一般来说,对于某种特别的疾病一般人的患病概率是一致的。当有毒物质接触人群的某种疾病患病率与未接触人群相比明显上升时,则可说明侵权行为具有危害性。

第四,毒物侵权人对于暴露事实至少存在过失。一方面,对潜在损害的救济不属于法定的无过错责任类型,因此只能依据侵权责任的一般条款对其进行救济,自然不能以严格责任为归责原则;另一方面,由于潜在损害在表现形式上缺乏显在特征,如果不对其加以限制,将使其沦为一种主观损害,加重被告的责任负担,有悖法的公平正义。而要求被告对毒物侵权行为至少存在过失,是因为在法价值的权衡下,与纯粹无辜的受害者相比,一般情况下被告对危险的产生具有更强的预见力与控制力,而放任危险的现实发生说明其对受害者至少存在一定的过失,由其承担赔偿责任较为公平。

第三节　我国疾病风险恐惧赔偿责任的构建

一、疾病风险恐惧赔偿责任的规范基础

疾病风险恐惧赔偿责任系潜在损害受害者因恐惧潜在损害具现为特征性疾病而主张的损害赔偿责任。它关注于受害者现时的因潜在损害衍生的不利益。这种不利益通常表现为对因为遭受侵权而可能患上疾病的恐惧、不安、懊恼等负面精神状态，且这种精神负担会随着受害者对损害信息的获取而逐渐累积。尤其是在面对可能患上癌症的时候，这种精神恐惧与痛苦尤为真实与严重。在美国，起初基于传统的人身伤害规则，只有有形物理伤害引发的精神损害才能得以赔偿，其他的除非这种侵权是故意或莽撞的以极端和恶劣行为做出。[①] 但在有毒物质侵权中，受害者有时不具有人身伤害症状，因为毒物造成的癌症风险是潜在的。但是其产生的恐惧却是真实的，尤其在面对癌症这种令人闻风丧胆的损害时。面对实践中出现的问题，伤害的影响和身体表征这些旧的要件逐渐被抛弃，[②]一些法院持有修正传统人身伤害规则的立场，允许原告就单纯地对潜在损害的担忧与恐惧提起精神损害赔偿，认为："人身伤害要求是一个并不准确的损害补救审查规则——当精神痛苦造成或伴随着人身伤害时，无论这种有形伤害多么微小都能获得赔偿；而对于那些人身伤害并未显现的潜在损害案件，无论受害者的痛苦多么严重与真实，都无法获得救济"。[③]

在中国，法律并没有对于疾病风险恐惧能否请求精神损害赔偿作出明文回应。我国《民法典》第1183条第1款规定："侵害自然人人身权益造成严重精神损害的，被侵权人有权请求精神损害赔偿"与美国相比，我国精神损害的赔偿并未要求必须造成人身损害或伴随人身损害才能主张。在实践中，我国也不乏支

---

① ［美］爱伦・M. 芭波里克选编：《侵权法重述纲要》，许传玺、石宏等译，法律出版社2016年版，第285页。

② ［美］丹・B. 多布斯：《侵权法》（下册），马静、李昊等译，中国政法大学出版社2014年版，第927页。

③ See Potter v. Firestone Tire and Rubber Company 863 P. 2d 795，796（Cal. 1996）.

持纯粹精神损害赔偿的案例,如在“曾某因健康权纠纷”一案中,[①]受害者就因受到侵权人饲养动物的惊吓而获得精神损害赔偿;此外一定情况下欺骗行为造成的精神损失也能得到赔偿,如家事案件中的“欺诈性抚养”。即使是纯粹的基于对尚未发生的疾病的恐惧,在我国实践中亦有获精神赔偿的先例:在 2010 年,上海市黄浦区人民法院即判决了一起动物伤人侵权案件,支持了原告担心将来染上狂犬病的精神损害赔偿;[②]而在更早之前,亦有狂犬病接种程序不规范引发的恐惧狂犬病精神损害赔偿判决。[③] 可见,在我国,精神损害的赔偿并不必然伴随人身损害,这与美国法律严格要求人身伤害规则有明显不同。虽然我国立法上尚未明确肯定纯粹精神损害,但《民法典》第 1183 条半开放式的规定为实践中的法院判决预留了一定的解释空间。从我国的司法实践看,虽未有间接受害人或第三人遭受纯粹精神损害获赔偿的案例,但对于遭受纯粹精神损害的直接受害者,却不乏获得赔偿的先例。这些都为我国支持疾病恐惧损害赔偿留下了解释的空间。

然而,就精神损害赔偿而言,我国法律要求其必须造成一定的“严重后果”,实践中对于纯粹精神损害的后果一般要求为医学上的精神损害或精神痛苦引起身体损害,如李某诉侯某动物损害责任纠纷一案,[④]原告受被告饲养的金毛犬惊吓,被诊断为胸闷、心悸、高血压,因而主张精神损害赔偿。法院以未举证精神损害为由不予支持。但也有例外,如在“欺诈性抚养”的家事案件中,法院即以违反夫妻忠实义务为由判决被告承担精神损害赔偿责任;[⑤]而在前述的狂犬病恐惧症中,法院则认为狂犬病阴影将长期伴随原告,对其造成的精神痛苦应予赔偿。可见,在我国立法相对开放的框架下,法院往往基于受保护利益的性质、社会一般观念的要求、有损害必有救济原则等法律正义理念作出支持纯粹

---

① 参见曾某诉徐某案,上海市第一中级人民法院(2011)沪中民终字第 2288 号民事判决书。

② 参见甲诉乙案,上海市黄浦区人民法院(2010)黄民初字第 481 号民事判决书。

③ 该案的基本案情是:2006 年,原告(2 岁女孩)被狗咬伤接种狂犬疫苗,但因医院疏忽治疗疗程安排错误,致使其接种较正常疗程晚约半个多月。因担心未能正常产生抗体,可能感染狂犬病,原告父母就此代为起诉。最终法院判决被告支付交通费、误工费以及 3000 元精神抚慰金,被告并未上诉。参见佚名:《狂犬病疫苗注射程序不当医院赔偿》,载《中国实用乡村医生杂志》2008 年第 9 期。

④ 参见李某诉侯某案,北京市第二中级人民法院(2014)京二中民终字第 10985 号民事判决书。

⑤ 参见张某诉姚某甲案,岳阳市中级人民法院(2015)岳中民终字第 100 号民事判决书。

精神损害赔偿的判决。对于“严重精神损害”的标准，原则上以造成医学上精神损害或身体损害为基准，同时法院对那些明显符合一般人认知的精神痛苦在规范目的的基础上进行自由裁量。

就疾病风险恐惧损害而言，从性质上可以将其归为直接受害者的“纯粹精神损害”的类型，我国司法实践对疾病恐惧的精神损害赔偿如狂犬病恐惧有获赔先例。因此，我国适用疾病风险恐惧赔偿具有一定的实践基础。实践中，依据《精神损害赔偿司法解释》的规定，在侵害人身权益致人死亡或残疾时，存在严重的精神损害。而对于是否存在其他的严重标准，则只能依赖法官在规范目的的基础上自由裁量。对疾病风险恐惧而言，则应当根据事实基础与科学逻辑推断其严重性，在有毒物质侵权中，对潜在疾病的恐惧可以分为以下几类：第一，检查出与有毒物质关联的特征性疾病，产生恐惧；第二，暴露在过量浓度的有毒物质中，未检查出疾病，但相关体检项目出现异常，产生恐惧；第三，暴露在过量浓度的有毒物质中，未检查出疾病，体检项目无异常，产生恐惧，达到精神疾病标准（抑郁、焦虑等）；第四，暴露在过量浓度的有毒物质中，未检查出疾病，体检项目无异常，产生恐惧；第五，暴露在基础浓度的有毒物质（轻微超出或未超出）中，无疾病无异常，产生恐惧。其中第一种情形属于健康损害附随精神损害的情形，提起精神损害赔偿自无疑义。但对于其余情形，则需结合精神损害赔偿的规范目的加以分析。具体而言，从一般人的角度，虽然在疾病尚未发生的情况下，但暴露在过量浓度的有毒物质中与体检异常的事实足以使人产生精神上的忧惧，其中我国实践中的狂犬病恐惧赔偿即属于此种情形；而对于暴露在过量浓度的有毒物质中体检无异常但精神恐惧达到疾病标准的受害者，其医学上精神损害的事实是基于被告的侵权行为产生的，被告亦应承担赔偿责任；而对于第四、第五种情形，则属于一般情况下的疾病担忧或恐惧，且尚未达到严重的程度，不宜纳入法律赔偿范围，否则将造成诉讼“水闸”的洞开。

总体而言，从纯粹精神损害赔偿的经验看，对潜在的疾病风险的恐惧有赔偿的可能性。对于潜在损害造成的精神恐惧，在满足一定合理性标准的前提下，亦可能获得一定的损害赔偿。尤其当潜在损害的受害者无法通过其他途径获得救济时，一定的精神损害赔偿能够有效安抚受害者，缓解社会戾气，稳定社会秩序。

二、疾病风险恐惧赔偿责任的权利主体

疾病恐惧赔偿责任本质上属于精神损害赔偿责任的一种，由于精神损害的主观性非常强，如果不对权利主体加以区分将会招致虚假诉讼、恶意诉讼、欺诈诉讼等。因此学者们通常认为只有导致人身损害或伴随人身损害的精神损害才能获得赔偿。而在有毒物质侵权中，这种限制略微得到放宽。例如，在美国，不同州对有权提起疾病恐惧赔偿请求的潜在损害受害者要求不同：(1)多数法院，如得克萨斯州法院等要求疾病恐惧的赔偿必须伴随有形的人身损害；(2)纽约州法院修正了人身伤害规则，将体内有毒物质的异常增加认定为有形损害，进而允许此类潜在损害受害者享有精神损害赔偿请求权；(3)加利福尼亚州法院放弃了人身伤害要求，转而从证明责任的角度，要求受害者提供患病风险的合理性证明，即只有能够证明自身的患病风险以及自身是合理的潜在损害受害者，才能提起疾病风险恐惧赔偿。可见，虽然美国多数法院采取较保守的人身伤害要求，要求潜在损害赔偿权利主体必须是具有实际人身损害的原告。但已有一些法院进行了改革，拓展了潜在损害赔偿权利主体的范围，而不是限于有人身损害的潜在受害者。

在我国，纯粹的精神损害赔偿并没有被彻底地否定，而是通过“严重”这一标准避免诉讼的泛滥。实践中亦不乏纯粹精神损害赔偿案例。因此对于我国的潜在损害受害者而言，请求精神损害赔偿并不必然要求伴随着人身损害，但有精神损害程度严重性的限制。对于精神损害中严重的标准，我国却缺乏统一的认识。《精神损害赔偿司法解释》中以实际人身损害倒推精神损害的做法具有合理性，但却是一种倒查逻辑，而不能成为客观标准。一般来说，法律上的“严重”应当区别于事实上的“严重”。例如，一些轻伤案件受害者可能无法获得精神损害赔偿，而并无人身伤害的动物惊吓却能请求精神损害赔偿。可见，精神损害上的“严重”应当是建立在社会一般观念的基础上的，且具有相当的合理性。因此，想要请求疾病风险恐惧的精神损害赔偿的潜在损害受害者，必须具备：第一，暴露在侵权行为中；第二，遭受痛苦或恐惧；第三，这种痛苦或恐惧在一般人看来是合理、真实的。例如，如果能够证明将来确定会患上癌症，那么受害者请求精神损害赔偿不会有所障碍；但是如果仅仅是癌症风险的上升，则

需要潜在损害受害者论证这种上升概率是真实、客观、合理的。这种合理与真实的证明通常需要考察几个方面：首先，其恐惧的疾病通常看来具有相当严重的后果；其次，其暴露在侵权状态中的程度极深，如长期暴露或暴露于大量有毒物质中；最后，应当有一定的证据证明这种暴露有相当的可能性造成疾病。

三、疾病风险恐惧赔偿责任的构成要件

疾病恐惧本质上属于一种纯粹的精神损害。此类损害源于毒物侵权行为对受害者直接施加的影响，因而具有个别的主观性。法律无须对所有个别化的不良精神感受提供救济，应当以“客观为主 + 主观为辅”的方法衡量是否给予救济。首先考察受害者遭受的毒物侵权行为是否具有一般性危险，即一般人遭受此种行为时是否会产生此种之损害，从客观层面判断损害的真实性。如美国的癌症恐惧之诉往往要求受害者证明有毒物质的暴露相当程度上有引起疾病的风险，因为以一般人的观念来看，罹患癌症的风险越高，其承受的精神压力、精神痛苦就越严重与真实；之后才考察受害者的具体状态。一个问题是，能否将心理健康纳入健康权的范畴？将心理状态的健全涵摄在法律保护范围，从而将因患病恐惧产生的忧惧、不安等心理状态视为对健康权的侵害，进而获得赔偿基础。我国虽对此未有相应的明文规定，但至少不否认其中内蕴的规范价值。因此，对于疾病恐惧精神损害的考察还应当关注个案中受害者实际的负面情绪。依据我国精神损害赔偿请求权的规范基础，此种负面精神状态应当达到严重的标准。但对于严重性的认定，我国尚未有明文的规定。依通说理解，这种严重是指后果的严重性，即所造成的痛苦超出社会一般人的容忍程度，[①]并非受害者自身臆想的严重，而是至少超出一般理性人的承受标准，或构成疾病层次的精神损害，或具有专业医生的证言。

因此，疾病风险恐惧赔偿责任的构成应当至少包含以下几项要件：

第一，毒物侵权行为应当是侵害原告精神利益的不法行为。我国《民法典》第 1183 条规定了精神损害赔偿请求权的一般要件，即人身权益遭侵害，造成严重精神损害的可以请求精神损害赔偿。此处的人身权益并非仅指人身健康权

① 参见王利明：《侵权责任法研究》（上卷），中国人民大学出版社 2016 年版，第 724 页。

益,而是包括了法律明确规定的具体人格权、一般人格权及那些未能成为类型化权利但确有救济必要的人格利益。在实践中,也存在赔偿“祭奠权”[①]、“生育选择权”[②]、“狂犬病恐惧”等案例,极大的扩充了“人身权益”“其他人格利益”的内涵。就潜在损害受害者而言,其面临的疾病风险恐惧在本质上与狂犬病恐惧案例中的受害者是一致的,即一种“对潜在的与毒物侵权行为密切关联的疾病的恐惧”。因此,对于疾病风险恐惧赔偿责任而言,毒物侵权人必须实施了侵犯受害者“免于恐惧疾病的精神利益”的行为,这一行为是由于毒物侵权人违反其注意义务而发生的,与某种特征性疾病具有密切的关联性。

第二,须有严重的精神损害后果。严重后果是所有精神损害赔偿都应当证明的一点,但由于我国缺乏严重精神损害后果的明确标准,因此实践中往往只能依靠一定的人身伤害倒推,或依据疾病诊断、专家证言等判断其严重性。实际上除了法律明确规定伤残死亡应当承担精神损害赔偿责任外,大部分精神损害后果的判断还是有赖于法官的自由裁量。尽管医学上可以为一些精神损害作出鉴定,如创伤后应激障碍(PTSD),但这种标准是建立在科学认知的基础上,缺乏哲学的思考与法律价值的权衡,并不全面。例如,在欺诈性抚养案件中,受害者的精神痛苦、精神损害是真实的、合理的,但并不具有精神疾病或人身伤害的症状。显然,以是否达到疾病标准判断精神损害严重与否过于片面。因此,疾病风险恐惧赔偿责任的成立不应以医学鉴定报告为要件。医学鉴定报告固然可以为原告的精神损害佐证,但即使没有医学鉴定报告,法官亦可以一个合理人的标准对原告的被害事实进行设身处境的思考,就精神损害后果作出裁量。具体到疾病风险恐惧赔偿之中,疾病风险恐惧赔偿责任的承担必须建立在毒物侵权行为系能够带来真实精神压力的情况的基础之上。一方面,必须证明潜在损害的确定性,即疾病风险的可能性达到足以令权利人产生真实恐惧的程度;另一方面,还需证明这种恐惧对受害者造成了现实的、真实的困扰。这种困扰既可自证,亦可通过专家的证言予以证明,当这种困扰表现为某种现实的心理疾病时,其心理或生理上的反应至少应当达到影响其正常生活、工作、交往

① 尹训洋、吴大华:《迈向正式规范的新型权利——以三个祭奠纠纷案例为视角》,载《民间法》2017 年第 2 期。

② 湖北省荆州市中级人民法院民事判决书,(2006)荆中民终字第 52 号。

的程度,[①]而最终精神损害是否达到严重性程度,则由法官作出最后判定。

第三,毒物侵害行为与受侵害者的疾病风险恐惧之间应当具有因果关系。在疾病风险恐惧的求偿中,这种因果联系应当是双层次的:首先,毒物侵权人的侵权行为应当与某种特征性疾病具有压倒性的关联性,如 DES 与生殖系统腺癌之间的联系、动物暴露与狂犬病之间的联系等;其次,受侵害者与毒物侵害行为之间的联系,即原告确实暴露于被告的毒物侵权行为所导致的危害之中。只有在“被告的行为可能导致特征性疾病”与“遭受了被告行为的侵犯”之间建立起明确、具体的因果联系,原告的疾病恐惧由被告承担才具有合理性。此外,根据毒物侵害人的主观状态不同,这种因果关系的判断标准也有所不同。当毒物侵权人存在故意甚至恶意时,被侵害人的精神利益受损是其主动追求的结果,可采取直接因果关系理论确定其因果关系;而在毒物侵害人仅存在过失时,除了适用前文第二章至第四章提及的因果关系判断方法外,还可以考虑因果关系的可预见性,判断毒物侵权人的行为施加于一般的社会理性人之上时是否仍能造成精神利益的损失,即此种后果是否依据一般社会认识可预见。[②]

第四节　我国患病风险增加赔偿责任的探索

患病风险增加赔偿责任系潜在损害受害者针对患病风险增加的事实即潜在损害本身主张赔偿的责任。与其他两种侵权预期请求权相比,患病风险增加赔偿责任针对的是潜在损害本身,其欲赔偿的损失在性质上属于预期的健康利益损失,因此具有更高程度的不确定性。从美国的发展经验看,患病风险增加的赔偿是建立在大量科学数据的统计之上的,通过对医学原理与临床案例的统计分析,对潜在损害作定量化处理。因此它不仅要求原告要符合更高的举证证明标准,同时也对司法裁判工作施加了更大的压力。此外,对确立患病风险增加赔偿责任的另一顾虑是,即使原告完成举证责任获得了赔

① 参见王利明:《侵权责任法研究》(上卷),中国人民大学出版社 2016 年版,第 724 页。

② 参见王利明:《侵权责任法研究》(上卷),中国人民大学出版社 2016 年版,第 725 页。

偿,其潜在损害在将来也可能不会具现,给予原告这样的赔偿似不公平。即便是在侵权预期请求之诉发展较为成熟的美国,患病风险增加的赔偿也较其他两种侵权预期之诉招致更多的争议。这在适用范围上相对狭窄,在有毒物质多样化的当代,建立起普适于一般有毒物质侵权的患病风险增加赔偿责任是一项艰巨而复杂的任务。就现阶段而言,我国尚未具备确立患病风险增加赔偿责任的充分条件。但从追求公平正义,维护受害人合法权益的角度,潜在损害的危害性极大,又具有漫长的潜伏期,稍有不慎将对受害者造成不可逆的损害。对其进行救济是应然的趋势。为此,虽然目前我国制度基础尚未成熟,但仍有必要就其基本理论构建做初步探索,为将来时机成熟之后的制度构建奠定基础理论储备。

一、确立患病风险增加赔偿责任的困境与前景

前文提到,潜在损害受害者在损害实际发生前具有可赔偿性的不利益包括医疗监测费用、疾病风险恐惧以及潜在损害本身。在美国法律实践中,典型的侵权预期请求之诉除了医疗监测费用请求之诉、疾病风险恐惧之诉外,还包括了患病风险增加之诉。该种诉讼将原告因暴露在毒物中而使其患病风险增加的事实即潜在损害本身也视为损害的一种,从而支持原告在不具有实际的疾病症状时就潜在损害本身提起损害赔偿,其实际救济的是受害者因为潜在损害而减损的预期生命利益。可见,在各国的法律实践中,患病风险增加事实的危害性已经被认识到。在潜在损害潜伏期过长的情况下,国内外司法者开始将救济视角由等待潜在损害具现转为探索救济潜在损害本身的可能性。各国的尝试也为患病风险增加的赔偿提供了良好的经验。

但是,应该看到,即使在潜在损害救济领域走得比较早且比较快的美国,患病风险增加的赔偿也饱受争议。反对者认为原告最终的患病概率具有相当大的不确定性,如果对无症状的原告进行赔偿会有过度赔偿之虞,也可能导致司法资源的浪费。因此,在实践中此类赔偿请求很难得到法院的支持,少数允许这种侵权预期请求权的法院,往往也要求原告提供高于50%的患病风险证明或具有医学上的合理性证明,但有毒物质成分复杂致害原理不确定,实践中很少有原告能够满足此类要求。而且实践中存在的一个问题是,

社会上有毒物质的数量与种类多样化且随着社会的发展不断的更新，医学、科学、法律都无法做到及时、全面地制定出一般人的有毒物质耐受标准，换言之，大多数的有毒物质并不存在客观的耐受标准，受害人无法据此判断是否存在疾病风险。

据此，从现有的法律实践看，虽然对患病风险增加的赔偿具有一定的法律价值与合理性，但鉴于我国国情，责任保险制度尚未完善，医疗鉴定技术成本高昂，受害者往往难以就疾病风险增加进行举证，现实存在的诸多阻碍以及操作上的困境决定了我国现阶段不宜开放对此类潜在损害的救济。但从法正义的角度，剔除那些投机、虚假的原告，如果真正的潜在损害受害者的预期生命利益确实受到了有毒物质的侵害，不对其进行救济，显然背离法的公平正义，与《民法典》侵权责任编的保障人权的理念也相去甚远。

对于患病风险增加的潜在损害事实，美国学界及法院对其法律上的救济价值持一定的认同态度，只是出于举证复杂、过度赔偿及引发过多诉讼等现实顾虑而对其实践中的赔偿可能性保持观望。对于那些依据先前伤害而提出的疾病风险增加赔偿请求，法院采取广义的人身伤害定义，将对身体伤害延伸到对“细胞和亚细胞机构”层面，使铀尾料辐射造成的疾病风险增加也能获得损害赔偿；[①]另外一些不要求实际人身伤害的法院也谨慎地要求原告证明其潜在疾病发生的“合理确定性”或具有超过50%的定量化风险。[②] 潜在损害的赔偿与传统理论的矛盾根源在于潜在损害仅仅是一种不确定的将来损害风险，在传统侵权法理论中，损害赔偿系法律对不幸损害的合理分配，将受害者遭受的损害转嫁到侵权人身上，实现责任自负的原则。但潜在损害的不确定特征使得其在责任认定时极易出现误差，动辄救济将会使行为人的责任负担过重，进而影响行为自由乃至影响社会经济秩序。美国学界、实务界也清醒地认识到潜在损害的危害性及对其救济的必要性，因此在美国，当法律政策、当事人关系、被告义务合适时，法院会公正地在政策允许的范围内最大限度地履行其救济职责。[③] 而

---

① See Brafford v. Susquehanna Corp. ,586 F. Supp. 14(D. Colo. 1984).

② See Wilson v. Johns-Manville,684 F. 2d 111,120(D. C. Cir. 1982).

③ 参见[美]丹·B. 多布斯：《侵权法》(上册)，马婧、李昊等译，中国政法大学出版社2014年版，第386页。

无论是“细胞层面的结构性变化”的伤害解读还是疾病风险的合理性确定,均是美国法院为绕开传统理论对潜在损害救济的限制而寻找的出路。

在我国,对于将来患病风险增加的赔偿请求,往往只保留受害者将来损害发生时的诉权,而不支持其现时对潜在损害的赔偿请求。原因在于,中国现阶段的立法技术、医学条件、国民接受度等条件尚未成熟,加之庞大的人口数量,一旦承认此类救济,将会导致侵权人的责任指数式的飙升,产生极大的社会成本,甚至导致侵权救济体系的崩溃。因此从维护法律救济秩序的角度来看,这种做法不无道理。但也应当看到,潜在损害的潜伏性、危险性决定了待损害真正发生时,往往是一种不可逆的后果,即使彼时请求赔偿,也可能因为证据、因果关系等因素无法胜诉,或者毒物侵权人死亡、破产等而无法得到赔偿。可见,如果不能采取合适的救济方式而是一味地等待将来再行救济,将可能造成潜在损害受害者根本的救济不能。从法律正义的角度,这种等待是不合理、不公正的。从社会经济效益看,在最终损害发生前给予潜在损害之赔偿,一方面能够对受害者起到一定的安抚作用,另一方面也能支持受害者采取手段预防和减少潜在损害将来可能造成的损失,在降低损害对受害者的影响外还可减少毒物侵权人的最终责任,而且这亦能对侵权人施加惩戒,促使其提高注意义务的程度。可以说,虽然存在种种障碍,但潜在损害在其法律上的救济价值及救济的合理性上并不缺乏正当理由。因此,对我国患病风险增加赔偿责任相关理论进行探索,能够在将来时机成熟时,如随着我国对癌症等潜伏性疾病的认识深入、疫学数据统计技术的提高、责任保险制度的发展等,患病风险增加赔偿的理论、实践能够应对这一损害赔偿的种种复杂问题,为我国提供相应的理论认识与技术储备,从而为患病风险增加赔偿责任的增加提供充分的法律支持。

二、患病风险增加赔偿责任的权利主体

从境外经验看,美国的患病风险增加赔偿制度是建立在潜在损害受害者出于客观原因无法等待损害的具现的现实困境之下而不得不采取的救济方式,其核心要义是在与潜在损害关联的特征性疾病发生前要求侵权人对其制造的不合理危险进行提前赔偿。因此在确立患病风险增加请求权的权利主体时,必须注意两个前提:一是潜在损害受害者在常规救济上存在客观障碍;二是这种潜

在损害即患病风险增加是一种可以进行合理性确定的危险。

一方面，患病风险增加的赔偿与常规的损害赔偿具有基础事实上的差异，在现实的人身伤害未显现的前提下，如果放任这种赔偿请求将会导致责任的恣意扩张与滥诉的风险。因此只有在那些存在客观救济障碍的侵权事件中，传统损害赔偿手段鞭长莫及，才能有限制的主张患病风险增加的赔偿。例如，在有毒物质侵权案件中，石棉暴露的最长潜伏期甚至能够达到三十年。因此，如果依据传统损害赔偿手段，受害者只能等到三十年后损害发生才能进行求偿，使得受害者即使具备了赔偿请求权的事实基础，也因为无法举证或缺少被告而得不到救济。换言之，对于有毒物质潜在损害，如果采取传统损害赔偿方式，需要面临疾病潜伏期的等待，而即使损害出现，时间的流逝也会造成客观上的救济障碍。因此，在传统救济手段乏力的情况下，在损害实际发生之前就针对潜在损害提出预先的赔偿请求，成为救济此类受害者的另一种选择。

另一方面，并非所有的具有潜伏期的损害均能够主张患病风险增加的赔偿。首先，这种潜伏期必须足够漫长，以至于足以产生客观的举证障碍或介入异常因果因素。其次，这种潜在损害必须是一种可以进行合理性确定的危险，即其系与某种特征性疾病具有密切关联的损害。原因在于，人体的机能复杂，迄今人类尚无法完全了解人体自身的原理。在此情况下，某种疾病往往存在多种病因，如肺癌，氡是肺癌的元凶之一，但吸烟同样也会造成患肺癌概率上升，而对于一个暴露在氡中的长期烟民而言，其患病风险的增加较同样暴露在氡中的不吸烟受害者更不确定。但对于透明细胞腺癌而言，其是一种罕见的特征性疾病，与 DES 具有压倒性的关联，因此一个肺癌患者我们很难判断其是否受到氡的影响，但对于透明细胞腺癌患者而言，几乎可以直接确定其受到过 DES 的侵害。反之，对于摄入 DES 的受害者而言，我们可以合理地相信其今后可能会罹患透明细胞腺癌；但对于暴露在氡中的受害者而言，其患肺癌概率是否上升还需要进一步的合理性证明。最后，这种损害应当是危险不可逆的，如果潜在损害具现后造成的损害后果并不严重，则不能主张患病风险增加的赔偿。一是其缺乏救济的紧迫性，损害后果在受害者的承受范围之内。二是与提前赔偿对自由法益造成的影响而言，非严重损害的潜伏期尚属于可容忍的义务范畴。因此，只有那些具有漫长潜伏期、损害结果不可逆、危险可合理确定的潜在损害的受害者才有提前赔偿的紧迫性与必要性,享有在损害实际发生之前主张赔偿的权利。

三、患病风险增加赔偿责任的构成要件

患病风险增加赔偿请求权的核心在于令毒物侵权行为人在实际损害发生前对其制造的损害危险给予适当的赔偿。因此该责任的增加,必须紧紧围绕着损害的确定性、危险的真实性、因果的关联性、责任的适当性四个角度进行分析。具体而言,要求毒物侵权人承担患病风险增加赔偿责任必须满足以下条件:

第一,毒物侵权行为造成了真实的危险。毒物侵权行为与某种严重疾病具有紧密的关联性,系该疾病的主要、重要诱因。只有侵权人的行为客观上对受害者造成了不合理的现实危险,其才具有可责性。在潜在损害中,由于人身伤害尚未显现,因此对于责任的归因更为谨慎。只有潜在损害确为某种严重损害的先兆事实,才具有对受害者的紧迫救济必要。为此受害者在诉讼中应当举证毒物侵权人的行为足以导致潜在损害具现为某种疾病。

第二,毒物侵权人对于毒物侵权行为的发生在主观上至少存在过失。相较于已显损害的赔偿,潜在损害在事实基础上缺乏足够的确定性,导致可能产生错误赔偿或虚假赔偿,因此在赔偿责任的认定上须更加谨慎。就被告而言,由于这种潜在损害的不确定性,可能造成其承担本非由其承担的责任,或者导致其承担过多的赔偿。因此只有那些对于潜在损害的产生具有预见性与控制力,而事实上仍放任不合理危险出现的侵权人才应当承担更多义务,才须因义务的违反而承担必要的赔偿责任。

第三,这种潜在损害具有合理确定性,即患病风险的增加系可定量化的风险。对疾病风险增加的定量化主要建立在大量的数据基础之上,通过临床上的跟踪、研究、分析,能够对规模人群的常态发病率与异常发病率进行甄别确认。在这种情况下,即使损害尚未显现,然根据科学、医学上的合理论证,就可以合理推断出潜在损害对受害者健康利益的影响。也只有能够定量化的患病风险才具有赔偿的可能性,通过对潜在健康利益与增加的患病风险比例的换算,可以折算出一定的赔偿价值。而对于那些无法对相关疾病风险定量化的有毒物

质接触行为,对其赔偿缺乏现实的可操作性。应当注意的是,和疾病恐惧与医疗监测费用的赔偿不同,潜在损害的影响并不能直接地反映到受害人的健康利益之上,因此对于患病风险增加的概率通常要求更高的确定性。而对于合理确定性的判断,美国司法实践中存在优势证据的标准,要求患病风险增加的概率达到51%。这在实践中往往难以举证,这也是我国现阶段法院难以认可该赔偿责任的原因之一。

第四,在因果关系上采用比例因果关系的判断标准。对于患病风险增加的主张,在其因果关系的认定上具有特殊性。一方面,受害者须证明其潜在损害事实与毒物侵权人的行为具有较大的关联性,即毒物侵权行为足以导致潜在损害的具现病症,且受害人真实地暴露在该毒物侵权行为当中。而且,患病风险增加的主张是对潜在损害的赔偿,即受害人将来健康风险增加的那一部分"损害"的赔偿。所以要考察毒物侵权行为与疾病风险增加之间的关联性。因此主张患病风险增加赔偿,必须先对毒物侵权行为能否造成具体损害进行因果关系判断,再考察毒物侵权行为能否造成患病风险增加。另一方面,这种关联性并不需要达到通常因果关系证明的高度盖然性程度,而是采比例因果关系的判断方法,受害者只须证明毒物侵权人的行为引发了多少比例上的患病风险增加,即证明毒物侵权行为导致患病风险增加的可能性比例。

第五,赔偿责任的认定上,毒物侵权人仅就自己的毒物侵权行为引发的患病风险增加的可能性比例承担相应的赔偿责任。与一般的损害不同,在毒物侵权造成的潜在损害中,通常是由于多种原因共同长期作用导致潜在损害的发展,毒物侵权人并非确定的造成损害,而仅仅是制造了损害的危险,故难以证明受害人的患病风险增加与某一原因或某种原因之间存在符合证明标准的确切因果关系,由其中某一原因或部分原因行为对全部损害后果承担责任是不妥当的,但亦不可因此而由受害人承受患病可能性增加的全部风险。故宜采比例责任,依比例因果关系,由毒物侵权人根据其导致患病风险增加的比例来承担相应的赔偿责任。例如,因患者自身的原因导致某种癌症的常规发病率为1%,患者在暴露于3家毒物场所后,癌症发病率提升到61%,假设暴露于3家的毒物是相同的且暴露的时间基本相同,则每个毒物侵权人仅制造了20%的不合理危险,潜在损害受害者只能要求毒物侵权人各自对增加的20%的风险进行赔偿。

第五节 我国潜在损害赔偿金的确定

对于损害赔偿，其主要的方法包括恢复原状与金钱赔偿，旨在通过一定的方式使受害者的利益状态回归到侵权行为发生之前。[①] 对于一般的侵权行为而言，损害赔偿最先采用或较为主要的方式是恢复原状。但对于毒物侵权的潜在损害而言，其要赔偿的项目要么系未来的损失，要么不具有显在性，无法通过恢复原状的方式进行赔偿。因此，潜在损害赔偿的主要方式是对潜在损害的金钱赔偿，使受害者获得相应的潜在损害赔偿金。

潜在损害中具有可赔偿性的各项目如医疗监测费用、疾病恐惧赔偿等在可赔偿性、赔偿目的、计算规则、赔偿的限制等方面具有一定的区别，难以形成一种能够涵盖全部潜在损害的统一赔偿模式。因此对于潜在损害赔偿金的确定，应当根据实际需要赔偿的项目进行具体分析。

一、潜在损害赔偿金的范围

现行损害赔偿法将损害区别为财产上损害及非财产上损害。前者是指得以金钱计算的损害，如物被毁损、著作权被侵害；后者指不能以金钱计算的损害，乃精神或肉体痛苦，如身体、健康、名誉本身遭受侵害。[②] 在潜在损害赔偿中，财产损害赔偿包括因有毒物质侵害生命权、健康权、身体权等人身权益造成的财产损害赔偿以及侵害其他民事权益造成的财产损害赔偿；非财产损害赔偿，主要指因有毒物质侵害生命权、健康权、身体权造成的精神损害赔偿与侵害其他人身权益造成的精神损害赔偿。

（一）潜在损害中财产损害赔偿

潜在损害中财产损害赔偿的主要目的是弥补受害者为了预防潜在损害实

---

① 参见王泽鉴：《损害赔偿法》，台北，三民书局、新学林出版股份有限公司和元照出版有限公司2017年版，第125页。

② 参见王泽鉴：《损害赔偿法》，台北，三民书局、新学林出版股份有限公司和元照出版有限公司2017年版，第142页和第270页。

际发生或者减少潜在损害可能引发实际损害的严重程度而产生的财产损失,以及潜在损害受害者群体的预期不利益的财产损失。前者主要指那些对有高度盖然性具现为某种严重疾病的潜在损害进行定期医疗监测产生的费用损失。后者是针对潜在损害受害者因疾病风险而产生的将来疾病损害的现时赔偿。

(二)潜在损害中非财产损害赔偿

潜在损害中非财产损害赔偿主要体现为精神损害赔偿,即对受害者因人身权益遭不法侵害而产生的严重精神损害的金钱赔偿。该赔偿的重要意义在于填补损害的同时,安抚受害者因为潜在损害而产生的精神不安、痛苦、忧虑等负面情绪。

综上所述,现阶段而言,具有可赔偿性的潜在损害主要包括三个项目,即医疗监测费用损失、患病风险增加导致的预期生命利益损失以及疾病恐惧造成的精神损害。对于潜在损害受害者而言,其可以针对医疗监测费用、患病风险增加以及疾病恐惧等三项具体的潜在损害提起损害赔偿请求,但由于患病风险增加具有相当的不确定性,在我国大陆地区暂时还欠缺充分的理论准备、实务经验与科技支持,缺乏足够的可操作性。因而现阶段潜在损害的赔偿范围主要为侵害人身权益造成的医疗监测费用损失与潜在疾病风险造成的精神损害。

二、潜在损害赔偿金的判定原则

长久以来,基于差额说的认识,大陆法系的国家和地区对于损害赔偿一直贯彻全部赔偿原则,即侵权人应当对受害者遭受侵权行为的前后财产状态差额承担赔偿责任。但随着现代社会的发展,损害的本质认识、侵权法的功能价值等传统侵权法理论都不同程度地受到冲击。对于风险、风险损害的重视使得一些旧有的理论开始得到修正。如果在损害赔偿中依然固守差额说及全部赔偿原则,将无益于受害者利益的充分保护与救济。例如,在潜在损害中,对于潜在疾病风险导致的生存机会之丧失,系一种不确定的预期利益损失,依据传统损害赔偿理念将无法得到赔偿。为冲破传统理论的局限,晚近学术界与实务界均不同程度地发展了多种损害赔偿的原则。在对潜在损害的损害赔偿中,应当根据具体损害的可偿性、确定性等采取相应的赔偿原则,具体而言,包括以下几种思路:

（一）完全赔偿原则

完全赔偿原则是指当责任要件具备时，加害人应当就其加害行为所致的全部损害，包括受害人所受损害及所失利益，均应负赔偿责任。[①]

对于损害赔偿而言，最终的目的始终是对受害者不利益状态的恢复。全部损害原则能够最大限度地填补受害者的实际损失，系宣示权利保障、弥补受害者损失的一项重要原则。在能够通过财产差额计算损害的场合，如医疗监测费用的损失，通过全部赔偿原则能够充分的保障受害人合法权益。因此全部赔偿原则依然是损害赔偿中最应当优先予以考虑的赔偿原则，具有广泛的适用空间。但也应当注意的是，在现代社会因果关系呈现一种扩大化的趋势，一些看似微小的损害因为牵连甚远可能会导致过度的责任负担，又由于潜在损害通常发生在大规模的侵权案件中，如果一概地对潜在损害适用全部赔偿原则，将可能导致责任的无限扩张。因此对于全部赔偿原则的适用应当予以一定的限制。

（二）城乡趋同赔偿原则

城乡趋同赔偿原则是指在不同的案件中，对于同种或者同类人身损害赔偿，城市居民与农民居民逐渐直至最终采取一致的计算标准。在我国，由于长期存在的城乡差异，故在人身损害赔偿计算时存在受诉法院所在地上一年度城镇居民人均可支配收入与农村居民人均纯收入的差别，继而使得实践中出现城镇与农村相似案例的判决结果不同的现象。《民法典》第 1180 条虽以“因同一侵权行为造成多人死亡的，可以以相同数额确定死亡赔偿金”弥补了这种情况，然而这还无法从根本上解决问题。如何解决人身损害赔偿中的死亡赔偿金城乡差异问题，不仅是法律上的问题，亦是重要的社会问题。所幸我国政府积极作出了回应，2019 年中共中央、国务院《关于建立健全城乡融合发展体制机制和政策体系的意见》中明确指出“改革人身损害赔偿制度，统一城乡居民赔偿标准”。这是一个良好的开端，也为我国法律统一城乡居民人身损害赔偿标准提供了政策的依据和有力的支持。

因此，在对待潜在损害的人身赔偿问题上，应当坚持城乡统一的赔偿原则。

---

① 参见王泽鉴：《损害赔偿》，北京大学出版社 2017 年版，第 29 页。

这种统一并非指赔偿金额上的一致，而是指据以参考的因素、实际援用的标准等要一致。至于实际裁判的损害赔偿金，还要考察个案中受害者的过失、损益增减等因素，不能一概而论。

（三）比例原则

全部赔偿原则本质是一种“全有或全无”的规则，当侵权行为与损害结果之间的因果关系不确定时，这种原则将可能造成极大的不公平。例如，对于具有49%盖然性的案件而言，受害者有相当的可能性证明因果关系存在，却因为缺乏这种1%的可能性而丧失全部赔偿，显然在一般观念中是不公平的。比例原则则从因果关系入手，被告就其毒物侵权行为已经造成的全部（或部分）损害或者未来将会造成损害的因果关系的可能性，就原告遭受的全部（或部分）损害或者可能遭受的损害，承担损害赔偿责任。[①] 简言之，这是一种摒弃了“全有或全无”规则，而依据毒物侵权行为造成损害的概率承担相应赔偿责任的一种赔偿原则。

在患病风险增加的潜在损害赔偿中，比例原则具有相当广泛的适用空间。毒物侵权人根据引发受害者患病的实际风险，从而承担相应的赔偿责任。这既不会导致赔偿责任的过度扩张，也不会丧失受害者的救济机会，避免了传统全部赔偿“全有或全无”的弊端，使得潜在损害的救济摆脱过度赔偿或无从赔偿的状况。

三、潜在损害赔偿金的计算

潜在损害赔偿的根本目的在于补偿受害者因为毒物侵权行为产生的不利益，因此在实际赔偿时，需要对其遭受的不利益进行相应的固定，使其成为能够赔偿的内容。对于财产性损害，一般能够通过对损害客体的财产价值进行客观的计算，从而进行对受害者不利益的充分填补；而对于非财产性损害而言，由于缺乏直接的财产价值的减损，因此需要专门的参考因素与特别的计算方式，以实现此类损害的赔偿。详言如下。

① 参见杨垠红：《丧失生存机会侵权中比例责任之适用》，载《华东政法大学学报》2016年第1期。

(一)医疗监测费用损害赔偿的计算

医疗监测费用系因为受害者患病风险增加之潜在损害而产生的费用支出,从本质上讲系一种因侵害人身权益造成的间接损失,属于一种相对确定的财产损害,但这种医疗监测费用在诉讼时通常尚未发生,而是属于一种确定的未来财产利益损失。因而在计算时与一般的人身损害赔偿项目的计算应有所区别。

潜在损害的医疗监测并不是一种无限的责任。对于毒物侵权人来说,他只对受害者与毒物侵权行为相关的医疗监测费用承担责任,这种责任具有两个明确的范围。一是在责任内容上,毒物侵权人只承担与潜在损害相关的医疗监测费用,如对于某种癌症可能存在多种诱因,而潜在损害仅是其诱因之一,毒物侵权人只对其毒物侵权行为可能导致疾病的相关因素、指标、项目的医学监测费用负责,而这部分内容之外的费用不属于毒物侵权人的责任范围;二是在责任时间上,医疗监测费用系对潜在损害的监测,目的在于对与其对应的显在损害的早期发现,因此这种监测并非无止境。如美国的艾尔斯诉杰克逊镇案中,[①]原告的专家证人认为应在原告暴露在有毒物质三年后开启第一阶段的医学监测,建立基本的信息库,此后至少每年进行一次检测,截至潜在疾病具体显现。可见,对于医疗监测的时间,最晚截至潜在损害对应疾病、损害的显在特征出现;或者在有合理医学原理、医学证据证明的情况下,持续一定的监测年限。因此在确定医学监测的计算时点时,应当考虑潜在损害的潜伏期,以适宜的潜伏期限作为医疗监测费用的计算时点。

在医疗监测费用的计算标准与计算方法上,由于这种损害本质上是一种经济上的损失,可以通过市场价值客观衡定,因此依据监测项目的市场价格客观计算即可。这里需要讨论的是对于医疗监测费用赔偿金的支付方式。我国损害赔偿金的支付方式主要有三种,意思自治优先,协商不成的应当一次性支付,只有在一次性支付存在困难时才可以分期支付。但是在医学监测费用中,一次性支付的最大问题在于这种损失属于未来损失,一方面法院难以对其进行精确估算,另一方面也无法保证受害者一定会将其用于医疗监测。在美国,医学监测费用赔偿金的支付主要存在两种方式,一种是一次性支付(lump sums),另一

---

① See Ayers v. Township of Jackson,525 A.2d 287(N.J.1987).

种是法院监督下的信托基金支付(court supervised trust fund)。从实践上看,信托基金模式更能保证赔偿金的实际用途,实现赔偿目的,值得我国借鉴。

(二)疾病风险恐惧赔偿金的计算

疾病风险恐惧赔偿本质上属于精神损害赔偿的一种。对于精神损害赔偿的确定,我国《精神损害赔偿司法解释》主要确定了六种考量因素。虽然《民法典》未在法律层面对精神损害赔偿计算标准作出明确规定,但有学者认为应在立法层面规定精神损害赔偿的考量因素,包括侵权人的过错程度;侵害的手段、场合、行为方式等具体情节;侵权行为所造成的后果;侵权人的获利情况;侵权人承担责任的经济能力;被侵权人或者其近亲属经常居所所在地平均生活水平。[①] 结合相关司法解释与理论研究成果,确定疾病风险恐惧赔偿金,应当考量以下几种因素:

第一,毒物侵权人的过错程度。过错程度是我国精神损害赔偿的法定参考要素之一。实践中,毒物侵权多表现为一种严格责任,但这并非意味着侵权人的主观过错就不需要考量。对于精神损害赔偿而言,由于此类损害过于主观,应当设置一定的门槛予以约束,毒物侵权人的过错程度便是其一。尤其在大规模毒物侵权造成的潜在损害诉讼中,如果不加以限制,将会导致毒物侵权人责任的恣意扩张。对于疾病恐惧赔偿而言,须区分侵权人故意、重大过失侵权还是一般过失侵权。如侵权人以营利为目的无视受害人健康利益而使其暴露在有毒物质中,或者管理者明知工作环境含有有毒物质而仍要求受害人工作,则其应当承担较重的精神损害赔偿责任;而对于一般过失下的有毒物质暴露,如运输中遭遇车祸导致的有毒物质泄漏等,毒物侵权人的责任较轻,甚至不需要承担责任。

第二,毒物侵权行为的具体细节。包括具体的毒物侵害手段、毒物侵权场合等细节。例如,在私人场合产生的有毒物质泄漏与在公共场所发生的泄漏、违法排放造成的潜在损害与合法排放造成的潜在损害等细节上的差别,也会在一定程度上影响损害赔偿金金额多少的认定。

---

① 参见王竹主编:《〈民法典·侵权责任编(编纂建议稿)〉附立法理由书》,清华大学出版社2019年版,第27页。

第三,毒物侵权人的责任能力。毒物侵权人的经济水平决定了其承担精神损害赔偿的责任能力。对于造成潜在损害的毒物侵权人而言,除了潜在损害之外,其同时还需要承担显在损害的赔偿责任。因此在确定赔偿数额时应当考虑其实际的经济状况,过度的赔偿将导致救济失衡,过轻又无法起到救济受害者、惩戒行为人的作用。

第四,当地的平均生活水平。在我国,由于经济发展不平衡,城乡差异大,导致各地的收入水准与消费水准不一致。这些不仅影响到毒物侵权人的赔偿能力,也会影响精神抚慰金实际起到的作用。尤其对于食品、药品毒物侵权事故中的潜在损害受害者而言,他们遍布全国各地,考虑当地生活水平因素对于潜在损害受害者的实际赔偿效果有一定裨益。但差别不宜太大,尤其是不能因为城乡的差异而导致疾病风险恐惧赔偿金的过大差距。

(三)患病风险增加赔偿金的计算

对于患病风险增加的赔偿,美国司法实践通常采取比例责任的形式进行赔偿,通过定量化潜在损害,计算增加的患病风险对生存机会即将来健康利益的减损。对于此类赔偿的计算,应当尽可能地减少价值判断的介入,主要通过客观、准确的科学数据以及医学鉴定等方式合理限制法官的自由裁量权。在计算疾病风险上升导致的预期生命利益损失时,还须考虑以下几个因素:第一,客观的生存概率。生存概率是此类损害的基础,只有通过尽可能地对未来生存概率的量化,才能得出相应的价值基础,从而核定丧失的机会价值。第二,既有因素对健康利益的影响。除了毒物侵权行为之外,可能还存在其他的疾病因素,亦会导致潜在损害受害者将来生存机会的丧失、患病风险的增加,因此在具体计算时对于此类因素引发的风险增加应予以剔除。

患病风险增加在性质上属于未来损害,对于此类损害的计算,美国法中主要存在两种方法,单独结果计算法(single outcome approach)与分段结果计算法(weight average computation)。[①] 前者系以损害在某个时点的最大具现概率为计算依据。如受害者在18岁时暴露在有毒物质中产生疾病风险,在40岁时疾

① 参见季若望:《侵权法上生存机会丧失理论的本土化构建——以医疗损害案件为视角》,载《政治与法律》2018年第1期。

病风险最高为 50%，而受害者 40 岁时暴发疾病产生的损害总额为 100 万元，则其此时的损害赔偿金为 100 万元 ×50% ＝50 万元；而分段结果计算法则依据受害者在每个年龄段的不同患病概率进行叠加计算，如前述假设中，受害者在 40 岁时疾病风险为 25%，损害总额为 100 万元，30 岁时疾病风险为 20%，损害总额为 200 万元，20 岁时疾病风险为 5%，损害总额为 300 万元，则受害者实际可得的赔偿为 100 万元 ×25% ＋200 万元 ×20% ＋300 万元 ×5% ＝80 万元。而在我国，对于此类损失的计算通常仅根据鉴定报告中给出的参与度等与损害总额进行相乘，实际是一种简化的单独结果计算。[①]

从具体的效果看，单独计算法比较便捷迅速，但由于疾病在各年龄段的影响不一，其计算结果可能据事实相去甚远。而分段计算法根据潜在损害的具体风险进行判断，更具有科学性与合理性，也相对比较公平。前者胜在效率、便捷，适用于大规模的侵权诉讼之中，而后者的计算烦琐费时，一旦人数众多，将对司法资源造成极大的压力。因此，对患病风险增加赔偿金的计算应当根据具体的案件有所区别。在条件允许时，采取分段计算的方法更为合理。但考虑到司法资源的压力，在人数众多的侵权场合，采取单独计算法更符合实际需要。

上述方法仅仅是一种假定的理想模型，在实践中，此类赔偿往往还要考虑其他许多相关因素。例如，个体差异导致的疾病风险不同，如何确定疾病风险的平均概率问题；由于患病风险增加赔偿金是用于弥补将来的可能性损害，因此还存在如何解决将来损害发生时的货币贬值问题等，这些问题还需要进一步的研究与探讨。

---

① 参见季若望：《侵权法上生存机会丧失理论的本土化构建——以医疗损害案件为视角》，载《政治与法律》2018 年第 1 期。

第九章　有毒物质侵权之补充救济机制：责任保险

鉴于有毒物质侵权的特殊性（尤其是侵害规模较广），单纯的侵权责任难以周全应对，应辅以信托法、保险法、社会保障法上的救济方式。信托法的救济方式主要指要求企业设立破产信托（bankrupt trust），如附条件支付的信托或标明用于偿付受害者的基金，发挥信托的破产隔离功能，保护作为信托受益人的受害人不会因为企业财产变化而陷入无法获得赔偿或仅得极少量赔偿的窘境。但依我国当前的国情来看，信托法的方法尚缺条件，宜采用责任保险与补偿基金的救济方法。就我国而言，有毒物质侵权的责任保险制度设立，本书认为可以在产品责任与环境责任领域设立，鉴于产品责任保险的研究与实践已较为成熟，故本书就环境毒物侵害的责任保险展开论述。[①]

---

① 此章关于环境毒物责任保险的论述是在课题组成员张冬琴论文《环境毒物责任保险制度研究》的基础上进一步深入分析与探讨。

第一节　环境毒物责任保险制度的基本理论

一、环境毒物责任保险制度的概述

(一)环境毒物责任保险的概念

保险是集合同类风险聚集资金来建立基金,对特定风险的后果提供经济保障的一种风险财务转移机制。[①] 我国《保险法》中所称保险是指保险人依合同约定在风险发生或其他条件成就时向被保险人偿付保险金的一种商业行为。[②] 根据其承保的风险类型及保险标的性质的不同,可以分为第一人保险和第三人保险。第一人保险指以被保险人的人身或财产为保险标的,以意外事故为承保危险的保险;第三人保险是指以被保险人对第三人的损害赔偿责任为标的,并以被保险人对第三人的给付为承保危险的保险。[③] 而责任保险即属于第三人保险之范畴。[④] 通说认为责任保险制度最早在法兰西第三共和国时期得到确立,此后在欧美等发达国家得到普遍的认可与适用。责任保险制度最初被运用于工业化时代的各个高危领域,如核能、航空等。而随着现代社会风险意识的逐步加深与救济理念的更新,责任保险制度开始涉及一些新的领域,如环境污染等,并由此而催生了一系列相应的子制度,具体到环境毒物侵权领域,即环境毒物责任保险。

何为环境责任保险,我国的学术界及立法上对此并未形成统一的概念。邹海林研究员认为,环境责任保险是指以被保险人因污染环境而应当承担的环境赔偿或治理责任为标的的责任保险。[⑤] 覃有土教授认为环境责任保险是指以被

---

① 参见张洪涛、郑功成主编:《保险学》,中国人民大学出版社2000年版,第66页。

② 《保险法》第2条规定:"本法所称保险,是指投保人根据合同约定,向保险人支付保险费,保险人对于合同约定的可能发生的事故因其发生所造成的财产损失承担赔偿保险金责任,或者当被保险人死亡、伤残、疾病或者达到合同约定的年龄、期限等条件时承担给付保险金责任的商业保险行为。"

③ 参见竺效:《环境责任保险的立法研究》,法律出版社2014年版,第7页。

④ 《保险法》第65条第4款规定:"责任保险是以被保险人对第三者依法应负的赔偿责任为保险标的的保险。"

⑤ 参见邹海林:《责任保险论》,法律出版社1999年版,第100页。

保险人因污染环境而依法应承担的赔偿责任作为保险对象的保险，且保险对象通常仅限于因自然灾害或意外事故等突发事件所造成的人身伤亡、财产损害等经济性损失。[①] 别涛博士认为，环境污染责任保险是指以排污单位对第三人造成的污染损害依法应负的赔偿责任为内容的保险。[②] 国家环境保护总局、中国保险监督管理委员会《关于环境污染责任保险工作的指导意见》将环境污染责任保险定义为是以企业发生污染事故对第三者造成的损害依法应承担的赔偿责任为标的的保险。[③] 2018 年生态环境部部务会议审议并原则通过的《环境污染强制责任保险管理办法(草案)》(以下简称《管理办法(草案)》)对环境污染强制责任保障的界定是，以从事环境高风险生产经营活动的企业事业单位或其他生产经营者因其污染环境导致损害应当承担的赔偿责任为标的的强制性保险。

从前述学界意见可知，目前我国理论界与具体的司法实践中对于环境污染责任保险的定义并无准确一致的认识，甚至对环境责任保险的表述也没有达成统一。虽然表述有出入，但实际上环境责任保险与环境污染责任保险具有一致的价值内涵，二者皆以被保险人的环境破坏事实引发的环境责任为保险标的。依据环境责任保险合同关系的建立是否取决于被保险人的意志，可分为强制性责任保险和任意性责任保险；根据保险的性质，可分为政策性保险和商业保险；根据环境损害的索赔时间是否发生在保险合同规定的有效期间内，可划分为事故型环境责任保险和索赔型环境责任保险。中国的环境责任保险发展还不成熟，现行的环境责任保险险种主要存在于海洋环境保护以及石化能源开发领域。而在今后，随着生产力水平的提高与改造世界能力的提升，各种污染事故可能将越发频繁发生，环境侵权类型也将不断拓深。仅凭纲领性的环境责任保险尚不足以预防与填补可能的风险损害，尤其在亟需科学、医学助力的环境毒物侵权领域，更加缺乏操作性。因此一个可行的方法是将环境责任保险制度予以细化。对于环境毒物侵权问题，可以派生出专门的子险种，即环境毒物责任保险。

环境毒物责任保险是由环境责任保险发展而形成的新险种，是以被保险人

---

① 参见覃有土:《保险法概论》,北京大学出版社 1993 年版,第 193 页。

② 参见别涛:《国外环境污染责任保险》,载《求是》2008 年第 5 期。

③ 参见竺效:《环境责任保险的立法研究》,法律出版社 2014 年版,第 13 页。

因环境毒物侵权行为而引起的损害赔偿责任为保险标的的责任保险。环境毒物责任保险是环境责任保险的一种特殊形式,主要针对的是潜伏时间长、综合因素多、评估程序复杂等的环境毒物侵权行为,此类行为的损害结果一旦显现则后果严重、牵连广泛,由于其在时间与空间上跨度大,甚至危及社会的和谐稳定,亟需权威的力量介入、救济。因此,笔者认为,环境毒物责任保险是一种政策性保险。环境责任保险与环境毒物责任保险是一般与特殊的关系。前者针对的是所有的环境侵权,后者只针对环境毒物侵权。环境责任保险是环境毒物责任保险的基础,前者为后者提供了大致的保险模式,后者是前者的具体化。

(二)环境毒物责任保险的基本特征

前文述及,环境毒物侵权具有既别于普通侵权行为又别于一般环境侵权行为的双重特性。而这些特性又决定了环境毒物侵权独特的责任形式。因此,环境毒物侵权的与众不同决定了环境毒物保险具有以下几点特征:

1. 保险标的的特殊性

与普通商业保险强调的被保险人实在的人身、财产利益不同的是,环境毒物责任保险是以被保险人的环境破坏事实引发的环境责任为保险标的。环境毒物损害赔偿责任主要包括受害人的显在或潜在损害,除此之外,环境毒物侵权导致的修复生态费用、纯粹经济损失等也在责任范畴内。

2. 保险利益的不确定性

与普通环境侵权不同,环境毒物侵权中损害结果往往具有潜伏性和渐进性,因此其因果要件的区分存在较大的难度,进而要求环境毒物责任保险的保单存续期间不宜过短。此外,该种保险制度的实施情况也与环境毒物侵权中责任构成的判定息息相关。因此,基于这些特殊因素的存在,导致环境毒物责任保险的保险利益较之普通商业保险具有更大的不确定性。

3. 公益性

环境毒物责任保险的公益性,是指环境毒物责任保险制度在维护和保障国家、政府、企业、受害人以及其他社会公众的利益中起着重要的作用,它既维护了当代公众的代内利益,也保障了后代人的代际利益。[①] 环境毒物责任保险的

① 参见张晓文:《环境责任保险的公益性》,载《政法论坛》2009 年第 4 期。

公益性表现为以下几点:(1)维护受害人的权利。由于环境毒物侵权往往责任重大,单纯由企业一力承当恐力所不及。相关企业通过投保环境毒物责任保险,将大部分责任风险与保险机构共同分担,解决了责任能力有限的问题,进而保证受害人能够得到迅速、充分的救济。(2)保障企业的利益。巨额的环境责任往往超出了企业的能力范围,各企业通过投保环境毒物责任保险,将可能存在的环境毒物责任风险由一力承当转变为系列关联企业互助共摊,实现了企业之间的资源优化配置,合理地调整了各企业之间的利益,从而有效保障了企业的利益。(3)实现实质公平。环境毒物责任保险制度是侵权救济"行为责任"理念向"风险责任"理念转变的产物,更注重对受害人损害的填补,从而实现法的实质公平,是环境毒物侵权中受害人权利得到充分救济的重要制度保障。环境毒物责任保险制度这种止损与救济上的公益性正是填补传统侵权法在现代语境下的救济缺陷的关键所在。

(三)环境毒物责任保险的功能

在环境毒物侵权诉讼中,无论是侵权人面临的巨量、巨额的损害赔偿责任还是被侵权人遭受的惨痛的人身、财产的损失,对侵权人与被侵权人双方而言都是不可承受之后果。对于这种远超个体承受能力的风险,亟需一种合理有效的社会化机制予以降低、共摊,从而保证救济充分,惩责分明。与环境毒物侵权的特殊性相适应,环境毒物责任保险具备以下的功能:

第一,环境风险合理分散之功能(环境责任承担的社会化功能)。人类的现代化进程总是与科技水平的进步息息相关,然而这种进步带来的负面后果是基于人类活动产生的环境风险将日益加剧,更令人担忧的是对于这种多种复杂机制共同作用下的风险,人类缺乏有效的预测手段。无论是何种产品或技术的发展,无论其带给人类的利益多大,都有负面效应,将会产生废物或污染。在环境毒物侵权诉讼中,侵权人需要对环境生态的回复以及被侵权人的健康损失承担巨额赔偿责任,通常会使企业的经营难以为继。而环境毒物责任保险的原理在于,将同样具有环境毒物侵权可能性的企业、组织作为一个风险共同体,通过吸纳这些成员一定的资金(保费),而成立一个共同的风险对抗基金,将巨额的环境责任转换为由整个行业分摊,通过行业抱团的方式解决单个企业责任能力有限的问题。

第二,环境毒物侵权潜在损害救济之功能。在环境毒物侵权案件中,由于其具有加害人无法确定、损害的长期潜伏性、因果关系及致害过程的复杂性等自身的特殊性,如果仍然运用我国现有的环境侵权的救济措施,那么这些遭受环境毒物侵权的潜在受害者将面临法律救济障碍,严重的甚至会影响社会的安定。一种有效的应对方式即环境毒物责任保险制度,以保险的方式将个体的环境侵权责任转为整个行业的共同风险,通过对相关行业成员吸纳一定的保费成立保险基金,在事故发生时,用保险基金赔偿潜在受害者因此而遭受的损失,使这些潜在受害者得到一定的救济,同时可以督促环境污染者尽可能采取预防性措施,降低事故发生的可能性与危害性,并预防潜在受害者的损害。

第三,环境风险监督管理之功能。早期的保险功能主要在于填补经济利益的损失,而在风险形式更繁多的现代语境下,相应催生了一系列新险种,更是派生出了社会管理功能。例如,虽然保险公司在事实上发挥着社会救济的作用,但其主要目的仍在于攫取利润,因此在保险合同签订后,保险公司通常会对被保险人施加关注,必要时还会主动介入对其行为的监督管理,避免风险的发生,从而避免保险金的支出。具体而言,保险公司的保险合同,明确规定企业在生产加工等环节必须遵守相关的法律法规,采取有效措施防止环境毒物污染,并在保单中说明投保人的环境毒物防治措施及义务。此外,在环境毒物责任保险合同存续期间,保险公司应有权、有义务对被保险人进行随机抽查,增强被保险人的风险意识与守法意识,提高其管控环境毒物的能力。因此,在环境风险监督管理领域,环境毒物责任保险发挥着重要作用。

二、环境毒物责任保险制度的理论基础

旧有的侵权救济模式在面对相对新兴的侵权类型即环境毒物侵权时存在先天的救济缺陷,环境毒物的致害机理与作用形式有别于传统的侵权行为模式,因此既有的侵权法理论难以发挥应有的作用实属当然。虽如此,学界与实务界也必须及时对侵权法进行反思与重构。经过司法实践的不懈探索,环境毒物责任的社会化承担模式开始得到广泛的重视与认可。而环境毒物责任保险作为这种模式行之有效的具体途径之一,也发展出了一套相对成熟的理论。

（一）法学基础

环境毒物责任保险制度是侵权法学在对环境毒物致害模式的理论研究下的重要制度成果。现代社会意外灾害具有四个基本特点：(1)造成事故之活动皆为合法而必要；(2)事故发生频繁，每日有之，连续不断；(3)导致之损害异常巨大，受害者众多；(4)事故之发生多为高度工业技术缺陷之结果，难以防范，加害人是否具有过失，被害人难以证明。[①] 面对这些侵权问题，传统侵权法上的过错责任归责原则已经无法满足受害者的救济要求，进而难以再起到维护社会公平的作用，因此，现代侵权法对此做了修正，即确立了无过错责任原则。无过错责任原则是风险救济与损害填补理论的产物，在无过错责任原则下，被侵权人的损害结果能够得到相对充分的救济，但与之相对的，是侵权人责任的增加。这种责任的偏差在普通的特殊侵权中有利于保障受害人的合法权益，但在环境毒物侵权中，引发侵权损害的原因行为往往具有妥当性，即行为本身不具有过错或重大过失，相反，其本身可能是推动社会经济发展的正当手段。因此对于此类侵权展开法律评价时应当充分权衡其经济效益与社会反馈。严格责任的一个关键基础在于"获利报偿"理论，然而在环境毒物侵权中，基于侵权行为的获利主体除了企业之外，从广义上讲，还包括整个社会群体，因为整个社会群体都在一定程度上享受了这种发展带来的红利。基于公平的考量，在保障被侵权人合法权益的同时，不宜过分苛责侵权人。因此，在无过错责任原则情形之下如何化解企业面临的巨额赔偿之顾虑，侵权责任社会化便成为最佳的选择。正如戴维·M.沃克所言："从社会的角度看，侵权法的作用，在于将一个人所遭受的损失转移到被认为是造成这一损失或应对这一损失负有责任的人的身上；在某种程度上，侵权法的作用是将一个人所承受的损失扩及一个企业甚至整个社会。"[②]个体的力量总是有限，对于巨额责任的承担最经济的做法是将责任转移由风险共同体一并承担。环境毒物侵权责任保险制度即是将这种理论予以具体化，在社会本位的理念支持下，通过将环境毒物风险转移至整个行业共同承

---

① 参见王泽鉴：《侵权行为法之危机及其发展趋势》。转引自王泽鉴：《民法学说与判例研究》（第2册），中国政法大学出版社1998年版，第153页。

② ［英］戴维·M.沃克：《牛津法律大词典》，北京社会与科技发展研究所译，光明日报出版社1988年版，第863页。

担,化解个体企业责任能力有限的难题,既保证了责任企业的继续经营,又能充分救济被侵权人,有利于整个社会的平稳运行。

(二)经济学基础

从经济学的角度来审查环境毒物侵权问题,存在巨大的外部性问题。所谓外部性是指当一个人或企业采取一种行为但并不承担全部成本(负外部性)或得到全部利益(正外部性)时出现的一种现象。① 根据环境毒物侵权的特殊性,其造成的损害影响往往都是很广泛的,且具有相当长的潜伏性,在短时间内是难以计算出来。因此一些企业在生产经营中,往往会忽略对这部分内容的统计,导致其外部不经济性,使得其盈余可能不足以支持其承担环境毒物侵权的责任。正是由于不能正确地计算企业的经营成本,导致企业有过度生产之目的,进而加剧了环境毒物侵权潜在损害的恶性循环。这种循环弊端来自市场体制固有的逐利性,对此正确的应对方式应当是利用宏观干预手段,通过政策性的上游刺激来督促企业严谨地进行成本核算与生产控制。比如,对相关的企业征收环境税、收取适当的排污费等来提高环境毒物侵权之企业的经营成本。虽然这些制度可以解决一些环境侵权的问题,但在面对环境毒物侵权时其难以解决潜在损害问题,所以,环境毒物责任保险制度孕育而生。建立环境毒物责任保险制度,在发生环境毒物侵权潜在损害之时,由相关保险公司及时向暴露在环境毒物中的受害者支付潜在损害赔偿费用,这样既能充分救济此类群体性侵权中数量众多、广泛分布的受害者,又能避免赔偿责任超出企业能力上限而导致企业破产,进而动摇市场秩序。而且用以填补损害的资金来自行业风险共同体的合力,是将外部的风险成本转化为内部的生产成本,从而实现社会资源的优益配置。

(三)社会学基础

当代各国家、学者对于法的社会化的认识都在不同程度上受到狄骥的社会连带主义法学思想的影响。他认为:"人们相互有连带关系,即他们有共同需要,只能共同地加以满足他们有不同的才能和需要,只有通过相互服务才能使自己得到满足。因而,人们如果想要生存,就必须遵循连带关系的社会

① 参见贾爱玲:《环境侵权损害赔偿的社会化制度研究》,知识产权出版社2011年版,第124页。

法则。”[①]社会连带主义理论阐述了这样一个事实，任何个体都不是彼此孤立的个体，它们基于血缘、结社契约等因素形成的社会性纽带彼此紧密联系在一起，共同构成一个生态循环的社群，因此社群内的任意个体都有维系这种紧密纽带的义务。将这一理论运用到环境毒物侵权当中，可以为传统侵权救济方式在环境毒物侵权潜在损害赔偿中的救济局限问题开辟一条新的思路。我们知道，普通的侵权责任坚持“无损害无责任”的原则，是个体之间的现实利益矛盾。而在环境毒物侵权中，由于环境毒物的侵害具有范围大、牵连广、影响远、救济难的特点，导致其损害具有很强的社会侵益性。社群成员在享受此类行业带来的红利的同时，同样也要面临因此而生的风险。虽然在最终损害结果上呈现的是一定数量的社会成员利益受损。但是从宏观角度而言，实际是整个社群整体利益的受损，只是具体表现为现实中个别成员的损害而已（因为虽然谁也不知道这种损害会落在谁身上，但总是可以确信这种损害会落到社群成员当中）。换言之，所有的社群成员都是此类行为的既得利益者，也都是此类侵权的潜在受害者，因为“环境侵权的原因行为往往具有社会妥当性、合法性、价值性、公益性，而环境公害作为现代社会新型侵权行为之一，往往属于严重的社会性权益侵害现象”。[②] 因此，将环境毒物侵权责任通过社会渠道予以分摊具有一定的社会学基础，对于环境毒物侵权的行为人来说，背负由此而生的责任实属当然，但这种损害的产生同样需要整个社会来对其负责。具体到环境毒物侵权救济的现实社会参与，即环境毒物责任保险制度。这种救济方式正是在基于公平正义理念的基础上，将社群成员间的权利、义务及责任重新分配，达到维护社会各方利益的目的，该种分配方式更为符合公平正义原则。

（四）伦理学基础

长久以来，人类对于人与自然之间的关系的认识一直处于“人类中心主义”的范畴。这种环境伦理观将人类视为自然界的支配者，从而将自然界物化为财产，可以基于自身欲望的驱动任意使用、改造、损毁。在这种理念看来，“人是大自然中唯一具有内在价值的存在物，环境道德的唯一相关因素是人的利益，因

---

① ［法］狄骥：《〈拿破仑法典〉以来私法的普通变迁》，徐砥平译，中国政法大学出版社 2003 年版，第 27 页。

② 王明远：《环境侵权救济法律制度》，中国法制出版社 2001 年版，第 144 页。

此，人只有对人类才负有直接的道德义务，人对大自然的义务只是人的一种间接义务”。[①] 正是基于这种价值观的指导，人类对于自然的态度趋于征服者与支配者，在认识和改造世界的过程中无所节制，无视生态平衡，导致环境、生态事故频发。这种价值观的偏差在给自然与人类带来同步的灾难的同时，有识之士也开始进行反思，一种新的环境价值伦理开始被提了出来。这种新的价值观将人类与自然环境视为一个整体，强调人与自然的和谐性与统一性，人与自然的关系是一种息息相关的共生关系。因此这种观点又被称为“生态中心主义”。该观点认为：“一种恰当的环境伦理学必须从道德上关心无生命的生态系统、自然过程和其他自然存在物。环境伦理学必须是整体主义的，即它不仅要承认存在于自然客体之间的关系，而且要把物种和生态系统这类生态整体视为拥有直接的道德地位的道德顾客。”[②]从人类中心到生态中心，从自大到谦卑，这种认识论上的转变既是生产力水平提高带动认识水平提高的必然结果，也是人类社会对日益严重的灾害风险、生存危机的反思结果。这种理念上的转变也为环境毒物责任保险制度的建立奠定了伦理基础。在人类认识到环境承载力与自然规律对人类活动的限制后，为了构建一种能够循环往复的发展模式，人类开始试图探索一些社会共力的制度模式，利用社会合力来完成某些问题的具体解决。而这其中，环境毒物责任保险制度正是人类应对环境毒物侵权风险的优秀成果。

第二节　环境毒物责任保险制度的可保性风险以及面临的法律障碍

由于一些历史性原因，我国的保险制度建构较晚，相比于发达国家已经日臻完善的系列保险制度，我国的保险体系还处于发展完善阶段。尤其在环境毒物责任保险领域，在我国尚处于探索试验的阶段，未有相应的配套法律予以规

---

① 刘凌颐：《环境伦理观演进背景下的法律生态化》，载《百色学院学报》2010 年第 6 期。

② 刘凌颐：《环境伦理观演进背景下的法律生态化》，载《百色学院学报》2010 年第 6 期。

范。值得欣慰的是,现行法律体系内,已有与环境毒物责任保险相关的规定散见于各个规范文件中,为专门的制度化建构提供了良好的基础。虽如此,然而在实践中要建立专门的环境毒物责任保险制度还是需要对环境毒物责任保险的可保性风险以及面临的法律障碍进行分析。

一、环境毒物责任保险的可保性风险

(一)环境毒物风险的可保性分析

风险是指某种危害发生的可能性或概率,以及发生这种危害所造成后果的影响程度。[①] 因此,环境毒物风险可以理解为,环境毒物侵权损害发生的可能性或概率以及发生环境毒物侵权行为所造成的损害后果的影响程度。那么,环境毒物风险在保险学上是否具有可保性呢?从保险学意义上来看,可保性风险指可让被保险人所接受的风险,亦即可以向保险人转移的风险。[②] 而某项风险是否具有可保性,应满足一定的条件。美国学者安德森(Anderson)先生认为,构成保险对象的风险,应该满足以下条件:"(1)彼此独立的标的暴露于风险之中。(2)因风险而发生的损失必须明确或者可以确定其发生的时间、原因以及损失金额。(3)在一定的合理期间内,损失是可以预期的。(4)损失的发生对被保险人而言,具有偶然性及意外性。(5)多数保险标的的损失并不会同时发生,亦即发生产业巨灾的可能性必须降至最低。"[③]根据大数法则的原理,可保性之风险应符合以下几个条件:(1)存在大量同质风险,保险人可据此较准确地预测损失的平均频率和程度;(2)损失必须是意外的,即出险率为随机变量;(3)已经发生的损失必须是确定的或可测定的;(4)保险对象的大多数不能在同时遭受损失;(5)承保人具有承保能力。[④] 由于环境毒物侵权具有前述多种与普通侵权迥异的特性,使得作为保险标的的环境毒物侵权损害赔偿责任难以满足美国学者及大数法则中所说的损失的确定性及可预测性的条件,而且在发生行为人

① 参见王刚、张霞飞:《海洋环境风险:概念、特性与类型》,载《中国海洋大学学报》2016 年第 1 期。

② 参见田玲、邢宏洋、高俊:《巨灾风险可保性研究》,载《保险研究》2013 年第 1 期。

③ Dan R. Anderson, *Developmengt of Environmental Liability Risk Managenment and Insurance in the Unitde State: Lessons and Opportunities*, Risk Management and Insurance Review, 1998, p. 2.

④ 参见韩海容等:《浅谈风险的可保性》,载《上海保险》1997 年第 8 期。

故意的情形时是无法满足损失是偶然或意外的条件,倘若环境毒物侵权损害得不到及时救济而造成巨大的损失,则可能无法满足承保人具有承保能力的条件。如果能找出规避环境毒物风险不可保性的途径,那么环境毒物风险在保险学上中就具有可保性了。

1. 理论层面上的可保性分析

在理论层面上,邹雄先生认为,"渐进性、累积性污染事故可以承保。在累积性环境污染事故,从无限制的长期来讲,污染积累到一定程度,污染事故必然爆发。在环境污染责任保险合同期内保险事故可能爆发,也可能不会爆发,符合'危险的发生存在可能'的特征。同时,累积性污染事故发生的时间不确定的,事故造成的后果严重性不确定的,累积性污染事故的发生符合法律、符合社会公益和善良风俗,所以,累积性污染事故存在着不确定的风险,符合适用保险的条件"。[①] 笔者认为,环境毒物侵权损害赔偿责任风险是否具有可保性,既要考量环境毒物侵权具有加害主体的不确定性、因果关系的复杂性及损害结果的长期潜伏性等迥异的特性,也要考量环境毒物侵权行为的价值正当性。环境毒物的污染并不是基于行为人的故意或重大过失,其原因行为往往是符合国家法律、政策的正常生产经营活动,对其加以责任是基于行为人与受害人风险承担能力的权衡,目的是追求实质公平。因此此类原因行为并非具有非难性,若一律予以禁止,那么社会发展、文明进步将就此止步,因此,应当平衡社会、经济、环境等各方面利益。为此,理论上有"忍受限度论"之说,即在一定限度内,环境危害行为是一种"可容许的危险",超过这一限度,人们无法忍受时即为法律所禁止。[②] 为此,环境毒物侵权行为是一种在忍受限度内的"合法或适法的侵权",[③]本身在法律评价上不具有非难性。因此,因环境毒物侵权行为产生的损害赔偿责任具有一定的可保性。倘若这种不具有法律非难性、实质是属于利益

① 邹雄:《对环境侵权责任保险制度若干问题的思考》,载《广州大学学报(社会科学版)》2006 年第 5 期。

② "忍受限度论"源自法国,是法国法院通过判例形成的特殊过失理论。日本深受这一理论的影响,将其援引于环境侵害损害赔偿案中,比如,在都营地铁工程噪声案中,法院就运用"忍受限度论"来判断该案的违法性。参见陈泉生主编:《环境法原理》,法律出版社 1997 年版,第 209 页。

③ 因"忍受限度论"的存在,环境侵权行为被认为具有合法性或适法性。王明远:《环境侵权救济法律制度》,中国法制出版社 2001 年版,第 16 页。

权衡下的“牺牲品”的行为缺乏一种合理的止损手段,那么涉事企业不仅会因为责任能力限度的问题导致对被侵权人的救济不充分,也会使得企业陷入破产危机,导致社会经济秩序的混乱。从这个意义上讲,环境毒物风险确实具备设置责任保险的理论基础。

2. 实务层面上的可保性分析

在实务层面上,根据保险理论中关于风险可保险性的一般要求,如何使环境毒物风险具有可保性,应着力解决好风险单位的大量性、风险的可预见性、保险人的承保能力等问题。保险学中存在一种“大数定律”,即在保险风险估算中,作为统计样本的潜在风险人的数量应当尽可能接近实际,其数量上的多寡,与统计风险跟实际风险之间的误差呈一种反比例关系。换言之,在一个统计过程中,样本数量越少,单独某个风险事件对于整体风险概率计算的影响越大,通过样本数量的增加来降低数量关系的不确定性,从而得到相对确定的风险概率。具体到环境毒物责任保险中,只有存在大量的同质性风险,才足以分摊保险事故造成的损失。即可能导致环境毒物侵权的行业规模越大,环境毒物责任保险的可行性越高。目前,根据我国环保公布的《2016 年国家重点监控企业名单》有 14,312 家企业榜上有名,其中包括排放废水企业有 2660 家、废气企业 3281 家、污水处理厂 3812 家、规模化畜禽养殖场(小区)21 家、重金属企业 2901 家、危险废物企业 1637 家。这些庞大的数据足以证明环境毒物风险的大量性,也证明了环境毒物责任保险市场存在大量类似风险的投保企业。因此,环境毒物风险满足了保险学中存在大量同质性风险的要求。

环境毒物责任保险制度的功能在于将具有同样风险预防需求的个体团结起来,形成一个风险共同体,通过行业力量的整合,将个别成员的环境毒物侵权风险转为行业的整体风险。这样既能给受害人提供充分的救济,也能避免企业陷入责任困境。为了使该制度能够有效运行,必须满足保险原理中大数定律之规则,即环境毒物风险的可预测性。一个保险种类想要持续、平稳的运行,就需要保险人在投放这种险种时对事故发生的可能性与危害性有所了解,只有风险共同体的全部需求足以抵消风险造成的损失时,保险才能得以存续。换言之,保险人通过责任保险获取的利润当足以弥补风险事故的保险金支出。而这就要涉及保险费率的计算。如果保险人对环境毒物风险的需求与影响缺乏有效的预见,将导致保险人无法通过合适的保险费率完成保险金与收益的平衡。这种情况往往发生在环境毒物侵权责任保险初期,市场的不完备与风险人的迟疑顾虑都可能导致保险需求的不达标。一种有效的办法是在合理的保险费率得到确定前,先行采用风险保险费的方式,在应有的保费之外额外增加一定的费用,用以应对可能出现的超出预见的风险。另外,为了保证保险人能够合理、有效计算环境毒物风险的可能性与危害性以便厘定保险费率,一方面,法律应当及时明确环境毒物侵权责任的具体构成,保证环境毒物侵权的可预见性;另一方面,在司法裁判中,对于环境毒物侵权责任,裁判者应当避免出现适用标准的混乱,提供大数定律的计算空间。同时应当允许保险公司之间进行一定程度的数据共享,以合理确定事故风险与市场需求,做到保险费率的精确定位,提供科学可行的保险产品。

由于环境毒物侵权行为产生的损害具有长期的潜伏性以及损害结果出现时具有大规模性,这对保险人的承保能力是极大的考验。我国《保险法》为保险公司设定了2亿元实缴资本的入市限制,然而对于庞大的保险市场而言,这些资本仅仅是杯水车薪,仅国内的人保财险就具有1674亿元的规模[①]。而不论是美国实力雄厚的保险公司还是国际再保险公司都因石棉案的巨额赔偿而破产,更何况是在我国相关法律制度不完善的情况下,保险公司在面临环境毒物侵权损害赔偿责任的巨额赔偿时偿付能力也是有限的。即使《保险法》为了保证保险公司的偿付能力而规定了各项责任准备金、最低偿付能力,但对于环境毒物侵权的受害者来说也是杯水车薪。因此,在环境毒物侵权损害发生时,为了避免保险公司的偿付能力不足而使保险制度形同虚设,可以借助再保险制度、共同保险制度等保险技术或寻求公共性保障资金支持。对于再保险制度,其主要功能在于保险风险的再分散,通常适用于单个事故的危害程度超出预计,对风险转移有时间、空间限制以及需要分散聚合风险的场合。因此,可以利用再保险制度提高保险人对环境毒物风险的承保能力。共同保险制度是另一种分散风险的保险技术,其要点在于介入多个保险人以提高承保上限。与再保险制度

① 沃保网根据2015年1月至7月中国财产保险公司的保费收入情况,整理的2015年中国最新财产保险公司排名。

相比较,环境毒物侵权的受害人可以直接向多个保险公司提出赔偿要求,其救济效果更为明显。而且再保险制度只能将环境毒物风险视为一个整体的风险,在共同保险制度中则通过人为的因素将环境毒物风险进行分割,其风险的分散效果显然比再保险制度好。

(二)影响环境毒物风险的可保性因素

1. 因果关系、长期潜伏性等对可保性的影响

前文述及,在环境毒物侵权诉讼中,其因果关系的认定具有超越普通侵权行为的要求与难度。许多损害的发生、认定以及与侵权行为联系的辨别均需要技术水平上的支持,但由于认识发展规律的限制,绝大多数时候的医学、科技水平不足以支撑起对环境毒物侵权的精确认识。在具体实务中,一般借助相应的理论成果以降低认定难度,如对因果关系的认定采取因果关系推定、举证责任倒置等形式。而采用因果关系推定的方式将增加被保险人承担环境毒物侵权损害赔偿责任的概率,由此降低了环境毒物风险的可保性。在我国的法律实践中,对于环境毒物侵权的因果关系认定一般采取举证责任倒置的方式①,与其他因果关系认定方式不同,这种认定方式将举证义务转嫁于被保险人。其一个可见的优点在于被保险人的权利义务越明确,保险人风险预见能力越高。但如何确定具体的责任主体?或者是如何让各相关主体的责任成为一个综合体,使得环境毒物侵权损害赔偿责任制度具有更大的威慑力?对此,一个可行的方法是,可以要求环境毒物侵权行为主体均承担侵权责任,并适用共同责任的有关规定。不过这里应注意,此处的共同责任不宜包含连带责任的内容。原因在于,连带责任制度存在责任连锁的情形,一旦某个非被保险人身份的共同责任人限于责任能力无法承担侵权责任时,基于连带关系,真正的被保险人要额外承受其行为之外的侵权责任,具体到保险人身上,表现为保险人要对超出合同外的责任关系承担偿付义务,这既对保险人而言不公平,也危及了保险制度的健康存续。在共同责任情形中,不宜采用连带责任制度。在连带责任制度中,个别共同责任人首先对外承担全部损害赔偿责任,一旦其他共同责任人因破产

① 《民法典》第1230条规定:"因污染环境、破坏生态发生纠纷,行为人应当就法律规定的不承担责任或者减轻责任的情形及其行为与损害之间不存在因果关系承担举证责任。"

或其他原因无法承担其自己的责任时,保险人不仅要承保被保险人的环境毒物侵权损害赔偿责任,还可能为被保险人以外的主体承担损害赔偿责任,这对保险人来说无疑是不公平的。

对于以上问题,可以建立比例责任份额制度予以解决,即保险人只需要为被保险人所应承担的其自身行为所造成的份额内的环境毒物侵权损害赔偿责任。比例份额责任与连带责任看似相似而又有所区分,在比例责任中,诸多共同责任人依照各自行为对损害结果的影响力份额承担相应的侵权责任,而不用为其他行为人的行为负责。由此,王竹博士认为:"在各种市场和服务市场之外,也存在大量类似市场份额责任的适用空间,最典型的就是环境污染可以按照排污量进行衡量。"[①]在环境毒物侵权行为中,如果各危害行为都具有同质致害性和风险可比较性,则可以适用比例份额责任。因此在环境毒物侵权诉讼中存在共同责任人的场合,保险人可以通过合同约定仅对被保险人应当承担的责任份额进行偿付,即通过保险合同约定环境毒物责任保险只适用被保险人的比例份额责任,以此提高环境毒物责任保险承保风险的可保险性。

在环境毒物侵权中,侵权行为与损害结果在时间上往往呈现一种割裂状态,即具体的损害事实需要一定的时间去酝酿,表现为损害的潜伏性。这里即产生一个问题,由于环境毒物侵权的潜伏性特征,导致侵权行为发生时损害结果无法确定,产生超出订立合同时的预期风险,从而加大偿付难度甚至无法偿付。与溯及既往赔偿责任类似,保险人的偿付来自对未来风险的预测,如果无法预见可能的风险,如法律的变化或损害的突变等,就无法收取相应的保险费建立保险赔偿储备金,同时也不能够通过保险条款约束被保险人采取相应的防范措施。对于环境毒物侵权中因为侵权结果的潜伏性而导致侵权行为可保性降低的问题,一个重要的思路是提高保险人对被保险人风险责任的预见性,给予其充分的防备空间。具体而言,一方面,通过采用不溯及既往的损害赔偿责任有效地避免保险人被增加风险的可能性,保险人不会因法律制度的变化尤其是司法裁判造成的法律变化从而增加承担的责任范围,解决了被保险人责任风

① 王竹:《侵权责任分担论——侵权损害赔偿责任数人分担的一般理论》,中国人民大学出版社2009年版,第294页。

险突然增加导致保险人负担加重的问题;另一方面,可以针对环境毒物侵权单独设计一套保险费率的计算模型,并针对侵权结果的潜伏性问题重新厘定责任期间,通过增加保险人的承受能力来应对风险变化问题。

2. 道德风险、逆向选择对可保性的影响

道德风险是指投保人即被保险人恶意图谋保险赔偿金而故意诱发保险事故所存在的非自然危险。① 对于违背道德伦理的行为,法律通常不会给予支持。② 在环境毒物侵权中,对侵权行为人加以严厉的责任,一方面能够尽可能地填补被侵权人受到的损害;另一方面,在惩戒侵权人的同时,也能震慑其他同行,督促它们尽到注意义务。但是一旦施行环境毒物侵权责任保险,一个很大概率发生的问题在于,被保险人自恃能够通过保险转嫁责任风险,则侵权法的震慑与指引行为的功能将被大大削弱,表现为被保险人在生产过程中一定程度的忽略注意义务,使得出现过失事故频发的道德风险现象。

仅从学术讨论的角度,规避上述风险的有效做法与应然标准是保证投保人保险行为前后责任的震慑力保持一致。但是这种理论模型缺乏现时有效的作用机制,因此只能通过其他制度达到功能趋同的效果。一般来说,比较有效的方法有二:费率调整与责任保留。前者是通过调整保险费率的手段来督促被保险人尽到注意义务。费率手段主要表现在两个方面,一是根据风险性与危害性确定相应的高费率;二是在风险发生后,根据行为人的注意程度、各种规范执行情况、反应手段等再次调整费率。为了避免当事人通过更换保险人以逃脱责任,应当保证各保险人之间一定程度的信息交流,确保当事人始终处于责任的震慑范围之内。后者则可以采取被保险人自己负责部分责任与保险人赔偿责任限额制度相结合。即使保险人的赔偿范围小于被保险人的总体责任,也要确保当事人始终应当尽到一定的赔偿义务,避免其通过保险逃逸全部责任。这种方式在督促、震慑当事人行为的同时,还在一定程度上提高了保险人的风险预测力,可谓一举多得。

---

① 参见竺效:《试论环境侵权损害赔偿责任的可保险性——对当前构建环境责任保险制度的若干对策建议》,载《中州学刊》2007 年第 3 期。

② 《保险法》第 27 条第 2 款规定:“投保人、被保险人故意制造保险事故的,保险人有权解除合同,不承担赔偿或者给付保险金的责任;除本法第四十三条规定外,不退还保险费。”

在保险业中有一条天然的市场法则,即只有一个行业的风险需求达到一定程度,才能保证其保险业务的正常生存循环。在此之外,另一种规律同样受到重视。前文述及,保险即是一种将个人责任转嫁于风险共同体的制度,一般来说参与到风险共同体的唯一手段即缴纳保费,但是保费通常因为事故的危害性与可能性有所区分。因此在一个需求保险的行业(风险共同体)中,应当确保平均费率基本符合行业成员的心理预期,一旦保费过高,超出了风险行业的成本规划,将会使它们退出风险共同体,另觅风险转移的方式,这时就会产生保险行业中的一种现象,即"逆选择"。对于"逆选择",保险人应当做好充分的事前调查工作,全面了解行业的市场状况与风险情况。采取风险区分的方式,针对行业中不同风险的可能性与风险性以及不同被保险人的责任状况等制定不同的收费规则,保证费率的浮动始终符合风险行业的心理预期。美国学者乔治·普利斯特(George Priest)认为:"逆向选择造成了美国保险业的危机,只有准确的风险区分才能解决这个问题。"[①]然而,我国的立法对于环境毒物侵权行为中固有的风险并未进行区分。[②] 即便如此,将来的环境毒物责任保险产品可以在有关环保部门及司法部门的支持下,不断积累环境毒物侵权损害赔偿的案例经验,逐步建立起环境毒物侵权行为、设施设备等的清单,对于列入清单的被保险人的保险费率则高于一般的保险费率,与此同时,在环境毒物责任保险合同中对被保险人的环境毒物防控措施作出明确的要求,明确环境毒物致害中的不同风险,确保其都能得到充分的责任保险。

二、环境毒物责任保险制度面临的法律障碍

(一)我国环境毒物责任保险的立法现状考察

从1999年开始,中国正式加入《国际油污损害民事责任公约》。根据缔约国的义务,中国在立足本国实际的基础上,开创性的在环境保护领域进行了立法,成为今后中国构建环境毒物责任保险制度的有力基础。而在2014年,重新

---

① Priest G., *The Current Insurance Crisis and Modern Tort Law*, Yale Law Journal, 1987, p. 1521 - 1590.

② 《民法典》第1229条规定:"因污染环境、破坏生态造成他人损害的,侵权人应当承担侵权责任。"

修订的《环境保护法》首次有了“环境污染责任保险”的提法，填补了我国责任保险在《环境保护法》法律体系中的一大空白。遗憾的是，虽然不否认其开创意义，但是就实际施行情况而言，它仍是一个宣誓性的法条，缺乏相应的制度建构。除了法律层面的规范之外，中共中央、国务院在法规层面也制定了不少文件，开始重视环境毒物侵权的危害，提出了环境毒物责任保险的构想。在财政部、国家发展改革委、环境保护部等七部委联合印发的《关于构建绿色金融体系的指导意见》、党中央、国务院印发的《生态文明体制改革总体方案》、国务院《关于加强环境保护重点工作的意见》（国发〔2011〕35 号）、《国家环境保护“十二五”规划》（国发〔2011〕42 号）、国务院《关于加快发展节能环保产业的意见》（国发〔2013〕30 号）、《关于政协十三届全国委员会第二次会议第 2297 号（财税金融类 205 号）提案答复的函》等重要文件中（相关内容见表 3 我国近年来涉及有关环境毒物责任保险的国家层面文件），都有关于环境毒物责任保险的明确思路。此后，在各种相关政策文件的制定中，国务院均重视、强调对环境毒物的规范。[①] 一些地方性法规也对环境毒物责任保险有过规定[②]（相关内容见表 4 我国相关地方涉及有关环境毒物责任保险的地方性法规）。另值得一提的是，2018 年 5 月生态环境部部务会议审议并原则通过《管理办法（草案）》，在前期试点实践经验基础上加以总结提升，进一步规范健全了环境污染强制责任保险制度。

考察我国目前现有的法律规范发现，在规范性文件中，《国际油污损害民事责任公约》就相关环境危险物等的险种有所涉及；在《管理办法（草案）》对八种环境高风险生产经营活动的保险模式、责任范围、保险费率、保险机构、责任限额、风险评估以及相关的配套制度等重要内容进行了的规定。而现行《环境保

---

① 国务院于 2013 年 12 月 7 日修订通过的《危险化学品安全管理条例》第 57 条规定了通过内河运输危险化学品的船舶其所有人或经营人应当取得船舶污染损害责任保险证书或财务担保证明；《中华人民共和国内河交通安全管理条例》第 12 条也有类似的规定；国务院制定的《太湖流域管理条例》第 51 条第 2 款规定：“国家鼓励太湖流域排放水污染物的企业投保环境污染责任保险，具体办法由国务院环境保护主管部门会同国务院保险监督管理机构制定。”

② 例如，2009 年 5 月 27 日，河北省人大常委会通过了《河北省减少污染物排放条例》、2010 年 9 月 29 日，山西省人大常委会制定的《山西省减少污染物排放条例》；2012 年 1 月 12 日，江苏省人大常委会批准了南京市人大常委会于 2011 年 12 月 28 日制定的《南京市水环境保护条例》等地方性法规。

护法》中仅就“环境污染责任险”作出宣誓性规定，并无相应可行的制度建构。而《保险法》除了有对责任保险的个别通用条款外，对于具体的环境毒物责任保险的投保范围、保险模式、保费厘定、风险评估、保险理赔等的操作规则，我国尚未制定支撑环境毒物责任保险得以运行的具体法律法规。而在地方层级的规范性文件中，虽然规定的较为全面，诸如危险废物生产处理、有毒物质生产运行、重金属污染排放等都可以购买环境责任险，但同样属于原则规定，缺乏细致合理的可行性。

表3　我国近年来涉及有关环境毒物责任保险的国家层面文件

文件名称	主要内容摘要
中国人民银行、财政部、国家发展改革委、环境保护部、银监会、证监会、保监会印发《关于构建绿色金融体系的指导意见》（2016年8月31日）	（二十二）在环境高风险领域建立环境污染强制责任保险制度。按程序推动制修订环境污染强制责任保险相关法律或行政法规，由环境保护部门会同保险监管机构发布实施性规章。选择环境风险较高、环境污染事件较为集中的领域，将相关企业纳入应当投保环境污染强制责任保险的范围
党中央、国务院印发的《生态文明体制改革总体方案》（2015年9月11日）	在环境高风险领域建立环境污染强制责任保险制度
国务院《关于加快发展节能环保产业的意见》（国发〔2013〕30号）	加快发展生态环境修复、环境风险与损害评价、排污权交易、绿色认证、环境污染责任保险等新兴环保服务业
国务院《关于加强环境保护重点工作的意见》（国发〔2011〕35号）	（十三）实施有利于环境保护的经济政策…… 健全环境污染责任保险制度，开展环境污染强制责任保险试点
国家环境保护“十二五”规划（国发〔2011〕42号）	推进环境污染损害鉴定评估机构建设，建立鉴定评估工作机制，完善损害赔偿制度。建立损害评估、损害赔偿以及损害修复技术体系。 健全环境污染责任保险制度，研究建立重金属排放等高环境风险企业强制保险制度
“十二五”节能减排综合性工作方案（国发〔2011〕26号）	（三十五）推行环境污染责任保险，重大区域涉重金属企业应当购买环境污染责任保险

续表

文件名称	主要内容摘要
国务院办公厅《关于转发环境保护部等部门关于进一步加强重金属污染防治工作指导意见的通知》(国发〔2009〕61号)	(十九)完善相关环境积极政策 推行重金属排放企业污染责任保险制度,开展重点防控企业污染责任保险工作。严格控制对高环境风险企业的贷款。加快研究建立资源型企业可持续发展准备金制定。进一步完善重金属污染损害赔偿机制。提高重金属污染物排污费缴纳标准
重金属污染防治"十二五"规划	推行环境污染责任保险制度。引进市场机制,推行保险经纪中介服务……重点区域内的重点企业应当购买环境污染责任保险,重金属发生污染事故后,其保险赔偿金应优先于用于对受害者的救济和赔偿
生态环境部部务会议审议并原则通过《管理办法(草案)》(2018年5月7日)	第3条规定:"在中华人民共和国境内从事环境高风险生产经营活动的企业事业单位或其他生产经营者(以下简称环境高风险企业),应当投保环境污染强制责任保险"
生态环境部在《关于政协十三届全国委员会第二次会议第2297号(财税金融类205号)提案答复的函》(2019年7月1日)	"我部将积极配合立法机构,推动将环境污染强制责任保险纳入相关法律法规;二是在有关立法机构启动修订环境保护法时,我部将积极修改完善该法第五十二条,争取增加在环境高风险领域建立环境污染强制责任保险制度的规定"

表4 我国相关地方涉及有关环境毒物责任保险的地方性法规

省份	文件名称	主要内容摘要
河北省	《河北省减少污染物排放条例》	第26条规定:"积极推进有毒有害化学品生产、危险废物处理等重污染排污单位参加环境污染责任保险"
山西省	《山西省减少污染物排放条例》	第18条规定:"鼓励有毒有害化学品生产、危险废物处理等重污染排污单位参加环境污染责任保险"
江苏省	《南京市水环境保护条例》	第44条规定:"鼓励污水处理厂、垃圾填埋场和危险废物处置单位,以及重点石油化工、重金属污染物等排污单位投保水环境污染责任保险"

续表

省份	文件名称	主要内容摘要
海南省	《海南省环境保护条例》	第59条第4款规定："鼓励危险化学品生产使用、危险废物处理、放射源使用等环境风险大的单位参加环境污染责任保险"
湖南省	《湖南省湘江保护条例》	第44条第2款规定："湘江流域涉重金属等环境污染高风险企业应当按照国家有关规定购买环境污染责任保险"

(二)我国环境毒物责任保险制度的试点实践考察

从20世纪90年代起，我国便一直在探索构建环境责任保险制度。虽然由于一些历史性的因素，至今仍未有太多建树，但也取得了不少突破。我国的环境毒物责任保险制度的探索采取的是理论验证——试点推广的模式，至今已进行两个阶段。最开始是在1991年至2007年，采取个别城市试点的方式；而从2007年之后，开始让大量的城市参与进来。这些具体历程，将在下文予以阐述：

第一阶段，即个别城市的小规模验证。最早的试验在1991年的东北展开，东北具有当时工业化程度最高、污染最为严重的工业城市群，其中将具有雄厚工业基础的大连作为首个环境责任保险试点城市，颇具代表意义，此后又先后扩散到东北工业基地群的其他城市如沈阳、长春等。这一时期主要探索海洋污染防治强制险的应用。从试点反馈的内容可以看出(见表5)，其存在保险责任范围过窄、赔付率过低、保险费率过高和保险赔偿限额划定不科学、不灵活等主要问题。[①] 因此，这一阶段试点的环境责任保险最终以失败而告终。

表5　我国第一阶段环境责任保险试点情况

城市	开始时间	统计截止时间	投保企业数/个	保费/万元	赔付率/%
大连	1991年10月	1994年10月	15	220	5.7
沈阳	1993年9月	1995年9月	10	95	0

① 参见竺效：《环境责任保险的立法研究》，法律出版社2014年版，第125页。

续表

城市	开始时间	统计截止时间	投保企业数/个	保费/万元	赔付率/%
长春	1992 年 6 月	1992 年 12 月	1	0.5	0
吉林	1995 年 10 月	1996 年上半年	0	0	0

资料来源:刘耀棋:《我国开展污染责任保险的现状与展望》,载《中国环境管理》1996 年第 6 期。

第二个阶段便是如今的大规模推广阶段。为了加快推行环境责任保险制度尤其是有关环境毒物的责任保险制度,在 2007 年下半年,原国家环保总局与保监会联合发文①,指出要在环境风险较高的企业和行业先行展开环境责任保险制度试点,其主要包括从事危险化学品生产经营活动的企业,从事放射物相关的生产、运输、存储的企业,有色金属、石化废物等高污染、高排放的企业,石油化工相关行业及从事危险废物处置的企业。到了 2008 年,环保部又联合保监会举办了全国环境污染责任保险试点工作回忆,宣布先行在高污染、高风险行业进行环境污染责任险应用的试点工作。试点的对象是以具有高环境风险的危险化学品为生产经营活动的企业及石油化工企业等。如 2008 年,湖南省开展环境污染责任保险试点工作,将 18 家化工、有色金属钢铁等环境污染风险较大的企业列为重点试点对象。② 此后,国家关于建立环境污染强制责任保险的态度越发明确。从 2013 年开始,中央部门及国务院连续多年发文,强调建立、推广相关的环境责任险制度。③ 到 2016 年,除了北京、福建、天津、江苏、河南等省市之外,全国范围内已经有 29 个省(区、市)开展了环境责任保险试点。④ 到 2019 年 7 月,全国已经 31 个省(区、直辖市)都已经开展环境责任险的试点

① 2007 年 12 月国家环保总局与保监会联合发布了《关于环境污染责任保险工作的指导意见》。

② 参见贾爱玲:《环境责任保险制度研究》,中国环境科学出版社 2010 年版,第 103 页。

③ 2013 年,环境保护部联合保监会印发《关于开展环境污染强制责任保险试点工作的指导意见》首次提出了涉及重金属企业和石油化工等高环境风险需要投保环境污染强制责任险。2014 年,国务院印发的《关于加快发展现代保险服务业的若干意见》中明确提出了强化政府引导、市场运作、立法保障的责任保险发展模式,把与公众利益关系密切的环境污染等领域作为责任保险发展重点,探索开展环境污染责强制险试点。2015 年,国务院印发的《关于加快推进生态文明建设的意见》和《生态文明体制改革总体方案》中都明确提出了深化环境污染责任保险试点,在环境高风险领域建立环责强制险制度。

④ 参见吴肇光、陈泽镕:《深化环境污染责任保险试点工作的几点思考》,载《学术评论》2016 年第 5 期。

工作,险种包含重金属、危废物等高风险行业。①

截至 2017 年,已有多家保险企业的环境责任保险相关产品完成了审查工作,得到了保监会的承认与市场准入许可(见表 6)。2014 年 12 月 4 日,环保部公布的一批投保环境污染责任保险的企业名单中,涉及重金属、石油化学、危险化学品、危险废物处置等行业,其中投保最多的省份是江苏省,投保环境污染责任保险的企业共 1932 家。其余省份投保环境污染责任保险企业的情况为:广东省投保 426 家,湖南省投保 412 家,浙江省投保 400 家,四川省投保 310 家,安徽省投保 255 家,湖北省投保 155 家,辽宁省投保 116 家,陕西省投保 103 家,山西省投保 95 家,云南省投保 79 家,贵州省投保 72 家,内蒙古自治区投保 51 家,河北省投保 40 家,甘肃省投保 33 家,山东省投保 24 家,新疆维吾尔自治区投保 19 家,青海省投保 11 家,重庆市投保 9 家,江西省投保 8 家,黑龙江省投保 5 家,新疆生产建设兵团投保 1 家。②

表 6 我国环境责任保险主要产品

保险公司	保险产品
中国人民财产保险股份有限公司	高新技术企业环境污染责任保险 环境污染责任保险 核物质损失险 核第三者责任险 雇主责任保险附加核子辐射责任保险 危险化学品企业安全生产责任保险 危险化学品企业安全生产责任保险附加伤残责任险
中国平安财产保险股份有限公司	平安环境污染责任保险 平安环境污染责任险附加险 渗漏污染保险 石油保险附加污染险

① 2019 年 7 月 12 日《中国银保监会对政协十三届全国委员会第二次会议第 1299 号(医疗体育类 163 号)提案的答复》,银保监函〔2019〕73 号。

② 参见冷翠华:《环责险现状——22 个省市 5000 家企业处于保障期》,载《证券日报》2015 年 3 月 5 日,第 2 版。

续表

保险公司	保险产品
华泰财产保险股份有限公司	场所污染责任保险 渗漏污染责任保险 危险化学品企业安全生产责任保险 危险化学品企业安全生产责任保险附加伤残责任险
阳光财产保险股份有限公司	危险化学品企业安全责任综合保险 高危行业公众责任保险 洗染行业综合责任保险
长安责任保险股份有限公司	环境污染责任保险 环境污染责任险附加场所内清理费用保险 环境污染责任险附加精神损害赔偿责任保险

（三）我国构建环境毒物责任保险制度面临的法律障碍

基于后发优势，我国在短短几十年走完了欧美国家几百年的工业化道路，但在取得辉煌成就的同时我们也要看到，在这高速、高效的发展背后，是以牺牲环境为惨痛代价的饮鸩止渴式的发展方式，以至于欧美国家几百年来头疼的环境问题，也在中国开始集中爆发。相比较于发达国家，环境责任保险制度在我国开始得晚，发展状况不尽人意，试点工作实行缓慢，各种问题频繁出现。国内的相关从业者、立法者与学者们对试点工作中反映出来的问题进行了无数次的分析，包括关于环境责任险的保险技术规定、立法模式等，都进行了广泛的讨论。但就目前我国环境责任保险制度的推广状况看，想要构建一套高效合理的环境毒物责任保险制度，仍然有许多法律问题亟待解决。

1.环境毒物责任保险制度缺乏相关环境法律制度的支撑

首先，环境责任保险制度是建立在相应的《环境保护法》法律法规的基础之上，然而审视我国现有的法律文本规范不难发现，对于环境污染特别是环境毒物的规范并不充足，缺乏相应的体系化细则。因此想要构建环境毒物责任保险制度，第一个面临的就是无基础法律规范的窘境。目前现有的环境毒物法律规范，主要集中在现行《环境保护法》与其他各类相关的单行法规之中。[①] 这些法

① 主要包括《固体废物污染防治法》《放射性污染防治法》《水污染防治法》以及目前正在进行立法的《土地污染防治法》等。

律规定仍然是比较原则性的,不够具体明确,难以称得上是一个自成逻辑循环的环境毒物法律体系。虽然一些中央部门与地方政府也发布了不少相关的规范性文件,但是此类文件要么具有同样的问题,要么囿于法律效力层级的因素,其强制力与作用范围有限,难以成为推行环境毒物责任保险工作的强力助力。

其次,我国缺乏环境毒物侵权的救济手段。我国现有的侵权救济体系是以法律救济为主,社会参与为辅的救济机制。在法律层面主要依赖的是各大实体法与程序法共力,进行环境侵权民事救济。然而环境毒物侵权是近年来飞速发展的一种新型侵权方式,法律具有一定的滞后性,虽然可以通过既有的规范调整其行为模式,但是对于环境毒物造成的潜在损害的救济,却缺乏相应的文本规范,无法为环境毒物侵权潜在损害的受害者提供有效的救济。此外,这些法律缺乏对环境毒物侵权行为的具体界定,使环境毒物侵权行为发生时难以归责。目前,我国关于环境污染损害的认定标准、归责原则、损害赔偿标准等规定不够具体明确,大多只有原则框架层面的解释条款,使环境毒物侵权事件发生后缺乏有效的责任追究和补偿机制。尤其在具体的环境毒物侵权诉讼中,受害者关于赔偿由于处理、应对因接触、暴露在有毒环境中而遭受的潜在损害的健康检查费损失等救济请求,因不符合既有侵权法规则中“具体损害事实”的要件因素,因而难以得到法院的承认与支持。而在现有的环境责任保险试点中,要求保险公司予以保障的事故,均要求这种责任行为属于法律关注的行列,遗憾的是,我国现行的立法尚未规定潜在损害赔偿责任。除此之外,对于环境毒物侵权赔偿的具体技术性规定,同样缺乏相应的法律背书,诸如纯粹经济损失等确实的环境毒物侵权造成的损害很难得到现有法律的救济。

因此,就我国现有的环境法律制度而言,并不能为环境毒物责任保险制度的建立提供多大帮助,相反,由于传统理念的限制,还会对其造成一定的干扰,在影响到现实受害人的权利救济的同时,还减弱了法律对于此类侵权行为的惩戒力与震慑力,进而影响环境法律的终极目的——实现人与自然的和谐共处。

2. 环境毒物责任保险制度缺乏重要保险制度的支持

前文述及,在我国现有的规范体系内,现行《环境保护法》中仅就“环境污染责任险”作出宣誓性规定,并无相应可行的制度建构。而《保险法》除了有对责任保险的个别通用条款外,对于具体的环境毒物责任保险的投保范围、保险模式、保费厘定、风险评估、保险理赔等等的操作规则并无建树。而一些中央部门的发文,如环保部与保监会联合推出的诸多文件一般仅具有指导意义,在表明态度的同时,缺乏相应的法律效力,难以助力环境毒物责任保险制度的推广。再如,《管理办法(草案)》虽然对部分的环境毒物责任保险的投保范围、保险责任范围、保险机构、责任限额、风险评估等相关的配套制度作了规定,但是实践效果不明显,总体的规定较为模糊,缺乏具体的操作规则。因此,法律上面的缺失导致目前环境责任保险的技术性规定全部来自市场的自发调整,这些由保险人自行设计拟定的条款一方面缺乏法律的背书,另一方面就其内容而言,对被保险人相对不利,缺乏吸引被保险人投保的要素。由此,无论是第一阶段的零星试点,还是第二阶段的重点试点,环境毒物责任保险在推行的过程中缺乏重要的保险制度支撑,没有具体规定操作规则,导致了诸多的问题:其一,企业是否参加环境毒物责任保险并无制度的强制性规定。在试点中,愿意参保的往往是环境高危领域的一些中小型企业,对于大型企业而言,首先是其本身的风险承载能力就比较强,此外其内部往往就有针对类似风险的应对手段,因此对此并不热情。其结果表现为投保主体需求不足,投保积极性不高,投保率低,收取的保险费少等问题。从保险学"大数定律"之原理分析,投保主体需求不足导致了环境毒物风险不能在具有类似风险的社会成员之间分散,导致缺乏足够的风险承担主体,无法分摊可能的行业风险,使该保险险种不能完成生存循环,更不用说推广了。其二,我国的保险人对于环境风险的调查与了解稍显不足,提供的保险产品往往是此前产品的变种,不能准确、专业的针对现实桎梏与需求,其象征意义更大于现实意义。换言之,现有的保险产品缺乏实用性,不能引起企业的重视。其三,现有保险险种的适用范围有限,从前文的表6可以看出,目前环境责任保险的标的都是围绕着突发事故与现实损害,对于一些积年污染导致的质变损害以及一些潜在损害的损失都缺乏承保兴趣。这一点在环境毒物侵权中表现得尤为突出。其四,未明确规定保险公司的最长责任期间及其最短责任期间。除此之外也未规定最高和最低责任限额。其五,在确定保险费率方面,没有明确的定率依据,缺乏科学性,难以刺激企业参与保险。

3. 环境毒物责任保险缺少相应配套机制

第一,缺乏完善的信息公开制度。现有的政策文本中,环保部与保监会的联合发文规定了应当公开环境信息的内容，[①]而对一些实施细则则未有提及。而信息公开既是环境保护部门与保监会的监督对象，也是投保人与保险人的义务。因此，对环境毒物责任保险的相应信息公开不全面或不及时等将会导致投保人与保险人之间产生矛盾，进而阻碍环境毒物侵权的相应保险工作。第二，缺乏相应的替代弥补制度。环境毒物责任保险制度虽然能够在一定程度上分散环境毒物侵权造成的危险，并对被害人提供相应的救济。但这些都以保险人的能力范围为限，若环境毒物污染事故的危害大、范围广，则会使保险人的承保负担过重，甚至面临破产的威胁。倘若没有相应的替代弥补制度，不仅使环境毒物风险无法分散，而且环境毒物侵权的潜在受害者也得不到充分的救济。第三，缺乏风险评估和损害评估机制。在环境毒物侵权发生之前，保险人要对环境毒物事故的风险进行评估才能决定是否予以承保，如果缺乏有效的环境毒物事故风险的评估机制，那么保险人就不能对环境毒物侵权事故给予承保。相应地，在环境毒物侵权事故发生后，保险人要对环境毒物侵权损害赔偿进行理赔，就要对相应的损害进行评估。如果缺少相应的损害评估机制，那么相应的理赔工作也不能顺利进行。总而言之，环境毒物责任保险制度缺少相应的配套机制。

第三节　国外环境毒物责任保险制度及其启示

在高度工业化的现代社会中，环境问题日益突出，由此而引发的环境毒物侵权的案例越来越多，情况也越来越复杂。其中环境毒物侵权民事诉讼方面出现了许多有利于受害者得到赔偿的新变化，如限制环境侵权案件原告的起诉资格、引入无过失责任原则、举证的责任转移给侵权人、因果关系推定等一列变化，受害者通过这些变化可以大大增加获得赔偿的概率。另外，当前我们的环境形势日益严峻，环境污染也越发受到各国的关注，国家对环境行为的态度开始紧缩，与环境相关的行业受到了高度关注，一些格外严格的责任开始被运用

① 2013年环境保护部与保监会联合发布《关于开展环境污染强制责任保险试点工作的指导意见》。

在环境侵权之中,一些大中型企业甚至因诉累而破产。为了应对这种情况,兼顾企业生存与环境保护,一些兼具社会性与商业性的解决方案被提了出来,其中,环境毒物的责任保险制度正是在此背景下开始了蓬勃的发展。如今,在欧美的一些发达国家中已经形成了相当程度的环境毒物责任保险制度,极大地缓解了侵权法在该领域的救济局限问题。下文将以比较法分析的方式对环境毒物责任保险制度进行研究,在比较研究中探寻我国在环境毒物责任保险制度构建时可借鉴的有益经验。

一、域外环境毒物责任保险制度概述

(一)美国环境毒物责任保险制度概述

在世界各国中,美国是环境责任保险的发展历史较长,法律体系也相对完善的国家。[①] 环境责任保险在美国又称为污染法律责任保险(Pollution Legal Liability Insurance),这种责任保险标的包括保险人因污染水、土地或者空气依法应承担的环境赔偿或者治理责任。[②] 适用于该责任保险的物质主要是"危险物质"(hazardous substance),包括固体废物和液态废物(指经过鉴定的具有危险性质的废物)、危险空气污染物(指《美国清洁空气法》列举的),除此之外,还有所有有毒的污染物(toxic pollutants)以及高度危险化学物质(imminently hazardous chemical substance)。[③] 美国是世界上比较早进行产业转型的国家之一,因此其对待环境整治的态度历来比较坚决,在生产、运输、储存危险物质等领域以强制性规定要求对可能引发的侵权责任购买保险。美国联邦环保局在对危险废物的管理规定中,明确提出由管理者对此类行为可能存在的侵权责任购买保险,除此之外,该规定明确规定土地填埋、地面贮存、土地处理单位的相关管理者是非突发性或非事故性场合下的购买责任保险者,目前,在美国已经有45个州为危险废物责任保险出台规定。《美国资源保护和赔偿法》要求有害物质加工存储和处理等经营活动的许可证持有者须提供经济赔偿能力证明,国

---

① 参见吴琼、邵维权:《我国环境污染强制责任保险的法律制度困境及完善路径》,载《南方金融》2020年总第52期。

② 参见贾爱玲:《环境责任保险制度研究》,中国环境出版社2010年版,第108页。

③ Comprehensive Environmental Response, Copensation and Liability Act, CERCLA § 101.

家环保署署长有权制定管制标准解决毒性废物处理、存储及处置等问题,其中包括对危险废物处理、贮存及在处理对危险废物处置设施享有所有权和经营权的人时就要求其在设施投入使用期间内和关闭的整个过程中,对可能发生的人身伤害或财产损害提供必要的保险或者有类似作用的财务保障;除此之外,还要求这些设施关闭后的 30 年内,也要为可能产生的监测与维护等费用提供保险或有类似作用的财务保障。《美国综合环境反应、赔偿和责任法》,创设了一种极具特色的"危险物质超级基金"。该法分别以"责任""财务责任""污染保险"为题,规定了环境毒物污染责任保险的相关事宜。

环境毒物责任保险制度在美国有鲜明的"美国特色"。首先,美国的环境毒物认定在环境毒物责任保险制度中比较广泛,对于大多数环境毒物均强制要求购买保险。除了已经明确的具有危险性的固、液废物和大气污染物之外,还包括所有的有毒污染物质及高度危险化学物质等。此外美国有关环境毒物保险承保的风险范围既有突发性的环境毒物污染所引起的损害赔偿责任,也有持续性、渐进性环境毒物污染引起的同类损害赔偿责任。现在《美国固体废物处置法》及其相关的文件规定,对危险废物处置设施享有所有权或者经营权的人对可能造成第三人损害的赔偿责任投保的时候,突发性事故和非突发性事故对投保额的要求不同:突发性事故必须每次投保 100 万美元,一年不得低于 200 万美元;而对于非突发性事故而言,需投保 300 万美元,一年不得低于 600 万美元。[①] 在美国还有一个特殊的"日落条款",是为了限制保险人的责任而在环境毒物污染责任保险单中使用的条款。这种条款是指被保险人向保险人通知索赔的最长期限是在保险单失效后 30 年,这是保险合同双方当事人约定的。[②] 换句话说,环境毒物责任保险在美国实践中保险人承担的风险期间较长,往往可以持续到企业风险产品的生产设备关停之后的第 30 年。在承诺偿付期间的任何对应风险,保险人都有向被保险人偿付保险金的义务。

其次,美国的环境责任保险主要可以分成两个种类,第一种是有关环境损害责任的保险;第二种是有关自由场地治理责任的保险。第一种保险是以约定

---

① Code of Federal Regulation, Title 40, Chapete 1 – Environmental Aency, Subchapter Ⅰ-Solid Waste, Rn. 147 – 264.

② 参见别涛:《环境污染责任保险法规汇编》,法律出版社 2014 年版,第 9 页。

的限额为基础，当被保险人因为污染环境造成了相邻近的土地亦或是第三人一定的人身、财产损害时，因此承担相应损害赔偿责任的保险；第二种保险是被保险人污染自己使用的产地后，以约定的限额作为支出的治理费用的保险。[①] 而环境毒物侵权适用的就是第一种责任保险，即针对环境毒物造成的损害进行限额下的赔付。对于超出限额的部分则有侵权人自己承担。

最后，在承保机构方面，在美国承保有关环境毒物责任保险的机构主要都是具有美国式特色的专门政策性保险机构。比如，美国在 1988 年成立一个保险公司——环境保护保险公司，专门为污染风险提供保险服务，承保的对象是被保险人因为突发性或者渐进性、意外性的环境污染事件而产生的责任以及第三者责任。在 1988 年 7 月该公司开出了第一张保险单，内容是限额 100 万美元的污染责任保险。从性质上看，其是由政府提供资金成立并受政府实际控制与监督，因此在运营中具有公办特征，不以营利为目的。[②] 政策性保险机构不仅有强大的资金支持，还具有公信力，与普通商业保险公司相比较其在市场上的竞争有助于其提供适时的供给。

(二)印度环境毒物责任保险制度概述

在印度，一个美国的碳化物公司分支机构在 1984 年发生了十分严重的泄漏事故。危险物质直接暴露在环境中，不仅造成当地数千人的直接伤亡，被污染的环境以及危险物质的潜伏危险使当地居民长期受到有毒物质潜在损害的威胁。印度政府为了救济受害者以及预防类似惨案的再次发生，在对这家企业提起诉讼的同时，发动大批专家学者研究制定专门的环境责任保险规范。并于 1991 年，印度议会通过了《公众责任保险法》(Public Liability Insurance Act)。在这部法规中，明确对责任人的性质进行区分，对于一般的商业公司，实行的是商业强制保险制度，即任何试图或正在参与环境毒物相关业务的公司必须事先购买责任保险，以保险单为准入凭证。[③] 而对于政府部门或国有性质的公司，实

---

① 参见王向楠:《美国环境污染责任保险的特点及借鉴意义》，载《金融与经济》2015 年第 9 期。

② 参见吴恺:《环境责任保险的法律制度研究》，南京大学 2012 年硕士学位论文，第 12 页。

③ 《公众责任保险法》第 4 条第 1 款和第 2 款规定:任何从事“危险物质”的制造、加工、处理、包装、储存、运输……转让或类似活动的所有权人，在其开始从事该活动之前，必须与保险公司签订保险合同并出示保险单;危险废物的所有权人还必须不时更新保险单，以确保保险在整个危险废物的从业期间始终处于有效状态。

现保险基金制度，即此类机关组织需要向国家银行缴纳一笔公共责任保险金，用于偿付它们造成的环境责任，即政府和国有公司实行保险基金制度。[①]

在有关环境毒物责任保险的适用范围方面，具体是由政府环保部门专门规定。如1992年3月印度环境部公布《适用公共责任保险法的化学物质名录和数量限值》（List of Chemicals with Quantities for Application of Public of Public Liability Insurance Act），该部门规定具体列举了5大类共152种"危险物质"的种类和各自的数量限值。[②] 对于从事目录中涉及的超标物质相关生产、经营、管理活动的商业组织，责任保险是必须购买的项目；而主体如果变成政府机关亦或国有企业，那么公共责任保险金则是其必须购买的项目。

可以看到，印度对于环境毒物侵权的态度根据侵权人的主体性质有一定的区分，对于一般的商业公司，一般强制要求其为自己可能存在的侵权责任购买商业保险；而对于政府机关或国有公司，则实行公共保险金制度。总体而言，印度对于保险用户的区分比较明确，对于环境毒物的管理比较严格，无论是法律还是部门规定，都可以要求保险人提供更高范围的保险业务。

（三）法国环境毒物责任保险制度概述

法国环境毒物责任保险制度的发展相较其他一些发达国家而言，起步较晚，甚至在20世纪中叶以前法国都不存在专业的环境责任保险。仅在特定情形下，通过通常的保险形式对一些具有突发水污染或大气污染风险的企业提供保险。而那些具有重复性、渐进性的污染行为，则只能借助其国外的保险公司进行承保。到了1977年，这种局面才有所转变，在环境毒物责任保险方面，法国本土企业与国外公司合作，组成再保险联营集团（GARPOL），该集团的主要业务即在于对环境公害物质提供承保服务。此后，不仅偶发、突发的环境事故有所保障，一些基于时间积累或重复发生的积年环境损害问题同样都可以在保险公司得到承保。

---

① 《公众责任保险法》第4条第3款及第7条规定：中央政府、各邦政府以及为中央和各邦政府所有的公司，可以不必购买商业保险，而是通过向印度国家银行或者任何国有化后的银行，存入一笔公共责任保险金，组成全国性的"环境救济基金"（Environment Relief Fund）。该基金主要用于支付针对政府及国有公司提出的赔偿责任。

② 参见别涛：《环境污染责任保险法规汇编》，法律出版社2014年版，第3页。

环境毒物责任保险在法国有其制度特色,包括:首先,对具有特殊危险性的领域进行保险。再保险联营集团仅针对受法国《有害设施管制法》中规范的具有特别环境风险的企业的环境责任提供保险服务。其次,对受害人的专门保护。对于一些具有潜在损害的企业的员工进行专门保险,即一些具有职业病的岗位的员工。再次,其还借鉴英国的限额保险机制,对一些积年、渐进的环境公害同样进行承保。又次,将自愿保险结合强制保险作为保险方式。一般情况下,企业可以自主选择投保,也就是自愿保险,仅在一些法律特别规定的情况下,必须强制购买保险。复次,在保险机构方面,法国实行专门的保险机构。如果有国内外保险公司联合保险的,对应会有特别的有毒物质侵权责任保险单。最后,对于保险范围的确定,法国主要存在两种模式的责任范围,一种是列举式的承保范围,即保险人在保险单中列出自己愿意承保的事项供被保险人考虑;另一种则是排除式的做法,即将不愿意承保的事项列举出来,而承保所有未列举事项。

(四)其他国家的环境毒物责任保险制度

瑞典的工业基础一般,环境状况良好,但瑞典的环境管理制度却相当严格。对于环境毒物侵权,其环境责任保险制度偏向于对受害人予以救济。在《瑞典环境保护法》有专章(第10章)规定,如果根据《环境损害赔偿法》,人身损害以及财产损失本应该获得补偿但现实中又不能获得赔偿的,以及受害人实际上已经丧失了本有的损害赔偿请求权的,还有损害发生后难以确定相关伤害或者损害责任人的特殊情况,这些情形下相关赔偿由环境损害保险支出。[①] 按照《瑞典环境保护法》的要求,想要从事高风险、高污染行业的人首先必须要有相关政府部门法定的许可和审批,同时还要求这些从业人员缴纳规定的保险费数额。当事人逾期未缴纳的,监督机构可以责令缴纳并处罚款,而且这种命令不具有可诉性,即国家亲自为环境保护背书。由此不难发现,此种责任保险制度的主要目的在于维护环境安全与充分救济被侵权人。

与英美等国类似,德国最初没有关于环境责任保险的特别规定,对于环境侵权行为,通常都是按照普通的责任保险处理。在20世纪80年代,世界范围

---

① 参见赵国清:《外国环境法选编》(下册),中国政法大学出版社2001年版,第36页。

内的工业化潮流有所减缓,一些发达国家甚至开始去工业化,因此环境问题得到普遍的重视,环境侵权尤其是环境毒物侵权开始被越来越多的人关注。德国同样迎来了环境责任保险的春天,环境责任保险的社会需求量暴增,使得在诸多责任保险中环境责任保险显得特别优异,成为一种专门的社会责任保险,用以应对诸多环境危害类可保性问题。相对来说,德国法对环境毒物侵权的问题更为严肃,其制度体系的构建与执行也更加严厉。例如,在德国《循环经济法》《垃圾废物处理条例》的规定就是很好的例证,其中规定有关企业从事处理垃圾废物时必须购买责任保险,这种处理过程包括参与收集、运输、存储、加工以及处置等过程,而责任保险种类包括环境类、运营类和车辆的责任保险。同样地,还有《危险废物的收集和运输许可条例》第 7 条也有相关规定,企业在申请经营有关收集以及运输危险废物的许可证时,必须要提供有关环境责任保险以及车辆责任保险的责任保险证明。《环境责任法》则是规定某些特定设施的所有权者应该预先通过某些方式为其可能产生的赔偿义务提供履行保障,这种方式就包括购买责任保险、提供有关联邦或者州政府的免除或者保证证明、提供有关金融机构的免除或者保证证明。而这些特定的设施是指《环境责任法》中附录规定的设备,具体来说包含《事故条例》中规定的必须带有安全分析系统的相关设备,用以在固体物质中燃烧分离出个别成分的相关设备,以及用以制造配料做油漆或者打印油墨的相关设备,前述设备的使用都可能对环境造成特别高的危险性。若未履行这种义务,主管机关可按照《环境责任法》第 19 条第 4 款禁止该设施的运行,且按照第 21 条该所有人还将承担相应的刑事责任。[①]

德国环境毒物责任保险具有以下几点特色。首先,从保险行为的选择性来说,德国要求所有从事具有环境毒物污染风险行为的企业购买保险。对于违背此规定的企业,不仅可能遭受关停运行设备的处罚,严重情况下甚至可能被追究刑事责任。换言之,就环境毒物责任保险的模式而言,德国采取的是强制责任险的做法。其次,德国环境责任保险制度的另一亮点在其完备的法律基础。前文述及,一个完善的法律体系是保险人进行事故风险预测、被保险人责任计算等保险运营的重要前提,在责任明确的法律环境下,事故的损害与责任等能

---

① 参见张梓太、张乾红:《我国环境侵权责任保险制度之构建》,载《法学研究》2006 年第 3 期。

够更快地厘定，避免争议频发与诉讼冗长。最后，德国对于环境法及其他环境相关的政策规定的执行十分严格，为了避免环境责任带来的公司运营压力，环境责任保险成为最好的分散风险的选择，对于保险的实际需要进一步推动了环境责任保险制度在德国的发展。

二、国外环境毒物责任保险制度对我国的启示

通过前面对环境毒物责任保险制度在不同国家的发展情况的介绍不难发现，虽然在具体的制度设计与程序选择上各国有所差异，但是总体来说呈现一种越发明朗的趋势。基于国情与需求的不同，各国提供了多种环境责任制度的发展模版，其中有许多值得我国参考的内容。其对我国的具体启示有：

1. 完善相关的法律制度

上文提到的域外诸国在建立、推行环境毒物责任保险制度时，均具有相对明确的具体的相关法律政策文本。例如，美国的《清洁空气法》《清洁水法》《资源保护和赔偿法》等法律都明确规定了涉及环境毒物的企业等必须购买责任保险，这就为美国发展环境毒物责任保险提供了良好法律保障，不管是对保险人、被保险人，还是环境保护方面都产生了积极有效的督促作用；印度在遭受严重的环境毒物灾害之后国家也紧急出台了多部环境相关法律，对环境毒物实行目录管理，要求从事目录内相关毒物的商业公司必须购买责任保险产品，政府与国有公司则必须缴纳公共责任保险金；法国在20世纪七八十年代也相继出台了多部有关环境责任的法律如《核装置法》等，并创设专门的保险企业为环境毒物领域提供专业的保险服务。让环境毒物责任保险有法可依的同时，也权衡各相关主体的利益。制度的法定化及规范化，既提高了企业的参保率以及保险公司的承保积极性，又对环境保护起到至关重要的作用。我国可以借鉴其中的有益经验，一方面，加紧环境毒物侵权潜在损害赔偿责任的析定与救济立法；另一方面，可以先行对产生环境风险的设施、活动等进行目录管理，对具有环境毒物风险的设备或行为的市场准入采取许可与审批制模式。与此同时，加紧环境责任保险的理论设计与制度探索，通过立法或司法解释的方式确立环境毒物责任保险的法律地位。

2. 科学合理地确定保险模式

目前国际主流的环境责任保险模式有三种,其主要是根据保险行为的选择性分为任意性责任险、强制性责任保险,以及二者分工合力的模式。保险行为本身是一种意思自治行为,但随着社会发展水平的提高,环境问题成为现代社会绕不开的一个发展问题。在此背景下,保险制度成为破解兼顾环境保护、企业生存与救济受害者的需求难题的新思路。大多数国家采取强制保险的模式,要求企业必须为高风险、高危害、难治理的行为购买保险,在这种情形下,采取强制责任保险模式,可能导致事故发生的所有致害人必须投保,保险人将负有强制性的义务进行承保。[①] 而对于危害性与治理难度更低的行为则并不强求。联系到我国的具体情况,本书认为在我国环境毒物责任保险的模式选择上,不宜单纯地采取某一种模式,而是有选择、有区分,根据实际的情况灵活运用。具体而言,目前,我国的环境毒物责任保险制度还处于初期发展阶段,若采用完全的强制责任保险模式则会增加相关企业的准入门槛,尤其是对中小企业,增加了他们的负担,不利于这些中小企业的生存发展。可以根据这些企业自身的规模、危害程度、责任承担能力等特点进行分级管理,对于资本雄厚又从事高污染、高风险的行业的企业如石油化工等,可要求其购买强制责任险,而对于责任能力与危害程度都有限的企业,可以根据其体量与风险缴纳相应的费用,成立保险基金。

3. 保险范围集中在重大的环境毒物风险领域

随着社会经济发展的日新月异,环境侵害的方式也不断地呈现多样化,尤其是环境毒物侵害。环境责任保险法律制度对此的反映就是扩大保险范围。现有的环境责任保险制度还停留在对特定毒物的风险担保的层面,越发无法应对生产力提高与科技水平上升带来的各色环境风险分散的需求。在此项制度建立之初,各国对环境毒物责任保险的概念还停留在对特定的、突发的环境灾害提供保险。而随着发展水平的提高,更多的环境危害被认识与关注,那些渐进性、重复性、累积性的环境毒物风险也开始受到重视,各国也不断地调整完善

① 参见张卿、黄硕:《强制责任保险制度的适用性分析——以对受害人的救济与事故预防为视角》,载《青海社会科学》2020 年第 1 期。

相应的保险立法,将其纳入了保险范围。例如,起初印度的责任保险仅针对高发生概率与高危害程度的特定危险物质;德国列举了应当购买保险的具有引发环境公害风险的设备;美国则关注日常相关的固体、液体废物以及大气污染物等。这些引发保险革命的环境毒物都具有损失巨大、治理难、损害潜伏持久的特点,因此受到诸国的格外关注。此后随着保险理念的更新与理论的完善,责任保险的范围才扩大到更广泛的领域。因此对于环境毒物责任保险,应当明白其制度设计的主次。我国对于环境责任保险的认识较晚,这也导致相关制度的起步时间与发展速度有所迟滞,因此起初将制度设计的重点放在突发、偶发的事故上也是无奈之举。但随着社会的发展,如果仍就此停滞不前,则无法满足社会上大量的环境风险分散需求,从而导致制度功能的失效。因此在设计我国的环境毒物责任保险时,应当注意的是,对于环境毒物责任保险不能操之过急,对于具体的环境毒物侵权的风险分散也应当有所选择。对于大范围、高风险、难治理的重点领域环境毒物侵权,应当加以强制责任险。一方面,能够加强政府对风险企业的监督与管理能力;另一方面也能督促企业、行业自律,防止道德风险。而对于需求并不迫切,危险程度在企业能力范围内的领域,应当将保险选择权交还市场,这样才更能够促进保险公司改良产品,提供更优质的服务,也能降低企业的负担。因此,总体而言,可以学习欧美诸国的渐进式做法,分多步骤、多层次地推进环境责任保险建设,按照缓急轻重的区分,从突发事件开始,逐步扩展到相关重大环境毒物风险领域。

4. 承保机构的专门化

就世界各地现行环境毒物责任保险制度的实践而言,存在保险金数量高、险种设计不合理、运营不成熟、承保机构承保能力不足①的问题。导致此类保险在市场上的竞争力较低,难以维系自我的生存循环,也使保险人往往并不热衷经营此类产品。各国的解决方式一般都是通过政府扶持的手段。这是由于,此类保险不同于一般商业保险,从其诞生之初就不是为了盈利,与其说它是保险公司的经营产品,不如说是政府借保险人之手推行的社会保障政策。其主要目

① 参见杜海涛:《推行环境责任保险法律制度面临的困境与出路》,载《廊坊师范学院学报(社会科学版)》2020 年第 1 期。

的在于充分救济环境毒物的被侵权人,同时降低企业的经营负担,从而维系市场稳定,促进社会发展。而且从另一角度来看,市场上一个运行良好的环境毒物责任保险制度,也能够有效地减少政府部门在整治环境上的费用。推行环境责任保险实际是国家行使公共保障职能的表现形式之一,因此各国政府普遍热衷于建立、推行环境责任保险制度。而各国的具体做法则是由国家部门组建专门的承保机构。这种方式能够解决普通保险中出现的偿付能力有限问题,此外有国家权威做背书,环境责任保险的可信度有所保证,可以减少企业顾虑,从而扩大整个风险共同体的体量。

5. 建立相关配套机制

建立环境毒物责任保险制度并不是简单地开辟一个单一的新险种问题。就其难度与广度而言不亚于重新建立起一套保险制度,一套行之有效的环境毒物责任保险制度,需要诸多相应的配套机制共同作用,形成一个良好的环境责任保险生态。各国的环境责任保险体系中,不乏相应的税收减免制度、事故评估机制与责任厘定制度等,只有这些机制共同作用,才能保证环境责任保险制度能够在市场上完成生存循环,并充分发挥救济受害人、降低企业负担的功能。这也是我国在设计环境毒物责任保险制度时应当高度重视的问题。

6. 保险索赔时效较长

环境毒物侵权不同于一般侵权,由于有毒物质复杂多样的作用形式与致害机理,导致环境毒物侵权中侵权行为与实际的损害结果之间在时间上存在一定的割裂。短时间内受害人的真实损失难以厘定,也不能确定是否还有新的被侵权人出现,导致保险公司需要承担额外的经营压力。因此,为了提高保险公司对风险的预估程度,充分救济被侵权人,应当保证有效的索赔时限。确保被侵权人在遭受侵权后多年才暴露的损害结果同样能够得到救济。这可以借鉴美国的“日落条款”(sunset clause)制度,其将索赔期延长至保单时限届满后的第30年。德国等也有类似规定,可见,一定的责任追索期也是各国环境毒物责任保险制度发展的共同趋势。

第四节　我国环境毒物责任保险制度的具体设想

一、环境毒物责任保险模式

对于环境责任保险的立法模式，目前国际上比较通行的做法大概有三种，第一种是诉讼单一的强制责任保险模式，其代表是美国式立法，美国主要是针对有毒物质与危险废物，进行定限强制的责任保险。瑞典的做法类似，但是它有诉讼前置的条件要求。第二种是主要采取任意保险的模式，在特定领域采取强制责任保险的模式，法国即是采取这种做法。第三种是将强制责任保险与财务担保相结合的方式，要求相关领域从业者在执业前需提供一定的财务担保。我国在海洋石油开发领域即是采取这种做法，德国也同样在其环境责任法中要求保险保证。在我国的环境责任保险试点初期，对于环境责任保险的设计模式，大都任由公司意思自治，仅部分国家参与的国际条约有规定的内容才要求强制参保，因此企业对于此类保险的积极性普遍不高，使得环境责任保险制度进展缓慢。鉴于此，在我国今后的制度设计与路径构建中，应当根据环境毒物侵权的特点并结合我国现有经济状况，构建符合中国实际的保险模式。

环境毒物责任保险最初的制度初衷是解决自由市场逐利性的弊端，利用宏观干预调整市场资金流向，为社群提供优越的公共服务，如净化环境、恢复生态等。但由于此类服务的效果需要一定的时间才能显现，一般人不愿意将资金投入到一时看不出成效的公共产品之中，而寄希望于“搭便车”。虽然在环境事故爆发时，一个理性的个体会寻求损害补偿、生态恢复与灾难预防等措施。但在集体语境下，个体理性往往容易被集体盲动性所掩盖，追求集体利益往往会损害一定个体的私益，为了避免私益的损失，一些人的个人选择往往会与社会公益背道而驰。因此需要强有力的权威介入，通过政府制定相应的法律法规，要求具有环境毒物侵权风险的从业者参与环境毒物责任保险，一旦发生环境毒物侵权行为，就由承保的保险公司对受害者及时提供保险金，环境毒物风险便转嫁给全体投保人，也就是全体利用环境资源的人共同承担，这种环境毒物风险转移的根据在于“谁开发利用环境谁就得按规定付出相应的代价，谁损害了环境谁就得赔偿”。借此消除公众的“搭便车”心理,使社群主动承担起应当承受的环境义务,从而遏制“公地悲剧”问题。于是,周珂教授认为,“就我国而言,一方面,保险意识普遍不高,通过保险分散环境侵权赔偿责任的意识更为薄弱;另一方面,实行环境侵权责任强制保险,不仅有助于保护环境侵权受害人的赔偿利益,而且有助于保护环境侵权人的利益,增强其治理环境污染或者控制环境污染的能力。因此,我国应实行以强制保险为原则、以自愿保险为例外的投保方式制度。即对存在高度危险的突发性环境侵权行为应采取强制投保方式,而对危险程度不高的突发性的环境侵权行为可采取自愿投保方式;对持续性的环境侵权行为应采取强制投保方式,但对危险程度较小或已采取清洁生产等有效环保措施的单位,其持续性的环境侵权行为可采取自愿投保方式”。[①] 鉴于此,本书认为我国的环境毒物责任保险模式宜灵活应变。对于环境问题中风险高、危害强的领域,相关企业应当参加强制性责任保险,而对于环境问题中风险较低的领域,相关企业则可以自愿参加责任保险,因此,我国环境毒物责任保险模式应采取强制责任保险和任意责任保险并行的模式。对于环境毒物损害范围大、危险性大的企业实行强制性责任保险,对于责任能力与危害程度都有限的企业,可以允许其根据其体量与风险自由选择是否购买保险或缴纳相应的费用成立保险基金。

以强制责任保险与任意责任保险并行的模式能够有效解决环境毒物侵权行为人即被保险人的“信息判断错误”以及“破产困境”的难题。即如果任由企业自行选择是否购买环境毒物责任保险,则一旦侵权人低估自身行为的环境风险未予参保,等到事故爆发时就会出现企业偿付能力不足,导致企业破产与受害人无从救济的双输局面;若采取单一的强制环境毒物责任保险制度则容易诱发道德风险。在完全强制的背景下,被保险人的环境责任将被转嫁给保险人,则一方面对于保险人来说负担过重,另一方面侵权人会有“侵权无责任”的嫌疑,缺乏责任的督促,将使侵权人的注意不足,产生懈怠。此时,保险人只能通过调整保险费率和监测监督的手段防范被保险人的道德危险,然而强制责任保险的法定性导致其保险费率调整的空间有限,监测监督成本的增加则会导致保险人不堪重负而退出市场。而且,我国已经在环境污染责任领域进行了有益的

---

① 周珂、刘红林:《论我国环境侵权责任保险制度的构建》,载《政法论坛》2003 年第 5 期。

尝试,《管理办法(草案)》仅要求从事环境高风险生产经营活动的企业事业单位或其他生产经营者应当投保环境污染强制责任保险。因此,本书认为我国的环境毒物责任保险模式宜采取任意性与强制性共存的方式。未来应由立法明确列明或授权相关部门制定名录列明高风险的环境毒物,对于从事被法律明确列明为高风险环境毒物的生产经营活动的企业事业单位或其他生产经营者,应投保环境毒物强制责任保险,并配以合理的保险人责任限额制度。对于从事非高风险环境毒物生产经营活动的企业事业单位或其他生产经营者,其危害性比较小的,则可采取任意保险模式。

二、环境毒物责任保险承保机构

环境毒物责任保险的承保机构主要是指环境毒物责任保险合同中的保险人。现行主流的承保机构设置模式有三,一是以美国为代表的专业化承保机构模式,由一个专业的部门独立对环境风险进行承保;二是以法国为代表的集团联保模式,由市场上的多数保险人联合成立一个专门针对环境风险的保险集团提供保险业务;三是一般商业承保模式,即将环境风险作为一般风险交由普通保险人进行承保。由于环境问题的危害程度与牵涉范围都比较大,其偿付往往需要大量的资金,因此对此类保险机构的要求更高。比如,必须具有雄厚的资金,专业的技术、设备、人员等能力,对企业进行专门性的调查监督,以及对企业经营的风险预测能力,等等。

在我国,对于该由何种保险机构对环境毒物风险进行承保的问题,学界仍争论不休。有学者认为环境毒物方面的责任保险当建立专门性的保险机构;[①]有学者建议对环境毒物污染损害采取政策性的保险机构;[②]还有学者认为我国

---

① 参见程玉:《我国环境责任保险承保范围之思考:兼论渐进性污染的可保性问题》,载《保险研究》2017年第4期;陈冬梅:《我国环境责任保险试点评析》,载《上海保险》2016年第1期。

② 参见孙宏涛、郭莹莹:《美国环境污染责任保险制度的启示与借鉴》,载《中国保险报》2019年7月18日,第4版;张兴伟:《日本环境污染赔偿责任保险的实践与启示》,载《苏州大学学报(哲学社会科学版)》2016年第4期;郭权、徐明、董颖、王志新、秦余国、陈吕军:《环境污染责任保险的发展及对策研究》,载《中国环境管理》2016年第6期;彭中遥:《环境污染强制责任保险有关问题及法治策略》,载《湖南农业大学学报(社会科学版)》2017年第3期;张翼杰:《山西环境责任保险制度的构建》,载《山西省政法管理干部学院学报》2019年第2期。

可以采取“公办民营”的形式来发展环境毒物责任保险的承保机构。[①] 本书认为，就现有的改革背景与经济形势而言，国家、市场、企业都没有做好接纳一个专门性承保机构的准备，而且对专门性承保机构的理论储备与制度设计都有所欠缺，即使建立也只是徒有其表。此外，从社会成本角度上说，与其另起炉灶，不如在现有的制度或机构的基础上加以改造或改进，从制度稳定与延续性角度上说，立足于“完善”比立足于“创立”更适合当前全面深化改革的发展形势。目前，虽有多家保险机构通过了我国保监会的审核备案，[②]但承保渐进性环境毒物污染事故的保险公司数量依然十分有限、保险产品略显单一。因此以“市场运营为主、政府补助为辅”的方式完善环境毒物责任保险体制，是立足于我国深化改革背景下的较优选择。具体而言，可以适当吸收法国的集团联合模式，可由单独一家有能力的保险公司承担环境毒物责任保险，亦可由多家符合资质的保险公司联合对环境毒物责任保险进行承保，同时辅之国家根据防治环境毒物污染致害需要而设立的为环境毒物责任承保的政策性保险公司，从而有效地分摊各个保险人的风险，并借助彼此间的信息渠道与资源优势，提高对风险的预估与对被保险人的管理能力。

三、环境毒物责任保险范围

环境毒物责任保险范围即保险合同中约定的承保范围，保险人对于属于合同约定的事故造成的损失均有责任予以填补。在我国对环境毒物责任保险的探索阶段，一般仅对突发性的环境污染事故予以承保，而对于渐进性、累积性的侵权事件则无能为力。因此有观点认为我国现行的责任保险的标的应当是突发性污染事故的侵权责任，此类事故是最容易探知、预测、赔偿，对其承保的争议性与顾虑都较小，更适合制度作用的发挥。但在实践中，因污染而造成民事赔偿的不仅仅限于突发性污染事故，还有逐渐性污染事故，污染物累积到一定程度，同样会对第三人造成人身或财产损害，且后者出现的频率和损失额要比

---

① 参见刘娟：《我国环境污染责任保险法律制度研究》，西北农林科技大学2017年硕士学位论文，第5页。

② 中国人民财产保险股份有限公司、中国平安财产保险股份有限公司、华泰财产保险股份有限公司、中华联合财产保险股份有限公司等多家保险公司都有推出相关环境责任保险产品。

前者大得多,因此,对持续性的环境污染事故给予保险也是客观需要。[①] 对此,笔者认为,环境毒物责任保险制度的保险范围不应仅限于重大的环境毒物风险领域内,应把累积性、持续性的环境毒物也纳入环境毒物责任保险内,并根据其不同特点、不同风险等采取不同的保险费率制度。

环境毒物侵权除了对自然人或法人造成人身、财产损失之外,还会造成经营利润损失、生态破坏等损失。保险人或侵权人是否对此类损害进行偿付同样是亟需解决的问题。通过比较国家实践中,已经开展的环境损害责任保险的实际承保的具体赔偿范围(见表7)。不难发现,对于纯粹经济损失,大多数国家都认可其可保性;而对于生态系统或环境本身的损失只有少数国家将其纳入承保的范围内。

表7 部分国家环境责任保险承保范围

国家	人身伤害和直接财产损失	间接财产损失	纯经济损失	生态损失
德国	是	是	是	否
法国	是	是	是	否
英国	是	是	否	否
瑞典	是	是	是	否
意大利	是	是	是	否
瑞士	是	是	是	否
荷兰	是	是	是	否
丹麦	是	是	否	否
西班牙	是	是	否	部分承保
挪威	是	是	是	是

资料来源:竺效:《环境责任保险的立法研究》,法律出版社2014年版,第154页。

对此,仅从理论周全的角度来说,保险人承保的环境毒物风险,应当包括毒物侵权人造成人身、财产损失以及精神损害,而对于潜在损害的健康检查费等可纳入人身损害中,应急处置与清污费用、生态修复等费用可以整合到前述财产损失之中。但在具体的司法实务中,包括间接或直接的损失,都是

① 参见熊英、别涛、王彬:《中国环境污染责任保险制度的构想》,载《现代法学》2007年第1期。

环境毒物责任保险的承诺范围，仅精神损失的承保由当事人意思自治。因此，本书认为，承保人的保险范围的确定应当采用固定与选定结合的方式，即对于人身损害与财产损失，包括间接财产损失与纯粹经济损失都应当被认为是环境毒物风险所在，属于责任保险范围；而对于精神损失，则由当事人协商后确定。

四、环境毒物责任保险责任期间

责任保险是在毒物侵权人侵权责任确定的基础上进行风险替代，但是在环境毒物侵权中，一个尴尬的问题是，由于环境毒物侵权多变的作用形式与复杂的致害机理，导致其损害结果往往并不是现实发生，而是在潜伏中随时发作。正是这些迥异的特点使得在保险期间内发生的环境毒物侵权难以确定将来的损害赔偿责任。如果按照常规的保险期间，那么仅有少部分责任能够予以保障，而被保险人仍需承担未来可能发生的责任，致使保险功能失调；但刻意延长保险有效期，则会有过分加重保险人责任的嫌疑，诱发被保险人的道德风险。因此应当在保险功能的充分发挥与保险人责任的合理确定之间厘定一个适宜的平衡点，选择一个恰当的责任期间才能有效发挥保险的制度功能，保证保险机制的平稳运行。国际上主流的做法大致有三种：一是侵权行为发生制，要求保险人为被保险人在合同期间内发生的侵权责任负责；二是损失产生制，即要求保险人填补被保险人在合同期间内发生的相关损失；三是提出索赔制，该种做法是保险金仅对合同期间内提出的赔偿请求承担责任。

我国有学者提出，应当借鉴先进国家保险制度的做法，建立索赔型环境责任保险制度，只有在保险单的有效期间内发生对被保险人的环境责任索赔事件，保险人才承担保险责任。[①] 在实践中，亦有部分保险人采取类似的方式。[②] 这种做法能够将相对不确定的损失转化为一种确定的状态，令保险人能够有充足的预见空间与准备空间。但是这种做法会导致另一个问题的产生，即一般的

---

① 参见陈会平：《环境责任保险所涉法律关系分析》，载《保险研究》2004 年第 2 期。

② 例如，中国人民财产保险股份有限公司和中国平安财产保险股份有限公司的《环境污染责任保险条款》第 3 条就采用索赔型保险责任期间的设计，保险人只承担自追溯日起至保险期间终止日的期间内的保险责任。

合同责任期间较短,采取这种模式将会导致被侵权人的潜在损害健康检查费损失以及未来现实发生的损失无法得到救济。因此,采用该保险责任期间的制定方式也有一定的弊端,受到了一些国家的质疑与抵制。①

笔者认为,环境毒物责任保险的保险责任期间,原则上应提出索赔条款,并附加平衡条款。即只有被侵权人在合同责任的有效期内提出救济请求的,保险人才开始进行损失填补。而为了解决这种制度下受害人潜在损害无从救济的问题,可以由法律辅以一定的延长期限条款,即有条件的延长合同责任期间。应当注意的是,基于合同公平的原则,对于超出一般合同期间的延长期,保险人有权收取额外的费用,用以平衡额外的责任与费用。除此之外,如果被保险人已经在保险合同期间内向保险人明确报告了将发生环境毒物侵权损害的征兆,并且当时已知的科学方法可以根据这些征兆推定环境毒物侵权发生的可能性,那么在保险合同终止后,根据该征兆自然而然产生的环境毒物侵权损害,也应由保险人承担保险责任。

五、环境毒物责任保险的保险费率

在保险中,保险费率是保险人用来维持经营,平衡风险填补与收益的基本渠道。保险费率的高低直接影响到一种保险产品的经营与推广,甚至影响到整个保险制度的存续。在环境毒物责任保险中,一种产品的保险费率是保险人基于投保公司的环境污染风险等级、行业风险、当地收入水平与其他相关数据精算得出的。然而前文述及,环境毒物侵权造成的损害具有潜在性,无论是真正损失的核算还是因果责任的明确都存在一定的难度,同时此类问题尚属新兴问题,相关的专业化工作还有所欠缺,导致保险人在厘定相关费率时面临许多问题。

对于保险费率的厘定,目前国内的做法是将其分为两个部分,一是基准费率,即类似于一种基本模版,由保险人根据行业风险概率、危害程度以及此前具体损失等内容总结出的基础费率;二是投保费率,也是现实中投保人真正缴纳

---

① 如1992年比利时保险法起先完全禁止"索赔性"保险但是后来比利时允许某些责任保险可以采取索赔型条款,但必须将保险责任延续至保险合同终止后36个月;西班牙法院曾判决该索赔型条款无效。

的费率。该部分内容是保险人针对具体的投保人,在对其进行环境污染风险评估之后,根据其行业性质、企业的环境自律状况、企业业务的环境状况等具体情况,在基准费率的基础上确定企业真正应当缴纳的费额。目前国内保险人的环境污染责任保险费率由国家统一厘定,本书认为此种做法欠妥。因为环境污染的风险不是固定的,根据行业性质、环境状况、当地环境态度、企业自律等因素都有所区别。如果无视这种行业、公司之间的风险差异而一味地使用统一的费率,则会出现低风险行业公司缴纳的费用会比市场自发调整出的价格要高,而高风险行业公司的费用会低于正常的市场价格。与其说这种固定统一的费率是公平的体现,不如说是牺牲低风险投保人的利益的体现。更为重要的是,如果按照统一费率,这有可能导致低风险的投保人退出环境毒物责任保险市场或者是出现道德风险,从而导致严重的社会环境问题。因此,应当由政府出面确定一种浮动费率,再由保险人依照具体的环境风险与公司的实际情况拟定适宜的费率标准。具体而言,即确立一种费率等级,根据不同的风险状况制定不同的收费标准,以低风险行为的同类市场价格为最低标准,高风险行为的同类市场价格为最高标准,具体的保险费用则在二者区间内浮动。如此一来,投保人依据实际责任来厘定费用,既避免出现压榨低风险从业者来补贴高风险从业者的情况,又可以通过浮动费率形成“责任—价格”杠杆,从业者为避免缴纳高额保险费,将会提高环境注意义务,积极改善生产、经营中的环境隐患。简单说,浮动费率避免了“一刀切”式的做法,既是追求实质公平的恰当做法,也是督促被保险人履行环境注意义务的管理手段。

六、环境毒物责任保险人的责任限额以及除外责任

在保险法理论中,保险人的责任限额有三种:(1)合同期间内全部偿付之和的限额;(2)合同期间内单次风险事件的全部偿付的限额;(3)合同期间内单次风险事件单人偿付的限额以及被保险人单独承担的部分。环境毒物责任保险中,既要发挥责任保险填补损害之功能,又要避免被保险人发生道德危险的现象。宜采用第三种方式,让被保险人即侵权人仍然需要承担自己行为的责任。在具体制度的设计上,应当考虑到我国经济发展不平衡的形势,针对救济渠道有限又分配不均的情况,寻求环境毒物责任保险合适的介入方式。因此,本书

认为,在适用第三种责任限额制度时,应对保险人与被保险人的相应责任安排适宜的限度,如保险人赔偿责任限额采取“上限”模式,被保险人自负额制度则采取“下限”模式。换言之,在一起环境毒物侵权诉讼中,只有当损失的总量达到保险合同约定的其一定上限范围时,保险人才承担赔付保险金的责任,而超过的部分将由被保险人自己负担或由其他社会化救济制度解决。采取保险人责任限额与被保险人自负部分责任的做法,不但有益于保险人成本计算与风险预估,同时对被保险人而言也是督促其环境自律的重要动力。当然,这种具体的数量计算仍需要根据行业、地域的实际状况有所区分,可参照前文浮动保险费率的计算方式交由当事人协商。但应注意的是,考虑到环境毒物责任保险强制性与任意性兼具的情况,最宜先由相关的保险业监督管理机构和环保部门根据实际情况核定合理的责任限额幅度,之后再交由当事人在此基础上交换意见。

除外责任,指保险公司不负责给付保险金或不承担赔偿责任的项目,在保险条款中,记载保险公司不承担保险责任范围的条款。[①] 我国此前发布的相关文件中少有涉及除外责任,[②]直到 2018 年 5 月生态环境部审议并原则通过的《管理办法(草案)》第 20 条明确规定了除外责任。[③] 在未来的制度构建中,除外责任是防止保险人产生额外负担,促进保险制度平稳运行的重要手段。根据我国先前试点经验以及域外相关制度的经验,环境责任保险制度中,自然灾害、被保险人故意、合同责任、战争风险、不可抗力等内容都是保险人责任豁免的理由。具体内容如下:

(1)被保险人故意。如果对被保险人基于故意或重大过失而导致的环境毒物侵权责任进行偿付,一方面使其逃避责任,违背侵权法理念,另一方面将不利

---

① 参见吴锐:《环境责任保险法律制度研究》,兰州大学 2013 年硕士学位论文,第 40 页。

② 指 2013 年发布的《关于开展环境污染强制责任保险试点工作的指导意见》。

③ 《管理办法(草案)》第 20 条:“有下列情形之一的,保险公司不予赔偿:(一)不可抗拒的自然灾害导致的损害。完全属于不可抗拒的自然灾害,环境高风险企业经过及时采取合理措施,仍然不能避免污染环境致使第三者遭受的损害。(二)环境污染犯罪直接导致的损害。环境高风险企业构成污染环境犯罪被追究刑事责任的,其犯罪行为直接引发环境污染致使第三者遭受的损害。(三)故意采取通过暗管、渗井、渗坑、灌注等逃避监管的方式违法排放污染物直接导致的损害。(四)环境安全隐患未整改直接导致的损害。(五)环境保护部和保监会确定的可以除外的其他损害。”

于震慑和督促被保险人环境风险自律。因此将其列为除外责任,能够防止助长被保险人免予承受环境行为责任的侥幸心理。

(2)怠于履行防止损失的义务而扩大的损失。将这部分内容规定为除外责任,是为了督促被保险人在遭遇环境侵权时,积极主动地采取措施遏制损失,整治环境。这有利于社会公益提升。

(3)被保险人的雇佣人员的人身伤害损失。环境毒物责任保险制度的主要作用在于针对遭受环境毒物侵权的不特定第三人进行救济,带有一定的社会公益性。而被保险人的雇佣人员对于可能发生的环境毒物风险本身就有一定的认识甚至预见能力,而在其遭受实际损失时也能得到公司与工伤保险的救济,不需要浪费责任保险的公共资金。

(4)被保险人自身的财产或人身损失。环境毒物责任保险属于第三人责任险的一种,其保险标的是被保险人对第三人的侵权责任,有报偿性的作用。对于被保险人自身的损失,可以由其他类型的商业保险予以保障,而不需要借助责任保险的公共资源。

(5)战争等不可抗力造成的损失。保险人的合同义务来自被保险人应当承担的侵权责任,对于战争、自然灾害等不可抗力因素造成的损失,因不可归责于被保险人,则保险人自然无偿付责任。

(6)罚金和行政处罚。罚金或其他行政处罚是针对被保险人的违法行为而作出的,一方面,此类违法行为本身就带有故意或重大过失的因素,属于前述被保险人的过错范畴;另一方面,让保险人为违法行为负责本身就违背公序良俗,也会催生道德风险。

(7)环境污染犯罪导致的损失。环境污染犯罪不仅包括《刑法》第338条规定的污染环境罪,[①]还包括分则第6章第6节中全部有关污染环境的犯罪。在本质上,犯罪行为一方面严重破坏了社会公共秩序,另一方面又对善良风俗产生了重大威胁。保险人不可能为被保险人的环境污染犯罪行为过程中产生的风险提供经济保障,否则不仅无法有效惩罚制裁犯罪,而且会在一定程度上鼓

---

① 《刑法》第338条:"【污染环境罪】违反国家规定,排放、倾倒或者处置有放射性的废物、含传染病病原体的废物、有毒物质或者其他有害物质,严重污染环境的,处三年以下有期徒刑或者拘役,并处或者单处罚金;情节严重的,处三年以上七年以下有期徒刑,并处罚金……"

励犯罪。因此,环境毒物污染犯罪产生的损失不应该被纳入环境毒物责任保险的责任范围内。

七、环境毒物责任保险的配套机制

首先,建立合理的环境毒物风险评估机制。[①] 由于环境毒物污染事故往往具有损害的长期潜伏性、因果关系的复杂性等的特征,如果不能准确地评估环境毒物污染的风险,将会影响保险费用的缴纳和保险协议的签订。建立合理的环境毒物风险评估机制,需要从以下几点着手:第一,细化风险评估的标准和过程,以便降低实际操作的难度;第二,成立第三方风险评估机构,提高保险机构和企业之间的互相信任度,以期减少保险机构和企业间的矛盾;第三,培养专门的环境毒物风险评估技术人才以及熟悉其他有关保险技术支持和服务的人才以提供坚实的人力支持。

其次,建立合理的损害评估机制。[②] 当环境毒物侵权发生后,保险机构和企业要在互相信任的基础上加强合作,共同完成赔偿工作。在这方面,主要应当关注两个要点。第一,应当建立、完善定损机制,保质保量且公正合理地完成环境毒物损害的厘定;第二,在于加强专业人才培养。由于环境毒物责任保险属于新兴事物,业务人员的深度与广度都有所不足,亟需人才体系的支撑。

最后,建立相应的替代制度。在环境毒物责任保险中,由于环境毒物多变复杂的作用形式与致害机理,导致人们难以对其真实损害精准预见。即使再大型的保险公司都有可能无法应对环境毒物损害风险,因此应当建立起相应的风险再分散机制。具体的做法除了保险技术的更新,如再保险制度、共同保险制度等,还可以探索建立公共环境毒物责任保险保障基金。保险保障基金是保险组织为了应对可能出现的不测风险,在年终盈利中额外留存的后备基金。除了保险公司的自力储备外,基于其公共性目的,还可以考虑其他资金来源,如国家的财政拨款或环境行政收费转移等。

综上,我国近年来粗放式的发展在带来经济腾飞的同时,也在一定程度上

---

① 参见顾向一、陈诗一:《环境无任责任保险制度演进及路径选择》,载《复旦学报(社会科学版)》2020 年第 3 期。

② 参见蒋亚娟、肖歌予:《环境损害司法鉴定制度研究》,载《中国司法鉴定》2021 年第 3 期。

暴露了越来越多的环境隐患。尤其是工业的高速发展，进一步加剧了环境问题，由此产生的环境毒物侵权问题亦向当今司法实践提出挑战，依赖传统的环境侵权救济方式已无法解决这些问题，环境毒物责任保险制度作为侵权领域中的新救济方式无疑是一种有益尝试。但是每一种新制度并非一蹴而就，而是需要通过不断地实践获得理论的创新与突破。因此，建立和完善我国的环境毒物责任保险制度应当立足于我国的具体国情，充分考虑经济、环境、政治等因素的作用，对现有的保险制度作出针对性的创新与变革。具体而言，在模式选择上，应当奉行实用主义的精神，以问题解决为核心，不做超出经济条件、社会接受能力的超前变动，充分协调人与自然的关系，为营造生态导向型社会助力。此外，一项公共制度的建设与推广始终离不开法律的保障，一套完备的法律体系也是环境毒物责任保险制度的前提与底气。本书建议，应当通过立法实践、司法解释或指导案例的形式对《环境保护法》等相关环境法律法规的内容进行相应改动，在其中明确环境毒物侵权责任的地位，同时更新侵权法观念，界定潜在损害，完善环境毒物侵权的因果认定方式，跟进新时代赔偿理念与救济手段。完善《保险法》及相关规范，一是要明确责任保险的重要地位；二是根据责任保险的不同特点进行分类，并且在相关的条款中确定环境毒物责任保险；三是明确规定环境毒物责任保险合同中双方当事人的权利以及义务；四是明确规定责任保险中有关受害第三人的直接请求权，以彰显制度对第三人进行救济的直接性和优越性；五是明确规定责任保险的再保险法律问题和责任保险的共同保险法律问题；六是明确规定责任保险的相关赔偿过程，从而推进保险制度和法律共同发展。

第十章　有毒物质侵权之补充救济机制：补偿基金

有毒物质侵权的补偿基金制度设立，就我国而言，本书认为可以在产品责任与环境责任领域设立。

第一节　环境毒物侵害补偿基金

环境毒物侵权与一般传统侵权的区别，导致如果沿用普通的侵权责任救济方法，一方面，恐难以为毒物侵权的受害人提供有力的救济；另一方面，在规模性环境毒物侵权的情形下，有些企业将可能会因为面临过高的经济风险、承担过重的赔偿责任，导致运营不善，甚至发生破产，从而将给社会经济的高质量、健康发展造成制度阻碍。所以在供给侧结构改革的背景下，迫切需要在传统的侵权责任承担方式之外寻找其他承担方式作为环境毒物侵权的补充救济路径，而在这个语境之下，环境毒物侵权补偿基金制度就是一个可能的选择。[①]

① 本节关于环境毒物侵害补偿基金的阐释是在本人拙著《环境毒物侵害补偿基金制度的构建与设计》[《福建农林大学学报(哲学社会科学版)》2017 年第 3 期]基础上进一步深入分析与探讨完成的。

一、构建环境毒物侵害补偿基金制度的必要性与正当性

（一）传统个别化侵权救济的缺陷要求补偿基金的弥补

随着环境污染日益严重，环境侵权也日益复杂化，以传统民事救济方式来为环境侵权提供救济，将会因为其自身个别化的特点使其发挥的作用越来越有限，越来越难以满足环境侵权中受害人的需求，在救济受害人的过程中逐渐凸显出以下几个问题。

第一，传统的救济途径下难以确定环境毒物侵权的加害主体，受害人难以找到适格的诉讼主体。与其他侵权不同，环境侵权通常具有行为合法性、侵害隐蔽性、损害后果累加性、影响长远性等特点。经过行政审批，企业在法律或法规许可范围内排放的废弃物一般不会直接造成周遭人员的人身伤害及财产损失，但是我们也应当看到，这些排放的废弃物和其他物质通过复杂的化学作用相互结合，很可能借助环境介质悄然对人们的生命安全、人身健康、财产价值造成一定的损害。而且这种损害往往不是当下就显现出来，而是经过长时间后才在人体内以某种临床病症形式显现出来。回顾历史，我们会发现曾经就有几起具有一定灾难性危害的环境污染事件，如这两年在华北等地区出现的严重雾霾现象，其引发原因并非仅是个别企业或工厂的排污行为，也非若干企业几个月内的污染行为，更为可能的是大量企业在较长的一段时间内不断排放废弃物，日积月累造成的。所以在这类环境污染侵权的案件中，存在多个甚至众多可能的毒物致害主体，且毒物侵害行为与损害后果之间存在较长的时间间隔，其间可能有多种其他因素的介入，而目前的科学技术难以作出准确的判定，因此要明确环境毒物侵权的具体加害人具有较大的难度。在无法确定环境毒物侵权人的情形下，受害人无法就具体的被告提起诉讼，其赔偿请求权也将因此不得以而落空。

第二，以个别侵权人承担责任为基础的赔偿制度之无力性。传统环境侵权责任强调污染者承担责任、侵权责任自负，因而在环境毒物侵权中，应由可确认的环境毒物侵权人独立地对侵害损害后果承担责任。这从一定程度上贯彻了“谁污染、谁负责”的原则，具有一定的正义性。然而环境毒物侵权造成的损害后果往往具有范围广泛、对象众多、后果严重等特点，所以毒物侵权人需要支付

的赔偿款数额大,但其自身支付能力又有限,受害人请求支付时其可能拒绝支付赔偿款或者确实因为支付不能而无法履行义务,所以受害人的权益难以得到保障,遭受的损害无法得到有效的填补。人类社会发展以来,许多涉及面广、损害后果极其严重的污染事故给我们人类社会发展带了不可逆的灾难性的损害,比如20世纪40年代以来洛杉矶发生光化学污染、日本发生水俣病、苏联发生切尔诺贝利核事故、我国现在几个地区出现的雾霾等,这些污染事件都给人们的人身和财产造成了严重的损害,更可怕的是这些事件造成的负面影响不仅存在于个体之间,而且蔓延到了国家和社会层面。所以说在环境问题日益严峻的背景下,单纯依靠传统的个别化损害救济制度已远不能充分地保障受害者的合法权益,并可能进一步衍生出危害社会稳定发展的不良影响。

第三,环境毒物侵权诉讼时效的限制性。对于环境毒物侵权的诉讼时效,可依据的有两个条文,即《环境保护法》第66条[①]和《民法典》第188条[②]。据此,环境毒物侵权的受害人必须在3年内向有关法院起诉,[③]其诉讼请求方可有胜诉的可能,如果有特殊情形,其最长的诉讼时效是20年。然而正如前文所述,由于环境毒物侵权行为的特殊性,损害结果的最终显现可能需要很长的时间,甚至于在代际之间才发生。而且有些毒物的危害性为当前的科学技术水平所不知,人们无法及时地发现某种环境毒物侵权行为可能造成的损害后果。加之环境毒物侵权责任主体的多方性与复合性,需要花费较长的时间判断可能的加害主体。所以待几十年后提起诉讼的条件具备时,却因超过了可能适用的最长诉讼时效20年的规定,导致受害人的诉讼权利难以得到切实的维护。

第四,环境毒物受害人救济的实现仍存较多阻碍。《环境保护法》第6章专门规定了有关企事业单位以及其他生产经营者的违法排污法律责任,由此可以

---

① 《环境保护法》第66条规定:"提起环境损害赔偿诉讼时效期间为3年,从当事人知道或者应当知道其受到损害时起计算。"

② 《民法典》第188条规定:"向人民法院请求保护民事权利的诉讼时效期间为三年。法律另有规定的,依照其规定。诉讼时效期间自权利人知道或者应当知道权利受到损害以及义务人之日起计算。法律另有规定的,依照其规定。但是,自权利受到损害之日起超过二十年的,人民法院不予保护,有特殊情况的,人民法院可以根据权利人的申请决定延长。"

③ 参见巩固、陈瑶:《环境侵权诉讼时效规则的问题与完善——从"常州毒地案"切入》,载《中国地质大学学报(社会科学版)》2020年第3期。

看出:企事业单位以及其他生产经营者在违法排污的环境毒物侵害案件中主要承担的是行政责任,主要表现为行政机关对此等违法主体给予一定的行政处罚。除了行政责任,受害人若欲通过民事责任寻求环境毒物侵害的救济,则应依《民法典》向环境毒物侵权企业提出要求其承担侵权责任的诉求。① 虽然《环境保护法》对企事业单位以及其他经营者在环境毒物侵权中的法律责任作出了系列规定,但在司法实务中救济途径于受害人而言尚不具有全面的有效性。具体而言,首先环境毒物侵权中双方当事人经济地位和社会地位等悬殊,私力救济于受害人而言具有一定的难度。受害人为了能够取得诉讼胜利,需要进行一系列科学试验、请专家鉴定、请律师等,受害人需为此支付一大笔费用。相反,加害人往往是资金雄厚的企业,在财力、人力、技术上都有其优势,还有强大的律师团队为其提供专业的法律服务,这些因素均会对受害人的寻求救济之路造成很大阻碍,影响受害人向环境毒物加害人请求赔偿的顺利实现。其次,在环境毒物侵权案件中,受害人在取证时面临较多困境,整个取证过程时间长,且取证环节结束后,环境毒物侵权案件的审理因其复杂性(如何确定具体的加害人、如何判定因果关系、如何在环境毒物侵权人之间分配责任)也须经历一段漫长的过程,在这种情形下,受害人想要在短时间内获得及时有效的救济是难以实现的。

可见,当下建立一种弥补传统环境侵权责任救济缺陷的新制度具有很大的现实必要性,环境毒物侵权损害赔偿社会化制度正是可供选择的合理措施之一。通过该制度的补充作用可以更加及时、有效、平等地解决因环境毒物污染而引发的侵害问题,在一些情形下可以更好地平衡环境毒物侵权关系中双方当事人的权益,进而实现稳定社会和发展经济的目的。在环境毒物补偿基金制度下,受害人如果因为没办法确定具体的环境毒物侵权人而无法获得救济,或者确定具体的环境毒物侵权人后通过民事或行政救济路径后仍没有得到救济以及没有得到充分救济的,就可以就受损害部分向相关的补偿基金提出救济请求,只要其提供的证明材料足够充分,就能在补偿基金的补偿范围内得到救济。

---

① 参见《民法典》第1229条规定:"因污染环境、破坏生态造成他人损害的,侵权人应当承担侵权责任。"

该制度的运行避免了"有损害，无救济"的法律窘境，有效地保障了环境毒物受害人的合法权益。同时，这种制度将环境毒物侵权的风险合理地分散于社会，企业无须独自承担对受害人的赔偿，在一定程度上可以减轻企业的责任，避免企业因为相关环境毒物侵权赔偿责任而对日常企业运作造成重大影响。受害人和侵权人双方利益在该制度的运行下得到较好的平衡，有效地化解了由于环境毒物侵权可能带来的尖锐社会矛盾，使社会经济得以在一个更为有序的环境中健康发展。

(二)分配正义理论的要求

亚里士多德根据他对正义的理解，将正义分成了分配正义以及矫正正义，矫正正义是传统侵权法的价值基础，更为重视调整社会成员间的个人关系，在惩罚以及补偿中平衡侵权关系中侵权人和加害人的双方权益。在社会成员交往中，不管是哪一方侵害了另一方的权益，只要是有损害结果的发生，侵权方都应该因此而受到处罚，以自己的财产或者其他方式弥补受害人的损失，从而使失衡的社会公平正义得到矫正。① 从矫正正义的前述概念中可以看出，矫正正义在侵权案件发生后追究个人责任，通过转移损害的方式使得受害人的权益得以恢复。在一般性的侵权案件中受害人都可以通过矫正正义方式维护自己的权益，但是随着工业社会带来不断进步和创新的科技，各类新型的侵权案件日益繁多且复杂，以实现个人责任为目标的矫正正义已经无法满足新形势下受害人请求救济损害的需求。尤其在环境侵权案件中，假如墨守矫正正义规则，则实践中往往会出现损失由受害人或者加害人一方独自承担的现象，这会导致显失公平的结果。比如企业如果是在合法情形下排污，②企业承担了相应的侵权责任后，该结果于损失得到填补的受害人而言是公平的，但于因合法行为而承担责任的企业而言却是有违公平的。但反过来看，如果受害者没办法及时有效地得到救助以填补其受到的损害，则对其受损的合法权益而言是极为不公平的。所以我们在现在日益严峻的环境侵权中已经不能再简单地根据传统侵权救济途径平衡侵权双方当事人的权益。

① 参见覃淮宇、杨静毅：《论矫正正义视角下的过错责任》，载《社会科学家》2009 年第 2 期。

② 参见蔡唱：《〈中华人民共和国民法典〉背景下环境侵权违法性研究》，载《吉林大学社会科学学报》2021 年第 1 期。

与矫正正义不同的分配正义,追求的是最终结果的相等性,注重的是公平公正地在社会内部分配相应权利、权力、义务和责任。① 在分配正义的语境下,每个社会成员都可以从工业进步以及社会发展中受益,而工业发展衍生出的环境污染风险也理应在所有社会成员中分配,也就是将相应风险分散到社会各角落,即"损失分散"。

"损失分散"将"损害转移"对个人责任的原有限制打破了,以社会化分担的形式救济受害人因侵权行为受到的损失,从而实现社会利益的平衡。② "损失分散"中受害人可以获得比较圆满的救济,而且从另一个角度看侵权人也不会因为承担过重的赔偿责任而陷入运营困难的窘境,也就是说"损失分散"不仅考虑了侵权人和受害人的权益平衡,也考虑了社会利益的有序保障。前文论及环境侵权案件的特点——受害人众多以及影响范围广,所以侵权人一般要承担巨额赔偿款,假如受害人的全部损失都要从担责能力有限的侵权人处获得救济,就往往会导致受害人最终获得的救济有限甚至是没有,受害人的权益保障落空,又谈何实现公平正义。从侵权人的视角看,仅由其承担所有的侵权责任同样也是不公平的,一般情形下其已为之侵权行为是合法范围内的,如果其因此而承担责任,那么其合法权益的保障又从何谈起。我们说包括环境污染案件中的受害人在内的所有社会成员都从工业进步和社会发展中得到益处,所以从这个角度看其实每一个社会成员同时也应该为工业发展衍生出的社会风险买单,这样的损失分散规则是合理的。

分配正义规则下产生的环境侵权损害赔偿社会化制度,是通过保险或基金等社会化救济方式将侵权行为的风险转嫁到社会中,或者转嫁到不特定多数人中,这实际上是一种权利、义务、责任在社会内部的重新分配,以追求公平地平衡社会各方的合法权益。所以当发生了具体的环境侵权行为,受害人损失的填补程度不再局限于侵权人的担责能力,也不再需要考虑侵权人在实施侵权行为时是过失还是故意的心理状态,只要受害人实际上因此受到了损失,就可以通

① 参见王海霞:《论以正义性制度维护初次分配公平》,载《北京人民警察学院学报》2012 年第 4 期。

② 参见张炜达、乔少磊:《食品安全事故补偿基金法律制度论析》,载《西北大学学报(哲学社会科学版)》2013 年第 4 期。

过这样的社会化制度获得相应的损失填补。

（三）时代改革要求通过制度创新为企业减负，维护利益平衡

1. 时代改革要求通过制度创新为企业减负

我国推行的供给侧结构性改革，并非对美国供给学派"供给管理"的简单复制，而是着眼于中国发展实际，更侧重提升经济增长的效率和企业长期发展的活力，来实现经济长期发展的持续平衡。① 企业要发展在一定程度上必然会对环境造成不同程度的污染或破坏，进而影响人们的健康。如若让企业承担传统的环境侵权责任，势必会给企业带来沉重的负担，影响企业长期稳定的发展，同时此种个别化的救济措施也未必能完全补偿受害人的损失。具言之，在侵权赔偿的个别化救济制度下，企业作为环境毒物致害的侵权者，应遵循责任自负原则，对损害后果自行承担责任。而环境毒物侵权的损害后果往往颇为严重，且涉及领域较广，涉及受害者众多，企业要为此支付巨额的赔款款项，结果不仅企业发展受阻，受害人的权益也得不到维护。纵观人类历史的发展过程，诸如洛杉矶的光化学烟雾污染、苏联的切尔诺贝利核电站泄漏、日本福岛核电站爆炸等牵涉面广、后果严重的污染事故不仅对社会成员个体造成不可逆转的生命健康损害，更是对整个社会的良性发展造成强大的阻碍。

可见，应对重大的环境毒物侵害，单纯依靠传统的侵权责任救济已经难以全面地保障受害人的利益，同时作为侵害人的企业也可能因为巨额的赔偿款而陷入运营困难甚至破产的窘境，进而又加剧了受害人获得赔偿的难度。供给侧结构性改革的制度创新呼唤着新的救济补充路径的出现。供给侧结构性改革，离不开创新的重要作用，创新就要求我们通过新制度的创设来帮助企业降低成本，进一步减少阻碍经济主体活力的制度性因素，发挥企业微观主体的能动性。② 环境毒物侵害补偿基金制度就是供给侧结构性改革的创新要求催生的产物。与现有的侵权救济制度相比，环境毒物侵害补偿基金制度更具优越性。补偿基金集政府、企业、个人之力，对符合基金补偿条件（该条件并不像侵权责任构成要件那般严苛）的受害人提供补偿性的救济，从而在一定程度上化解"有损

---

① 参见冯志峰：《供给侧结构性改革的理论逻辑与实践路径》，载《经济问题》2016 年第 2 期。

② 参见胡鞍钢、周绍杰、任皓：《供给侧结构性改革——适应和引领中国经济新常态》，载《清华大学学报（哲学社会科学版）》2016 年第 2 期。

害,无救济”的矛盾,使受害人的损失得到一定程度的弥补。另外,基金具有分散风险的功能,避免由企业独自承担受害人的全部损失,缓解了企业的压力,以免企业因巨额赔款而难以维系自身的发展。该制度在平衡侵权人与受害人利益的基础上,缓和了因环境毒物侵权而产生的尖锐冲突,维护了社会的安定和谐,使经济能够在一个安定的社会环境中得到平稳的发展。

2. 供给侧结构性改革要求通过制度设计维护利益平衡

供给侧结构性改革涉及政府、企业、社会三方主体,需要协调多元行动者,形成合力,其中政府起着重要的作用,即完善法律法规,提供好的制度规则,把握产业发展趋势,保障健康、环境和安全,保护消费者合法权益等。[①] 在应对环境毒物侵权致害问题上,政府亦需借助法律法规的健全,构筑更优的制度来保护环境、维护受害人的权益、保障企业的健康发展。

环境毒物侵权不同于一般侵权,涉及受害人利益、侵害人利益以及社会利益三方利益,需要协调与平衡好这三者之间的关系。在环境毒物侵权案件中,对受害人遭到的损害,从矫正正义的角度说,应从加害人处获得赔偿。矫正正义强调“损害转移”,即将受害者遭到的损失转移到加害者身上,由加害者吞下苦果,从而使被扭曲的社会正义得到恢复。然而某些环境污染行为是工业活动在创造社会财富过程中不可避免的衍生行为,工业活动具有致害与创益的两面性,它在对社会经济的发展作出不可泯灭的贡献的同时释放了环境毒物、侵害了人们健康。因此我们既不能放任工业污染行为的恣意进行,也不能为了维护受害者利益,向企业施加过重的责任,两者都会影响社会共同体的利益。因此,我们应借助政府的作用,成立环境毒物侵害补偿基金,充分运用政府、企业、社会的力量,给予受害人适当的救济的同时适度减轻企业的负担,在保护环境之时实现经济的稳步可持续发展。其作用如下:

第一,环境毒物侵害补偿基金可以为受害者提供及时有效的补救。正如前文提及,环境毒物侵权的特殊性给受害人的举证造成重重困难,加之侵权人往往很难确定,即便在确定侵权人后,常常会因为部分侵权人不具备足够的赔偿能力或因时代久远,侵权人已注销、不存在,致使受害人无法得到足额的赔偿。

---

① 参见杨宏山:《供给侧改革的根本在于制度创新》,载《人民论坛》2016 年第 3 期。

环境毒物侵害补偿基金是因这一困境而生的可适用路径,它让政府、企业、社会成员都加入对受害人的救济中,降低了受害人获得赔偿金的举证难度,大大增加了受害人获得赔偿的可能性,从而更好地捍卫其合法权益。

第二,环境毒物侵害补偿基金可适当减轻企业负担,保障企业的有序发展。环境毒物侵权常具有广泛性的后果,这对于企业而言,其赔偿负担是十分沉重的。倘若一味地将受害人的全部损失都施加于企业身上,则会使企业面临无法正常经营的困境,甚至最终破产。因此,在侵权责任认定时,不应单纯地为了救济受害人而通过制度的过度倾斜向企业施加过重的赔偿责任,而应通过建立环境毒物侵害补偿基金,分散风险,减轻企业的责任,使企业乃至社会经济可以较稳定地发展。

(四)我国目前环境赔偿基金的建议为此奠定了有利的基础

《污染源治理专项基金有偿使用暂行办法》(以下简称《暂行办法》)颁布于1988年7月28日,这是到目前为止我国唯一一部与环境基金相关的法律,依据该办法,政府不再无偿拨付排污费,那些需要缴纳超标排污费的企业只能向该基金贷款。但是该办法随着《排污费征收使用管理条例》[①]的实施而失效,因此,目前我国在环境基金制度方面并无相关的有效立法。1997年财政部联合中石化发布了《中国石油化工总公司安全生产责任风险基金管理办法》,该办法规定90%以上的基金用于赔偿自然灾害及事故导致的损害、补偿治理安全隐患支出的费用、补偿安装安全技术设备以及研发安全技术产品支出的费用。虽然该办法涉及对环境侵权的赔偿问题,但是该基金为自愿缴纳,并无普遍的效力,而且该办法的制定仅为中国石化总公司的内部行为,并没有形成全国各行业的统一基金组织。

在实践中,我国1993年4月成立了第一个专门从事环境保护事业的基金会——“中华环境保护基金”(China Environment Protection Foundation),该基金会是一个具有独立法人资格、不以营利为目的的社团组织,其宗旨是“广泛募集、取之于民、用之于民、保护环境、造福人类”。该基金的主要业务范围包括资

① 《排污费征收使用管理条例》于2002年1月30日经国务院第54次常务会议通过,其中第26条规定:“本条例自2003年7月1日起施行。1982年2月5日国务院发布的《征收排污费暂行办法》和1988年7月28日国务院发布的《污染源治理专项基金有偿使用暂行办法》同时废止。”

助相关的环境保护的项目、资助针对环境保护事业的科学研究与技术开发、开展相关的国家交流活动以及对在环境保护方面有突出贡献的个人和单位进行奖励等，[①]但是并未包括对环境侵权案件中的受害人进行救济，由此我们可以看出，该基金在实质上与日、美的环境侵权损害补偿基金并不相同，尽管如此，该基金会是我国将基金作为一种手段运用到环境保护事业中的首次探索，其机构设置、资金的运行模式等对于我国构建环境侵权损害赔偿基金制度仍具有一定的借鉴意义。

（五）国外相关实践提供了可借鉴经验

20世纪中期，美、日、德等发达国家就开始了对环境侵权社会化救济的实践探索。由于环境侵权其自身的特点，环境污染引起的系列侵权问题已经远远超过了现有的侵权救济手段能够解决的范畴，因此各个发达国家结合自身的环境问题和文化传统，基于原有的法律体系，在实践中探索、建立起适合各自国情的环境侵权社会化救济制度，并逐渐成为各国解决环境侵权问题的重要途径，如日本的公害健康受偿补偿基金、美国的超级基金与环境责任保险等。环境侵权损害赔偿的社会化救济制度，不仅保障了受害人的合法权益，也使企业的权益得到了维护，从而维护了社会稳定，促进了经济发展，达到了公平正义之目的。环境侵权社会化救济制度经过几十年的理论发展与不断的实践探索，得到了较大的发展并不断得以完善，该制度在日、美、德等发达国家逐步形成了一套体系完善的法律制度，其涉及的内容全面，在实践亦有很强的可操作性和稳定性。

当然各国在构建环境侵权损害赔偿社会化制度的过程中并不是一帆风顺的，在这个过程中，各个国家同样面对过各种挑战，在探索的道路中同样经历过失败，而且该制度的建立并不会使其在解决环境侵权问题中一劳永逸，到现在新问题仍然层出不穷，各国仍要不断探索以应对这些不断出现的新问题。纵观各国环境侵权损害赔偿社会化制度的发展历程，我们不难发现该制度在各个国家都体现出不同的特点，这是该制度受各国不同的文化传统、社会环境以及法律文化影响所致。无论何种制度，只有符合各国国情才能发挥其应有的作用，

---

① 《中华环境保护基金会章程》，载 http://www.cepf.org.cn/Introduction_1/Statutes/200907/t20090724_156725.htm。

因此,我国在制度构建的过程中,不能只注重向其他国家取经,一味地照搬照抄,更应该以实际为出发点,着眼于我们的具体国情,唯有如此才能构建出符合我国实际的环境侵权损害赔偿社会化救济制度。

从上述分析可以看出,在当下推进供给侧结构性改革的过程中,尤其需要发挥好政府的依法调控与治理作用,切实履行好政府在宏观调控、改善市场环境、市场监管、公共服务、社会治理、保护环境等方面的基本职责。① 故而在环境毒物侵权的治理中,政府应充分考虑各方利益,在保护环境的基础上,发挥社会治理的功能,通过社会化路径即环境毒物侵害补偿基金制度来处理好企业发展、受害人权益保护与社会稳定的关系。

二、域外环境毒物侵害补偿基金相关制度的借鉴

对于环境毒物侵害补偿基金制度,域外已有较为丰富的理论与实践,其中以日本与美国较为典型,故在供给侧结构性改革的有利条件下,我国可以探究一下日本与美国的先进做法,为构建符合我国自身需要的环境毒物侵害补偿基金制度提供一些有益参考。

(一)日本的公害补偿基金

1. 日本公害补偿基金的产生背景

战后,日本大力推进经济发展却忽略了环境保护的重要性,环境严重污染引致了"四大公害"(熊本市水俣病、富山骨痛病、新潟水俣病和四日市哮喘病),使日本面临着对诸多受害者的损失进行填补的严峻挑战。为此,日本政府于 1969 年制定了《关于因公害引起的健康损害的救济的特别措施法》。该法以四日市的"公害关系医疗给付制度"为蓝本,规定了政府对在环境污染中健康受到严重损害的人们提供应急救济和紧急治疗的方案。具言之,在公害病发生的指定区域内连续居住一定期间且患有指定疾病者,只要该疾病是由大气污染或水污染引起的,患者的医疗费等费用则由政府与企业各负担一半。该法为受害者提供了一定的赔偿救济,但存在适用条件严苛、救济对象狭隘等缺陷,因此颇

① 参见龚雯、许志锋、王珂:《七问供给侧结构性改革——权威人士谈当前经济怎么看怎么干》,载《人民日报》2016 年 1 月 4 日,第 2 版。

受诉病。为弥补该法之不足,日本政府于1973年颁布了《公害健康受害补偿法》(以下简称《公害补偿法》)以代之。

2. 日本公害补偿基金的来源

补偿基金的主要来源是企业缴纳的赋课金。在日本,环境厅长及通产大臣是赋税金征收事务的主管部门,公害健康受害补偿协会则负责进行具体的日常征收事务的管理。企业每一年应缴纳的赋课金数额,是由公害健康受害补偿协会根据企业排放有害物质的数量加以确定的。企业负有按时按量缴纳的义务,未履行该义务的,则会收到公害健康受害补偿协会发出的督促书。在收到督促书的30日内仍未履行的,该协会经主管部门(环境厅长官及通产大臣)的批准,可以向该企业进行强制征收。

3. 日本公害补偿基金的适用条件

公害健康被害补偿的要件包括指定地区、指定疾病和暴露期限三个方面。[①]指定地区是指因公害疾病频繁发生而被日本政府认定为公害区域,该类区域主要包括存在大气污染且频发哮喘、肺气肿等疾病的区域,以及频发水俣病、骨痛病等疾病的区域。指定疾病与指定地区紧密相关,即指定地区内频繁发生的公害疾病。暴露期限指的是受害者在指定地区内连续居住的期间,该期间应符合政府规定的时长。1986年,日本为了适应公害补偿实际情况,通过了《公害补偿法》的修正案,取消了部分的指定区域,即在被取消的指定区域内发生的疾病,日本政府不再给予补偿,但是之前已经确认的疾病补偿并不受影响。该修正案还针对大气污染建立了健康危害预防基金,它反映了日本公害补偿制度由被动的事后救济转变为主动的事前预防,这无疑是个进步。

4. 日本公害补偿基金的补偿范围

日本公害补偿基金补偿的范围包括医疗费用、残疾补助费、丧葬费、遗属补偿费、儿童补偿津贴等。该补偿法遵循"污染者付费原则",将费用的支付分为三类,第一类是对受害者的补偿,通常由企业独自承担;第二类是因公害保健福利事务支出的费用,由污染者和公共资金平均分担,公共资金部分由国家和都道府县各承担一半费用;第三类是日常事务性的开支,由公共资金承担。

① 参见杨芸、鲁宽民:《我国行政补偿制度的缺陷与完善》,载《中州学刊》2010年第1期。

(二)美国的超级基金制度

1. 美国超级基金制度的产生背景

20 世纪 70 年代,美国经济结构发生变革,大量企业进行了搬迁,在迁移过程中遗留下不少废弃的厂房、加油站及可能含有有害放射性物质的建筑区等,即所谓的“棕色地块”。这些地块因遭受污染,其水体、土壤中均含有较高成分的有害物质,从而对周围的环境和人们的身体健康产生了严重的负面影响,其中以拉弗运河事件(The Love Canal)尤为典型。人们强烈地呼吁要求对此加以治理,故美国国会在 1980 年 12 月通过了《综合环境反应、补偿和责任法》(Comprehensive Environmental Response, Compensation, and Liability Act),又称《超级基金法》(The Superfund)。[①] 其目的是解决环境中的“化学毒物”问题,主要手段是运用超级基金治理全国范围内闲置不用的或废弃的危险废物处置场所,并对危险物质泄露做出紧急反应。[②] 该法规定了对废弃的有害物质处置场所的清理,向环境排放有害物质的赔偿责任、清理义务和紧急处置等,建立起比较完备的有害废物反应机制、环境损害责任体制,还规定了超级基金制度与有关责任主体的责任。[③] 之后,美国政府又通过《超级基金法修正案与再授权法案》《纳税人减税法》《小规模企业责任减轻和棕色地块振兴法案》等对该法进行修正补充。

2. 美国超级基金的来源

在设立之初,超级基金的来源主要有两部分:一是启动基金,即美国联邦政府的财政拨款;二是基金的主要来源,来自向生产石油和无机化学制品等行业征收的专门税。之后超级基金的来源逐步扩大,除了美国联邦政府的财政拨款外,还包括如下四种来源:一是向年收入超过 200 万美元的大企业征收的环境税,二是基金的利息收入和罚款所得,三是基金向责任主体追索的赔偿款,四是其他投资收入,如发行环境污染治理的国债获得的收益。但根据 1986 年《超级基金修正与再授权法法案》的规定,对石油产品、化学制品的征税和环境税的征

① 刘晓华:《美国自然资源损害赔偿制度及对我国的启示》,载《法学适用》2020 年第 7 期。

② 参见桑东莉:《美国〈超级基金法〉责任条款的司法博弈》,载《法学评论》2013 年第 1 期。

③ 参见汪劲等:《环境正义丧钟为谁而鸣——美国联邦法院环境诉讼经典判例选》,北京大学出版社 2006 年版,第 327 页。

收截至1995年,故1995年后超级基金的金额大幅度缩水。

3. 美国超级基金的适用条件

超级基金制度建立的原因有二:一是潜在责任人难以找到或无法支付反应费用时,可以启动超级基金;二是潜在责任人互相推诿责任时,可以启动超级基金。① 所以请求超级基金救济的前提无法确定或找到侵权人、侵权人没有赔偿能力或拒付治理费。超级基金在承担补偿义务后,环保局可以行使代位权起诉,要求治理责任方偿还其已支付的费用。根据美国的判例,责任方范围较广,包括危险废弃物的制造者,放置危险废弃物的场所的现有与原所有者、管理人,以及把危险废弃物运到该场所的运输人。② 治理责任方应承担严格的、连带的、可追溯的责任,除非有法定的免责事由。

4. 美国超级基金的补偿范围

美国超级基金的补偿范围主要限于联邦政府采取清除或救助行动所发生的反应费用、对危险物质释放所造成的自然资源损害进行评估的费用、对公众参与技术性支持的资助等。③ 超级基金仅用于补偿环境修复费用,不用于赔偿因暴露于危险物质而遭受的人身损害、财产损害与精神损害。

(三)域外公共基金补偿制度的评析

1. 日本公害补偿基金制度的评析

日本公害补偿基金制度,一定程度上补偿了因环境公害事件遭受人身、健康伤害的受害人的损失,减轻了污染企业的部分负担,降低了公害事件对公众福祉与经济发展的负面冲击力,维持了受害人权益保障及企业持续发展的平衡关系。但日本公害补偿基金制度存在三个缺陷:

(1)公害基金来源渠道较单一,资金量少。《公害补偿法》的资金主要源于企业与国家,随着公害补偿申请人的数量日渐增加,企业与国家财政的负担压力骤增,影响了企业的正常发展。

(2)公害补偿基金的补偿范围及额度比较有限。正如前文论及,基金仅补

---

① 参见沈绿野、赵春喜:《我国环境修复基金来源途径刍议——以美国超级基金制度为视角》,载《西南政法大学学报》2015年第3期。

② 参见贾爱玲:《环境权损害赔偿的社会化制度研究》,知识产权出版社2011年版,第254页。

③ 参见庄敬华:《环境污染损害赔偿立法研究》,中国政法大学2009年博士学位论文,第107页。

偿受害人的人身健康受损的医疗费用等,而不补偿因公害污染而遭受的财产损失,对于因公害事件而遭受巨大财产损失(如饲养的家禽死亡等)的受害人而言是有失公允的。

(3)公害补偿基金的运作效率不高。补偿金是内容充实的确实补偿,因申请者的增多和认定程序等原因,认定工作会有所迟延,而在部分区域则已经停滞,没有达成立法之旨。[①]

2. 美国超级基金制度的评析

美国超级基金为治理"棕色地块"、修复受污染土地、对有毒物质造成的环境污染作出及时反应以及恢复生态环境做出了重大的贡献。作为世界上最早的一部设立超级基金项目开展污染场地治理的法律,它构建了以政府为主导、多元机构参与的有效治理机制,为其他国家治理污染场地提供了有价值的参考。但该制度亦存在一些不足之处:

(1)基金经费缺乏。虽然较日本公害补偿基金而言,美国超级基金来源渠道较多,并在前期一段时间内保证了基金制度的正常运行。但到了后期,基金来源的紧缩而环境修复费用的增多,资金短缺的问题日渐暴露。而且环境税的课税对象标准存在不公允,环境税的课税对象仅限于年收入超过 200 万美元的大企业,未将某些严重污染的小企业纳入征税范围内,该单一的征税标准存在明显弊端。

(2)超级基金的补偿范围过于狭窄。超级基金法不适用于因危险物质释放而使私人遭受的财产损害、人身损害和精神损害,[②]对受害人保护不周。

(3)该制度的实施效率低,超级基金制度的大量资金被用于支持项目和行政管理,且超级基金财源不足引发大量的诉讼,导致治理过程被冗长的法律程序所拖延。

(4)美国环保局(U. S. Environmental Protection Agency)在其运作过程中拥有过大的权利,超级基金的使用缺乏监督机制,造成严重浪费。美国环保局在行使职权时无须通过严格的财政拨款程序,也无须相应的预算审查程序,如

---

① 参见王晓辉:《日本公害补偿制度评析与借鉴》,载《环境保护》2011 年第 16 期。

② 参见李冬梅:《美国〈综合环境反应、赔偿和责任法〉上的环境民事责任研究》,吉林大学 2008 年博士学位论文,第 24 页。

此松散的管理模式使美国环保局在实际行使职权的过程中,出现大量的浪费现象。

3. 域外制度对我国的启示

由此可以看出,日本公害补偿基金制度与美国超级基金对环境毒物侵权的救济侧重点各有不同,两者既有各自的优势,也隐藏着各自的劣势。因此我国在借鉴域外经验之时,应取其所长,避其所短。

首先,在资金来源设置上,对域外两种制度面临的资金匮乏的问题,我们应避免重蹈覆辙,应该广开渠道,扩宽资金的来源,为环境毒物侵害补偿基金的长效运作供应充足的资金。

其次,基金的补偿范围不应过于狭窄,除了环境修复、治理费用外,还应包括受害人的人身与财产的相关损失,应将环境治理与公众利益保护并重。

再次,应建立一套有效的监管机制,约束相应基金管理机构的权力,避免其权力过大,造成资金的不适当浪费。

最后,应通过申请标准、支付范围、监管机制等的科学设置,来保障环境毒物侵害补偿基金的有效运转,保证其效率与效果,避免流于形式。

三、我国环境毒物侵害补偿基金制度的具体设计

当下正在展开的中国供给侧结构性改革致力于打造优化经济格局的新的动力体系,这就要求充分发挥法治的保障功能,构造有利于创新发展的法治制度与机制。[①] 环境侵害补偿基金制度就是其中之一。以域外先进经验为鉴,构筑我国环境毒物侵害补偿基金制度需考虑以下五个方面。

(一)环境侵害补偿基金的来源

1. 政府的财政拨款。财政拨款作为环境毒物侵害补偿基金的来源理由有二:第一,环境毒物侵权的原因行为具有一定的利益性,从某种意义上说,经济的发展、工业的进步不可避免地带来一定程度的环境污染或生态破坏。因此每个社会成员既是受益者,亦是责任人,国家的财政拨款不违反财政收入取之于民用之于民的宗旨。第二,设立环境毒物侵害补偿基金的目的之一在于,对遭

---

① 参见公丕祥:《经济新常态下供给侧改革的法治逻辑》,载《法学》2016 年第 7 期。

受环境毒物侵害却未获赔偿的受害人给予部分补偿,并无替侵害人承担责任之意,它是对弱势群体的关爱,是公平正义价值观的体现。

2. 环境税费。2016 年 12 月《环境保护税法》颁布,按照"税负平移"原则将排污费改为环保税。省、自治区、直辖市人民政府可以以该法为依据,统筹考虑本地区综合情况(包括中长期发展目标、污染物排放现状以及环境自净能力与承载能力),以企业的排污量作为课税标准,对制造、使用、排放环境毒物的企业征收相关的环境保护税,制定相应的科目与税额,由同级人民代表大会常务委员会审核决定。该环境税的征收标准不应像美国超级基金那样采用"一刀切"的方式,而是根据企业的排污量,不论企业的大小统一征收,这样不仅不会威胁小企业的生存,又可以刺激各类企业优化自身的产业结构,积极地减排治污,同时亦可以扩充环境毒物侵害补偿基金的来源,为受害人的救济与环境污染的治理提供充实的资金保障。

3. 环保彩票或生态彩票。当前我国发行彩票的目的之一是筹集社会福利资金,用于特定的公共服务等公益事业。随着彩票发行规模的不断扩大,筹集的彩票公益金越来越多。统计数据显示,"自 1987 年发行至今,福利彩票累计发行销售 13,717 亿元,筹集公益金用于社会福利事业发展和其他公益事业发展约 4166 亿元"。[①] 在此背景下,发行环保彩票或生态彩票不失为我国环境毒物侵害补偿基金融资的一个可行渠道。

4. 追责所得。追责所得,即向责任方追讨的费用及罚款,是指通过环境污染回溯责任追讨责任人的污染治理费用及罚款。正如上文所言,美国超级基金对责任方的追责是严格的、连带的且可追溯的。其中可追溯责任意味着导致承担责任的行为可能会发生在其《超级基金法》颁布之前,即使该行为在当时是合法的。[②] 严格责任与连带责任在我国《民法典》侵权责任编中也有相应的体现,但我国未规定可追溯责任。环境毒物侵权的损害后果发生具有缓慢性与潜伏性,污染后果往往需要经过相当长的一段时间才会显现,此时污染企业可能获得了排污许可证,便借此否认对未取得排污许可证前的行为承担责任,最终治

① 于嘉怿:《福彩公益金 撑起公益事业一片天》,载《中国社会报》2016 年 3 月 14 日,第 3 版。

② 参见王曦、胡苑:《美国的污染治理超级基金制度》,载《环境保护》2007 年第 5 期。

理、修复责任又落回到政府身上,形成了企业污染、政府治理的不合理现象。故笔者认为应借鉴美国超级基金制度建立"可追溯责任制",追究排污者的环境污染治理与修复费用,无论其是合法排污还是违法排污,从而贯彻"污染者付费原则",在惩戒的同时为治理与修复环境的费用支出提供资金来源。

5. 除上述四种方式外,基金的运营收入、企业或个人的捐赠等亦可以作为环境毒物侵害补偿基金的来源。

（二）环境毒物侵害补偿基金的申请条件

1. 由符合条件的主体提出申请。首先,申请人应是环境毒物侵权的受害人或者由其授权的代理人,受害人死亡的,可以由其近亲属代为申请。其次,可借鉴日本公害健康被害补偿的要件,要求申请人在指定地区生活或工作满一定时间,并暴露于指定的毒物环境中达到一定的期限。具体的地区与时间可由各地区的环境保护部门根据各地的情况确定,报国家环境保护部门备案。

2. 申请人遭受的损害与环境毒物污染行为之间存在因果关系。只有因环境毒物污染行为造成的损害才能纳入基金的补偿范围,这样才能保障基金的款项用到实处。根据"谁主张,谁举证"的诉讼规则,受害人本应对自身遭受的损害与环境毒物污染行为之间存在因果关系负有证明责任,但鉴于环境毒物侵权的特殊性,由受害人加以举证并达到我国民事诉讼法所要求的证明标准确有困难,故在因果关系的证明上,可以采用因果关系推定方法。目前比较常用的因果关系推定方法包括盖然性因果关系说、疫学因果关系说。

3. 申请人已用尽民事救济或者行政救济,却仍救济不足或救济不能。救济不足一般是指能够确定侵权人,但侵权人囿于经济能力,使得受害人无法得到足额赔偿,或者侵权人已破产,受害人只获得了部分赔偿。救济不能主要指实际侵权人无法认定或超过诉讼时效,导致受害人无法借助司法或行政手段获得救济。环境毒物侵害补偿基金仅具有补偿的性质,不具有完全赔偿的作用,它不同于侵权责任救济与行政救济,从某种意义上说,它是传统民事与行政救济的后置补救路径。故只有在用尽传统民事、行政救济时,才能申请基金补偿。因此受害人在请求基金补偿时应提供相应的证据加以证明。受害人可以提供如下证明文件,但不以以下文件为限:人民法院不予受理、驳回起诉或驳回诉讼请求的裁定书,人民法院中止执行或终结执行的裁定书(此时受害人未获得充分的赔偿),行政复议决定为终局裁定时的行政复议决定。

(三)环境毒物侵害补偿基金的赔付范围

环境毒物侵害补偿基金的补偿范围若过宽,则不利于基金的长期良好运行,若过窄,则无法达到弥补受害人损失以及有效治理、修复环境的目的。因此,确立科学合理的基金补偿范围方可保障该制度的长效运行。

从域外的经验来看,日本公害补偿基金强调对人身损害和精神损害的补偿,而忽视了对环境治理费用的补偿。相反,美国超级基金则强调补偿环境治理与修复的费用,却遗忘了对受害人权益的保护。我国应采两者之所长,将环境毒物侵害补偿基金用于补偿受害人的损失以及生态环境整治与修复两个方面。

就受害人损失补偿而言,应包括人身损失与财产损失两个方面。第一,人身损失方面。根据2015年开始实施的我国《环境保护法》的规定,污染环境和破坏生态造成损害的,统一依照《民法典》的规定承担赔偿责任。① 其中医疗费赔偿,应不受额度限制,以实际发生额为准。其他费用(包括交通费、误工费、残疾赔偿金、丧葬费和死亡赔偿金等)的补偿,应用一定比例予以限制。第二,财产损失方面。鉴于环境毒物侵害补偿基金的公益性以及基金的承受能力,基金补偿范围应以受害人财产的直接损失为限,暂不考虑间接损失的赔偿。直接财产损失亦可以按一定标准予以限赔。此外,考虑到精神损害赔偿计算的复杂性与争议性,加之基金支付的非全部赔偿性,故当前不宜将受害人的精神损害纳入基金补偿范围。

对于环境毒物污染治理、生态修复所需费用,补偿基金应全额支付,具体可包括环境毒物损害调查评估费、环境毒物污染治理及生态修复费用、建立环境毒物预防机制的费用。生态环境治理与修复基金可以采用一次性支付或分期支付的方式。对于某些需要消耗巨资、投入较多精力、花费较长时间的修复或治理工程,可以采用分期支付的方式,一方面可以分阶段监查环境污染治理与修复的情况,另一方面又可以减轻基金的支付压力;其他可短期内治理完成的项目,

① 即《民法典》第1179条规定:“侵害他人造成人身损害的,应当赔偿医疗费、护理费、交通费等为治疗和康复支出的合理费用,以及因误工减少的收入。造成残疾的,还应当赔偿残疾生活辅助具费和残疾赔偿金。造成死亡的,还应当赔偿丧葬费和死亡赔偿金。”

尽可能用一次性支付的方式,以保障环境污染治理与修复工作的顺利开展。

(四)环境侵权损害赔偿基金的支付

第一,对数额进行确定。由于某些环境污染是因污染物质累积导致的,所以在确定损害赔偿金额上存在困难,而且我国既无统一的评价机构来确定环境侵权损害赔偿的数额,又无相应的评估准则,使得环境侵权损害赔偿金额因缺乏科学的计算方法而难以确定,导致现实操作中往往会出现评估结果相差巨大的情况。对此我们可以借鉴日本的做法,首先,根据受害者遭受损害的程度对受害者进行等级划分,不同层级的受害者适用不同的赔偿数额标准;其次,综合受害者所受的人身、财产、精神等方面的损害,对受害者进行整体的衡量,根据最后评估的标准将受害者划入相应的等级;最后,根据受害者所在的等级以及受害者不同于他人的因素进行调整计算,确定最后的赔偿数额。

第二,支付程序。严格规范基金的申领程序,有利于规范基金的使用。因此申请者在提起申请时,应承担初步证明责任,对申请条件提供初步的证明材料,基金管理机构对这些材料进行审查。经过审查后,符合申请条件的,按照相关的程序对当事人进行补偿。

(五)环境毒物侵害补偿基金的监督管理

对于环境侵害补偿基金,主要有四种管理模式:其一,由一套自上而下的专门机构进行管理;其二,由社会保障机构进行管理;其三,由慈善机构进行管理;其四,由环境保护机构进行管理。笔者认为,较其他管理模式而言,由环境保护机构进行管理的模式更具优势,理由在于:(1)我国环境保护机构的职能之一即为查处污染环境、破坏生态的事故,协调处理环境纠纷问题,而环境毒物侵权引发的基金补偿问题可作为污染环境、破坏生态的事故或环境纠纷的一种,由我国环境保护机构负责处理,这并没有超出环保机构原有职权范围而向其施加额外的负担;(2)我国环境保护部门拥有与从事环境保护工作相关的专业技术人才、专门的设备,掌握详细的环境数据,了解当地的环境情况,这是其他模式所不能比拟的优势;(3)正是基于第一点、第二点的优势,依托环境保护机构进行环境毒物侵害补偿基金的运行,其成本也会相对较低。故在我国,可以由中央环境保护部门对环境毒物侵害补偿基金进行统一管理,各地环境保护部门予以分工配合。

在补偿基金的监督上,我国应以美国超级基金制度的监管不力为鉴,不能放任环保部门的恣意管理,而应设立专门的基金监督机构监管基金的运行,即由专门的基金管理人员、政府工作人员、相关领域的专家合力组成基金监督机构,负责对基金的日常运作的监管。同时,我们还应提倡社会舆论和媒体对基金的使用情况进行监督。环境毒物侵害补偿基金管理机构应定期在传统媒体或网络媒体上公布基金的用途与开支情况,接受企业、个人的询问与质疑,并在规定时间内作出答复。公众可以通过申请查阅基金的章程、往来账目,对基金的常规运作提出改进建议,还可以通过参加听证会、建言献策、评估审核等多种途径,对基金的运作进行监督,从而防止暗箱操作,使基金的使用在阳光下进行。

第二节　产品毒物责任补偿基金

前文述及产品毒物与环境毒物是规模最广、影响最深的两种侵权风险源。环境毒物依托环境媒介侵蚀的是一定地域内规模人口的生活生存空间,其侵权结果具有集聚特征。而产品毒物侵权的受害者则往往是缺陷产品的购买者,在规模与范围上都更加具有不确定性。尤其在现代社会,产品侵权呈现越来越明显的复杂化、规模化的新变化。与传统民法视野下的私人之间的民事利益纠葛不同,20 世纪七八十年代美国的"DES"案,2008 年我国的"三聚氰胺毒奶粉"事件,大量的例证表明,现代社会中的产品侵权,除了给当事人带来人身、财产损失以外,往往也会对社会秩序的安定与市场经济的发展造成冲击,这一点,尤以大规模的产品毒物侵权最为突出。现代产品毒物侵权问题的复杂性在于,一些新领域或新产品带来的侵权案例往往具有两种特点:一是范围广泛,基于现代社会发达的物流与交通体系,一种新产品能够迅速地扩散到一个比较大的范围,由此而生的产品毒物侵权问题无论是在数量上还是地域上都展现出广泛性特征;二是致害复杂,现代产品是人类社会技术成果的集中展示,其致害机理与作用形式较为复杂,如"三聚氰胺毒奶粉"事件中,一些同样食用了毒奶粉的患者,虽然在案发时没有明显的病征,但在其成长过程中,有毒产品带来的损害将慢慢显现，由此而生的救济需求已经超出了传统侵权法的救济思路。以此，现代社会诞生了一种新的救济思路，即侵权损害的社会化救济，而其中，采取基金的形式为产品毒物责任提供救济被认为是一种有效的手段。

一、产品毒物责任补偿基金的基本理论

（一）产品毒物责任补偿基金的定义

所谓的产品毒物责任补偿基金，是指经营、生产同类产品的产品责任人，在行业协会框架下，以自愿但有区别的原则出资设立，在发生大规模的产品毒物侵权时，由基金在特定情形下向受害者提供救济的一种制度。对于这种通过基金的形式救济产品侵权的制度，有人将其称为"产品责任基金"，[①]亦有"产品责任损害赔偿基金""产品损害赔偿基金"的称法。本书认为，损害赔偿是一种负义务的行为，由义务人向权利人履行。而这种产品毒物责任补偿基金是行业集体向受害人作出的救济，从性质上讲是一种行业集体的公益行为，因此以"产品责任补偿基金"作为该制度的称呼为宜。考虑到现阶段大规模产品侵权主要表现为产品毒物的大规模致害，实际需要基金救济的主要为产品毒物侵权，将其称为"产品毒物责任补偿基金"更符合制度本身的特点，也更易于为人所理解与接收。根据与民事诉讼之间的关系，产品毒物责任补偿基金又可以分为两类：诉讼替代型补偿基金与诉讼结果型补偿基金，前者发生于诉讼前，主要用于"救急"，即先行垫付，完成基础性救济，后者是在诉讼结果出来后以基金的形式对受害者进行救济。[②] 对于产品毒物责任补偿基金，应当从以下几点予以理解：

第一，基金应当是由经营、生产同类产品的产品责任人共同设立。在产品侵权中，没有真正绝对的产品责任人，一旦某种产品发生安全事故，其同类产品往往都会受到波及。典型的如"三聚氰胺毒奶粉"事件，虽然三鹿集团最后被认定为责任主体，但整个国产奶粉业几乎因此受到毁灭性的打击，国内民众对国产奶粉至今仍存在的普遍不信任表现，经营同类产品的经营者实际具有一定的共同利益，彼此并非完全独立的个体。在荣辱与共的前提下，由同行业经营者

① 姚旭：《论我国行业协会产品责任基金制度的构建》，载《社会科学辑刊》2012 年第 4 期。

② 参见张新宝：《设立大规模损害救济（赔偿）基金的制度构想》，载《法商研究》2010 年第 6 期。

共同出资设立产品毒物责任补偿基金,实际是将个体的产品毒物侵权风险转为行业集体承担。这样做的好处在于,一方面,这些经营者个体上的专业水平参差不齐,但通过基金形成一种更加紧密的利益共同体后,在遭遇产品毒物侵权事故时能够有效地集合行业的专业知识,共同应对产品事故,同时也能将产品侵权的风险分散到整个行业,降低经营者的经营成本;另一方面,基金的设立也能够向社会传递行业自律的信息,树立起优异的行业品牌与形象,促进行业的整体利益。

第二,基金应当在行业协会的框架下设立。行业协会是市场经济主体为了表达自身的愿望与要求,维护共同的经济利益和社会利益而组成的行业自律性、非营利性的社会团体法人,[①]行业协会往往掌握着大量的行业动态与行业信息,对外能够表达行业的诉求,对内能够调解、约束行业的纠纷与行为,本质上是为了追求与维护行业的共同利益,是行业自律、自治的体现。设立产品毒物责任补偿基金的根本目的是分散大规模产品毒物侵权带来的责任风险,因此其应当是整个行业的共同行为,而不是行业内几家大公司的结盟垄断,也不是行业小公司的抱团取暖。只有利用好行业协会,在行业协会框架内沟通、团结行业集体,才能避免设立基金过程中出现因为公司规模、产品市场份额等引发的争议与推诿。

第三,设立产品毒物责任补偿基金应当贯彻自愿但有区别的原则。自愿是指基金设立自愿,基金的设立应当是行业内部为了维护行业利益,更好地促进行业发展而自愿参加、自愿设立的,政府不得以公益等名义强制设置。区别是指在设立产品毒物责任补偿基金过程中,业内不同经营者的责任不同,如在资金募集方面,应当综合考虑业内经营者的市场规模与产品份额。否则,如果让业内小公司与业内龙头企业承担同等义务,则要么对小公司负担过重,迫使其退出;要么募集的资金杯水车薪,无法发挥基金的作用。

第四,基金的介入应当是在大规模产品毒物侵权事故发生之后。基金设立的根本目的是分散现代社会高发的大规模风险,其实际运用也应当针对大规模的安全事故。对于产品安全事故的危害性,通常考虑两个要素:损害个体数量

① 参见徐家良:《双重赋权:中国行业协会的基本特征》,载《天津行政学院学报》2003 年第 1 期。

与个体损害程度。因此基金的启动应当有两个前提:其一,发生的产品安全事故应当规模广泛,如果是小范围、偶发性的产品毒物侵权,则其造成的社会影响与行业危害有限,不在基金的救济范围;其二,发生的产品安全事故的结果应当严重,对于规模广泛但情节轻微的可由经营者自行承担的,而不必浪费基金资源。

第五,在具体适用上,基金主要有两种使用方式。一是对大规模产品侵权的先行救济,即在大规模产品毒物侵权发生初期,可由产品毒物责任补偿基金先行垫付一定的救济费用。这是由于,在大规模产品毒物事故发生后受害者往往面临直接或潜在的毒害,需要承担高额的医疗检查费用与诊治费用,而通过诉讼获得救济又需要一段很长的时间,这种救济的迟滞正是传统侵权救济在大规模侵权中面临的困境。而通过基金先行填补受害者损失,一方面能够及时保障受害者合法权益,防止受害者的损害恶化,另一方面也能及时止损,防止责任人的责任扩大,对受害者与责任人而言是一种双赢的选择。值得注意的是基金的垫付只是一种公益行为,因此在先行垫付后基金组织能够取得对责任人的追偿权。二是在责任人无力履行赔偿责任时,为了行业的整体信誉与长久发展,基金可以在确定责任人确属履行不能的情况下,经行业内部表决而代为补偿受害人的一定损失,即前述的诉讼结果型基金。

(二)产品毒物责任补偿基金的性质

对于产品毒物责任补偿基金的性质,国内主要存在两种观点。主流观点认为包括产品毒物责任补偿基金在内的大规模侵权损害赔偿基金机构,在性质上应当属于财团法人的一种。在学理上,财团法人是基于捐助或遗赠的财产的集合体,依附于特定目的而存在,即"财团法人就是为实现一定的目的,利用为此提供的一定财产而设立的永久性的组织体"[①]。就公益性目的与财产聚合特征而言,产品毒物责任补偿基金符合财团法人的定义。但也有反对者认为,财团法人在我国并没有实体法依据,缺乏认同基础,而且就财产来源而言,通过捐助、拨款、行业上缴等形式募集资金的产品毒物责任补偿基金,其资金渠道较财团法人更为多样。异见者将信托理论运用于产品毒物责任补偿基金性质的界

---

① [德]卡尔·拉伦茨:《德国民法通论》(上册),王晓晔等译,法律出版社2003年版,第351页。

定,认为其在受害人受益权的正当性、信托理论的实体法基础以及管理的角度具有优异性。[①] 本书认为,对于产品毒物责任补偿基金的性质界定,不必作出泾渭分明的区分。早期国内的《基金会管理办法》将基金会认定为人合性质的社团法人,引起理论界的争议。信托法颁布后为基金会提供了公共信托的理论视角,但在实践中作用寥寥。在民法理论上,作为财产聚合的产品毒物责任补偿基金显然具有财团法人的一般属性。[②] 但在我国实体法上,对于法人的分类主要为营利法人与非营利法人,显然产品毒物责任补偿基金机构属于非营利法人中的社会团体法人。这种基于基础目的不同而作的分类虽与传统民法理论有悖,但显然更贴合我国的具体国情。事实上,财团法人与公共信托之争实际源于两大法系的碰撞。因此,不妨将二者结合,将产品毒物责任补偿基金按照信托理论运作,实现稳定性与灵活性的互补,即产品毒物责任补偿基金在学理上属于财团法人,在实体法上属于社会团体法人,实际采取信托模式进行运作。

(三)产品毒物责任补偿基金的特征

首先,产品毒物责任补偿基金的救济具有基础性。一般而言,民事侵权的赔偿主要采取"填平原则",即"完全赔偿原则",侵权人需要赔偿受害人包括人身、财产在内的全部损失。但产品毒物责任补偿基金对于受害者的补偿又与民事赔偿具有明显的区别,因此对于其具体的补偿范围学界存在不少争议,有学者认为基金的资金有限,补偿应当仅限于人身赔偿。[③] 亦有学者提出除人身赔偿之外,对于受害人的全部财产损失也应当予以补偿。[④] 还有学者认为补偿应当尽可能全面,除了人身财产之外,对于受害人的精神损失以及其他法律规定应当赔偿的项目均进行补偿。[⑤] 对于补偿范围的界定,各个学者自有其考量,但是应当强调的是,任何制度的设计都应当贴合国情,否则只是空中楼阁,大而无

---

① 参见杜健:《大规模侵权损害救济机制研究——以社会化救济为视角》,安徽大学2015年博士学位论文。

② 参见张新宝:《设立大规模损害救济(赔偿)基金的制度构想》,载《法商研究》2010年第6期。

③ 参见胡卫萍、李玉芬:《大规模侵权多元化损害救济途径的思考》,载《老区建设》2011年第16期。

④ 参见麻昌华:《侵权行为法地位研究》,中国政法大学出版社2004年版,第83页。

⑤ 参见张新宝、邱业鹏:《大规模损害赔偿基金:基本原理与制度构建》,载《法律科学(西北政法大学学报)》2012年第1期。

用。在确定产品毒物责任补偿基金的具体补偿范围时,我们应当看到,一方面,我国的公益救济事业发展缓慢,对于大规模产品侵权的危害的认识与反思不足,大多数企业对于产品毒物责任补偿基金的重要性认识不足,对缴纳资金抱有疑虑,因此产品毒物责任补偿基金设立初期,无论是资金的募集还是存量都不容乐观;另一方面,我国目前市场经济的发展正处于一个急剧上升期,多数企业仍属于"野蛮生长"的阶段,对于企业道德、企业自律的建设不足。综合考量,如果补偿范围过大,一方面资金上可能存在不小的缺口,大量的资金需求将会导致基金难以为继,使基金会前景悲观;另一方面可能助长企业的侥幸心理,有恃于基金的协助救济而忽视产品质量,盲目追求利润,引发恶性循环。此外,产品毒物责任补偿基金的初衷在于填补传统救济方式的缺失,通过社会化途径完成对受害者的及时救济,其本身即暗含救急的意思。因此,产品毒物责任补偿基金应当将补偿范围限定在人身损失之上,及时对受害者提供基础救济,防止损失扩大。需要一提的是,此处的人身损失补偿应当包括受害者为了确定损害而支出的必要医疗检查费用。原因在于,产品毒物侵权通常伴随着风险性损害,即产品毒物造成的损害往往具有潜伏性,需要一定的时间才会暴露或显现。因此,越是早期发现这种损害越能够将其实际危害降到最低。从实际效果讲,支付医疗检查费用看似增加了基金的支出,但实际上是削弱了未来可能的损害风险。只有将所有资源集中于关键环节,才能更有效率地完成救济,实现制度目的,体现制度价值。

其次,产品毒物责任补偿基金的救济具有补充性。其补充性体现在两个层次。第一个层次是救济的补充,即在大规模产品责任发生之后,其他救济方式尚未介入之时。考虑到受害者的实际需求,基金可以先行提供一定的基础救济,但是这种救济仅仅是一种补充性救济,只是对传统救济手段无力介入救济盲区时的一种先行补充,不能替代真正的救济手段(如加害人不明的场合),并不能实现对受害者权益的填平。第二个层次是责任的补充,前文述及,信托模式下的基金对于受害人的损失具有一定的补偿性责任,但是这种责任在顺序上与其他救济方式存在明显的先后关系。因为基金救济是面向全社会的公益性救济,其资源有限,仅在必须时方能提供。因此在其他救济手段足以完成基础性救济时,受害人无权申请基金救济,想要获得基金救济必须以穷尽其他的救济手段为前提。

最后，产品毒物责任补偿基金具有效率性。在传统侵权责任模式下，大规模产品侵权的当事双方，往往是少数的责任人与大多数的受害者。这种侵权法下的个体责任导致一方面存在责任能力有限引发的救济不足、救济不能的情况，另一方面也会因为规模庞大、因果复杂、取证困难等原因导致诉讼程序冗长、复杂，使得救济不及时，即在大规模产品毒物侵权的场合，传统侵权救济方式暴露了明显的救济不充分、救济不及时的特点。虽然在个别危险领域已有责任保险的社会化救济渠道。然而一方面责任保险仅在少数领域要求强制保险，多数还是依赖于个人自愿；另一方面保险的确责、归责同样需要复杂的确认程序，往往还需要借助诉讼手段，同样需要耗费受害者大量的精力与时间，对救济的及时有效产生影响。相比之下，基金救济具有明显的效率性：在大规模产品安全事故发生时，受害者提出救济申请后，基金管理人只要完成对其的条件审核，即可启动基金的补偿程序。这种短时、简单、低成本的方式显然较其他救济手段更为高效。

（四）产品毒物责任补偿基金与其他侵权救济方式的区别

产品毒物责任补偿基金除了上述的一般性特征之外，其与其他的侵权救济方式在细节上仍具有一定的区别，详述之：

1. 产品毒物责任补偿基金与侵权损害赔偿的区别

长久以来，传统侵权责任理论主要关注的是个体与个体之间的侵权法律关系，即民事侵权通常是特定民事主体之间的法律关系，是一种比较纯粹的私法责任。但是在现代社会，产品的生产、制造、销售的全球化，导致产品侵权趋向泛化，产品责任越发具有公共性。在大规模产品侵权领域，如我国的“三聚氰胺毒奶粉案”“龙胆泄肝丸案”等，大量产品侵权引发的群诉案件表明，现代的民事侵权，尤其是有毒产品引发的大规模产品侵权，更多表现为单一责任主体与大规模受害群体之间的法律关系。这种复杂的法律关系，不仅表现在损害结果的难以认定与因果关系的不确定，还使得诉辩双方在责任能力——负担义务上面临不对等的窘境，导致侵权损害责任在实际进行救济时屡屡出现救济困难、不充分、不及时的尴尬境地。

而与损害赔偿责任不同，产品毒物责任补偿基金另辟蹊径，通过行业协会框架集合同类产品经营者的力量,形成一个责任共同体。由于现代市场经济的反垄断特性,一类产品领域往往集中了大量的从业者。虽然按照传统侵权理论,民事侵权是相对主体之间的法律关系,但在大规模侵权领域,这一观点开始遭到突破。如在美国的“DES”案中,美国法院采取市场份额理论判定药品生产商按照各自所占的市场份额对受害者承担责任。这种对侵权之债相对性的突破表明,在大规模产品侵权领域,民事责任不再是单纯的私法主体之间的博弈,而越发的趋向公法化,其实际上演变成行业集体与受害群体之间的较量。产品毒物责任补偿基金即具有这一特点。从其构成看,设立基金的资金主要来源于行业成员的自愿缴纳,具有行业成员的共同意思;就其性质而言,它并不是某个成员的私有财产,而是具有独立财产与独立意思的财团法人,具有一定的公共性;而从其目的看,主要在于分散大规模产品侵权的履行义务,弥补大规模侵权中个体责任人责任能力不足的缺陷,间接地降低了行业的风险成本,提高了从业者的风险承担能力,从而维护了行业的集体利益。换言之,产品毒物责任补偿基金的救济形成了行业集体对受害集体的格局,实际是一种集体对集体的责任,这与侵权损害赔偿中的个体之间的责任有明显区别。

此外,产品毒物责任补偿基金相对于损害赔偿责任具有一定的预先性。虽然二者都是在大规模产品侵权发生之后才介入救济,但是就偿付准备而言,二者具有明显的区别。对于民事赔偿责任而言,其义务主体通常对损害的发生不具有预见性,因此其并未对赔偿做充分的偿付准备。而产品毒物责任补偿基金的设立目的即是为可能到来的大规模产品毒物侵权损失作基础性救济,因此其具有充分的偿付能力。这种预先性的差异带来的后果在于,大规模产品毒物侵权的民事责任主体由于同时具有经营身份,其主要资金通常用于产品的生产销售,资金的流动性不足,导致其履行能力存在缺陷,在遭遇突发事故时要么履行不能,要么需要通过变现等严重损害企业利益的方式进行偿付,无论对经营者还是消费者都是一种双输的局面。而产品毒物责任补偿基金的资金主要来源于行业成员的定期自愿缴纳,因此其具有资金充裕、流动性强的特点,能够及时充分地完成对受害者的基础性救济,缓解企业的偿付压力,保障消费者的基本权益,实现当事双方双赢。

2. 产品毒物责任补偿基金与责任保险的区别

与产品毒物责任补偿基金相同的是,产品责任保险同样具有一定的预先性,均是以预防大规模产品责任侵权而做出的预先准备。但是与产品责任保险相比,产品毒物责任补偿基金更具有全面性与可操作性。主要表现在:第一,产品毒物责任补偿基金的权利义务关系简单,仅仅是简单的基金对受害者的补偿。而责任保险是一种三方义务主体,包括当事双方与保险公司,相对来说责任保险的权利义务关系更为复杂,实际的理赔过程也更长。第二,产品责任保险是一种营利性产品,其具体费用主要通过精算而确定,而产品毒物责任补偿基金具有公益性,其资金来源主要是企业自愿缴纳与社会捐献,其日常运作主要考虑基金财产的不贬损,而不强调商业利润。对企业而言,产品责任险具有有效时限,需要不间断购买,一旦漏买或不买,将不能获得赔偿,其之前花费的保险费用缺乏累计功效。而产品毒物责任补偿基金缴纳的费用总是累积到下一年度,且当缴费达到一定比例时可不必再缴。因此从成本上而言,产品责任保险实际加重了企业负担,导致其实用性不如产品毒物责任补偿基金。第三,产品责任保险以被保险人具有赔偿责任为偿付前提,换言之,想要获得理赔,必须有明确的权利义务关系。一方面,对于亟须救济的受害者而言长时间的确责归责过程将耽误救济;另一方面,对于加害人不明、损害结果难以确定、因果关系不明的受害者而言,将得不到保险的有效救济。就该角度而言,产品毒物责任补偿基金显然更加全面。另外,虽然购买保险与缴纳基金费用都是企业的支出,但在费用计算上,基金费用是产品成本之一,可以计入生产成本进行税务抵扣,而购买保险是企业的额外支出,属于企业的经营成本。故缴纳基金对企业而言更具有经济性。

3. 产品毒物责任补偿基金与政府临时救助的区别

我国的侵权救济社会化路径并不完善,因此在早期的大规模产品侵权中对于受害者的救济往往需要政府力量的介入。在“三聚氰胺毒奶粉”案件中,多数受害者的赔偿并非来自诉讼获赔,而是政府通过拨付财政基金完成救济。这种公权介入的救济主要考虑的是社会秩序的稳定,因此其与常规的侵权救济具有明显的差异。首先,政府救助将加重财政负担,这点毋庸置疑。其次,公权乱入将会混淆责任主体,使得受害者盲目寻求政府救助,加大政府运行成本。再次,囿于地区经济发展水平的差异,不同地区政府能够提供的救济也会不同,这将会出现同害不同权的情形,有悖公平正义,甚至危害政府公信力。最后,政府的介入通常是出于维护公共秩序的考量,因此政府救助具有临时性、偶发性,缺乏长期有效的规范制度。而产品毒物责任补偿基金是发动行业力量,形成一套长期有效、规范明确的公共救济机制,更具有稳定性,能够有效地解决前述政府救助的弊端。

二、产品毒物责任补偿基金的正当性分析

(一)产品毒物责任补偿基金的必要性分析

在大规模产品责任侵权中,由于受害者人数众多,牵涉范围广泛,以及现代产品复杂的作用形式与致害机理,导致侵权损害的结果难以认定,因果关系具有强烈的不确定性。种种问题导致传统侵权责任救济在大规模产品侵权问题上捉襟见肘,无论是消费者利益、经营者利益还是国家、社会利益都难以得到保障。因此,建立产品毒物责任补偿基金乃必要之举。

首先,建立产品毒物责任补偿基金最根本的目的还是维护产品责任人的利益。在可查询的大规模侵权案例中,美国的多家大型企业都曾因大规模产品毒物侵权引发的诉讼负担而导致破产,不仅危及企业利益,也使整个相关产品行业的评价下降,甚至承担赔偿义务。在大规模侵权中,单一的责任主体往往无法应对牵涉广泛、人数众多的赔偿请求,无限的诉讼请求成为压垮有限的责任能力主体的"最后一根稻草"。可以说,单一责任主体面对大规模产品侵权时风险承担能力的局限要求必须建立产品毒物责任补偿基金:建立产品毒物责任补偿基金,通过行业集体的力量分摊大规模侵权的风险,从而使单一对集体的"责任能力——负担义务"模式转为集体对集体的对抗模式,是产品行业在面对现代社会大规模产品侵权风险的必然选择。而产品毒物责任补偿基金提前准备的充裕资金能够提供及时有效的第一时间救济,防止责任企业怠于救济或囿于流动资金的缺乏导致的救济不能引发的扩大损害,这样不仅能够降低不必要的扩大损害,也能防止突发的赔偿义务对企业造成的资金压力,最大限度地降低侵权行为对经营者的影响。设立产品毒物责任补偿基金是现代社会大规模产品侵权视域下经营主体的必要之举。

其次，建立产品毒物责任补偿基金也是保障消费者合法权益的必要之举。前文述及，现代产品侵权尤其是大规模产品毒物侵权的作用模式已经超出传统侵权救济理论的预设，因此现有制度在遭遇具体问题时往往会面临救济不充分、不及时的窘境。产品毒物责任补偿基金即是解决该问题的出路之一。在损害赔偿责任中，受害者想要获得充分救济的首要前提是责任主体拥有充分的偿付能力。在既有案例中，三鹿集团最终因资不抵债以破产形式退出市场，遗留大量求告无门的受害者，虽然这些人的权益最终通过政府的临时救助以及行业协会号召建立的医疗损害赔偿基金得到一定的保障。在可预见的未来，如果大规模侵权下企业责任能力与负担义务之间的失衡问题不予解决，三鹿集团的问题将会层出不穷。通过产品毒物责任补偿基金聚合行业力量形成一个强大的支付主体，能有效地解决大规模产品侵权中严重制约受害者获得救济的三个问题：一是责任主体偿付能力不足的问题，二是加害主体不明问题，三是责任主体因为破产灭失问题。前者使得消费者得不到救济，后二者使消费者无从救济。而产品毒物责任补偿基金将个体责任转化为行业责任，使得消费者在遭受产品侵权时可以无视加害者以及责任主体的责任能力而第一时间得到基础性救济。另外，这种长期稳定的基金模式还能解决产品侵权中潜伏性毒物的侵权问题，只要基金存在，即使潜伏性毒物在未来爆发，受害者依然可以通过基金获得救济，避免了因为时间久远导致的诉讼困难。这种救济的长期稳定深入使得产品毒物责任补偿基金成为维护消费者合法权益的必要选择。

再次，建立产品毒物责任补偿基金是降低社会运行成本的必要举措。前述"三聚氰胺毒奶粉"事件中，三鹿集团早早退出市场导致社会上出现了一堆亟待救济的受害者。真正责任人主体资格的灭失导致出现了责任逃逸的情形，为了保障受害者利益，维护社会稳定，政府不得不划拨财政资金介入救济，实际将企业责任转化为了社会责任，严重地加剧了社会的运行成本。此外，即使责任主体无瑕疵，但是在大规模产品侵权下，受害者想要获得救济需要经过大量而复杂的诉讼，当事人在损害证明、因果举证等方面要负担巨大的诉讼成本，国家机关也要为此投入大量的司法资源。种种原因使得传统损害赔偿在面临大规模产品侵权时要支出大量不必要的社会成本，而产品毒物责任补偿基金是一种长期稳定高效的公共救济机制，能够有效地缓解诉讼压力，减小政府的介入空间，使得整个社会的运行成本得以降低。

最后,建立产品毒物责任补偿基金是贯彻公平正义理念的必然路径。现代社会,尤其中国社会,主流观点是强调以人为本。从道德层面,保护弱势群体是公平正义理念的基本要求;从法律层面,维持私权主体之间法律地位的动态平衡也是公平正义的体现。在大规模产品侵权中,当事双方的经济实力并不对等,加害人通常在经济地位、信息渠道等方面具有优势,这种经济地位的不对等有悖于民法调整平等主体之间法律关系的私法构造。换句话说,当事双方经济地位的不平等实质影响到了双方的法律权利,固然在理论上双方具有平等的法律地位,但在实践中这种经济上的差距使得双方能够行使的法律权利并不一致,从而造成了实质上的不平等。有趣的是,当大量的受害者出现时,这些聚合的诉讼请求又使得加害人成为诉讼中的弱势一方。但应当强调的是,或许对责任人而言它是个体对集体的诉讼对抗,但是对于受害者而言,其始终是实际的弱势方。换言之,聚合的维权力量只是使救济成为可能,在大量等待救济的群体中,受害者依然只是一个独立的弱势受害个体。因此,产品毒物责任补偿基金的实质是通过独特的救济路径,完成大规模侵权双方利益的动态均衡,充分保护弱势方的合法权益,实现社会的公平正义。

(二)产品毒物责任补偿基金的可行性分析

1. 产品毒物责任补偿基金的设立具有深厚的理论基础与现实的实践基础

前文提到,随着工业社会的蓬勃发展,传统侵权理论已难以为继。在对大规模侵权的研究中,国内外学者建立起了一套完整的侵权损害赔偿社会化理论。例如,传统侵权法理论将当事双方视为平等的私权主体,强调形式上的公平,而并不考虑法律外的其他因素,侵权责任的实现实际依赖于加害方与受害方之间财产的转嫁。而新的分配正义理论则关注实质意义的公平,它对于不幸损害的分配并非仅依赖于损害责任的构成,而更关注当事人双方实际掌握的社会资源与风险承担、分散的能力,追求的是一种结果上的公平。这种新的分配正义观实际是对既有纯粹私法关系的再调整,即正义不再是私权主体之间的不受干涉的平等对抗,而更多的强调社群资源、社会成员之间权利义务关系的最优配置,而这种调整主要借助于合理的损害分散机制,即损害赔偿的社会化思路。除了新的分配正义理论为产品责任基金提供理论基础外,法社会学中强调的社会利益理论提供了私法社会化的理论基础；现实主义法学认为大规模侵权双方的风险承担能力实际不对等，加害方往往可以通过保险分散风险；社会风险理论则认为单独的社会个体难以承担现代社会高发的风险，而应该联合整个社会应对风险危机。这些理论都是在看到传统理论的局限上，从不同的角度探寻损害的社会化分摊途径。而这些观点恰恰为产品毒物责任补偿基金这种通过联合加害人乃至整个社会的力量应对大规模的产品侵权风险以达到当事双方双赢的制度提供了深厚的理论基础。

除了完整的损害赔偿社会化理论之外，现代社会的具体实践也对产品毒物责任补偿基金的设立提供了现实的实践基础。例如，在司法领域，我国在不同单行法中都规定了相应的赔偿基金制度。[①] 在实践中，我国已经广泛建立了相对成熟的养老保险基金、失业保险基金等公益基金制度，积累了相当多的经验。尤其在产品责任领域，2008 年的“三聚氰胺毒奶粉”事件中，中国乳制品协会牵头设立的三鹿奶粉事件赔偿基金首次让赔偿基金制度受到普遍关注，也为大规模产品毒物侵权损害赔偿（补偿）基金的建立提供了极具现实意义的参考样本。

我国产品责任的相关理论制度发展较缓。但在境外国家或地区，已经陆续形成了相对成熟的大规模产品责任的赔偿基金制度。如美国在 20 世纪 70 年代和 80 年代针对日益严重的环境毒物危机设立了超级基金制度；日本在 20 世纪 70 年代末通过了《医药品副作用救济 · 被害救济基金法》，对基金的组织机构、适用对象、赔偿范围等作出规定；我国台湾地区在 21 世纪初也颁布了所谓“药害救济法”，对救济对象、救济范围、资金来源、偿付程序等都作了比较明确的规定。虽然这些制度主要集中在公害或医疗侵权领域，但均属于大规模侵权的整体范畴之下，自然具有相当的共性可以借鉴。可见，对于我国建立产品毒物责任补偿基金制度，无论是理论储备还是现实模板都具有比较成熟的基础。

2. 产品毒物责任补偿基金的建立符合行业的整体利益

根据社会连带主义理论的观点，一个人类社会的基本事实是，所有的社会成员无时无刻不处于一种连带关系之中。这种社会连带关系又分为机械的连带关系与有机的连带关系。前者是指具有相似基础的关联性，后者是一种分工

---

① 如《海洋环境保护法》《防治船舶污染海洋环境管理条例》中的相关规定。

互补、相互依赖的关联。这种连带关系又可以进一步阐释成求同的相互关联性与分工的相互关联性。[①] 将这种理论运用于产品责任领域,同一行业的不同经营者之间正是一种机械的、求同的相互关联关系。虽然在行业内部他们是不同的经营个体,但对业外人士而言,他们均代表整个行业,即业内经营者之间实际形成了一种共同对外的有机整体。当这种整体属性被落实到同一行业的不同经营个体身上时,他们之间自然具有了一种天然的共同利益。这种共同利益表现在,业内某个个体的行为或多或少都会被关联到整个行业,例如,“三聚氰胺毒奶粉”事件中,虽然主要责任人在三鹿集团,但是对于中国国民而言,毒奶粉的负面影响完全的冠在中国乳业之上,直接导致中国奶粉业长期不振。

既然存在这种隐形的连带性,则说明同一行业的不同经营个体之间确实存在一种凌驾于个体之上的共同利益,这就要求共同体的成员为了维护共同利益而必须承担相应的共同义务。这种共同义务包括消极与积极两种。消极义务即指共同体成员不得实施危害共同利益的行为,而积极义务则是指共同体成员应当做出有利于共同体利益的行为。在产品责任领域,产品毒物责任补偿基金的设立正是同一行业从业者维护共同利益的表现。对于单独的经营者而言,其本身通常不足以承担大规模侵权带来的偿付压力,这种履行能力的缺失将导致责任无法实现而使受害者的权益得不到保障,最终不仅经营者自身的主体资格可能归于消灭,整个行业也因为连带性的存在受到牵连。但是,通过发挥同业成员之间的连带性,建立产品毒物责任补偿基金,使得单独个体的经营风险(主要指产品侵权风险)分散到整个行业之上,使得单独的经营个体能够托庇于行业整体力量之下完成责任的承担,在维系自身的生存的同时,还能够保留公众的信任,不至于使个体的失误带来整个产业的雪崩式覆灭。

3. 产品毒物责任补偿基金的建立符合风险社会的趋势

现代社会,随着受害人中心主义思想的发展,侵权救济的思路已经从损害填补转向风险预防。在风险遍伏的现代社会,偶发的风险不仅在发生概率上无法计算,而且由这种不确定风险带来的损失也难以估量。这种模糊但又巨大的风险损害使得风险责任的主体往往难以确定。更危险的是,现代社会的多数风

---

① 参见[法]狄骥:《宪法学教程》,王文利等译,春风文艺出版社1999年版,第10页。

险通常都是以合法的形式而存在的，如核电风险等，这就导致这种难以估量的风险普遍地出现在现代社会的多数角落，亦即整个社会实际正长期的处于各种风险之中。面对这种窘境，世界各地的大多数国家不再强调大规模损害的个体承受，而考虑如何利用社会化的机制将巨额的损害分散到某个集体乃至全社会共同承担，转而开始围绕受害人为中心建立以损害赔偿为主，兼具责任保险、政府扶助等社会化救济途径在内的多元救济模式。

产品毒物责任补偿基金正是基于这种思路，通过设立产品毒物责任补偿基金，利用同业者上缴资金用于补偿的形式，将可能的大规模侵权损害分散到了同类产品经营者群体之中，从而实现损害赔偿的分摊，实际是经营者对巨额赔偿风险的一种预防。这种模式既能够使得经营者免予因大规模侵权带来的偿付压力走向破产，又能及时、稳定、高效地实现对受害者权益的基本保障，充分体现了风险社会以受害人中心的救济思路，符合现代风险社会的发展趋势。

三、产品毒物责任补偿基金的制度设计

产品毒物责任补偿基金制度是针对大规模产品毒物侵权纠纷，由行业共同体集合出资，共同救济侵权受害人的一项制度。就制度价值而言，它能够有效实现受害人、加害人、产品行业乃至整个社会的整体利益的共赢。这种共赢价值表现在，对于受害人而言，传统的司法救济具有烦琐的程序与复杂的步骤，无论对受害人还是司法机关都要求较高的救济成本，即使晚近发展迅速的责任保险制度，由于多数保险需要与侵权人的责任相挂钩，其对受害人的保护也显得不够全面且效率。在产品毒物侵权领域，这种救济的缺陷更为明显。对于产品毒物致害结果在未来显现的场合，司法救济与责任保险都显得力不从心。而产品毒物责任补偿基金制度较前述二者而言具有更加宽松的救济条件与更为简单的救济程序，在对受害人的后续关注上面，更是具有显著的长效性与稳定性，显然更贴合以受害人为中心的现代救济思路。这种长效、稳定的保护带来的另外的有益结果是，对于直接受害人而言，能够安抚直接受害人的情绪，促进社会的稳定；对于潜在受害人而言，产品毒物责任补偿基金的存在显然能够加深他们对行业的信赖；而对于行业成员而言，赔付整体化的思路显著地提高了他们的风险抵御能力，定期缴纳的基金费用也能够时刻强化他们的安全防范意识。

在受害者与侵权人的救济缺失问题得到弥补之后,潜在的社会隐患也自然得以消弭,从而促进社会秩序的和谐安定。对于现代社会而言,对于不利益的合理分配的重要性更甚于对于利益的公平分配,而不利益的分配取舍最重要的途径便是损害的社会化分摊。因此,对于大规模产品侵权造成的不幸损害而言,社会亟须一种有效的疏散、分摊路径,而"三聚氰胺毒奶粉"案件中已经初步尝试了医疗损害赔偿基金制度,证明了我国产品企业应对大规模产品侵权风险的决心与能力。可见,在我国建立产品毒物责任补偿基金制度不仅具有必要性,还具有相当的可能性。因此我们应当深入把握既有的理论基础,充分借鉴国内外的成熟制度与有益尝试,在立足我国社会经济发展现状与法律制度发展现状的前提下进行产品毒物责任补偿基金制度的建设。

(一)产品毒物责任补偿基金模式的选择

在我国设立产品毒物责任补偿基金,首要面对的问题是应当采取何种组织形式,基金模式的选择直接关系到基金今后的管理、运营、监督等问题,因此应当充分结合我国的具体实际进行考虑。现阶段,大规模损害赔偿基金主要存在两种比较主流的设立模式:一是政府性救济基金,二是信托型救济基金。

政府性救济基金是指"各级政府及其所属部门根据法律、行政法规和有关文件的规定,为支持某项事业的发展,按照法定程序批准,向公民、法人或其他组织征收的未纳入国家预算管理的各种财政性基金"。[①] 比较典型的有电力建设基金、三峡工程建设基金等。这种依托于行政力量与国家财政的基金模式的优缺点均较为突出。政府性基金的优点在于,第一,其渠道优势明显。对于基金而言最大的难题在于资金来源,而政府性基金依托于行政力量与国家财政,可以通过征收、拨款等方式完成最初的资金积累,且由于基金是政府主导,在设立、管理上都具有优势,能够比较明确地实现基金的制度目的。第二,其规范优势明显。前述政府性基金乃政府主导,通常由政府财产部门进行管理,带有浓厚的公权色彩。因此其纪律性更为严明,在监督管理上具有优势。第三,其身份优势明显。政府性基金依托于政府设立,具有政府公信力背书,更容易为民

---

① 孙晋、王菁:《论我国食品安全事故补偿基金制度的建构》,载《中南大学学报(社会科学版)》2009 年第 5 期。

众所接受,在大规模侵权赔偿基金在我国不显著的情况下,借助政府力量更为民众信赖,易于打开局面。虽然政府性基金前述的优点明显,但其自身的弊病也十分突出。首先,就理论角度,将政府性基金运用于大规模产品侵权实际混淆了其内部的法律构造。前文提到,大规模损害赔偿基金是私法社会化的产物,为了实现分配正义,合理分配不幸损害,从而打破封闭的侵权构造,将私权主体的赔偿责任社会化,因此具有了一定的公法色彩。但从本质上而言,其仍是私法领域的损害填补问题,通过损害的社会化承担,最终解决的是被现代社会的大额不幸损害破坏的传统侵权关系中的权利义务动态平衡关系,最终仍回归到私法范畴。而政府性基金是政府为实现特定的事业目的而集合行政力量推动的产物,本质是一种公权力的展示,属于公法领域,因此二者并不兼容。其次,公权力的介入将打破权责一致的私法构造。政府性基金通过征收、拨款的方式筹措资金完成社会事业,本质是一种公权公用行为。如果采取政府性基金填补大规模侵权带来的损害,第一个面临的问题就是这种私法责任并非公权范畴。大规模侵权问题属于公共化的私权问题,其本质仍是一种私权责任,如果由政府性基金进行救济,将会造成责任逃逸的情形,使真正责任人免予担责,有悖私法领域权责一致的基本理念。最后,政府性基金只是特殊时期的特别产物,其设计理念与制度构造不符合现代法律趋势,也不符合现代基金的发展规律,面对危机四伏的风险社会,如果动辄建立政府性基金,将会使政府背上沉重的财政负担,其效率性也值得怀疑。

除政府性基金外,信托基金也是当前的主流基金模式。信托基金是指"按照信托原理,赔偿基金作为受托人,接受作为委托人的大规模生产经营者或潜在的侵权企业所交付的财产,为救济受益人(被侵权人)在大规模侵权中的受损利益,以自己的名义对该财产进行管理或处分的一种基金。"[①]从定义可知,信托基金来源于产品经营者的自救行为,换言之,这是一种社会自发的私权行为。因此其在设立、启动等方面较之依托于公权力的政府性基金具有一定劣势。但同时,这种自发的私权行为也具有明确的优点:第一,信托基金本质上是典型的

---

① 李敏:《赔偿基金在大规模侵权损害救济中的定位与制度构想》,载《西北大学学报》2012 年第 7 期。

私法产物,其产生与启动通常直接来源于复数私权主体的共同意思。在信托基金模式下,产品经营者作为委托人,将资金委托于基金管理人,而将大规模侵权中的受害人作为受益人,在发生大规模侵权时,通过赋予受害人收益权的形式填补受害人的损害,即以基金收益权替代受害人的求偿权,从而将原本并无直接关系的赔偿基金也纳入侵权法律关系当中,维护了权责一致的私法构造,也能解释受害人为何无权就基金获偿部分再起诉。第二,信托基金是现代基金设立的主流趋势,由于其设立灵活,在多种大规模侵权场合,潜在的侵权人均可以联合行业的力量设立信托基金,以实现巨额产品风险的分散。在管理与规范上,现代国家的相关法律对信托均有比较完善的法律规定,如我国就在20世纪初颁布了信托法,即信托基金具有丰富的实体法依据与深厚的现实基础。第三,在具体的制度构造方面,信托基金也具有明显优势。相较于政府性基金以及普通的公司架构,信托基金通过明确的授权将产品经营者从繁复的管理中脱离,使得经营者得以专注生产,而将赔偿基金交由专业机构管理,这种授权治理的架构简单明了,通过契约、代理的形式能够有效地提高赔偿基金的运作效率,降低企业的偿付成本。

综上所述,尽管政府性基金在启动、管理以及接受程度上具有一定优势,利于产品毒物责任补偿基金尽早地打开局面。但其可能导致的权责不一致的公私权矛盾始终无法回避,具有不可弥补的隐患。而信托基金是现代法律理论的发展产物,符合现代基金的发展规律,在效率、灵活性等方面都具有明显的优点,与风险社会以受害人为中心的救济要求比较契合,比较适合用于大规模产品毒物责任补偿基金的运作模式。

(二)产品毒物责任补偿基金资金的筹措

从境外相关制度的实践来看,单一的资金渠道通常不能满足赔偿(补偿)基金的需求。不论是日本的公害健康补偿基金还是我国台湾地区的药害救济基金,都具有多元化的资金筹措渠道。参考相关境外经验,本书认为,我国的产品毒物责任补偿基金至少应当拥有如下资金来源:

1. 产品行业的缴纳

行业的不同经营者具有求同的相互关联性,基于生产同类产品这一基础行为而具有相当的共同利益。业内经营者筹措基金建立产品毒物责任补偿基金不仅是他们本身维护共同利益的自助行为，也是其追求社会利益，承担社会责任的体现。因此，企业产品毒物责任补偿基金的缴纳并非单纯的企业公益，而是一种具有公益色彩的企业义务。因此，对于应缴金额，不能仅凭企业自愿，而需要一套相对公平的缴纳标准。

对于企业而言，设立产品毒物责任补偿基金是为了规避产品毒物侵权的责任风险，因此应当以缴纳义务不得超过其原本的产品毒物侵权风险为基本前提，否则将会使产品毒物责任补偿基金失去现实意义与制度价值。因此，应当根据企业产品责任的风险系数制定一套确定的缴纳标准。具体而言，产品毒物责任补偿基金的缴纳标准应当考虑以下几个因素：第一，考虑企业产品的市场份额，产品侵权风险是一种概率风险，按照概率学的观点，底数越大则风险发生的概率越高。对于市场份额比重更大的企业而言，自然应当对其所占份额承担责任。因此应当根据企业每个年度的生产计划进行确定。第二，考虑产品的价格，对于同一类产品，可能根据经营的需要与生产技术等因素而呈现不同档次的质量与价格，根据获益报偿理论，从市场上获取越多利润的企业，自然应当承担更多的义务。同时考虑到高端产品的做工、质检等更为严格，发生产品侵权的可能性更小，可以适当抵消一部分缴纳义务。第三，考虑产品的质检情况。对于企业而言，虽然他们无法控制产品侵权的发生，但是他们能够通过改进生产、加强安全防范等措施主动降低风险概率。这部分的努力主要表现在出厂产品的质检情况下，基金在确定企业缴费份额时可定期对相关企业的产品进行随机抽检，同时考虑产品的社会评价。对于抽检中存在质量问题越多、社会负面评价越低的企业，其应当承担更多的出资责任。第四，考虑往年的事故报告，对于风险系数而言，往年的事故报告是最好的参考，正如保险中保险费用的收取与之前的出险情况有关。对于企业而言，产品事故越少，代表其产品质量越好，而应承担的风险责任应该越低。第五，考虑基金已有资金数额。产品毒物责任补偿基金是一种风险保障措施，当基金的资金达到一定数额，足以应对一定的大规模产品侵权事故时，则无必要再继续收取费用。如我国台湾地区的药害救济基金，就根据基金的数额而调整药品进口商与生产商征收金的应缴比率。如此，通过对企业的产品责任风险系数以及其市场获利权衡确定出来的缴纳标准，相对公平地平衡了企业风险责任与缴费义务之间的关系。对大企业与小企业、守法企业与不法企业等有效地作出了区分。

同时还应当注意的是,缴纳费用的时限也应当有所规范。通常来说,基金费用的缴纳都是按年度定期缴纳,但在每年的不同时点缴纳也有所区别。考虑到产品毒物责任补偿基金的制度目的在于风险的预防与救济,为了充分保障事故救济的及时性与有效性,应当将每年的缴费时点定为年初,如此基金的资金储量相对充裕。这样的好处还在于,企业的生产计划是一个预设值,往往与最终的生产结果有所差异,将缴费时间设在年初,则企业在年终审计时可根据生产计划与实际生产结果的差值退缴或补足基金费用,这样对企业而言更加公平合理。

2. 财政拨付

虽然产品毒物责任补偿基金是一种市场自发的私法行为。但基于大规模产品侵权的公共危害性,公权力应当时刻对其保持关注。此外,大规模损害赔偿基金在我国仍属于比较陌生的一种制度,虽然有寥寥的一些尝试,但总体而言国民对其的认同与认识程度均比较一般;行业的大型企业在已经具有责任保险的情况下,其缴费意愿也并不高。因此,在基金建立初期需要一定的公权背书以助其打开局面。这里并非代表基金的公权化,国家对于公民本身就有一定的救助与保障义务,当公民遭遇侵权而得不到救济时,国家理所当然地应当提供救助,这与政府主动设立的救济基金还是有所区别的。

具体而言,国家财政对产品毒物责任补偿基金的投入主要来自两个方面:一是对于基金的临时拨款。这部分拨款主要是在基金金额不足的时候用于帮助基金应对紧急的救济需求。在基金创立初期,其初始金额有限,亦可通过财政拨款提供适当的储备。对于政府而言,《预算法》本身就要求政府每年应当设置1% ~3%的预备费用应对一些紧急、突发的开支,这些拨款本身不会对政府造成财政压力。而且大规模产品侵权事故如果不及时处置,其造成的危害更甚于一般的紧急自然灾害,将财政预备费用用于大规模产品侵权之中也是《预算法》的应有之义。二是行政处罚金。在政府对企业的日常监督管理过程中,对于企业的一些违法行为通常都会开具罚单,而企业的这些违法行为往往也是引发大规模产品侵权的肇因。将这部分财政收入用于产品毒物责任补偿基金以救济受害者,实际也是企业责任的另一种实现方式,符合侵权法权责一致的构造。

3. 社会捐献

根据社会连带主义的观点，整个社会的不同成员之间都具有一定的关联性，社会利益即是社会成员的共同利益，所有的社会成员都是潜在的消费者，亦即我们所有人都有可能成为大规模产品侵权的直接受害者。由此推导出，所有的社会成员最终都是大规模产品侵权的潜在受害者。因此，从维护社会成员之间的共同利益而言，通过社会捐献获取产品毒物责任补偿基金的基金具有其正当性。具体而言，社会捐献主要来自产品侵权直接受害人之外的其他社会成员、团体、组织的捐献收入。除了此类单一、随机性的赠与之外，还可以通过一些专门手段从社会募集资金，如发行基金债券，与慈善机构合作等。

4. 基金运营收入

基金本身并非坐吃山空的机构。将募集来的资金设立产品毒物责任补偿基金，本身即有通过基金的形式增值保值的考虑。当然，考虑到基金的公益性目的，应当以稳健、安全的方式对基金进行运营，在保值的前提下才考虑增值。即使如此，在基金庞大的基数下，通过购买国债、银行储蓄等均可获得一部分收入，这部分增值收入，自然也能成为基金用于救济的资金来源。

(三) 产品毒物责任补偿基金的救济范围与补偿标准

1. 产品毒物责任补偿基金的救济范围

设计产品毒物责任补偿基金制度的救济范围，在第一层次主要考虑三个方面的内容，一是接受救济的适格主体问题，二是救济主体具体的可救济权益类别，三是救济的有效期间。由于基金是基于专门的目的而创设，因此不同的基金在救济对象上根据其实际的救济需求而各有差异。如我国台湾地区所谓的“药害救济法”就将救济对象限定为“因正当使用合法药物所生药害”的受害者，[①]换言之，对于擅用处方药等非正当食用药物的受害者，即使遭受药害也无法得到基金救济，使基金的使用限定在一个比较谨慎的范围。而美国的《国家儿童疫苗伤害法》不仅排除了疫苗质量问题、接种方法问题等规定情形导致的

① 我国台湾地区所谓“药害救济法”第 4 条规定：“因正当使用合法药物所生药害，得依本法规定请求救济。”

受害者的获偿权,还对基金救济限定了损害程度前提,要求受害人的所受损害应当达到一个比较严重的程度。[①] 结合这些制度成熟的境外经验,可知即使是有毒产品造成的损害,也不一定能够全部得到救济。尤其是我国大规模侵权损害赔偿(补偿)基金起步较晚,受到的认识与支持较少,在产品毒物责任补偿基金创立初期更应该严格甄选救济对象,确保每一份资金都能够被最恰当的使用。因此,在救济对象上,本书建议将基金的使用对象限定为正当使用产品而遭受毒物侵权且后果严重的受害者,而在资金充裕的情况下才考虑其他的救济可能。如在房屋装修时油漆本身即具有一定的危害性,正常需要一定时间的通风使其挥发,如果受害者忽视这些条件而受到损害,其自身具有一定的瑕疵责任,在救济优先级上自然较无辜受害者有所不足。

救济范围的第二层次,是应当救济适格主体的何种权益。在传统损害赔偿领域,可供救济的损失主要包括人身损失、财产损失以及精神损失。但前文提到,产品毒物责任补偿基金的救济具有基础性,并不能将全部的侵权人责任完全转嫁给社会承担。大规模侵权损害赔偿(补偿)救济基金的主要目的是救急救需,确保受害者的基本权益能够得到保障,而更高层次的受害者利益及全部损失的实际赔偿应当交由传统救济方式进行。如日本的《医药品的副作用救济·被害救济基金法》即将基金的救济项目限定在"医疗费用、医疗津贴"以及"残疾生活补助金、残疾儿童养育费"等人身财产损失中,而不包括精神损失的救济。[②] 而在我国,由于庞大的人口基数所在,导致一旦发生大规模产品侵权,则其受害对象以及实际损失都要远超其他国家。对受害者提供基础性救济所需的费用也更为巨大。因此我国的产品毒物责任补偿基金的主要救济项目应当限定在受害人实际的人身损害需求,即必需的医疗诊治费用、医疗检查费用、残疾补助等之上。而财产、精神损失的赔付、补助,已经超出了基金的能力范畴。

救济范围的第三层次,不仅是对产品侵权造成的现时损害应当进行救济,对于产品毒物造成的未来损害的救济也是产品毒物责任补偿基金的应有之义。

---

① 参见齐晓霞:《美国疫苗补偿计划及其对我国的启示》,载《行政法研究》2011 年第 3 期。

② 参见叶正明:《日本医药品副作用基金救济制度之法理基石与借鉴》,载《求索》2010 年第 3 期。

在大规模产品毒物侵权中,一种比较常见的情况是受害者在遭遇产品侵权时并没有显露出实际的损害,而产品毒物潜伏在受害者体内在未来不确定的时点爆发。例如"三聚氰胺毒奶粉"案件中的受害婴儿,在案件爆发时可能并未有实质的损害后果,但在其后的成长过程中,三聚氰胺的毒害结果可能慢慢显现。在传统救济理论中,这种当时并未有实际损害的"侵权"得不到法律的救济,而在未来实际损害出现时,一来年代久远,证据可能灭失,因果关系也难以确定,诉讼利益难以保障;二来责任主体可能也随时间灭失,无从救济。潜在损害受害者的合法权益实际得不到有效的救济与保障,而产品毒物责任补偿基金的长效性与稳定性特点恰好弥补了传统救济方式的缺陷。对于产品毒物责任补偿基金而言,其是依附于行业而存在,实际的存续期间要远超个体经营者。且基金既可以通过不断吸纳行业资金壮大储备,又可以通过投资行为保值增值,与普通的责任人相比具有稳定的偿付能力。这两方面的特点决定了在受害者潜在损害爆发时,产品毒物责任补偿基金能够较其他救济手段更快捷、有效,且有能力对其进行救济,真正体现制度价值所在。

2. 产品毒物责任补偿基金的补偿标准

在产品毒物责任补偿基金的实际运行中,一个恰当的补偿标准决定了其是否能够为受害者所接受。如果标准过高,则基金自身入不敷出,难以为继。而标准过低,一方面对受害者所受损害而言杯水车薪,另一方面不充分的救济将会使受害者重新采用诉讼手段,将产品责任压力重新归于单一私权主体,使基金的制度价值得不到体现。故而,一套公平合理的偿付标准是基金赖以良好运作的基石。我国现行法律如《民法典》以及一些相关的司法解释搭建了一套完整的侵权损害赔偿标准体系,产品毒物责任补偿基金可以参照该体系建立自身的补偿标准。但是同时,还应当注意到,在人身损害的补偿标准上应当公平合理。早期我国司法解释对于人身损害赔偿的标准是按照户籍归属的不同进行区分,导致同一地区农村户口的公民与城市户口的公民适用不同的赔偿标准。①

---

① 最高人民法院《人身损害赔偿司法解释》第 12 条规定:"残疾赔偿金根据受害人丧失劳动能力程度或者伤残等级,按照受诉法院所在地上一年度城镇居民人均可支配收入或者农村居民人均纯收入标准……计算。"第 15 条规定:"死亡赔偿金按照受诉法院所在地上一年度城镇居民人均可支配收入或者农村居民人均纯收入标准……计算。"

这种做法引起了社会广泛的质疑,差异化的人身赔偿标准不仅有悖于公平正义的法律价值与平等保护的法律理念,还人为地割裂了社会连带关系,在情感上损害同胞之情,产生社群对立的隐患。在《侵权责任法》颁布后这种差异化做法得以停止,《民法典》也延续了该做法,其引发的质疑与教训值得我们思考。运用到产品毒物责任补偿基金中,即要求我国产品毒物责任补偿基金对于大规模产品侵权中的死亡、伤残受害者应当采取一致的补偿标准,通常情况下不对个案差异做考虑。但应当注意的是,为了避免盲目追求形式上的公平一致,陷入矫正正义的窠臼,基金的管理者应当制定相关预案,考虑可能的例外情形。例如,如果只追求赔偿数字的一致而不考虑实际消费水平的差异,则导致同样的补偿费用无法起到同样的补偿效果。这一点在《民法典》上也有所体现:其对死亡赔偿金的确定的并不绝对,用的是“可以”的措辞,实际为追求死亡赔偿的实质公平预留了一定的发挥空间。[①] 而事实上,基于有限的资金储量与无限的救济需求的矛盾,作为行业自救措施而存在的产品毒物责任补偿基金天然地倾向于差异化的救济标准,唯有这样才能把握每一份基金资金的合理适用。而且对于基金而言,其私权归属的身份决定了其可以适当忽视“同命不同价”的政治负担与道德压力。故而产品毒物责任补偿基金也应当考虑差异补偿的可能,采取一致标准为原则,差异标准为例外的人身损害补偿标准,追求形式公平与实质公平的统一。

四、产品毒物责任补偿基金的制度运行

探讨建立产品毒物责任补偿基金制度,需要兼顾制度设计与制度运行两个层次的内容。一套良好的制度设计能够为大规模产品侵权的救济预防提供完备的救济思路,但想要将救济效果落到实处,仍然需要对制度的运行作出规范。换言之,制度设计解决了产品毒物责任补偿基金在大规模产品侵权中的应然效力,而想要发挥制度的实然效果,则有赖于对基金的实际运行作出规划指导。具体而言,一方面,需要考虑基金运营过程中应当遵循的基本原则,保证基金能

① 《民法典》第1180条规定:“因同一侵权行为造成多人死亡的,可以以相同数额确定死亡赔偿金。”

够按照制度设计的方案运作;另一方面,也要考虑对基金运营过程的有效监督。二者结合,能够有效避免基金在实际发生作用的过程中出现路线偏差与内部腐败。真正精准、效率地将每一份资金都能用到受害者身上,充分保障受害者的基本权益,分散侵权人的责任压力,实现个体利益与社会利益的统一。

(一)产品毒物责任补偿基金的运作原则

对于产品毒物责任补偿基金的具体运营细则这里不展开讨论,需要强调的是,应该牢牢把控基金的运行方向,确定公平合理、公正效率、公开透明的运行基调,即应当围绕分散产品责任人风险责任压力与保障受害者基本权益两个核心思路设定产品毒物责任补偿基金的运作原则,在大方向上,应当在确保资金充裕的前提下,保证基金运作的公开透明、高效及时。

1.确保基金总值不贬损原则

产品毒物责任补偿基金是财产的集合,具有财团法人的一般属性,其创设目的就是为大规模产品侵权的受害者提供基础性救济。换言之,就性质上,产品毒物责任补偿基金不具有营利性,相反,从其制度目的可知,产品毒物责任补偿基金的主要功能即在于"花钱"。所以充裕的资金储备是产品毒物责任补偿基金发挥制度功能的基本保障。虽然基金的资金主要源于行业的缴纳,但其自身依托庞大的资金储备带来的运营增值也能丰富资金的储备。按照惯例,一般基金组织用于支付的资金通常仅占总体的10%,剩余部分用于基金的投资增值,以形成资金自我增值的循环生态。但同样,市场经济总是充满了不确定性,基金的运营也具有一定的商业风险,对于产品毒物责任补偿基金这种公益性基金而言,导致财产贬值的商业风险不容承受。因此,产品毒物责任补偿基金在运作中首先要坚持的一个基本方向就是确保基金的总值不贬损。这种不贬损应当体现在两个方面,一是确保基金的保值,二是在保值的前提下追求基金的增值。保值一方面要求基金的资金在使用时应当合理效率,不误用滥用;另一方面要求基金在日常运营中,避免进行高风险的商业运营行为。在保值前提下,增值方式的选择则更要求谨慎,参照其他公益基金的运作经验,产品毒物责任补偿基金在基金的运营增值方面,应当坚持谨小慎微的态度,一方面,应当选择收益稳定,风险有保障的投资项目,如国债、基金等;另一方面,应当通过分散性投资降低单一商业投资项目风险对总体财产造成的影响。此外,考虑到基金的支出主要用于公共投入,政府对于基金的投资收入应当在税收上给予优惠。

2. 确保基金运作公开透明原则

前文述及,产品毒物责任补偿基金是兼具个体利益与社会利益的产物。从维护社会利益的角度,基金不仅能够为受害者提供基础的救济保障,而且在安抚大规模产品侵权受害者情绪,减缓社会秩序压力方面同样发挥着作用。从维护消费者利益的角度来看,将基金的管理外化,日常运作公开化,让公众掌握基金的具体情况,能够有效地提高公民应对大规模风险的信心。而对于行业经营者而言,其本身是基金的主要出资方,同时也希冀于基金分散其责任风险,因此其对基金的关注更甚于普通公众。产品毒物责任补偿基金的运营者应当将基金的使用、管理对行业经营者公开,尽到对出资人的忠实、勤勉义务。综上,基金的管理者在基金的运作过程中,应当接受公众、行业经营者乃至基金本身的监督,将基金的具体投资项目、实际收益、基金的日常支出、基金的偿付支出等通通公示,保证基金在阳光下运行。

3. 确保基金运作效率专注原则

基金的资金储备是其基金运作的首要前提,而其对受害者偿付的效率是其存在的基本保障。对于产品毒物责任补偿基金而言,如果不能及时充分地为受害者提供救济,使受害者转寻其他救济方式,则失去了基金的存在价值。因此基金在运作过程中应当注重基金偿付效率的问题,搭建高素质的基金工作人才队伍,积极尝试与第三方合作进行救济。同时应当注意资金流向的专门性,确保基金的支出除维持日常运作需要与运营增值外,都应当实际运用于偿付当中,避免出现将资金用于业内企业借贷等挪用资金行为。

(二)产品毒物责任补偿基金的监督

对于产品毒物责任补偿基金的监督也是确保该制度生命力的重点。如果不能及时发现基金的误用、滥用等违法违规行为,则基金要么会因为运营不善而灭失,要么失去实际的救济作用不为公众认可而灭失。通常来说,产品经营者基于出资人的身份自然对基金具有监督权,不再赘述。而除此之外,产品行业协会、行政机关以及社会公众作为基金的相关主体,同样也具有相应的监督权。

1. 行业协会监督

行业协会的监督权来源于前述的社会连带关系。对于行业协会而言,其是产品行业为实现共同利益而组建的沟通经营者、消费者、政府三方的组织体,其本身根本目的即是服务于行业经营者的共同利益,换言之,行业协会存在的作用即是促进行业的整体利益,而对产品毒物责任补偿基金行使监督权正是这种作用的体现。同时行业协会作为产品经营者的结社权的体现,本身也代表着一定的产品经营者意志。换言之,行业协会的监督是将出资人的监督专门化的一种形式,其监督的正当性实际来源于经营者的赋权。

行业监督关注内容主要在于:第一,出资人的义务是否落实,监督认缴经营者的资金是否到账;第二,基金的运作是否规范,如其运行过程是否做到公开化、透明化,其资金流动是否异常、存在挪用资金行为;第三,监督基金的管理人是否勤勉尽责,有没有尽到正常的管理人义务;第四,监督基金对受害者的救济是否及时有效,有没有充分发挥基金的制度功能。

在监督权的行使形式上,主要包括处罚与奖励两种方式。行业协会的奖励主要有两种,一种是内部表彰,通过荣誉称号等名誉性奖励方式表彰积极出资的企业经营者;另一种是行业协会背书,通过颁布认证标志等方式,利用行业协会的影响力与公信力为企业经营者背书,如对自愿缴纳产品毒物责任补偿基金费用的企业,可以行业协会的名义进行认证,在其产品上显露相关标识,向消费者公示其基金成员的身份。通过奖励的方式能够有效地监督企业经营者缴纳出资义务的履行。处罚主要是指行业协会的资格罚,前文提到,行业协会是经营者行使结社权的体现,从性质上属于社会团体法人,因此在其成员违反相应纪律时,其可行使资格罚剥夺成员的社团资格。而对于基金而言,行业协会一定程度上代表着经营者的意志,对基金的管理具有一定的影响力。因此,对于虚假缴纳基金费用、与基金管理人串谋挪用基金资金等严重违规违纪的企业,行业协会可剥夺其协会成员的资格;对于未能尽到管理人义务,违反基金运作原则等恶劣行为的管理人,行业协会也可建议剥夺其管理人资格。

2.行政部门的监督

在基金的设立模式上,曾有过政府性基金与信托型基金之争。一段时间内有观点认为应当赋予政府对基金的管理权与监督权。这种模式具有一定的实用优势,但混淆了公权与私权的界限,造成法理上的混乱与非正当性。因此,多数大规模侵权损害赔偿(补偿)基金均采取信托型基金的模式,排除政府对基金的管理，仅保留其一定的监督权。

政府监督不宜过细过密，而应仅对基金运作进行宏观上的把控监督。具体而言，政府本身是公共职能的行使者，掌握着公共管理权力，而产品毒物责任补偿基金一定程度上代替政府发挥了救济大规模产品侵权受害者的公共职能，因此政府应当对这部分内容进行特别监督。因此，对于基金的异常增值行为，以及异常赔付行为，行政部门都具有相应的监督权。

在具体行使方式上，主要包括撤销与处罚两种监督方式。对基金行为的撤销主要表现在基金的异常增值行为之上，如对于基金违背价值不贬损原则而进行的盲目风险投资、恶意风险投资的行为，政府相关的行政管理部门可对其予以撤销。而处罚权则表现在对基金主体资格的终结。我国的非营利基金通常都是以社会团体法人的形式存在，需要在民政部门进行主体登记方具有法人资格，而在基金严重违法违纪，或者严重违反其运作原则时，行政部门可对其作出终结主体资格的处罚。

3. 社会大众监督

监督实际来源于干涉。例如对于权力的监督是由于权力具有强大的干涉性，能够违背自由意志而进行干涉。对于社会大众而言，一方面基于连带关系的存在，全体社群成员具有一定的共同利益暨社会利益，另一方面，产品毒物责任补偿基金的作用在于对受害者的损害救济。因此社会大众作为潜在的大规模产品侵权受害者，对产品毒物责任补偿基金的监督自然具有正当性。

社会监督的目的在于确保基金的稳定长效运行，从而维护社会共同利益。因此社会监督通常对产品毒物责任补偿基金的整体运作情况进行关注，即无论是基金资金的异常动向，还是管理人的不当作为，或者救济行为的缺漏等，社会相关群体均可以行使监督权。

社会监督的主体与形式多样。就主体而言，不管是社会团体、组织还是普通的社会个体，都可以对基金的运行进行监督。而在具体的监督方式上，社会大众可以通过舆论曝光、向基金相关机构提出建议意见、向行业协会或相关行政部门反映等。

参考文献

一、著作

（一）中文著作

[1]徐国栋:《民法哲学》,中国法制出版社 2021 年版。

[2]王利明:《王利明学术文集》,北京大学出版社 2021 年版。

[3]程啸:《侵权责任法》(第 3 版),法律出版社 2021 年版。

[4]方新军:《侵权责任利益保护的解释论》,法律出版社 2021 年版。

[5]张新宝:《中国民法典释评:侵权责任编》,中国人民大学出版社 2021 年版。

[6]李桢:《海运有毒有害物质损害赔偿法律制度研究》,法律出版社 2021 年版。

[7]最高人民法院民法典贯彻实施工作领导小组:《中华人民共和国民法典理解与适用》(全 11 册),人民法院出版社 2020 年版。

[8]徐国栋:《世界民法典编纂研究》,清华大学出版社 2019 年版。

[9]黄茂荣:《债法通则之二:债务不履行与损害赔偿》,厦门大学出版社 2019 年版。

[10]孙宏涛:《产品责任强制保险制度研究》,北京大学出版社 2018 年版。

[11]徐国栋:《中国民法典争鸣·徐国栋卷》,厦门大学出版社 2018 年版。

[12]朱晓峰:《侵权可赔损害类型论》,法律出版社 2017 年版。

[13]于雪峰:《侵权法可预见性规则研究:以法律因果关系为视角》,北京大学出版社 2017 年版。

[14]李世刚:《法国侵权责任法改革——基调与方向》,人民日报出版社 2017 年版。

[15]王泽鉴:《损害赔偿》,北京大学出版社 2017 年版。

[16]杨立新主编:《多数人侵权行为与责任》,法律出版社 2017 年版。

[17]李宇:《民法总则要义:规范释论与判解集注》,法律出版社 2017 年版。

[18]彭诚信:《现代权利理论研究》,法律出版社 2017 年版。

[19]王利明:《侵权责任法研究》(第 2 版),中国人民大学出版社 2016 年版。

[20]王泽鉴:《侵权行为》(第 3 版),北京大学出版社 2016 年版。

[21]张新宝:《侵权责任法》(第 4 版),中国人民大学出版社 2016 年版。

[22]杨立新:《侵权损害赔偿》,法律出版社 2016 年版。

[23]张家勇:《合同法与侵权法中间领域调整模式研究——以制度互动的实证分析为中心》,北京大学出版社 2016 年版。

[24]翟羽艳:《民事权利救济模式的选择》,法律出版社 2016 年版。

[25]宗志翔:《侵权责任与赔偿研究》,中国政法大学出版社 2016 年版。

[26]竺效:《生态损害综合预防和救济法律机制研究》,法律出版社 2016 年版。

[27]李双元、温世扬主编:《比较民法学》,武汉大学出版社 2016 年版。

[28]王泽鉴:《民法学说与判例研究》(重排合订本),北京大学出版社 2015 年版。

[29]王洪亮等主编:《中德私法研究》,北京大学出版社 2015 年版。

[30]陈小君主编:《私法研究》,法律出版社 2015 年版。

[31]鲁晓明:《权利外利益损害的赔偿责任研究》,法律出版社 2015 年版。

[32]姜战军等:《损害赔偿范围确定中的法律政策和途径选择研究》,法律出版社 2015 年版。

[33]樊杏华:《环境损害责任法律理论与实证分析研究》,人民日报出版社2015年版。

[34]马辉:《医疗损害责任因果关系研究》,中国政法大学出版社2015年版。

[35]张民安:《法国民法》,清华大学出版社2015年版。

[36]涂永前:《潜伏性毒物致害侵权问题研究》,知识产权出版社2014年版。

[37]徐银波:《侵权损害赔偿论》,中国法制出版社2014年版。

[38]吕忠梅等:《环境损害赔偿法的理论与实践》,中国政法大学出版社2013年版。

[39]陈聪富:《侵权违法性与损害赔偿》,北京大学出版社2012年版。

[40]苏永钦:《寻找新民法》,北京大学出版社2012年版。

[41]孙大伟:《市场份额规则理论研究》,上海人民出版社2012年版。

[42]王进喜:《美国〈联邦证据规则〉条解》(2011年重塑版),中国法制出版社2012年版。

[43]朱岩:《侵权责任法通论:总论》,法律出版社2011年版。

[44]张新宝、葛维宝主编:《大规模侵权法律对策研究》,法律出版社2011年版。

[45]贾爱玲:《环境侵权损害赔偿的社会化制度研究》,知识产权出版社2011年版。

[46]王泽鉴:《民法思维:请求权基础理论体系》,北京大学出版社2009年版。

[47]冯珏:《英美侵权法中的因果关系》,中国社会科学出版社2009年版。

[48]胡雪梅:《英国侵权法》,中国政法大学出版社2008年版。

[49]刘信平:《侵权法因果关系理论之研究》,法律出版社2008年版。

[50]竺效:《生态损害的社会化填补法理研究》,中国政法大学出版社2007年版。

[51]邱聪智:《从侵权行为归责原理之变动论危险责任之构成》,中国人民大学出版社2006年版。

［52］孙森焱:《民法债编总论》(上卷),法律出版社 2006 年版。

［53］王军主编:《侵权行为法比较研究》,法律出版社 2006 年版。

［54］陈聪富:《因果关系与损害赔偿》,北京大学出版社 2006 年版。

［55］苏永钦:《民事立法与公私法的接轨》,北京大学出版社 2005 年版。

［56］潘维大主编:《英美侵权行为法案例解析》,高等教育出版社 2005 年版。

［57］陈聪富:《侵权归责原则与损害赔偿》,北京大学出版社 2005 年版。

［58］麻昌华:《侵权行为法地位研究》,中国政法大学出版社 2004 年版。

［59］李响编著:《美国侵权法原理及其案例研究》,中国大学出版社 2004 年版。

［60］曾世雄:《损害赔偿法原理》,中国政法大学出版社 2001 年版。

［61］魏振瀛主编:《民法》,北京大学出版社、高等教育出版社 2000 年版。

［62］史尚宽:《债法总论》,中国政法大学出版社 2000 年版。

(二)译著

［1］［奥］海尔姆特·库齐奥主编:《侵权责任法的基本问题(第二卷):比较法的视角》,张家勇等译,北京大学出版社 2020 年版。

［2］［奥］海尔姆特·库奇奥:《侵权责任法的基本问题(第一卷):德语国家的视角》,朱岩译,北京大学出版社 2017 年版。

［3］［美］文森特·R. 约翰逊:《美国侵权法》(第 5 版),赵秀文等译,中国人民大学出版社 2017 年版。

［4］［美］戴维·G. 欧文等:《侵权法的哲学基础》,张金海、谢九华等译,北京大学出版社 2016 年版。

［5］［德］埃尔温·多伊奇、汉斯－于尔根·阿伦斯:《德国侵权法——侵权行为、损害赔偿及痛苦抚慰金》(第 5 版),叶名怡、温大军译,中国人民大学出版社 2016 年版。

［6］［美］吉恩·马基雅弗利·艾根:《毒物侵权法精要》(第 4 版),李冰强译,南开大学出版社 2016 年版。

［7］［美］爱伦·M. 芭波里克选编:《侵权法重述纲要》,许传玺、石宏等译,法律出版社 2016 年版。

[8][美]约翰·斯普兰克林、格雷戈里·韦伯:《危险废物和有毒物质法精要》,凌欣译,南开大学出版社2016年版。

[9][美]丹·B.多布斯:《侵权法》(上、下册),马静、李昊等译,中国政法大学出版社2014年版。

[10][德]卡尔·恩吉施:《法律思维导论》(修订版),郑永流译,法律出版社2014年版。

[11][美]米尔建·R.达马斯卡:《漂移的证据法》,李学军、刘晓丹等译,中国政法大学出版社2013年版。

[12][英]W.V.霍顿·罗杰斯主编:《比较法视野下的非金钱损失赔偿》,许翠霞译,中国法制出版社2012年版。

[13][奥]伯恩哈德·A.科赫、赫尔穆特·考茨欧主编:《比较法视野下的人身伤害赔偿》,陈永强、徐同远等译,中国法制出版社2012年版。

[14][奥]伯恩哈德·A.科赫、赫尔默特·考茨欧主编:《侵权法的统一:严格责任》,管洪彦译,法律出版社2012年版。

[15][德]乌尔里希·马格努斯主编:《社会保障法对侵权法的影响》,李威娜译,中国法制出版社2012年版。

[16][德]格哈德·瓦格纳主编:《比较法视野下的侵权法与责任保险》,魏磊杰、王之洲等译,中国法制出版社2012年版。

[17][日]田山辉明:《日本侵权行为法》,顾祝轩、丁相顺译,北京大学出版社2011年版。

[18][澳]彼得·凯恩:《侵权法解剖》,汪志刚译,北京大学出版社2010年版。

[19][德]U.马格努斯主编:《侵权法的统一:损害与损害赔偿》,谢鸿飞译,法律出版社2009年版。

[20][荷]J.施皮尔主编:《侵权法的统一:因果关系》,易继明等译,法律出版社2009年版。

[21]欧洲侵权法小组编著:《欧洲侵权法原则:文本与评注》,于敏、谢鸿飞译,法律出版社2009年版。

[22][澳]彼得·凯恩:《阿蒂亚论事故、赔偿及法律》(第6版),王仰光等

译,中国人民大学出版社 2008 年版。

[23][日]我妻荣:《新订债权总论》,王燚译,中国法制出版社 2008 年版。

[24][美]盖多·卡拉布雷西:《事故的成本》,毕竞悦、陈敏等译,北京大学出版社 2008 年版。

[25][美]詹姆斯·戈德雷:《私法的基础:财产、侵权、合同和不当得利》,张家勇译,法律出版社 2007 年版。

[26][德]马克西米利安·福克斯:《侵权行为法》,齐晓琨译,法律出版社 2006 年版。

[27][美]格瑞尔德·J. 波斯特马主编:《哲学与侵权行为法》,陈敏、云建芳译,北京大学出版社 2005 年版。

[28][美]威廉·M. 兰德斯、理查德·A. 波斯纳:《侵权法的经济结构》,王强等译,北京大学出版社 2005 年版。

[29][德]K. 茨威格特、H. 克茨:《比较法总论》,潘汉典等译,法律出版社 2004 年版。

[30][德]卡尔·拉伦茨:《德国民法通论》(上、下),谢怀栻等译,法律出版社 2003 年版。

[31][德]克里斯蒂安·冯·巴尔:《欧洲比较侵权行为法》(上、下卷),张新宝译,法律出版社 2001 年版。

[32][美]肯尼斯·R. 福斯特、彼得·W. 休伯:《对科学证据的认定——科学知识与联邦法院》,王增森译,法律出版社 2001 年版。

[33][德]迪特尔·梅迪库斯:《德国民法总论》,邵建东译,法律出版社 2000 年版。

[34][意]桑德罗·斯奇巴尼选编:《债 私犯之债 阿奎利亚法》,米健译,中国政法大学出版社 1992 年版。

(三)外文著作

[1] Aaron D. Twerski, James A. Henderson & W. Bradley Wendel, *Torts: Cases and Materials*, Wolters Kluwer, 2021.

[2] Christine Beuermann, *Reconceptualising Strict Liability for the Tort of Another* (*Hart Studies in Private Law*), Hart Publishing, 2019.

[3] John William Salmond, *The Law of Torts: A Treatise on the English Law of Liability for Civil Injuries*, Franklin Classics, 2018.

[4] Kenneth Abraham, *The Forms and Functions of Tort Law* (*Concepts and Insights*), 5th ed., Foundation Press, 2017.

[5] Richard A. Epstein & Catherine M. Sharkey, *Cases and Materials on Torts* [*Connected Casebook*] (*Aspen Casebook*), 11th ed., Wolters Kluwer, 2016.

[6] Joseph W. Glannon, Examples & Explanations, *The Law of Torts*, 5th ed., Aspen Publishers, 2015.

[7] Morewitz S. J., *Sociological Theory and Methods in Toxic Tort Lawsuits*, Handbook of Forensic Sociology and Psychology, 2014.

[8] Cruden J. C. et al., *Setting the Bar for "Injury" in Environmental Exposure Cases: How Low Can It Go?*, 42 Environmental Law Reporter 10785, 2012.

[9] Ken Oliphant & Barbara C. Steininger. eds., *European Tort Law: Basic Texts*, Jan Sramek Verlag KG, 2011.

[10] Marc A. Franklin, Robert L. Rabin & Michael D. Green, *Tort Law and Alternatives*, *Cases and Materials*, 9th ed., Foundation Press, 2011.

[11] The American Law Institute, *Restatement of the Law, Third, Torts: Liability for Physical and Emotional Harm* (*as adopted and promulgated by the American Law Institute at Philadelphia, Pennsylvania, May* 16, 2005), American Law Institute Publishers, 2010.

[12] Richards I. S. & Bourgeois M. M., *The Toxicologist as Expert Witness*, General, Applied and Systems Toxicology, 2009.

[13] Mark A. Geistfeld, *Tort Law: The Essentials*, Wolters Kluwer, 2008.

[14] Ricci Paolo F., *Toxic Torts: Implications for Risk Management*, *Encyclopedia of Quantitative Risk Analysis and Assessment*, John Wiley & Sons, Ltd., 2008.

[15] Sahu S. C., *Potential Uses of Toxicogenomic Biomarkers in Occupational Health and Risk Assessment*, *Toxicogenomics: A Powerful Tool for*

Toxicity Assessment, Chapter 19, 2008.

[16] Kenneth S. Abraham, *The Forms and Functions of Tort Law*, 3rd ed., Foundation Press, 2007.

[17] European Group on Tort Law, *Principles of European Tort Law: Text and Commentary*, Springer Wien New York, 2005.

[18] Joseph W. Glannon, The Law of Torts, 3rd ed., Aspen Publishers, 2005.

[19] Levmore Saul, *Foundations of Tort Law*, Law Press, 2005.

[20] Logan John, *Briefcase on Tort Law*, 2nd ed., WuHan University Press, 2004.

[21] Owen Richard, *Essential Tort Law*, 3rd ed., WuHan University Press, 2004.

[22] Cooke John, *Law of Tort*, 5th ed., Law Press, 2003.

[23] Epstein Richard A., *Torts*, Citic Publishing House, 2003.

[24] Simon Deakin, Angus Johnston & Basil Markesins, *Tort Law*, 5th ed., Clarendon Press Oxford, 2003.

[25] W. V. H Rogers, Winfield & Jolowicz on Tort, Sweet & Maxwell, 2002.

[26] Postema Gerald J. ed, *Philosophy and the Law of Torts*, Cambridge University Press, 2001.

[27] Dan B. Dobbs, *The Law of Torts*, West Group, 2000.

[28] Walter Van Cerven, Jeremy Lever & Pierre Larouche, Cases, Materials and Text on National, Supranational and International Tort Law, Hart Publishing, 2000.

[29] The American Law Institute, *Restatement of the Law, Third, Torts: Apportionment of Liability*, American Law Institute Publishers, 2000.

[30] Edwards Linda L., Edwards J. Stanley, *Tort Law for Legal Assistants*, 2nd ed., West Legal Studies, 1999.

[31] Kionka Edward J., *Torts*, 2nd ed., Law Press, 1999.

[32] Markesinis B. S & Deakin S. F, *Tort Law*, 4th ed., Clarendon Press · Oxford, 1999.

[33] Fleming Jonhn G., *The Law of Torts*, 9th ed., Sweet & Maxwell, 1998.

[34] Hartkamp Arthur et al., *Towards a European Civil Code*, 2nd ed., Ars Aequi Libri and The Hague /London/Boston: Kluwer Law International, 1998.

[35] Michael A. Jones, Textbook on Ttorts, 6th ed., Blackstone Press Limited, 2nd ed., Ars Aequi Libri and The Hague /London/Boston: Kluwer Law International, 1998.

[36] Prosser William L., *Law of Torts*, 4th ed., West Publishing Co., 1997.

[37] William P. Statsky, *Essentials of Torts*, West Publishing Company, 1994.

[38] Prosser & Keeton, *Prosser and Keeton on Torts*, 5th ed., West Publishing Co., 1984.

[39] Jasanoff S., *Compensation Issues Related to LP/HC Events: The Case of Toxic Chemicals*, Low-Probability High-Consequence Risk Analysis, 1984.

[40] Lawson F. H. & Markesinis B. S., *Tortious Liability For Unintentional Harm in the Common Law and the Civil Law*, Cambridge University Press, 1982.

二、论文

(一)中文论文

[1]王磊:《侵权损害赔偿范围的确定机制》,载《法学》2021年第4期。

[2]王叶刚:《论侵害人格权益财产损失赔偿中的法院酌定》,载《法学家》2021年第3期。

[3]徐以祥:《〈民法典〉中生态环境损害责任的规范解释》,载《法学评论》2021年第2期。

[4]张红:《交易性贬值损失之赔偿》,载《中国法学》2021年第1期。

[5]叶金强:《〈民法典〉第1165条第1款的展开路径》,载《法学》2020年第9期。

[6]黄忠:《论民法典后司法解释之命运》,载《中国法学》2020年第6期。

[7]吴香香:《中国法上侵权请求权基础的规范体系》,载《政法论坛》2020年第6期。

[8]李承亮:《多元赔偿责任论》,载《法学评论》2020年第5期。

[9]刘静:《生态环境损害赔偿诉讼中的损害认定及量化》,载《法学评论》2020 年第 4 期。

[10]高志宏:《惩罚性赔偿责任的二元体系与规范再造》,载《比较法研究》2020 年第 6 期。

[11]陈煜鹏:《论生存机会丧失原理——以医疗损害责任中损害认定的例外为视角》,载《政治与法律》2019 年第 9 期。

[12]徐建刚:《论损害赔偿中完全赔偿原则的实质及其必要性》,载《华东政法大学学报》2019 年第 4 期。

[13]满洪杰:《医疗损害机会丧失赔偿规则研究》,载《法学家》2019 年第 4 期。

[14]徐建刚:《规范保护目的理论下的统一损害赔偿》,载《政法论坛》2019 年第 4 期。

[15]王磊:《完全赔偿原则与侵权损害赔偿之反思及构筑》,载《法律科学(西北政法大学学报)》2019 年第 4 期。

[16]张家勇:《基于得利的侵权损害赔偿之规范再造》,载《法学》2019 年第 2 期。

[17]李昊:《损害概念的变迁及类型建构——以民法典侵权责任编的编纂为视角》,载《法学》2019 年第 2 期。

[18]窦海阳:《大规模环境污染下健康损害、权利表达及保护之道——兼论民法典应对大规模环境污染事件的"当为"与"不为"》,载《法治研究》2019 年第 1 期。

[19]王利明:《论人格权请求权与侵权损害赔偿请求权的分离》,载《中国法学》2019 年第 1 期。

[20]满洪杰:《医疗损害责任因果关系虚无陷阱及其化解——兼评法释[2017]20 号第 12 条》,载《法学》2018 年第 7 期。

[21]马怀德、孔祥稳:《我国国家赔偿制度的发展历程、现状与未来》,载《北京行政学院学报》2018 年第 6 期。

[22]陈海嵩:《环境侵权案件中司法公正的量化评价研究》,载《法制与社会发展》2018 年第 6 期。

[23]王小钢:《生态环境损害赔偿诉讼的公共信托理论阐释——自然资源国家所有和公共信托环境权益的二维构造》,载《法学论坛》2018年第6期。

[24]竺效、蒙禹诺:《论生态损害赔偿资金的信托管理模式——以环境公益维护为视角》,载《暨南学报(哲学社会科学版)》2018年第5期。

[25]张梓太、吴惟予:《我国生态环境损害赔偿立法研究》,载《环境保护》2018年第5期。

[26]唐瑭:《环境损害救济的逻辑重构——从"权利救济"到"法益救济"的嬗变》,载《法学评论》2018年第5期。

[27]王江:《环境法"损害担责原则"的解读与反思——以法律原则的结构性功能为主线》,载《法学评论》2018年第3期。

[28]温世扬、吴昊:《论产品责任中的"产品"》,载《法学论坛》2018年第3期。

[29]马强伟:《环境污染侵权中预防性请求权的解释与适用》,载《法学》2018年第3期。

[30]何国强:《风险社会、风险分配与侵权责任法的变革》,载《广东社会科学》2018年第3期。

[31]史一舒:《我国环境侵权精神损害赔偿制度的司法限制与扩张——基于18个典型案例的分析》,载《山东大学学报(哲学社会科学版)》2018年第3期。

[32]马腾:《我国生态环境侵权责任制度之构建》,载《法商研究》2018年第2期。

[33]崔涵冰:《美国环境毒物侵权救济的理论与实践——基于三则典型案例的比较分析》,载《华中科技大学学报(社会科学版)》2018年第2期。

[34]肖峰、陈科林:《我国食品安全惩罚性赔偿立法的反思与完善——以经济法义务民事化归责的制度困境为视角》,载《法律科学(西北政法大学学报)》2018年第2期。

[35]周友军:《民法典编纂中产品责任制度的完善》,载《法学评论》2018年第2期。

[36]马宁:《环境责任保险与环境风险控制的法律体系建构》,载《法学研

究》2018 年第 1 期。

[37]程啸:《受害人特殊体质与损害赔偿责任的减轻——最高人民法院第 24 号指导案例评析》,载《法学研究》2018 年第 1 期。

[38]莫也:《环境污染致健康损害的行政救济——日本的经验和启示》,载《日本法研究》2018 年第 1 期。

[39]季若望:《侵权法上生存机会丧失理论的本土化构建——以医疗损害案件为视角》,载《政治与法律》2018 年第 1 期。

[40]晋海、邵波:《数人环境侵权案件实证研究——以中国裁判文书网 499 份裁判文书为样本》,载《环境保护》2018 年第 18 期。

[41]蔡守秋、张毅:《我国生态环境损害赔偿原则及其改进》,载《中州学刊》2018 年第 10 期。

[42]朱晓峰:《功利主义视角下惩罚性赔偿规则的完善——以民法典编纂为契机》,载《吉林大学社会科学学报》2017 年第 6 期。

[43]尤明青:《论环境质量标准与环境污染侵权责任的认定》,载《中国法学》2017 年第 6 期。

[44]陈伟:《环境侵权因果关系类型化视角下的举证责任》,载《法学研究》2017 年第 5 期。

[45]王倩:《环境侵权因果关系举证责任分配规则阐释》,载《法学》2017 年第 4 期。

[46]窦海阳:《环境侵权类型的重构》,载《中国法学》2017 年第 4 期。

[47]潘玮璘:《构建损害赔偿法中统一的可预见性规则》,载《法学家》2017 年第 4 期。

[48]陈伟:《环境质量标准的侵权法适用研究》,载《中国法学》2017 年第 1 期。

[49]孙鹏:《“蛋壳脑袋”规则之反思与解构》,载《中国法学》2017 年第 1 期。

[50]黄锡生、韩英夫:《生态损害赔偿磋商制度的解释论分析》,载《政法论丛》2017 年第 1 期。

[51]郑晓剑:《侵权损害完全赔偿原则之检讨》,载《法学》2017 年第 12 期。

[52]冷传莉:《环境侵权损害赔偿数额确定问题析解》,载《暨南学报(哲学社会科学版)》2016 年第 8 期。

[53]刘昕宇:《构建环境侵权损害社会化救济制度的思考》,载《中州学刊》2016 年第 6 期。

[54]竺效:《论生态损害综合预防与救济的立法路径——以法国民法典侵权责任条款修改法案为借鉴》,载《比较法研究》2016 年第 3 期。

[55]贺琛:《我国产品责任法中发展风险抗辩制度的反思与重构》,载《法律科学(西北政法大学学报)》2016 年第 3 期。

[56]李雯静:《有害物质潜在损害的法律救济及其解决进路——以美国法为例》,载《武大国际法评论》2015 年第 2 期。

[57]刘士国:《关于设立环境污染损害国家补偿基金的建议——以重金属污染损害为中心的思考》,载《政法论丛》2015 年第 2 期。

[58]张保红:《论惩罚性赔偿制度与我国侵权法的融合》,载《法律科学(西北政法大学学报)》2015 年第 2 期。

[59]刘洪华:《我国疫苗伤害救济的路径选择和制度构想》,载《法学评论》2015 年第 1 期。

[60]周翠:《从事实推定走向表见证明》,载《现代法学》2014 年第 6 期。

[61][美]迈克尔·D. 格林、王竹、邵省:《产品责任:北美视角的比较法评论》,载《北方法学》2014 年第 4 期。

[62]张新宝、庄超:《扩张与强化:环境侵权责任的综合适用》,载《中国社会科学》2014 年第 3 期。

[63]刘水林:《风险社会大规模损害责任法的范式重构——从侵权赔偿到成本分担》,载《法学研究》2014 年第 3 期。

[64]叶名怡:《论侵权预防责任对传统侵权法的挑战》,载《法律科学(西北政法大学学报)》2013 年第 2 期。

[65]胡学军:《环境侵权中的因果关系及其证明问题评析》,载《中国法学》2013 年第 5 期。

[66]张敏纯:《环境侵权构成的适应性检视——以环境毒物致害为中心》,载《湖南大学学报(社会科学版)》2013 年第 4 期。

[67]叶名怡:《医疗侵权责任中因果关系的认定》,载《中外法学》2012 年第 1 期。

[68]叶金强:《论侵权损害赔偿范围的确定》,载《中外法学》2012 年第 1 期。

[69]王利明:《论产品责任中的损害概念》,载《法学》2011 年第 2 期。

[70]刘学在:《请求损害赔偿之团体诉讼制度研究》,载《法学家》2011 年第 6 期。

[71]竺效:《论无过错联系之数人环境侵权行为的类型——兼论致害人不明数人环境侵权责任承担的司法审理》,载《中国法学》2011 年第 5 期。

[72]周江洪:《侵权赔偿与社会保险并行给付的困境与出路》,载《中国社会科学》2011 年第 4 期。

[73]张俊岩:《风险社会与侵权损害救济途径多元化》,载《法学家》2011 年第 2 期。

[74]张铁薇:《侵权责任法与社会法关系研究》,载《中国法学》2011 年第 2 期。

[75]谢远扬:《论侵害人不明的大规模产品侵权责任:以市场份额责任为中心》,载《法律科学(西北政法大学学报)》2010 年第 1 期。

[76]王成:《大规模侵权事故综合救济体系的构建》,载《社会科学战线》2010 年第 9 期。

[77]张新宝:《设立大规模侵权损害救济(赔偿)基金的制度构想》,载《法商研究》2010 年第 6 期。

[78]周翠:《〈侵权责任法〉体系下的证明责任倒置与减轻规范与德国法的比较》,载《中外法学》2010 年第 5 期。

[79]张利春:《日本公害侵权中的“容忍限度论”述评——兼论对我国民法学研究的启示》,载《法商研究》2010 年第 3 期。

[80]张利春:《日本公害侵权中的“容忍限度论”述评——兼论对我国民法学研究的启示》,载《法商研究》2010 年第 3 期。

[81]涂永前、王同庆:《论毒物致害侵权的时效再造》,载《法学杂志》2009 年第 11 期。

[82]朱岩:《风险社会与现代侵权责任法体系》,载《法学研究》2009 年第 5 期。

[83]王彬辉、唐宇红:《美国环境侵权民事司法中利益衡量的适用及对我国的启示》,载《环球法律评论》2009 年第 4 期。

[84]王利明:《建立和完善多元化的受害人救济机制》,载《中国法学》2009 年第 4 期。

[85]鲁晓明:《论美国法中市场份额责任理论及其在我国的应用》,载《法商研究》2009 年第 3 期。

[86][美]海尔穆特·库奇奥、朱岩:《损害赔偿法的重新构建:欧洲经验与欧洲趋势》,载《法学家》2009 年第 3 期。

[87]叶金强:《风险领域理论与侵权法二元归责体系》,载《法学研究》2009 年第 2 期。

[88]宁金成、田土城:《民法上之损害研究》,载《中国法学》2002 年第 2 期。

[89]张新宝:《美国有害物体侵权行为法介评》,载《外国法译评》1994 年第 1 期。

(二)外文论文

[1]Bradshaw Carrie, *Corporate Liability for Toxic Torts Abroad: Vedanta v. Lungowe in the Supreme Court*, Journal of Environmental Law, Vol. 32 (2020).

[2]Tietenberg T. H., *Indivisible Toxic Torts: The Economics of Joint and Several Liability*, in Kathleen Segerson, Economics and Liability for Environmental Problems, 2018.

[3]Elbert R. DE JONG, *Tort Law and Judicial Risk Regulation: Bipolar and Multipolar Risk Reasoning in Light of Tort Law's Regulatory Effects*, European Journal of Risk Regulation, Vol. 9 (2018).

[4]Cranor Carl F., *How Courts' Reviews of Science in Toxic Tort Cases have Changed and Why That's a Good Thing*, Public Affairs Quarterly, Vol. 31 (2017).

[5]Ashley M. Simpson, J. Michael Showalter & Amy Antoniolli et al. , *Recent Developments in Toxic Torts and Environmental Law*, Tort Trial &

Insurance Practice Law Journal, Vol. 51 (2016).

[6] Allan Kanner, *Experts in Natural Resource Damages and Toxic Tort Litigation*, Journal of Environmental Protection, Vol. 7 (2016).

[7] The Harvard Law Review Association, *Causation in Environmental Law: Lessons from Toxic Torts*, Harvard Law Review, Vol. 128(2015).

[8] Julie Isaacson, *Terrorism and Mass Toxic Torts*, Fordham Environmental Law Review, Vol. 25(2014).

[9] Philip Desai Donovan v. Philip Morris USA, *Inc.: The Best Approach to Satisfying the Injury Requirement in Medical Monitoring Claims*, Environmental Affairs, B. C. Envtl. Aff. L. Rev., Vol. 38 (2011).

[10] David I. W. Hamer, *Medical Monitoring in North America: Does This Horse Have Legs?*, Def. Counsel J., Vol. 77 (2010).

[11] Browne M. N., Keeley T. J. & Hiers W. J., *The Epistemological Role of Expert Witnesses and Toxic Torts*, American Business Law Journal, Vol. 36 (2010).

[12] Joffe A. P., *The Medical Monitoring Remedy: Ongoing Controversy and a Proposed Solution*, Chi.-Kent L. Rev., Vol. 84 (2009 - 2010).

[13] Tamara Jeanne Dodge, *Raging Hormones?: The Legal Obstacles and Policy Ramifications to Review H. L., Tort Law—Proof of Harm in Tobacco Cases—Supreme Judicial Court of Massachusetts Recognizes Cause of Action for Medical Monitoring of Tobacco Users. —Donovan v. Philip Morris USA*, Inc. 914 N. E. 2d 891 (Mass. 2009), Harv. L. Rev., Vol. 123 (2009 - 2010).

[14] Graves J., *"Medical" Monitoring for Non-Medical Harms: Evaluating the Reasonable Necessity of Measures to Avoid Identity Fraud After a Data Breach*, Rich. J. L. & Tech., Vol. 16 (2009 - 2010).

[15] Caudill D. S., *Book Review: Carl Cranor, Toxic Torts: Science, Law, and the Possibility of Justice*, Social Science Electronic Publishing, Vol. 49 (2009).

[16] Adriane J. Busby & Gabriel Eckstein, *Organophosphates, Friend and*

Foe: The Promise of Medical Monitoring for Farm Workers and Their Families, UCLA J. Envtl. L. & Pol'y, Vol. 27(2009).

[17] Herbert L. Zarov, Sheila Finnegan & Craig A. Woods&Stephen J. Kane, *A Medical Monitoring Claim for Asymptomatic Plaintiffs: Should Illinois Take the Plunge?*, DePaul J. Health Care L., Vol. 12(2009).

[18] S. Anthony Silva, *Where Do We Go From Here? The Nebulous State of Medical Monitoring Claims Under Tennessee Law*, U. Mem. L. Rev., Vol. 39 (2008 - 2009).

[19] David E. Bernstein, *Getting to Causation in Toxic Tort Cases*, Brook. L. Rev., Vol. 74 (2008).

[20] Anita J. Patel, *Medical Monitoring: Missouri's Welcomed Acceptance*, 73 Mo. L. Rev., Vol. 73(2008).

[21] Marchant G. E., *Hormesis and Toxic Torts*, Human & Experimental Toxicology, Vol. 27(2008).

[22] Eggen J. M., *The Synergy of Toxic Tort Law and Public Health: Lessons from a Century of Cigarettes*, Social Science Electronic Publishing, Vol. 41 (2008).

[23] Shanker H. M., *Hormesis and Toxic Torts*, Human & Experimental Toxicology, Vol. 27(2008).

[24] Mark A. Behrens & Christopher E. Appel, *Medical Monitoring in Missouri after Meyer ex rel. Coplin v. Fluor Corp.: Sound Policy Should Be Restored to a Vague and Unsound Directive*, St. Louis U. Pub. L. Rev., Vol. 27 (2007 - 2008).

[25] Grodsky J. A., *Genomics and Toxic Torts: Dismantling the Risk-Injury Divide*, Stanford Law Review, Vol. 59 (2007).

[26] Francine Nesti, *There Is No Cause of Action for Medical Monitoring, Based on Negligence, Absent a Present Physical Injury*, U. Det. Mercy L. Rev., Vol. 84(2006 - 2007).

[27] *Allowing Medical Monitoring Remedies in Hormone Replacement*

Therapy Suits, Wis. Women's L. J. , Vol. 21(2006).

[28] Atkins P. J. , *Toxic Torts: Arsenic Poisoning in Bangladesh and the Legal Geographies of Responsibility*, Transactions of the Institute of British Geographers, Vol. 31 (2006).

[29] Atkins P. J. & Hassan M. M. & Dunn C. E. , *Toxic Torts : Arsenic Poisoning in Bangladesh and the Legal Geographies of Responsibility*, Transactions of the Institute of British Geographers, Vol. 31(2006).

[30] Aberson D. S. , *A Fifty-state Survey of Medical Monitoring and the Approach the Minnesota Supreme Court Should Take When Confronted with the Issue*, Wm. Mitchell L. Rev. , Vol. 32 (2005 - 2006).

[31] Melnick R. L. , *A Daubert Motion: A Legal Strategy to Exclude Essential Scientific Evidence in Toxic Tort Litigation*, American Journal of Public Health, Vol. 95 (2005).

[32] Cranor C. F. , *The Science Veil over Tort Law Policy: How Should Scientific Evidence Be Utilized in Toxic Tort Law?*, Law & Philosophy. , Vol. 24 (2005).

[33] Thomas H. Koenig & Michael L. Rustad, *Toxic Torts, Politics, and Environmental Justice: The Case for Crimtorts*, Law & Policy, Vol. 26(2004).

[34] Toffolon-Weiss M. & Roberts J. T. , *Toxic Torts, Public Interest Law, and Environmental Justice: Evidence from Louisiana*, Law & Policy. , Vol. 26 (2004).

[35] Kevin L. Colbert & Kenneth D. Morri, *Recent Developments in Toxic Tort and Environmental Law*, Tort Trial & Ins. Prac. L. J. , Vol. 39 (2003 - 2004).

[36] Golanski A. , *General Causation at a Crossroads in Toxic Tort Cases*, Penn St. L. Rev. , Vol. 108(2003).

[37] Kevin L. Colbert & John Gray, *Recent Developments in Toxic Tort and Environmental Litigation*, Tort Trial & Ins. Prac. L. J. , Vol. 38(2002 - 2003).

[38] Marchant G. E. , *Toxicogenomics and Toxic Torts*, *Trends in*

Biotechnology, Vol. 20(2002).

[39] Marchant G. E., *Genetics and Toxic Torts*, Seton Hall Law Review, Vol. 31 (2001).

[40] Sanders J. & Machal-Fulks J., *The Admissibility of Differential Diagnosis Testimony to Prove Causation in Toxic Tort Cases: The Interplay of Adjective and Substantive Law*, Law & Contemporary Problems, Vol. 64 (2001).

[41] Carruth R. S., Goldstein B. D., *Relative Risk Greater than Two in Proof of Causation in Toxic Tort Litigation*, Jurimetrics, Vol. 41 (2001).

[42] Cranor C. F. & Eastmond D. A., *Scientific Ignorance and Reliable Patterns of Evidence in Toxic Tort Causation: Is There a Need for Liability Reform?*, Law & Contemporary Problems, Vol. 64 (2001).

[43] Berger M. A., *Upsetting the Balance between Adverse Interests: The Impact of the Supreme Court's Trilogy on Expert Testimony in Toxic Tort Litigation*, Law & Contemporary Problems, Vol. 64 (2001).

[44] Jennifer R. Williams, Bourgeois v. A. P. *Green Industries, Inc.: Medical Monitoring Expenses as Damages in Louisiana*, Loy. J. Pub. Int. L., Vol. 1 (2000).

[45] Edmond G. & Mercer D., *Litigation Life: Law-Science Knowledge Construction in (Bendectin) Mass Toxic Tort Litigation*, Social Studies of Science, Vol. 30 (2000).

[46] Ricci P. F., Gray N. J., *Toxic Torts and Causation: Towards an Equitable Solution in Australian Law-Part Ⅱ: Means-Ends Analysis*, U. n. s. w. L. J., Vol. 22 (1999).

[47] Ricci P. F. & Gray N. J., *Toxic Torts and Causation: Towards an Equitable Solution in Australian Law-Part Ⅰ: Legal Reasoning with Uncertainty*, U. n. s. w. L. J., Vol. 21(1998).

[48] Parascandola M., *Chances, Individuals and Toxic Torts, Journal of Applied Philosophy*, Vol. 14 (1997).

[49] Berger M. A., *Eliminating General Causation: Notes towards a New*

Theory of Justice and Toxic Torts, Columbia Law Review, Vol. 97 (1997).

[50] Jesse R. Lee, *Medical Monitoring Damages: Issues Concerning the Administration of Medical Monitoring Programs*, Am. J. L. & Med. , Vol. 20 (1994).

[51] Foster K. R. ,Bernstein D. E. & Huber P. W. , *Science and the Toxic Tort*, Science, Vol. 261(1993).

[52] Brannigan V. M. & Bier V. M. , Berg C. , *Risk, Statistical Inference, and the Law of Evidence: The Use of Epidemiological Data in Toxic Tort Cases*, Risk Analysis An Official Publication of the Society for Risk Analysis, Vol. 12 (1992).

[53] Blomquist R. F. , *American Toxic Tort Law: An Historical Background*, 10 Pace Envtl. L. Rev. , Vol. 10(1992).

[54] Cranor C. & Nutting K. , *Scientific and Legal Standards of Statistical Evidence in Toxic Tort and Discrimination Suits*, Law & Philosophy, Vol. 9 (1990).

[55] Henderson T. W. , *Toxic Tort Litigation: Medical and Scientific Principles in Causation*, American Journal of Epidemiology, Vol. 132(1990).

[56] Muscat J. E. & Huncharek M. S. , *Causation and Disease: Biomedical Science in Toxic Tort Litigation*, Journal of Occupational Medicine Official Publication of the Industrial Medical Association, Vol. 31 (1989).

[57] Schwartzbauer E. J. & Shindell S. , *Cancer and the Adjudicative Process: the Interface of Environmental Protection and Toxic Tort Law*, Am J. Law Med. , Vol. 14 (1988).

[58] Slagel A. T. , *Medical Surveillance Damages: A Solution to the Inadequate Compensation of Toxic Tort Victims*, Ind. L. J. , Vol. 63 (1987 - 1988).

[59] Rosenberg D. , *Joint and Several Liability for Toxic Torts*, Journal of Hazardous Materials, Vol. 15(1987).

[60] Lipsett M. , *Causation in Toxic Tort Litigation: The Role of*

Epidemiologic Evidence, Journal of Hazardous Materials, Vol. 15(1987).

[61] Gold S., *Causation in Toxic Torts: Burdens of Proof, Standards of Persuasion, and Statistical Evidence*, Yale Law Journal, Vol. 96(1986).

[62] Arness J. P. & Eliason R. D., *Insurance Coverage for "Property Damage" in Asbestos and Other Toxic Tort Cases*, Virginia Law Review, Vol. 72 (1986).

[63] Abraham K. S., *Cost Internalization, Insurance, and Toxic Tort Compensation Funds*, Va. j. nat. resources L. , Vol. 2 (1982).